긍정심리평가

모델과 측정

Shane J. Lopez · C. R. Snyder 편저
이희경 · 이영호 · 조성호 · 남종호 공역

Positive Psychological Assessment

A Handbook of Models and Measures

학지사

Positive Psychological Assessment

A Handbook of Models and Measures

Edited by Shane J. Lopez and C. R. Snyder

역자 서문

긍정심리 변인들을 정확하고 타당하게 측정할 수 있다면 할 수 있는 일이 정말 많을 것 같다는 기대감으로 이 책의 번역을 시작하게 되었다. 『긍정심리평가: 모델과 측정』은 긍정심리평가를 통한 인간의 약점과 강점에 대한 균형 잡힌 시각을 강조하고 있다.

이 책에는 다양한 긍정심리특성과 긍정적 정서 및 과정에 대한 고전적 연구에서부터 가장 최근의 연구에 이르기까지 다양한 모델과 측정도구들이 체계적으로 제시되어 있다. 여기에는 낙관주의 · 희망 · 자기효능감 · 문제해결 · 창의성 · 지혜 · 용기와 같은 인지적 모델과 긍정적 정서 · 자존감 · 사랑 · 정서지능과 같은 정서적 모델, 공감 · 애착 · 용서 · 유머 · 감사와 같은 인간관계 모델, 영성과 같은 종교적 모델, 긍정적 대처 · 주관적 안녕감 · 삶의 질 · 환경평가와 같은 긍정적 과정 및 환경 모델과 측정도구가 포함된다.

그동안 심리학에서는 인간의 약점과 결함에 대한 이해에 많은 노력을 기울인 반면, 인간의 강점과 자원에 관한 이해는 상대적으로 부족했다. 사람들은 심리학의 부정적 측면을 말하는 데 사용되는 공통적인 언어는 가지고 있지만, 개인의 강점을 말하는 그와 동등한 언어는 갖고 있지 못하다. 이 책에서는 긍정적인 성격특성들이 부정적인 성격특성들과 마찬가지로 쉽게 측정될 수 있음을 보여 주고 있다. 긍정적 심리특성을 측정하는 새로운 측정도구들이 개발될수록 긍정적 심리특성이 인간의 내면에서 어떤 역할을 하는지에 관한 이해도 더 깊어지게 될 것이다.

이 책의 저자인 Shane Lopez와 Rick Snyder는 『긍정심리학 핸드북』에서 인간의 강점과 자원을 밝히려는 방대한 연구들을 제시하였으며, 이어 긍정심리특성에 과학적으로 접근하기 위한 노력으로 이 책을 출간하였다. 이 두 권의 저서는 긍정심리학 분야의 필독서로 읽히고 있다. 지난 여름 APA에서 Shane을 만났을 때 자신의 연구 경험을 나누려는 모습에서 긍정심리학 분야에 대한 그의 헌신적인 노력과 열정을 잘 느낄 수 있었다. 이 두 권을 통해 방대한 분량의 연구 결과를 집대성하여 독자들에게 일목요연하게 제시함으로써 그는 긍정심리학 분야에 커다란 기여를 했다고 생각된다.

이 책의 8장부터 15장까지는 이영호, 16장부터 23장까지는 조성호, 24장부터 29장까지는 남종호, 1장부터 7장까지는 이희경이 번역하였다. 번역과정에서 용어 사용의 통일을 협의하였으나 각 장의 내용이나 맥락에 따라 다소 다르게 번역된 부분도 있다. 각 장에서 측정도구를 제시할 경우, 잘 알려진 측정도구를 제외하고는 독자들의 정확한 이해를 돕기 위해 척도명을 원어 그대로 옮기기로 협의하였다. 각 장마다 부록에 해당 긍정특성의 측정을 위한 측정도구를 번역하여 제시하였으나, 실제로 독자가 해당 척도를 사용할 때에는 측정도구의 타당도나 신뢰도의 문제를 고려하여 신중을 기하길 바란다. 긍정심리학에 호기심과 애정을 갖고 번역을 시작했으나 원저 저자들의 생각을 충분히 다 옮기지 못한 부분이 많을 것으로 생각된다.

고마운 마음을 전하고 싶은 분들이 많다. 가톨릭대학교에 첫발을 내딛었을 무렵 후배 교수인 역자대표가 관심 있는 책의 번역을 제안했을 때 각자 분야에서 바쁜 중에도 기꺼이 번역작업에 함께 참여해 주신 심리학과의 이영호, 남종호, 조성호 교수님께 다시 한 번 감사드린다. 같은 심리학 내에서 전공이 다른 상담, 임상, 인지 분야의 선생님들이 함께 모여 작업을 한 것도 의의가 있는 일이라 여겨진다. 의미 있는 작업이 될 것이라며 힘을 실어 격려해 주신 강남대학교 신건호 교수님께도 감사드린다. 바쁜 중에도 기꺼이 원고를 검토해 주신 최해연 선생님께도 감사드린다. 그리고 긍정심리학 세미나 수업을 통해 함께 공부한 가톨릭대학교 심리학과 대학원생들에게 감사의 마음을 전하고 싶다. 함께 공부하고 싶은 마음으로 대학원에 긍정심리학 세미나 강좌를 개설하고 당시 조금은 생소했던 긍정심리학 문헌과 평가도구들을 다루면서 다양한 질문과 토론을 통해 하나씩 이해를 깨쳤던 시간이 무척 소중하게 생각된다. 교정 작업을 도와준 권혜경, 김예실, 심미성, 김민정에게 고마운 마음을 전합니다. 또한 흔쾌히 번역 작업을 지원하신 학지사 김진환 사장님과 편집부 이지혜 차장님께 감사드린다.

끝으로 이 작은 노력의 결실이 앞으로 건강한 과정과 긍정심리측정 분야에 관심 있는 분들께 배움의 작은 디딤돌이 될 수 있기를 기대한다.

2008년 8월

역자대표 이희경 드림

한국어판 편저자 서문

오늘 밤에 나의 세 살배기 아들 페리쉬(Parrish)가 감정이 폭발해서 순식간에 즐겁고 행복한 아이에서 격렬하고 사나운 아기괴물로 변해버렸다. 아이의 행동은 점점 안 좋게 변해 갔고 저는 뒤치다꺼리하느라 정신이 없었다. 하지만 곧 '나는 긍정심리학자야. 이 상황을 해결할 수 있어.' 라는 생각을 떠올릴 수 있었다. 바람직한 행동과 그릇된 행동을 이해하기 위해서는 그 개인의 특성과 상황에 대한 정보 그리고 긍정적인 요소와 부정적인 요소 둘 다에 관한 정보가 필요하다. 페리쉬는 때때로 보채고 쉽게 좌절하지만(부정적인 특성) 또한 마음이 따뜻하고 호기심 넘치는 행복한 아이(긍정적인 특성)이다. 어떤 상황에 놓여 있는가가 이 아이의 행동에 지대한 영향을 미친다. 페리쉬에게는 다소 혼잡한 집을 들락날락하는 사람들로 인해 피곤하고 산만해지는 것과 같은 전형적인 스트레스 요인(부정적인 요소)이 이 아이의 일상과 가족, 친구로부터의 사랑과 지지(긍정적인 요소)보다 더 영향을 미치는 것 같았다. 페리쉬의 행동과 상황에 대한 이러한 신속한 평가를 통해 이 꼬마신사가 단지 지쳐서 좀 더 적은 자극과 엄마의 포옹을 필요로 한다는 것을 깨달을 수 있었다. 이윽고 조용한 시간은 취침으로 이어졌고 더 이상 행동을 감독하거나 질책할 필요가 없어졌다.

우리의 자녀, 학생, 내담자를 포함한 우리 모두는 각자 개인적인 강점과 약점 그리고 환경과 상황에 따른 자원과 스트레스 요인을 모두 가지고 있다. 심리학이 약점과 스트레스 요인에 대한 이해를 명료하게 하는 데 훌륭한 역할을 해 왔다면, 긍정심리학은 우리로 하여금 강점과 자원들에 대해 이해하도록 돕는다. 『긍정심리평가: 모델과 측정』의 저자들은 인간의 최상의 특성(강점 및 긍정성)과 이를 둘러싼 자원들을 명명하고 측정 평가하는 방법을 우리에게 알려준다. 최고의 학자 및 상담자들이 쓴 이 책을 한국어로 번역함으로써, 가톨릭대학교 이희경 박사님은 여러분에게 긍정심리학적 평가도구와 실제의 정수를 제공한다. 이 박사님이 긍정심리학에 바치는 열정과 헌신에 감사드린다.

앞으로 여러분의 자녀, 학생 혹은 내담자들이 여러분들을 시험에 들게 하는 행동을 할 경우 그들의 약점뿐 아니라 강점에 대해서, 그리고 스트레스 요인뿐 아니라 상황에 따른 자원들이 무엇인가 생각해 보기 바란다. 이 과정을 통해서 좀 더 철저한 평가와 더 나은 문제해결을 할 수 있게 될 것이다.

네브래스카 주 오마하에서
셰인 로페즈(Shane J. Lopez)

서 문

　『긍정심리평가: 모델과 측정』은 싹트는 혁명, 즉 결함의 관점에서 현상을 설명하는 것으로부터 긍정적인 관점에서 현상을 설명하는 방향으로 변해야 한다는 사고의 혁명을 지지한다. 이 책은 사회과학자들이 향후 세대에게 더 나은 삶의 방식을 제공하는 데 있어 한 단계 도약할 수 있는 개념과 측정 경험의 기초를 제공한다. 각 장들은 긍정적인 성격특성들이 부정적인 것들과 마찬가지로 쉽게 측정될 수 있음을 분명히 보여 주고 있다. 모든 중요한 변화가 측정될 수 있다고 믿는 사람들에게 이 책은 희망을 준다. 나아가 견실한 측정과 연구가 이 긍정심리학 운동을 비합리적 다행증(euphoria)인 일시적 심리학의 유행이 아닌 과학에 근거한 운동이라는 관점을 유지하고 지지하는 유일한 조건이 될 것이다. 이 책은 긍정심리학이 수명이 짧은 움직임이 아닌 그 이상이 되어야 한다는 원칙을 제공한다.

　하나의 학문으로서 긍정심리학은 '저것' 대신 '이것'인 운동이 아니다(Positive psychology as a discipline should not become a 'this' rather than a 'that' movement, 즉 '부정심리학'이 아닌 '긍정심리학이 아니다.'라는 뜻으로 여겨진다 – 역자주). 지난 세기에 안녕보다는 병리학으로 기울어져 있던 심리학에 보다 균형을 가져오는 것은 목표다. 긍정심리학은 인간행동의 나쁜 것을 무시하지 않으면서 자연스럽게 좋은 것을 관찰하는 관점을 격려한다. 긍정심리학의 신조는 '강점을 발달시키고 약점을 관리한다.'일 것이다. 사실 강점의 계발에 초점을 둘 때에도 약점을 교정할 필요가 여전히 보이기는 한다. 하지만 긍정심리학의 지지자들은 인간의 강점을 계발하는 것을 고려하지 않은 상태로 병리를 다루고 연구하는 것을 거절한다.

　사회과학에 긍정적인 것과 부정적인 것에 대한 시각의 균형이 필요하지만, 부정적인 것에 대해 사회가 지나치게 집착하고 있다는 점을 언급하는 것 또한 중요하다. 갤럽조사에서 우리는 미국 전역에 걸쳐 이런 질문을 던졌다. "당신의 아이가 학교에서 A 두 개, B 한 개, C 한 개, D 또는 F와 같은 낮은 점수를 가지고 집에 돌아왔다고 생각해 보자. 이 점수들 중 대화할 가치가 있다고 생각하는 점수는 어떤 것입니까?" 그 결과 대부분(77%)이 가장 낮은 점수에 가장 많은 시간을 할애할 것이라고 응답하였고, 단지 6%만이 A점수에 대해 가장 많은 시간을 보낼 것이라고 대답하였다. 나는 이렇게 '부정적인 것은 고쳐야 한다.'는 편견이 반드시 극복되어야 한다고 믿는다. 이 책은 임상가들과 연구자들에게 강점과 약점에 대한 상보적인 관점을 발전시켜야 할 때 사용할 도구를 제공한다.

Lopez와 Snyder는 유능하고 진지한 연구자들로부터 연구들을 수집했다. 이런 연구들에서 우리는 긍정심리학자들의 연구에 확신을 갖게 되고 또 그들의 업적을 축하한다. 여기에 제시된 연구와 측정도구들은 미래에 고전이 될지도 모른다. 이들은 긍정적 정서, 낙관주의, 정서 지능, 직무 만족, 유머, 몰입 그리고 용서와 같은 분야의 연구에 하나의 기준이 될 수도 있다. 새롭고 긍정적인 언어─감사, 주관적 안녕감, 사랑, 희망─는 학술지를 통해 발전될 것이며, 내용분석은 긍정심리학의 혁명을 측정하는 데 가장 효과적인 방법이 될 수 있다.

이 책의 서문을 쓰게 되어 매우 기쁘다. 이 책은 우리의 문명을 전환하는 것과 새롭고 흥미진진한 삶─아마도 인류의 번영과 평화를 위한─으로 향하는 것에 필요한 일종의 지침서다. 긍정심리학자들은 생산적이고 조화로운 세계를 만드는 인간의 강점이 충분히 존재하고 있음을 견실한 측정을 통해 보여 주면서 그 길을 인도할 수 있다.

Donald Clifton

편저자 서문

"사람들이 잘하는 것에 대해 연구하면 어떨까?" 교육심리학자이며 갤럽의 CEO인 Donald Clifton이 50년 전에 제기한 이 간단한 질문에 대한 답은 사람이 무엇을 잘하는가를 측정할 수 있을 때에만 얻게 될 것이다. 『긍정심리평가: 모델과 측정』은 Clifton 박사의 질문에 답할 수 있도록 여러분에게 이론에 바탕을 둔 측정도구들을 제공할 것이다.

긍정심리학은 인간의 최적 기능에 대한 과학적이고 실용적인 추구다. 사람들을 돕는 전문가가 약점을 보완하고 강점을 확장시킴으로써 그들이 자신의 가능성을 인식하도록 하는 것처럼, 임상가와 연구자도 사람의 최상과 최악을 감지하는 기술을 갖추어야 한다. 추측해 보건대, 대부분의 임상가와 연구자들은 건강과 안녕감을 평가하는 것보다 질환과 병리를 조사하는 것을 더 잘하는 것 같다. 이 책은 전문가들이 측정에 있어 균형을 가져오도록 돕기 위해 쓰였다.

우리는 이 책이 여러분의 생각을 자극하며 여러분의 연구에서 긍정적인 것에 대한 측정을 통합시키는 데 도움이 되길 바란다. 우리는 진정 우리 동료들이 인간 최적 기능에 대한 과학적이고 실용적인 추구를 촉진하게 되길 바란다. 이러한 목적으로 우리는 이 책을 기획하였으며, 이 책은 인간행동의 보완적 관점—긍정적인 것과 부정적인 것 모두 가치 있게 여기는 관점—을 통해 충만한 삶을 추구하는 인간에 대한 포괄적인 이해를 할 수 있음을 보여 준다. 1장과 2장에서는 인간 강점의 특징과 잠재력을 강조하고 전통적인 평가와 진단적 모델의 대안을 제안함으로써 심리학에 대한 균형 잡힌 관점을 도모하고 있다. 3장에서는 긍정심리학과 이에 대한 측정을 다문화적 맥락에서 논의하였다. 4장에서 28장까지는 강점과 건강한 과정, 안녕감 측정 등 연구와 실제에 필요한 자료를 제공하였다. 각 장의 저자들은 심리적 모델에 대해 상세히 기술하고 심리측정적으로 견실한 측정도구를 제안하였다. 마지막으로 29장에서는 긍정심리평가의 미래를 다루고 있다.

우리는 이 책이 긍정심리평가의 과학적인 측면과 예술적인 측면 모두를 잘 보여 주고 있다고 생각한다. 긍정심리학 측정의 실습 모델의 실행(1장과 2장 참조)과 진단적 틀의 수정은 전문가들이 어떻게 심리적 자료를 수집하고 제시할 것인가에 변화를 가져올 것이다. 이 책에서 제공된 측정도구를 사용함으로써 임상가와 연구자들은 인간 행동에 있어 아직 설명되지 않은 부분을 설명하는 데 도움을 받을 수 있을 것이다. 가장 중요한 것은 이 책이 인간 경험의 긍정적 측면에 흥미를 갖도록 독자들을 자극한다는 것이다. 이 책을 읽음으로써 그러한 관심이 증가하고, 이 책에서 제기한 모델을 잘 측정하는 또 다른 도구는 없는지, 또 이 책에서 제기하지 않은 다른 모델과 측정도구가 있을 가능성은 없는지 의문이 생길 수 있을 것이다. 우리는 이 책에서 어떤 구성개념과 과정들이 강조되어야 하는가에 대한 질문들과 씨름했기 때문에 여러분의 그러한 질문을 예상하고 있다. 궁극적으로 우리는 그동안 잘 연구된 인간의 강점과 이론에 근거하고 경험적으로 검증된 건강한 가정, 삶의 만족 그리고 환경을 적용 범위에 포함시키기로 결정했다. 목차를 살펴보면 알 수 있듯이, 인간 강점을 측정하는 모델과 도구들은 풍부하다. 따라서 이 책에서 강조한 20개의 인간 강점을 구성하기 위해서 범주들(인지 모델과 측정, 정서 모델과 측정, 대인관계 모델과 측정, 종교 및 철학적 모델과 측정)을 개발했다. 다시 말하면 건강한 인간과정, 긍정적 결과 그리고 환경을 기술하는 모델과 측정도구들을 적는다(관련된 측정은 4부에서 언급되어 있음). 우리는 좋은 삶으로 이끄는 환경과 과정에 대한 이해를 증진시키는 데 독자들이 기여해 줄 것을 기대한다.

우리와 입장을 공유하고 지지해 주는 분들에게 드리는 감사

모든 새로운 접근은 변화를 위험으로 생각하지 않고 삶의 주어진 부분으로 보는 소수의 중요한 사람들의 도움과 지지를 통해 가능하다. 이는 캔자스 대학교 Respective Department에 있는 우리 동료들에게도 해당된다. 그들이 준 도움은 무조건적이었다. Susan Reynolds와 Venessa Downing처럼 APA의 편집자도 이 모험에 자신들의 도움을 아끼지 않았다. 일류 출판인의 든든한 지지 없이는 이 책이 존재할 수 없었을 것이다.

많은 분들이 이 책에 나와 있는 생각들에 영향을 주었으며, 우리는 그분들의 업적에 대해 언급하고 싶다. Donald Clifton은 네브래스카 대학교 Selection Research

International과 Gallop Organization에서의 연구를 통해 긍정심리평가의 존재를 세상에 드러내 보여 주었다. Beatrice Wright의 학문, 창의성과 열정은 수년에 걸쳐 우리에게 영향을 주었다. 포괄적인 평가(comprehensive assessment)에 대한 그녀의 생각은 우리의 작업에 반복적으로 반영되었다. Karl Menninger가 그의 저서 『필수적 균형(*The Vital Balance*)』에서 표현한 생각 또한 그렇다. 우리는 Karl이 긍정심리학 운동의 주창자라고 생각한다. 수많은 다른 학자들도 이 책이 탄생하는 데 공헌하였다. 우리는 자신들의 전문성을 이 책에 쏟아 준 학자들과 수년간 우리에게 인간의 강점을 가르쳐 준 학생들에게 빚이 있다.

특별히 Heather Rasmussen에게 감사를 드린다. 이 책을 구성하는 2년여 동안 그녀가 한 편집 일은 매우 소중하였다. 그녀는 긍정심리학의 미래다.

끝으로, 이 일에 헌신할 수 있도록 허락해 준 우리 가족에게 감사드린다. 긍정심리학에 대한 매료를 이해하고 공유해 준 Allsion과 Rebecca에게 감사를 표한다.

차 례

01 긍정의 추구

02 인지적 모델과 측정도구

03 정서적 모델과 측정도구

04 인간관계 모델과 측정도구

$\mathcal{O}5$ 종교 및 철학적 모델과 측정도구

전 망

긍정의 추구

CHAPTER 01

필수적 균형 이루기
긍정심리평가를 통한 인간의 약점과 강점에 대한 보완적 초점의 발달

웅장한 나무 탁자로 가득 차 있는 커다란 홀로 들어간다고 상상해 보자. 탁자 위에는 크고 작은 수천 개의 저울과 수백 개의 낡아빠진 자(척도)들이 놓여 있다. 오래된 약점의 이름들을 새겼던 자(척도)들을 이용하여 당신 삶의 성공을 측정해 보자.

이번에는 두 배나 많은 자들이 놓여 있는 두 번째 홀을 상상해 보자. 이 홀에는 인간의 약점을 재는 모든 자들과 별로 쓰이지 않았던 인간의 강점의 이름들이 붙어 있는 자들이 있다. 이같이 거대한 척도체계가 삶과 안녕감의 본질적인 모든 성질들을 측정한다. 지금 당신 삶의 성공을 측정하라.

두 번째 홀의 측정체계가 삶의 성공을 측정하는 데 있어서 활기찬 균형을 맞추도록 도움을 줄 것이다. 사실 심리학은 다양한 이론적 배경을 가지고 있으며, 인간의 강점에 대한 심리측정적으로 건전한 측정도구들을 제공해 왔다. 그러나 구성개념의 조작화와 측정도구의 개발을 포함하는 긍정심리학의 최근의 발전에도 불구하고 이러한 심리측정적 진전에 대한 저서들은 아직 완성되지 않았다. 이것이 이 책을 쓰게 된 동기다.

---

*Shane J. Lopez, C. R. Snyder, and Heather N. Rasmussen

인간의 강점과 약점에 대한 보완적인 초점을 향하여

행동과학자와 정신건강 전문가들은 인간행동에 관한 의문을 제기하면서 인간의 삶에서 무엇이 기능하고 무엇이 기능하지 않는지에 대해 탐구해 왔다. 강점과 약점의 존재 그리고 그들 간의 관련성을 결정하는 것이 인간의 기능에 대한 이론을 발달시키게 하며 치료에 대한 권고사항을 만들 수 있게 하였다. 우리는 과학과 심리학이 일상생활에서의 문제와 정신병리를 확인하는 쪽으로 편향되어 있다고 주장한다. 따라서 우리는 사람들이 어떻게 문제를 해결하고 증상을 완화시킬 수 있는지에 대해 많은 것을 알고 있다. 그러나 최적의 기능(optimal functioning)에 관한 해부학이나 인간의 강점을 고양시키는 것에 관해서는 별로 아는 게 없다. 그러므로 서론 부분에서 긍정심리학의 초석으로 간주되고 있는 인간의 강점을 확인하는 것과 관련된 개념적인 논제들을 다루고자 한다. 우리는 이러한 인간의 강점이 실재하며 그것을 찾아내는 것이 훌륭한 과학과 실무의 중요한 부분이라고 주장한다. 또한 우리는 보편적인 측정 절차의 단점을 확인하고, 측정의 새로운 모델과 단점을 극복하기 위한 구체적인 정보를 제시할 것이다.

개념적 및 실제적 논제

우리는 이 책의 독자들이 그들의 연구계획이나 실무에서 '인간의 최선(the best in people)'을 완전히 무시해 왔다고 생각하지는 않는다. 그러나 이 책을 읽고 나면 아마 인간의 강점과 건강한 과정에 초점을 맞추게 될 것이다. 인간의 잠재력에 대한 초점을 증가시킴으로써 당신의 학문적 탐구나 실무를 발전시키려는 노력에서 우리는 하나의 경고를 제공할 필요를 느낀다. 즉, 당신의 동료 및 보험회사, 학술지 편집자, 연구비 심사위원 등은 인간 강점의 확실성과 효력에 대해 질문할 것이다. 더구나 그들이 인간의 강점을 실재하는 것으로 받아들인다 하더라도 이 애매한 구성개념이 신뢰성 있고 정확하게 측정될 수 없다고 주장할지도 모른다. 마찬가지로, 특정한 강점이 어떻게 측정되는가를 입증할 수 있다 하더라도 인간의 강점을 약점과 균형 맞추어야 할 것이다.

더욱이 인간의 강점을 약점과 병리의 강력한 효과와 비교하여 강점의 우월성에 대한 정보를 구체화하라고 요구받을 수도 있다. 우리는 임상 실제와 연구 프로그램에서 이러한 논제들에 직면해 왔다. 다음에서는 이 문제를 간략하게 다룰 것이다.

인간의 강점은 약점이나 사회적 바람직성과 같이 실재하는 것이다

Galton이 정신측정을 하고 Freud가 정신역동 과정에 주의를 기울이기 오래전부터 심리적 현상에 대한 논의가 있어 왔다. 우리의 연구에서는 고대 그리스와 동양의 철학, 성경, 역사적인 설명 그리고 단어의 언어적인 기원들이 인간 강점에 관한 중요한 정보를 제공하고 있다는 것을 발견하였다. 우리는 심리적 강점에 관한 주제가 인류의 기원만큼이나 오래되었다고 주장한다. Schimmel(2000)은 이 점을 간파하고 긍정심리학자들이 그들의 뿌리를 고대 철학과 종교 서적에서 찾아야 한다고 권고하였다.

그러나 '인간의 강점은 시간만큼 오래되었다.'는 주장은 늘 우리의 동료들을 확신시키지 못하고 있다. 이 복잡한 논제에 대해 Seligman은 다음과 같이 기술하였다.

사회과학이 인간의 약점과 부정적인 동기―불안, 욕망, 이기심, 의심, 분노, 장애, 슬픔―를 확실한 것으로 보는 반면, 인간의 강점과 미덕―이타주의, 용기, 정직, 의무, 기쁨, 건강, 책임, 활기―을 파생적이고 방어적이거나 또는 완전한 환상으로 보게 되면서 어떤 일이 벌어지고 있는가?(1998: 9)

인간의 강점에 대한 확실성의 입증이 주관성에 뿌리를 두고 있다 하더라도, 인간 강점의 효력은 좀 더 객관적으로 결정될 수 있다. 사실 우리는 그 효력에 관한 질문에 직접적으로 답할 수 있다. 예를 들면, 인간의 강점은 건강과 행복 그리고 적절한 기능을 하는 데 능동적이고 중요한 역할을 하는가? 우리는 이 질문에 경험적으로 답할 수 있다고 생각한다. 인간의 강점을 다루는 방대한 문헌이 있으나(Snyder & Lopez, 2002; Snyder & McCullough, 2000), 다음의 세 가지 예가 강점을 이해하는 데 도움이 될 수 있다. 첫째, 높은 희망 수준은 학문이나 스포츠뿐만 아니라 정신치료와 신체적 건강에서 더 나은 수행을 가져온다. 둘째, 다양한 대처방식을 가진 대학생들은 잠재적으로 스트레스를 주는 사건을 위협보다는 도전으로 지각하며, 그들의 문제에 이성적이고 효과적으로 접근하는 효율적인 대처기제를 사용한다. 셋째, 사회적 관계(social connection) 능력은 사망률을 낮추고 전염성 질병에 대한 저항력을 증가시키며, 심장병 발병률을 줄이고 수술 후의 회복을 빠르게 한다(Salovey, Rothman, Detweiler, & Steward, 2000). 이러한 설명은 일상생활에서 희망, 대처, 관계의 강점을 이용하는 것에 초점을 두고 있기 때문에, 언급할 수 있는 많은 자료로부터 이러한 결과를 모을 수 있다. 더욱이 이러한 강점은 면역 억제, 건강에 대한 성과, 사망률에까지 관련되어 있다.

역사학이나 과학에서 말하는 것처럼 인간의 강점은 인간의 약점처럼 실재한다. 그러나 사회적으로 바람직한 정보에 반응하려는 응답자의 경향에서 이러한 강점을 정확하게 측정할 수 있는가? 그 대답은 단순하지 않다. 본질적으로 여기에는 세 입장의 학파가 있다. 첫 번째는, 반응에서 긍정 편향을 측정하고 통계적으로 통제할 수 있다고 주장하는 입장이다. 두 번째는, 사회적 바람직성이 주어진 개념의 실제적인 내용이라는 것을 보이면서 긍정 편향을 유지할 것을 주장하는 입장이다(Taylor & Brown, 1988). 세 번째는, 강점에 대한 사람들의 주관적인 보고는 그 보고의 객관적인 정확성보다 의미 있는 분석의 자료를 제공한다고 가정하는 입장이다. 사회적 바람직성이 강점에 대한 신빙성을 약화시킨다는 주장과 도와준다는 주장 그리고 관계없다는 주장은 강점에 대한 개인들의 보고의 정확성을 고려할 때 설명되어야 한다. 사회적 바람직성이 혼입(混入)이라는 전통적인 견해는 더 이상 광범위하게 받아들여지지 않는다. 대부분의 학자들은 긍정적인 자기제시가 교정되거나 버려질 수 없는 부분이라고 믿는다.

오직 약점에만 초점을 둠으로써 심리학자들은 균형으로부터 벗어난 측정과정을 지속시켜 왔다. 우리는 심리평가의 단점을 밝히고, 긍정심리평가의 실무모형을 기술하며, 이러한 불균형을 어떻게 해결하는가에 관한 정보를 제공하고자 한다. 즉, 인간의 삶에 대해 좀 더 균형 잡힌 견해—인간과 환경의 약점과 강점 사이의 활기찬 균형—를 가지도록 연구자와 전문가를 격려하고자 한다.

긍정심리학의 조망

역사적으로 학자들과 상담이론가들은 인간행동의 자연적 상태에 대해 주장해 왔다. 이러한 상태에 대한 암묵적 이론들을 밝히기 위하여 우리는 독자들이 연구 참여자와 내담자, 동료, 자녀 그리고 그들 자신과 그들이 되기 원하는 사람들에 대해 만들어 내는 가정들에 대해 생각해 볼 것을 격려하고 있다. 인간행동에 대한 조망은 심리학적 자료의 수집방식을 결정한다.

정보수집 방식에 따라 심리적 약점, 심리적 강점 또는 이들의 조합을 반영하는 자료를 산출할 수 있게 된다. 이러한 조합, 즉 보완적인 지식체계는 보편적인 심리평가의 실제적인 단점을 해결하는 데 도움을 줄 수 있다. 우리는 초기에 가정을 세우고 긍정과 부정 모두를 조망·수용하는 것의 효과를 보여 줄 것이다.

사람들이 새로운 자극에 노출되었을 때 무엇을 볼 것인가를 결정하는 것은 무엇인가? [그림 1-1]을 보고 제시된 그림이 무엇으로 보이는지를 메모하라. 당신은 무엇을 볼 수 있는가?

대부분의 사람들은 토끼(또는 쥐나 다람쥐)나 새(예: 오리, 거위, 독수리) 또는 둘 다를 본다. 보이는 것을 결정하는 것은 확실히 일부 시각적인 조사과정을 포함하지만, 좀 더 기본적인 수준에서 반응에 영향을 주는 것은 경험이다. 이와 유사하게, 사람이 다른 사람을 만날 때 보게 되는 것도 경험에 의해 영향을 받는다. 전문적인 영역에서는 훈련 역시 무엇이 보이는지를 결정한다. 훈련을 받는 패러다임은 인간행동에서 무엇이 보이는지를 결정하고 인간의 변화에 긍정적으로 영향을 주게 되는 방식을 결정한다.

당신은 이 그림을 처음 두 번 얼핏 봤을 때 쥐와 새를 동시에 볼 수 있는가? 당신은 지금도 그 둘 다를 볼 수 있는가? 당신은 쥐와 새 사이에 지각적 이동을 할 수 있는가? 일단 당신이 그 둘을 보게 되면 보는 것 사이를 왔다갔다 하는 것은 쉬워질 것이다. 이 책을 읽은 다음 당신은 어떤 존재의 긍정적인 측면과 부정적인 측면 두 가지를 보는 것이 쉬워지고, 심리학과 심리과학의 보완적인 견해들 사이를 왔다갔다 할 수 있고 통합할 수 있게 될 것이다.

그림 1-1 무엇이 보입니까?

긍정심리평가: 연구의 보완적인 초점을 향하여

앞서 언급한 바와 같이 사회과학자들은 정신질환과 그 치료에 대해 연구해 왔다. 즉, 인간의 약점에 관한 건전한 과학을 발전시켜 왔다. 정신질환의 개념과 경험을 이해하기 위해 사용되어 왔던 것과 동일한 접근법과 도구의 유형들이 강점의 잠재적 요소들을 밝히고 측정하는 데도 사용될 수 있다. 인간의 강점, 건강한 과정 그리고 성취를 어떻게 밝혀 내느냐에 관한 아이디어를 공유하는 과정에서, 우리는 최적의 인간 기능에 대한 학문적인 탐구를 수행할 때 다뤄야 하는 다음과 같은 중요한 논제들을 확인하고자 한다.

- 인간의 강점, 건강한 과정 그리고 성취에 대한 검토의 맥락을 설명하라.
- 약점에 대한 가설을 검증하는 것과 강점에 대한 가설을 검토하는 것 사이의 균형을 맞춰라.
- 건강한 과정들의 역동을 설명하는 측정 절차를 이용하고 개발하라.
- 자기실현의 보편성을 고려하라.

인간 강점의 측정

인간의 최선을 이해하려고 노력했던 심리학자들에 의해 인간의 많은 심리적 강점들이 조작적으로 정의되어 왔다. 이 책에서 저자들은 특정한 인간 강점에 대한 개념화를 제시하고 있으며, 관찰기법 및 생리적 측정도구, 척도, 도구, 면접, 이야기 기법 등의 심리측정적 속성과 임상적 유용성을 검토하고 있다. 우리는 저자들에게 그들의 측정도구들에 대한 이론적인 토대를 밝혀 주기를 요구해 왔으며, 현대의 엄격한 측정 기준에 비추어 그들의 측정 전략을 비판해 줄 것을 요구해 왔다. 우리가 추정하기에 그들은 미래 연구와 실제에 정보를 줄 수 있는 평가 전략뿐 아니라 표준 측정도구를 드러나게 하는 데에 탁월한 기여를 하였다. 강점에 대한 기존의 조작적 정의에서 애매성이 무엇이든지 이 장을 쓴 저자들에 의해서 또렷해지고 명료화되었다.

강점에 대한 이러한 많은 측정도구들은 이론적인 근거를 가지고 있다. 따라서 설명적인 모델(질병을 저지시키는 완충과정을 묘사하는 것과 강점이 건강한 발달을 어떻게 촉진시키느냐를 구체화하는 모델과 같은)에 포함시킬 수 있다. 더 나아가서, 강점의 측정에서 진보는 역치 효과(예: 어느 정도의 강점이 특정 사람에게 이익을 가져다주는 데 충분한가)와 긍정의 배가 효과(예: 네 가지 강점의 결합이 두 가지 강점의 결합보다 두 배 이상의 효과를 나타내는가)를 검토하는 데 필요한 도구를 제공하게 될 것이다.

인간의 강점을 연구하는 과학자들은 어떻게 강점이 나타나는지를 결정하는 환경적 또는 맥락적 영향에 민감해야 한다. 좀 더 정확하게 말하면, 연구자들은 인간과 환경(그리고 문화) 간 상호작용의 본질을 밝혀 내려는 시도를 해야 한다. 이 점에 대하여 Menninger와 그의 동료들(Menninger, Mayman, & Pruyser, 1963)은 삶에서의 성공에 대한 척도는 "개인이 자신과 환경에 적응하려는 상호 노력에 대한 만족도"(p. 2)라고 언급하였다.

우리가 연구자들에게 강점에 대한 탐색을 맥락으로 설명하라고 상기시킨 것처럼(즉, 강점의 발현은 환경과 문화적인 변인에 달려 있다), 우리는 또한 긍정과 부정을 고려하는 어떠한 연구에서도 균형을 유지하라고 상기시키고자 한다. 다시 말해, 인간의 강점에 관한 가설 검증은 인간의 약점에 관한 가설을 검증하려는 노력과 균형을 이뤄야 한다.

건강한 과정의 측정

인간의 건강한 과정은 적응, 성장, 자기실현을 촉진시키는 역동적인 삶의 방법이다. 이러한 과정의 역동적이고 유동적인 본질은 그것을 관찰하고 조작화하는 것을 어렵게 한다. 긍정적 과정(예: 숙달의 성취, 탄력성이 있는 것)의 에너지를 이용하는 것에는 아직도 많은 노력이 필요하지만, 대처를 연구하는 학자들은 그래도 건강한 인간과정에 대한 이해를 발달시키는 데 많은 진보를 이룩해 왔다.

과학자들은 건강한 과정을 밝히려는 노력의 일환으로, 아마도 병적인 과정의 복잡성을 명료화하기 위하여 사용된 측정도구들을 활용할 수 있을 것이다. 더욱이 건강한 과정의 좀 더 역동적인 측정도구들을 개발하고 보완하는 것은 사람들이 성취에 도달하기 위한 경로를 밝혀 낼 수도 있을 것이다. 예를 들면, 경험표집 방법(피험자들의 감정이나 행동을 지필이나 컴퓨터로 기록하게 하기 위해 호출기나 경보기를 통하여 자극함으로써 그 순간의 자료를 모으는 방법)의 사용은 인간이 어떻게 삶의 사건들을 다루는가를 보여 주는 많은 자료를 제공해 주었다. 사회측정 절차 역시 삶에서 무엇이 작용하는가를 확인하기 위해 피검자가 몸담고 있는 공동체(예: 집단, 팀, 회사, 이웃)의 구성원들에게 질문함으로써 인간과정의 360도 평가로 불리는 것을 만들어 냈다.

자기실현의 측정

우리는 많은 사람들이 추구하는 안녕감, 의미 있는 일, 사랑, 사회적 연대 등과 같은 훌륭한 삶의 측면들을 설명하기 위하여 '자기실현(human fulfillment)'이라는 문구를 사용한다(자기실현은 사람들에게 공허감을 느끼게 하는 삶의 공백과 대비된다). 자기실현은 그 양상이 꽤 복잡해서 조작화하기가 어렵다. 자기실현과 훌륭한 삶을 풀어 내는 것은 과학적 발전을 위해 필요하다. 왜냐하면 이러한 결과는 궁극적으로 우리가 예측하고자 하는 것이기 때문이다. 자기실현은 긍정심리학자에게 흥미를 주는 준거 변인이다.

훌륭한 삶을 조작화하려는 학자적인 노력은 고상한 것으로 간주될 수 있지만, 훌륭한 삶의 정의를 추구하는 것에는 사회정치적인 혼입이 따른다. 보편적인 자기실현은 존재하지 않을 수도 있으며, 최적의 성과는 문화에 따라서 미묘하게 차이가 날 수도 있다. 그러므로 우리는 어떤 사람에게는 유익하고 어떤 사람에게는 해로울 수 있는 삶의 방식들을 처방하는 수단으로 연구를 이용할 필요가 없다(Lopez et al., 2002).

가장 긍정적인 성과를 정의하는 데서 오는 염려와 복잡성에도 불구하고, 이러한 노력은 긍정적 사회과학을 진보시키는 데 필수적이다. 아마 필요한 가장 의미 있는 자기실현은 최적의 정신건강일 것이다. 일단 우리가 최적으로 기능하는 것이 무엇인지를 조작적으로 정의할 수 있으면, 우리는 그것을 긍정심리학에 가장 흥미로운 준거 변인으로 설정할 수 있을 것이다.

긍정과 부정의 특징, 과정 및 삶의 성과 간의 상호작용

심리적 기능에 대한 과학적인 가설 검증을 할 때는 적어도 6개의 차원이 고려되어야 한다. 연속선상의 부정적인 끝에는 특성, 과정 및 성과가 약점, 병적 과정 그리고 공허감으로 표상된다. 이에 맞추어 긍정적인 끝에는 강점, 건강한 과정 그리고 자기실현이 균형을 이루고 있다. 대부분의 연구의 초점이 6개의 변인 전체를 조작하는 것이 아니라, 이러한 각각의 변인이 사람들의 환경 맥락에 어떻게 구현되고, 그것이 다른 것의 존재에 의해 어떻게 영향을 받는가를 고려하는 것이 중요하다. 최적의 인간 기능에 관한 지식을 발전시키기 위해 노력하는 재능 있는 연구자들은 끊임없이 변화하는 환경적인 맥락 내에서 이 6개의 변인 모두의 상호작용을 다루어야 할 것이다. 이러한 연구는 전문가들에게 인간의 변화과정에 대한 좀 더 정교한 개념화를 발전시키는 데 필요한 정보를 제공하게 될 것이다.

긍정심리평가: 실무에서의 보완적인 초점을 향하여

실무 전문가들은 수십 년 동안 인간의 강점을 측정하는 데 관심을 가져 왔다. 상담가와 학교 상담가들은 아동들이 성공적으로 변화를 수행하고 그들의 삶을 변화시키는 방법을 추구하는 발달적 관점에서 접근하고 있다. 일부 상담심리학자들은 'hygiology' (Super, 1955)에 동의하고 있는데, 이것은 개인들이 개인적이고 사회적인 자원과 적응적인 경향성들을 효과적으로 이용하는 데 도움을 받을 수 있도록 그것들을 찾아내고 발전시킴으로써 비정상적인 개인들에게조차 정상성을 강조하는 것이다. 재활 및 건강 심리학자들은 신체적 변화에 대처하고 질병으로부터 회복하며 장애에서 이득을 발견하는 데 필요한 원천들에 초점을 둔다. 강점 조망을 갖고 활동하는 사회사업가는 각 사례에 관한 결정을 내릴 때 약점과 강점에 관한 정보 모두에 가치를 둔다(Hwang & Cowger, 1998).

이러한 실무 분야에서 일하는 전문가들은 자신들이 내담자에게서 확인한 강점의 가치를 강조한다(예: Saleebey, 2001; Wright & Fletcher, 1982). 그럼에도 불구하고 여기에는 표준 평가과정과 관련된 내재적인 문제가 있다. 사실 내담자의 문제와 적응을 다루는 기관에서 이루어지는 평가 절차의 공통적인 두 가지 한계는 환경적 측면에 충분한 주의를 기울이지 않고 기능의 부정적인 측면에 집중한다는 것이다(Wright & Fletcher, 1982: 229). 연구자들과 임상가들이 부적 편향을 가지고 종사하기 때문에 심리학에서 부정적인 것에 대한 초점은 영속화되는 것 같다. 부정적인 것의 강조에 대한 설명은 다음과 같다.

- 내담자의 현재 문제는 부정적으로 간주되고, 따라서 원인과 결과에 대한 추론도 부정적일 것이다.
- 상황과 격리된 개인(심리학자/상담가/사회사업가)은 그 상황에서 직접적으로 영

향을 받는 사람(연구 참여자/내담자)보다 어려운 상황에서 더욱 부정적으로 지각하게 된다.

평가에서 환경에 대한 무시는 수십 년 동안 있어 왔다. 아직도 연구자들이나 임상가들은 행동에서 환경의 역할을 조사하고 그것을 평가하는 점에서 불충분하다. 이것은 바로 다음과 같은 이유 때문이다.

- 전문가들의 의사결정은 기본적 귀인 오류에 의해 영향을 받는다.
- 전문가들은 희생자를 비난함으로써 인간의 곤경을 정당화한다.
- 인간은 주의를 끌게 되며, 환경은 애매하고 접근하기 어렵다.

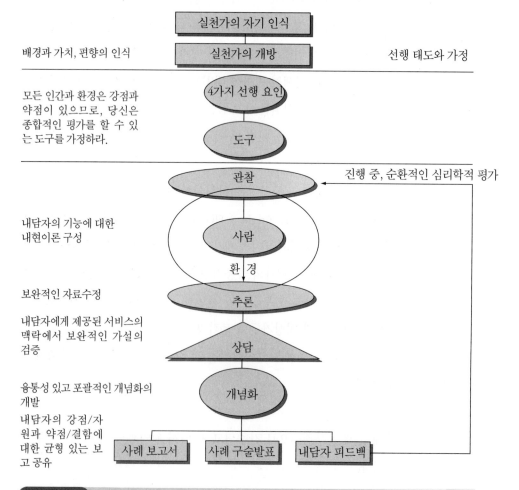

그림 1-2 긍정심리평가의 실천 모델

• 환경은 평가하기가 어렵다(이 책의 28장을 보라).

그럼에도 불구하고 인간과 환경의 강점과 약점을 평가하는 데 관심을 가진 사람들은 긍정적인 것에 관한 자료를 모으기 위한 전략적인 접근을 확립하지 못해 왔다. 이러한 공백을 메우기 위해 우리는 긍정심리평가의 실무 모델을 발전시켜 왔다. [그림 1-2]는 내담자를 대할 때 우리가 사용하는 평가 접근을 묘사하고 있다. 이 모델은 과학자로서 상담가에 대한 Pepinsky와 Pepinsky(1954)의 견해 그리고 Spengler, Strohmer, Dixon 및 Shiva(1995)의 평가과정에 참여하는 전문가를 위한 '인지도'로 기술되고 있는 심리평가의 과학자–전문가 모델에 토대를 두고 있다. 이와 유사하게 우리는 독자들이 그것의 각 측면을 기술한 모델을 통해 나아가기를 격려하고 있다. 이 절의 제목이 우리 접근의 단계와 대응된다는 것에 주목하라. 처음 두 단계는 접근의 국면으로, 이 기간 동안 전문가들은 평가과정에 영향을 줄 수 있는 경험, 가치, 편향 및 가정(전체적으로 필수적인 태도와 가정으로 일컬어지는)을 재검토함으로써 포괄적이고 과학적인 평가 단계를 확립한다. 순환적으로 진행되는 평가과정은 이 접근의 두 번째 국면이다. 이것은 상담이 진행되는 동안 내담자 자신의 변화과정에 대한 더 나은 이해를 발달시키는 많은 단계들로 구성된다.

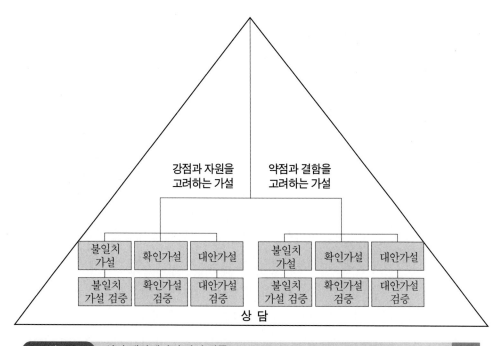

그림 1-3   상담 맥락에서의 가설 검증

우리 모델의 독특한 측면은 강점과 약점의 보완적인 가설에 대한 초점, 내담자 기능에서 환경적인 영향에 대한 주의, 균형 있고 포괄적인 내담자 자료를 수집하는 틀, 균형 잡힌 자료를 내담자와 동료와 공유함으로써 촉진되는 사실 확인 등이다. 이 모델은 또한 상담과 평가과정이 교묘하게 연관되어 있는 과정이라는 것을 보여 준다. 이 접근의 개방적이고 융통성 있으며 자기 교정적인 성질은 고유한 것이 아니다(유사한 융통성을 가진 모델로 Spengler et al., 1995를 참고하라).

배경, 가치 및 편향의 인식

이 장의 앞부분에서 언급한 바와 같이, 경험은 무엇을 보느냐에 영향을 준다. 개인적 배경, 인생을 통해 발달된 가치 그리고 모든 의사결정 과정의 부분이 되는 편향은 내담자와 함께 작업하면서 얻게 되는 정보에 대한 필터 역할을 한다. 배경, 가치 및 편향이 평가과정에 어떻게 영향을 주는가를 인식하는 것은 모든 전문가들이 추구해야 하는 목표다. 개인적 경험과 태도의 효과를 중화하거나 편향을 탈피하는 것은 바람직한 목표로 간주될 수 있다. 그러나 모든 평가과정이 본래 흠을 가지고 있다는 점에 주목하는 것이 중요하다. 이것이 이 모델의 자기 교정적인 성질을 가치 있게 만든다.

임상과학자(Strcker & Trierweiler, 1955) 또는 과학자며 상담가(Pepinsky & Pepinsky, 1954)로서 우리는 행동에 대한 모든 설명에 대해 개방적이다. 사실 우리는 가장 복잡한 행동에 대한 가장 단순한 설명과 가장 단순한 행동에 대한 가장 복잡한 설명 그리고 둘 사이에 있는 모든 것들을 고려해야 한다. 행동의 평가에 영향을 줄 수 있는 가치와 편향은 명시되어야 하고, 성격에 관한 내현적인 이론들은 좀 더 철저하게 정의되어야 한다.

모든 인간과 환경은 약점과 강점이 있으며 포괄적인 평가를 수행할 수 있는 도구를 가지고 있다는 가정

실무에서 보완적인 초점을 발달시키는 것은 전문가들에게 특정한 신념과 직업적인 자원에 대한 인식을 갖출 것을 요구한다. 특히 전문가들은 모든 인간과 환경이 강점과 약점을 모두 갖고 있다는 것을 가정해야 한다. 이러한 가정을 하는 이유는 단순하다. 인간은 그들이 존재하고 있다고 믿는 것만을 찾기 때문이다.

강점과 자원에 대한 인식에 있어서 우리는 독자들이 이 책의 말미에 이르면 전문가

들이 가장 최선을 찾아내도록 고안된 도구를 갖추고 있다는 것을 확신하게 되기를 바
란다. 병리를 찾아내는 데 사용되는 도구들과 여기서 제시하는 도구들을 결합하면 균
형 있고 포괄적인 평가를 수행하는 것이 가능하게 될 것이다.

내담자 기능에 대한 내현적인 이론의 구성

평가과정은 임상가가 내담자의 이름을 일정표에서 보게 될 때 시작된다. 이러한 자
료를 통해 성(性)과 민족에 대한 추측이 이루어진다. 접수면접 기록을 살펴보면 첫 회
기의 접근에 영향을 줄 수 있는 어느 정도의 자료를 얻을 수 있다. 내담자의 행동(환경
에 의해 긍정적으로 또는 부정적으로 영향을 받는)에 대한 관찰과 함께, 이러한 자료들은
내담자 기능에 대한 다면적이고 내현적인 이론—내담자의 기능에 대한 무의식적인
가정을 반영하는 이론—의 첫 단계로 사용된다.

내현적인 이론을 구성하는 것은 전문가들에게 내담자 환경의 맥락에서 내담자를
관찰하도록 요구한다. 대부분의 전문가들은 가정, 학교 또는 직장에서 내담자와 상호
작용하지 않는다. 그러나 그들은 내담자가 제시하는 것을 맥락으로 설명하는 능력(내
담자의 기능이 어떻게 환경과 문화적 변인들에 의존하는지를 결정하는)이 있다. 즉, 모델이
기술하는 것처럼 전문가들은 내담자가 자신의 환경에서 어떻게 기능하는가를 관찰한
다. 이를 위해 전문가는 내담자가 경험하는 세계에 더욱 민감해지기 위하여 내담자
맥락의 경계를 초월해야 한다.

내현적인 이론의 구성에서 그다음 초점은 내담자의 심리 상태와 변화 능력에 대한
추론을 맥락으로 설명하는 것이다. 이러한 추론은 내담자의 기능과 연관된 모든 영역
의 변인들에 초점을 맞추어야 한다. 네 가지 방향에 따라 추론하는 것과 그 방향에 따
라 자료를 모으는 것은 내현적인 이론을 구성하는 본질적인 측면이다.

Wright(1991; Wright & Lopez, 2002)의 네 가지 방향 접근은 실무 장면에서 긍정적
인 심리평가에 핵심적인 자료수집과 조직화 방법으로 간주된다. 내담자의 상태와 성
장 경향성에 대한 관찰에 있어서 전문가들의 노력은 다음과 같이 시작되고 조직화된
다. (1) 내담자의 기본적인 특성을 확인하고, (2) 내담자의 강점과 장점을 확인하고,
(3) 환경에서 결핍이나 파괴적인 요인들을 확인하고, (4) 환경에서 자원과 기회를 확
인한다. 전문가들은 다음의 네 가지 질문에 대한 반응을 수집하여 이러한 접근을 촉
진시킨다. (1) 어떠한 결핍이 이 사람의 문제를 가져왔는가? (2) 어떠한 강점이 이 사

35

람의 삶을 효과적으로 기능하도록 했는가? (3) 어떠한 환경적 요인이 건강한 기능에 장애가 되는가? (4) 어떤 환경적 요인이 긍정적인 기능을 촉진시키는가? 이러한 네 가지 방향에 따라 비공식적으로 자료를 모으는 전문가들은 공식적인 임상적 가설로 직접 검증될 수 있는 좀 더 복잡한 추론들을 생성하는 경향이 있다.

보완적인 자료의 수집

과학적 방법론을 엄격하게 고수하기 위해서는 가설을 명백하게 진술하기 전에 공식적인 자료들을 수집해서는 안 되지만, 임상 활동은 정해진 단계를 밟아가는 경우가 드물고 다양한 단계가 동시에 전개되는 과정이다. 사실 우리는 추론이 임상 자료를 통해 이루어지고 환자의 기능에 대한 내현적인 이론이 구체화된다는 것을 믿고 있다. 그리고 이론이 만들어지면 네 가지 방향에 따라 전략적이고 공식적인 자료수집 시도가 촉진된다. 자료를 모으는 이러한 노력은 처음부터 구체적인 가설과 직접 관련되지 않을 수 있지만, 내담자에 대한 내현적인 견해는 시간이 지남(아마 1회기 과정을 지나서)에 따라 좀 더 명백해지고, 공식적인 가설(이러한 가설에 대한 불일치나 대안 형태)들은 더 정교화되고 직접적으로 검증된다(뒤의 '상담의 맥락에서 보완적인 가설의 검증'에서 논의되고 있다).

보완적인 자료의 전략적인 수집은 약점을 찾아내는 표준화된 방법(반구조화된 면접, 증상 체크리스트, 객관적 및 투사적 성격검사)과 강점을 찾아내는 새로운 수단을 사용하는 방법을 포함하고 있다. 또한 자료수집에 대한 균형 잡히고 보완적인 접근은 환경적 자원과 결핍의 확인을 포함한다. 인간의 약점을 발견하는 것은 평가에 관련된 대부분의 책들에서 주요 주제이기 때문에, 이 책에서는 강점에 대한 공식적인 측정도구들을 주로 제시한다. 환경적인 평가는 29장에 제시되어 있으며, 이후의 논의는 강점에 대한 평가에 제한하고자 한다.

'무엇이 당신의 강점인가?'와 그것을 넘어서: 인간의 강점을 찾아내는 비공식적인 방법

Wright와 Fletcher(1982)는 전문가들이 내담자에게서 긍정적인 측면을 밝히지 않은 채 오로지 문제만을 확인하는 것이 현실을 왜곡하는 것이라고 지적하였다. 다시 말해서, 전문가들은 내담자를 면접할 때 문제와 함께 장점도 파악하려고 노력해야 한다. Saleebey(1996)는 모든 인간은 자신의 삶의 질을 향상시킬 수 있는 강점을 갖고 있다고 주장하였다. 더욱이 내담자의 강점에 초점을 두게 되면, 내담자는 가장 황폐한 환경과 상황에서도 자신이 생존하기 위하여 어떻게 해야 하는가를 발견할 수 있게 된다. Saleebey는 모든 환경과 내담자는 자원을 갖고 있다고 주장하였다. 그리고 내담자와 협동적으로 탐색하는 전문가는 이러한 강점을 발견할 수 있다.

불행히도 면접을 통해서 강점을 밝히는 가용한 세련된 프로토콜은 거의 없다. 대신에 병리, 치료, 진단 그리고 역기능적 비유를 사용하는 진단적 면접과정이 강조되어 왔다. 그러나 지난 십여 년 동안 결함보다는 인간의 긍정적인 측면에 초점을 맞추려는 시도들이 나타나기 시작하였다.

Cowger(1997)는 내담자 및 그들의 강점에 대한 평가를 다차원적으로 진행해야 할 필요성을 강조하였다. 면접의 초점은 내담자의 외적인 강점뿐 아니라 내적인 강점을 밝히는 데 주어져야 한다. 내담자의 외적인 강점은 가족체계, 의미 있는 타인, 지역사회 집단이나 교회집단과 같은 자원들을 포함할 수 있다. 내담자의 내적인 강점은 동기, 대처방식, 인지적 자원 등과 같은 심리적인 요인들을 포함할 수 있다.

De Jong과 Miller(1995)는 내담자의 강점을 밝히기 위해 문제해결 중심의 면접을 할 것을 주장하였다. 그들은 문제해결을 위한 면접이 내담자에게 (1) 어떤 것의 부재보다는 존재를 추구하는 잘 구조화된 현실적인 목표와 (2) 예외에 기초한 해결을 발전시키는 데 도움을 준다고 주장하였다. 여기서 예외란 "내담자의 삶에서 내담자의 문제가 일어날 수 있었지만 일어나지 않았던 경우"(De Jong & Miller, 1995)를 말한다. 예외를 찾아내려는 전문가는 내담자가 상담을 통해 성취하려는 목표와 관련된 현재와 과거의 성공에 관해 묻는다. 일단 예외가 발견되면, 전문가는 예외의 경우를 만들기 위한 내담자의 노력을 명료화하려고 시도한다. 그리고 전문가와 내담자가 예외를 밝히면, 전문가는 강점을 확인하고 확장하기 위하여 내담자를 도와줄 수 있다. 강점을 위한 면접의 의도된 결과는 내담자에게 힘을 부여하는 것이다(De Jong & Miller, 1995; Saleebey, 1996). 이와 같이 내담자들이 그들 스스로 해결책을 만들 수 있고 좀더 만족스러운 삶을 만들 수 있다는 것을 발견하게 됨에 따라 희망이 생겨나는 것이다(이와 유사한 접근이 Wolins의 2001년 연구에서 청소년들에게 사용되고 있다).

상담의 맥락에서 보완적인 가설의 검증

내담자의 기능에 대한 내현적인 모델의 여러 측면들은 상담 동안 검증될 가설의 기초가 된다. 긍정심리평가의 실무 모델에서 전문가들은 강점과 자원 그리고 약점과 결함을 다루는 병렬적인 가설을 생성해야 한다. 더 나아가 전문가들은 임상적 표현이나 생활환경에 대한 모든 설명들을 고려하는 다양한 가설들을 검증하는 전략을 사용해야 한다.

임상적 자료에 대한 이처럼 균형 잡힌 과학적 접근이 어떻게 전개될 것인가를 명료화하기 위해, '슬픔'을 느끼는 내담자가 흔히 보이는 초기의 표현을 살펴볼 수 있다. 물론 이것이 흔히 표현되는 호소임에는 틀림없지만, 슬픔에 대한 개인적인 경험의 미묘한 부분들이 주의 깊게 고려될 필요가 있다. 즉, 증상이 어떻게 발달되고, 그 슬픔이 매일의 생활에서 얼마나 심각한가에 관한 정보를 모아야 한다. 동시에 내담자의 사회적 안녕감(예: 내담자가 자신의 감정과는 관계없이 의미 있는 사회적 상호작용을 하느냐)에 대한 관찰을 포함할 수 있다. '슬픔'과 '사회적 안녕감'은 상담 회기에서 검증될 필요가 있다. 중다가설 검증 전략(긍정심리평가 실무 모델의 상담과정 중에 나타나는 구체적인 설명은 [그림 1-2]를 보라)은 가설들을 확인하고, 부정하는 자료들에 개방되고, 그것을 기록할 수 있어야 한다. 게다가 내담자의 안녕감 수준이나 기분에 대한 대안적 설명의 가능성도 고려되어야 한다. 강점과 약점에 관한 가설을 과학적으로 검토함으로써 전문가들은 심리적 기능에 대한 편향 없이 균형 잡힌 결정이 내려질 가능성을 증가시킬 수 있다.

융통성 있고 포괄적인 개념화의 발달

보완적인 가설의 과학적인 검증은 전문가에 의해 조직화되고 분석되며 해석될 필요가 있는 엄청난 분량의 자료를 생성해 낸다. 전문가들이 평가과정을 순환적이고 자기 교정적인 것으로 생각할 때 이러한 자료들을 걸러 내는 것이 쉬워진다. 여기에는 정답이 없다. 이 과정의 목표는 내담자의 강점과 약점이 어떻게 심리 상태에 반영되고 기여하느냐에 관한 개념을 정리해 나가는 것이다.

융통성 있고 포괄적인 개념화에는 전문가가 자신의 의사결정 과정에 개입되는 편향을 견제하는 것이 요구된다. 더구나 초인지는 작업 중인 내담자 모델로 통합되는 인간의 강점과 약점에 관한 정보에 균형을 이루게 하는 척도로 기능한다. 개념화의 융통성과 포괄성은 임상적 정보를 이 척도에 추가함으로써 계속 유지된다.

게다가 우리는 내담자에게 맞추어진 변화나 상담에 대한 권고를 수반하지 않는 개념화는 불완전하다고 믿는다. 사실 인간에 대한 균형 잡힌 묘사는 변화와 성장을 위해 의미 있는 제언과 연결되지 않는다면 여전히 무미건조할 수밖에 없다.

내담자의 강점 / 자원과 약점 / 결함에 대한 균형 잡힌 보고의 공유

내담자에 대한 작업 모델에서 정보의 사실성 여부에 대한 조사는 다른 사람과 정보를 공유함으로써 촉진된다. 이러한 공유는 사례 보고서, 동료의 사례 발표, 내담자에 대한 피드백 등과 같은 다양한 방법으로 이루어진다.

내담자에게 지지와 돌봄을 제공하는 사람들이나 동료들과 의사소통을 하는 것은 개념화의 정확성을 증진시킬 수 있는 가치 있는 정보를 제공할 수 있다. 또한 개념화는 내담자와 직접 활동하는 사람들에 대한 인지도(cognitive map)가 될 수 있다. 이것은 내담자의 요구에 좀 더 민감한 지지를 가져올 수 있다.

종종 내담자의 기능에 대한 정보는 심리학 전문용어에 가려져 있어 내담자로부터 다소 숨겨져 왔다. 평가에 대한 우리의 접근에서는 계속되는 평가가 내담자에게 속한 가설들을 통합함으로써 정교화될 수 있도록 하기 위해, 진전되는 개념화에 대한 내담자의 의견이 수집된다. 내담자의 의견을 포함시키는 것은 변화에 대한 내담자의 견해가 가치 있으며 내담자가 능동적인 자가치료자가 될 수 있다는 것을 의미한다(치료적 평가 모델(Finn & Tonsager, 1997)의 피드백 회기를 위한 지침 또한 고려되어야 한다). 동등한 공간, 동등한 시간 및 동등한 강조의 피드백 규칙은 내담자, 내담자 지지체계의 구성원, 동료 전문가 그리고 정신건강 기관 및 관련 조직과 평가 정보를 공유할 때 지켜지게 된다.

동등한 공간, 동등한 시간 및 동등한 강조

Wright(1991; Wright & Lopez, 2002)는 전문가들이 약점과 강점을 제시하는 데에서 동등한 공간과 동등한 시간의 규칙을 지킬 것을 제안하였다. 내담자의 정보를 보고할 때 중요한 것은 동등한 공간과 동등한 시간의 법칙을 따라야 함을 기억하는 것이다.

경과 노트나 다른 보고서를 작성할 때는 내담자에 대한 종합적인 견해를 전달하는 것이 중요하다. 이렇게 종합적이고 균형 잡힌 보고서는 내담자의 강점과 자원 그리고 약점과 결함에 대해 동등한 공간을 제공함으로써 작성될 수 있다. 이러한 결과와 관련된 고무적인 목표는 보고서의 임상적 인상 부분의 반은 심리적 약점에, 나머지 반은 심리적 강점에 할당하는 것을 포함할 수 있다. 예를 들어, 전문가가 네 쪽짜리 보고서를 쓰는 데 익숙하다면, 한 쪽은 배경 정보, 다른 한 쪽은 검사 결과, 나머지 두 쪽은 임상적 인상과 권고사항(예: 융통성 있고 통합적인 개념 정리)을 기술하는데 그 두 쪽 중 절반 정도는 내담자의 강점과 자원에 대해 다루어야 한다. 또한 전문가가 한 쪽의 경과 노트를 기록하는 습관이 있다면, 그 반은 강점과 자원에 대한 논의와 그것들이 변화를 촉진하도록 어떻게 이용될 수 있는가를 기록해야 한다.

보고서나 경과 노트에 동등한 공간을 할당하는 것이 우리의 평가 모델에서 이상적인 것으로 간주되고 있지만, 이 규칙에 대한 초기의 '최선의 실무'는 보고서나 노트에 강점을 기록하는 부분을 따로 두는 것을 포함하는 대학원생의 실습과 수련을 통하여 실현되어 왔다. 우리는 이를 바람직한 방향의 한 단계로 간주하지만, 전문가들이 내담자에 대한 개념화에서 균형을 맞추는 습관을 형성해 가도록 격려하고 있다.

이와 유사하게, 동료들에게 사례를 제시할 때 약점과 강점에 동등한 시간이 주어질 수 있다. 만약 전문가들이 임상 장면의 다른 동료에게 5분 동안 발표를 한다고 했을 때, 그 목표는 균형 잡힌 발표, 즉 강점과 자원에 모두 시간을 할당하는 것이다. 이러한 습관을 발달시킬 때, 전문가들은 한 번은 강점 다음에 약점을 제시하고 다음 번은 약점 다음에 강점을 제시하는 방식으로 그 과정을 시험해 볼 수 있다. 강점을 먼저 보고했을 때 동료가 다르게 반응하는가? 그는 초기의 초점에 따라서 다른 피드백을 제공하는가? 이것은 정보의 '닻 내리기 효과(anchoring effect)'의 힘을 보여 줄 수 있을 것이다.

심리적 평가과정의 또 다른 중요한 부분은 내담자에게 검사 결과를 보고하는 것이다. 이 장에서 우리는 내담자에게 좀 더 균형 있는 평가를 갈망하는 심리학자들의 요구를 강조해 왔다. 즉, 내담자에게 제공되는 검사 피드백 또한 균형 잡혀야 한다. 그러나 여기에는 균형 잡힌 강점과 약점의 조망으로부터 내담자에게 검사 결과를 보고하는 것에 관한 정보의 부족이 있다. Drummond(1988)는 전문가들이 객관적으로는 약점을 보고하면서도 검사 자료에서는 강점을 강조해야 한다고 주장하였다. Hood와 Johnson(1991)은 환경적 자원과 방해를 포함하는 또 다른 정보의 관점에서 검사 결과를 논의할 것을 권고하였다. 결국 Drummond는 전문가들이 검사 자료를 지지하거나 지지하는 데 실패한 또 다른 정보를 확인하기 위해서 내담자와 협력해야 한다고 주장하였다. 피드백 회기에 내담자를 능동적으로 참여시킴으로써 전문가와 내담자가 함께 개념화를 정교화하는 작업을 할 수 있다. 능동적인 자가치료자로서 내담자의 역할이 강화되어야 하는데, 기능과 상담 요구를 개념화하는 데 함께 참여함으로써 내담자는 진행되는 과정에 긍정적인 영향을 줄 수 있다.

투쟁과 승리의 균형

변화를 위해서 노력할 때 내담자가 투쟁과 승리에 도달하면, 전문가들은 심리평가에 대한 새로운 접근을 선택하기 시작한다. 투쟁은 전문가가 내담자의 기능에 대한 모든 측면보다 병리를 평가하는 습관에서 빠져나오고자 할 때 일어난다. 승리는 '무엇이 나의 강점일까? ……나는 전에는 이런 것을 질문한 적이 없었는데.'라는 의문에 내담자가 반응하는 것과 같이 단순하다.

필수적 균형 추구

긍정심리과학의 진화는 강점, 건강한 과정 및 성취에 대한 건전한 측정에 기초한다. 연구에서 이러한 필수적 균형은 인간 경험의 긍정적인 측면을 측정하는 다양한 방법들을 개발함으로써 성취될 수 있다.

긍정심리평가의 모델은 모든 내담자의 강점과 자원을 밝혀 낼 수 있는 인지도를 제공한다. 더 나아가 과학적 접근은 가설 검증을 이끌어 내는 편향을 탈피하는 기법을 제공하고, 이것은 다시 의미 있는 결과들을 낳게 된다. 이러한 연구 결과들은 하나의 개념화로 체계화되고 동료와 내담자에게 공유되며, 내담자의 피드백과 후속 상호작용은 개념화를 증진시키는 데 기여한다.

이러한 장점에도 불구하고 이 모델의 단계를 통하여 인지도를 따르는 것은 전문가에게 만병통치약이 되지 않는다. 사실 이 모델을 이용하는 것은 해결될 필요가 있는 평가과정의 균형이 무너지는 것을 보여 줄 수도 있다.

주관적인 경험과 부수적인 보고의 조정

어떤 전문가들은 내담자 정보의 이차적인 원천(가족 또는 친구)과 접촉하는 것을 피해 왔다. 부수적인 정보를 무시함으로써 그들은 내담자의 주관적인 경험과 일어나 관계를 통해 다른 사람들이 어떻게 경험하고 있는가 하는 것 사이를 조정할 수 없게 된다. 이차적인 원천으로부터 얻은 자료는 개념화의 외적 타당도와 정확도를 증진시키고 평가의 내적 타당도를 증가시킨다.

측정방법의 다양화

지필검사는 긍정심리학 연구나 실무에서 자료수집의 중요한 수단이지만, 측정에서 이 오래된 접근에 대한 우리의 의존이 언급될 필요가 있다. 따라서 강점을 위한 구조화된 면접이 절실하게 요구된다. 더 나아가 기존의 측정도구들이 미국에 있는 모든 민족집단, 즉 긍정심리 연구의 참여자가 되는 다른 어떤 집단에도 사용될 수 있도록 타당화될 필요가 있다.

정신질환을 점진적이고 재발하는 것으로 보는 오래된 견해는 Karl Menninger (Menninger et al., 1963)의 책 『필수적 균형(The Vital Balance)』에 의해 도전받고 있다. Menninger와 그의 동료들은 정신질환을 변화될 수 있는 것으로 보도록 요구하고 있다. 정신질환에 대한 이러한 새로운 견해는 기존의 낡은 시각을 균형으로 이끈다. 우리는 다양한 유형의 균형을 요구한다. 즉, 강점과 약점을 올바른 견해로 놓는 인간의 삶에 대한 균형 잡힌 시각을 요구한다.

참고문헌

Cowger, C. D. (1997). Assessment of client strengths. In D. Saleebey (Ed.), *The strengths perspective in social work practice* (pp. 139-147). New York: Longman.

De Jong, P., & Miller, S. D. (1995). How to interview for client strengths. *Social Work, 40*, 729-726.

de Shaxer, S. (1988). *Clues: Investigating solutions in brief therapy.* New York: W. W. Norton.

Drummond, R. J. (1988). *Appraisal procedures for counselors and helping professionals.* Columbus, OH: Merrill.

Finn, S. E., & Tonsager, M. E. (1997). Information-gathering and therapeutic models of assessment: Complementary paradigms. *Psychological Assessment, 9*, 374-385.

Hood, A. B., & Johnson, R. W. (1991). *Assessment in counseling: A guide to the use of psychological assessment procedures*. Alexandria, VA: American Association for Counseling and Development.

Hwang, S-C., & Cowger, C. D. (1998). Utilizing strengths in assessment. *Families in society: The Journal of Contemporary Human Services, 79*, 25-31.

Lopez, S. J., Prosser, E., Edwards, L. M., Magyar-Moe, J. L., Neufeld, J. et al. (2002). Putting positive psychology in a multicultural perspective. In C. R. Snyder & S. J. Lopez (Eds.), *The handbook of positive psychology* (pp. 700-714). New York: Oxford.

Menninger, K., Mayman, M., & Pruyser, P. W. (1963). *The vital balance*. New York: Viking Press.

Pepinsky, H. B., & Pepinsky, N. (1954). *Counseling theory and practice*. New York: Ronald Press.

Saleebey, D. (1996). *A strengths perspective in social work practice* (2nd ed.). White Plains, NY: Longman.

Saleebey, D. (2001). The diagnostic strengths manual? *Social Work, 46*, 183-187.

Salovey, P., Rothman, A. J., Detweiler, J. B., & Steward, W. T. (2000). Emotional states and physical health. *American Psychologist, 55*, 110-121.

Schimmel, S. (2000). Vices, virtues, and sources of human strength in historical perspective. *Journal of Social and Clinical Psychology, 19*, 137-150.

Seligman, M. E. P. (1998). Optimism: The difference it makes. *Science and Spirit, 9*, 6 & 19.

Snyder, C. R., & Lopez, S. J. (Eds.) (2002). *The handbook of positive psychology*. New York: Oxford University Press.

Snyder, C. R., & McCullough, M. E. (2000). A positive psychology field of dreams: "If you build it, they will come…." *Journal of Social and Clinical Psychology, 19*, 151-160.

Spengler, P. M., Strohmer, D. C., Dixon, D. N., & Shiva, V. A. (1995). A scientist-practitioner model of psychological assessment: Implications for training, practice and research. *Counseling Psychologist, 23*, 506-534.

Stricker, G., & Trierweiler, S. J. (1995). The local scientist: A bridge between science and practice. *American Psychologist, 50*, 995-1002.

Super, D. E. (1955). Transition: From vocational guidance to counseling psychology. *Journal of Counseling Psychology, 2*, 3-9.

Taylor, S. E., & Brown, J. D. (1988). Illusion and well-being: A social psychological perspective on mental health. *Psychologist Bulletin, 103*, 193-210.

Wolin, S., & Wolin, S. (2001). Project Reselience, available May 2001 at www. Projectresilience. com

Wright, B. A. (1991). Labeling: The need for greater person-environmental individuation. In C. R. Snyder & D. R. Forsyth (Eds.), *Handbook of social and clinical psychology: The health perspective* (pp. 416–437). New York: Pergamon Press.

Wright, B. A., & Fletcher, B. L. (1982). Uncovering hidden resources: A challenge in assessment. *Professional Psychology, 13,* 229–235.

Wright, B. A., & Lopez, S. J. (2002). Widening the diagnostic focus: A case for including human strengths and environmental resources. In C. R. Snyder & S. J. Lopez (Eds.), *Handbook of positive psychology* (pp. 26–44). New York: Oxford University Press.

긍정과 부정의 측정과 명명

　사람들에게 어떤 명칭을 적용하게 되면, 우리는 대개 그 사람들이 그러한 명칭에 반영된 특징을 갖고 있는 정도에 대해 말하게 된다. 이것은 자본주의가 19세기 영국에서 뿌리를 내리기 시작했을 때부터 점차 그 형태를 갖추게 되었다(Buss & Poley, 1976). 판매의 편리를 위해 상품의 가치를 계량화할 필요와 더불어 서로 다른 인간의 기술이나 노력에 따라 가치를 부여할 필요가 대두되었다. 일은 단위로 나누어졌고 그 단위에 가격이 매겨졌다. 이와 같이 측정은 무역, 상업 그리고 모든 것—사람들이 한 것을 포함하여—에 가치를 부여하게 되었다. 이러한 과정의 극단적인 역사는 바로 노예제도다. 이 제도에서는 다른 상품과 마찬가지로 인간의 가치가 계량화되고 매매되었다.

　사람의 가치가 긍정적인 기술보다 경멸적인 용어로 기록될 때 어떤 일이 일어나는가? 사람들을 명명(labeling)하고 측정하는 것에 대한 위험 부담은 매우 높다. 이 장에서는 명명(예: 사람이 갖고 있는 특징에 따라서 이름 붙이는 것)과정과 측정(예: 사람이 가지고 있는 특성의 정도를 확인하는 것)과정에서 나타나는 고유한 영향력과 문제에 대한 견해를 제시한다. 그리고 마지막 부분에서는 사람을 기술하는 병리적 모델의 대안—균형 잡힌 차원 접근—을 제시한다. 더불어 현재의 진단체계에 대한 광범위한 수정

* C. R. Snyder, Shane J. Lopez, Lisa M. Edwards, Jennifer Teramoto Pedrotti, Ellie C. Prosser, Stephanie LaRue Walton, Susan Vehige Spalitto, and Jon C. Ulven

체계와 모든 임상가들이 만들 수 있는 또 다른 소규모의 변화에 대해 기술한다.

이름의 힘

왜 우리는 명명된 것에 그렇게 영향을 받는가? 여기에서 우리는 명명하는 것이 자기 발견적인 의사소통 장치를 제공한다는 것을 제시하고자 한다. 게다가 명명을 통해 우리는 얼핏 보기에 목표 대상이나 인간에 대해 더 나은 이해를 얻게 되는 것 같다.

유용성

이름은 둘 또는 그 이상의 사람들이 '이름 붙여진' 실체에 대하여 쉽게 의사소통할 수 있도록 해 주는 수단을 제공한다. 다시 말하면, 이름은 상징이고 상징은 그 의미를 통하여 의견 교환을 촉진시키는 유용성을 제공한다. 이러한 명칭이 인간에게 적용되면, 그것은 공유된 것처럼 보이는 의미를 전달하는 간단한 수단을 제공한다. 다시 말해 용어와 그 의미는 상호 교환을 형성한다.

불행하게도 우리는 우리가 정의 내린 명명에 대해 다른 사람들도 같은 정의를 내릴 거라고 가정하고 있다. 그러나 실제로는 같은 용어에 부여된 의미에 차이가 있다(예: 정신건강 분야에서 일하는 20명의 사람에게 '위급한'이라는 용어를 정의하게 하면 20개의 다른 반응을 얻게 될 것이다). 이러한 경고를 무시하거나 염두에 두지 않을지도 모르지만, 우리는 다른 사람들이 우리와 같은 의미를 공유한다고 가정한다.

응용 분야에서 명명은 문지기 역할을 한다. 아동은 특수교육 서비스를 받기 위해 분류를 받아야 하고, 내담자는 제삼자로부터 치료비를 지원받기 위해 정신건강 전문가로부터 분류를 받아야 한다. 자원이나 치료의 통로로 분류를 이용하는 것은 사회제도에 의해서 강화된 이름에 권한을 부여한다.

심리학적 명칭들은 또한 정신건강 전문가들이 서로 의사소통하는 어휘의 목록을 형성한다. 더 나아가 일단 심리학 교재에 나왔던 용어들은 이제 대중적인 잡지나 일상의 언어에서 흔한 메뉴가 된다. 기술적인 가치가 풍부하다고 여겨지는 이러한 용어들은 흔히 그들의 전자보다 약화된 모습(language light)을 갖게 된다.

이 해

어떤 대상에 이름을 붙임으로써 비롯되는 영향력 중의 하나는 우리가 그것을 '이해' 한다는 신념을 촉진시키는 것이다. 이름은 오직 표면적인 실제로서, 앞서 언급했듯이 다른 사람들은 우리와 의미를 공유하지 않기 때문에 이것은 불안정한 경사면과 같다. 가장 기본적인 의미에서 이름은 구분된 것을 이해하는 과정의 시작일 뿐이다. 좀 더 구체적으로 말하면, 어떤 것에 이름이 주어졌을 때 우리는 그것을 다른 범주에 위치시킨다. 과학적 의미에서 명명은 깊은 지식의 탐구를 촉진시키는 범주 도식의 중요한 일면이다(예를 들면, 주기율표는 화학 원소들의 속성을 이해하게 하고 원소 성질의 본질을 강조한다). 따라서 과학자들은 특정 수준의 이해가 반복적인 경험적 탐구 후에 얻어질 수 있다고 믿기 때문에 이름을 조심스럽게 사용한다.

그러나 명명을 인간에게 적용할 때 이러한 경향은 생각 이상으로 이름 붙여진 사람을 잘 이해하는 것으로 지각된다. 다시 말해, 명명함으로써 그 주창자는 그 이름이 '깊은' 의미를 전달한다고 생각한다. 그러나 기껏해야 이러한 명명은 명명된 사람을 다른 사람과 구분하는 데 사용될 뿐이다. 하지만 이러한 전제조차도 주의 깊게 조사될 경우 의문의 여지가 있다(Wright & Lopez, 2002, 명명과 관련된 비인간화에 대한 토론을 참고하라.). 예를 들면, '우울하다'는 명명이 학문적인 연구뿐 아니라 실무적인 어조로 어떻게 사용되고 있는지를 생각해 보자. 우리는 이 용어를 얼마나 정확하게 사용하는가? 내담자가 우울하다고 기술할 때 우리는 주요 우울장애, 기분부전장애, 적응장애 또는 사별(bereavement)—그 사람은 단순히 우울할 뿐 다른 증상을 경험하고 있지 않은데도—등을 생각할 수 있다. 명명의 일상적인 사용은 사회과학에서 일반적이다. 예를 들어, 선별검사(screening measure)에서 특정한 점수보다 높은 점수를 보인 사람들로 구성된 집단을 우울한 집단으로 설명하는 연구자를 생각해 보자.

경직된 명명의 또 다른 문제는 명명에 이미 부여된 의미와 일치되지 않는 어떠한 다른 증거를 모으는 것이 배제되는 경향이 있다는 것이다(Salovey & Turk, 1991). 다른 사람을 명명할 수 있는 사람에 의해서 확인된 깊은 지식을 갖게 되면, 명명의 사용자들은 부가적인 정보를 모을 필요를 느끼지 않을 수 있다.

요약하면, 명명은 다른 사람에 대한 우리의 이해를 전달하는 간략한 표현이다. 명명은 우리가 다른 사람을 이해하고 간편하게 그 지식을 전달할 수 있다는 환상을 유지하게 한다. 사실 언어가 다소 명확하게 사용된다면 그 영향력은 감소된다. 한 사람이 다른 사람에게 생각을 전달할 때, 정확하고 완전한 형태—언어적으로 간단하게 최소의 명명만을 나타내는—로 언어를 사용하는 능력은 완전한 이해를 가능케 한다. 역설적으로 이러한 경향은 생생하고 자세하게 기술하는 구문과 완전한 문장을 대치하여 명명이 더 많은 영향력을 갖게 됨으로써 말해지거나 쓰이는 언어를 단순화하게 된다.

측정의 영향력

우리가 명명된 것에 영향을 받는다면, 우리는 어떤 측정도구가 이름 붙여진 실재와 연결될 때 더욱 영향을 받는다. 여기서 우리는 측정과정이 명명과정을 어떻게 확대시키는지를 설명할 것이다.

유용성

한 사람에게 이름이 붙여지게 되면 명명과정은 좀처럼 멈춰지지 않는다. 두 사람 사이의 다음과 같은 상호작용을 생각해 보자.

A: 당신은 Jack Epstein을 알고 있나요?
B: 나는 그를 만난 적이 없는데요.
A: 나를 믿어. 그는 세계적인 거짓말쟁이야.

이 예에서 A는 '거짓말쟁이' 라는 경멸적인 명명에 만족하지 못하고 더 나아가 '세계적' 이라는 극단성이나 정도에 관한 측정의 정보를 보탠다. 명명에 정도를 적용하거나 정보를 제한함으로써 A는 B에게 사용될 수 있는 정보를 입력한다. 말하자면 잭이 세계적인 거짓말쟁이라는 것을 알게 됨으로써 B는 잭과 상호작용할 준비를 더 잘하게 될 수 있다.

우리가 병리나 약점 모델에 빠지게 되면 측정 정보도 그 사람이 얼마나 문제가 있는지를 명료화한다. 즉, 약점 조망 내에서 측정은 부정성의 정도에 관한 정보만을 구분하도록 이루어진다.

이 해

명명하기는 정도를 나타낼 때 엄청난 영향력을 갖는다. 명명이 어떤 자격을 의미할 때, 그것은 좀 더 많은 의사소통적 정보를 갖는다. 이처럼 정도에 기초한 명명의 사용자들은 그들이 정교화된 수준에서 말하는 것으로 지각한다. 이러한 수준은 존재하지 않는 정확한 수치를 전달한다. 예를 들면, *DSM-IV*(American Psychistric Association, 1994)의 사용자들은 인간을 두 소수자리(two decimal places)로 분류한다. 더 나아가 이러한 측정도구(예: 척도, *DSM-IV* 같은 범주체계)들은 현장에서 유용하고 훌륭한 것으로 인식되고 있고, 더욱 많은 전문가들이 이 도구를 이용하여 그 영향력이 커지고 있다. 우리는 이를 도구에 의존한 관습이라고 부른다. 우리가 특정한 인간 특성을 측정하기 위하여 심리적 도구를 쉽게 사용할 수 있기 때문에, 상대적으로 공허한 연구결과들이 양산될 가능성이 있다. 또한 이러한 도구의 사용자들은 인간에 관한 통찰과 정확한 측정을 하는 도구의 영향력에 더욱 빠져든다. 이렇듯 우리는 과학적 토대를 고려하지 않고 측정을 수용하게 된다. 우리가 인간의 약점과 강점을 측정하든 하지 않든, 우리는 도구의 타당도를 늘 정밀하게 살펴야 한다.

인간에 대한 오측정

이러한 점에서 우리는 인간에게 적용되는 측정에 기초한 명명의 사용을 포기할 것을 제안하였다. 그러나 인간 측정에 기초한 명명은 없앨 수 있고 또 없애야만 한다고 주장할 만큼 그렇게 단순하지 않다. 그것들은 개인 수준이건 직업적 수준이건 간에 대인 간 교섭을 위해 매우 중요하다. 그러나 여기서 우리의 관점은 측정에 기초한 명명과 연관된 다양한 문제들을 염두에 두어야 한다는 것이다. 그리고 우리는 이름과 분류가 성장을 촉진하는 데 사용될 수 있다고 믿는다. 명명하기는 오류와 부정확성으로 차 있는 측정과 범주의 형태를 나타낸다. 오류와 부정확성은 사람에 대한 측정에 기초한 명명이 늘 부정확하고 오차변량으로 가득 차 있다는 것을 의미한다.

진단체계의 명백한 한계

현재 정신건강 분야의 진단체계에는 많은 아이러니가 존재한다. 왕관과 같은

*DSM*을 가진 복잡한 진단체계가 매우 신뢰성 있지 못하다는 것을 생각해 보자. 어떤 전문가라도 측정에서 신뢰도가 없다고 확신한다면, 측정에 관한 그 무엇이라도 의심받을 수밖에 없다. 그러나 신뢰도의 결함만이 문제인 것은 아니다. 진단체계는 또한 타당화가 잘 되어 있는 것이 아니다. 그것은 종종 도움을 청하는 사람들의 특성을 위한 의미 있는 분류라기보다는 검사 구성자의 생각을 반영한다.

진단적 의미에 대한 신화

건강 분야에서 명명은 문제를 구체화하는 것이다. 우리는 문제에 특정한 이름을 부여함으로써 이러한 명명과정을 고양시킨다. 우리는 진단하고 있는 것이다. 아마도 신화의 정점은 진단이 실제로 치료를 이끈다는 것일 것이다. 불행히도 이것은 전형적으로 사실이 아니다. 진단과 그에 따르는 치료 간의 관계는 별로 긴밀하지 않다(Snyder & Ingram, 2000). 이것은 임상 연구자들이 각자 자신들의 일들 사이에 존재하는 연결에 관심을 갖지 않고 그들의 관심을 추구한다는 것을 말해 준다. 대학원생들이 그들의 진단과 치료훈련 사이에 관계가 거의 없다는 것에 대해 불평하는 것을 이상하게 여길 사람은 별로 없다.

명명(진단으로 알려진)이 신뢰도나 타당도가 부족하다는 사실과 명명하기가 치료와 관계없다는 사실은 공통의 오해를 낳는다. 우리는 그에 대한 책임을 임상가들에게 돌리지 말아야 한다. 왜냐하면 그들은 훈련받은 대로 하기 때문이다. 따라서 교육자들은 연구자들이 제시하는 것을 전달해야 한다.

우리는 이 부분에서 지금까지 설명한 오측정에 관한 또 다른 어려운 문제를 다루고자 한다. 왜 우리가 인간 약점의 분류에서 정신건강 전문가에게 초점을 두고 있는가? 여기서 독자들은 '내담자가 자신의 문제를 가지고 올 때, 당연히 우리는 취약성에 초점을 맞춘다.'고 생각할지도 모른다. 사람들이 마음의 문제를 고치려고 우리에게 오는 것은 사실이다. 우리 또한 특정한 조망을 통한 이런 문제의 진단에 관해 교육을 받았다. 그러나 이러한 약점이 우리의 도움행동을 지시하는 데 필요한가? 여기에 누락되어 있는 기본적인 것이 있는가? 우리는 그렇다고 생각한다. 확실히 우리는 인간행동의 목록에서 반 ― 인간의 강점이라는 것 ― 을 남겨 두었다는 점에서 또 다른 오측정의 책임을 지고 있다.

명명되는 것과 측정되는 것의 잠재적인 효과

오늘날 교육과 정신건강 체계에서, 좀 더 광범위하게는 사회에서 문제가 되는 행동을 명명하는 것에 초점을 두어 왔다. 더 나아가 때로 그들을 우리로부터 거리를 두기 위해 명명하기 때문에 이름은 부정적 의미를 전달하고 꼬리표를 붙이는 것이 된다. 사람에게 이름을 붙이고 측정함으로써 무슨 일이 일어났는가? 명명이 그 사람의 삶에 많은 차이를 가져왔는가? 그렇다고 대답하기 위해서는 여러 가지를 삼가는 것이 중요하다. 즉, 이러한 문제를 다루기 위해 우리는 오직 몇 명의 학자들만이 관심을 갖는 몇 개의 난해한 현상은 다루지 않았다. 어떻게 명명되고 측정되는가는 힘이 있는 사람들에 의해서 우리가 어떻게 취급되고 있는지를 알게 하고, 또 우리 자신을 알게 하며, 우리가 우리의 삶에서 행동하는 방법을 결정한다. 이것이 바로 우리가 다음에 논의하고자 하는, 인간의 잠재 가능성을 줄이는 힘이다.

명명과 자성예언

잘 알려진 자성예언(self-fulfilling prophecy)은 사회학자인 Merton(1957)에 의해 처음 소개되고 Rosenthal(1968)에 의해 재정리되었다. 자성예언에 관한 문헌에서 중요한 강조점은 지각자가 지각의 대상(target)을 어떻게 다루느냐에 달려 있다는 것이다. 예를 들면, 중학교 교사는 남학생이 여학생보다 수학을 잘한다고 지각한다. 그럼으로써 수학시간에 교사는 여학생에게 시간을 덜 소비한다. 남학생에게 상대적으로 많은 관심과 지도가 이루어지기 때문에 남학생은 수학시험에서 여학생보다 더 많은 성취를 이룬다. 이 예에서 여학생은 교사로부터 공정한 격려와 지도를 받지 못한다. 이 모든 것은 교사가 수학에서 남학생이 '능력 있는' 것으로, 여학생은 '능력 없는' 것으로 명명하기 때문에 일어난다. 더욱 심각한 것은 교사들은 아마도 자신의 학생들에 대한 차별적인 행동을 인식하지 못한다는 것이다.

자성예언에서 전술한 명명하기의 효과는 어떻게 학생의 행동이 모습 지어지느냐의 역동을 설명하는 표준적인 접근이다. 그러나 이러한 자성예언에서 아직 덜 밝혀진 측면은 명명되는 대상—여기서는 중학교 남학생과 여학생—에 관한 것이다. 교사와의 반복된 상호작용을 통하여 자신들이 수학에서 '영리한' 또는 '우둔한' 학생으로 평가받음으로써 그들은 자신의 행동을 거울에서 보는 것처럼 보게 된다. 학생들은 이러한 명명을 내재화하고, 그 명명은 그들의 동기에 영향을 준다. 이런 점에서 명명은 교사가 학생을 어떻게 다루느냐와 그에 대한 학생 자신의 견해가 학생들에게 어떠한 영향을 주느냐를 결정하는 데 완전한 영향력을 행사한다.

위에서 언급한 수학의 예와 유사한 문제들이 매일 수천 번씩 일어날 수 있다. 이러한 명명하기를 좀 더 문제로 만드는 것은 특정한 실증들이 현재의 사회적인 편견과 더해질 때 일어난다는 것이다. 편견을 갖게 되면 명명된 사람의 하위집단에는 다른 규칙과 행동들이 나타난다.

주의의 생성

편견과 관련된 주의(ism, 나이차별주의, 인종주의, 성차별주의)는 특정한 개인 특성 차원에 초점을 두고, 차원으로 구분된 하위집단에 서로 다른 행동을 부여함으로써 작용한다. 예를 들면, 나이 차원은 나이 든 사람에 대해 최근의 발전을 따라오지 못해서 현재 생활하거나 일하는 데 능력이 없는 것을 의미하는 구식 사람이라는 편견적 명명을 낳을 수 있다. 즉, 편견적 이름은 명명된 사람을 권리나 자유, 책임의 맥락과는 거의 관계가 없는 사람으로 말하게 하여 그에게 손상을 주게 된다. 일단 명명되면 그 편견의 이름이 붙여진 대상은 할 수 있는 것이 제한되고, 더 나아가 그들에게는 인생에서 삶의 상호작용이 허락되지 않는다. 이러한 명명에서 나타나는 비극은 한 인간이 삶의 여러 측면들을 결정하는 데 명명이 갖는 강력한 힘을 피하지 못하고 고착될 수 있다는 것이다. 주의를 갖게 될 경우, 특정 인구의 하위집단이 무능하다고 판단되고 그 집단의 구성원들도 그렇게 믿게 될 때 많은 재능들이 사라져 간다는 것을 생각해 보자.

명명과 측정 과정은 일반적으로 사람들, 특히 정신건강 분야의 전문가와 내담자에게 커다란 영향을 준다. 미국에서 현재 사용하는 진단체계에 대해 많은 제지와 관심이 있다고 한들 무엇을 할 수 있겠는가? 어떤 가능한 해결책을 제시하지 않고 단순히 비판만 하는 것으로는 충분치 않다. 다음에서 우리는 이러한 해결책을 제시하고자 한다.

명명과 측정 영향력의 교정

상세하게 확인하고 설명하는 전략적인 시도는 모든 과학의 일부분이다. 그러나 심리과학(정신건강 실천과 관련된 분야)에서만 명명과 측정이 나쁜 평판과 부정적인 의미를 갖고 있다. 항상 그런 것은 아니었다. 사실 이것은 상대적으로 새로운 현상이다. 기원전 2200년 중국에서 처음 사용된 초기 평가 형태는 관리를 선발하는 도구였고, 이 경우 명명은 단순히 목적을 이루는 수단으로 특징지어졌다. 지능에 따라 개인들을 범주화하려 했던 유럽 과학자들의 잘못된 노력을 이어받은 Binet는 치료교육으로부터 이익을 얻을 수 있는 아동을 구분해 내기 위해 공식적인 평가방법을 사용하였다. 그의 계승자들은 이러한 목적으로 집단을 구분하기 위해서 보편적으로 이 척도를 사용하였다. 그 후 20세기의 특정 시점에 질병과 결핍의 구분과 관련하여 명명과 측정이 나타났고, 심리학의 명명과 오명의 연관이 더욱더 두드러졌다. 명명과 측정 과정의 오명을 벗고 그 과정의 긍정적인 가능성의 영향을 찾을 시기가 도래하였다.

인간 강점에 대한 범주를 명명하고 확장하는 것의 영향력

인간의 강점에 명백한 이름을 붙이고 그것의 중요성을 제시할 때, 우리는 그렇게 명명된 사람과 주위에 있는 사람들에게 그러한 특성의 강점을 가지고 있다고 전달하게 된다. 이것은 내적 및 외적 가치 모두에 의미 있는 것이 된다. 이런 점에서 우리는 학문이나 스포츠에서의 성취와 같은 칭찬할 만한 행동에 대한 일상적인 개인적 범주에도 관심을 가질 가치가 있다고 생각한다. 그러나 아마 더 중요한 것은 사회를 좀 더 바람직하게 만드는 사회적인 인간의 특성, 즉 호의, 도움, 나눔, 겸손, 정직, 동정, 용서, 감사 그리고 사랑을 선별할 필요가 있다는 것이다. 아동과 성인(연구의 피험자나 내담자를 포함하여)들의 이러한 특성에 주의를 기울임으로써 우리는 그러한 미덕이 진실로 중요하다고 제시한다(McCullough & Snyder, 2000). 여기서 명백하게 제시한 것처럼, 우리는 개인주의적인 미국인의 칭찬 범주(예: 개인적 성취)를 좀 더 넓은 범위의 공동사회적인 활동으로 확대할 필요가 있다고 주장한다(Snyder & Feldman, 2000).

최고 중의 최고를 확인하는 것의 영향력

미국의 교육에서 헤드스타트(Head Start)와 같은 프로그램은 인지적·지적 기능에서 불리한 조건을 가진 것으로 분류된 아동들에게 특별한 지지 경험을 제공하는 것이다. 불행히도 지적능력이나 창의력에서 예외적으로 탁월한 재능을 가진 아동으로 명명된 학생들을 더욱 풍부하게 해 주는 것을 원하지 않은 경향이 있다. 설사 그런 아이들을 위한 프로그램들이 있다 할지라도 그들을 지지하는 노력은 다른 학생들을 대상으로 한 지지보다 적다. 이 무언의 논리는 재능 있는 학생은 우리 사회에서 탁월하기에 특별한 혜택이 필요하지 않다는 것이다.

그것이 학교 맥락이든 다른 어떤 곳이든 간에 우리는 특별히 재능 있는 아동들은 모든 사회의 자연적인 자원이라고 생각한다. 다시 말해, 그러한 아동의 재능을 확장시키는 것은 우리 모두에게 도움이 된다. 우리가 배워온 바에 의하면(Terman & Oden, 1947), 재능 있는 젊은이들은 일반적으로 산업, 과학, 학문에 특히 의미 있는 기여를 하게 될 것이다. 더 나아가 과학에서의 주요한 공헌은 그들의 초기 경력 시기에 이루어진다(Snyder & Fromkin, 1980). 따라서 재능 있는 아동에게 특별한 자극을 제시하고 가능한 한 일찍 그러한 자극을 제공하는 것은 의미 있는 일이다. 하나의 사회로서 우리는 모든 학생들에 대한 방해 요인을 제거하고 아동 개개인의 특수하고 독특한 재능을 키워 주며 아동의 재능을 구분해 내는 데 긍정적 명명을 사용할 수 있을 것이다.

인간의 균형 잡힌 차원화

앞에서 우리는 정신건강 분야에서 명명과 측정 과정에 대한 하나의 상이한 접근을 제시하였다. 여기서는 그 대안적 접근을 밝히고 앞에서 언급한 패러다임을 넘어서 이러한 접근이 어떻게 진보할 수 있는지 알아보고자 한다.

가정들

우리는 두 가지 기본적인 전제로 시작한다. 첫째, 우리는 정상성이나 비정상성이 특정한 사람에게 국한되어 적용되는 구성개념이 아니라고 강하게 믿는다(Barone, Maddux, & Snyder, 1997). 오히려 적응적 기능과 부적응적 기능에 기초가 되는 과정들은 모든 인간들에게 동일하다. 사실 적응과 부적응은 본질의 차이가 아니라 정도의 차이이다(Maddux, 1993a).

둘째, 우리는 진단과정이 근원적인 질병의 표면적인 증후를 확인하는 것이라는 전제를 거부한다. 우리는 이러한 병리 모델이 조력자들에게 임상적 의사결정뿐만 아니라 그에 관한 정보를 모으는 데 오류를 범하게 만든다고 믿는다(Maddux, 1993b; Salovey & Turk, 1991). 예를 들면, 약점 모델은 조력자들에게 개념적 흐름도를 갖게 하는데, 그 흐름도에서 모든 선택들은 병리 정도에 대한 추론을 하게 만든다.

차원화

우리는 명명과 측정 과정에 대한 차원화(dimensioning) 접근을 제시하고자 한다. 병리학적 접근의 전형인 포함과 비포함의 준거에 의한 범주 대신, 개인에 대해 전체적으로 볼 뿐만 아니라 면밀하게 보기도 하는 개인차 차원의 사용을 주장한다. 각 개인차의 차원은 매우 낮은 수준을 반영하는 연속선상의 한쪽 끝에서 매우 높은 수준을 반영하는 연속선상의 다른 한쪽 끝까지의 범위를 가진다. 다양한 차원들은 개념적으로 구별되지만 자주 상관될 수도 있다. 우리는 이미 많은 개인적 차원들을 만들어 냈지만, 새로운 차원들이 더해져야 하기에 더욱 많은 차원들을 만들어야 한다.

어떤 사람은 이러한 접근이 결국에는 이미 만들어진 순수한 병리학적 개념화에 긍정적 축을 더하는 것이라고 주장한다. 그러나 우리는 그렇지 않다고 생각한다. 병리학적 모델에 의하면 진단자가 내담자에게 있는 강점을 보고할 수 있는 가장 정밀한 방법은 명백하게 '어떠한 병리도 없다.'고 기록하는 것이다. 이러한 기록에서조차 진단자는 내담자가 '숨기고 있음' '좋게 가장함' 또는 '도구가 이 사람의 근원적인 병리의 특수한 증상을 밝히는 데 민감하지 못할 수 있음' 등을 기록하는 데 익숙하다(우리는 실제 보고서에서 이러한 문장이 언급되는 것을 보아 왔다).

다양한 차원을 고려한다는 것은 전문가들에게 한 인간이 하나 또는 그 이상의 강점을 보인다는 것을 나타낸다. 이것만으로도 진단가들이 강점을 고려하게끔 만든다. 병리학 모델은 진단과정에서 나타나는 어떠한 강점도 배재하고, 대신 병리의 정도에 따라 진단 보고서를 만든다는 것을 기억하자. 차원에 따라 특성들을 개념화하게 되면 내담자를 이해할 때 다차원적 정보를 이용할 수 있다. 인간을 간결한 범주에 어떻게든 맞추기는 쉽지 않다. 차원을 갖고 있다면 실천가들은 내담자의 특성들을 완전히 분류할 수 있는 몇 가지 적용 가능한 축을 이용할 수 있다. 차원은 진단가들이 특정 개인들에게 알맞은 평가를 하도록 도와준다.

균형 잡힌 차원

모든 차원들에는 부적응에서 적응에 이르는 다양한 정보를 제공하는 고유한 능력이 있다. 그러나 사람들은 자신이 더 이상 통제할 수 없는 하나 또는 그 이상의 문제 때문에 정신건강 전문가를 찾아간다. 따라서 최초의 출발은 약점이 될 수 있다. 이러한 경우 진단가들은 그 문제에 작용하는 것처럼 보이는 몇 가지 차원을 선택할 수 있다. 이에 더하여 진단가는 내담자에게 그의 강점을 질문할 수 있다. 내담자의 대답을 들은 후에 진단가는 그 강점을 다룰 수 있는 차원들을 더할 수 있다. 이러한 방법은 내담자에 대한 좀 더 완전한 진단적 인상을 형성하는 데 도움이 될 뿐 아니라 내담자가 현재 갖고 있는 강점과 연계된 치료의 개발과 실행에도 매우 중요하다. 따라서 실천가가 되기 위해서 훈련을 할 때는 인간의 심리적 자원을 발견하는 것이 평가에 본질적이라는 것을 배워야만 한다.

진단에서 좀 더 균형을 유지하기 위한 또 다른 방법은 성격 영역을 넘어서도록 격려하는 것이다. 대부분의 진단가들은 인상을 형성하는 데 있어 인간 '내면의' 요인에 초점을 맞춘다. 이러한 초점은 기본적 귀인오류에서 주로 나온다. 여기서 목표 인물의 인상을 형성하는 관찰자는 목표 인물의 행위를 그의 특질로 설명하려는 경향이 있다(Nisbett, Caputo, Legant, & Maracek, 1973). 역으로 우리는 상황적인 요인에 기초하여 우리 자신의 행위를 설명한다. 다행히 실험 조작은 진단자가 판단 대상이 되는 사람의 조망을 취하도록 학습할 수 있음을 보여 준다(예: 내담자; Snyder, Shenkel, & Schmidt, 1976). 더 나아가 우리의 대학원 교육을 통하여 미래의 정신건강 전문가들이 자신의 내담자들을 늘 특질과 같은 성격 특성으로 설명하지 않도록 하기 위해서 조망을 변화시킬 수 있다.

내담자를 성격역동의 관점에서 보는 진단가의 선호에 기초할 때, 진단의 균형을 이루는 데 필요한 또 다른 방법은 환경적인 요인의 기여를 다루도록 하는 것이다. 이 점에 관해서는 Beatrice Wright가 진단의 사분면(四分面) 접근(four-front approach)이라 부르는 그녀의 선구자적 생각을 추천한다(Wright & Lopez, 2002). 내담자의 고유한 약점과 강점(예: 성격 특질과 능력)을 밝히는 것과 더불어, 이 사분면 접근에서 진단가는 환경에서 긍정적인 자원과 함께 부족하고 역효과를 내는 것들도 밝힌다. 2(내용: 약점, 강점)×2(영역: 개인, 환경) 매트릭스는 내담자에 관한 정보를 찾아내기 위하여 네 가지 영역을 형성한다([그림 2-1] 참조). 따라서 진단자는 내담자에게서 약점과 강점을 찾고 마찬가지로 내담자의 환경에서도 약점과 강점을 찾는다.

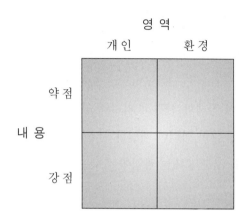

그림 2-1 개인과 환경에서 강점과 약점을 찾기 위한 사분면 접근

균형 잡힌 차원, 개념화 및 진단

네 가지 셀의 정보 매트릭스를 만들면 실천가들은 내담자와 그들의 삶에서 변화를 위한 좀 더 포괄적인 기술을 할 수 있다. 인간의 심리적 약점을 차원에 따라 결정함으로써 내담자의 부정적 정서, 불안, 우울, 경직된 사고방식, 기능적인 한계, 신체 증상, 신체화, 사회적 갈등, 삶의 이탈 그리고 기타의 문제들을 다룰 수 있게 된다. 구체적인 차원이 드러남에 따라 희미한 역기능의 상태가 명백해진다. 셀을 통해서 검토하는 데 정해진 순서가 반드시 필요한 것은 아니지만, 검토 후에 내담자의 심리적 강점을 찾아야 할 필요가 있다. 인간의 강점(지혜, 미래 지향, 초월), 미래에 대한 기대, 사회적 지지 수준, 대처 기능 등이 평가의 목표가 된다. 이러한 강점들을 배치하여 차원을 구성함으로써 실천가들은 내담자의 현재 문제와 잘 연결되는, 내담자에 대한 보다 균형 잡힌 견해를 갖게 된다. 다음으로 환경적인 약점과 강점이 고려되어야 한다. 균형 잡힌 차원 접근을 실행할 때, 이러한 셀들을 차원들로 채우는 것은 흥미 있는 일이다. 일반적으로 정신건강 전문가들은 환경적 평가를 하도록 훈련받지 않는다. 그렇지만 자기보고 척도를 통해서 내담자가 세상에 대한 자신의 견해를 기술할 수 있으며, 직

접적인 관찰이나 부수적인 보고 자료를 통해 내담자의 세상에 대한 보다 종합적인 견해를 얻을 수 있다.

일단 네 가지 셀에 내담자의 약점과 강점에 대한 정보들이 채워지면 어려운 자료 종합과정이 시작된다. 자료에 대한 과학적 접근(1장 참조)에서 실천가들은 내담자에 관한 가설을 형성하고 그에 따른 증거를 고려한다. 가설과 대안 가설을 검증하고 재설정하여 내담자에 대한 개념화가 만들어지고, 성, 인종, 나이, 성적 지향 등으로부터 나타나는 다양성을 고려하면서 이 개념화는 더욱 세련되게 변한다. 이러한 '실험적 작업 내담자 모델(tentative, working client model, Spengler)'(Strohmer, Dixon, & Shiva, 1995)은 병리와 강함의 상태와 환경적 지지와 결핍의 상태를 통합한다. 일단 내담자에 대한 강점과 약점에 관한 이러한 개념화가 다듬어지면, 모델과 연관되거나 연관되지 않는 진단 준거들을 구분해 내는 과정이 시작된다.

개념화와 개입의 연결

일단 임상적 정보가 수집되고 검증되면, 실천가들은 치료방법의 추천을 포함하는 개념화를 하게 된다. 우리의 견해에서 치료적 제시를 하지 않는 개념화는 불완전한 것이다.

제시된 개입이 내담자에 대한 개념화와 진단에서 나온다는 점을 상기하라. 진단과 치료 간의 불일치는 진단이 실천가에게 논리적으로 개입을 끌어낼 수 있는 정보를 거의 제공하지 못할 때 나타난다. 네 가지 셀 매트릭스에서 자료들을 기술하는 개념화는 특정한 내담자에게 어떤 변화과정이 일어날 것인가에 대한 단서를 제공한다. 변화과정은 평가되어야 하고, 이 새로운 정보는 개념화와 진단을 다듬을 때 고려되어야 한다. 진단과 치료의 관계 진행은 [그림 2-2]에 제시한 바와 같다.

치료방법 추천의 본질을 생각할 때, 개입은 내담자의 심리적, 환경적 자원에 근거해 개인적, 환경적 약점을 억제하고 관리하는 것이 된다. 때로 보상적인 치료의 제시가 필요할 수도 있지만, 우리는 내담자의 강점을 끌어내고 미래의 자기 교정적 활동을 포함하는 모델을 주장한다. 이처럼 실천가들은 인간이 미래의 도전에 직면할 때 보다 유연해지는 데 도움이 되는 심리적 또는 환경적 자원을 찾아야 한다.

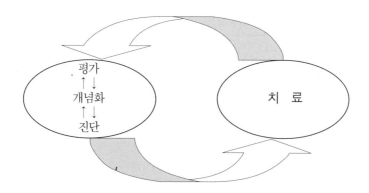

그림 2-2 개념화와 치료의 연결

과학적으로 지지된 개입이 나타나면, 진단가들은 그것을 추천해야 한다. 만약 특정한 실천가가 필요한 치료를 할 수 없다면 그러한 치료를 할 수 있는 치료자나 치료기관에 내담자를 연결해 주는 것이 윤리적 책임이라고 여겨진다. 개념화나 진단적 징후가 특정한 개입을 쉽게 나타내 주지 않지만, 진단가들에게 도움이 되는 접근에 관한 아이디어가 있을 때 실천가들은 이러한 개입 전략을 보고서에 기술하여야 한다.

작은 변화를 만드는 일: DSM-IV 대안

 *DSM-IV*의 진단체계는 다섯 개의 축으로 구성된다. 즉, 임상적 주의에 초점을 두는 임상적 장애와 기타 조건(축 1), 성격장애와 정신지체(축 2), 일반적인 의학적 조건(축 3), 심리사회적·환경적 문제(축 4), 기능에 대한 전반적인 평가(축 5)다. 이러한 체계 내에서 진단과 개념화는 환경적인 자원, 안녕감, 심리적 강점 등을 다루지 않기 때문에 전반적으로 불완전하다. 심리학에서 *DSM*의 위치는 확고하지만, 이 진단체계는 변화가 필요하다. 대안적인 체계는 기능의 긍정적인 측면을 강조하고 좀 더 포괄적인 개념화를 위해 많은 정보를 제공한다.

축 4의 확장
 심리사회적·환경적 문제(축 4)를 다루기 위해 임상가들은 축 1과 축 2에 따라 진단되는 심리장애에 몇 가지 맥락을 더할 수 있는 문제를 추가하였다. *DSM-IV*의 개

〈표 2-1〉 DSM-IV 체계 축 4의 확장

심리사회적 · 환경적 스트레스 유발 요인	심리사회적 · 환경적 자원
일차 지지집단과의 문제	일차집단과의 애착/사랑/양육
사회적 환경과 관련된 문제	연계/공감적 관계/유머러스한 상호작용
교육문제	접근 가능한 교육적 기회와 지지
직업문제	의미 있는 일/직업의 만족과 자기효능감
주거문제	건강한 발달을 촉진하는 안전 주거
경제문제	기본적 욕구와 상위 욕구에 적절한 경제자원
건강서비스와 관련된 문제	양질의 신뢰할 수 있는 건강서비스
법체계와 관련된 문제-범죄	자원과 시간의 기증을 통한 사회의 공헌
기타 심리사회적 · 환경적 문제	기타 심리사회적 · 환경적 자원

발자들은 경험된 문제가 정신장애의 진단과 예후 그리고 치료에 영향을 준다는 것을 지적하였다. 본질적으로 문제는 역기능을 일으키고 악화시킬 수 있다. *DSM-IV*(〈표 2-1〉 참조)에 기록된 문제 범주들을 보면, 이러한 일상적인 문제가 장애를 일으키고 악화시키는 요인으로 작용할 경우 일상적인 자원들도 장애의 발달을 저지하고 영향을 줄일 수 있는 보호 요인으로 작용할 수 있다고 여겨진다. 〈표 2-1〉에 나와 있는 많은 자원들이 이 책에 소개된 도구로 측정될 수 있다.

축 4를 확장시켜서 사용하라는 우리의 주장은 심리사회적 · 환경적 자원을 고려함으로써 내담자나 내담자의 기능에 대한 견해를 맥락화하려는 데 그 목적이 있다. 문제에 따라 이러한 자원을 기록하게 되면 내담자는 자신의 삶에서 문제에 대처하고 해결하는 방법의 개념화를 촉진할 수 있다.

축 5의 재조정

축 5는 내담자의 기능을 평가하는 것으로 *DSM-IV* 체계를 통합한다. 이 축은 배타적으로 병리에 초점을 두지 않는 유일한 축이지만, 강점을 평가하는 데는 제한적이다. 축 5는 기능적인 결핍의 부재와 최적의 생활 영역을 밝혀 내도록 재조직되어야 한다. 기능적인 기초선을 만들어 전반적인 기능평가(GAF) 수준 100(증후군의 부재)은 GAF 척도의 중간점(50)으로 재조정되어야 한다. 수준 51에서 100은 기능의 수준이 증가되는 정도를 나타낸다. GAF의 준거인 1, 50, 100은 기능의 심각한 손상, 건강, 최적의 기능을 각각 나타낸다. 진단체계에서 이러한 평가 유형은 임상가들이 내담자와 그들의 환경에서의 강점을 인식하고 사용할 수 있도록 격려한다.

축 6의 생성

현재의 *DSM-IV* 범주체계를 개정하기 위한 세 번째 대안은 부가적인 축을 포함시키는 것이다. 개인적 강점과 성장의 촉진 요인(축 6)은 개인의 강점을 차원에 따라 제시하고 내담자에 관한 보다 종합적인 모습을 발달시키는 것이다.

축 6(부록 2.1 참조)은 치료적 변화 및 긍정적 기능과 연관된 심리적 강점을 설명하고 진단과 치료 간의 연관성을 설명하는 데 기여한다. 희망(Snyder et al., 1991), 낙관주의(Scheier, Carver, & Bridges, 1994), 개인적 성장 주도성(Robitschek, 1998) 등이 간단한 척도로 측정되어 왔고, 내담자에 의해서 밝혀지는 강점과 사회적 지지를 간단한 질문에 대한 반응으로 기록한다. 또한 내담자의 주관적인 안녕감이 삶의 만족척도에 의해서 측정된다(Diener, Emmons, Larsen, & Griffin, 1985).

심리학의 영역이 정신질환과 정신건강에 초점을 두는 균형 모델로 변함에 따라, 실천가와 연구자들은 전통적인 결함 진단을 넘어서야만 한다. 축 4와 축 5를 수정하고 축 6을 포함하면 성장을 위한 잠재적인 방향이 설정된다.

일상적인 실무에서의 변화

이 책의 끝부분에 이르면 독자들은 강점에 좀 더 민감해지기 위해 자신의 과업을 어떻게 변화시켜야 하는가와 관련된 수많은 방안들을 축적하게 될 것이다. 우리는 철학과 자료수집 접근 그리고 언어 사용에서 변화를 제시해 왔다. 만약 당신이 평가 접근에서 중요한 변화를 할 수 없다면 작은 변화부터 시작할 수 있다.

1. 내담자를 진단적 용어로 기술할 때는 사람을 우선으로 하는 용어를 사용하라(예: 젊은 사람인데 주요 우울장애를 가진).
2. 균형 잡힌 네 가지 셀 매트릭스 정보에 의해 내담자에 대한 개념화를 생성하라.
3. 환경적인 자원이나 제한뿐만 아니라 내담자의 강점과 약점을 기술할 때 정확한 언어를 사용하라.

4. 긍정심리학적 평가가 자신의 실천과 연구를 이끌도록 하라.

강점 분류체계

강점 분류체계(VIA: Value in Action; Peterson & Seligman, 2001)는 *DSM*의 반정립 (antithesis)으로 간주되고 심리적 강점에 대한 이해를 촉진하는 가장 중요한 전제다. Peterson과 Seligman은 오늘날 심리학 분야의 많은 사람들이 주로 심리학의 부정적 측면을 말하는 데 사용하는 공통적인 언어는 가지고 있지만 개인의 강점을 말하는 데는 그와 동등한 용어를 갖고 있지 못하다는 점을 지적하였다. VIA 분류는 공통의 언어를 제공하고, 동시에 강점에 기초한 진단과 치료(강점 강조에 초점을 둔 치료지침서는 진단지침서를 수반할 것이다) 접근을 격려한다.

덜 일방적인 분류체계를 지지함으로써 VIA 분류는 구분된 범주가 아닌 연속선상에서 강점 특성에 대한 개인차를 설명한다. 이러한 방법으로 Peterson과 Seligman(2001)은 그들의 분류 접근이 특성 강점이 나타나고 전개되는 발달적 차이에 민감하다고 주장한다. 6개 범주가 VIA 분류에서 기술된다. 그것은 지혜, 용기, 인간성, 정의, 인내, 초월로서, 보편적인 문화 간의 미덕을 나타낸다(Peterson & Seligman, 2001). 2003년에 출판된 이러한 분류체계는 인간 삶의 긍정적 측면을 분류하는 귀중한 기준이 될 수 있을 것이다.

긍정심리 측정의 효과

강점에 대해서 물음으로써 진단가들은 내담자에게 다음과 같은 몇 가지 긍정적인 반응을 격려할 수 있다. 첫째, 내담자는 조력가가 인간 전체를 이해하려고 한다는 것을 알 수 있다. 둘째, 내담자는 자신을 문제와 동일시해서 보지 않게 된다. 셋째, 내담자는 '문제를 가진 사람'으로 강화되기보다는 자원을 가진 사람으로 격려된다. 넷째, 내담자는 정신건강 전문가에게 오기 전에 고갈시켰을 개인의 가치를 회상하고 재생시킬 수 있다. 다섯째, 내담자의 강점에 대한 고려는 정신건강 전문가들과의 신뢰 및 상호관계의 동맹을 촉진시킨다. 또한 내담자는 최대한 생산적인 진단이 가능하도록 개방적으로 정보를 제공한다. 강점에 관해 질문하는 긍정적인 평가 자체가 치료적일 수 있다.

약점 모델에서 진단은 종종 내담자가 어떻게 정신건강을 달성할 것인가에 대한 학습을 새롭게 시작할 필요성을 제기한다. 그러나 긍정심리평가에서 인간의 문제는 이미 존재하는 대처기술이나 재능의 렌즈를 통하여 가장 잘 볼 수 있다. 상당한 정도의 주요 변화가 필요조건인 병리 모델에 비해서, 긍정평가 접근은 보다 최소한의 변화 접근을 취한다. 개인이 이미 갖고 있는 행동 목록과 환경적 지지를 발견하면서, 긍정심리평가 과정은 내담자가 정신건강을 회복하기 위하여 그러한 강점을 이용할 수 있도록 돕는다. 사실 긍정심리평가에서 가장 중요한 전제는 삶의 여정이 개인적, 환경적 강점을 고려함으로써 만들어지고 유지된다는 것이다. 일반적으로 긍정심리학, 특히 긍정심리평가는 인간의 강점을 다루는 관점을 제공한다. 우리는 우리에게 도움을 청하는 사람들에게 많은 은혜를 입고 있다.

부 2.1 록

축 6
개인적 강점과 성장의 촉진 요인

당신의 삶의 만족과 개인적 강점에 관한 정보는 개별화된 치료계획을 세울 때 유용합니다. 아래에 제시된 세 가지 질문과 질문에 이어 첨부된 네 가지 질문지에 응답하십시오.

당신의 치료목적은 무엇입니까? 가능한 한 자세히 응답하십시오.

_____

_____

인생을 변화시키고자 할 때 당신의 인생에서 지지해 줄 사람은 누구입니까? 그들의 이름을 기록해 보십시오.

_____

_____

당신의 강점은 무엇입니까? 위에서 기록하지 않은 것 중에서 마음에 떠오르는 것들을 모두 기록하십시오.

_____

_____

이제 네 가지 강점의 척도(낙관주의, 희망, 삶의 만족도, 개인적 성장 주도성)에 응답하십시오.

참고문헌

American Psychiatric Association. (1994). *Diagnostic and statistical manual of mental disorders* (4th ed.). Washington, DC: Author.

Barone, D., Maddux, J., & Snyder, C. R. (1997). The social cognitive construction of difference and disorder. In D. Barone, J. Maddux, & C. R. Snyder (Eds.), *Social cognitive psychology: History and current domains* (pp. 397–428). New York: Plenum Press.

Buss, A. R., & Poley, W. (1976). *Individual differences: Traits and factors.* New York: Gardner Press.

Diener, E., Emmons, R. A., Larsen, R. J., & Griffin, S. (1985). Satisfaction With Life scale. *Journal of Personality Assessment, 49,* 71–75.

Garb, H. N. (1998). *Studying the clinician: Judgment research and psychological assessment.* Washington, DC: American Psychological Association.

Langer, E. J., & Abelson, R. P. (1974). A patient by any other name...: Practitioner group differences in labeling bias. *Journal of Consulting and Clinical Psychology, 42,* 4–9.

Maddux, J. E. (1993a). The mythology of psychopathology: A social cognitive view of deviance, difference, and disorder. *The General Psychologist, 29,* 34–45.

Maddux, J. E. (1993b). Social science, social policy, and scientific research. *American Psychologist, 48,* 689–691.

McCullough, M., & Snyder, C. R. (2000). Classical sources of human strength: Revisiting an old home and building a new one. *Journal of Social and Clinical Psychology, 19,* 1–10.

Merton, R. (1957). *Social theory and social structure* (Rev. ed.). Glencoe, IL: Free Press.

Nisbett, R. E., Caputo, C., Legant, P., & Maracek, J. (1973). Behavior as seen by the actor and as seen by the observer. *Journal of Personality and Social Psychology, 27,* 154–164.

Peterson, C., & Seligman, M. E. P. (2001). Values in action (VIA) classification of strengths. Retrieved May 2001, from http://www.psych.upenn.edu/seligman/taxonomy.htm

Robitschek, C. (1998). Personal growth initiative: The construct and its measure. *Measurement and Evaluation in Counseling and Development, 30,* 183–198.

Rosenthal, R., & Jacobson, L. (1968). *Pygmalion in the classroom: Teacher expectation and pupils' intellectual development.* New York: Holt, Rinehart, & Winston.

Salovey, P., & Turk, D. C. (1991). Clinical judgment and decision-making. In C. R. Snyder & D. R. Forsyth (Eds.), *Handbook of social and clinical psychology: The health perspective* (pp. 416–437). New York: Pergamon Press.

Scheier, M. F., Carver, C. S., & Bridges, M. N. (1994). Distinguishing optimism from neuroticism: A reevaluation of the Life Orientation Test. *Journal of Personality and Social Psychology, 67,* 1063-1078.

Snyder, C. R. (1977). "A patient by any other name" revisited: Maladjustment or attributional locus of problem? *Journal of Consulting and Clinical Psychology, 45,* 101-103.

Snyder, C. R., & Feldman, D. B. (2000). Hope for the many: An empowering social agenda. In C. R. Snyder (Ed.), *Handbook of hope: Theory, measures, and applications* (pp. 402-415). San Diego, CA: Academic Press.

Snyder, C. R., & Fromkin, H. (1980). *Uniqueness: The human pursuit of difference.* New York: Plenum Press.

Snyder, C. R., Harris, C., Anderson, J. R., Holleran, S. A., Irving, L. M. et al. (1991). The will and the ways: Development and validation of an individual-differences measure of hope. *Journal of Personality and Social Psychology, 60,* 570-585.

Snyder, C. R., & Ingram, R. E. (2000). Psychotherapy: Questions for an evolving field. In C. R. Snyder & R. E. Ingram (Eds.), *Handbook of psychological change: Psychotherapy processes and practices for the 21st century* (pp. 707-735). New York: Wiley.

Snyder, C. R., Shenkel, R. J., & Schmidt, A. (1976). Effects of role perspective and client psychiatric history on locus of problem? *Journal of Consulting and Clinical Psychology, 44,* 467-472.

Spengler, P. M., Strohmer, D. C., Dixon, D. N., & Shiva, V. A. (1995). A scientist-practitioner model of psychological assessment: Implications for training, practice and research. *Counseling Psychologist, 23,* 506-534.

Terman, L. M., & Oden, M. H. (1947). *The gifted child grows up: Twenty-five years' follow-up of a superior group.* Stanford, CA: Stanford University Press.

Wright, B. A., & Lopez, S. J. (2002). Widening the diagnostic focus: A case for including human strength and environmental resources. In C. R. Snyder & S. J. Lopez (Eds.), *Handbook of positive psychology* (pp. 26-44). New York: Oxford University Press.

다양한 세계에서의 긍정심리평가

　어떤 독자들은 '문화적 다양성과 긍정심리평가에 관한 장이 왜 있어야 하느냐?'고 물을 수 있다. 우리는 긍정심리평가를 종합적으로 다루기 위해 이 주제를 포함시키는 것이 현명한 처사였다고 생각한다. 미국과 산업화된 다른 나라들이 점차 다양해지고 있으므로, 사회과학자와 정신건강 전문가들은 강점, 건강과정 그리고 최적의 삶을 제시하는 데 있어서의 문화적 뉘앙스에 민감해져야 한다.

　1960년대 흑인 심리학자들의 선구적인 노력을 토대로 사회과학자들은 연구나 훈련 그리고 실제에서 비교문화적 관점을 통합하기 위해 꾸준히 노력해 왔다. 비교문화적 또는 다문화적 심리학자들은 전문가들이 우리가 함께 연구하고 일하는 개인의 사회문화적 맥락과 세계적 관점을 고려해야 한다고 격려한다. 심리학은 백인 중산층을 토대로 한 이론에 기초하고 그들을 주 표집 대상으로 연구했다는 비판을 받아 왔다. 비교문화심리학은 광범위한 사람들의 경험에 초점을 맞춤으로써 이러한 비판들을 시정하는 것을 목표로 한다. 긍정심리학은 인간이 최적으로 기능할 수 있도록 돕는 데 목적을 두고 있으며, 이제는 학문적 체계와 임상적 실무를 통해 다양한 민족과 문화를 인식하고 전략적으로 설명하는 과학적 체계를 갖추게 되었다.

---

*Lisa Y. Flores and Ezemenari M. Obasi

다양한 세계에서의 평가

최근의 인구조사 자료는 미국의 인구학적 유형이 점차 문화적으로 다양한 집단을 구성하는 방향으로 변화되고 있다는 것을 보여 준다(U.S. Bureau of the Census, 2001). 이러한 변화는 다양한 인종 및 민족들 사이에서 이민과 출생률이 증가하는 반면, 유럽계 미국인의 인구가 점차 줄어든다는 점에 기인한다. 점차 증가하는 인종과 민족의 다양성으로 말미암아, 긍정심리학 연구자들은 긍정적인 심리학적 구성개념의 비교문화적 적용을 고려하고, 그 연구 결과의 외적 타당도를 평가하며, 문화적으로 다양한 집단에 신뢰성 있고 타당한 평가도구를 개발하는 것이 불가피하게 되었다. 팽창하는 모집단을 대표하는 표집을 하는 것이 긍정심리 연구의 타당성과 유의성을 증가시킬 수 있다.

이 장의 목표는 모집단에 속한 모든 개인들의 긍정적 특징을 평가하고 해석함으로써 한 문화에서 다른 문화로 일반화하는 것을 검토하는 것이다. 특히, 비교문화적 관점에서 심리평가의 역사 및 비교문화를 측정하고, 긍정심리학적 구성개념을 다양한 문화적 장면에 적용하는 문제들을 개괄할 것이다. 끝으로, 비교문화적 집단에서 긍정심리평가의 모델을 설명하고 긍정심리 구성개념의 평가도구를 개발하기 위한 지침을 제시할 것이다.

문화적으로 다양한 집단에 대한 심리평가의 역사

과학자는 실험을 하기 전에 주의 깊게 생각하여 특정 관점을 토대로 한 가설을 분석하는 데 필요한 단계를 규정한다. 이 가설은 현재 알고 있는 상태를 증진시키기 위해 사용되는 진술이다. 역사적으로 그리고 문화적으로 다양한 집단을 대상으로 한 심리학적 연구가 오히려 연구 대상집단에게 해로운 영향을 가져온다는 견해가 제시되었다. 개인의 긍정심리학적 특성을 평가하는 현재의 접근을 살펴볼 때, 특정한 인종 및 민족 집단의 구성원이 평가된 역사적 맥락을 이해할 필요가 있다.

Sue와 Sue(1999)는 인종 및 민족 집단에 대한 역사적인 동시대적 심리학적 연구

패러다임을 다음과 같이 세 분야로 범주화하였다. 즉, 유전적 결핍, 문화적 결핍, 문화적 차이가 그것이다. 유전적 결핍 모델은 서로 다른 인종집단의 지적 능력을 설명하는 데 있어서 생물학적 차이에 초점을 두었다. 이 패러다임 옹호자들의 목적은 유럽 인종의 지적 우월성을 과학적으로 입증하는 것과 지적 능력을 인종의 함수로서 위계적으로 범주화하는 것이었다. 그래서 이것은 Darwin의 '자연 선택에 의한 종의 기원'을 근거로 한다. 이 이론들은 유럽인들의 유전적 지적 우월성과 타 집단의 열등성을 지지하였다. 열등성의 주장(Jensen, 1969; Morton, 1839)은 두개골의 용적을 검사한 연구에서도 나타난다. 아프리카인이 열등한 뇌를 가지고 있으며 지적 능력이 제한되어 있다는 가설은 아프리카인과 유럽인의 두개골에 있는 pepper corn에서의 차이를 측정함으로써 검증되었다(Clark, 1975).

유전적 열등성에 대한 이러한 생각은 미국 심리학에서 학자들의 중요한 논점이었다. 우생학 연구는 저명한 미국의 심리학자인 G. Stanley Hall, Alexander Bell, Walter Cannon, Robert Yerkes, Edward Thorndike, Henry Goddard, Lewis Terman(Hothersall, 1995)에 의해서 주도되었다. Hall은 우수한 유전자를 지닌 인종과 열등한 유전자를 지닌 인종이 있다는 것에 대한 확고한 믿음을 갖고 있었다. 그는 흑인종은 인간발달의 초기 단계에 머물러 있기 때문에 발달과 감독을 위해 우수한 단계에 있는 백인종에 의존한다고 주장하였다(Hothersall, 1995: 360). 심지어 Goddard는 그에 대해 '정신박약'이라고 불리는 것과 유사하다고 말하였다. 1900년대 초반에 엘리스 섬에서 이민자 선별을 담당했던 그는 국외추방 비율을 높이기 위해 Binet와 DeSanctis의 심리검사를 사용하였다(Hothersall, 1995). 미국의 지능검사가 문화적으로나 언어적으로 다른 유럽 인종집단(예: 이탈리아인이나 헝가리인)에게 사용되었다면, 우리는 이러한 요인이 이민자가 낮은 점수를 받는 데 중요한 역할을 했을 것임을 안다.

유전적인 요인에서 환경적인 요인으로 비교문화 연구의 초점이 변화된 것은 심리학 연구에 파장을 일으켰다. 문화적 결핍 모델에서는 서로 다른 인종 및 민족 집단의 생활양식과 가치가 특정한 인종 및 종족의 정신적인 그리고 지적인 열등성을 지속시키는 요인임이 확인되었다. 심리학자(Kardiner & Ovesey, 1951)들은 서로 다른 집단의 구성원들이 최적으로 발달하는 데 어떻게 방해받는가를 설명하기 위해서 환경적, 양육적, 심리적, 사회적, 언어적 요인들을 살펴보았다. 특히, Moynihan(1965)은 문화적 저하의 핵심이 가족구조의 붕괴에서 기인한다고 보고하였다. Parham, White

및 Ajamu(1999)는 이러한 생각이 어떻게 문화적 결핍이나 유럽 출신의 미국인의 가치, 규범, 습관, 생활양식에의 부적절한 노출 그리고 유럽 출신의 미국인 문화의 풍부함을 통해 치료적 역할을 하는지에 대한 가설을 상세하게 설명하였다. 본질적으로 문화적 박탈 모델은 지배적인 유럽 출신의 미국 중산층의 가치와 생활양식을 이상적인 측정 기준으로 정하고, 이러한 규범으로부터 이탈된 것을 결핍으로 간주하였다.

'결핍된(deficient)' 이라는 말에서 '서로 다른(different)' 이라는 말을 강조하는 방향으로 용어가 변함에 따라, 개인차를 탐구하는 관점에도 커다란 변화가 나타났다. 문화마다 차이가 있다는 모델을 주장하는 사람들은 대안적 가치와 서로 다른 생활양식이 존재하는 것을 당연하게 생각한다. 한 문화를 다른 문화와 비교하고 한 문화를 다른 문화보다 우월한 위치에 놓기보다는 차이를 인정하고, 문화의 맥락에서 실제와 행동이 이해되고 해석되며, 문화적으로 다양한 사회에 존재하는 장점들이 존중된다. 본질적으로 다양한 문화의 강점과 가치가 문화적으로 다른 관점에서 인정되고 존중받게 된다.

긍정심리평가에서의 비교문화적 평가문제

평가는 사람을 이해하고 돕는 과정이다(Walsh & Betz, 2001). 평가과정에서 개인과 환경 간의 상호관계 인식의 중요성에 대해서는 앞서 언급하였으며, 보다 상호작용적인 관점에 대해서는 이 책의 1장과 2장에서 제시한 바 있다. 사실상 환경적 맥락을 고려하지 않고 인간의 행동을 이해하는 것은 불가능하다. 한 집단에서 '정상' 이라고 생각하는 것이 다른 집단에서는 '비정상'으로 간주될 수 있기 때문이다. 예를 들면, 라틴 문화에서 사별한 사랑하는 사람과 의사소통을 할 수 있다는 사람에 관한 얘기를 듣는 것은 이상한 일이 아니다. 어떤 정신건강 전문가는 그 사람이 환각을 경험하고 있다고 설명하겠지만, 라틴 사람들에게 그것은 문화적, 종교적 신념을 통하여 쉽게 설명될 수 있는 가능한 경험으로 간주된다. 따라서 문화적 환경을 고려하는 정보의 관점과 더불어 문화의 한 부분인 개인의 관점에서 행동을 설명하고 특징짓는 것은 비교문화적 평가의 본질적인 요소다. 더 나아가서 평가는 반드시 하나의 과정이어야 한다. 즉, 질문이 이루어지고 정보가 수집되고 가설이 형성되는 과정을 통해서 개인과 환경으로부터 얻는 정보와 피드백에 기초한 가설이 재구성된다. 개인이나 문화적 집단과 연구자 사이의 지속적인 피드백은 수집된 증거를 타당화하고 결론을 지지하는 데 필요하다.

연구자와 임상가가 정보를 수집하는 몇 가지 방법이 있다. 평가 정보는 공식적인 방법(예: 지필검사)과 비공식적인 방법(예: 개인과의 면접, 그 가족이나 친구와의 면접)을 통해 얻어진다. 우리는 비교문화적 평가란 사람들(내담자, 임상가, 연구자)이 인종, 문화, 민족의 차원에 따라 서로 다른 관점에서 정보를 모으는 과정이라고 정의한다. 대부분 이 과정은 내담자가 백인이 아니거나 또는 임상적 목적이나 연구목적을 위해 다른 인종이 평가되는 상황을 포함한다.

문화적으로 민감한 긍정심리평가는 다차원적 과정이므로, 연구와 실제에서 사용할 만한 긍정심리측정 도구의 개발을 위해서는 몇 가지 문제를 다루어야 한다. 먼저 긍정심리 연구자들은 다양한 문화집단에서 긍정구성개념의 의미를 이해해야 한다. 긍정심리측정 도구는 그것을 사용하기로 한 문화집단의 관점에서 구성되어야 한다. 연구의 해석은 문화를 민감하게 고려하여 공동체의 현 상황을 개선하고 그들의 인간성이 가지는 의미를 타당화하기 위한 방법으로 정교화되어야 한다. 더 나아가 연구자는 각각의 문화집단이 동질적이지 않다는 것을 인식해야 한다.

이 책에서 우리는 문화적으로 다양한 집단을 측정하기 위한 도구를 선택하고 실시하고 해석하는 것과 관련된 평가에 주로 초점을 맞추고자 하였다. 그러나 측정과 검사 개발에 관련된 문제를 고려하는 것은 민감한 일이다. 그것은 긍정심리측정 도구의 타당도에 직접적인 영향을 미치기 때문이다. 다음에서 우리는 비교문화적 상황에서 긍정심리평가 도구의 사용과 관련된 일반적인 문제들을 다룰 것이다.

구성개념: 에틱 대 이믹 문제

도구를 선택할 때 우선시되는 것은 측정되는 구성개념이 모든 개인에게 동일한 의미를 갖는지에 관한 것이다. 이 측정문제는 개념적 등가(conceptual equivalence)로 이미 언급되었다(Marsella & Leong, 1995). 연구자들은 구성개념이 문화들 간에 유사하게 정의되느냐(에틱: etic) 또는 구성개념이 문화적으로 특수한 것이냐(이믹: emic)를 탐구함으로써 개념적 등가를 평가하였다. 몇몇 문화에서는 안녕감을 유사하게 정의하고 그와 연결된 감정을 동일하게 경험할 수도 있지만, 그것을 표현하는 것은 사회적으로 바람직하다고 간주되는 문화의 규제를 받는다(Diener & Suh, 2000을 보라). 예를 들면, 가나의 문화에서 아동이 어른에게 잘 지내고 있느냐고 묻는 것은 금기사항이다. 이는 나이가 들면서 습득되는 삶의 지혜 수준에서 이해될 수 있는데, 만약 그 질문에 어른이 편하지 못하다고 대답해도 그 아동이 어른에게 거의 도움을 줄 수 없다는 것이다. 그러나 이것은 미국 젊은이들에게는 일반적인 인사이다. 만약 문화적 차이에 둔감한 심리학자라면, 이 서로 다른 문화적 집단의 구성원에게서도 같은 행동으로 받아들일 것이다.

행동과 습관 그리고 규범에서의 문화적 차이 때문에, 측정도구의 선택은 구성개념의 정의뿐 아니라 개개의 문화에서 그 구성개념이 어떻게 나타날 것인가를 고려해야 한다. 구성개념의 정의, 감정, 사고, 행동의 표현은 미국의 비서구문화나 인종집단과 민족집단 간에 보편적이라는 가정을 하지 않는 것이 중요하다.

표준화

비교문화적 평가에서 일반적으로 논의되는 위험은 다양한 미국 인종 및 민족 집단을 대표하는 개인들과 다양한 나라에서 온 개인들을 정상적으로 표집하는 적절한 방법이 결여된 측정도구를 사용한다는 것이다. 검사 평균점수, 신뢰도와 타당도의 측정도구에 관한 표준화 자료는 보통 우세한 유럽 출신의 미국인, 중산층, 대학교육을 받은 사람들로 구성된 집단에서 구해진 것이다(Walsh & Betz, 2001). 유럽 출신의 미국 중산층과는 다른 문화적 가치와 생활 경험을 가진 이들에게는 이러한 검사도구가 측정하는 개념이 유럽 출신의 미국 중산층과는 다르게 나타날 수 있다. 미국의 다양한 인종 및 민족 집단 간에 나타나는 긍정심리 구성개념의 신뢰도와 예언타당도는 국제적 표준집단을 대상으로 한 연구들을 더 많이 필요로 한다. 특정 집단에 규범적인 심리측정적 자료 없이 긍정심리측정 도구를 사용한 연구 결과는 측정도구가 연구 대상인 특정 집단에 신뢰성 있고 타당하다는 자료가 제공될 때까지 신중하게 고려되어야 한다.

언 어

언어적 등가(linguistic equivalence)는 평가되는 개인이 선호하는 언어를 사용해 검사가 실시되었는가를 말한다(Marsella & Leong, 1995). 2개 국어 사용자를 평가하는 경우, 결과에 결정적인 영향을 미치기 때문에 반드시 유창하게 구사할 수 있는 선호 언어로 평가받아야 한다. 비교문화 연구에서는 서로 다른 언어로 측정도구를 번역해 서 사용하는 것이 일반적이다. 사실 이런 경우는 희망척도(Lopez et al., 2000)와 낙관 주의 척도(Perczek, Carver, Price, & Pozo-Kaderman, 2000)에서 자주 나타난다. 참여 자가 선호하는 언어로 평가도구를 검사함으로써 언어적 등가문제를 해결한다고 할지 라도, 그것은 번역 등가와 같은 또 다른 잠재적인 편파를 만든다. 번역등가는 개념들 이 특정한 외국어로 정확하게 번역될 수 있는가를 적절하게 고려하지 않은 채 측정도 구를 다른 언어로 번역하는 경우에 발생한다. 측정도구를 외국어로 번역하기 위해서 는 이중 언어전문가를 고용하여 번안한 후, 두 언어에 능숙한 다른 사람에게 그것을 다시 원어로 재번역하도록 해야 편향을 최소화할 수 있다.

척도화

척도화된 질문지나 선다형 질문지에 어떻게 반응하느냐는 비교문화와 측정의 수학 적 등가 문제의 기여도에 따라 다를 수 있다. 척도화는 연구자들이 개인의 의사결정 과정을 이해할 때 최소화될 수 있다. 예를 들면, 유럽 출신 미국인의 의사결정 유형은 분명한 기회를 가진 선형적인 과정으로 설명될 수 있다. 즉, 이 경우에는 리커트 척도 (Likert scale)의 사용이 적절하다. 그러나 의사결정 과정이 현저하게 다르거나 선택이 이분화되어 나타나는 문화에서는 리커트 척도의 사용이 부적절할 수 있다. 타당한 결 과를 얻기 위한 척도화는 대상집단의 선호도를 위해 다양한 관점을 반영함으로써 이 해될 수 있다.

반응 편향

반응양식은 감정을 양 극단이나 중간 정도의 수준에서 지속적으로 보고하는 문화 집단에서 나타난다. 이러한 반응은 감정의 표현과 관련된 문화적 규범을 반영하는 것 과 같다. 예를 들면, 집단주의에 가치를 두는 문화와 집단동조에 높은 가치를 부여하 는 문화에서는 개인적인 행동에 제재가 따르기 마련이다(Sue & Sue, 1999). 즉, 이러 한 문화의 사람들은 리커트 척도에서 중간점에 반응할 가능성이 높다. 문화적으로 다 양한 표집을 사용하여 측정도구를 적절히 표준화한 검사에 사용하는 것이 중요한 이 유는 문화집단에 따라 서로 다른 기준을 사용할 것을 나타내는 정보를 제공하기 때문

73

이다.

사회적으로 바람직한 행동들은 문화에 따라 다를 수 있고, 문항에 대한 응답자의 반응은 사회적 규범에 영향을 받는다. 예를 들면, 어떤 문화에서는 자신의 짐을 다른 사람에게 전가하지 말아야 하기 때문에, 사실이든 아니든 잘 되어 가고 있다고 드러내는 것이 드문 일이 아니다. 다시 말해서, 자기 자신의 어려움이 가족이나 문화집단에 영향을 줄 수 있기 때문에, 자신의 어려운 점을 나타내는 것이 어떤 문화에서는 바람직하지 않게 여겨진다. 연구자들은 참여자들이 질문에 솔직하게 답하는 것을 방해하거나 사회적으로 바람직한 방식으로 반응하는 것을 충분히 이해하도록 참여자와 라포(rapport)를 형성해야 한다.

검사자 편향

윤리적인 비교문화적 평가 및 연구는 연구자나 전문가들이 문화의 복잡성을 이해하고 개인의 행동이나 반응을 적절하게 해석할 수 있을 때 수행된다. 연구자와 임상가는 관심을 갖고 있는 특정한 문화의 기본적인 배경에 대해 이해하는 것이 중요하다. 설사 관련 문헌을 참고하여 특정 문화집단에 대한 개략적인 수준의 정보를 얻을 수 있을지라도, 이러한 편향을 다루는 또 다른 방법은 그 문화의 의미 있는 특징을 학습하기 위하여 문화적으로 특수한 활동에 개인적으로 참여하는 것이다. 더 나아가 연구자와 임상가들은 구성개념들을 이해하기 위해 개인적 편향을 인식해야만 한다. 그렇지 않으면 개인이나 집단의 반응을 잘못 해석하는 위험에 빠지게 된다.

문화적 변인

문명화 수준, 인종 정체성, 사회경제적 지위, 세계관 등과 같은 문화적 변인들은 평가과정에 영향을 줄 수 있다. 이러한 변인들은 또한 긍정심리학적 구성개념에 매개변인으로 작용할 수 있다. 개인의 세계관은 그가 세상을 지각하고 생각하고 느끼고 경험하는 사회화 방식을 결정하기 때문에(Myers, 1993), 이러한 구성개념을 포괄적으로 이해하는 것은 비직관적인 연구 결과를 설명하는 데 도움이 될 수 있다. 예를 들면, 신과 조상에 대한 우주론적인 관계는 안녕감, 희망, 낙관주의 경험에 영향을 미칠 수 있다. 운명을 선택하는 데 인간이 능동적인 역할을 한다는 Yoruba의 생각은 삶에서 장애는 불완전한 영혼을 극복하는 기회가 될 수 있음을 의미한다. 이러한 문화권에서 그것은 신이나 죽은 조상들이 어려운 과제를 갖고 있는 사람들을 포기하지 않을 것임을 의미한다. 삶의 경험이 정신적인 성장의 기회로 간주되는 문화에서 삶의 조건에 대한 개인들의 지각은 긍정적으로 나타나지만, 반대의 문화에서는 동일한 삶의 사건도 부정적인 시각으로 보게 된다. 문화의 구성 요소는 평가나 연구에서 결정적인 역할을 하는데, 그 이유는 문화가 사람들의 행동에 대한 정의, 평가 및 설명에 영향을 주기 때문이다.

비교문화적 긍정심리평가의 모델

다양한 인종과 민족 집단에 대한 심리학 연구의 역사 때문에, 심리학자들은 문화집단 간에 지식의 교환을 극대화하도록 고안된 엄격한 평가와 연구 절차를 택하는 것이 필수적이다. Ridley, Li 및 Hill(1998)은 의사결정에 기여할 수 있는 문화적인 자료들을 확인하고 해석하고 통합하는 다문화평정 과정을 제안하였다. 다음에서 우리는 긍정심리평가에서 사용될 수 있는 문화 간 평가 모델을 제안한다. 우리는 경력을 평가(Flores et al., 출판 중)하기 위해 문화적으로 적절한 모델을 긍정심리학적 평가에 적용하고, 문화를 민감하게 반영하는 긍정심리학적 평가과정을 요약할 것이다. 여기서 제시되는 모델은 1장에서 설명한 모델에 해당된다.

이 모델을 뒷받침하는 몇 가지 가정은 인간발달의 긍정적인 측면과 부정적인 측면을 확인하는 능력, 내담자와 전문적인 관계를 형성하는 능력, 적절한 평가를 수행하는 데 필요한 능력, 최소한의 다문화 능력의 적용을 포함한다. 다문화 능력과 일반적 평가기술을 개발하는 것은 문화적으로 유능한 긍정심리평가의 토대가 된다. 다문화 능력은 다양한 모집단(Sue, Arredondo, & McDavis, 1992; Sue et al., 1982)과 상호작용하는 개인적 신념, 지식, 기술에 대한 인식을 포함하여 개념화되어야 한다. 모든 심리학자는 문화적으로 다른 배경을 가진 개인들을 평가하기 전에 자신의 문화적 준거의 틀을 이해해야 한다(Sue & Sue, 1999). 이처럼 심리학자들은 자신의 세계관, 가치, 편견, 고정관념 그리고 준거집단의 정체성을 평가해야 한다. 왜냐하면 이들은 다양한 문화적 배경을 가진 개인들에 대한 연구문제나 임상적 가설을 형성하는 데 영향을 미치기 때문이다. 자기 자신의 문화적 배경을 인식하는 것 외에도 심리학자는 그가 연구하는 문화집단의 사회정치적 현실, 세계관 그리고 가치를 점검하는 단계를 거쳐야 한다. 이러한 지식은 평가를 촉진시키고 문화적 차이의 결과에서 나타나는 문제를 줄이게 해 준다. 이 과정을 통해 얻은 정보는 모든 평가적 측면에 영향을 준다는 것을 인식하는 것이 중요하다.

문화적으로 적절한 긍정심리평가 모델은 다음의 네 가지 상호 연관된 단계를 포함한다. 즉, 정보수집, 심리적 도구의 선정, 심리적 도구의 사용, 심리적 평가 결과의 해석이다([그림 3-1] 참조). 평가과정의 첫 단계는 삶에 긍정적인 변화를 가져오는 개인의 강점을 확인하기 위한 정보수집이다. 정보의 수집은 개인의 사회문화적 맥락, 문화적 정체, 세계관과 같은 자료를 포함한다. 평가되는 구인들이 개념적으로 문화에 동질적이거나 검사도구가 개발된 문화 및 검사를 받는 개인들의 문화에서 동일한 의미를 지닐 때, 도구 선정이 문화적으로 적절해진다. 구체적으로 말해서, 심리학자들은 특정한 개인이나 집단에서 이 구성개념의 의미를 조사하고, 그 결과를 이론적 모델이나 평가도구를 개발한 연구자들에 의해 제시된 구성개념의 정의와 비교해야 한다. 문화적으로 관련된 가정은 문항의 내용에 반영되어야 하고(예: 문화적 가치), 언어적 등가나 번역의 등가를 확립하기 위해 언어적인 논제들을 탐색하는 것이 중요하다. 연구 중인 심리적 변인에 영향을 줄 수 있는 문화적 변인, 예를 들면 문화화 수준, 인종 정체성, 세계관 등의 영향력을 평정하는 것을 간과해서는 안 된다. 검사 시행을 위

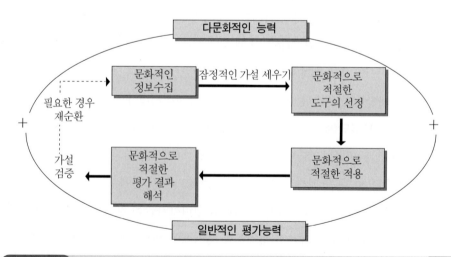

그림 3-1　문화적으로 적절한 평가 모델

해 필요한 표준화된 측정표집을 면밀히 검토하는 것은 도구 선정에 있어서 결정적인 요인이다. 다양한 문화집단에서 검증된 도구를 사용한 연구를 통해 얻어진 자료뿐만 아니라 도구를 개발할 때 사용된 표집의 심리측정적 성질은 그 척도의 신뢰도와 타당도를 제공할 것이다. 이러한 문제를 고려하여 심리학자는 문화적 평가에 가장 민감한 심리측정 도구를 선택해야 한다.

다음 단계에서는 문화적으로 적절한 평정도구를 적용하면서 척도화가 어떻게 측정 편향의 문제를 최소화하면서 특정한 문화집단의 반응양식에 영향을 줄 것인가를 고려하는 것이 중요하다. 평가가 척도화되는 방법에는 문화적으로 상이한 배경을 가진 개인들을 위한 여러 관점들이 반영되어야 한다. 평정도구는 내담자에 친숙한 방식으로 실시되어야 하고, 검사 실시와 과정에 대한 기대에 피검자의 개인력이 고려되어야 한다. 이는 그 자료가 어떻게 이용될 것인가에 대해 의문을 제기할 수 있는 다른 문화집단의 사람들에게 특히 중요한 문제가 된다.

검사자 편향은 문화가 다른 사람의 행동이나 평정 자료를 적절하게 해석하는 데에서 나타나는 오차를 무시해도 괜찮을 정도로 최소화해야 한다. 심리학자들은 발생할 수 있는 반응 편향 및 평가과정에 대한 해석에 민감해야 한다. 이러한 정보들은 결과를 좀 더 정확하게 기술하고 사회적으로 바람직한 방법으로 반응하는 것과 같은 문제를 설명할 수 있게 한다. 끝으로, 결과 해석은 늘 피검자에게 피드백을 줄 수 있도록 제시되어야 한다. 심리학자는 새로운 정보를 수집하기 위해 문화 간 평정 모델을 통해 피드백을 제공하면서 보완할 수 있다.

다문화적 긍정심리평가의 적용

다문화적 긍정심리평가 모델은 구성개념들 간의 관계 및 그 개념들이 다른 각각의 문화에서도 얼마나 명확하게 나타나는지 연구되지 않았기 때문에 활용하는 데 어려움이 있다. 일반적인 심리학적 연구에서처럼, 미국의 인종 및 민족 집단 간 또는 국적집단 간 긍정심리 구성개념을 타당화하는 연구는 상대적으로 제한되어 왔다. 그렇기 때문에 오늘날 점차 다양화되는 사회에 적용될 수 있도록 잘 만들어진 다문화적 긍정심리평가 도구는 거의 없다. 사실 Lopez와 그의 동료들(2002)은 긍정심리학자들이 긍정심리 이론이나 평가를 다문화적 장면에서 사용하기 위해서는 문화 간 관점을 통합하는 것이 필수적이라고 말한다. 이러한 연구들은 측정되는 구성개념들을 보편적으로 적용할 수 있는 근거를 제공하고, 추가적으로 연구자들은 심리측정적인 특성과 인종 및 민족 집단에 따라 다양한 긍정심리측정의 예언타당도를 밝힐 수 있다. 긍정적 구성개념들이 문화적으로 다양한 표집에서 얼마나 명백한지를 연구한 문헌은 거의 없다. 그러므로 다음에서 우리는 문화 간 긍정심리 구성개념을 분석해 온 몇몇 가치 있는 연구 프로그램을 개괄하고자 한다.

희 망

희망을 측정하는 데 가장 광범위하게 사용되는 희망척도(Snyder et al., 1991)가 다양한 언어로 번역되고 문화적으로 다양한 집단들에 사용되고 있지만(Lopez et al., 2000), 관련 문헌을 개괄한 결과 미국에서 국제적인 집단이나 인종 및 민족 집단을 다뤄 출간된 연구는 없었다. 아동과 유아의 희망을 평정하기 위해 개발된 척도(아동희망척도; Snyder et al., 1997, 유아희망척도(YCHS); McDermott et al., 1998)들은 라틴, 흑인, 아메리칸 인디언들을 표집하여 각 척도의 요인구조를 지지하는 결과를 얻었다. YCHS에 의한 자료는 라틴과 인디언 아동들의 희망 점수가 흑인과 백인 아동들보다 의미 있게 낮음을 보여 주었다(McDermott et al., 1998). 희망은 이민 온 멕시칸 학생의 사회 적응과 언어 유창성(Gariglietti, 1999), 유태인(Sherwin, 1994)과 흑인(Sherwin, 1996) 아동의 인종과 문화적 정체성, 게이 간의 안전한 성행동(Floyd et al., 1998) 등과 관련이 있는 것으로 나타나, 미국의 집단에서 희망이론을 적용할 수 있을지에 대한 가능성을 확인하는 데 필요한 근거를 제시해 주었다.

문제해결

문제해결 평가를 다문화적으로 적용할 수 있다고 간주되는 증거가 흑인(Neville, Heppner, & Wang, 1997)과 터키 대학생(Sahin, Sahin, & Heppner, 1993)의 표집에서 이루어졌다. 특히, Neville과 그의 동료들(1997)은 흑인 학생의 문제중심 대처양식 점수를 다른 대학생들의 점수와 비교하였는데, 문제해결 척도(PSI: Problem Solving Inventory; Hepper & Petersen, 1982)에서 그들의 점수가 상대적으로 높게 나타나 좀 더 부정적 문제해결 평가양식을 갖고 있는 것으로 드러났다. 이 연구에서는 인종 정체성 점수가 높을수록 부정적인 문제해결 평가를 하고 문제중심 대처를 회피한다는 것을 발견하였다. 마지막으로, 국제화된 인종 정체성 점수가 높을수록 문제해결 평가가 보다 나은 것으로 나타났다.

문제해결이론의 일반화에 대한 증거는 터키 대학교 학생집단에서 나타났다(Sahin et al., 1993). 지각된 문제해결 능력을 평가하기 위하여 가장 일반적인 평가도구를 사용한 결과, 터키의 남학생들은 미국의 남학생들과 문제해결척도의 전체 점수에서 유의미한 차이를 보이지 않았지만, 터키의 여학생들은 좀 더 긍정적인 문제해결 능력을 보여 미국의 여학생들과 의미 있는 차이를 보이는 것으로 나타났다. 그리고 터키와 미국 남학생 모두에게서 부정적인 문제해결 평가는 높은 수준의 우울 및 불안과 관련되었다.

주관적 안녕감

아마도 민족집단이나 국제적인 표집을 대상으로 가장 많이 연구되는 긍정심리학의 분야는 안녕감(well-being) 분야일 것이다(Diener & Suh, 2000). 이와 관련해서 우리는 세계가치연구회(World Value Study Group)를 통해 광범위한 자료를 모아 왔다. 안녕감의 평가는 다문화적 장면에서 활용되어 왔다. 예를 들면, Tepperman과 Curtis (1995)는 세계 가치 연구 자료에서 얻어진 삶의 만족도 측정도구를 북미와 다른 나라의 하위집단에 사용하여 구성타당도를 얻었는데, 그 결과 측정도구는 다문화 집단에서 신뢰성 있고 타당한 것으로 나타났다.

국가에 따라 주관적인 안녕감의 평가에서 차이가 나타났다. 평가 점수에서 개인주의 문화의 평가 점수는 집합주의 문화의 점수보다 높았고, 부유한 국가의 점수는 가난한 국가의 점수보다 높게 나타났다(Diener, Diener, & Diener, 1995). 42개 국가를 비교한 결과, 혼인관계와 주관적인 안녕감이 상관 있다는 근거가 제시되었다(Diener, Gohm, Suh, & Oishi, 2000). 그러나 상관의 상대적인 강도는 문화에 따라 다른데, 이러한 결과는 인도인과 미국인 간의 비교연구에서 지지되었다. 결혼보다는 수입이나 학력 같은 다른 요인들이 안녕감의 예언에서 더 많이 기여하지만, 결혼은 미국인들에게서 심리적인 안녕감의 강력한 예언자가 된다(Sastry, 1999). 문화적 변인의 경우, 카스트 제도에서 개인의 신분을 향상시키는 중요성은 결혼 상태와 안녕감 사이의 관계를 매개할 수 있다.

요약하면, 몇몇 예비적인 단계들이 민족과 문화 집단에 따른 긍정심리학의 구성개념들을 타당화하기 위하여 수행되었다. 초기 자료는 일부 구성개념들이 집단 간에 일반화될 수 있음을 보여 주었다. 그러나 긍정심리 이론과 평가가 비유럽 출신의 미국인과 다른 나라의 개인들에게서 타당하다고 확실하게 주장하려면 보다 많은 연구들이 필요하다. 여기에는 평가와 그 결과를 다문화적 장면에 적용하기 위해 긍정심리평가의 위상을 높여야 하는 많은 여지가 남아 있다. 긍정심리학은 심리학에서 상대적으로 새롭게 분류된 분야다. 이는 심리학에서 다루는 다양한 주제들이 하나의 전체로서 새로운 지식체계를 출현시키는 데 관여한다는 점에서 희망과 미래가 있다. 21세기에 긍정심리학이 모두를 위한 것이라는 주장을 진실로 강력하게 제시할 수 있으려면, 긍정심리학에서 이러한 모든 관점들을 통합하는 좀 더 많은 연구들이 필수적이다.

긍정심리평가에서 종합적인 평가의 미래

긍정심리학 연구자들은 개인의 강점을 주장하는 문헌에 중요한 기여를 해 왔다. 그러나 앞서 제시한 것처럼 좀 더 개선되어야 할 몇몇 분야가 있다. 우리는 긍정심리평가에서 문화적 요인에 대한 더 많은 이해를 위해 몇 가지 권고사항을 제시한다. (1) 미국의 인종 및 민족 집단의 긍정심리평가를 국제적 집단에 적용하여 검증하는 연구를 통해 이 평가도구를 활용하기 위한 규준 자료를 제공하라. (2) 다문화적 집단에서 긍정심리학적 구성개념과 다른 심리적 변인 간의 관계를 연구하라. (3) 문화 간 연구와 평가를 중요시하는 특정 집단에 대한 전문적 지식을 가진 다른 분야의 심리학자들과 공동으로 연구하라. (4) 다문화적 모집단을 토대로 긍정심리의 기능을 연구하는 데 관심을 가진 긍정심리학자와 대학원생이 증가하도록 격려하라. (5) 문화 내에서 강점과 가치를 설정함으로써 긍정심리학의 연구 결과가 다문화적 집단의 기능과 지위를 향상시키는 데 활용되도록 하라.

참고문헌

Brislin, R. (1993). *Understanding culture's influence on behavior*. San Diego, CA: Harcourt Brace Javanovich.

Clark, C. (1975). The Shockley-Jensen thesis: A contextual appraisal. *Black Scholar, 6*(10), 2-11.

Diener, E., Diener, M., & Diener, C. (1995). Factors predicting the subjective well-being of nations. *Journal of Personality and Social Psychology, 69*(5), 851-864.

Diener, E., & Suh, E. M. (2000). *Culture and subjective well-being*. Cambridge: MIT Press.

Flores, L. Y., Spanierman, L. B., & Obasi, E. M. (in press). Professional and ethical issues in career assessment with diverse racial and ethnic groups. *Journal of Career Assessment*.

Floyd, R. K., & McDermott, D. (1998, Aug.). *Hope and sexual risk-taking in gay men*. Poster presented at the 106th annual convention of the American Psychological Association, San Francisco.

Gariglietti, K. P. (1999). *The role of hope in the academic success, social adjustment, and language proficiency of Hispanic immigrants*. Unpublished doctoral dissertation, University of Kansas, Lawrence.

Hays, P. A. (2001). *Addressing culture complexities in practice. A framework for clinicians and counselors*. Washington, DC: American Psychological Association.

Heppner, P. P., Cook, S. W., Wright, D. M., & Johnson, W. C., Jr. (1995). Progress in resolving problems: A problem-focused style of coping. *Journal of Counseling Psychology, 42*(3), 279-293.

Heppner, P. P., & Petersen, C. H. (1982). The development of implications of a personal problem-solving inventory. *Journal of Counseling Psychology, 29*(1), 66-75.

Hothersall, D. (1995). *History of psychology*. New York: McGraw-Hill.

Jensen, A. R. (1969). How much can we boost IQ and scholastic achievement? *Harvard Educational Review, 39*(1), 1-123.

Kardiner, A., & Ovesey, L. (1951). *The mark of oppression: A psychological study of the American Negro*. Norton: New York.

Lopez, S. J., Gariglietti, K. P., McDermott, D., Sherwin, E. D., Floyd, R. K. et al. (2000). Hope for the evolution of diversity: On leveling the field of dreams. In C. R. Snyder (Ed.), *Handbook of hope* (pp. 223-242). San Diego, CA: Academic Press.

Lopez, S. J., Prosser, E. C., Edwards, L. M., Magyar-Moe, J. L., Neufeld, J. E. et al. (2002). Putting positive psychology in multicultural context. In C. R. Snyder & S. J. Lopez (Eds.), *The handbook of positive psychology* (pp. 700-714). New

81

York: Oxford University Press.

Marsella, A. J., & Leong, F. L. (1995). cross-cultural issues in personality and career assessment. *Journal of Career Assessment, 3,* 202-218.

McDermott, D., Gariglietti, K., & Hastings, S. (1998, Aug.). *A further cross cultural investigation of hope in children and adolescents.* Paper presented at the annual meeting of the American Psychological Association, San Francisco.

Morton, S. G. (1839). *Crania American.* Philadelphia: John Pennington.

Moynihan, D. (1965). *The negro family: The case of national action.* Washington, DC: Office of Policy Planning and Research, U.S. Department of Labor.

Myers, L. J. (1993). *Understanding the afrocentric world view: Introduction to optimal psychology* (2nd ed.). Dubuque, IA: Kendall/Hunt.

Neville, H. A., Heppner, P. P., & Wang, L-F. (1997). Relations among racial identity attitudes, perceived stressors, and coping styles in African American college students. *Journal of Counseling & Development, 75*(4), 303-311.

Parham, T. A., White, J. L., & Ajamu, A. (1999). *The psychology of Blacks: An African centered perspective* (3rd ed.). Upper Saddle River, NJ: Prentice-Hall.

Perczek, R., Carver, C. S., Price, A. A., & Pozo-Kaderman, C. (2000). Coping, mood, and aspects of personality in Spanish translation and evidence of convergence with English versions. *Journal of Personality Assessment, 74,* 63-87.

Ridley, C. R., Li, L. C., & Hill, C. L. (1998). Multicultural assessment: Reexamination, reconceptualization, and practical application. *Counseling Psychologist, 26,* 827-910.

Sahin, N., Sahin, N. H., & Heppner, P. P. (1993). Psychometric properties of the Problem Solving Inventory in a group of Turkish university students. *Cognitive Therapy & Research, 17*(4), 379-396.

Sastry, J. (1999). Household structure, satisfaction, and distress in India and the United States: A comparative cultural examination. *Journal of Comparative Family Studies, 30*(1), 135-152.

Sherwin, E. D. (1994). *Hope and social identity: An investigation into the relationship between the self and the environment.* Unpublished doctoral dissertation, Virginia Commonwealth University, Richmond.

Sherwin, E. D. (1996). *Hope and culture: The role of religion and spirituality in African American identity.* Unpublished manuscript.

Snyder, C. R., Harris, C., Anderson, J. R., Holleran, S. A., Irving, L. M. et al. (1991). The will and the ways: The development and validation of an individual differences measure of hope. *Journal of Personality and Social Psychology, 60*(4), 570-585.

Snyder, C. R., Hoza, B., Pelham, W. E., Rapoff, M., Ware, L. et al. (1997). The development and validation of the Children's Hope scale. *Journal of Pediatric Psychology, 22,* 399-421.

Sue, D. W., Arredondo, P., & McDavis, R. J. (1992). Multicultural competencies/standards: A call to the profession. *Journal of Counseling and Development, 70*(4), 477–486.

Sue, D. W., Bernier, J. B., Durran, M., Feinberg, L., Pedersen, P. et al. (1982). Position paper: Cross-cultural counseling competencies. *The Counseling Psychologist, 10,* 45–52.

Sue, D. W., & Sue, D. (1999). *Counseling the culturally different: Theory and practice* (3rd ed.). New York: John Wiley & Sons.

Tepperman, L., & Curtis, J. (1995). A life satisfaction scale for use with national adult samples from the USA, Canada and Mexico. *Social Indicators Research, 35*(3), 255–270.

U.S. Bureau of the Census (2001). *Population estimates program, population division.* Washington, DC: Government Printing Office.

Walsh, W. B., & Betz, N. E. (2001). *Tests and assessment* (4th ed.). Upper Saddle River, NJ: Prentice–Hall.

인지적 모델과 측정도구

CHAPTER 04

학습된 낙관주의
설명양식의 측정

  낙관주의(optimism)의 사전적 정의는 두 가지 개념을 포함하고 있다. 첫 번째 개념은 '선(good)'이 궁극적으로는 우세할 것이라는 희망적인 가정과 신념이다. 두 번째 개념은 이 세계가 모든 가능한 세계 중 최상이라는 믿음과 그렇게 믿으려는 경향성이다. 심리학 연구에서 낙관주의는 주어진 상황에서의 희망적인 기대를 말하고(Scheier & Carver, 1988), 최근에는 일반적으로 긍정적인 기대를 지칭한다(Scheier & Carver, 1993). 이러한 좀 더 일반화된 기대 혹은 '성향적 낙관주의(dispositional optimism)'는 건강의 다양한 지표들과 관련이 있다. 성향적 낙관주의의 측정에서 높은 점수를 받은 사람들은 비관주의적인 사람들에 비하여 낮은 우울 증상을 보이고, 효과적인 대처 전략을 더 잘 사용하며, 신체적 증상을 적게 일으키는 것으로 보고되었다(Scheier & Carver, 1992, 1993의 연구 참조).

  낙관주의의 더 포괄적인 정의인 두 번째 개념과 일치하는 낙관주의(optimism)와 비관주의(pessimism)의 용어는 최근에 사람들이 일상적인 삶에서 발생하는 사건들의 원인을 생각하는 방식에 적용되고 있다(Seligman, 1991). 사람들은 삶에서 발생한 문제의 원인을 안정적인 것보다는 일시적인 것으로, 일반적인 것보다는 특수한 것으로,

그리고 내적인 것보다는 외적인 것으로 귀인할 때 낙관적이다. 낙관적인 설명양식은 높은 동기, 성취 그리고 신체적인 안녕감과 연결되고, 낮은 수준의 우울 증상과 관련이 있다(Buchanan & Seligman, 1995; Peterson & Steen, 2001의 연구 참조).

낙관주의에 관심을 가진 심리학자들은 두 가지의 관점 중 하나에 속하려는 경향이 있다. 각 관점에는 서로 유사한 용어가 사용되고 유사한 결과가 얻어졌다. 하지만 최근까지 성향적 낙관주의(5장 참조)와 설명양식(Gillham, Shatte, Reivich, & Seligman, 2001 참조) 사이의 관계에 대한 논의는 놀랍게도 거의 이루어지지 않았다. Carver와 Scheier(2002)는 성향적 낙관주의와 설명양식 이론이 개념적으로 연관되어 있다고 주장하였다. 하지만 몇몇 연구자들은 인과적 귀인과 예측이 관련되지 않을 수 있다는 데 주의하고 있다(Abramson, Alloy, & Metalsky, 1989; Hammen & Cochran, 1981). 이러한 대립적인 견해를 고려할 때, 설명양식과 기대 사이의 연관성을 명백히 하는 것은 중요하다 하겠다.

이 장에서 우리는 설명양식의 두 가지 이론에 근거하여 낙관주의의 설명양식 구성 개념에 대해 설명할 것이다. 그리고 설명양식을 평가하는 가장 일반적인 세 가지 방법을 소개하고, 이러한 문헌으로부터 나오는 중요한 연구 결과를 제시할 것이다.

설명양식 이론들

재구성되고 학습된 무기력이론

긍정적이거나 부정적인 상황이 발생했을 때 우리는 하나의 설명을 찾는다. 재구성되고 학습된 무기력이론(RLHT: reformulated learned helplessness theory; Abramson, Seligman, & Teasdale, 1978)에 따르면, 우리가 삶에서 일어나는 일상적 사건을 설명하는 방식은 동기를 떨어뜨리거나 고양시킬 수 있고, 인내력을 감소시키거나 증가시킬 수 있으며, 우울증에 취약하게 하거나 우울증으로부터 보호하게 해 준다. RLHT는 설명을 변화시킬 수 있는 세 가지 차원을 기술한다. 그것은 '내적 대 외적, 안정 대 불안정 그리고 일반 대 특수'의 차원이다. 부정적 사건에 대한 긍정적 설명양식은 보다 외적이고 불안정하며 특수한 것으로 원인을 돌린다. 즉, 문제가 다른 사람이나 환경적 요인에 의해서 생겼다고 믿고, 원인을 일시적인 것으로 보며, 자신의 삶에서 별로 일어나지 않는 상황으로 생각하는 것이다. 부정적 사건에 대한 비관적 설명양식은 좀 더 내적이고 안정적이며 일반적인 것으로 원인을 돌린다. 예를 들어, 동료와의 갈등을 설명하면서 낙관주의자들은 스스로에게 '그녀는 지금 좋지 않은 시기인가 보다.' (외적, 불안정적, 특수적)라고 말하지만, 비관주의자들은 '나는 대인관계를 맺는 데 능숙하지 못하다.' (내적, 안정적, 일반적)라고 말한다. 긍정적인 사건을 설명하는 데 있어서 비관주의자들과 낙관주의자들의 반응은 역전된다. 긍정적 사건에 대한 낙관주의자들의 설명은 내적, 안정적, 일반적이다. 즉, 성공과 행운의 원인이 자기 자신에 의해 발생한 것으로 보고, 그것은 계속될 것이며, 자신의 삶의 많은 부분에 영향을 줄 것이라 생각한다. 반면에 긍정적인 사건에 대한 비관주의자들의 설명은 외적, 불안정적, 특수한 것이며, 그들은 '이번엔 운이 좋았어.' 라고 생각한다.

RLHT에 따르면 비관적인 설명양식과 낙관적인 설명양식은 미래에 대해 다른 기대를 하게 한다. 부정적인 사건을 안정적이고 일반적인 원인으로 귀인하는 사람은 미래에 통제할 수 없는 결과가 발생할 것이라고 여기게 될 것이다. 이러한 사람들은 역경에 직면하면 무기력해질 수 있다. 반면에 부정적 사건을 불안정하고 특수한 원인으로 귀인하는 사람은 미래를 통제할 수 있을 것이라 기대할 것이다. 따라서 그들은 더 탄력적일 것이다. RLHT는 이러한 원인에 대한 안정성은 무기력 증상의 지속과 관련되고, 원인에 대한 일반성은 상황에 따른 무기력의 일반화와 관련되며, 원인의 내부 귀인은 우울증에서의 자존감 결핍과 관련된다고 본다.

우울증에 대한 무기력이론

Abramson 등(1989)은 안정과 일반 차원의 설명양식은 내적 차원보다 동기와 우울증에 더 큰 영향을 미친다고 주장했다. 즉, '사랑은 결코 지속되지 않는다.' (외적, 안정적, 일반적 귀인)는 신념에 대해 배우자와 갈등을 겪는 것은 내적 귀인이 아니더라도 무기력을 유발한다. RLHT의 수정이론 중의 하나인 무기력이론(HT)에 따르면, 해석의 세 가지 양식은 부정적인 사건에 수반되는 우울을 일으킬 위험이 있다. 첫째, 사건이 안정적이고 일반적인 원인으로 귀인될 수 있다. 둘째, 사건의 부정적인 혹은 파멸적인 결과가 추론될 수 있다. 셋째, 자신에 대한 부정적인 특성이 추론될 수 있다. 이러한 해석이 자주 발생할 때 사람들은 높이 평가된 결과의 발생에 대해 부정적인 기대(부정적인 결과 기대)를 하고, 이러한 결과(무기력 기대)의 가능성을 변화시키는 자신의 능력에 대해 부정적인 기대를 할 것이다. HT에 따르면 이러한 부정적인 기대는 자발적 반응의 지연과 슬픈 감정, 에너지 저하 그리고 무감각으로 특징지어지는 우울증의 하위 형태를 유발하는 원인이 된다.

설명양식의 측정

이 장에서 우리는 설명양식의 평가를 위한 세 가지 방법에 대해서 논의한다. 이 세 가지 방법은 귀인양식척도(ASQ: Attributional Style Questionnaire), 축어록 설명의 내용분석(CAVE: Content Analysis of Verbatim Explanation), 아동귀인양식척도(CASQ: Children's Attributional Style Questionnaire)이다. 성인들을 주로 연구하는 대부분의 연구자들은 귀인양식척도(ASQ; Peterson et al., 1982; Seligman, Abramson, Semmel, & von Baeyer, 1979)를 사용해 왔다. 하지만 우리는 지난 10년에 걸쳐 설명양식을 연구하는 사람들이 두 개의 확장된 귀인양식척도(E-ASQ; Peterson & Villanova, 1988; E-ASQ; Metalsky, Halberstadt, & Abramson, 1987)를 사용하기 시작했다는 것에 주목해야 한다. 확장된 ASQ는 HT의 연구에서 선호되었다. 이러한 척도는 부정적인 사건을 포함하고 있고, 그래서 원래의 ASQ보다 더 신뢰성 있다. 확장된 ASQ는 긍정적인 사건을 사용하지 않기 때문에 오직 부정적인 사건에 대한 설명양식만이 평가될 수 있다. 최근에 Abramson, Metalsky 및 Alloy(1998b)는 자아에 대한 안정적이고 일반적인 원인, 부정적인 결과와 부정적인 성격 등을 추론하는 성향을 평가하는 인지양식척도(Cognitive Style Questionnaire)를 개발했다.

다른 연구들은 연설문, 진술, 저널 서문이나 그 활자화된 자료를 통해 축어록 분석을 하는 기술(CAVE)을 사용하여 설명양식을 평가하기도 한다(Peterson, Bettes, & Seligman, 1985). CAVE는 긍정적이거나 부정적인 사건들에 대한 인과적 설명들이 도출된 다음에 내재성, 안정성, 일반화를 측정하기 위해 점수화된다.

아동귀인양식척도(CASQ; Kaslow, Tannenbaum, & Seligman, 1978)는 아이들에게 가장 많이 사용되는 설명양식 도구다. CASQ는 24개의 긍정적 사건과 24개의 부정적 사건으로 구성된 48개의 가상적 사건으로 구성되어 있고, 그에 대해 평가하는 강제 선택 양식으로 이루어져 있다. 이 도구는 원래 ASQ와 같은 하위 요인과 하위척도로 산출된다. 최근에 Thompson과 그의 동료들은 CASQ의 수정판(CASQ-R; Thompson, Kaslow, Weiss, & Nolen-Hoeksema, 1998)을 개발했다. CASQ-R은 CASQ로부터 만들어졌지만, 항목은 총 24개로 12개의 긍정적 사건과 12개의 부정적 사건으로 구성되어 있다. CASQ-R은 원래의 CASQ보다 다소 신뢰도가 떨어지지만, 아주 어린 아동이나 시간적 제약이 있는 상황에서의 설명양식을 평가하는 데 특히 유용하다.

귀인양식척도

귀인양식척도(ASQ)는 RLHT(재구성되고 학습된 무기력이론)의 핵심적인 가설을 검토하기 위해서 1979년 Seligman 등에 의해 개발되었다. 부정적인 사건에 대해 내적, 안정적, 일반적으로 설명하려는 경향이 있는 사람들은 부정적 사건에 대해서 외적, 불안정적, 특수한 상황으로 설명하려는 사람들보다 더 우울한 경향이 있다(Abramson et al., 1978). ASQ는 총 12개의 가상적 상황으로 구성된 자기보고식 설문지인데, 6개는 부정적인 사건으로 "당신은 다른 사람들이 기대하는 어떠한 일도 할 수 없다." 와 같은 문장으로 되어 있고, 나머지 6개는 긍정적인 사건으로 "당신의 배우자(또는 애인)가 당신에게 좀 더 다정하게 대해 주었다." 와 같은 문장으로 되어 있다. 이것은 단순하고 애매하며 가상적인 사건을 포함함으로써 사건에 대한 실제 원인을 보고하기보다 자극에 대한 사람의 특이한 신념체계를 투사하는 정도를 최대화하게끔 개발되었다. 이러한 사건들은 응답자가 상황을 둘러싼 전후관계를 구성하여 반응하도록 되어 있어서, 애매한 상황에 대해 개인의 주관적 해석이 투사될 가능성이 증가한다. 각각의 상황에 대해서 응답자는 그 사건이 일어났다고 생생하게 상상하면서 그들이 믿는 그 사건의 주요 원인이 무엇인지를 결정하도록 요구받는다. 그런 다음 응답자는 원인이 내적인가 또는 외적인가, 안정적인가 또는 불안정적인가, 일반적인가 또는 특수한가에 대해서 7점척도로 표시하게 된다(1점 = 외적/불안정/특수, 7점 = 내적/안정/일반).

12개의 상황 중에 6개는 관계 지향적 문항들이고, 6개는 성취 지향적 문항들이다. 관계 지향적 문항은 사람들 간의 관계를 둘러싼 사건들을 포함하고, 성취 지향적 문항은 업무, 학업 성취, 운동과 같은 사건들을 제시한다. 관계 영역에서 설명양식을 평가하는 한 항목의 예는 "당신은 당신에게 적대적으로 대하는 친구를 만났다."이고, 성취 영역에서 설명양식을 평가하는 한 항목의 예는 "당신은 프로젝트에서 대단히 뛰어난 성과를 냈다."이다. 관계와 성취 영역 모두는 두 가지 이유 때문에 포함되었다. 첫째, 넓게 적용되는 상황을 포함함으로써 상황 간 유형이 측정될 수 있다. 둘째, 이러한 두 유형은 개인이 성취 유형과는 다른 관계 유형을 가질 수 있다는 가능성을 열어 놓게 된다.

채점   ASQ는 6개의 개별 차원 점수와 3개의 합산 점수로 산출된다. 개별 차원 점수는 다음과 같다. 6개의 부정적 사건에 대한 내재성 점수의 평균(IN), 6개의 부정적 사건에 대한 안정성 점수의 평균(SN), 6개의 부정적 사건에 대한 일반화 점수의 평균(GN)이다. 개별 차원 점수는 6개의 긍정적 사건에 대해서도 유사한 방식으로 구해진다(내재적 긍정성 IP, 안정적 긍정성 SP, 일반적 긍정성 GP). 3개의 합산 점수도 산출된다. 부정적 설명양식(CN)은 6개의 부정적인 사건에 대한 내재성, 안정성, 일반화 점수를 더하여 사건의 수로 나눈 점수이고, 구성된 긍정적 설명양식(CP)은 6개의 긍정적 사건에서 부정적 설명양식과 같은 방식으로 구하고, 전체 점수는 긍정성 점수에서 부정성 점수를 뺀 값으로 구해진다(CP−CN).

무망감과 희망에 대한 3개의 다른 점수는 ASQ로부터 구해지지만 자주 사용되지는 않는다. 무망감(HN: hopelessness)은 부정적 사건에 대한 안정성과 일반화 차원의 평균으로 결정되는 반면, 희망(HP: hopefulness)은 긍정적 사건에 대한 안정성과 일반화 차원의 평균으로 결정된다. 즉, 무망감은 부정적 사건의 원인이 안정적이며 많이 발생한다는 신념에 대한 것이다("사람들은 경쟁적이고 다른 사람이 실패하는 것을 좋아하기 때문에 대부분 부정적으로 반응한다."). 반대로 희망은 모든 것이 잘 이루어진다는 신념으로, 안정적이고 삶의 많은 영역에 영향을 준다고 생각하는 것이다("사람들은 보통 지지적이고 관대하기 때문에 프로젝트가 좋은 평가를 받았다."). CP(긍정적 설명양식)−CN(부정적 설명양식)이 단지 응답자의 CP(긍정적 설명양식) 점수에서 CN(부정적 설명양식) 점수를 뺀 합산 점수의 측정인 것과 마찬가지로, 어떤 연구자들은 HP(희망)−HN(무망감)의 합산 점수 또한 만들기도 한다.

요약하면, ASQ는 구성 변인들을 만들거나 개인들의 귀인 차원들을 통해 점수화될 수 있다. 두 가지 점수화 절차는 모두 설명양식 연구에서 사용되어 왔다. 언제 합산 점수를 구할지 혹은 언제 개별 차원 점수를 따를지는 중요한 이슈를 남긴다. 구성 요소 점수는 신뢰도를 높인다. 개별적 차원에 대한 탐색은 연구자들이나 임상학자들이 특정한 귀인 차원과 결핍 및 결과 간의 관계를 좀 더 정밀하게 평가할 수 있게 해 주었다.

내적 합치도　　내적 합치도 측정은 문항의 동질성을 결정하는 데 사용된다. 즉, 문항이 같은 속성을 측정하는지에 대한 것이다. ASQ의 내적 합치도를 조사한 몇몇 연구가 있다. 이러한 연구에 근거해 보면 ASQ의 하위척도는 적합한 신뢰도를 가지고 있다. 하지만 합산 점수로 산출했을 때 더 높고 만족스러운 수준의 내적 합치도를 보였다.

합산점수 간 일치도　　Peterson과 그의 동료들(1982)은 긍정적 사건에 대한 귀인 합산 점수와 부정적 사건에 대한 귀인 합산 점수가 서로 무관하다는 것을 밝혀 냈다. 반면에 Schulman, Castellon 및 Seligman(1989)은 CN과 CP 간에 적지만 유의한 상관이 있음을 밝혔다(-.24, $p < .002$, $n = 160$). 즉, 그들의 표본에서는 실패에 대해 비관적인 사람일수록 성공에 대해서도 덜 낙관적인 것으로 나타났다. 이러한 자료는 부정적 사건에 대한 양식과는 별개로 긍정적 사건에 대한 설명양식을 분석하는 것의 중요성을 강조한다.

검사-재검사 신뢰도　　RLHT에 따르면 사람들은 상당히 안정적인 설명양식을 가지고 있다. 이것은 설명양식이 변하지 않는다는 것을 의미하는 것은 아니다. 대신 인지치료의 가장 주요한 목표는 내담자에게 그들의 생각이 올바른지를 평가하는 방법을 가르치고, 만약 그들의 생각이 틀렸다면 그것들을 어떻게 변화시키는가를 가르치는 것이다.

Golin, Sweeney 및 Schaeffer(1981)는 ASQ의 검사-재검사 신뢰도에 대해 연구했다. Golin 등은 206명의 재학생에게 ASQ를 실시하고, 그들 중 180명에게 질문지를 통한 재검사를 실시했다. 긍정적인 사건에서 검사-재검사의 상관계수는 내재성 .66, 안정성 .56, 일반화 .51, 합산 점수 .67로 나타났다. 그리고 부정적인 사건에서 검사-재검사의 상관계수는 내재성 .47, 안정성 .61, 일반화 .65, 합산 점수 .67로 나타났다.

설명양식이 안정적이더라도 개입이 ASQ 점수를 의미 있게 변화시킬 수 있다는 사실에 주목하는 것이 중요하다. 예를 들어, 심각하게 우울한 외래환자의 치료에 관한 최근의 한 연구에서는 인지치료나 항우울제를 사용한 치료로 설명양식이 유의미하게 향상되었다(Hollon, 2001).

이러한 발견에 기초하여 볼 때, 성인의 설명양식은 불변하는 것은 아니지만 그럼에도 안정적이라고 할 수 있다. 그것은 우울증 치료나 인지적 개입에 의해 변화될 수 있다. 게다가 사람들이 설명양식을 갖는 정도에는 개인차가 있다. 즉, 어떤 사람들은 다양한 상황에서 자신의 독특한 설명양식을 보이는 반면, 어떤 사람들은 좀 더 상황과 현실에 기초한다.

구성타당도   구성타당도에 관한 연구들은 도구의 기초를 이루는 이론이 타당한지를 확인하기 위해 실시된다. 구성타당도를 검사하기 위해 연구자는 구인과 다른 측정도구 간에 어떤 관계가 존재하거나 존재하지 않을 것이라고 가정하고, 그러한 관계가 경험적으로 지지되는지를 확인한다. 구성타당도에 대한 한 검사에서 Schulman 등(1989)은 169명의 대학생에게 ASQ를 실시했다. 이 연구에서 각각의 가상적 사건과 응답자가 작성한 그 사건의 원인은 ASQ에서 발췌한 것이고, 세 명의 평정자에 의해 평가되었다. 평정자들은 응답자가 누구인지, 또 그들에게 주어진 다른 설명양식이 무엇인지에 대해서도 알지 못했다(이러한 기법은 CAVE라고 하는데, 나중에 자세히 다룰 것이다). 설명양식의 평가는 응답자들이 ASQ에서 평정된 것과 상당히 높은 상관을 보였다. CPCN에 대한 상관은 .71, CN에 대한 상관은 .48, CP에 대한 상관은 .52를 보였다($ps < .001$, $n = 159$).

준거타당도   준거관련 타당도는 검사 점수를 그 속성을 측정한다고 생각되는 하나 이상의 준거 점수와 비교하여 구해진다. ASQ의 예언타당도와 공존타당도는 다양한 영역에서 지지되어 왔다. 낙관적 설명양식은 낮은 우울 정도, 높은 성취도, 보다 나은 신체적 건강을 예언하였다(Peterson & Seligman, 1984a; Schulman, Keith, & Seligman, 1991).

축어록 설명의 내용분석

설명양식을 평가하는 두 번째 방법은 축어록 설명의 내용분석(CAVE) 기법이다. CAVE 기법은 Peterson, Luborsky 및 Seligman(1983)에 의해서 개발되었는데, 이것은 연구자들이 인터뷰, 일기, 편지, 에세이, 신문 기사, 치료 기록, 연설문 등과 같은 문서들을 분석함으로써 설명양식을 평가하는 방법이다. CAVE 기법은 ASQ와 같은 방법으로 점수를 산출한다.

CAVE 기법은 두 개의 독립적인 단계를 포함한다. 축어록에서 사건−원인 설명 쌍을 추출한 후, 인과적 진술들을 설명양식의 내재성, 안정성, 일반화 차원에서 평정한다. 두 단계는 응답자의 신분과 측정 결과에 대해 전혀 모르는, 훈련받은 연구자들에 의해 완성된다. 추출과 평가 단계는 높은 신뢰도를 가지는 것으로 증명되었다.

이러한 접근은 자기보고식 질문지보다 생태학적으로 더 타당할 수 있다. 이러한 자료에서 기술되는 사건들은 ASQ에서 주어진 사건들보다 개인들에게 더욱 관련되고 의미 있는 것이 된다. 더 나아가 자발적인 설명은 질문지에 답할 때 야기되는 요구 특성(demand characteristics)이 나타나지 않을 수 있기 때문에 보다 정직할 수 있다.

현실 대 양식　　ASQ와는 달리 CAVE 기법에 사용된 사건들은 가상적인 것이 아니라 그들의 삶에서 실제 발생한 것이다. 그러므로 현실성이 제공된 설명의 주요한 결정 요인일 수 있다. 만약 귀인이 추출된 자료가 단지 사실에 근거한 것이라면, 개인의 독특한 양식에 대하여 더 알게 되는 것은 거의 없을 것이다. 하지만 종종 사건들은 복잡하고 그 원인 또한 다양하다. 예를 들어, 상사가 직원에게 업무가 잘못되었다고 지적하는 것을 가정해 보자. 이러한 갈등 상황에서는 보통 조용한 사람일지라도 얼굴이 붉어지고 화가 나서 목소리가 커질 것이다. 더욱이 그 직원이 최근에 승진이 안 될 것이라는 소리를 들었고, 상사가 그의 발표에 대해서 형편없다는 이야기를 했다고 생각해 보자. 이에 더하여, 상사와의 갈등 전에 그의 아내가 전화해서 자기는 다른 도시에 새로운 좋은 자리로 전직을 요청받았고 딸은 친구들을 싫어해서 학교에 가기 싫어한다고 전한 것이다. 이러한 모든 요인들은 그와 상사의 갈등에 영향을 줄 가능성이 있다. 하지만 상사와 싸우는 원인에 대해 설명할 때는 이러한 모든 요인들을 고려하지 않을 것이다. 대체로 그는 한두 개의 요인에 귀인을 하여 설명할 것이고, 이것이 그의 설명양식으로 드러날 수 있다. 예를 들어, 그가 문제의 원인을 안정적인 것으로 본다면 일시적이기보다는 좀 더 영속적인 귀인 요인에 초점을 맞추게 될 것이다. 그러므로 CAVE 기법이 실제적 사건 대 가설적 사건에 더욱 의존한다 하더라도, 이러한 사건들은 ASQ에서 나타나는 것처럼 종종 애매모호하다.

설명에서의 일관성　　설명양식이 인지적인 특성이라고 여겨지지만, 사람들의 설명양식이 언제나 일관되게 나타날 것이라고 기대할 수 없다. 이것은 시간과 상황에 따라서 변할 수 있다. CAVE 기법을 효과적으로 사용하기 위해서는 개인에게서 몇 가지 원인적인 설명이 발견되어야 하고, 사건들이 성취와 관계 상황 모두를 포함하고 있어야 한다. 더욱이 Peterson과 Seligman(1984a)은 '양식(style)'이라는 용어는 인과적 설명이 안정적인 사람들에게 사용되어야 한다고 제안했다.

사건-설명 단위 추출   사건이란 환경 혹은 개인 내에서 발생하는 긍정적이거나 부정적인 하나의 자극으로 정의된다. 사건은 정신적인 것(예: "나는 그 사람에 대한 생각을 떨쳐 버릴 수 없다."), 사회적인 것(예: "우리는 멋진 레스토랑에 초대되었다.") 또는 신체적인 것(예: "나는 암으로 진단받았다.")일 수 있다. 사건은 과거와 현재에서 혹은 가상적인 미래에서도 일어날 수 있지만, 그에 대한 응답자의 견해는 명백히 긍정적이거나 부정적이어야 한다. 이러한 후자의 관점은 평가하기에는 종종 어려움이 있다. 예를 들어, "아내와 나는 치료자를 만나기 시작했다."라는 것은 개인에 따라서 부정적인 혹은 긍정적인 사건으로 지각될 수 있다. 이는 그가 치료를 어떻게 보는지 분명해져야만 추출될 것이다. 긍정적이거나 부정적인 요소를 가진 사건("나는 체중문제로 의사를 만나러 왔다.")과 중립적인 사건("나는 그 동네 주변을 산책했다.")들은 추출될 수 없다.

사건으로 선택되기 위해서는 응답자가 그 사건에 대해 자신의 설명양식을 표현해야만 한다. 응답자들은 단순히 다른 사람의 설명에 동의하거나 그것을 그대로 인용할 수 없다. 예를 들어, "내 상관이 나에게 중요한 프로젝트를 맡겼다. 그녀는 내가 회사에서 문장 실력이 가장 뛰어나기 때문에 그 일을 맡아 주기를 원한다고 말했다." 와 같은 사건은 상관의 원인적인 설명만 포함하고 응답자의 원인적 설명은 포함하고 있지 않기 때문에 선택되기에 적합하지 않다. 설명이 응답자 자신의 말로 표현되어야 하지만, 사건 자체가 다른 사람에 의해 표현된 경우도 있을 수 있다. 게다가 설명과 그 사건(설명 없이 기술하는 단순한 사건의 계열이 아니라) 사이에 인과적인 관계가 분명해야만 하고, 응답자가 그 설명을 원인으로 지각해야만 한다. 가능한 원인들에 다른 사건이나 행동, 성향과 같은 것을 포함할 수 있다.

이러한 과정은 사건 설명 단위를 위해 모든 축약 자료, 오디오테이프, 비디오테이프, 쓰인 자료들을 찾아보는 것으로부터 시작된다. '왜냐하면'이나 이와 비슷한 단어가 없어도 의도적인 원인적 관계가 추론되도록 사건-설명 단위가 추출될 수 있다. 사건-설명 조합으로 선택될 수 있는 예가 다음에 제시되어 있다.

> 사건: 내 아들 때문에 돌아 버리겠다.
> 귀인: 그 녀석은 내가 하는 말은 한마디도 듣지를 않는다.
> 사건: 내 여동생이 나에게 너무 버릇없이 군다.
> 귀인: 그녀는 내 감정을 전혀 고려하지 않는다.

다음은 선택하기에 부적합한 추출이다.

> 사건: 나는 병이 난 것 같다.
> 귀인: 왜냐하면 자꾸 졸리고 기침이 심하게 나기 때문이다.

'왜냐하면' 이라는 단어 뒤에는 항상 원인적인 설명이 따라오지 않는다. 위의 사례에서 응답자는 '병이 나다' 가 의미하는 것을 정의하였지만, 그녀가 왜 아픈지의 이유는 제시하지 않았다.

사건-설명 단위가 추출되면, 이러한 단위들은 평가자에게 제시되기 전에 반응자 내와 피험자 간에 무선화된다. 무선화 절차는 평가자가 동일인에 대해 이전의 평가로 인한 편견을 가지지 않고, 고정된 평가 패턴에 빠지지 않도록 보장해주기 때문에 매우 중요하다.

마지막으로 특정 추출이 인과적 설명으로 포함되는지 또는 포함되지 않는지를 각 평가자들이 90% 이상 동의하면 선택된다(Peterson et al., 1985). 이러한 수준의 동의는 인과적 설명의 검증을 위한 엄격한 준거가 사용될 때 발생한다. 빈약한 추출은 자료의 가치를 떨어뜨린다.

추출문의 평정　　ASQ와 같이 설명의 평정치는 세 차원(내적 대 외적, 안정적 대 불안정적, 일반적 대 특수한)으로 나누어 7점척도에서 구해진다. 각 차원은 1점에서 7점까지의 범위로 평정되는데, 가장 내적이고 안정적이며 일반적인 설명은 7점으로 매겨지고 가장 외적이고 비안정적이며 특수한 설명은 1점으로 매겨진다.

내적 척도 대 외적 척도　　내적 차원 대 외적 차원은 자기 자신 혹은 타인이나 환경에 대한 설명의 정도를 나타낸다. 내적 척도 대 외적 척도는 비난, 신뢰, 통제감 같은 것들과 혼동되어서는 안 된다. 이 척도의 목적은 자기 원인으로 귀인하는지 타인 원인으로 귀인하는지를 구분하기 위한 것이지, 내적 차원의 하위 범주 사이의 구별을 위한 것은 아니다.

이 차원에서 1점은 다른 사람의 행동, 과제의 난이도, 시간과 환경적 요인(자연재해, 날씨, 경제 등과 같은 것)으로 설명한다는 것을 말한다. 7점을 얻었다면 자신의 성격이나 신체적 특징, 행동, 의사결정, 능력이나 무능력, 동기, 지식, 장애, 질병, 나이, 사회적 또는 정치적 분류(과부, 진보주의자 등과 같은 것)로 설명한다는 것을 말한다. 그리고 2~6점의 점수는 원인이 내적 및 외적 요인들을 어느 정도 공유하고 있다는 것이고, 자신과 다른 사람 또는 자신과 환경적 요인의 상호작용이라고 생각하는 것이다. 다음에 몇 가지 예가 있다.

사건: 논쟁에서 이겼다.
귀인: 상대방의 논리가 형편없었기 때문이다. (평정 = 1)
사건: 남편과 나는 자주 싸운다.
귀인: 남편이 내 업무 스케줄의 정도를 이해하지 못하기 때문이다. (평정 = 2 또는 3)
사건: 딸과 나는 항상 싸운다.
귀인: 우리는 서로 이익이 되는 것을 양보하려 하지 않기 때문이다. (평정 = 4)
사건: 나는 무릎 수술을 받아야 한다.
귀인: 스키를 탈 때 자세가 나쁜 편이다. (평정 = 4 또는 5)
사건: 나는 승진하지 못했다.
귀인: 내가 여자이기 때문이다. (평정 = 7)

안정성 척도 대 불안정 척도　　　이 차원은 원인의 시간 영속성과 관련이 있는데, 사건의 원인이 만성적(안정적)인지 또는 일시적(비안정적)인지에 대한 것이다. 여기서 원인의 안정성과 사건의 안정성을 구분하는 것이 중요한데, 우리가 관심을 갖고 있는 것은 전자다. 원인의 안정성을 평가하는 유용한 틀은 '이 사건이 발생한다면 그 원인은 얼마나 영속적인가?' 하는 것이다. RLHT 이론은 안정적인 원인을 일관성 있게 제시하는 사람들은 만성적인 결함으로 고생할 것이라고 지적한다. 그러므로 이 가설을 검증하기 위해 우리는 사건의 안정성과 관계없이 귀인의 안정성을 평가해야 한다.

다음은 적절한 안정성 평정을 결정하는 것에 도움이 될 수 있는 네 가지 상호적

98

준거다.

1. 원인의 시제: 만약 사건의 원인이 과거 시제로 진술된다면, 평정은 현재나 진행 시제의 원인보다 다소 덜 안정적이다.
2. 원인이 미래에 다시 일어날 가능성: 다시 발생하기 쉽지 않은 원인은 다시 발생하기 쉬운 원인보다 덜 안정적이다.
3. 간헐적 원인 대 지속적 원인: 날씨와 같은 간헐적인 원인은 신체적 특징과 같은 지속적인 원인보다 덜 안정적이다.
4. 성격적 원인 대 행동적 원인: 성격 특성에 의해서 설명되는 사건은 행동에 의해서 귀인되는 사건보다 더 안정적이다. 이러한 준거는 평정할 때 지침으로 사용되어야 한다. 그것들은 모든 사례에 적용되는 것은 아니고 동등하게 비중이 매겨지는 것도 아니다. 예를 들어, 귀인의 시제는 그것이 진술된 시제에 의해 점수를 낮추거나 올리게 하여 평정을 세밀하게 조정하는 방법으로 사용되어야 한다.

사건: 나는 회의에 참석할 수 없다.
귀인: 왜냐하면 나는 결혼식에 가야 하기 때문이다. (평정 = 1; 현재 시제지만 다시 일어나기는 힘들다.)
사건: 나는 종종 잠들기가 어려울 때가 있다.
귀인: 그런 때는 열이 날 때다. (평정 = 3; 이러한 원인은 다시 발생하기 쉽다. 그러나 간헐적이다.)
사건: 나는 어두운 곳에 가는 것이 두렵다.
귀인: 왜냐하면 공격을 받았던 적이 있기 때문이다. (평정 = 4; 이전에 일어났던 이러한 원인은 미래에 발생할 가능성이 매우 적다. 그러나 행동에 지속적으로 영향을 준다.)
사건: 나는 분노를 표현하기 어렵다.
귀인: 그것은 내가 양육되어 온 방법이기 때문이다. (평정 = 5; 이 사건은 과거에 계속해서 일어났고 현재에도 행동에 영향을 준다.)
사건: 나는 직업을 구하지 못했다.
귀인: 왜냐하면 내가 라틴계이기 때문이다. (평정 = 7; 이러한 원인은 바뀔 수 없고 영속적이다.)

일반적 척도 대 특수한 척도   이 차원은 개인의 전반적인 삶에 영향을 주는가

(일반적) 또는 아주 적은 특정 부분에 영향을 주는가(특수한)의 정도를 측정하는 것이다. 전형적으로는 원인의 파급 효과를 나타내는 정보가 충분하지 않고, 개인의 어떤 영역이 특히 중요한가를 늘 파악할 수는 없다. 예를 들어, 형편없는 요리 솜씨는 목수에게보다 요리사에게 더 영향을 준다. 우정의 질은 혼자 지내는 사람보다는 사교적인 사람에게 더 중요하다. 그리고 신체적인 우아함은 기계공보다는 댄서에게 좀 더 광범위한 영향을 미친다. 이처럼 친숙한 지식이 없을 때는 각각의 하위 범주를 구성하고 있는 2개의 일반적 범주인 성취(achievement)와 관계(affiliation)라는 관점으로 '평균적인' 사람들의 삶의 범위에 미치는 원인의 영향을 고려하는 것이 유용하다. 이것은 분명 인위적인 구분이며, 배타적인 것도 아니고 소모적인 것도 아니다. 그러나 자기 발견적으로 이것은 평가자에게 편견으로 투사하지 않고 일반성을 평정하도록 돕는다.

예를 들어, 성취는 직업에서의 성공이나 학문적 성공, 지식이나 기술의 습득, 사회적 지위 등을 포함한다. 관계는 친밀한 관계, 소속감, 놀이, 배우자나 가족의 건강 등을 포함한다. 귀인은 한 범주에만 영향을 줄 수도 있고, 한 범주의 일부분, 두 범주의 일부분(정신적 또는 육체적인 건강과 같은), 한 범주 전체, 또는 두 범주 전체에 영향을 줄 수도 있다.

일반성을 평정할 때는 안정성 차원을 일정하게 유지하는 것이 매우 중요하다. 즉, 평정자는 전 시간에 걸쳐서가 아닌 특정 시점에서 그 원인이 개인의 삶에 어느 정도 영향을 미치는지를 평가해야 한다. 비록 안정적이고 일반적인 차원들이 상당히 상관되어 있고 아마 현실에서는 종종 중첩될지라도, 두 차원을 각각 독립적으로 평정하는 것은 중요하다. 다음과 같은 예를 생각해 보자.

사건: 나는 과속 딱지를 받았다.
귀인: 나는 경찰이 그날의 할당량을 채워야 했기 때문이라고 생각한다. (평정 = 1; 이러한 귀인은 단지 그 상황에서만 영향을 받는다.)
사건: 친구들이 나를 괴롭혔다.
귀인: 왜냐하면 내가 너무 자발적이지 못했기 때문이다. (평정 = 2 또는 3; 이러한 원인은 관계 영역의 일부분과 성취 영역의 일부분에 영향을 준다.)
사건: 나는 나 자신에 대해 좀 더 자신감을 느낀다.
귀인: 왜냐하면 나는 성형수술을 받았다. (평정 = 4 또는 5; 이러한 원인은 관계와 성취 상황에 어느 정도 영향을 줄 수 있다.)
사건: 몇 주 동안 정말 최악이었다.

귀인: 인생에서 중요하게 생각되는 것이 더 이상 아무것도 없다. (평정 = 7)

평정자 간 신뢰도　　　Schulman 등(1989)은 CAVE 기법의 평정자간 신뢰도가 CN(부정적 설명양식) .89, CP(긍정적 설명양식) .80으로 나타남으로써 만족할 만한 수준인 것을 발견했다. 부정적인 사건에서 알파(내적 합치도)는 내적 .93, 안정성 .63 그리고 일반성 .73으로 나타났다. 긍정적인 사건에서 알파는 내적 .95, 안정성 .66 그리고 일반성 .48이었다. 합산 점수들의 신뢰도가 ASQ처럼 개별적 차원들보다 더 높기 때문에, 연구자들은 합산 점수에 초점을 맞추었다.

구성타당도　　　Peterson과 Seligman(1981)은 설명양식과 우울 간의 관계에 대한 연구에서 처음으로 CAVE 기법을 사용하였다. 이 연구에서 CAVE 기법은 치료문서와 함께 사용되었고, 연구자들은 환자의 낙관성이 증가됨에 따라 우울 증상이 줄어드는 것을 발견하였다. 이 연구는 설명양식이 심리치료 과정 동안 우울 증상 향상의 지표였다고 설명하는 ASQ(Hamilton & Abramson, 1983; Persons & Rao, 1985)의 유사한 연구 결과들을 지지한다.

CAVE를 좀 더 타당화하기 위해 Peterson 등(1985)은 66명의 대학생들에게 지난해에 발생했던 최악의 두 사건에 대한 에세이를 쓰도록 요청했다. 그런 다음 응답자들은 ASQ와 BDI 질문지를 받았다. 이 연구에서 CAVE 기법의 타당도를 지지하는 2개의 중요한 결과들이 나타났다. 첫째, 인과적인 설명들은 RLHT에 의해 예언되는 것처럼 BDI 점수들과 유의하게 상관되어 있었다. 둘째, CAVE 점수들은 ASQ에서 측정한 대응 점수들과 상당한 상관이 있었다.

Peterson과 Seligman(1984b)은 장수와 건강에 대한 낙관주의의 효과를 관찰하기 위해서 1900년부터 1950년까지 FAME 세인트루이스 베이스볼 홀의 구성원 이야기와 CAVE 사례를 사용하여 병과 죽음에 대한 연구를 수행하였다. 비록 이 연구는 이상한 집단을 대상으로 이루어진 것처럼 보이지만, 이러한 종류의 연구를 수행하기 위한 준거를 만족시키는 몇 안 되는 연구 중의 하나다. 즉, (1) 반응자들이 이미 죽었거나 너무 늙었기 때문에 이 연구는 미래 지향적이기보다는 회상적으로 수행되어야 한다. (2) 반응자들이 젊은 시절에 대해 진술한 기록이 충분히 남아 있어야 한다. (3) 반응자들은 질병의 영향에 대해 부분적으로 통제할 수 있다고 진술하였을 때 신체적으로 건강했어야 한다. (4) 신체적 건강에 대한 어려움을 통제하기 위해서 반응자들은 진술했을 당시에 성공적으로 통제할 수 있었어야 한다. (5) 이러한 가설을 통계적으로 검증하기 위해서 다른 준거를 만족시키는 사람들이 충분히 있어야 한다. 관찰자들은 운동선수의 인터뷰를 보고 평정했다. Peterson과 Seligman(1984)은 사망 연령(또는 살아 있다면 1984년도의 나이)과 긍정적 사건 및 부정적 사건에서 측정한 운동선수들의 합산 점수 양식을 관련시켜 보았다. 그 결과, 긍정적인 사건에 대한 낙관주의적 유형은 장수($r=.45, p<.01$)를 예언했고, 부정적인 사건에 대한 비관적인 유형은 역상관의 관계($r=-.26, p<.08$)를 보였다. 이러한 결과는 사례 수가 적기 때문에 임시적일 수 있지만, CAVE 기법이 심리역사적(psychohistory) 예언을 하는 것이 가능할 수 있다고 제안한다.

유사한 연구에서 Peterson, Seligman 및 Valliant(1988)는 1939년부터 1942년까지 실시된, 하버드 대학교 학생들을 대상으로 한 종단적 연구에서 참여자들에 대한 설명 양식으로부터 사망률을 예언했다. 이 연구에서 99명의 참여자들은 1946년의 전쟁 경험에 대해 인터뷰를 했다. Peterson 등은 이러한 자료를 평정한 결과, 25세 때의 정신건강과 신체건강으로 통제했어도 1946년에 좀 더 낙관적이었던 사람들이 1970년에도 신체적으로 더 건강했다. 이러한 연구들은 CAVE 기법이 타당하고 신뢰성 있는 도구라는 것을 보여 준다.

아동귀인양식척도

아동귀인양식척도(CASQ)는 8세에서 14세의 아동에게 사용할 수 있도록 개발되었다(Kaslow et al., 1978). CASQ는 48개의 문항을 포함하고 있다. 각 문항은 아이들과 관련된 가상적인 긍정적 혹은 부정적 사건으로 구성되어 있으며, 두 가지 가능성이 사건의 원인이 되도록 구성되었다. 반응자들은 사건이 왜 일어났는가를 가장 잘 설명하는 원인을 선택하도록 지시받는다. 예를 들어, CASQ의 다음 표본 문항은 내재성 대 외재성을 측정한다(안정성과 일반성은 일정하게 통제된다). "당신은 사람들과 휴가를 보내면서 즐거운 시간을 보내고 있다. (1) 나는 기분이 좋았다(내적). (2) 내가 함께한 사람들은 기분이 좋았다(외적)." 16개의 질문은 각각 3개의 차원을 포함하고 있다. 질문의 절반은 긍정적인 사건에 대한 설명을, 나머지 반은 부정적인 사건에 대한 설명을 제공한다.

채점　CASQ는 내재적, 안정적, 일반적 반응에 1점을, 외재적, 비안정적, 특수한 반응에 0점을 할당한다. 하위척도들은 3개 원인 차원 각각의 적절한 질문에 대한 점수를 합산한 것으로 이루어진다. 문항들은 긍정적인 사건과 부정적인 사건들이 분리되어 점수가 매겨진다. 그러므로 ASQ에서처럼 같은 점수가 CASQ에서도 얻어질 수 있다.

CASQ의 심리측정적 특징　CASQ의 하위척도는 ASQ와 같이 적당한 신뢰도를 나타낸다. 내적 합치도는 척도들 간 상관을 거의 대부분 넘는다. 그러나 이러한 척도는 경험적으로는 구분될 수 있어도 내적 합치도가 그리 높지 않다. 높은 신뢰도는 합산 점수를 만들어 내기 위하여 ASQ처럼 하위척도(부정적 사건과 긍정적 사건이 분리된)의 조합에 의해서 얻어진다. CASQ 점수는 6개월의 간격에 걸친 경우에도 일관적이며(합산 점수 $rs=$ .71, .66, $ps<.001$), 아이들 사이에서도 형태가 안정적이라는 것을 보여 준다.

우울 증상을 보이는 아이들은 그렇지 않은 아이들에 비하여 부정적인 사건에 대해서 내적, 안정적, 일반적 설명을 하는 것으로 보인다. 더욱이 최초의 우울 수준이 통제되었을 때 비관적인 설명양식은 6개월 후의 추적연구에서 우울 증상을 예언했다. CASQ를 사용한 다른 몇몇 연구에서도 이러한 결과들이 나타났다(Kaslow, Rehm, Pollack, & Siegal, 1988).

설명양식 측정에서 미래의 발전

설명양식과 기대에 대한 연구

성향적 낙관주의 및 설명양식에 대한 일관된 발견과 RLHT 및 HT에서의 기대의 역할에도 불구하고, 설명양식에 대한 연구에서 미래에 대한 기대를 평정한 연구는 극소수이다. 한 가지 예외는 Metalsky와 그의 동료들의 연구다. 이 연구에서 낮은 성적을 받은 학생들 중 부정적 성취 사건을 안정과 일반 요인에 귀인하는 학생들은 미래에 아주 낮은 수행을 기대하였다. 이러한 기대들은 기분의 변화도 예측하였다(Metalsky et al., 1993).

소수의 연구들은 LOT(Life Orientation Test, 삶의 지향검사; Scheier & Carver, 1985)를 사용하여 설명양식과 성향적 낙관주의를 평정하였다. 이러한 연구들은 비일관적인 결과를 나타내어 왔다. Carver와 Scheier(1992)는 ASQ CP-CN의 합산 점수와 LOT 사이에 낮게는 .10s, 높게는 .20s의 상관을 보고하였다. Kamen(1989)은 LOT와 ASQ CN 사이에 -.25의 상관을 보고하였다. 이에 반해 Hjelle와 그의 동료들은 LOT와 ASQ CN 사이에 .41의 상관을 보고하였다(Hjelle, Belongia, & Nesser, 1996). Gillham 은 2개의 다른 평가 시점에서 LOT와 ASQ CP-CN 사이에 .63과 .41의 상관을 발견하였다. 이러한 상관은 각각 .77과 .49로 나타났고, 후에 감소되었다고 수정되었다 (Gillham, Tassoni, Engel, DeRubeis, & Seligman, 1998). 그러므로 이들 연구의 상관들은 .20~.77의 범위를 가진다. 두 개의 구성개념들 사이의 관계를 직접적으로 연구하는 더 많은 연구들이 분명 필요하다.

낙관주의 구성개념의 명료화

낙관주의 대 설명양식   낙관주의와 비관주의라는 용어로 설명양식을 기술하는데 또 다른 혼란이 초래되었다. 설명양식을 연구하는 연구자들 사이에 이러한 용어의 사용에 대해 다음과 같은 논쟁이 있다. 첫째, 낙관주의와 비관주의는 일상적인 언어에서 나온 용어들이다. 둘째, 부정적인 사건에 대한 원인을 외적이고 일시적이며 삶에 영향을 적게 미치는 것으로 보는 것은 낙관적인 것이다. 설명양식은 많은 결과들과 연관되어 있는데, 그 결과들은 우울이나 낮은 기대, 수동성, 낮은 성취 그리고 나쁜 건강과 관련된다. 반대로 Abramson과 그의 동료들은 인과관계의 귀인을 설명하기 위해 낙관주의와 비관주의를 사용하는 것이 잠재적으로 잘못된 것일 수도 있다고 주장한다. 왜냐하면 낙관주의에 대한 직관적 생각은 기대와 관련되기 때문이다(Abramson & Needle, 1991). 비록 낙관주의와 비관주의가 귀인 및 설명양식과 같은 용어의 유용한 수정이 될 수 있지만, 우리는 이러한 용어가 RLHT와 HT의 기대의 합산 점수라고 말한 Abramson과 그의 동료들의 제안에 동의한다(Abramson et al., 1991). 이 제안은 또한 '희망적인' 그리고 '무망한'이라는 용어에도 적용된다 (Abramson et al., 1989). 비록 설명양식과 비관주의의 많은 결과들이 연관될지라도, 그 연관성이 이러한 구성개념을 동등하게 봐야 한다는 것을 의미하는 것은 결코 아니다. 많은 연구에서 설명양식의 측정은 성향적 낙관주의 측정과 약하게 또는 어느 정도 상관되어 있다.

차원들   설명양식에 대한 많은 연구에서는 세 가지 차원(내재성, 안정성, 일반성)을 합친 합산 점수를 사용한다. 이러한 실제 타당도에 대해서는 연구자들 간에 많은 논쟁이 있다. 다른 설명양식 차원 간의 상관, 특히 내적 차원과 다른 차원들 간의 상관은 꽤 낮다. 이것은 이러한 차원들이 단일 구성개념(설명양식)을 반영하는 것인지, 그리고 동등한 가중치가 적용되어야 하는지에 대한 질문을 제기한다.

다른 심리적 구성개념과의 중첩

최근에 연구자들은 심리학적 구성개념으로서 낙관주의의 독특성에 관심을 갖기 시작했다. Watson과 Clark는 겉으로 보기에 다양한 성격과 인지개념들이 실제로 두 가지 넓은 기본 구성개념의 측면, 즉 긍정 감정(PA)과 부정 감정(NA)을 반영한다고 제안했다. 그래서 신경증, 자존감, 낙관주의 그리고 설명양식과 같은 구성개념들은 상관되어 있을 것이고, 그것들이 서로를 반영하기 때문에 우울 증상을 예언할 수도 있을 것이다. 이러한 관점을 지지하는 데 있어 Smith와 그의 동료들은 NA(부정적인 감정)를 통제하였을 때 낙관주의와 우울 증상 사이의 상관이 사라진다는 것을 발견했다(Smith, Pope, Rhodewalt, & Poulton, 1989). 반대로 Chang, Maydeu-Olivares 및 D'Zurilla(1997)는 낙관주의와 비관주의가 PA와 NA를 통제한 후에도 심리적 안녕감에 대해 유의미한 예언을 한다고 주장하였다. Lucas, Diener 및 Suh(1996)는 다중특성-다중방법 행렬분석을 통하여, 낙관주의가 부정적인 감정과 삶의 만족도로부터 구분될 수 있다는 것을 발견하였다. 낙관주의 및 설명양식과 관련된 이러한 가설을 평가하기 위해서는 더 많은 연구들이 필요하다.

정확도

설명양식과 성향적 낙관주의를 연구하는 대부분의 연구자들은 더 낙관적인 사람일수록 한결 더 잘 산다고 가정해 왔다. 일반적으로 낙관적인 설명 유형의 사람들은 비관적인 사람들보다 더 편안히 잘 살고 신체적으로 더 건강했다. 그러나 더 낙관적인 것이 항상 이로운 것인가? 설명양식이나 성향적 낙관주의에 대한 지금까지의 연구는 대체적으로 정확성의 역할을 무시해 왔다. Taylor와 Brown(1998)은 낙관적 편향이 적응적이라고 주장한다. 예를 들어, 우울하지 않은 사람들은 사건을 통제할 수 있는 능력에 대해 과대평가하는 반면, 우울한 사람들은 통제에 부정적인(그리고 정확한) 평가를 한다. 그러나 우울증 전문의들은 내담자들이 자주 사건의 부정적 결과들을 과대평가하고 환경에 대한 그들의 영향력을 과소평가한다고 보고한다.

비현실적인 낙관주의는 생각했던 것과 반대되는 결과를 얻기가 더 쉬울 것으로 보인다. 부정적 사건의 가능성을 과소평가하는 사람들은 스스로 자신이 덜 준비되어 있다는 것을 발견하게 될지도 모른다. 성공의 개연성을 과대평가하는 사람들은 그들이 성취할 기회가 거의 없는 목표를 추구하기 위하여 에너지를 소비할 수 있다. 이와 유사하게, 문제에 대해 낙관적이기는 하나 부정확한 설명에 초점을 두는 사람들은 문제를 해결하기 위해 좋은 위치에 서 있지 못할 수 있다. 그러므로 앞으로의 연구는 수행과 건강에서 정확도가 보여 주는 역할을 검증해야 할 것이다.

결 론

우리는 과거 20년 동안 설명양식에 대해 많은 것을 알게 되었지만, 중요한 문제가 아직도 남아 있다. 낙관주의와 설명양식은 좀 더 정확하게 정의되어야 하며, 각각의 구성개념뿐만 아니라 서로 다른 구성개념 간에도 구별되어야 한다. 앞으로의 연구는 설명양식의 차원이 단일 구성개념을 반영하고 가중치가 동등하게 부여되어야 하는지, 아니면 다른 구성개념을 반영하고 있는지를 검증할 필요가 있다. 합산 점수나 단일 차원의 점수 사용에 대해서도 더 많은 연구가 필요하다. 덧붙여, 설명적인 정확성의 가치, 설명양식과 정확성 사이의 관계 그리고 정확한 귀인을 측정할 수 있는 방법이 유망한 연구 분야가 될 것이다. 마지막으로, 설명양식과 낙관주의가 안녕감에 영향을 주는 기제가 확인되어야 하고, 낙관주의와 설명양식의 원천 또한 밝혀져야 한다. 만일 낙관주의와 설명양식이 안녕감과 인과적으로 관련이 된다면, 우리는 추후 연구를 통해 많은 사람들의 삶의 질을 향상시키는 것을 가능하게 할 수 있을 것이다.

참고문헌

Abramson, L. Y., Alloy, L. B., & Metalsky, G. I. (1989). Hopelessness depression: A theory-based subtype of depression. *Psychological Review, 96,* 358-372.

Abramson, L. Y., Alloy, L. B., & Metalsky, G. I. (1998a). *The Cognitive Style Questoinnaire: A measure of the vulnerability featured in the hopelessness theory of depression.* Manuscript in preparation, University of Wisconsin-Madison.

Abramson, L. Y., Alloy, L. B., & Metalsky, G. I. (1998b). Unpublished, untitled manuscript, University of Wisconsin-Madison.

Abramson, L. Y., Dykman, B. M., & Needles, D. J. (1991). Attributional style and theory: Let no one tear them asunder. *Psychological Inquiry, 2,* 11-49.

Abramson, L. Y., Seligman, M. E. P., & Teasdale, J. D. (1978). Learned helplessness in humans: Critique and reformulation. *Journal of Abnormal Psychology, 87,* 49-74.

Alloy, L. B., & Abramson, L. Y. (1979). Judgment of contingency in depressed and nondepressed students: Sadder but wiser? *Journal of Experimental Psychology: General, 108,* 441-485.

Buchanan, G. M., & Seligman, M. E. P. (1995). *Explanatory style.* Hillsdale, NJ: Erlbaum.

Carver, C. S. (1989). How should multi-faceted personality constructs be tested? Issues illustrated by self-monitoring, attributional style, and hardiness. *Journal of Personality and Social Psychology, 36,* 1501-1511.

Carver, C. S., & Scheier, M. F. (2002). Optimism. In C. R. Snyder & S. J. Lopez (Eds.), *Handbook of positive psychology* (pp. 231-243). London: Oxford University Press.

Chang, E. C., Maydeu-Olivares, A., & D'Zurilla, T. J. (1997). Optimism and pessimism as partially independent constructs: Relationship to positive and negative affectivity and psychological well-being. *Personality and Individual Differences, 23,* 433-440.

Gillham, J. E., Shatte, A. J., Reivich, K. J., & Seligman, M. E. P. (2001). Optimism, pessimism, and explanatory style. In E. C. Chang (Ed.), *Optimism & pessimism* (pp. 53-75). Washington, DC: American Psychological Association.

Gillham, J. E., Tassoni, C. J., Engel, R. A., DeRubeis, R. J., & Seligman, M. E. P. (1998). *The relationship of explanatory style to other depression relevant constructs.* Unpublished manuscript, University of Pennsylvania, Philadelphia.

Golin, S., Sweeney, P. D., & Schaeffer, D. E. (1981). The causality of causal attributions in depression: A cross-lagged panel analysis. *Journal of Abnormal Psychology, 90,* 14-22.

Hamilton, E. W., & Abramson, L. Y. (1983). Cognitive patterns and major depressive disorder: A longitudinal study in hospital setting. *Journal of Abnormal Psychology, 92,* 173-184.

Hammen, C., & Cochran, S. (1981). Cognitive correlates of life stress and depression in college students. *Journal of Abnormal Psychology, 90,* 23-27.

Hjelle, L., Belongia, C., & Nesser, J. (1996). Psychometric properties of the Life Orientation Test and Attributional Style Questionnaire. *Psychological Reports, 78,* 507-515.

Hollon, S. D. (2001, July). Cognitive therapy and the prevention of relapse in severely depressed outpatients. In D. M. Clark (Chair), *Cognitive therapy versus medications in the treatment of severely depressed outpatients: Acute response and the prevention of relapse.* Symposium held at the World congress of Behavioral and Cognitive Therapies, Vancouver, Canada.

Kamen, L. P. (1989). *Learned helplessness, cognitive dissonance, and cell-mediated immunity.* Unpublished doctoral dissertation, University of Pennsylvania, Philadelphia.

Kaslow, N. J., Rehm, L. P., Pllack, S. L., & Siegel, A. W. (1988). Attributional style and self-control behavior in depressed and nondepressed children and their parents. *Journal of Abnormal Child Psychology, 16,* 163-175.

Kaslow, N. J., Tannenbaum, R. L., & Seligman, M. E. P. (1978). *The KASTAN: A children's attributional style questionnarie.* Unpublished manuscript, University of Pennsylvania, Philadelphia.

Lucas, R. E., Diener, E., & Suh, E. (1996). Discriminant validity of well-being measures. *Journal of Personality and Social Psychology, 71,* 616-628.

Metalsky, G. I., Halberstadt, L. J., & Abramson, L. Y. (1987). Vulnerability to depressive mood reactions: Toward a more powerful test of the diathesis-stress and causal mediation components of the reformulated theory of depression. *Journal of Personality and Social Psychology, 52,* 386-393.

Metalsky, G. I., & Joiner, T. E. (1992). Vulnerability to depressive symptomatology: A prospective test of the diathesis-stress and causal mediation components of the hopelessness theory of depression. *Journal of Personality and Social Psychology, 63,* 667-675.

Metalsky, G. I., Joiner, T. E., Hardin, T. S., & Abramson, L. Y. (1993). Depressive reactions to failure in a naturalistic setting: A test of the hopelessness and self-esteem theories of depression. *Journal of Abnormal Psychology, 102,* 101-109.

Persons, J. B., & Rao, P. A. (1985). Longitudinal study of cognitions, life events, and depression in psychiatric inpatients. *Journal of Abnormal Psychology, 94,* 51-63.

Peterson, C., Bettes, B. A., & Seligman, M. E. P. (1985). Depressive symptoms and unprompted causal attributions: Content analysis. *Behavior Research and Therapy, 23,* 379-382.

Peterson, C., Luborsky, L., & Seligman, M. E. P. (1983). Attributions and depressive mood shifts: A case study using the symptom-context method. *Journal of Abnormal Psychology, 92,* 96-103.

Peterson, C., & Seligman, M. E. P. (1981). Helplessness and attributional style in depression. *Tiddsskrift for Norsk Psykologforening, 18,* 3-18, 53-59.

Peterson, C., & Seligman, M. E. P. (1984a). Causal explanations as a risk factor for depression: Theory and evidence. *Psychological Review, 91,* 347-374.

Peterson, C., & Seligman, M. E. P. (1984b). *Content analysis of verbatim explanations: The CAVE technique for assessing explanatory style.* Unpublished manuscript, Virginia Polytechnic Institute and State University.

Peterson, C., Seligman, M. E. P., & Valliant, G. E. (1988). Pessimistic explanatory style is a risk factor for physical illness: A thirty-five year longitudinal study. *Journal of Personality and Social Psychology, 55,* 23-27.

Peterson, C., Semmel, A., von Baeyer, C., Abramson, L. Y., Metalsky, G. I., & Seligman, M. E. P. (1982). The Attributional Style Questionnarie. *Cognitive Therapy and Research, 6,* 287-299.

Peterson, C., & Steen, T. (2001). Optimistic explanatory style. In C. R. Snyder & S. J. Lopez (Eds.), *The handbook of positive psychology* (pp. 244-256). London: Oxford University Press.

Peterson, C., & Villanova, P. (1988). An Expanded Attributional Style Questionnarie. *Journal of Abnormal Psychology, 97,* 87-89.

Scheier, M. F., & Carver, C. S. (1985). Optimism, coping and health: Assessment and implications of generalized outcome expectancies. *Health Psychology, 4,* 219-247.

Scheier, M. F., & Carver, C. S. (1988). A model of behavioral self-regulation: Translating intention into action. In L. Berkowitz (Ed.), *Advances in experimental social psychology* (Vol. 21, pp. 303-346). San Diego, CA: Academic Press.

Scheier, M. F., & Carver, C. S. (1992). Effects of optimism on psychological and physical well-being: Theoretical overview and empirical update. *Cognitive Therapy and Research, 16,* 201-228.

Scheier, M. F., & Carver, C. S. (1993). On the power of positive thinking: The benefits of being optimistic. *Current Directions in Psychological Science, 2,* 26-30.

Schulman, P., Castellon, C., & Seligman, M. E. P. (1989). Assessing explanatory style: The Content analysis of verbatim explanations and the Attributional Style Questionnarie. *Behavior Research and Therapy, 27,* 505-512.

Schulman, P., Keith, D., & Seligman, M. E. P. (1991). Is optimism heritable? A study of twins. *Behavior Research and Therapy, 31,* 569-574.

Seligman, M. E. P. (1991). *Learned optimism.* New York: Knopf.

Seligman, M. E. P., Abramson, L. Y., Semmel, A., & von Baeyer, C. (1979). Depressive attributional style. *Journal of Abnormal Psychology, 88,* 242–247.

Smith, T. W., Pope, M. K., Rhodewalt, F., & Poulton, J. L. (1989). Optimism, neuroticism, coping, and symptom reports: An alternative interpretation of the Life Orientation Test. *Journal of Personality and Social Psychology, 56,* 640–648.

Taylor, S., & Brown, J. (1998). Illusion and well–being: A social psychological perspective on mental health. *Psychological Bulletin, 103,* 193–210.

Thompson, M., Kaslow, N. J., Weiss, B., & Nolen–Hoeksema, S. (1998). Children's Attributional Style Questionnarie–Revised: Psychometric examination. *Psychological Assessment, 10,* 166–170.

Watson, D., & Clark, L. A. (1984). Negative affectivity: The disposition to experience aversive emotional states. *Psychological Bulletin, 96,* 465–490.

CHAPTER 05

낙관주의

낙관주의자들은 자신에게 좋은 일들이 일어날 것이라고 기대하는 사람들인 반면, 비관주의자들은 자신에게 나쁜 일들이 일어날 것이라고 생각하는 사람들이다. 사람들 간의 이러한 차이가 중요한가? 확실히 그렇다. 낙관주의자와 비관주의자는 그들의 삶에 지대한 영향을 미치는 몇 가지 방식에 있어서 차이를 보인다. 그들은 문제에 접근하는 방식과 당면한 과제에 도전하는 방식이 다르며, 어려움에 대처하는 방법과 그 결과 또한 다르다.

낙관주의와 비관주의의 정의는 미래에 대한 사람들의 기대에 기초를 두고 있다. 기대에 대한 이러한 근거는 낙관주의와 비관주의의 동기의 기대-가치 모델(expectancy-value model)의 오랜 전통과 관련된다. 결국 낙관주의의 구성개념은 인간의 동기와 그것이 어떻게 행동으로 나타나게 되는지에 대한 많은 이론과 연구에 그 뿌리를 두고 있다고 할 수 있다. 우리는 낙관주의와 비관주의의 기초가 되는 역동(dynamics)을 명확히 하기 위해 동기에 대한 기대-가치 접근을 간략하게 개관하고자 한다.

동기의 기대-가치 모델

기대-가치 이론은 행동이 목표를 추구한다는 가정으로부터 출발한다. 목표는 여러 명칭으로 불리지만, 여기서는 목표가 공통으로 지닌 특성을 강조하고자 한다(Carver & Scheier, 1988). 목표는 행위이고 상태며 사람들이 바람직하거나 바람직하지 않다고 보는 가치들이다. 사람들은 자신이 바람직하다고 여기는 것에 대해 그들의 행동(그들의 자아)을 맞추려고 한다. 그들은 바람직하지 않은 것에서 거리를 두려고 노력한다(바람직하지 않은 것을 역목표(antigoals)로 생각한다). 목표가 중요할수록 개인의 동기에서 더 큰 가치를 갖는다. 중요한 목표가 없다면 행동할 이유 또한 없다.

기대-가치 이론의 두 번째 요소는 기대다. 이 기대는 목표 가치의 달성 가능성에 대한 자신감 혹은 의심이다. 사람들은 자신감이 없다면 행동하지 않을 것이다. 의심은 행동을 하고 있는 동안이나 행동을 시작하기 전의 노력을 감소시킬 수 있다. 만약 자신감을 충분히 가지고 있다면, 사람들은 행동하거나 그 행동을 계속 유지하려고 할 것이다. 또한 최종 결과에 대한 자신감이 있다면, 사람들은 커다란 역경이 있을 때조차도 노력을 계속할 것이다.

목표는 폭과 추상성에 따라 달라진다

목표는 구체성에 따라 다르다. 그것은 매우 구체적이고 한정된 영역에서 삶의 특정 영역에 속하는 것과 매우 일반적인 영역에 이르는 것까지 다양하다. 이는 기대가 비교 가능한 변화의 범위를 가지고 있음을 보여 주는 것이다(Armor & Taylor, 1998; Carver & Scheier, 1998). 우리는 삶을 충만하게 하는 것, 사회적 상황에서 좋은 인상을 보여 주는 것, 휴가를 위한 좋은 장소를 찾는 것, 테니스 경기에서 우승하는 것, 구두끈을 매는 것 등에서 자신감을 가질 수 있다.

어떤 기대들이 중요한가? 아마도 모든 기대가 다 중요할 것이다. 기대에 근거한 이론들은 명시적으로든 암묵적으로든 기대의 수준이 예언되는 행동의 수준에 적합할 때 행동이 가장 잘 예언될 수 있다고 제안한다. 때때로 사람들은 행동에 대한 특수성의 여러 수준(예: 행동 특수한, 영역 특수한, 일반화된)을 고려할 때 예언이 가장 잘 된다고 주장한다. 그러나 우리 삶의 수많은 사건들은 새로운 것이며 시간에 따라 변화한다. 이러한 상황에서 일반화된 기대는 행동을 예언하는 데 있어서 특히 유용할 수 있다.

분명한 자신감에 적용되는 원리들은 또한 우리가 낙관주의라고 여기는 일반화된 자신감에도 적용된다. 우리가 낙관주의나 비관주의에 대해 말할 때, 자신감은 넓은 범위로 확산된 것이다. 그것이 무엇이든지 도전에 직면했을 때 낙관주의자들은 자신감과 끈기를 가지고 그것에 접근하려는 경향을 보인다(설사 그 과정이 어렵고 진행이 더디더라도). 그러나 비관주의자들은 의심하고 주저할 것이다.

이러한 확산은 상황이 어려울 때 더욱 확장될 것이다. 낙관주의자들은 역경을 성공적으로 다룰 수 있다고 가정하는 반면, 비관주의자들은 재난을 더 많이 기대한다. 이러한 차이점은 어떻게 인간이 스트레스에 대처하는지에 대해 중요한 함의를 갖는다(Carver & Scheier, 1999; Scheier & Carver, 1992).

통제보다는 자신감으로서의 낙관주의

여기서 논의되어야 할 하나의 개념적인 문제는 낙관주의가 개인적 효능감(Bandura, 1986)이나 통제의 개념(Thomson & Spacapan, 1991)과 중첩되는 정도에 관한 것이다. 이러한 구성개념들은 소망하는 성과가 이루어질 것이라는 기대를 강하게 포함하고 있다. 그러나 여기서 중요한 차이점은 소망하는 결과들이 일어나는 것을 어떻게 기대하는지와 관련이 있다. 자기효능감이라는 구성개념은 자기 자신을 어떤 일의 중요한 원인으로 바라보는 것이다. 만약에 사람들이 높은 자기효능감 기대를 가지고 있다면, 그들은 자신의 개인적 노력(또는 개인적 기능)이 결과를 결정하는 것이라고 믿게 될 것이다. 통제의 개념도 마찬가지다. 사람들은 자신이 통제할 수 있다고 지각하면, 바라는 결과가 개인적인 노력에 의해 일어날 것이라고 가정할 것이다(논의를 위해 Carver et al., 2000; Carver & Scheier, 1998을 보라).

이러한 주장과 비교하여 낙관주의 구성개념에 대한 우리의 관점은 항상 개인적 통제 이상의 것을 의미해 왔다. 낙관적인 사람들은 그들이 무한한 능력을 가지고 있기 때문에, 열심히 일하기 때문에, 축복을 받았기 때문에, 운이 따르기 때문에, 친구들이 있기 때문에, 또는 이런 것들의 조합이나 다른 좋은 결과를 만드는 요인들 때문에 늘 낙관적일 수 있는 것이다(Murphy et al., 2000). 개인적 효능감이 바라는 결과의 결정요인이 되는 데는 분명 특정한 환경이 있다. 여기에는 목표가 명시적으로 어떤 것을 하게 만드는 환경이 있다. 후자의 경우 성공만이 바람직한 목표이고, 따라서 결과에 대한 개인의 통제가 결정적이다. 그러나 결과에 대한 인과적 결정 요인이 결과보다 덜 중요한 경우도 많이 있을 수 있다. 우리는 이러한 경우가 낙관주의 구성개념 속에 포함될 수 있다고 믿는다.

이러한 입장은 낙관주의자가 실제로 원하는 목표에 도달하려는 노력을 기울이는 것인지 아닌지에 대해 많은 궁금증을 갖게 한다. 왜 낙관주의자들은 가만히 앉아서 좋은 일이 일어나기를 기다리기만 하지는 않는 걸까? 우리의 대답은 좋은 결과들을 기대하는 것은 그 결과를 추구하는 것과 동시적이라는 것이다. 흐름을 바꾸는 것은 개인의 노력일 수 있다. 일에 관여한 채로 남아 있음으로써 사람들은 자신에게 주어지는 기회의 이익을 취할 수 있다. 각각의 경우에 낙관주의자들은 최상의 것을 기대하면서 동시에 자신이 결과에 영향을 미치는 주체가 될 필요성을 이해한다.

대처반응과 안녕감에 대한 낙관주의의 영향

매우 영향력 있는 한 연구는 개념적인 분석으로부터 도출되는 다양한 가설들을 확인해 왔다(Scheier, Carver, & Bridges, 2001). 낙관주의자들은 다양한 역경을 경험할 때 주관적 안녕감에서 비관주의자들과 다르다. 이 두 부류의 사람들은 살면서 겪는 어려움에 대처하는 방법들도 상이하다. 낙관주의자는 그들의 현재 삶 속에서 경험하는 도전을 빨리 수용한다. 그들은 그러한 노력들이 매우 생산적이라고 생각될 때, 적극적인 대처에 더욱 전념하는 것으로 보인다. 그들은 목표 추구에 참여하지 않거나 포기하는 징후를 거의 보이지 않는다(Scheier & Carver, 2001). 실제로 낙관주의가 특정 상황에서 더 좋은 건강 상태를 보인다는 증거가 있다.

개인차의 측정

낙관주의 대 비관주의에서 개인차는 행동의 기대-가치 이론에 그 근원을 두고 있는 여러 도구에 의해서 측정될 수 있다. 이러한 측정들은 서로 다른 강조점과 특징을 지니고 있지만, 넓게 보면 동일한 기저개념을 공유하고 있다.

삶의 지향검사

우리는 낙관주의와 비관주의의 개인적 차이를 측정하는 삶의 지향검사(LOT: Life Orientation Test; Scheier & Carver, 1985)라는 하나의 척도를 개발하는 것으로 이 주제에 대한 우리의 과제를 시작했다. LOT는 허위문항(filler)을 포함하여 8개의 문항으로 구성되어 있다. 문항의 반은 낙관적인 것이고, 나머지 반은 비관적인 것이다. 응답자는 Likert식 척도문항에 동의하거나 동의하지 않는 정도를 표시한다. LOT는 낙관주의와 비관주의의 영향에 대한 초기 연구에서 사용되었다. 대부분의 측면에서 LOT는 훌륭한 심리측정적 속성을 갖고 있다. 그러나 낙관적인 문항과 비관적인 문항이 항상 깊은 연관성이 없는 2개의 요인을 형성한다는 점에서 비판을 받고 있다. 게다가 몇 년 동안 LOT가 사용된 후에 우리는 어떤 문항들은 본질적으로 기대보다는 다른 구성개념을 측정한다는 것을 깨닫게 되었다.

따라서 LOT는 새로운 형태인 LOT-R(Scheier, Carver, & Bridges, 1994)로 수정되었다. LOT-R(부록 5.1 참조)은 초판보다 간단하다(6개의 문항이 각각 반씩 긍정과 부정으로 제시되고 4개의 허위문항이 포함되어 있다). 수정을 하면서 미래에 대한 기대에 초점을 맞추지 않은 문항들이 있다면 그것을 제외하거나 수정하였다. LOT-R은 적절한 내적 합치도를 나타내고 있으며(Cronbach's α = .70 ~ .80), 시간의 경과에도 안정적이다. 초판과 수정판의 문항들이 많이 겹치기 때문에 두 척도 간의 상관은 매우 높다(Scheier et al., 1994). 그러나 LOT-R의 긍정적인 문항들과 부정적인 문항들은 LOT보다 높은 상관을 보인다.

LOT와 LOT-R은 둘 다 점수의 연속적인 분포를 제공한다. 분포는 낙관주의 쪽으로 편포되어 있지만 그렇게 크지는 않다. 우리는 낙관주의자와 비관주의자들을 종종 별개의 집단인 것처럼 설명하지만, 그것은 실제로는 언어적 편리성 때문이다. 한 사람을 낙관주의자나 비관주의자라고 말할 때는 구체적인 준거가 없다. 오히려 사람들은 중간에서 다소 떨어져 있는 매우 낙관적인 범위에서 매우 비관적인 범위에 있는 것이다. 대부분 이러한 도구를 사용한 연구에서 낙관주의자들과 비관주의자들은 상대적으로 정의되는 연속적인 분포를 나타낸다.

무망감척도

삶에서 낙관주의적 지향 대 비관주의적 지향을 측정하는 또 다른 척도는 무망감척도(Hopelessness Scale)다(Beck, Weissman, Lester, & Trexler, 1974). 20개의 문항으로 구성된 이 척도는 LOT의 비관주의적인 문항과 어떤 면에서 비슷하다. 그러나 무망감 척도는 그렇다-아니다 반응 형식(true-false response format)을 사용한다. 게다가 본질적 비관주의와 관련된 문항에 더하여 정서적 경험과 포기하려는 경향(요인은 분리되어 있지만, 일반적으로 척도를 사용할 때 요인들이 나누어지는 것은 아니다)을 측정하는 문항을 포함하고 있다. 우리는 이러한 두 가지 경험이 비관주의의 중요한 부수물이라고 믿지만, 동시에 그것들이 본질적 비관주의와 구분되어야 한다고 생각한다. 더욱이 Chang 등(1994)이 지적한 것처럼 이러한 척도의 문항들 중 많은 것들은 비관주의의 표현에서 꽤나 극단적인 것들이다. 이는 분포상 극단적이지 않은 범위 내에 있는 낙관주의와 비관주의의 변산에 척도가 민감하지 못하도록 만들 수 있다.

무망감척도는 비관주의의 조짐으로부터 실제적인 자살을 예언하는 연구를 포함하여 다양한 응용연구에서 사용되어 왔다(Beck, Steer, Kovacs, & Garrison, 1985). 우리의 초기 연구(Scheier & Carver, 1985)에서 전체 척도와 LOT의 상관은 -.47로 나타났다. Chang과 그의 동료들(1994)은 무망감척도와 LOT의 두 하위 요인에 대한 상관이 각각 -.53과 -.67이라고 보고하였다. Lucas, Diener 및 Suh(1996)는 LOT와 무망감 척도 간의 상관이 -.53이지만, 다양한 자료를 통해 두 척도가 같은 것을 측정하는 것이 아니라고 결론 내렸다.

일반화된 성공기대척도

낙관주의의 측정과 관련된 다른 척도는 일반화된 성공기대척도(GESS: Generalized Expectancy of Success Scale; Fibel & Hale, 1978)다. 이 척도는 좀 더 특수한 상황과 좀 더 일반적인 일련의 상황을 응답자에게 제시하고, 그들에게 각각의 상황에서 성공을 경험할 가능성을 평가하게 한다. 각각의 문항들은 "미래에 나는 ~할 것을 기대한다."로 구성되어 있으며, 각 문항에 대한 반응은 '매우 가능' 또는 '절대 불가능'의 범위에서 선택하게 된다. 대부분의 문항들은 성공적인 결과와 관련이 있고, 몇몇 문항은 실패와 관련이 있다. 여기서 제시되는 상황들은 꽤나 포괄적인 범위를 가지고 있다. 부분적으로 이러한 이유에서 이 척도의 개발자들은 GESS가 각 영역에 초점이 맞춰진 4개의 요인을 가지고 있다는 것을 발견하였다.

GESS에 대한 비판 중 하나는 초판 문항 중 어떤 문항("좋은 부모가 되는 것" "성공적인 부부관계를 갖는 것")들은 일부 모집단에는 적당하지 않다는 것이다. 이러한 이유로 최근에 GESS는 다소 개정되었다(Hale, Fiedler, & Cochran, 1992). 개정과정에서 문제가 된 문항들이 재구성되고 새로운 문항이 추가되었으며, 문항과 전체 점수 간의 상관을 내어서 25개 문항이 추출되었다. 그러나 요인분석을 하는 방법보다는 이 과정에 대한 신뢰도를 구하는 절차에서 GESS-R이 몇 개의 요인을 포함하고 있는지에 대한 질문은 여전히 남아 있다.

Smith, Pope, Rhodewalt 및 Poulton(1989)은 두 개의 표본에서 LOT와 GESS 간에 .51과 .55의 상관이 있음을 보고했으며, Hale과 그의 동료들은 GESS-R과 LOT 간에 .40의 상관이 있음을 보고했다. 종합해 보면, 이러한 자료들은 두 개의 척도가 다소간 서로 다른 특성을 측정한다는 것을 제시한다. 초판 GESS와 LOT는 Fibel과 Hale(1978)이 보고한 두 개의 작은 표본에서 -.69(남자), -.31(여자)의 상관을 보였다. 비록 전자의 관계는 두 개의 척도 간에 상당한 일치가 있음을 제시하지만, 후자의 경우에는 그렇지 않다.

낙관주의-비관주의 척도

이 영역에서 사용되어 온 또 다른 척도는 낙관주의-비관주의 척도다(OPS: Optimism-Pessimism Scale; Dember, Martin, Hummer, Howe, & Melton, 1989). OPS는 낙관주의를 반영하는 18개의 문항, 비관주의를 반영하는 18개의 문항 그리고 20개의 허위문항들로 구성되어 있다. 이는 앞서 설명한 척도들보다 상당히 길다. Dember와 그의 동료들은 낙관주의와 비관주의를 대표하는 문항의 하위 요인들이 분리될 수 있다고 보고했지만, 문항 세트에 대한 요인분석을 실시하지는 않았다. Chang과 그의 동료들(1994)이 요인분석을 실시했을 때는 많은 요인들이 발견되었다. 그들은 통계적 분석에 기초하여 3개의 요인이 있다고 제안했지만, 그 요인들을 쉽게 해석하지는 못했다. 이후의 분석에서 그들은 OPS는 이론적으로 설명하기 어려운 다양하고 다차원적인 도구라고 결론 내렸다.

대안적 개념화

기대는 낙관주의 이론에서 중추적인 개념이다. 앞서 제시되었던 것처럼 우리는 자기보고를 통해 직접적으로 기대를 평가하는 것을 선호한다. 그러나 기대를 간접적으로 측정하는 두 번째 방법이 있다. 낙관주의에 대한 이 접근은 미래에의 기대는 과거 사건의 원인을 바라보는 사람들의 견해로부터 비롯된다는 가정에 의존한다(Peterson & Seligman, 1984; Seligman, 1991). 만약 과거의 실패에 대한 해석에서 안정적인 원인을 강조한다면, 같은 영역 내에서 미래에 대한 기대는 나쁜 결과가 발생되리라는 것이다. 왜냐하면 그 원인이 비교적 영구적인 것으로 보여서 계속 효력을 발휘할 것이기 때문이다. 반면 과거의 실패에 대한 귀인이 불안정한 원인을 강조하는 것이라면, 미래에 대한 전망은 아마도 좀 더 밝아질 것이다. 그러한 원인은 계속되지 않기 때문이다. 만약 실패에 대한 해석이 일반적이라면(삶의 여러 측면에 적용되는), 많은 영역에 있어서 미래에 대한 기대는 좋지 않은 결과를 예측할 것이다. 왜냐하면 그러한 원인의 힘은 어디에서나 영향을 주기 때문이다. 반면 그러한 해석이 특수한 것이라면, 삶의 다른 영역에 대한 전망은 좀 더 밝아질 것이다. 특수한 원인은 다른 곳에는 적용되지 않기 때문이다.

기대의 폭이 다양한 것처럼, 원인에 대한 귀인도 다양하다. 귀인은 행동의 특정한 부분(스키를 타는 데 있어서 좋은/나쁜 결과) 또는 보통의 넓은 영역(운동에서 좋은/나쁜 결과)에서 일어날 수 있지만, 보통보다 넓은 범위에서 측정된다. 사람들은 종종 그들의 전반적인 삶에 영향을 주는 설명양식을 가지고 있다고 가정된다. 설명양식에 관한 이론(Peterson & Seligman, 1984; Seligman, 1991)은 낙관주의와 비관주의가 각각 불안정적이고 특수한 대 안정적이고 일반적인 나쁜 결과에 대한 설명 유형에 의해 정의된다고 주장한다.

귀인양식(4장을 보라)은 사람들에게 일어날 수 있는 일련의 가상적인 부정적 사건들을 상상하도록 요청한 질문지에 지표화된다(Peterson et al., 1982). 응답자들은 사건에 대한 원인이 무엇인지 적고, 귀인의 차원에서 원인에 대한 평정을 한다. 귀인양식을 측정하는 두 번째 방법은 축어록 설명의 내용분석(CAVE; Peterson, Luborsky, & Seligman, 1983; Peterson, Schulman, Castellon, & Seligman, 1992)이다. 이 절차는 사람이 말하거나 기록한 자료—부정적인 결과를 설명하는 문장을 포함하는 편지, 일기, 인터뷰, 연설 등의 표본을 조합하는 절차—를 포함하고 있다. 이러한 진술은 그들의 귀인양식을 알아내기 위해 분석된다. CAVE 기술은 매우 융통성이 있다. 심지어 그것은 살아 있지 않은 사람에 관한 기록 자료에 적용될 수도 있다.

비록 낙관주의를 측정하고 개념화하는 두 개의 접근이 중요한 차이점을 지니고 있지만, 이들은 기대가 사람들의 행동과 경험을 결정하는 데 도움을 준다는 가정을 공유하고 있다. 두 접근법에서 낙관주의는 좋은 결과에 대한 기대며, 비관주의는 나쁜 결과에 대한 기대다. 이 접근들은 기대에 바탕이 되거나 논리적으로 선행하는 변인을 측정하느냐, 아니면 기대 자체를 측정하느냐에 차이가 있다.

낙관주의와 비관주의에 대한 두 접근은 각각의 연구 결과들을 축적해 왔으며, 각 접근은 나름대로 낙관주의와 비관주의의 기능과 본질에 관한 견해를 이끌고 있다 (Snyder, 1994와 이 책에서 Lopez 등에 의해 논의되고 있는 희망에 대한 문헌이나 이론적 견해를 같이하는 연구자들의 글을 참조하라). 이 장에서 우리는 일반화된 기대에 대한 자기 보고 방법을 통해 낙관주의에 주로 초점을 맞춘다.

구성개념 측정문제

모든 심리학적 구성개념에 관한 측정에서와 마찬가지로, 지난 수년간 낙관주의와 비관주의에 있어서도 몇 가지 논점들이 제기되어 왔다. 사실 이러한 문제들은 앞에서도 제기한 바 있다.

직접측정 대 간접측정

사람들에게 그들의 기대를 보고하도록 요청함으로써 직접적으로 낙관주의를 측정하는 것이 바람직한가, 아니면 불행한 사건에 대한 그들의 귀인을 물어봄으로써 간접적으로 낙관주의를 측정하는 것이 바람직한가? 직접적인 측정의 한 가지 잠재적 이점은 정확한 구성개념, 즉 기대를 직접적으로 측정한다는 것이다. 이와 대비하여 귀인은 중요한 기대로부터 논리적인 연속선상에서 한 단계 떨어져 있다. 직접적인 측정의 잠재적 단점은 문항들이 드러나 보인다는 것이다. 직접적인 측정은 측정하는 것이 외견상 명백히 드러나 보인다. 그래서 겉으로 드러나 보이는 것이 적은 문항들보다 잠재적으로 사회적 바람직성과 같은 반응 유형이나 허위반응에 취약하다(Schulman, Seligman, & Amsterdam, 1987).

이는 직접적이고 명백한 측정기법과 간접적이고 함축적인 측정기법의 연구 분야에만 국한된 것은 아니다. 주어진 구성개념을 직접적 또는 간접적으로 측정하는 것은 둘 다 타당할 수 있지만 서로 다른 구성개념을 측정할 수도 있다는 것이다 (McClelland, Koestner, & Weinberger, 1989). 아마도 이러한 지적은 낙관주의의 문헌에서도 나타날 수 있다.

일반성의 조작

낙관주의 측정과 관련된 또 다른 문제는 기대에 대한 적용 가능성의 범위를 어떻게 잘 정의할 수 있느냐에 관한 것이다. 즉, 낙관주의는 넓은 의미에서 일반화된 기대라고 여겨진다. 이러한 일반성이 측정되는 방법에는 최소한 두 가지가 있다.

한 접근은 특정한 삶의 각 영역들(예: 사회적 대인관계, 직업에서의 성공)에서 기대를 측정하면서 광범위하게 조사하는 것이다. 우리는 다양한 영역에 걸쳐 기대 점수들을 총합하거나 통합할 수 있다. 만약에 인간의 삶을 구성하는 영역들이 이러한 조사에서 충분히 제시된다면, 합해진 점수는 낙관주의의 적당한 측정도구가 될 것이다. 이것이 GESS(Fibel & Hale, 1978)에서 사용하는 방법이다(이는 또한 귀인양식에 관한 질문지에서도 나타나는 방법이다).

다른 접근은 제한된 영역이 아닌 전체로서의 넓고 일반화된 삶의 관점에서 문항들을 구성하는 것이다. 이러한 접근에서 사용되는 문항들은 필연적으로 그 내용이 좀 더 추상적이다. 그리고 각 문항에 내포된 일반성의 정도가 본질적으로 높다. 이 방법은 대부분의 낙관주의 척도가 취하는 전략이다.

각각의 접근은 응답자에게 보고하도록 요구하는 데서 나타나는 차이점들로부터 오는 장점과 단점이 있다. 합산 접근은 특수한 영역(주어진 영역에서 어느 정도는 일반성이 있지만)들에 대해 묻는다. 응답자들은 반응하기 전에 최소한 몇 개의 사건들에 걸친 정보들을 통합해야 하는데 그렇게까지 잘 통합하지는 못한다. 사람들은 각각의 특수한 영역(각각 상당히 구체적인)에서 기대를 정확히 보고할 수 있다. 이와 비교하여 보다 추상적이고 일반적인 문항을 사용하는 접근은 사람들이 다양한 영역에 걸친 기대들을 통합할 수 있고 삶에 대한 자신감과 의심의 전체적인 감정을 정확히 보고할 수 있다는 가정을 한다.

합산 접근의 단점은 아마도 정확하지 않을 수 있는 두 개의 가정을 갖고 있다는 것이다. 첫 번째는 낙관주의의 일반화된 의미가 일련의 특정한 기대를 합산하는 것과 같다는 가정이다. 이것은 사실이 아닐 수 있다. 전반적인 자존감과 특정한 영역의 자존감의 합이 다르다는 증거가 있는데(Marsh, 1986), 그것은 기대에서도 마찬가지다. 일반화된 낙관주의는 특정한 영역들의 합산과는 다른 의외의 특성을 가질 수 있다. 몇몇 연구를 통해 일반화된 기대와 다양하고 특수한 기대 간에 그다지 강력한 관계가 없다는 것이 입증되었으며, 이는 그러한 논쟁을 뒷받침해 주고 있다.

합산 접근의 두 번째 가정은 개인들이 다양한 삶의 영역에 거의 같은 방법으로 가중치를 둔다는 것이다. 그러나 특정한 영역이 어떤 사람에게는 중요하고 다른 사람에게는 중요하지 않다면, 그 영역에서의 성공에 대한 자신감은 그 영역을 매우 중요시하는 사람들의 전반적인 낙관성에 더 강한 영향을 미치게 될 것이다.

낙관주의와 비관주의의 차원성

이미 이 장의 앞부분에서 언급된 또 다른 문제는 방법론적인 문제로 보일 수도 있지만 개념적인 문제로 볼 수도 있다. LOT의 문항들이 전형적인 두 개의 요인—하나는 긍정적으로 구성된 문항들, 다른 하나는 부정적으로 구성된 문항들—으로 되어 있다는 것은 사실이다. 그 두 개의 하위척도들은 서로 다른 특성을 가지고 있는 것으로 보인다(Marshall, Wortman, Kusulas, Hervig, & Vickers, 1992). 또한 어느 하위척도가 더 중요한가에 대해서는 연구마다 다를지라도, 어떤 연구들(다른 연구는 그렇지 않지만)은 하나의 하위척도가 다른 하위척도보다 관련된 결과를 더 잘 예언한다는 사실을 발견했다(Robinson-Whelen, Kim, MacCallum, & Kiecolt-Glaser, 1997).

문제는 무엇이 두 하위척도 간에 이러한 차이를 만들어 내는가다. 반응하는 데서 역으로 구성된 문장이 전체의 반을 차지하는 문항들 때문에 야기된 순수하게 방법론적인 문제인가? 혹은 부정적인 문항 세트들이 좀 더 기본적인 구성개념의 타당한 측정도구를 제공하는 것인가? 하위 요인들이 예언에서 다를 때, 일반적으로(늘 그렇지는 않지만) 좀 더 잘 예언하는 것은 부정적인 문항들이다.

이러한 문제와 관련하여 Scheier 등(1994)은 초판 LOT에서 긍정적 방향의 하위척도 중 두 개의 문항이 나머지 문항들처럼 기대에 명백히 초점이 맞춰져 있지 않다는 것을 발견했다. 이러한 두 문항은 수정판에서 삭제되었다. 그래서 LOT-R의 하위 요인들이 초판 LOT에서보다 일관성 있게 높은 상관을 보인다고 볼 수 있다. 따라서 LOT-R의 문항들이 초판 LOT보다 단일 양극 요인을 포함하고 있다는 것이다.

그럼에도 불구하고 차원이 두 개로 분리될 수 없다고 의심할 수 있는 몇 가지 이유가 있다. 이러한 가능성의 한 예로 주관적으로 경험된 정서는 두 차원을 구성하고 있는데, 하나는 일반적으로 긍정적인 정서이고 다른 하나는 부정적인 정서다(Watson & Tellegen, 1985). 그러나 각 차원이 서로 구분되는 단극을 가진 것인지 또는 한 차원의 양끝에 놓이는 양극(Carver, 2001)인지에 대한 문제는 여전히 남아 있을지라도 이 차원들은 서로 구분된다.

긍정적 정서라고 불리는 차원이 생리행동적 접근체계의 기능과 관련되어 있고, 부정적 정서라고 불리는 차원은 생리행동적 회피체계의 기능과 관련이 있다는 근거가 있다(Carver, 2001). 이러한 생물학적 체계 자체는 명백히 서로 분리되어 있다(Davison, 1992; Gray, 1900). 이것은 바람직한 유인가를 획득하는 데 관계된 낙관주의와 위협을 회피하는 데 관계된 또 다른 낙관주의가 있을 수 있다는 가능성을 제기한다. 실제 상황에서 위협과 보상이 종종 서로 얽혀 있기는 하지만, 이러한 각각의 낙관주의는 서로 다른 측면의 삶과 관련될 수 있다. 이러한 관점에서 각각의 낙관주의는 그에 대응되는 비관주의(유인가를 얻는 것에 관한 의심과 위협을 피하는 것에 관한 의심에 관계된)를 시사한다.

이와 같은 문제들은 매우 복잡하다. 아직까지 그에 대한 명확한 해답은 없다. 지금까지 LOT는 LOT-R보다 더 많은 연구에서 사용되었으며, 차별적인 예언과 같은 문제가 LOT-R에서도 존재하는지는 확실하지 않다. 만약 앞으로의 연구에서 LOT-R이 LOT로부터 도출된 차별적인 예언을 보여 주지 못한다고 결론 내린다면, 명백한 해답은 그 문제가 인위적일 수 있다는 것이다. 그러나 차별적 예언의 형태가 지속된다면, 그 문제는 좀 더 실제적인 의미를 지니고 있음을 시사할 수 있다.

변별타당도

낙관주의의 측정에서 고려해야 할 또 다른 문제는 이러한 구성개념이 성격심리학에서 나타나는 개념들과 구별되는 정도에 관한 것이다(Lucas et al., 1996). 앞서 언급했던 것처럼, 우리는 낙관주의에 대한 관점을 동기에 대한 기대-가치 이론의 관점에서 도출해 왔다. 그러나 성격에 대해 다양한 사고로부터 도출된 여러 관점들이 있다. 그 관점들 중에서 어떤 것들이 낙관주의와 비슷한 구성개념이 될 수 있을까?

이 점에 관해서 한 가지 제안할 수 있는 것은 비관주의가 신경증의 개념과 강한 유사성을 가진다는 것이다(Smith et al., 1989). 신경증(또는 정서 불안정)은 걱정하고 불쾌한 감정을 경험하고 비관적이 되는 경향성으로 정의된다. Smith와 그의 동료들은 LOT가 신경증의 척도와 강하게 관련되어 있음을 발견하였다. 이러한 결과는 Marshall과 Lang(1990)에 의해서도 반복 검증되었다. Smith 등은 또한 신경증이 통제될 때 낙관주의와 관련 변인 간의 상관이 상당히 줄어들었다는 것을 발견하였다.

이것은 비관주의가 본질적으로 신경증과 같음을 의미하는가? 또한 비관주의 대신에 신경증을 연구해야 하는 것을 의미하는가? 그렇지는 않다. 낙관주의와 신경증 간에 예견되는 중첩에 대해 의문이 들 때 이 문제를 다른 방식으로 확인하는 것은 중요하다. 신경증은 비관주의보다 더 큰 구성개념이며, 비관주의의 특성뿐 아니라 다른 특성들도 포함하고 있다. 비관주의 때문에 발생하는 결과들이 신경증의 영향인가에 대한 의문을 갖는 것은 더 나아가 비관주의의 구성개념보다 신경증의 여러 측면들이 그런 효과에 더 중요한 것인가라는 질문을 하게 한다.

더욱이 후속 연구에서 신경증에 대한 측정이 항상 낙관주의와 다른 관련 변인들 간의 관계에 큰 효과를 가지지 않는다는 것이 명백하게 밝혀졌다. Scheier 등(1999)은 낙관주의는 심지어 자기효능감, 신경증 그리고 우울증의 효과가 통제되었을 때에도 관상동맥 혈관 이식수술 후의 질병 관련 재입원 비율을 예언한다는 것을 발견하였다. Räikkönen, Matthews, Flory, Owens 및 Gump(1999)는 특성불안에서 차이가 통제되었을 때 낙관주의가 보행 중 최소 혈압과 부적 일상기분을 예언한다는 것을 보여주었다. Aspinwall과 Taylor(1992)는 낙관주의가 자기효능감과 다른 변인들을 통제한 후에도 그 예언력을 유지한다는 것을 발견하였다. 그리고 Scheier, Carver 및 Bridges(1994)는 낙관주의가 신경증, 특성불안, 자기 숙달 그리고 자존감이 통제된 후에도 예언력이 있다는 것을 발견하였다.

측정에서 미래의 발전

미래에는 낙관주의를 측정하려는 노력이 어떻게 발전될까? 미래 연구에 대한 방향에서 최소한 세 가지 가능성이 떠오른다.

또 다른 변별타당도

구성개념을 측정하는 데 있어서 항상 존재하는 하나의 문제는 변별타당도에 관한 것이다. 이론가 및 연구자는 새로운 구성개념에 도전함으로써 측정에서 잠재적인 자신감의 상실에 맞서 싸웠다. 사실 낙관주의가 현재 존재하는 모든 관련 구성개념들과 구별되는 것이 확실할지라도 여전히 문제는 남아 있다. 왜 그런가? 21세기의 심리학자들은 의심할 여지없이 아직 알려지지 않은 새로운 개념들을 만들어 낼 것이기 때문이다. 이런 새로운 구성개념들이 생겨나면 그것들 중 하나 혹은 그 이상의 구성개념들이 핵심 변인으로 낙관주의에 도전할 수 있다. 이러한 일이 발생하면 낙관주의에 관심을 갖고 있는 사람들은 검증해야 할 또 다른 변별점을 갖게 될 것이다.

낙관주의 상태 측정

앞으로 큰 주목을 받게 될 낙관주의의 측정과 관련 있는 또 다른 문제는 상태측정 대 특질측정과 같은 주제로부터 파생된다. 정서 연구에서 어떤 사람들은 일시적인 감정을 경험하지만, 사람들은 특정한 감정을 경험하는 만성적 경향성이 서로 다르다는 것이 오랫동안 인식되어 왔다. 따라서 상태불안과 특성불안 모두를 측정하는 방식의 개발은 장점을 가지고 있다(Spielberger, Gorsuch, & Lushene, 1970). 비록 이러한 것이 정서에 관해 처음 시도되었지만, 원칙적으로 시간과 상황에 따라 변하고 성향에 따라 변하는 인간의 어떠한 특징에서도 동일한 문제가 야기될 수 있다. 우리는 시간에 걸쳐 안정적인 성향을 보이는 낙관주의에 관심이 있다. 그러나 심각한 비관주의자조차도 낙관주의자가 그러하듯 변화하는 환경에 따라 자신의 비관주의를 어느 정도 변화시킨다는 것은 의심의 여지가 없다. 시간과 상황에 따른 이러한 변화를 측정하려면 상태측정이 필요하다.

영역과 일반화된 기대 간의 관계

추가적인 관심을 받을 수 있는 마지막 논점은 기대가 추상성의 다차원적 수준 내에 존재한다는 것이다. 앞서 언급했던 것처럼, 이러한 기대가 서로 높은 상관을 보이지 않는다는 것을 믿게 하는 몇 가지 이유가 있다. 가장 중요한 방법론적 질문은—그리고 잠재적으로 중요한 이론적인 문제와 같은 질문은—이러한 기대의 다양한 수준들이 관련 결과들을 만들어 내는 데 어떻게 기능하는가다. 기대들을 통합한 것이 최고의 예언이 되게 하는가? 결과와 가장 가까운 추상성의 수준이 최고의 예언이 되게 하는가? 이러한 질문들에 대한 대답은 어떤 결과를 예언하느냐에 따라 달라지는가? 이와 같은 질문들은 앞으로의 연구에서 다뤄져야 할 것이다.

미래의 적용

이 장의 초점은 평가에 있지만, LOT-R과 낙관주의 구성개념의 미래 적용에 대한 간단한 언급을 하면서 마치는 것이 적절할 것으로 보인다. 우리는 성격심리학자와 건강심리학자다. 그렇듯 우리는 성격의 기본적 특성이 행동과 정서에 어떻게 관련되며, 스트레스 상황에서 사람들의 반응이 어떻게 차이 나는지에 대해 주로 관심을 가져왔다. 사람들 간의 이러한 차이는 그들의 경험에서 분명히 드러나는데, 우리는 그 차이를 설명하기 위한 기제를 지속적으로 연구하려고 한다.

우리는 비관주의가 낙관주의로 어떻게 변화하는지에 대한 물음에 큰 관심을 갖지 않았다. 그러나 이러한 변화가 크지는 않지만 정말 일어날 수 있다는 연구 증거가 있다(Antoni et al., 2001). 앞으로의 연구의 한 방향은 최근에 획득된 낙관주의가 전형적인 경로에 의해 발달된 낙관주의와 유사하게 기능하는가를 알아보는 것이다. 이러한 의문에 답하기 위해서는 과거에 밝혀진 진실보다 긴 시간에 걸친 연구가 필요하다. 아직도 많은 문제들이 연구를 기다리고 있다. 연구를 요하는 문제들이 아직 많으며, 우리는 그 질문에 답할 수 있는 해법을 찾게 되기를 기대하고 있다.

부 5.1 록

삶의 지향검사 개정판(LOT-R), 일반화된 낙관주의 대 비관주의의 측정

1. 불안한 상황에서도 나는 최선의 결과가 나타나리라고 기대한다.

2. 나는 쉽게 긴장을 풀 수 있다. (filler)

3. 나에게 나쁜 일이 일어날 것 같을 때는 나쁜 일이 일어난다.[a]

4. 나는 항상 나의 미래에 대해 낙관적이다.

5. 나는 친구들과 함께 있는 것을 무척 즐긴다. (filler)

6. 바쁘게 사는 것은 나에게 매우 중요하다. (filler)

7. 내가 원하는 대로 일이 되리라고 거의 기대하지 않는다.[a]

8. 나는 쉽게 당황하지 않는다. (filler)

9. 나에게 좋은 일이 일어나리라고 거의 기대하지 않는다.[a]

10. 전반적으로 나에게 나쁜 일보다는 좋은 일이 더 일어날 것이라고 기대한다.

※ 반응치들은 '전혀 그렇지 않다' 부터 '매우 그렇다' 까지의 5점 Likert 척도에서 각각의 문항에 동의한 수준들을 말한다. 'a'로 표시된 문항을 역채점 한 후, 허위문항(filler)을 제외한 6개의 문항을 합산하여 전체 점수를 환산한다.
출처: Carver & Bridges (1994).

참고문헌

Antoni, M. H., Lehman, J. M., Kilbourn, K. M., Boyers, A. E., Culver, J. L. et al. (2001). Cognitive-behavioral stress management intervention decreases the prevalence of depression and enhances benefit finding among women under treatment for early-stage breast cancer. *Health Psychology, 20,* 20-32.

Armor, D. A., & Taylor, S. E. (1998). Situated optimism: Specific outcome expectancies and self-regulation. In M. Zanna (Ed.), *Advances in experimental social psychology, 30,* pp. 309-379. San Diego, CA: Academic Press.

Aspinwall, L. G., & Taylor, S. E. (1992). Modeling cognitive adaptation: A longitudinal investigation of the impact of individual differences and coping on college adjustment and performance. *Journal of Personality and Social Psychology, 63,* 989-1003.

Bandura, A. (1986). *Social foundations of thought and action: A social cognitive theory.* Englewood Cliffs, NJ: Prentice-Hall.

Beck, A. T., Steer, R. A., Kovacs, M., & Garrison, B. (1985). Hopelessness and eventual suicide: A 10-year prospective study of patients hospitalized with suicidal ideation. *American Journal of Psychiatry, 142,* 559-563.

Beck, A. T., Weissman, A., Lester, D., & Trexler, L. (1974). The measurement of pessimism: The Hopelessness scale. *Journal of Consulting and Clinical Psychology, 42,* 861-865.

Carver, C. S. (2001). Affect and the functional bases of behavior: On the dimensional structure of affective experience. *Personality and Social Psychology Review, 5,* 345-356.

Carver, C. S., Harris, S. D., Lehman, J. M., Durel, L. A., Antoni, M. H. et al. (2000). How important is the perception of personal control? Studies of early stage breast cancer patients. *Personality and Social Psychology Bulletin, 26,* 139-150.

Carver, C. S., & Scheier, M. F. (1998). *On the self-regulation of behavior.* New York: Cambridge University Press.

Carver, C. S., & Scheier, M. F. (1999). Optimism. In C. R. Snyder (Ed.), *Coping: The psychology of what works* (pp. 182-204). New York: Oxford University Press.

Carver, C. S., & Scheier, M. F. (2000). *Perspectives on personality* (4th ed.). Needham Heights, MA: Allyn & Bacon.

Chang, E. C., D'Zurilla, T. J., & Maydeu-Olivares, A. (1994). Assessing the dimensionality of optimism and pessimism using a multimeasure approach. *Cognitive Therapy and Research, 18,* 143-160.

Davidson, R. J. (1992). Emotion and affective style: Hemispheric substrates. *Psychological Science, 3,* 39-43.

Dember, W. M., Martin, S. H., Hummer, M. K., Howe, S. R., & Melton, R. S. (1989). The measurement of optimism and pessimism. *Current Psychology: Research & Reviews, 8,* 102-119.

Fibel, B., & Hale, W. D. (1978). The Generalized Expectancy for Success scale-A new measure. *Journal of Consulting and Clinical Psychology, 46,* 924-931.

Gray, J. A. (1990). Brain systems that mediate both emotion and cognition. *Cognition and Emotion, 4,* 269-288.

Hale, W. D., Fiedler, L. R., & Cochran, C. D. (1992). The revised Generalized Expectancy for Success scale: A validity and reliability study. *Journal of clinical Psychology, 48,* 517-521.

Lucas, R. E., Diener, E., & Suh, E. (1996). Discriminant validity of well-being measures. *Journal of Personality and Social Psychology, 71,* 616-628.

127

Marsh, H. W. (1986). Global self-esteem: Its relation to specific facets of self-concept and their importance. *Journal of Personality and Social Psychology, 51,* 1224-1236.

Marshall, G. N., & Lang, E. L. (1990). Optimism, self-mastery, and symptoms of depression in women. *Journal of Personality and Social Psychology, 59,* 132-139.

Marshall, G. N., Wortman, C. B., Kusulas, J. W., Hervig, L. K., & Vickers, R. R., Jr. (1992). Distinguishing optimism from pessimism: Relations to fundamental dimensions of mood and personality. *Journal of Personality and Social Psychology, 62,* 1067-1074.

McClelland, D. C., Koestner, R., & Weinberger, J. (1989). How do self-attributed and implicit motives differ? *Psychological Review, 96,* 690-702.

Mearns, J. (1989). Measuring self-acceptance: Expectancy for success vs. self-esteem. *Journal of Clinical Psychology, 45,* 390-397.

Murphy, P. E., Ciarrocchi, J. W., Piedmont, R. L., Cheston, S., Peyrot, M. et al. (2000). The relation of religious belief and practices, depression, and hopelessness in persons with clinical depression. *Journal of Consulting and Clinical Psychology, 68,* 1102-1106.

Peterson, C., Luborsky, L., & Seligman, M. E. P. (1983). Attributions and depressive mood shifts: A case study using the symptom-context method. *Journal of Abnormal Psychology, 92,* 96-103.

Peterson, C., Schulman, P., Castellon, C., & Seligman, M. E. P. (1992). The explanatory style scoring manual. In C. P. Smith (Ed.), *Handbook of thematic analysis* (pp. 383-392). New York: Cambridge University Press.

Peterson, C., & Seligman, M. E. P. (1984). Causal explanations as a risk factor for depressoin: Theory and evidence. *Psychological Review, 91,* 347-374.

Peterson, C., Semmel, A., von Baeyer, C., Abramson, L. Y., Metalsky, G. I. et al. (1982). The Attributional Style Questionnarie. *Cognitive Therapy and Research, 6,* 287-299.

Räikkönen, K., Matthews, K. A., Flory, J. D., Owens, J. F., & Gump, B. B. (1999). Effects of optimism, pessimism, and trait anxiety on ambulatory blood pressure and mood during everyday life. *Journal of Personality and Social Psychology, 76,* 104-113.

Robinson-Whelen, S., Kim, C., MacCallum, R. C., & Kiecolt-Glaser, J. K. (1997). Distinguishing optimism from pessimism in older adults: Is it more important to be optimistic or not to be pessimistic? *Journal of Personality and Social Psychology, 73,* 1345-1353.

Scheier, M. F., & Carver, C. S. (1985). Optimism, coping and health: Assessment and implications of generalized outcome expectancies. *Health Psychology, 4,* 219-247.

Scheier, M. F., & Carver, C. S. (1992). Effects of optimism on psychological and physical well-being: Theoretical overview and empirical update. *Cognitive Therapy and Research, 16,* 201-228.

Scheier, M. F., & Carver, C. S. (2001). Adapting to cancer: The importance of hope and purpose. In A. Baum & B. L. Andersen (Eds.), *Psychosocial interventions for cancer* (pp. 15-36). Washington, DC: American Psychological Association.

Scheier, M. F., Carver, C. S., & Bridges, M. W. (1994). Distinguishing optimism from neuroticism (and trait anxiety, self-mastery, and self-esteem): A reevaluation of the Life Orientation Test. *Journal of Personality and Social Psychology, 67,* 1063-1078.

Scheier, M. F., Carver, C. S., & Bridges, M. W. (2001). Optimism, pessimism, and psychological well-being. In E. C. Chang (Ed.), *Optimism and pessimism: Implications for theory, research, and practice* (pp. 189-216). Washington, DC: American Psychological Association.

Scheier, M. F., Matthews, K. A., Owens, J. F., Magovern, G. J., Lefebvre, R. C. et al. (1989). Dispositional optimism and recovery from coronary artery bypass surgery: The beneficial effects on physical and psychological well-being. *Journal of Personality and Social Psychology, 57,* 1024-1040.

Scheier, M. F., Matthews, K. A., Owens, J. F., Schulz, R., Bridges, M. W. et al. (1999). Optimism and rehospitalization following coronary artery bypass graft surgery. *Archives of Internal Medicine, 159,* 829-835.

Schulman, P., Seligman, M. E. P., & Amsterdam, D. (1987). The Attributional Style Questionnarie is not transparent. *Behavior Research and Therapy, 25,* 391-395.

Seligman, M. E. P. (1991). *Learned optimism.* Knopf: New York.

Smith, T. W., Pope, M. K., Rhodewalt, F., & Poulton, J. L. (1989). Optimism, neuroticism, coping, and symptom reports: An alternative interpretation of the Life Orientation Test. *Journal of Personality and Social Psychology, 56,* 640-648.

Snyder, C. R. (1994). *The psychology of hope: You can get there from here.* New York: Free Press.

Spielberger, C. D., Gorsuch, R. L., & Lushene, R. E. (1970). *Manual for the State-Trait Anxiety Inventory.* Palo Alto, CA: Consulting Psychologists Press.

Taylor, S. E., Kemeny, M. E., Aspinwall, L. G., Schneider, S. G., Rodriguez, R., & Herbert, M. (1992). Optimism, coping, psychological distress, and high-risk sexual behavior among men at risk for Acquired Immunodeficiency Syndrome (AIDS). *Journal of Personality and Social Psychology, 63,* 460-473.

Thompson, S. C., & Spacapan, S. (1991). Perceptions of control in vulnerable populations. *Journal of Social Issues, 47,* 1-21.

Watson, D., & Tellegen, A. (1985). Toward a consensual structure of mood. *Psychological Bulletin, 98,* 219-235.

129

CHAPTER 06

희 망
다양한 정의와 다양한 측정

당신은 희망(hope)을 가지고 있는가? 이것은 간단한 질문이다. 만약 그 대답이 '그렇다' 라면 당신은 희망을 어느 정도 가지고 있는가? 그리고 충분히 가지고 있는가? 그러나 처음의 대답이 '아니다' 라면 당신은 희망이 없다고 생각하는가? 혹은 어려운 길을 가면서 잘못된 희망을 추구하는가? 이러한 질문들은 수세기에 걸쳐 철학자, 종교지도자, 심리학자들이 논쟁해 온 것이다.

20세기 후반에 사회과학자들은 그들의 관심을 희망으로 돌렸다. 이 분야에 대해 우리는 최소한 26개의 이론들이나 정의들 그리고 타당화된 측정방법들을 찾을 수 있었다. 이 장에서 우리는 사회과학자들과 전문가들에 의해 자세하게 연구되었던 희망의 개념화에 초점을 두었다. 우리는 희망의 관점에 대해 이야기할 것이고, 그러한 과정에서 널리 논의되는 문제들을 다룰 것이다. 희망은 정서인가 인지인가? 이러한 개념화와 관련된 측정방법들이 논의될 것이며, 희망측정의 향후 방향에 대한 생각을 나누게 될 것이다.

---

* Shane J. Lopez, C. R. Snyder, and Jennifer Teramoto Pedrotti

희망의 개념화

희망의 개념과 관련된 대부분의 이론과 생각들은 정서에 바탕을 둔 범주와 인지에 바탕을 둔 범주의 하나로 구분될 수 있다. 희망이 정서적인 특성과 인지적인 특성 모두를 포함하면서, 두 관점들은 어느 정도 통합되기 시작하였다. 우리는 여기서 각각을 따로 논의할 것이다.

희망: 정서

직관적으로 가정해 볼 수 있는 것과는 달리, 희망은 정서적 관점보다 인지적 관점에서 정의하는 모델이 더 많다. 게다가 정서에 바탕을 둔 모델을 제안하는 대다수 연구자들도 어느 정도 인지적 구성 요소를 포함한다. 예를 들면, Averill, Catlin 및 Chon(1990)은 정서로서의 희망이론을 제안했다. 이 이론에서 환경은 희망의 발달과 저하에 영향을 미치는 것으로 여겨졌다. 연구자들은 목표가 (1) 합리적으로 달성 가능할 때, (2) 통제하에 있을 때, (3) 개인에게 중요한 것으로 보일 때, (4) 사회적이고 윤리적인 수준에서 수용될 만한 것일 때 희망이 최적이라고 본다. 사회구성주의자의 배경으로부터 파생된 이러한 관점은 희망의 진정한 의미를 정의하는 것을 돕기 위해 사회적 기준이나 규칙들에 의존한다. 이러한 점에서 Averill과 그의 동료들은 희망이 오직 사회와 문화적 맥락 안에서만 이해될 수 있다고 믿었다.

희망에 대한 Mowrer(1960)의 개념화는 희망을 이차 강화물의 정서적인 형태로 보는 행동주의적인 관점에 기초한다. 예를 들어, Mowrer는 동물을 대상으로 한 연구에서 자극-반응 패러다임 안에서 희망이라는 정서는 유쾌한 것과 연관된 자극들이 출현할 때 나타난다는 것에 주목했다. 일단 정서적인 요인이 나타나면 동물들은 활동량 증가를 통해 유쾌한 일이 발생할 것이라고 기대하는 것처럼 보인다. 이러한 방법으로 희망은 원래의 자극들을 강화하는 데 기여함으로써 원하는 행동을 유지한다. 이 경우에 희망이라는 정서는 동물들이 그들의 목표를 추진하게끔 해 주는 것처럼 보인다.

Mowrer의 자극-반응 패러다임과는 대조적으로, Marcel은 "나는 우리를 위해 그대에게 희망한다(I hope in thee for us)."(Godfrey, 1987: 103)라는 문장으로 예시화되는 구성개념을 제안함으로써 좀 더 철학적인 접근으로 발전해 갔다. 이러한 관점은 덜 개인주의적이며, 희망을 전체로서의 사회에 적용하는 것으로 보았다. 제2차 세계 대전 때 전쟁 포로들과 함께 작업한 것들에 근거하여, Marcel은 희망이 감금이라는 가장 지독한 환경에서 사용될 수 있는 대처의 정서적 형식이라고 제안했다. 그의 이론에 따르면 그러한 상황 속에서는 필연적으로 겪게 되는 절망에 직면할 때 틀림없이 희망이라는 느낌이 나타난다(Godfrey, 1987). Marcel은 희망을 무기력한 상황에서만 적용될 수 있는 것으로 정의한다.

희망: 인지

대중적인 문학작품과 시에서 희망은 종종 절망적인 상황에서 사람들에게 신념을 유지하도록 해 주는 특별한 느낌의 정서로 다루어진다. 그러나 희망에서는 인지적인 측면이 더 많은 주목을 받는다. 예를 들면, Erikson의 연구는 희망을 건강한 인지발달의 한 요소로서 제안한다. Erikson은 희망을 "생존 초기의 특징인 어두운 추동과 격분에도 불구하고 강렬하게 바라는 것들이 달성될 수 있을 것이라는 영속적인 믿음"(1964: 118)으로 정의한다. 즉, 희망은 개인이 목표를 향한 움직임을 유지하도록 해 주는 사고 혹은 신념이다. Erikson은 발달적 맥락에서 인간은 출생하면서부터 희망을 가진다고 가정하였다. 나아가 그는 희망 때문에 내적으로 야기되는 갈등에 대해 논의했다. 특히, 우리가 유아일 때 우리의 '열렬한 소망'은 다른 사람들의 소망과 갈등할 수 있다.

Breznitz(1986)는 희망이 '일시적 사고 또는 인지 상태와 관련'된다는 것을 제안하면서 희망을 정의하는 데 인지적 관점을 취한다. 희망이 개인에게 영향력을 미치기 때문에 희망에는 심리적 반응을 일으키는 충분한 힘과 지속력이 있을 것이라고 그는 가정한다. '난 괜찮을 거야.'와 같이 자신의 상태를 달래는 순간적 사고는 신체상에 희망의 진정한 과정과 동일한 반응을 야기하지는 못한다. 이러한 관점에서 그는 희망과 희망의 작용(working of hoping)을 구분하였다. 희망의 작용이란 사람들이 희망의 본질을 실제로 경험하게 되는 활동적인 과정을 의미한다. 또한 그는 희망과 부정(denial)의 차이에 대해 착각과 투쟁으로서 희망을 정의한다. 이러한 어려운 문제는 판도라의 상자 안에 악과 함께 희망을 포함시킨 것에 대해 의문을 가졌던 많은 작가들의 작품에서 분명하게 나타난다.

다른 이론가들(예: Stotland, Gottschalk, & Godfrey)은 조망과 기대가 희망에 어떻게

133

관련되는지를 강조한다. Stotland는 희망을 "목표가 조금이라도 달성되기를 기대하는 것"(1969: 2)이라고 제안하였다. 사회심리학적 이론 및 인지적 도식과 관련된 그의 근거들을 빌려 말하면, Stotland는 희망의 정도는 목표 달성의 지각된 가능성과 목표 자체의 중요성에 의해 결정된다고 보았다. 희망이 작용하기 위해서는 목표의 중요성에 대한 최소한의 인식 수준이 필수적이다.

Gottschalk(1974)는 바라는 결과가 일어날 것이라고 믿는 낙관성의 정도로서 희망을 정의하면서 긍정적인 기대의 관점으로 희망을 보았다. Gottschalk는 보다 광범위하고 정신적이며 영적인 사건들과 같은 보편적인 문제들에 대해서도 희망이 발생할 수 있다고 가정한다(1974: 779). 따라서 희망은 심리적 문제들을 극복할 수 있도록 이끌어 주는 힘이라고 여겨진다. Godfrey에게 희망은 바라는 결과에 대한 어느 정도의 가능성을 지닌 신념이다. 그러한 희망은 개인이 지니고 있는 자원에 대한 지각과 다른 사람이 소유(1987)하고 있는 것으로 지각하는 자원에 의해 나타난다. 희망은 정서적인 동요에 의해 시작된다고 하지만 개인의 삶에서 가능한 결과물들을 평가하는 인지적인 과정이다. Godfrey는 또한 궁극적인 희망과 기초적인 희망을 구별했다. 궁극적인 희망은 특별한 결과를 지향하고, 때로는 순수하게 개인적이기보다 오히려 본질적으로 사회적이다. 대개 사회를 위한 희망이 바로 그런 예일 것이다. 반면 기초적인 희망은 목표 추구와 관련된 정신적인 자세로서 정의된다.

Staats의 관점에서 희망은 '바람과 기대의 상호작용'으로 볼 수 있다. 이러한 견해는 기대를 강조하는 이론가의 관점과 함께 Erikson의 관점을 통합한 것이다. Staats는 희망을 인지적인 측면은 물론 정서적인 구성 요소들을 가지고 있는 것으로 정의한다. 실제로 그녀는 희망을 "정서적 인지"(Staats & Stassen, 1985: 235)라고 명명했다. 정서적인 측면에서 희망은 "기대한 긍정적 정서와 부정적 정서 간의 차이"(1989: 367)로 정의된다. 인지적으로 희망은 이러한 기대와 바람 간의 소통으로 볼 수 있다. 다시 말하면, 희망은 성취기대와 그 소망의 정서적 강도를 평가하는 중재적 역할을 한다.

희망, 인지 및 정서

Synder와 그의 동료들(Snyder, 1994; Snyder et al., 1991)의 희망이론은 지난 20년

간 상당한 주목을 받아 왔다. 처음에는 거의 인지적인 측면만을 바탕으로 하고 있었으나 정서의 역할을 포함하면서 이 이론은 서서히 발전하여 왔다. 이 이론은 사람들이 바람직한 목표에 이르는 길(경로사고, pathway thinking)과 그 길을 사용하는 데 필요한 동기(주도사고, agency thinking)를 생성할 수 있다고 지각하는 데서 나타나는 목표 지향적 사고로 희망을 정의한다.

목표들은 시간적으로 단기적인 것에서 장기적인 것에 이르기까지 다양하다. 더욱이 주어진 목표는 사람들이 목표를 추구하기 전에 충분한 가치가 있어야 한다. 게다가 목표들은 본질적으로 접근 지향적일 수 있고(예: 우리가 발생하기를 원하는 긍정적인 어떤 것) 본질적으로 피하고자 하는 것(예: 우리가 일어나기를 원하지 않는 부정적인 어떤 것)일 수 있다. 마지막으로, 목표들은 성취의 난이도에 따라 매우 다양하다. 겉으로 보기에 불가능해 보이는 목표는 때로 대단한 계획과 노력을 통해 달성되기도 한다. 따라서 Snyder는 '그릇된 희망(false hopes)'에 기초하는 것처럼 보이는 목표들을 비판하는 데 있어서 주의해야 한다고 경고한다(Snyder, Rand, King, Feldman, & Taylor, 출판 중).

경로사고는 바라는 목표에 이르는 방법을 찾는 것에 대한 긍정적인 자기 언어인 동시에, 방해물을 만났을 때 대안적인 방법을 생성해 낼 수 있다는 개인의 지각을 의미한다(예: "나는 이것을 해결할 방법을 찾을 것이다." Snyder, LaPointe, Crowson, & Early, 1998). 주도사고는 희망이론의 동기적 속성을 지니는 구성 요소다. 이러한 관점에서 희망이 높은 사람들은 주도적인 자기 언어를 사용한다(예: "나는 포기하지 않겠어." Snyder, LaPointe et al., 1998). 이러한 주도사고는 난관에 부딪쳤을 때 적절한 대안 경로를 만들어 내려는 동기를 활성화시키기 때문에 중요하다.

희망이론은 방해물, 스트레스 그리고 정서의 역할을 분명히 강조한다. 목표 추구를 방해하는 방해물에 부딪쳤을 때 사람들은 그러한 상황을 스트레스로 평가한다. 희망이론의 가정들에 따르면 긍정적 정서는 목표 추구에 대한 성공의 지각에서 나타나고, 부정적 정서는 실패의 지각에서 나타난다. 따라서 성공적인 목표 추구와 관련된 지각은 결과적으로 긍정적 혹은 부정적 정서를 야기한다(Snyder, Sympson et al., 1996). 더욱이 이러한 정서들은 피드백을 강화시키는 역할을 하게 된다.

스트레스의 성공적인 통제와 바람직한 목표를 성취한 사람들의 개인력을 살펴보면, 희망이 높은 사람들은 일반적으로 열정과 자신감과 함께 긍정적인 정서를 경험한다(Snyder, Sympson, Michael, & Cheavens, 2000). 반대로 희망이 낮은 사람들은 스트레스를 성공적으로 다루지 못한 경험이 있으며, 따라서 부정적인 정서와 단조로운 정동을 경험한다. 자신들의 특성 희망의 수준에 따라 사람들은 목표와 관련된 행동에 대한 정서적인 자세를 유지한다.

희망이론에서 구성 요소의 다양한 상호작용에 대한 개관을 독자들에게 설명하기 위해 우리는 [그림 6-1]을 제시한다. 그림의 왼쪽에는 경로사고와 주도사고의 반복적인 관련성이 나타난다. 동시에 주도사고와 경로사고의 오른쪽에는 개인들이 특정한 목표를 추구하는 정서적인 태세를 볼 수 있다. 이와 함께 이러한 학습 내력과 기분 성향은 구체적인 목표와 관련하여 목표 추구 사고를 위한 맥락이 시작되는 것을 나타낸다.

[그림 6-1]의 사건 전 단계(pre-event)를 보면 결과 가치의 평가가 일어난다. 목표 추구 과정에서 연상되는 결과가 정신적 에너지를 계속 유지할 만큼 충분히 중요하다면, 개인은 사건 연속 단계(event sequence)로 이동한다. 여기에서 사람들은 바라는 목표를 달성하기 위해 행동을 시작한다. 만약 이 단계에서 목표 추구가 잘 이루어진다면, 피드백 연결고리는 목표 추구 과정을 강화시키는 긍정적 정서를 포함한다. 이처럼 긍정적 정서들은 동기를 지속시킨다. 만약 어떤 사람들이 목표 추구를 잘 이루지 못했다면 부정적인 정서와 자기 비판적 사고들이 야기될 것이며, 그에 의하여 목표 추구 과정은 손상될 것이다. Snyder와 그의 동료들이 정서에 대한 기능적 견해를 받아들인다는 것에 주목해야 한다. 이러한 관점에서 Levenson(1994)은 "정서는 환경에 대한 우리의 입장을 갖게 하고, 특정한 사람, 대상, 행동 그리고 생각으로 우리를 이끌거나 다른 것으로부터 밀어낸다."(p. 123)라고 지적하고 있다.

다시 [그림 6-1]로 돌아가서, 실제 목표 추구의 진행 방해, 즉 스트레스를 만나게 되는 지점에 주목하자. 희망이 높은 사람들은 그러한 방해물들을 도전으로 해석하고, 대안적인 방법들을 찾거나 그 방법에 대한 동기를 재설정한다. 종종 방해가 되는 스트레스를 조절하는 데 성공하면, 긍정적인 정서들은 희망적 사고를 강화한다. 반면에 희망이 낮은 사람들은 일반적으로 어떻게 해야 할지 모르고, 반추적 생각들과 부정적인 정서들을 경험하게 되며, 그 결과 목표 추구를 포기하기 쉽다.

최근의 희망이론에 추가된 것은 그림의 중간 아래에서 볼 수 있는 뜻하지 않은 사건(surprise events)이다. 이러한 뜻하지 않은 사건은 부정적(예: 당신의 여섯 살짜리 아이가 자전거를 타다가 나가떨어진 모습을 보는 것) 혹은 긍정적(예: 당신의 아이가 마침내 자전거 타는 법을 배운 것)일 것이다. 뜻하지 않은 사건은 전형적으로 일어나는 사건들

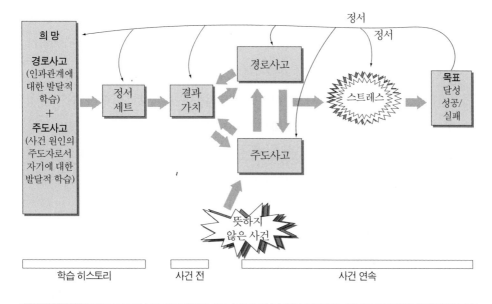

그림 6-1 희망이론

과 관련하여 매우 다르기(긍정적 혹은 부정적) 때문에 재빠르게 정서가 일어난다. 이러한 뜻하지 않은 사건에 기초한 정서들은 거의 즉각적으로 동기로 변형되는 각성을 만들어 낸다(예: 주도). 이때의 주도는 상황에 맞는 경로와 목표에 결부된다(예: 사고가 난 아이에게 도움을 주기 위해 달려가는 것). 비록 이러한 뜻하지 않은 사건에 기초한 정서가 전형적인 목표 추구의 경로 바깥쪽에서 시작된다 하더라도, 이러한 정서들이 어떻게 목표 추구에 쉽게 통합되는지에 주목해야 한다.

요약하면, 희망이론은 개인의 목표 추구 성공에 기여하는 피드포워드(feedforward)와 피드백 정서기제를 모두 갖고 있다고 볼 수 있다. 따라서 희망이론은 목표 추구를 통해 정서적인 피드백에 대해 반응하는 목표지향 사고들의 상호 관련된 체계다. 이와 같이 희망이론에서 사고와 정서는 사람들이 일상의 삶에서 중요한 목표들을 추구하는 것을 돕는 데 상호작용한다.

희망의 자기보고 측정

연구자들은 희망측정에 대해 다른 관점들을 갖고 있었다. 예를 들면, Stotland는 개인에게 각자의 희망 수준을 물어보는 것은 정확한 정보를 제공하지 못한다고 믿었다. 그는 자기보고는 혼동을 야기하거나 혹은 사회적으로 바람직한 반응들을 야기한다고 주장했으며, 개인의 지각된 성공 가능성과 같은 주제에 관해서 질문하는 것은 좀 더 가능한 방법이라고 주장하였다. 정서적인 개념화들은 자기보고를 통해 쉽게 측정할 수 없다. 이는 긍정적 정서 모델이 학문적으로 소홀히 다루어져 왔다는 것과 희망을 조작적으로 정의하는 역사적 어려움의 탓으로 돌릴 수 있다. 그러나 인지적인 개념화는 간단하고 타당한 자기보고식 희망척도들을 만들어 낼 수 있도록 정의되어 왔다.

1975 희망척도

Erickson, Post 및 Paige(1975)는 Stotland의 희망에 대한 척도를 고안했다. 1975 희망 척도는 본질적으로 상황이 구체적이지 않고 사회의 일반적인 목표들을 포함한 20개의 문항으로 구성되었다. 참가자들은 '이 일이 일어나든 일어나지 않든 관심 없다'(1점)부터 '이것은 매우 중요하다' (7점)까지의 범위를 가지는 7점 Likert 척도를 사용하여 각 목표에 대해 평가한다. 그리고 참가자들은 다시 그 목록을 보면서 0에서 100까지의(0 = 불가능, 100 = 확실) 범위를 가지는 비율척도를 사용하여 달성될 수 있는 목표에 대한 가능성을 표시한다. 얻어진 점수들은 이러한 목표들의 중요성의 평균(I)과 가능성의 평균(P)을 포함한다. 이 척도는 일주일 이상의 기간을 두고 실시한 검사-재검사 신뢰도에서 .79(I)와 .80(P)의 적절한 신뢰도 계수와 내적 합치도를 보였다.

기대 균형척도와 희망척도: 희망의 두 측면 측정

Staats와 그의 동료들은 Beck의 우울증 모델에 기초하여 측정목표로 '희망의 두 측면'을 분리했다. 기대 균형척도(EBS: Expected Balance Scale; Staats, 1989)는 희망의 구성개념 중 정서적인 측면을 평가하는 9개의 부정적인 문항과 9개의 긍정적인 문항을 포함하는 18개의 문항으로 된 자기보고식 측정도구를 사용한다. 각 문항은 5점 척도에서 평가된다. 희망척도(Hope Index; Staats & Stassen, Staats, 1989에서 인용)는 희망의 인지적인 측면을 측정하기 위해 고안되었다. 이 척도는 일반적인 것보다는 특별한 사건이나 결과에 특히 초점을 맞춘 4개의 하위척도들로 구성된다. 즉, 자기 희망, 타인 희망, 바람 그리고 기대가 그것이다(부록 6.1 참조). 두 측정방법들 모두 적합한 검사-재검사 신뢰도와 내적 합치도를 보여 주었다. EBS는 $\alpha = .83$, 희망척도는 $\alpha = .72 \sim .85$의 범위로 나타났다(Staats, 1989). 구성타당도는 관련된 척도들과의 상관관계를 토대로 결정되었다.

Snyder의 희망척도

Snyder의 2요인 희망 모델은 몇 개의 직접적 혹은 간접적 구성개념의 측정을 반영한다. 이러한 희망 모델에 대한 적절한 측정들의 유용성은 기초 희망 연구 혹은 응용 희망 연구를 촉진시켜 왔다.

성인 성향희망척도   희망척도(Hope Scale; Snyder, Harris et al., 1991)는 성인이나 15세 이상에게서 성향희망(dispositional hope)을 확인하기 위해 고안된 12개 문항으로 구성된 자기보고식 척도다(부록 6.2 참조). 비록 최근에 다양한 반응들을 촉진시키기 위해 8점척도가 사용되고 있지만, 본래 연구에서는 4점척도(1 = 전혀 아니다, 4 = 분명히 그렇다)가 사용되었다. 전체 희망척도 점수는 4점척도가 사용되었을 때 8~32(8점척도 버전에서는 8~64)의 점수 범위를 갖는다. 4개 항목은 주도사고를, 4개 항목은 경로사고를 나타내고, 나머지 4개는 허위문항들이다. 주도사고와 경로사고 문항들을 더하여 전체 희망 점수를 산출한다.

희망척도의 심리측정적 적합성을 볼 때, 전체 점수의 Cronbach α는 대학 재학생의 6개 표본들과 심리치료 중인 개인들의 2개 표본에서 .74~.84로 나타났다. 검사-재검사 상관관계는 10주를 넘는 기간을 두었을 때 .80 혹은 그보다 더 높았다(Snyder, Harris et al., 1991). 희망척도에 대한 반응은 유사한 심리적 과정에 속하는 몇몇 척도에 대한 반응과 상관이 높게 나타났다(Snyder, Harris et al., 1991). 예를 들면, 희망척도의 점수들은 낙관주의(Life Orientation Test; Scheier & Carver, 1985), 성공에 대한 일반화된 기대(Generalized Expectancy for Success Scale; Fibel & Hale, 1978) 그리고 자존감(Self-Esteem Scale; Rosenberg, 1965)의 점수와 .50~.60의 상관관계를 나타냈다. 더욱이 희망척도의 점수들은 다면적 인성검사의 하위 요인 점수와 부적으로 상관되었다(Hathaway & McKinley, 1951; Irving, Crenshaw, Snyder, Francis, & Gentry, 1990). 변별타당도 검사에서 희망척도의 점수들은 희망과 관련되지 않는 측정도구들과 상관관계가 있었다(Self-Confidence Scale; Fenigstein, Scheier, & Buss, 1975). 예상했듯이 희망척도 점수들은 공적 자기 의식과 사적 자기 의식의 하위척도와 유의미한 상관이 없었다(각각 $r = .06, -.03$)(Snyder, Harris et al., 1991).

아동희망척도　　　아동희망척도(CHS: Children's Hope Scale; Snyder, Hoza et al., 1997)는 목표 지향적인 아동의 목표 지향적 사고들은 주도사고와 경로사고에 따라 이해될 수 있다는 전제에 기초하여 만든 6개 문항으로 구성된 자기보고식 척도다. CHS 는 7∼16세 아동들에게 사용하도록 타당화되었다. 6개의 문항 중 3개는 주도사고를 나타내고, 나머지 3개는 경로사고를 나타낸다. 아동들은 각 문항에 따라 6점 Likert 척도에서 반응한다. 전체 점수는 6∼36점의 범위를 갖는다. 검사자는 아동이 스스로 문항을 읽게 할 수도 있고, 아동들에게 큰 소리로 문항을 읽어 주면서 그 반응을 기록할 수도 있다.

아동희망척도의 신뢰도들을 보면, 아동희망척도의 전체 점수에 대한 Cronbach α가 .72∼.86의 범위에 있으며, α의 중앙치는 .77이다(Snyder, Hoza et al., 1997). 더욱이 한 달 이상 간격의 검사-재검사 상관들은 정적 상관으로 유의미하게 나타났다 ($r = .70∼.80$; Snyder, Hoza et al., 1997). 아동희망척도의 점수들은 아동의 자기지각 프로파일(SPP-C; Harter, 1985)의 5개 하위척도와 전체 자기가치 점수와 정적으로 상관되었다($r = .23∼.55$). 아동희망척도와 아동귀인양식척도(Kaslow, Tanenbaum, & Seligman, 1978)의 반응을 관련시켜 보면, 아동희망척도에서 점수가 높은 아이들은 긍정적인 결과에 대한 애착을 보이고 부정적인 결과들로부터 스스로 거리를 두는 약간의 경향성을 나타냈다. 마지막으로 아동우울척도(CDI; Kovacs, 1985)와 아동희망척도의 점수들은 부적으로 상관되었다($r = -.27 ∼ -.48$). 이러한 결과는 아동희망척도의 공존타당도를 지지해 준다.

성인 상태희망척도　　　상태희망척도(State Hope Scale; Snyder, Sympson et al., 1996)는 주어진 순간의 목표 지향적 사고를 평가하는 6개 문항의 자기보고식 척도 (반응 범위 1 = 분명히 그렇다, 8 = 전혀 아니다)다. 이 척도는 2∼5분에 시행될 수 있으며 1분 이하로도 응답이 가능하다. 척도는 대략적으로 6학년의 읽기 수준으로 이루어져 있으며, 주도사고와 경로사고의 하위척도를 포함하고 있다. 이 검사에서는 6개 문항에 대한 반응들을 더하여 전체 점수를 산출한다. 주도사고와 경로사고의 하위 점수들은 3개의 각 문항을 모두 더하여 산출하고, 전체 점수는 6∼48점의 범위를 갖는다.

대학생을 포함한 4개의 연구에서 전체 상태희망척도의 α가 .79∼.95로 나타났다.

주도사고 하위척도의 α는 .76~.95로 나타났으며, 경로사고 하위척도의 α도 .59~.93로 나타났다(Snyder, Sympson et al., 1996). 전반적으로 내적 신뢰도는 강하게 지지된다. 검사-재검사 상관관계들은 상태희망척도의 상황들이 매우 다양하기 때문에 2일과 4주의 기간을 두고 연구한 것을 비교할 때 낮게는 .48에서 높게는 .93의 범위로 나타났다(Snyder, Sympson et al., 1996). 주성분분석에 기초하여 상태희망의 2요인 구조도 지지되었다.

한 달 후의 상태희망척도 점수들과 상태 자존감(Heatherton & Polivy, 1991) 점수는 정적으로 유의미하게 상관된 것으로 나타났다(r=.45~.75). 30일 기간을 두고 한 연구에서도 매일의 상태희망 점수들은 유사하게 상관되었다. 즉, (1) 긍정-부정 상태 정서 스케줄의 긍정 정서 점수(PANAS; Watson, Clark, & Tellegen, 1988)와는 정적으로(r=.48~.65), (2) 부정 정서 점수와는 부적으로(r=-.37~.50) 상관되었다(Snyder, Sympson et al., 1996).

기타 측정도구들   Sympson(1999), McDermott, Hastings, Gariglietti 및 Callahan(1997)은 영역-특수 희망과 아동희망 측정을 위한 척도를 구성하였다. 성인을 위한 Sympson의 영역-특수 희망척도(Domain-Specific Hope Scale)와 McDermott 등의 아동희망척도(YCHS: Young Children's Hope Scale)는 예비 타당화 절차를 거쳤으며 밝은 전망을 보여 준다(Lopez, Ciarlelli, Coffman, Stone, & Wyatt, 2000을 보라).

행동에서 희망의 발견: 희망의 관찰 측정

행동에서 희망을 발견하는 것은 개인들이 그들의 목표와 관련된 무형의 특성을 갖고 있는지를 알아보기 위한 가장 중요한 방법들 중 하나다. 이 방법은 어느 정도 신뢰도를 갖고 있다. 관찰방법에 대한 연구의 개괄은 자기 평정치와 내담자를 잘 아는 사람에 의해 매겨지는 관찰평가 간에 어느 정도 일치가 있다는 것을 보여 준다(Snyder, Harris et al., 1991).

희망 이야기의 고려: 말하거나 기술한 단어에서 희망 찾기

일상적인 대화, 편지, 이야기, 시, 일기, 저널 서문 그리고 내담자-임상가 간의 상호작용을 통해 사람들은 희망에 대한 이야기들을 한다. Gottschalk의 희망척도(1974)는 희망 수준을 측정하는 방법으로서 개인이 말하는 내용을 분석하기 위해 고안되었다. 이 측정방법은 참가자들에게 주어진 5분 동안 말하기 샘플을 사용하고, 다양한 내용 범주에 따라서 가중치가 부여된 척도를 사용하여 희망을 평가한다. 무망감 혹은 그와 관련된 것들은 −1의 점수가 주어지며, 낙관주의, 행운 및 다른 긍정적인 생각들과 관련된 것들은 +1의 점수가 주어진다(Gottschalk). 얻어진 평가 점수는 일반적으로 상황적이고 시간에 따라 변화될 수 있기 때문에 가능한 한 많은 말하기 샘플을 수집하는 것이 필수적이다. 합산 점수는 다양한 시간들과 다양한 샘플들을 거친 점수들의 평균으로 계산된다. 이렇게 측정된 희망과 인간관계($r = .51$), 희망과 성취 추구($r = .55$)가 각각 정적이고 유의미한 상관관계를 보여 줌으로써 구성타당도를 확인하여 주었다. 따라서 이 검사를 통한 심리측정은 적절한 것으로 나타났다. 그리고 희망과 불안 점수($r = -.46$), 외부에 대한 적대감($r = -.45$)과는 부적으로 유의미한 상관관계가 나타났다.

희망이론을 활용하면서 Snyder와 그의 동료들은 개인의 글을 통해 희망 수준을 추론할 것을 제안하였다. Snyder 등(1977)은 산문을 통해 아동의 희망 수준을 알아보는 기법을 제시하였다. Snyder(1994), McDermott과 Snyder(1999)는 글을 통해 희망 수준을 얼마나 정확하게 뽑아 낼 수 있는지를 기술했다. 마지막으로 Vance(1996)는 성인들의 이야기 안에서 희망의 주도사고와 경로사고를 측정하기 위해 담화희망척도를 개발했다. 평정자들은 Vance의 담화희망척도를 사용하여 높은 희망사고와 행동, 낮은 희망사고와 행동을 반영하는 기술을 선택함으로써 희망이 높은 사람을 확인하였다. 또한 Lopez 등(2000)은 내담자들이 그들 안에 이미 존재하는 희망을 발견하도록 돕는 목표, 경로, 주도 그리고 방해물들에 대한 질문 목록들을 만들었다.

희망 측정도구의 선택

많은 자기보고식 희망척도 중에서 무엇을 사용할지 결정해야 할 때는 이론적인 개념화와 척도 구성 그리고 심리측정적 특성과 내담자의 나이를 반드시 고려해야 한다(측정척도의 특징을 알기 위해 〈표 6-1〉과 〈표 6-2〉를 보라). 자기보고식 희망측정 방법은

〈표 6-1〉 자주 사용되는 희망 측정도구의 특성

희망 목록	대상 연령	문항 수	시행시간(분)	내적 일관성	검사-재검사 신뢰도	구성타당도
희망척도 Erickson, Post, & Paige (1975)	성인	20	단시간		.793**(I) .787**(P)	다소 지지
Gottschalk 희망척도 Gottschalk (1974)	성인	7범주	5 (이야기 표본당)		–	다소 지지
Herth 희망척도 Herth (1991)	성인	32		.75-.94	.89~.91	다소 지지
Nowotny 희망척도 Nowotny (1991)	성인	47		.90		다소 지지
Miller 희망척도 Miller & Power (1988)	성인	40		.93	.82	다소 지지
기대 균형척도 Staats (1989)	성인	18	단시간		.66**	매우 지지
희망척도 Staats & Stassen (1985)	성인	16	단시간		.74**	매우 지지

*p<.05 **p<.01

〈표 6-2〉 Snyder 희망척도의 특성

희망척도 목록	대상 연령	문항 수	적용시간	내적 신뢰도	구성타당도
희망척도	15~100	12[a]	2-5	.70~.80	우수한
영역별 특수희망척도	15~100	48	7-15	.93	강한
아동용 희망척도	7~16	6	2-5	.72~.86	우수한
청소년용 희망척도	5~7	6	2-5	.88	다소 지지
상태 희망척도	15~100	6	2-5	.90s	강한
희망척도-관찰자	15~100	8	2-5	–	–
아동용 희망척도-관찰자	7~16	6	2-5	–	다소 지지
청소년용 희망척도-관찰자	5~7	6	2-5	–	다소 지지

[a] 이 희망척도는 12개의 항목으로 구성되어 있다. 이 중 4개는 경로사고이고, 4개는 주도사고이며, 4개는 허위문항이다.

사용하기 편리하지만 그러한 직접적인 질문방식이 항상 적합한 것은 아니다. 따라서 글이나 말로 표현된 언어를 검토하거나 희망적인 행동을 관찰하는 방식들이 반드시 고려되어야 한다.

다문화적 희망측정

역사적 문헌이나 문화인류학적 기술들에 따르면 희망은 보편적인 구성개념이다. 모든 시기에 모든 사람들은 항상 그들의 삶에서 희망의 역할을 가치 있게 여긴다. 그러나 희망에 대한 정의는 하나의 문화 안에서 혹은 다양한 문화 간에 매우 다양하다. 따라서 희망이 모든 집단들에서 동일하게 나타나고 작용한다는 가정은 위험하다. 희망을 포함하여 다양한 가치들을 가지는 문화 간에 희망의 적용 가능성이 고려될 필요가 있다.

희망의 측정과 평가의 문제

연구자들과 학자들에 따라 희망에 대해 다양한 정의를 내린다는 사실은 이 구성개념의 다양한 특성을 반영한다. 동시에 이 사실은 혼동과 모호함을 갖게 한다. 비록 어떤 이론가들이 신중하게 희망을 정의한다 할지라도, 다른 사람들은 모호한 인상에 의존하고 더욱이 이러한 개념에 대한 우리의 이해를 애매모호하게 만든다. 애매모호하고 철학적인 정의들은 희망을 양적 측정 혹은 질적 측정 중 어느 하나로도 잘 이끌 수 없다. 희망 수준에 대한 개인들의 관점에 어떻게 접근하느냐 하는 것은 평가의 또 다른 관심사다. Stotland(1969)는 직접적인 질문은 바라는 대답을 이끌어 낼 수 없다고 제안했으며, Gottschalk(1974)와 같은 연구자들은 순수하게 관찰로만 희망을 측정했다. 또 다른 연구자들(Staats, 1989)은 희망을 측정하기 위해 개인이 보는 희망의 정서적 특성과 인지적 특성을 모두 평가하기 위한 하나 이상의 방법을 사용했다. 순수하게 인지적 혹은 정서적 모델 중 한 가지를 고수하는 이론들은 측정에서의 발전을 제한시킬지도 모른다. 인지적 그리고 정서적 구성 요소 모두를 제공하는 새로운 모델, 즉 좀 더 통합적인 방법(예: Snyder, 출판 중)으로 그들을 결합시킴으로써 한 측면만을 강조하는 모델과 희망이라는 구성개념의 기본적인 복잡성을 인정하는 모델 간에 섬세한 균형이 이루어져야 한다.

144

부 6.1 록

Staats 희망척도

아래의 문항들은 읽고 각 문항에 대해 당신이 원하는 정도를 왼쪽에 제시된 0, 1, 2, 3, 4, 5에 ○로 표시하십시오. 그 다음에 그 일들이 실제로 일어날 것이라고 기대하는 정도를 오른쪽의 0, 1, 2, 3, 4, 5에 ○로 표시하십시오.

당신은 이것을 얼마나 원합니까? 0 = 전혀 아니다 5 = 매우 그렇다	[적절한 시간 틀을 여기에 넣으시오.]	당신은 이것을 얼마나 기대합니까? 0 = 전혀 아니다 5 = 매우 그렇다
문항		
0 1 2 3 4 5	1. 학교, 직장 혹은 매일의 일상적인 일들을 잘하는 것	0 1 2 3 4 5
0 1 2 3 4 5	2. 좀 더 많은 친구들을 사귀는 것	0 1 2 3 4 5
0 1 2 3 4 5	3. 건강한 것	0 1 2 3 4 5
0 1 2 3 4 5	4. 유능한 것	0 1 2 3 4 5
0 1 2 3 4 5	5. 장기적인 목표를 달성하는 것	0 1 2 3 4 5
0 1 2 3 4 5	6. 행복해지는 것	0 1 2 3 4 5
0 1 2 3 4 5	7. 돈을 많이 버는 것	0 1 2 3 4 5
0 1 2 3 4 5	8. 여가시간을 가지는 것	0 1 2 3 4 5
0 1 2 3 4 5	9. 다른 사람에게 도움이 되는 것	0 1 2 3 4 5
0 1 2 3 4 5	10. 범죄율이 낮아지는 것	0 1 2 3 4 5
0 1 2 3 4 5	11. 국가가 좀 더 생산력을 갖는 것	0 1 2 3 4 5
0 1 2 3 4 5	12. 가족에게 이해를 받는 것	0 1 2 3 4 5
0 1 2 3 4 5	13. 세계의 정의	0 1 2 3 4 5
0 1 2 3 4 5	14. 세계의 평화	0 1 2 3 4 5
0 1 2 3 4 5	15. 개인의 자유	0 1 2 3 4 5
0 1 2 3 4 5	16. 모두를 위한 자원	0 1 2 3 4 5

※ Sara Staats of The Ohio State University at Newark.

부 6.2 록

성인 성향희망척도 문항과 척도 실시 및 채점을 위한 지시문

각 문항을 주의 깊게 읽고, 당신을 가장 잘 나타내는 숫자를 아래에 제시된 4점척도를 참고해서 한 가지 골라 주십시오. 그리고 그 숫자를 빈 칸에 기입해 주십시오.

1 = 전혀 아니다   2 = 거의 아니다   3 = 거의 그렇다   4 = 분명히 그렇다

——1. 나는 복잡한 일이 생기면 해결하기 위한 여러 방법들을 생각할 수 있다.

——2. 나는 나의 목표를 의욕적으로 추구한다.

——3. 나는 항상 피로를 느낀다.

——4. 문제를 해결하는 데는 수많은 방법이 있다.

——5. 나는 논쟁에서 쉽게 진다.

——6. 나는 인생에서 가장 중요한 것을 얻기 위한 많은 방법들을 생각할 수 있다.

——7. 나는 내 건강에 대해 염려한다.

——8. 다른 사람들이 낙담할 때에도 나는 문제를 해결할 방법을 찾을 수 있다는 것을 알고 있다.

——9. 나의 과거 경험들은 미래를 잘 준비하게 해 준다.

——10. 나는 인생에서 꽤 성공적인 편이다.

——11. 나는 평소에 걱정을 자주 한다.

——12. 나는 스스로 정한 목표를 따른다.

※ 이 척도가 실시되었을 때, 우리는 이것을 '희망척도'라기보다는 '목표척도'라고 불렀다. 이 척도가 주어진 초기에 사람들이 희망이 측정될 수 있다는 사실에 관심을 갖게 되었기 때문이다. '목표척도'라는 평범한 명칭을 다는 것에 어떠한 문제점도 없다. 문항 3, 5, 7, 11은 허위문항이며 채점에는 사용되지 않는다. 경로 하위척도 점수는 1, 4, 6, 8번 문항의 합계이고, 주도 하위척도는 2, 9, 10, 12번 문항의 합계다. 희망은 4개의 경로와 4개의 주도 문항들이 합해진다. 우리는 초기의 연구에서는 4점척도를 사용하였으나, 최근의 연구들에서는 좀 더 다양한 8점척도를 사용한다.

1 = 전혀 아니다   2 = 매우 아니다   3 = 다소 아니다   4 = 약간 아니다
5 = 약간 그렇다   6 = 다소 그렇다   7 = 매우 그렇다   8 = 분명히 그렇다

4점척도를 사용하는 것은 8~32점의 범위를 가진다. 8점척도를 사용하는 것은 8~64점의 범위를 가진다.

출처: Snyder, Harris, Anderson, Holleran, Irving et al. (1991).

참고문헌

Averill, J. R., Catlin, G., & Chon, K. K. (1990). *Rules of hope*. New York: Springer-Verlag.

Breznitz, S. (1986). The effect of hope on coping with stress. In M. H. Appley & P. Trumbull (Eds.), *Dynamics of stress: Physiological, psychological, and social perspectives* (pp. 295–307). New York: Plenum Press.

Erickson, R. C., Post, R. D., & Paige, A. B. (1975). Hope as a psychiatric variable. *Journal of Clinical Psychology, 31,* 324–330.

Erikson, E. H. (1964). *Insight and responsibility*. New York: W. W. Norton.

Fenigstein, A., Scheier, M. F., & Buss, A. H. (1975). Public and private self-consciousness: Assessment and theory. *Journal of Consulting and Clinical Psychology, 43,* 522–527.

Fibel, B., & Hale, W. D. (1978). The Generalized Expectancy for Success scale–A new measure. *Journal of Consulting and Clinical Psychology, 46,* 924–931.

Godfrey, J. J. (1987). *A philosophy of human hope*. Dordrecht: Martinus Nijhoff.

Gottschalk, L. (1974). A hope scale applicable to verbal samples. *Archives of General Psychiatry, 30,* 779–785.

Harter, S. (1985). *Manual for the Self-Perception Profile for Children: Revision of the Perceived Competence Scale Score for Children*. Denver, CO: University of Denver Press.

Hathaway, S. R., & McKinley, J. C. (1951). *The MMPI manual*. New York: Psychological Corporation.

Heatherton, T. F., & Polivy, J. (1991). Development and validation of a scale for measuring state self-esteem. *Journal of Personality and Social Psychology, 60,* 895–910.

Herth, K. (1991). Development and refinement of an instrument to measure hope. *Scholarly Inquiry for Nursing Practice: An International Journal, 5,* 39–51.

Irving, L. M., Crenshaw, W., Snyder, C. R., Francis, P., & Gentry, G. (1990, May). *Hope and its correlates in a psychiatric inpatient setting*. Paper presented at the 62nd annual meeting of the Midwestern Psychological Association, Chicago.

Kaslow, N. J., Tanenbaum, R. L., & Seligman, M. E. P. (1978). *The KASTAN-R: A children's attributional style questionnarie (KASTAN-R-CASQ)*. Unpublished manuscript, University of Pennsylvania, Philadelphia.

Kovacs, M. (1985). The Children's Depression Inventory (CDI). *Psycho-pharmacology Bulletin, 21,* 995–998.

Levenson, R. W. (1994). Human emotion: A functionalist view. In P. Ekman & R. J. Davidson (Eds.), *The nature of emotion: Fundamental questions* (pp. 123–126). New York: Oxford University Press.

147

Lopez, S. J., Ciarlelli, R., Coffman, L., Stone, M., & Wyatt, L. (2000). Diagnosing for strengths: On measuring hope building blocks. In C. R. Snyder (Ed.), *Handbook of hope* (pp. 57-85). San Diego, CA: Academic Press.

McDermott, D., Hastings, S. L., Gariglietti, K. P., & Callahan, B. (1997). *The development of the Young Children's Hope scale.* Unpublished manuscript, University of Kansas, Lawrence.

McDermott, D., & Snyder, C. R. (1999). *Making hope happen: A workbook for turning possibilities into reality.* Oakland, CA: New Harbinger Press.

Miller, J. F., & Powers, M. J. (1988). Development of an instrument to measure hope. *Nursing Research, 37,* 6-10.

Mowrer, O. H. (1960). *Learning theory and behavior.* New York: Wiley and Sons.

Nowotny, M. L. (1991). Every tomorrow, a vision of hope. *Journal of Psychological Oncology, 9,* 117-126.

Rosenberg, M. (1965). *Society and adolescent self-image.* Princeton, NJ: Princeton University Press.

Scheier, M. F., & Carver, C. S. (1985). Optimism, coping, and health: Assessment and implications of generalized outcome expectancies. *Health Psychology, 4,* 219-247.

Snyder, C. R. (1994). *The psychology of hope: You can get there from here.* New York: Free Press.

Snyder, C. R. (in press). Hope theory: Rainbows of the mind. *Psychological Inquiry.*

Snyder, C. R., Harris, C., Anderson, J. R., Holleran, S. A., Irving, L. M. et al. (1991). The will and the ways: Development and validation of an individual-differences measure of hope. *Journal of Personality and Social Psychology, 60,* 570-585.

Snyder, C. R., Hoza, B., Pelham, W. E., Rapoff, M., Ware, L. et al. (1997). The development and validation of the Children's Hope scale. *Journal of Pediatric Psychology, 22,* 399-421.

Snyder, C. R., LaPointe, A. B., Crowson, J. J. Jr. & Early, S. (1998). Preferences of high-and low-hope people for self-referential input. *Cognition & Emotion, 12,* 807-823.

Snyder, C. R., McDermott, D., Cook, W., & Rapoff, M. (1997). *Journeys of hope: Giving children stories to grow on.* Boulder, CO: Westview/HarperCollins.

Snyder, C. R., Rand, K., King, E., Feldman, D., & Taylor, J. (in press). "False" hope. *Journal of Clinical Psychology.*

Snyder, C. R., Sympson, S. C., Michael, S. T., & Cheavens, J. (2000). The optimism and hope constructs: Variants on positive expectancy theme. In E. C. Chang (Ed.), *Optimism and pessimism* (pp. 103-124). Washington, DC: American Psychological Association.

Snyder, C. R., Sympson, S. C., Ybasco, F. C., Borders, T. F., Babyak, M. A. et al.

(1996). Development and validation of the State Hope scale. *Journal of Personality and Social Psychology, 2,* 321-335.

Staats, S. R. (1989). Hope: A comparison of two self-report measures for adults. *Journal of Personality Assessment, 53,* 366-375.

Staats, S. R., & Stassen, M. A. (1985). Hope: An affective cognition. *Social Indicators Research, 17,* 235-242.

Stotland, E. (1969). *The psychology of hope.* San Francisco, CA: Jossey-Bass.

Sympson, S. (1999). *Validation of the Domain Specific Hope scale: Exploring hope in life domains.* Unpublished doctoral dissertation, University of Kansas, Lawrence.

Vance, M. (1996). *Measuring hope in personal narratives: The development and preliminary validation of the Narrative Hope Scale.* Unpublished doctoral dissertation, University of Kansas, Lawrence.

Watson, D., Clark, L. A., & Tellegen, A. (1988). Development and validation of brief measures of positive and negative affect: The PANAS scale. *Journal of Personality and Social Psychology, 54,* 1063-1070.

CHAPTER 07

직업적 자기효능감 측정
일에서 자신감과 행복의 증진

    Freud는 건강한 기능은 사랑하고 일하는 능력으로서 정의될 수 있다고 하였다. 이와 유사하게 사회과학자들은 최근 긍정적인 삶에 기여하는 두드러진 특징으로 사랑, 친밀감, 일/직업에 대한 만족감을 제시하였다(Clifton, 2000). 수년 동안 상담심리학자들은 성공할 수 있는-즉, 행복하고 건강하게 직업생활을 영위할 수 있는-직업을 선택할 수 있도록 개인의 역량을 극대화하는 것을 도왔다. Hackett과 Betz(1981)가 경력개발 연구에 Bandura의 인지이론을 적용했던 것은 상담심리학자들의 과업을 진일보시켜 주었다. 특히, 그들은 경력 관련 과제를 수행하는 데 자신감이 있는 여성들이 좀 더 넓은 범위의 경력을 고려하기 쉽고 직업 선택에 있어서 만족한다고 주장했다. 이후로 직업 관련 자기효능감(self-efficacy)이 광범위하게 연구되기 시작했으며, 경력개발 및 직업적 성공과 관련된 변인의 예언 변인들이 나타났다(Bandura, Barbaranelli, Vittorio Caprara, & Pastorelli, 2001; Brown, Reedy, Fountain, Johnson, & Dichiser, 2000; Donnay & Borgen, 1999; Flores & O'Brien, 2002; Lent, Brown, & Hackett, 1994). 직업장면에서 건강과 행복을 증진시키려는 연구자들과 임상가들을 돕기 위해, 이 장에서는 직업 관련 자기효능감의 측정과 이와 관련된 정보를 제공할 것이다.

---

* Karen M. O'Brien

자기효능감: 이론의 전개

Bandura(1977)는 그의 사회인지이론의 자기효능감 요소를 발전시켜 연구자들과 임상가들에게 긍정적이고 생산적인 삶을 추구하는 사람들을 돕는 중요한 도구를 제공하였다. "주어진 목표를 성취하기 위해 요구되는 행동과정을 조직화하고 수행하는 사람들의 능력에 대한 신념"(Bandura, 1997: 3)이라고 정의되는 자기효능감은 행동의 시작, 확장된 노력, 장애물에 맞서는 인내 그리고 최후의 성공을 이끈다. Bandura는 또한 자기효능감 신념들은 역경을 극복하는 탄력성(resilience), 도움되거나 방해되는 인지들의 존재 그리고 어려운 상황들에 부딪혔을 때 우울증과 스트레스의 발생 정도에 영향을 미친다고 주장했다. 더욱이 그는 자기효능감은 분명히 영역 특수적이고, "효능감 신념은 주어진 활동 영역 안에서 요구되는 직무의 다양한 수준에서, 그리고 다양한 상황적 환경에서 전반적인 활동의 영역들에 따라 다양하게 나타나는 능력의 특정한 판단이라는 측면에서 측정되어야 한다."(1997: 42)고 주장했다. Bandura에 따르면 자기효능감의 선행 요인은 이전 수행에서의 성취, 대리 경험, 언어적 설득 그리고 정서적인 반응들을 포함한다.

직업적 자기효능감: 다요인 구성개념과 다양한 측정

Bandura의 사회인지이론의 응용과 임상적 개입에 대한 연구들은 다양한 방법으로 사람들이 건강하고 생산적인 삶을 살도록 도와 왔다. 예를 들면, 연구자들은 경력개발과 직업 성취에서 직업적 자기효능감의 역할을 연구해 왔다. 직업적 자기효능감은 직업개발과 직업 관련 직무들을 관리하기 위한 개인의 능력에서 나타나는 자신감으로 광범위하게 정의될 수 있다. 이러한 구성 요인은 직업적 흥미(Nauta, Kahn, Angell, & Cantarelli, 2002), 자존감(Brown et al., 2000), 직업 미결정(Betz & Klein Voyten, 1997), 직업적 열망(O' Brien, Friedman, Tipton, & Linn, 2000) 등과 관련이 있는 것으로 나타났다. 최근에 Bandura와 그의 동료들(2001)은 아이들의 지각된 직업적 자기효능감이 학업적 성취보다 직업 선택에 있어서 더 중요한 예언자라는 사실을 발견했다. 더욱이 이 구성 요인은 융통성이 있기 때문에, 수많은 연구자들은 건강한 직업개발과 직업 성공을 증진시키기 위해 직업 관련 자기효능감의 신념을 강화하는 개입들을 발전시켜 왔다(예: Betz & Schifano, 2000; Juntunen, 1996; Krieshok, Ulven, Hecox, & Wettersten, 2000; Sullivan & Mahalik, 2000). 이 장은 성인의 직업 기능을 강화하기 위해 계획된 개입에서 성공적으로 사용된 몇 가지의 직업 관련 자기효능감 측정에 초점을 맞출 것이다.

직업결정 자기효능감척도: 척도의 목적과 이용

직업결정 자기효능감척도-단축형(CDSES: Career Decision Self-Efficacy Scale; Betz, Klein, & Taylor, 1996; Betz & Taylor, 2000)은 직업 관련 결정을 하고 직업 의사결정과 관련된 과제에 참여하는 데 있어 자신감을 평가하기 위해 개발된 25개 문항으로 된 자기보고식 검사다(부록 7.1 참조). 이 도구는 성인이 자신감이 부족한 특정 영역을 확인하고, 직업개발 과정에서 자신감을 증가시키기 위해 개입을 개발함으로써 직무에서의 자신감과 행복감을 증가시키는 데 사용될 수 있다. 직업 관련 직무들을 수행하는 것에 자신감을 가지고 있는 개인들은 낮은 직업 미결정 수준을 나타내며(Betz & Klein Voyten, 1979), 직업을 탐색하는 데 있어서 더 많은 자신감을 느낀다(Blustein, 1989). 그리고 이것은 다시 좀 더 건강한 직업 선택과 직업에서의 성공과 만족감을 준다.

이 척도는 공식적으로 직업의사결정 자기효능감척도(Career Decision-Making Self-Efficacy Scale)로 알려져 있는데, 직업 관련 자기효능감을 측정하는 데 있어서 가장 광범위하게 알려진 도구다(Betz, 2000). 이 척도는 문항, 반분척도 그리고 요인분석을 통해 Taylor와 Betz(1983)에 의해 개발된 원래의 50개 문항의 직업결정 자기효능감척도를 줄인 것이다. 그들은 직업 성숙에 대한 Crites(1978)의 모델에 근거하여 건강한 직업 의사결정에 기초하는 5개의 직업 선택 능력들(정확한 자기평가, 직업 정보의 수집, 목표 선택, 미래의 계획 수립 그리고 문제해결)을 정의하였다.

검사 시행과 채점 개인 혹은 집단에게 실시할 수 있는 이 척도는 답하는 데 10분도 채 걸리지 않는다. '전혀 자신감이 없다'(1점)에서 '매우 자신감이 있다'(10점)에 이르는 10점척도와 '전혀 자신감이 없다'(1점)에서 '매우 자신감이 있다'(5점)에 이르는 5점척도가 사용될 수 있다. 모든 문항의 점수들을 합하여 전체 점수를 산출한다.

하위척도 점수들은 각 하위척도에 속하는 5개 문항의 점수들을 더해서 계산되며, 이 점수들은 5~50점 또는 5~25점의 분포를 나타낸다. 높은 점수는 직업 관련 직무를 수행하는 데 있어서 높은 자신감을 반영한다.

기술 통계치 Betz 등(1996)은 대학생 표본에서 다음과 같은 기술적 자료를 보고했다. 여성들의 평균은 34.0($SD=6.9$)에서 36.7($SD=7.1$)의 범위를 가지며, 남성들의 평균은 35.5($SD=6.7$)에서 38.4($SD=6.6$)의 범위를 가진다(이 점수는 10점척도상에서 7에서 7.5의 점수 범위와 대응된다).

신뢰도 추정치 전체 점수의 신뢰도는 .94로 나타났으며, 하위척도의 신뢰도는 .73(자기평가)에서 .83(목표 선택; Betz et al., 1996)의 범위를 보였다. 추가적인 연구에서는 전체 점수의 신뢰도가 .93임이 밝혀졌고, 또 하위척도의 신뢰도는 .69(문제해결)에서 .83(목표 선택)의 범위로 나타났다(Betz & Klein Voyten, 1997).

요인구조 Betz 등(1996)은 요인분석들이 대부분 이 측정도구의 5요인 구조를 지지하였다고 제시하였다. 그들은 직업 정보와 목표 선택 요인들이 명확한 하위척도로 나타났다는 것을 발견했다. 문제해결과 자기평가 문항들은 2개의 다른 요인들로 나타났으며, 단지 하나의 자기평가 문항이 다섯 번째 요인으로 구성되었다. 그럼에도 Betz와 그의 동료들은 이론으로부터 얻은 하위척도들과 그것이 적용된 장면(예: 계획된 개입들)에서의 유용성 때문에 5요인 방법의 사용을 제안했다. 대안적으로 전체 점수는 직업결정 자기효능감의 척도로 사용될 것이다.

타당도 추정치 이 도구의 타당도에 대한 지지는 직업미결정척도의 측정도구들과의 부적인 상관(Betz et al., 1996; Betz & Klein Voyten, 1997), 직업 정체성과의 정적인 상관(Betz et al., 1996)을 통해 확인되었다. 직업적 신념은 통제감 및 책임감과 관련이 있으며, 열심히 일하는 것은 예상하였던 대로 정적 방향으로 CDSES-SF와 관련이 있었다(Luzzo & Day, 1999).

직업질문지: 척도의 목적과 이용

직업질문지(Occupational Questionnaire)는 31개의 직업들을 성공적으로 수행하기 위해 배워야 하는 학생들의 능력(예: 특정 범위의 직업 영역을 숙달하는 것에 대한 자기효능감; 부록 7.2 참조)에 대한 자신감을 평가하기 위해 Teresa(1991)에 의해 개발되었다. 이 도구는 연구자나 임상가들이 다양한 직업들에서 자신감 수준을 정확하게 평가하고 학생의 능력과 흥미 그리고 가치에 맞는 직업을 수행하는 데 도움을 주는 개입을 발달시킴으로써 일에 대한 자신감과 행복감을 증진시키는 데 사용될 수 있다. 예를 들면, 이 도구는 고등학교의 프로그램에 등록된 85개의 소수민족 학생들의 직업적 고려와 자신감에 대한 연구에 사용되었다(Church, Teresa, Rosebrook, & Szendre, 1992). 소수민족 표본에서 이 측정도구의 사용은 직업에서 성공할 수 있는 유색인종 학생들의 능력이 과소평가될 수 있고 그들의 직업적 · 교육적 열망이 제한될 수 있기 때문에 특히 의미 있게 나타났다(Post, Stewart, & Smith, 1991).

검사 시행과 채점　　학생들은 영어나 스페인어로 제공되는 이 검사를 개인 혹은 집단으로 대략 10분 내에 완수할 수 있다. 학생들은 다음의 6점척도상에서 각각의 직업을 성공적으로 수행하기 위한 학습에 대한 그들의 자신감을 평가한다. '매우 자신 없는'(1점), '상당히 자신 없는'(2점), '어느 정도 자신 없는'(3점), '어느 정도 자신 있는'(4점), '상당히 자신 있는'(5점), '매우 자신 있는'(6점). 이 도구는 31개의 각 직업들에서 자신감 지표와 모든 직업에 걸친 일반적 자신감 평정을 제공한다. 자신감의 일반평정점수를 얻기 위해서 각 문항의 점수를 합하여 평균을 산출한다. 높은 점수는 자신감이 높다는 것을 나타낸다.

직업질문지는 364명의 멕시코계 미국 고등학교 여학생들에 대한 연구에서 비전통적 직업 자기효능감을 평가하기 위해 Flores와 O'Brien(2002)에 의해 수정되었다. 그들은 통계청으로부터 얻은 자료(1998)에 기초하여, 직업적 자기효능감 질문지에서 7개의 남성 지배적인 직업들을 선택하였다. 참가자들은 '매우 자신 없는'(1점)에서 '매우 자신 있는'(4점)의 범위를 갖는 4점척도상에서, 각 직업을 수행하기 위해 성공적으로 학습해야 하는 그들의 능력과 기술들에 대한 자신감을 평가했다. 높은 점수는 비전통적 직업을 학습하는 것에서의 자신감을 가리킨다.

기술 통계치　　Church 등(1992)은 여성과 남성들에 대해 각각 여성 지배적인 직업들(3.94, $SD=1.10$; 3.13, $SD=1.01$), 남성 지배적인 직업들(3.14, $SD=0.98$; 3.74, $SD=1.05$), 그리고 성별과 무관한 직업들(3.77, $SD=1.02$; 3.37, $SD=0.91$)의 평균과 표준편차를 제시했다. Flores와 O'Brien(2002)의 표본은 비전통적 직업(평균=1.75,

표준편차＝0.68)에서 성공에 대한 낮은 수준의 자신감을 보여 주었다.

신뢰도 추정치　Church 등(1992)은 고등학생 표본에서 .95의 내적 일관성 신뢰도 추정치를 발견하였다. Teresa(1991)는 87명의 교육학 전공 대학생 표본에서 일반성 평정에서 7일 간격의 검사-재검사 신뢰도가 .84라고 보고했다. Flores와 O'Brien(2002)이 사용한 수정된 측정도구는 .81의 내적 일관성 신뢰도 추정치를 보여 주었다.

요인구조　이 측정도구의 원본에 대해서는 요인분석을 실시하지 않았지만, 도구에 포함된 직업들은 Holland(1985)의 직업 분류에 선택된 여성 지배적인, 남성 지배적인 그리고 성별과 무관한 직업들을 포함하고 있다(U.S. Bureau of the Census, 1998). 고등학교 동등성(equivalency) 프로그램의 학생들이 너무 쉽거나 비현실적인 것으로 여기는 직업들은 이 측정에 포함시키지 않았다. 또한 도구에서 제시된 모든 직업들은 스페인어로도 번역되었다.

타당도 추정치　전통적으로 남성과 여성이 각 성에서 지배적인 직업들에 좀 더 자신감이 있다고 보고한 성차는 측정도구의 타당도에 대한 지지를 제공한다(Church et al., 1992). Flores와 O'Brien(2002)은 비전통적인 직업적 자기효능감은 예상되듯이 비전통적 흥미와 직업 선택 전통성과 관련이 있다고 보고했다.

직업상담 자기효능감척도: 척도의 목적과 이용

직업상담 자기효능감척도(CCSES: Career Counseling Self-Efficacy Scale; O'Brien, Heppner, Flores, & Bikos, 1997)는 직업적 개입들을 제공하는 상담가의 자신감 수준을 평가하기 위해 개발되었다. 더욱이 이 도구는 직업상담가들을 훈련시킬 때 강점과 약점 분야를 확인하기 위해 사용할 수 있으며, 상담 기술과 효과성을 향상시키기 위한 개입을 제공할 수 있다. Heppner, Multon, Gysbers, Ellis 및 Zook(1998)는 대학 졸업자 수준의 실습훈련을 평가할 때 CCSES를 사용했으며, 직업상담을 수행하기 위한 학생들의 능력에서 훈련 후에 자신감이 증가된 것을 발견했다. 게다가 직업상담에서 산출된 변인들과 직업상담 자기효능감의 관계는 복잡하였고, 이러한 발견은 높은 자기효능감이 가장 좋은 상담 성과와 항상 관련되는 것은 아니라는 것을 나타냈다.

CCSES는 또한 학교 상담가들에게 사용된다. Perrone, Perrone, Chan 및

Thomas(2000)는 직업상담의 성과를 평가하기 위해 500명 이상의 학교 상담가들에게 CCSES 수정판을 실시했다. 학교 상담가들은 직업 의사결정 시 성별, 문화, 민족성 그리고 성적 지향과 관련된 특별한 문제들에 대한 이해에서 상당히 낮은 자신감을 보였다. 연구자들은 이러한 비효과적인 영역을 다루고, 학교 상담가의 효과성 향상을 위한 개입의 필요성을 분명히 지적하고 있다.

검사 시행과 채점　25개의 문항으로 구성된 이 척도는 개인 혹은 집단에게 사용될 수 있으며, 척도에 대한 응답시간은 10분이 채 걸리지 않는다. 평정은 '전혀 자신 없는' (0점), '다소 자신 있는' (2점), '매우 자신 있는' (4점)을 포함한 5점척도로 이루어진다. 이 척도는 치료적 과정과 동맹기술(TPAS; 10문항), 직업의 평가와 해석 기술(VAIS; 6문항), 다문화적 능력기술들(MCS; 6문항), 일과 윤리 및 직업 탐색에서의 최신 동향들(TWER; 3문항)의 4개 요인으로 구성된다. 총점은 모든 문항들을 합하여 계산되고, 각 하위척도들에 포함된 문항을 더해 하위 점수들을 얻는다. 높은 점수는 직업 상담 능력에서의 자신감을 나타낸다.

기술 통계치　CCSES에서 평균 총점은 대학 졸업생의 표본에서 얻은 60.44 ($SD=23.20$)에서 수련 중인 심리학자들의 표본에서 얻은 79.03($SD=11.05$)의 범위를 보인다(O' Brien et al., 1997). 학생들과 심리학자들에게서 얻은 각 하위척도의 점수들은 다음과 같은 범위를 보인다. TPAS의 경우 25.56($SD=8.25$)에서 34.90($SD=4.37$), VAIS의 경우 13.50($SD=7.55$)에서 18.97($SD=3.94$), MCS의 경우 13.56($SD=5.50$)에서 17.79($SD=4.03$), TWER의 경우 6.03($SD=2.72$)에서 7.38($SD=2.31$).

신뢰도 추정치　내적 합치도 추정치는 상담학 박사 및 석사 과정에 등록한 289명 학생 표본의 전체 점수(.96)와 하위척도(TPAS=.93, VAIS=.94, MCS=.92, TWER=.76)에서 계산되었다(O' Brien et al., 1997). 적절한 신뢰도 추정치는 Heppner 등(1998)의 연구에서 대학 졸업생의 표본에서도 보고되었다. 상담학을 전공한 33명의 대학 졸업생 표본을 사용한 2주간의 검사-재검사 신뢰도 수치를 살펴보면, 총점은 .86, TPAS는 .87, VAIS는 .87, MCS는 .72, TWER은 .69다(O' Brien et al., 1997).

요인구조　초기 O' Brien 등(1997)의 연구 참여자 중 절반을 무선적으로 선정하여 사각회전에 의한 주성분 요인분석을 통해 4요인 구조가 얻어졌다. 이 구조는 변량의 73%를 설명했고, 요인구조는 나머지 절반의 표집에서도 반복하여 확인되었다. 567명의 학교 상담가들 표본에서 Perrone과 그의 동료들(2002)은 CCSES의 처음 3요인을 반복하여 확인하였다. 그들은 학교 상담가들이 도구를 적용할 때 단지 3요인들(TPAS, VAIS, MCS)만을 사용한다고 주장했다. 왜냐하면 네 번째 요인(TWER)은 그들의 연구에서 나타나지 않았기 때문이다.

타당도 추정치　　이 측정의 타당도는 CCSES의 점수들과 수년간의 직업상담 경험 그리고 상담 자기효능감 측정의 몇 개 하위척도들 간에 기대한 방향으로 관계가 나타남으로써 지지되었다(O' Brien et al., 1997). 더욱이 변별타당도는 CCSES 총점과 수년간 정서사회적 상담 경험, 정서사회적 상담 자기효능감 그리고 자기효능감척도의 연구 사이에 상관이 없는 것으로 나타남으로써 증명되었다(O' Brien et al., 1997). 게다가 직업상담 과정을 마친 학생들은 과정의 초기보다 후반부에서 직업상담 자기효능감의 수준이 더 높았다(Heppner et al., 1998; O' Brien et al., 1997). 마지막으로, O' Brien과 그의 동료들은 현재 활동하고 있는 심리학자들이 상담학 전공 졸업생들보다 더 높은 직업상담 자기효능감 신념을 유지하고 있다는 것을 발견했다.

구성개념 측정의 문제

　자기효능감을 측정할 때(또는 측정도구를 선택할 때)는 다음의 네 가지 사항을 명심하는 것이 중요하다. 첫째, Bandura(1977)에 따르면 자기효능감은 영역 특수적이고 맥락화되어 있어야 한다. "효능감 신념이 활동에 어떻게 영향을 주는지에 대한 분석은 성격적 특성이나 동기에 대한 전반적인 지표라기보다는 오히려 미시분석적(microanalytic) 측정에 의존한다. 일반적인 용어로 자기효능감을 말하는 것은 비특정한 사회적 행동에 대해 말하는 것 이상의 아무런 정보도 주지 못한다"(p. 14). 예를 들면, 직업상담을 전공한 대학원생이 전반적인 직업 효능감에 대해 질문을 받는다면, 직업상담을 수행하기 위한 자신의 능력뿐만 아니라 가정 내 폭력이나 성적 학대를 받은 아이를 상담하는 자신의 능력도 생각할 것이다. 모든 형태의 상담에 대한 평균적인 자기효능감(직업상담 자기효능감을 비교할 때)은 내담자의 흥미와 잘 맞는 직업을 찾도록 도와주는 능력의 예언자가 될 수 없다. 따라서 정확한 평가는 측정하고자 하는 영역의 명확하고 포괄적인 조작화와 측정도구에 달려 있다.

둘째, Bandura(1997)는 자기효능감 측정이 하위 기술들로 분석되어서는 안 되며, 오히려 흥미 영역과 관련된 다양한 도전적 상황에서 기능하는 능력에 대한 신념을 평가해야 한다고 말했다. 예를 들면, 직업탐색 자기효능감척도는 다양하게 변화하는 상황에서 정보를 제공해 주는 면접을 계획하는 것에 대한 자신감을 평가하는 문항들을 포함한다. 이 구성개념의 측정은 직업의 수를 찾거나 직업이 요구하는 것에 대한 자신감을 평가하는 항목들을 포함해서는 안 된다. 그러한 문항들은 Bandura(1997)가 의도한 전체로서의 구성개념을 평가하는 것이 아니기 때문이다. 도전적인 문항들을 포함하는 것은 천장 효과(ceiling effects)로부터 점수에서 변산성을 확보해 준다.

셋째, Bandura(1995)는 문항들의 표현과 관련된 구체적인 지시문처럼, 문항들이 과업 완수(즉, 의도의 평가)를 위한 미래의 계획에 대해서 물어보는 것보다 오히려 직무를 수행하기 위한 현재의 능력에 관한 생각을 평가하여야 한다고 지적한다. 구체적으로 말하면, 문항들은 개인들이 지금 무엇을 할 수 있는가 대 그들이 무엇을 할 것인가 혹은 무엇을 할 계획인가를 평가하기 위해 만들어져야 한다. 더욱이 개인들은 자기효능감의 정확한 평가를 얻기 위해 그들이 평가하고 있는 것이 무엇인지를 반드시 이해해야 한다. 만약 참가자가 안과의사가 무엇을 하는지 알지 못한다면, 그 직업에서 필요한 직무를 수행하는 능력을 정확하게 평가할 수 없을 것이다. 또한 문항들은 읽기 수준에 맞추어 적절하게 만들어져야 하고, 문항마다 하나 이상의 직무를 평가해서는 안 된다. 예를 들면, 하나의 문항은 "승진에 대해 당신의 상사에게 요청하거나 당신이 했던 많은 일의 성취를 잘 설명할 수 있는 능력에 대한 당신의 자신감을 평가하라."와 같이 만들어서는 안 된다. 왜냐하면 직원은 승진에 대해 요청하는 것과 일에서 자신의 성공을 명확히 표현하는 것에 대해서 서로 다른 수준들을 가질 것이기 때문이다. 게다가 Bandura는 예시문항을 척도에 포함하는 것을 추천하였으며, 자기효능감은 점수에서 변산성을 확보하기 위해 100점 혹은 10점 척도로 평정되어야 한다고 주장했다.

넷째, 때때로 자기효능감의 측정은 다른 구성개념들(예: 자아존중감, 결과 기대)과 혼동된다. 예를 들면, Bandura(1997)는 자기효능감은 능력과 관련된 감정으로 언급한 반면, 자아존중감은 자기 가치에 대한 개인의 지각에 초점을 맞춘 것으로 설명했다. 개인은 의사라는 직업을 얻는 것에 대해 낮은 수준의 자기효능감을 가질 수 있다. 그러나 그가 의학에 흥미가 없다면 그러한 신념들은 자신에 대한 지각에 부정적으로 영향을 미치는 것은 아니다.

직업 관련 자기효능감의 측정을 위한 미래 방향

연구자와 실천가들은 많은 사람들의 직업발달에 대한 지식과 개입을 촉진시키기 위해 직업 관련 자기효능감의 측정도구를 사용해 왔다. 다양한 문화, 배경 그리고 직업을 가진 사람들에게 맞는 직업 관련 자기효능감 측정도구를 개발하고 사용하기 위해서는 지속적인 연구가 필요하다. 게다가 직업적 개입에 대한 평가에서 이러한 측정도구의 사용은 매우 중요하다.

첫째, 많은 직업 관련 자기효능감 측정도구는 다양한 표본들에서 도구의 신뢰도와 타당도에 대한 주의 없이 사용되어 왔다. 미국 사회에 인구통계학적 변화가 나타난 것을 고려해, 연구자들은 이러한 심리측정적 특성을 유색 인종을 대상으로 적용하는 데 있어서 반드시 신중해야 한다. 이러한 요구는 자기효능감 측정들이 영역 특수적이기 때문에 관심을 갖는 것이 필요하다. 비록 모든 구성개념의 측정이 모든 다양한 집단들에서 개발되고 검증되기 어렵다 해도, 자기효능감 측정도구의 적절한 개발과 유색 인종에 대한 이러한 도구의 심리측정적 특성을 정확히 평가하는 것은 결과적으로 연구와 실제에 사용되는 다수의 측정도구를 낳을 수 있다.

둘째, 직업 관련 자기효능감에 대한 연구는 종종 대학생들의 자신감 수준을 보고한다. 생활에 지친 여성들의 직업 의사결정 자기효능감에 대한 Brown과 그의 동료들(2000)의 연구처럼, 연구자들은 대학생보다는 직업적 조력이 더 필요한 다양한 개인을 대상으로 연구해야 한다. 대표적인 예로 퇴역 군인을 위해 직업탐색, 의사결정에 대한 자기효능감 기대를 강화시키고, 미래의 직업결정과 직무 경험에서 나타나는 개인의 문제에 대한 새로운 이해를 통합하도록 개발된 개입 같은 것을 들 수 있다 (Krieshok et al., 2000).

셋째, 연구자들은 직업 관련 자기효능감을 증진시키도록 계획된 직업적 개입을 평가할 때 자기효능감 측정도구를 사용하도록 권장된다. 예를 들면, 최근의 연구들은 여

대생들의 직업적 탐색과 몰입의 증진(Sullivan & Mahalik, 2000), 전통적으로 남성 지배적인 직업에서의 여성 자기효능감의 증가(Betz & Schifano, 2000) 그리고 위험한 환경에서 소수민족 학생들의 직업 자기효능감과 직업적 고려의 증진(O' Brien, Dukstein, Jackson, Tomlinsin, & Kamatuka, 1999)을 위한 효과적인 개입에 초점을 둔다.

넷째, Lent와 Hackett(1987)은 환경적 요인들을 개인에 초점 맞춰진 구성개념의 연구와 통합하는 직업 자기효능감 연구의 필요성을 제기했다. 자기효능감 이론은 인간, 환경 그리고 행동의 상호적 관계를 가정하는 이론으로부터 나왔으며, 맥락적 변인들을 포함하는 지속적인 연구에 대한 요청의 목소리가 시의적절하게 울려 퍼지고 있다.

결 론

직업 관련 자기효능감은 직업적 의사결정의 성공과 만족에 관련되어 있으며, 직업적 만족의 예언자다(Betz & Luzzo, 1996; Donnay & Borgen, 1999; Flores & O' Brien, 2002). 이 구성개념의 측정에 대한 끊임없는 관심은 연구자들과 임상가들이 일자리를 찾거나 일의 성공을 위해 노력하고, 긍정적이고 생산적인 삶을 이끌기 위해 열망하는 사람들의 삶을 증진시키는 데 도움을 줄 것이다.

부 7.1 록

직업결정 자기효능감척도

지시문: 아래의 진술을 주의 깊게 읽고, 다음의 과제에서 당신이 그것을 달성할 수 있는 자신감을 얼마만큼 가지고 있는지 생각해 보십시오. 그리고 그 정도를 답안지의 5점 척도에 표시하여 주시기 바랍니다.

전혀 자신감이 없다	거의 자신감이 없다	어느 정도 자신감이 있다	상당히 자신감이 있다	매우 자신감이 있다
1	2	3	4	5

예시) 아래의 질문에서 당신은 어느 정도의 자신감을 가지고 있습니까?

    a. 당신이 가진 직업에서 당신이 개발한 기술들을 요약할 수 있습니까?

만약 당신의 응답이 '어느 정도 자신 있는' 이라면 답안지의 숫자 3에 표시하여 주십시오.

다음의 진술문에 대해 당신은 얼마나 많은 자신감을 가지고 있습니까?

1. 당신이 흥미 있는 직업에 대해 도서관에서 정보를 찾을 수 있다.
2. 당신이 생각하는 가능한 전공들의 목록 중에서 하나의 전공을 선택할 수 있다.
3. 향후 5년 동안 당신의 목표에 대한 계획을 세울 수 있다.
4. 만약 당신이 선택한 전공과목 측면에서 학문적인 문제점을 가지고 있다면 해결하기 위한 수단을 결정할 수 있다.
5. 당신의 능력을 정확히 평가할 수 있다.
6. 당신이 생각하는 가능한 직업들의 목록 중에서 하나의 직업을 선택할 수 있다.
7. 당신은 선택된 전공과목을 성공적으로 수행하기 위해 가져야 할 필요 단계들을 결정할 수 있다.
8. 당신이 좌절을 겪었을 때조차도 당신의 전공 혹은 직무 목표에서 지속적으로 일할 수 있다.
9. 당신의 이상적인 직업이 무엇인지 결정할 수 있다.
10. 앞으로 10년 후 직업의 고용 경향성을 찾을 수 있다.
11. 당신이 선호하는 삶의 방식에 맞는 직업을 선택할 수 있다.
12. 좋은 이력서를 준비할 수 있다.
13. 만약 당신이 당신의 첫 번째 선택을 좋아하지 않는다면 전공을 바꿀 수 있다.

14. 직업에서 무엇이 가장 가치 있는지 결정할 수 있다.

15. 직업에서 사람들의 연도별 평균 수입에 대해 찾을 수 있다.

16. 직업결정을 하면 그것이 옳건 그르건 걱정하지 않는다.

17. 만약 당신이 선택한 직업에 만족하지 않는다면 직업을 바꿀 수 있다.

18. 당신이 무엇을 해야 하고, 당신의 직무목표들을 달성하기 위해 희생할 준비가 되지 않은 것이 무엇인지 알고 있다.

19. 당신이 관심 있어 하는 영역에 이미 고용된 사람과 이야기할 수 있다.

20. 당신의 관심에 적합한 전공이나 직업을 선택할 수 있다.

21. 당신의 경력발전 가능성과 관련된 고용인들, 회사들, 제도들을 알 수 있다.

22. 당신이 살아가고 싶은 삶의 방식의 형태를 정의할 수 있다.

23. 대학원 혹은 더 전문적인 학교에 대한 정보를 찾을 수 있다.

24. 직업 인터뷰 과정을 성공적으로 관리할 수 있다.

25. 만약 당신이 당신의 첫 번째 선택을 할 수 없다면, 합리적인 전공 혹은 직업 대안들을 확인할 수 있다.

부 **7.2** 록

직업질문지

다음의 각 직업들에 대해 당신이 그 직업을 성공적으로 수행할 수 있는 학습 능력을 얼마나 가지고 있다고 확신하는지 생각해 보십시오. 각 질문마다 하나의 답에 표시하여 주시기 바랍니다.

	매우 자신 없는	상당히 자신 없는	어느 정도 자신 없는	어느 정도 자신 있는	상당히 자신 있는	매우 자신 있는
1. 나는 플라워 디자이너(판매를 위해 꽃들을 정리하는)가 될 학습 능력을 가지고 있다.						
2. 나는 보호관찰자(감옥에서 사람들을 풀어 주는 것을 감독하는)가 될 학습 능력을 가지고 있다.						
3. 나는 기계나 건물의 설계도(기술적인 그림)의 기안자가 될 학습 능력을 가지고 있다.						
4. 나는 간이식당의 음식서비스 매니저가 될 학습 능력을 가지고 있다.						
5. 나는 약사(의사의 처방전에 따라 약을 준비하는)가 될 학습 능력을 가지고 있다.						
6. 나는 은행 담보 분야의 매니저가 될 학습 능력을 가지고 있다.						
7. 나는 음악교사가 될 학습 능력을 가지고 있다.						
8. 나는 컴퓨터 자료 입력기사가 될 학습 능력을 가지고 있다.						
9. 나는 간호사가 될 학습 능력을 가지고 있다.						
10. 나는 생명보험 설계사가 될 학습 능력을 갖고 있다.						

	매우 자신 없는	상당히 자신 없는	어느 정도 자신 없는	어느 정도 자신 있는	상당히 자신 있는	매우 자신 있는
11. 나는 정원사(씨뿌리기나 기르기, 물주기 등을 포함하여 집이나 회사의 정원을 계획하고 유지하는)가 될 학습 능력을 갖고 있다.						
12. 나는 컴퓨터나 TV와 같은 전기제품의 수리공이 될 학습 능력을 갖고 있다.						
13. 나는 소방관이 될 학습 능력을 갖고 있다.						
14. 나는 사회복지사가 될 학습 능력을 갖고 있다.						
15. 나는 산림 전문가가 될 학습 능력을 갖고 있다.						
16. 나는 군인이 될 학습 능력을 갖고 있다.						
17. 나는 물고기부화장 관리인이 될 학습 능력을 갖고 있다.						
18. 나는 인테리어 디자이너(가정이나 건물 내부를 디자인하고 가구를 설비하는)가 될 학습 능력을 갖고 있다.						
19. 나는 회계 담당자가 될 학습 능력을 갖고 있다.						
20. 나는 경찰관이 될 학습 능력을 갖고 있다.						
21. 나는 여행 가이드가 될 학습 능력을 갖고 있다.						
22. 나는 물리치료사가 될 학습 능력을 갖고 있다.						
23. 나는 공원관리원이 될 학습 능력을 갖고 있다.						
24. 나는 기계공학자가 될 학습 능력을 갖고 있다.						
25. 나는 백화점의 관리인이 될 학습 능력을 갖고 있다.						
26. 나는 실험실의 과학자를 조력할 학습 능력을 갖고 있다.						

	매우 자신 없는	상당히 자신 없는	어느 정도 자신 없는	어느 정도 자신 있는	상당히 자신 있는	매우 자신 있는
27. 나는 고등학교 교사가 될 학습 능력을 갖고 있다.						
28. 나는 레크레이션 지도자가 될 학습 능력을 갖고 있다.						
29. 나는 개인적 매니저가 될 학습 능력을 갖고 있다.						
30. 나는 사서가 될 학습 능력을 갖고 있다.						
31. 나는 다이어트 전문가가 될 학습 능력을 갖고 있다.						

부 7·3 록

직업상담 자기효능감척도

다음에 상담과 관련된 활동 목록이 있습니다. 아래 제시된 척도에 따라서 각 활동을 수행할 수 있는 현재 당신의 능력에 대한 자신감을 생각해 보십시오. 당신의 예상된(혹은 사전의) 능력이 아니라 지금 어떻게 느끼는지에 기초하여 각 항목의 정도에 표시하여 주시기 바랍니다.

0	1	2	3	4
전혀 자신 없는		다소 자신 있는		매우 자신 있는

1. 내담자의 직업적 능력을 명확히 하기 위한 도구를 선택한다.

2. 직업목표에 대한 내담자의 성취를 지지한다.

3. 내담자의 일과 관련 없는 삶(예: 가족, 레저, 흥미 등)이 직업결정에 어떻게 영향을 끼치는지 이해하도록 내담자를 돕는다.

4. 직업 의사결정에서 성(性)과 관련된 특별한 문제들을 이해한다.

5. 내담자와의 치료적 관계를 발달시킨다.

6. 직업계획에 영향을 줄 수 있는 내담자의 성격적 측면을 명확히 하기 위한 도구를 선택한다.

7. 내담자에 대한 평가 결과를 설명한다.

8. 효과적인 방법으로 내담자와의 상담을 종결한다.

9. 직업 장면에서의 윤리와 관련된 특별한 이슈들을 이해한다.

10. 직업 의사결정에서 나타날 수 있는 레즈비언, 게이 그리고 양성애적 내담자들에 대한 특별한 이슈들을 이해한다.

11. 지역적 및 국제적 직업시장 정보와 경향에 대한 지식을 제공한다.

12. 내담자를 위해 성별, 나이, 교육 그리고 문화적 배경에 적절한 평가항목들을 선택한다.

13. 직업 의사결정 과정에 대한 감정을 조절하도록 내담자를 돕는다.

14. 직업상담 과정에 영향을 줄 수 있는 현재의 윤리적 및 법적 이슈들에 대한 지식을 적용한다.

15. 직장에서 레즈비언, 게이 그리고 양성애적 내담자에게 나타나는 특별한 이슈들을

이해한다.

16. 내담자와 무조건적인 수용으로 의사소통한다.

17. 내담자의 흥미를 평가하기 위한 도구를 선택한다.

18. 내담자의 가치를 명확히 하기 위한 도구를 선택한다.

19. 직장에서 성별과 관련된 특별한 이슈를 이해한다.

20. 직업 의사결정에서 윤리와 관련된 특별한 이슈를 이해한다.

21. 내담자에 의해 표현되는 관심사를 주의 깊게 듣는다.

22. 내담자의 문제를 이해할 수 있도록 내담자 자신과 직업에 대한 정보를 종합한다.

23. 내담자의 직업목표에 도달하는 데 방해가 되는 내외적 방해물들을 확인하도록 내담자를 돕는다.

24. 내담자와 함께 효과적인 개입을 위한 최근의 연구를 사용한다.

25. 내담자가 자신의 직업 의사결정에 대한 책임감의 수용을 거부할 때 내담자에게 공감을 느낀다.

참고문헌

Bandura, A. (1977). Self-efficacy: Toward a unifying theory of behavioral change. *Psychological Review, 84*, 191-215.

Bandura, A. (1995). *Guide for constructing self-efficacy scales.* Unpublished manuscript, Stanford University.

Bandura, A. (1997). *Self-efficacy: The exercise of control.* New York: W. H. Freeman.

Bandura, A., Barbaranelli, C., Vittorio Caprara, G., & Pastorelli, C. (2001). Self-efficacy beliefs as shapers of children's aspirations and career trajectories. *Child Development, 72*, 187-206.

Betz, N. E. (2000). Self-efficacy theory as a basis for career assessment. *Journal of Career Assessment, 8*, 205-222.

Betz, N. E., Klein, K., & Talylor, K. M. (1996). Evaluation of a short form of the Career Decision-Making Self-Efficacy scale. *Journal of Career Assessment, 4*, 47-57.

Betz, N. E., & Klein Voyten, K. (1997). Efficacy and outcome expectations influence career exploration and decidedness. *Career Development Quarterly, 46*, 179-

189.

Betz, N. E., & Luzzo, D. A. (1996). Career assessment and the Career Decision-Making Self-Efficacy scale. *Journal of Career Assessment, 4,* 413-428.

Betz, N. E., & Schifano, R. S. (2000). Evaluation of an intervention to increase realistic self-efficacy and interests in college women. *Journal of Vocational Behavior, 56,* 35-52.

Betz, N. E., & Taylor, K. M. (2000). *Manual for the Career Decision Self-efficacy Scale and CDMSE-short form.* Unpublished instrument, Ohio State University, Columbus.

Blustein, D. L. (1989). The role of goal instability and career self-efficacy in the career exploration process. *Journal of Vocational Behavior, 35,* 194-203.

Brown, C., Reedy, D., Fountain, J., Johnson, A., & Dichiser, T. (2000). Battered women's career decision-making self-efficacy: Further insights and contributing factors. *Journal of Career Assessment, 8,* 251-265.

Church, A. T., Teresa, J. S., Rosebrook, R., & Szendre, D. (1992). Self-efficacy for careers and occupational consideration in minority high school equivalency students. *Journal of Counseling Psychology, 39,* 498-508.

Clifton, D. O. (2000). Mapping the wellsprings of a positive life: The importance of measurement to the movement. *The Gallup Review, 3,* 8-13.

Crites, J. O. (1978). *Career maturity Inventory.* Monterey, CA: CTB/McGraw Hill.

Donnay, D. A. C., & Borgen, F. H. (1999). The incremental validity of vocational self-efficacy: An examination of interest, self-efficacy, and occupation. *Journal of Counseling Psychology, 46,* 432-447.

Flores, L. Y., & O'Brien, K. M. (2002). The career development of Mexican American adolescent women: A test of social cognitive career theory. *Journal of Counseling Psychology, 49,* 14-27.

Hackett, G., & Betz, N. E. (1981). A self-efficacy approach to the career development of women. *Journal of Vocational Behavior, 18,* 326-339.

Heppner, M. J., Multon, K. D., Gysbers, N. C., Ellis, C. A., & Zook, C. E. (1998). The relationship of trainee self-efficacy to the process and outcome of career counseling. *Journal of Counseling Psychology, 45,* 393-402.

Holland, J. L. (1985). *Making vocational choices: A theory of vocational personalities and work environments* (2nd ed.). Englewood Cliffs, NJ: Prentice-Hall.

Juntunen, C. (1996). Relationship between a feminist approach to career counseling and career self-efficacy beliefs. *Journal of Employment Counseling, 33,* 130-143.

Krieshok, T. S., Ulven, J. C., Hecox, J. L., & Wettersten, K. (2000). Resume therapy and vocational test feedback: Tailoring interventions to self-efficacy outcomes. *Journal of Career Assessment, 8,* 267-281.

Lent, R. W., Brown, S. D., & Hackett, G. (1994). Toward a unifying social cognitive

169

theory of career and academic interest, choice, and performance. *Journal of Vocational Behavior, 45*, 79–122.

Lent, R. W., & Hackett, G. (1987). Career self-efficacy: Empirical status and future directions. *Journal of Vocational Behavior, 30*, 347–382.

Luzzo, D. A., & Day, M. A. (1999). Effects of Strong Interest Inventory feedback on career decision-making self-efficacy and social cognitive career beliefs. *Journal of Career Assessment, 7*, 1–17.

Nauta, M. M., Kahn, J., Angell, J., & Cantarelli, E. A. (2002). Identifying the antecedent in the relation between career interests and self-efficacy: Is it one, the other, or both? *Journal of Counseling Psychology, 49*, 290–301.

O'Brien, K. M., Dukstein, R. D., Jackson, S. L., Tomlinson, M. J., & Kamatuka, N. A. (1999). Broadening career horizons for students in at-risk environment. *Career Development Quarterly, 47*, 215–229.

O'Brien, K. M., Friedman, S. M., Tipton, L. C., & Linn, S. G. (2000). Attachment, separation, and women's vocational development: A longitudinal analysis. *Journal of Counseling Psychology, 47*, 301–315.

O'Brien, K. M., Heppner, M. J., Flores, L. Y., & Bikos, L. H. (1997). The Career Counseling Self-efficacy scale: Instrument development and training applications. *Journal of Counseling Psychology, 44*, 20–31.

Perrone, K. M., Perrone, P. A., Chan, F., & Thomas, K. R. (2000). Assessing efficacy and importance of career counseling competencies. *Career Development Quarterly, 48*, 212–225.

Post, P., Stewart, M. A., & Smith, P. L. (1991). Self-efficacy, interest, and consideration of math/science and non-math/science occupations among Black freshmen. *Journal of Vocational Behavior, 38*, 179–186.

Sullivan, K. R., & Mahalki, J. R. (2000). Increasing career self-efficacy for women: Evaluating a group intervention. *Journal of Counseling & Development, 78*, 54–62.

Taylor, K. M., & Betz, N. E. (1983). Applications of self-efficacy theory to the understanding and treatment of career indecision. *Journal of Vocational Behavior, 22*, 63–81.

Teresa, J. S. (1991). *Increasing self-efficacy for careers in young adults from migrant farmworker backgrounds.* Unpublished doctoral dissertation, Washington State University, Pullman.

U.S. Bureau of the Census (1987). *Statistical abstract of the United States: 1988* (108th ed.). Washington, DC: U.S. Government Printing Office.

U.S. Bureau of the Census (1998). *Statistical abstract of the United States: 1998* (118th ed.). Washington, DC: U.S. Government Printing Office.

CHAPTER 08

문제해결에 대한 평가

　실제 생활에서 응용되는 문제해결은 사람들이 풀 수 없었던 문제나 변화에 투쟁하는 것뿐 아니라 목표를 향해 계획하고 노력하는 것을 도와 주는 전문가에게 특별한 관심거리다. 사람들은 일반적으로 목표 설정의 문제, 일상적인 스트레스, 주요 생활 사건, 끊임없이 변화하는 상황 등이 복잡하게 뒤얽혀 있는 현상에 직면한다.

　응용 문제해결 연구에서 지속적으로 제기되고 있는 문제는 실제적인 문제해결 기술, 효과 또는 유능성의 조작적 정의에 관한 것이다(Kendall & Fischer, 1984). 따라서 응용 문제해결의 측정은 일반적으로 두 가지 범주로 나누어져 왔다. 그것은 자기보고식 또는 언어적인 측정과 관찰을 통한 측정이다(D' Zurilla, 1986). 관찰법은 외현적인 문제해결 수행이나 문제해결 과정의 산물을 평가하는 데 유용하다. 관찰법의 매력에도 불구하고 이 전략은 복잡한 측정의 논제들에 부딪힌다. 이 평가방법의 장점과 제한점에 대한 보다 철저한 논의는 D' Zurilla(1986)의 책을 참고한다. 자기보고법은 가장 흔한 평가방법이며, 이 장에서는 주로 이 방법을 다룰 것이다.

　사람들은 실제로 일어나는 개인적인 문제들에 대해 다양한 방식으로 반응한다. 어떤 사람들은 자신의 문제에 대처하기 위해 풍부한 자원들을 끌어오는 반면, 어떤 사람들은 문제해결 능력에 심각한 결함을 가지고 있다. 많은 연구들에서 사람들이 자신의 문제해결 유형을 어떻게 평가하느냐 하는 것이 그들이 자신의 문제에 대처하는 방식뿐만 아니라 자신의 문제를 해결하는 정도 그리고 심리적인 적응과도 직접적으로 관련되어 있다고 밝혀졌다(Heppner & Baker, 1997; Heppner, Copper, Mulholland, & Wei, 2001; Heppner & Lee, 2002). 예를 들어, 대규모 첨단기술 회사에서 연구팀장으로 일하는 폴린이라는 사람을 생각해 보자. 회사가 인원 감축을 하여 그녀는 예고도 없이 해고를 당했다. 그녀는 당연히 실망하였지만, 더 만족스러운 직위를 보장하는 다른 일자리를 찾을 수 있다는 확신이 있었다. 사실 며칠 후에 폴린은 그 상황을 그녀의 경력을 변화시킬 수 있는 좋은 기회로 생각했다. 그녀는 해고된 지 몇 주 내에 이력서를 새로 써서 홍보 면접을 약속하였다. 그리하여 그녀는 직업문제를 해결하는 데 큰 진전을 보였다. 이처럼 문제해결에 대한 확신을 가지는 것은 일반적으로 대처하는 데 있어서 진전을 가져온다.

이와는 반대로, 아내가 다른 곳으로 발령받아서 새로운 도시로 이사하게 된 톰이라는 사람을 생각해 보자. 그는 회계원으로 일해 왔는데, 새로운 일자리를 찾는 것에 대한 두려움을 예상보다 더 많이 경험하였다. 그는 평소보다 잠을 더 자고 술을 더 마셨으며, 새로운 일자리를 찾기보다는 별로 중요하지 않은 다른 것들에 시간을 보냈다. 톰은 자신이 유능하게 보일 것이라는 바람으로 자신의 경력에 못 미치는 일자리에 지원하였다. 직업을 구하는 능력에 대한 톰의 자신감 부족은 그의 직장문제를 해결하는 데 상당한 지장을 주었다.

이 사례들은 사람들이 개인적인 문제에 어떻게 다른 방식으로 반응하는지뿐만 아니라 그들의 문제해결 기술(문제해결에 대한 자신감)에 대한 자기평가(자기보고의 한 유형)가 인생의 변화에 대처하는 데 영향을 미친다는 것을 보여 주고 있다. 이 장에서는 응용 문제해결과 특히 문제해결에 대한 평가, 또는 사람들이 문제에 접근(또는 회피)하는 방식과 함께 자신의 문제해결 능력을 어떻게 평가하는지에 초점을 둔다. 어떤 내담자가 자신의 문제해결 방식을 어떻게 평가하는지 확인하는 것은 내담자가 골치 아픈 문제를 해결하도록 도와 주는 중재에서 필수적인 단계다. 다음에서는 응용 문제해결 작업의 간단한 역사를 살펴본 다음 문제해결에 대한 평가의 모델을 기술할 것이다. 그리고 응용 문제해결의 대안적인 개념, 복잡한 측정의 논제 및 미래의 전망에 대해서도 간략하게 논의할 것이다.

응용 문제해결의 역사

초기에는 응용 문제해결에 관한 초점이 대부분 물병문제나 노끈문제와 같은 개인적이지 않은 실험실 문제에 있었다(Wicklegren, 1974). 실생활에서의 문제해결에 관한 초기의 가장 중요한 체계적 연구는 Shure, Spivack 및 그의 동료들에 의해 이루어졌다(예: Shure & Spivack, 1972; 수단-목표 문제해결 절차의 기술에 관해서는 Platt & Spivack, 1975를 보라). Spivack과 Shure는 비교적 신중한 사고과정의 집합으로 문제해결을 개념화함으로써 문제의 민감도, 대안적인 해결책에 대한 사고, 인과적 사고, 목표-수단 사고 등과 같은 대인간 상황에서의 인지적인 문제해결 기술에 대한 연구를 시작하였다(Shure, 1982 참조). 이 분야의 연구에서 가설적인 문제들을 해결하기 위해 생겨난 많은 수단들이 좀 더 나은 해결책을 발달시키는 것과 정적으로 상관되고 좀 더 나은 심리적 적응과도 연관된다는 것을 밝혔다(Shure, 1982). 응용 문제해결에 대한 초기의 다른 모델들은 문제해결을 단계 연속성 모델로 개념화하였는데, 특히 D'Zurilla와 Goldfried(1971)의 5단계 모델(일반적인 정향, 문제의 정의와 공식화, 대안의 생성, 의사결정, 확증)이 가장 유명하다. 1970년대에는 사람들이 어떻게 모호한 실생활의 문제에 부딪혀 나가는지와 그것이 사람들을 돕는 전문가에게 갖는 함의에 더 많은 관심이 모아졌다(예: Janis & Mann, 1977). 단계 연속성 모델은 약물남용과 같은 특정한 문제뿐 아니라 일반적으로 문제해결 능력을 증진시키는 개입을 발달시키는 데 특히 유용하였다(D'Zurilla, 1986 참조).

이후에 정보처리의 복잡성에 대한 이해가 진전됨에 따라 문제해결의 역동적이고 비선형적인 모델들이 생겨났다(Heppner & Krauskopf, 1987). 1990년대에는 문제해결 해답의 개념화를 초래한 문제해결 효과의 통합(예: Heppner et al., 2002; Heppner, Cook, Wright, & Johnson, 1995)뿐 아니라 응용 문제해결 모델과 훈련(예: Nezu, Nezu, Friedman, Faddis, & Houts, 1998)이 추가적으로 정교화되었다.

문제해결에 대한 평가

1970년대와 1980년대의 인지혁명 내에서 Butler와 Meichenbaum(1981)은 응용 문제해결의 고차원적인 또는 상위 인지적인 변인들에 초점을 맞추었다. 그들은 결정적인 개념은 "사람들이 문제의 해결책에 직접 적용하는 특정한 지식이나 과정에 있는 것이 아니고, 사람들이 문제해결을 어떻게(또는 정말) 할 것인가에 영향을 미치는 고차원적인 변인들"(p. 219)이라고 주장하였다. 게다가 Butler와 Meichenbaum은 문제해결 능력에 대한 자기 평가의 중요성을 특별히 강조하였다. 같은 시기에 대처에 관해 연구한 학자들(예: Antonovsky, 1979)은 자신의 능력에 대한 평가는 스트레스에의 대처와 관련된다는 비슷한 주장을 하였다. 요약하면, 개인의 문제해결 기술에 대한 평가는 그 사람이 삶과 환경에 대해 어떻게 접근하는지에 중요한 요소일 것이다.

Heppner와 Petersen(1982)은 문제해결 기술에 대한 평가의 개념에 따라서 문제해결에 대한 평가를 측정하기 위해 문제해결척도(PSI: Problem Solving Inventory)를 개발하였다. PSI는 문제해결 연구에서 가장 널리 사용되는 자기보고식 척도로, 적어도 8개국의 언어로 번역되었다(Nezu, Nezu, & Perri, 1989). PSI를 사용한 연구들은 문제해결에 대한 평가가 응용 문제해결에서 중요한 개념이라는 Butler와 Meichenbaum의 가정을 확인해 왔다(Heppner & Baker, 1997; Heppner & Lee, 2002 참조). 따라서 이 장의 일차적인 초점 대상은 문제해결에 대한 평가와 그 평가의 유일한 측정도구인 PSI다.

척도의 구조

PSI는 문제해결 방식과 관련된 행동 및 태도와 함께 자신의 문제해결 능력에 대한 지각을 평가한다(Heppner, 1988; Heppner & Baker, 1997). 이 척도는 문제해결 기술보다 문제해결 신념과 방식에 대한 지각을 평가한다. PSI는 35문항으로 구성되어 있으며(3개의 채우기 문항을 포함해서) 6점 Likert 척도다(1 = 매우 찬성한다, 6 = 매우 반대한다). 문제라는 용어는 우울, 친구들과 잘 지낼 수 없는 것, 또는 이혼할 것인지 아닌지에 대해 결정하는 것과 같은 많은 사람들이 경험하는 문제를 의미한다. 이 척도는 상담 장면이나 학교 또는 집에서 10~15분 정도면 실시할 수 있다. 손으로 채점해도 5분이 채 안 걸리고 컴퓨터로도 채점할 수 있다. PSI는 문제해결의 이론을 숙지하고

PSI의 규준적 정보를 습득하고 평가에 대해 수련을 받은 전문가에 의해 실시되고 채점되어야 한다. PSI는 (1) 문제해결에 대한 자신감(PSC, 11문항), (2) 접근-회피 유형(AAS, 16문항), (3) 개인적 통제(PC, 5문항)의 세 가지 요인을 포함하고 있다. PSI의 총점은 이 세 하위척도 점수들의 합이다. 구체적으로 PSC는 자기 확신, 신념, 다양한 문제들에 효과적으로 대처할 수 있다는 믿음으로 정의된다(예: "나는 새로운 상황에서 일어날 수 있는 문제들을 잘 다룰 수 있다는 자신감이 있다."). PSC에서의 낮은 점수는 문제해결에 대한 자신감이 높다는 것을 의미한다. AAS는 여러 가지 문제해결 활동들에 접근하거나 회피하는 일반적인 경향성을 의미한다(예: "의사결정을 할 때, 나는 여러 대안의 결과들에 대해 숙고하고 그것들을 비교해 본다."). 낮은 AAS 점수는 문제를 회피하기보다 접근하는 방식을 가지고 있는 것을 나타낸다. PC는 문제를 해결하는 과정에서 정서와 행동을 통제한다고 믿는 것으로 정의된다(예: "문제가 닥쳐도 나는 가끔 헤매고 방황하고 있는 듯한 느낌을 받는다. 그리고 나는 진짜 문제에 착수하지 못한다."). 낮은 점수는 문제를 다루는 데 있어서 개인이 통제할 수 있다고 긍정적으로 지각하는 것을 반영한다. 이 세 가지 요인의 상관은 .39~.69의 범위 안에 있다(Heppner, 1998 참조). 이는 각 요인들이 상호 관련되어 있으면서 동시에 독립적이라는 것을 시사한다.

PSI에는 세 가지 형태가 있는데, 이 세 형태와 다른 전집에 걸쳐 요인구조가 일치한다는 것을 지지하는 증거가 있다. 검사요강과 함께 출간된 척도는 B형(문항의 예는 〈표 8-1〉 참조)인데, 여기에서는 원래의 PSI의 18문항들이 좀 더 쉬운 표현으로 변형되

〈표 8-1〉 **문제해결척도-B형(PSI)의 표본문항**

하위척도	표 본 문 항
문제해결에 대한 자신감	• 시간과 노력이 충분히 주어진다면, 나는 내가 직면하고 있는 대부분의 문제들을 해결할 수 있다고 믿는다. • 나는 새롭고 어려운 문제들을 풀 수 있는 나의 능력을 믿는다.
접근-회피 유형	• 문제에 직면했을 때, 대개 나는 관련 정보를 결정하기 위해 상황을 우선적으로 검토한다. ★문제에 부딪혔을 때, 나는 내가 그 문제를 해결할 수 있다고 생각하는지를 먼저 고려하는 경향이 있다.
개인적 통제	★나는 정서적으로 부담을 느낄 때 어떤 문제를 해결하는 데 필요한 대안을 탐색할 수 없게 될 경우가 있다. ★나는 매우 빠른 판단을 하고 나중에 후회한다.

※ ★는 역채점 문항

었다. PSI의 이전 판 문항들은 모두 A형으로 분류된다. 청소년판 PSI는 B형의 9.25학년 읽기 수준에서 거의 4학년 읽기 수준으로 문항의 읽기 수준을 낮추어 만들어졌는데(Heppner, Manely, Perez, & Dixon, 1994), 이 척도는 첫 저자에게서 얻을 수 있다. 이전 연구들은 PSI 구조가 세 가지 형태에 걸쳐 반복 검증되었으며, 중서부의 고등학생들(Heppner et al., 1994), 중서부의 백인 대학생들(예: Heppner, Baumgardner, Larson, & Petty, 1988), 주로 백인과 아프리카계 흑인들로 구성된 군대 인력들(Chynoweth, 1987), 프랑스계 캐나다 성인들(Laporte, Sabourin, & Wright, 1988), 터키 대학생들(Sahin, Sahin, & Heppner, 1993), 그리고 남아프리카 공화국의 대학생들(Heppner, Pretorius, Wei, Wang, & Lee, 2000)과 같이 다양한 배경을 가진 각기 다른 연령집단에 걸쳐 일반화될 수 있다는 것을 시사한다.

신뢰도

PSI에는 만족할 만한 내적 합치도가 있는데, 이는 여러 전집과 문화에 걸쳐 증명되어 왔다(예: Heppner, 1988; Heppner et al., 1994, 2000). A형, B형 또는 청소년판을 사용한 연구들을 종합해 볼 때, 총점의 알파계수는 .85 이상으로 높게 얻어졌다. 반면 두 요인(PSC, AAS)의 알파계수는 .80~.85였고, 세 번째 요인인 PC 요인은 .70을 조금 넘는 정도였다. 이런 결과들은 PSI가 다른 문화집단에 걸쳐 다양한 PSI 형태를 사용했음에도 불구하고 내적 일관성이 있다는 것을 보여 주는 것이다. 다양한 표집에서 2주부터 2년에 걸친 다양한 시간 간격을 두고 수행된 5개의 연구는 PSI의 안정성을 입증하였다. PSI 총점은 2주 후에 .80의 상관을 보였고, 3주 후와 4개월 동안에는 .81로 같은 신뢰도를 보였으며, 백인 학생 집단, 흑인 학생 집단, 프랑스계 캐나다 성인들의 2년 후의 검사에서는 .60의 상관을 보였다(예: Heppner, 1988). 요약하면, PSI의 신뢰도는 다양한 인구와 문화에서 시간이 지남에 따라 안정적으로 나타난다.

타당도

광범위한 연구들이 PSI의 타당도에 대해 풍부한 자료들을 제공해 주고 있다(Heppner, 1988; Heppner & Baker, 1997; Heppner & Lee, 2002). 우선, 세 척도의 점수와 PSI 총점은 학생들의 문제해결 기술 수준 및 기술에 대한 만족도 수준과 상관이 있다. 두 번째로, PSI 점수는 검사 태도나 사회적 바람직성과 강하게 연관되어 있지 않아 보이며(Heppner & Petersen, 1982), 이는 변별타당도를 확립하는 데 도움을 준다. 또한 평가자가 피검자의 PSI 점수를 모른 채 PSI상의 높은 점수와 낮은 점수를 독립적이고 성공적으로 변별하였는데(Heppner & Petersen, 1982), 이는 PSI의 구성타당도에 부가적인 지지를 제공해 준다. 마지막으로, PSI가 다양한 심리적 건강의 지표와 함께 광범위한 인지적 · 정서적 반응 및 문제해결 행동과 관련된다는 것이 밝혀져 왔다. 예를 들어, 동기화 과정(motivation course)을 마친 학생들은 문제해결에 대한 평가에서 향상을 보인 반면, 그 과정을 이수하지 않은 학생들은 부정적인 평가를 보고하였다(Chynoweth, Blankinship, & Parker, 1986). 또한 Sabourin, Laporte 및 Wright(1990)는 PSI 요인들이 부부문제의 대처에도 관련됨을 보고하였다. 여성의 경우 문제해결에 대한 자신감의 부족은 철회와 관련되며, 남성의 경우는 문제 회피가 타협을 덜 하는 것과 관련되었다. 또한 자신의 문제해결 능력을 부정적으로 평가하는 사람들은 여러 지표에서 광범위한 고통을 보고하는 경향이 있었다(Heppner & Baker, 1997; Heppner & Lee, 2002 참조).

규준적인 정보

임상집단이 비임상집단보다 높은 PSI 평균 점수를 보였다. 대학생 집단에서 비임상집단 표본의 평균은 88점 정도였으며(예: Heppner, 1988), 임상적인 대학생 표본의 PSI 점수는 100점 근처를 나타냈다(예: Nezu, 1986). 마찬가지로, 성인집단에서도 비임상집단의 PSI 점수 평균이 80점대 초반이었고(예: Sabourin, Laporte, & Wright, 1990), 이에 비해 임상집단의 PSI 점수 평균은 100점 근처에 분포했다. PSI 평균이 대략적인 것을 나타내기는 하지만(표본의 크기를 고려하지 않았기에), 분포는 임상집단과 비임상집단 간의 차이를 인상적으로 보여 주고 있다.

적 용

PSI는 적용 범위가 광범위하다. 내담자와 작업하는 입장에서는 PSI가 일상생활의 기능을 촉진시키거나 억제시키는 문제해결 유형을 평가할 수 있게 하고, 내담자의 현재 문제에 기저하는 정보를 제공해 줄 수 있다. 이와 같이 PSI는 진단적 정보를 제공해 줄 수 있으며, 이는 치료적 개입에 활용될 수 있다. 여러 연구들은 PSI에서 자신이 비효율적인 문제해결자라고 지각하는 사람들이 문제해결에 관여하지 않으려는 경향이 있다는 것을 밝혔다(Heppner & Baker, 1997 참조). 그러므로 전문가들은 스스로 부정적인 문제해결자로 인식하는 것을 탐색하거나, 스스로 긍정적인 문제해결자라고 평가하는 사람들의 상황에 접근하는 경향성을 형성시켜 주는 것이 도움이 될 것이다. 또한 PSI는 일반적인 서비스 전달체계를 평가하는 탁월한 성과 측정도구가 될 수 있다. 특히, 문제해결 훈련 개입의 경우에 더욱 그러하다.

PSI는 문제해결에 대한 태도, 지식 및 기술의 자각을 촉진하는 훈련도구로 성공적으로 사용되어 왔다(예: Heppner & Reeder, 1984). 또한 PSI는 학업 실패 위기에 처해 있는 학생들을 확인하거나 문제중심 학습의 측정도구로서 학교 장면에서도 유용하다(Heppner & Baker, 1997 참조).

문제해결의 대안적인 개념화

응용 문제해결에 대한 언어적인 측정도구를 평가하기 위한 네 가지 전략이 간략히 언급될 것인데, 그것들이 대안적인 개념화에 바탕을 두고 있기 때문이다. 응용 문제해결을 평가하기 위한 하나의 전략은 개인적인 문제의 성질과 빈도에 관한 평가다. 기본 가정은 개인의 인생에 있어 문제가 별로 없는 것이 효과적인 문제해결이라 할 수 있으며, 반면에 많은 문제들이 있다는 것은 비효율적인 문제해결을 반영한다는 것이다. 아마도 초기의 문제 체크리스트 중의 하나는 Mooney 문제 체크리스트(MPC: Mooney Problem Checklist; Mooney & Gordon, 1950)일 것이다. MPC는 330문항으로 구성되어 있으며, 11개 척도의 주요 문제 영역(예: 건강과 신체적 발달, 심리사회적 관계)에서 피검자가 자신의 문제를 확인하게끔 되어 있다. 이 척도는 대학생들의 문제를 연구하는 데 광범위하게 사용되어 왔다(예: Hartman, 1968). 조금 다른 유형의 문제평가는 Computerized Assessment System for Psychotherapy Evaluation and Research(CASPER; McCullough & Farrell, 1983)이다. CASPER는 13개 범주에 걸쳐 문제들의 존재 여부와 심각성 정도를 평가하는 분류체계다.

또 다른 체크리스트는 Inventory of Interpersonal Problems(IIP; Horowitz, Rosenberg, Baer, Ureno, & Villasenor, 1988)이다. IIP는 127문항으로 구성되어 있는데, 자신의 특별한 문제들이 얼마나 고통을 주는지를 '전혀 아니다'(0점)에서 '전적

으로 그렇다'(4점)까지로 평정하게 한다. 요인분석은 IIP가 6개의 척도(주장성, 사회
성, 친밀성, 복종성, 책임감, 통제력)와 관련된 문제들로 구성되어 있다는 것을 보여 주
었다. 이 체크리스트에서의 높은 점수는 문제와 관련하여 자기보고된 고통의 정도가
높은 것을 나타낸다. 요약하면, MPC는 다양한 범주에 걸쳐 여러 문제들을 광범위하
게 평가하고, IIP는 개인이 당면한 문제에서 경험하는 고통을 평가함으로써 또 하나
의 차원을 추가한다.

두 번째 전략은 자기보고를 통해서 문제해결 태도와 기술을 평가하는 것이다.
D'Zurilla와 Nezu(1990)는 사회적 문제해결척도(SPSI: Social Problem Solving
Inventory)라는 70문항으로 구성된 Likert식 척도를 만들었는데, 이 척도에는 문제정
향척도(POS: Problem Orientation Scale)와 문제해결기술척도(PSSS: Problem Solving
Skills Scale)라는 두 가지 척도가 포함되어 있다. POS는 인지적, 정서적, 행동적 척도
의 세 가지 하위척도로 나뉜다. PSSS는 문제의 정의, 대안적 해결책의 생성, 의사결
정, 해결책의 수행과 확인 척도의 네 가지 하위척도로 이루어져 있다. 각 하위척도는
10문항씩인데, 사회적 문제해결이론으로부터 도출해 만들어졌다. 심리측정적인 자
료에서 각 하위척도의 내적 합치도는 .75~.94의 범위에 속하였고, 3주 간격의 검사-
재검사 신뢰도는 .83~.88의 범위에 속하였다. 성인들을 대상으로 한 타당도 측정에
서 척도 점수들이 심리적인 건강 측정도구와 상관이 있고 문제해결 훈련에 민감하다
는 것이 밝혀졌다. 이러한 전략을 개발한 연구자들은 PSSS에서의 언어적인 보고가
사회적 문제해결이론의 기술적 요소와 관련되는 문제해결 기술을 평가한다고 주장하
고 있다. 얻어진 타당도 측정도구들은 이러한 가정을 지지한다.

응용 문제해결의 언어적인 보고를 평가하기 위한 또 다른 전략은 개인의 문제해결
행위가 문제의 해결을 촉진시키거나 억제시키는 정도를 검토하는 것이다. 이는 어떤
사람이 특정한 문제해결 행위에 관여했다고 보고하는 것보다, 보고된 문제해결 행위
의 결과가 문제해결을 촉진할 것인지 억제할 것인지에 초점을 맞추는 평가방법이다.
이 전략은 문제해결 행위의 지각된 효과성에 대한 평가를 더 많이 제공한다.
Heppner 등(1995)은 문제해결의 구성개념을 이용하여 문제중심 대처방식척도(PF-
SOC: Problem-Focused Style of Coping Scale)를 개발하였다. PF-SOC는 문제중심 대
처와 같은 전통적인 대처의 개념과 문제해결의 개념을 통합하였고, 따라서 전통적인
응용 문제해결과 대처 문헌에 둘 다 등장하게 되었다. PF-SOC는 18문항으로 구성된

Likert식 5점척도(1 = '전혀 아니다', 5 = '매우 그렇다')이며, 각 문항들은 피검자들이 문제를 어떻게 다루는가 얼마나 잘 기술하는지 묻는다. 요인분석을 통해 3요인이 나타났는데, 반성적인 방식(계획, 반성, 인과적 분석 등과 같은 인지적 행위들을 강조), 반응적인 방식(개인을 고갈시키거나 문제해결 행위를 왜곡시키는 정서적이고 인지적인 강조), 억제적인 방식(문제해결 행위의 부인이나 회피; Heppner et al., 1995)이 그것이다. 이와 같이 PF-SOC는 개인의 노력이 문제나 스트레스원을 변화시켰는지의 정도를 평가하여 문항 내에서 문제해결 행위의 지각된 성과를 통합하고 있다. 심리측정적인 자료들은 안정적인 요인구조를 시사하고 있는데, 받아들일 만한 내적 합치도와 안정성이 있고 변별타당도, 공존타당도 및 구성타당도 역시 상당히 좋았다. 심리측정적 연구들은 또한 PF-SOC가 응용 문제해결(대처에서도)의 평가에 고유한 차원을 추가하고 있다는 점을 시사한다.

문제해결이라는 구성개념은 치료적 맥락 안에서 좀 더 조작적으로 정의될 수 있다. Heppner 등(2001)은 내담자들이 치료적인 도움을 원했던 문제를 해결하는 정도를 평가하기 위한 문제중심 심리치료 성과측정도구를 개발하였다. 문제해결 성과조사(PROS: Problem Resolution Outcome Survey)는 24개 문항으로 이루어져 있는데, 내담자들이 당면한 문제의 해결에 대해 다차원적으로 평가할 수 있게 해 준다. 이는 요인분석 결과, 문제해결 전략(특정한 목표, 계획, 행위를 통해 문제를 해결하기 위한 결정적인 전략), 문제해결 자기효능감(내담자의 현재 문제를 해결하는 데 있어 동기적 요소나 기능), 일상생활 기능에 미치는 문제의 영향(광범위한 일상 기능 영역에서의 손상 정도), 치료에 관한 일반적인 만족도(내담자의 문제를 해결하는 데 있어 상담이 얼마나 도움이 되었는가 하는 정도)의 4요인으로 나타났다. 총점은 아주 구체적인 문제해결 전략에서부터 아주 총체적인 만족도에 이르기까지 내담자의 현재 문제해결에 대한 다차원적인 평가를 반영한다. 타당도 추정치는 PROS가 과정, 성과 및 문제해결 측정도구와 이론적으로 일관적인 방식으로 관련되며 시간에 따른 변화에 민감하다는 점을 시사하고 있다.

요약하면, 응용 문제해결의 언어적 보고를 평가하기 위한 많은 전략들이 있다. 게다가 각 전략들은 문제해결 과정의 각기 다른 측면에 초점을 맞춘다. 예를 들어, 몇몇 평가 전략은 문제의 빈도수나 당면 문제와 연관되어 있는 고통의 양을 조사하는 것에만 초점을 두어 왔다. 아마도 가장 보편적인 전략은 PSI, PSP-R, PF-SOC, PROS에서 반영되었던 것처럼, 응용 문제해결에 대해 인지적인(그러나 어느 정도는 정서적이고 행동적인) 활동을 일차적으로 평가하는 것이다. 최근에는 연구자들이 PF-SOC와 PROS 에서처럼 해결책에 미치는 문제해결 활동의 외현적 또는 내현적 영향을 평가하기 위해 지각된 효과성 요소를 문항에 추가하였다. 중다평가 전략은 응용 문제해결에 대한 평가의 다면화된 성질을 반영하고 있다.

응용 문제해결 측정의 복잡성

이 장의 초점은 응용 문제해결에 대한 언어적 보고의 평가에 있다. 언어적 보고 평가의 한 가지 장점은 이 보고가 효율적이고 실용적이라는 점이다. 예를 들어, PSI를 완성하는 데는 15분 정도 걸리고, 330문항인 Mooney 문제 체크리스트(Mooney & Gordon, 1950)도 25분 정도 걸린다. 그러나 더 중요한 것은 언어적 보고는 친한 친구일지라도 외부의 관찰자에게 종종 감추어져 있는 복잡하고 역동적인 내적 및 내현적 문제해결 과정에 대한 평가를 제공한다는 점이다. 이와 같이 언어적 보고 평가는 사람들이 실제 문제를 어떻게 해결하는지에 관한 접근하기 어려운 정보를 축적해 준다.

그렇지만 사람들이 스트레스가 되는 개인적인 어려움에 맞닥뜨렸을 때 대처하는 방식은 극도로 복잡한 과정이어서 문제해결 문헌에 오랫동안 언급되지 않아 왔다. 결정적인 논제는 응용 문제해결의 다양한 측정도구에서 개인 보고의 정확성에 관한 것이다. 아마도 개인은 의식적이든 무의식적이든 자신을 과대평가하거나 과소평가하려는 동기가 있다. 또는 자신의 수행에 대한 선택적 주의는 왜곡된 평가를 불러일으킬 수도 있다. 이 같은 타당도에 관한 논제에 답하기 위해, 초기의 연구자들은 실제적인 문제해결 기술, 능력 또는 효과를 평가하기 위해 문제해결 행위의 관찰검사를 요구하였다(예: Butler & Meichenbaum, 1981). 역할연기 문제해결 상황, 크게 소리 내서 생각하기, 자료수집 과정-회상 기법, 자기감찰 차트, 가설적이거나 단계적인 대인관계 문제에 대한 반응 검토하기 등과 같은 다양한 전략들이 제안되고 시도되어 왔다 (Larson, Potenza, Wennstedt, & Sailors, 1995 참조). 불행하게도 언어적 보고와 실제적인 문제해결 기술이나 효과 간의 관계를 검토하는 이러한 전략은 표집의 문제나 일반화의 문제, 준거타당도, 꾸며낸 문제해결 시행과 관련된 외부타당도의 문제들처럼 많은 개념적이고 방법론적인 문제에 직면하였다.

아마도 측정에 관한 가장 결정적인 논제는 응용 문제해결의 복잡한 과정 내에서의 개인차다. 예를 들어, 사람들은 문제의 유형에 따라 각기 다른 문제해결 활동을 한다는 증거들이 있다(Heppner & Hillerbrand, 1991). 게다가 광범위한 문제해결 연구문헌들을 개관한 후에 Heppner와 Krauskopf(1987)는 "문제해결이란 개인의 지식 기반이 어떻게 얻어졌는지, 그리고 어떻게 내적으로 표상되었는지를 참고하지 않고서는 잘 이해될 수 없다."라고 결론 내렸다. 더구나 사람들은 저마다 지식 기반이 엄청나게 다르며, 주제에 따라서도 매우 다른 지식 기반을 가지고 있다. 개인차와 지식 기반의 개념은 문제해결에 대한 평가를 대단히 복잡하게 만든다. 따라서 응용 문제해결에 있어서 개인차와 특히 맥락적인 논제들(지식 기반과 문화적 맥락과 같은)을 검토하는 것이 아주 유용할 것이다. 예를 들어, 상이한 문제 영역들, 성, 성 사회화, 종족, 인종, 문화적 규준의 맥락 내에 있는 모든 것들에 대한 문제해결 평가의 역할을 검토하는 것은 이러한 복잡한 주제에 대한 이해를 증진시킬 것이다. 더구나 문제해결에 대한 평가는 개인의 문제해결 기술에 대한 평가 대 가족의 문제해결 기술에 대한 평가에서와 같이 문화에 걸친 활동들에 대한 평가를 포함할 것이다. 요약하면, 응용 문제해결의 복잡성과 다양성 때문에 문제해결 연구에는 반드시 좀 더 복잡한 평가도구들이 포함되어야 한다.

구성개념 측정에서 미래의 발전

아주 다른 집단과 문화에 걸쳐서 PSI의 요인구조가 일반화될 수 있다는 많은 증거들이 있다. 상이한 소수민족 집단과 다양한 문화에서 표집된 PSI 자료들은 고무적이다. 그럼에도 불구하고 다른 인종과 종족의 표본들에 관한 연구는 여전히 필요하다(예: Leong, 1990). 보편적인 문제해결의 개념과 함께 문화 특정적인 문제해결의 개념을 이해하는 것도 필요하다. 횡문화적인(cross-cultural) 규준 자료는 적절한 비교를 위해 필요하다. 또한 PSI에 의해 평가되지 못한 문제해결 요소들이 삶에서 중요한 역할을 할 수 있다는 것 역시 강조되어야 한다. 다양한 문화집단에서 사용되는 고유한 대처방식을 통합하는 것은 문화 특정적인 대처방식을 확인하는 데 유용할 것이다.

더 나아가, 미래에는 PSI 요인들과 심리적 건강 간의 관계를 밝히는 연구들이 요구된다. 문제해결에 대한 평가와 심리적 건강 간의 관련성에 관한 연구들이 미국(예: Heppner & Lee, 2002)과 다른 나라(예: Heppner et al., 2000; Pretorius, 1993; Sahin et al., 1993)에서 행해졌다. 심리적 건강을 예언하는 특수한 PSI 요인의 역할을 검토(예: Dixon, Heppner, & Anderson, 1991)함으로써 문제해결 평가의 보다 완전한 이해가 가능할 것이다. Witty, Heppner, Bernard 및 Thoreson(2001)은 미국의 만성요통 환자들을 대상으로 한 연구에서 문제해결에 대한 자신감(PSC)이 접근-회피 유형(AAS)과 세 가지 심리적 지표(우울, 무망감, 일반적인 심리적 적응) 간의 관계를 매개한다는 것을 발견하였다. 최근에 남아프리카 공화국의 흑인 표본을 바탕으로 행해진 연구에서도 이러한 주장을 부분적으로 지지하는 결과가 나왔다(Heppner et al., 2000). 본질적으로 문제에 접근하거나 회피하는 개인의 경향성이 직접적으로 적응(우울, 무망감, 특질불안, 특질분노)과 관련되기는 하지만, 이러한 경향성은 문제해결에 대한 자신감과 심리적인 적응에 차례로 영향을 미침으로써 더욱 강해진다는 것이 시사되었다. 요약하면, 좀 더 정교한 통계적 분석(예: 구조방정식 모형)을 통해 PSI 요인들과 다른 심리적 적응개념들 간의 관계를 탐색하는 것이 요구된다.

마지막으로, 문제해결에 대한 평가를 증진시키기 위한 효과적인 방법의 개발에 대한 연구(예: Heppner & Hillerbrand, 1991)가 필요하다. 더구나 문제해결 훈련은 아동과 어른의 신체적 및 심리적 고통을 예방하는 것뿐만 아니라 그들의 학업 성취, 관계, 양육 및 직업 등에서의 잠재력을 극대화하는 데에도 필요하다. 본질적으로 문제해결은 사람들 삶의 여러 영역에 걸쳐 광범위한 개인들의 긍정적인 발달을 촉진하는 긍정심리학 분야를 발전시키는 데 중요한 역할을 할 수 있다.

참고문헌

Antonovsky, A. (1979). *Health, stress, and coping.* San Francisco: Jossey-Bass.

Butler, L., & Meichenbaum, D. (1981). The assessment of interpersonal problem-solving skills. In P. C. Kendall & S. D. Hollen (Eds.), *Assessment strategies for cognitive-behavioral interventions* (pp. 197-225). New York: Academic Press.

Chynoweth, G. H. (1987). *Problem solving: A rational process with an emotional matrix.* Unpublished manuscript, Kansas State University, Manhattan.

183

Chynoweth, G. H., Blankinship, D. A., & Parker, M. W. (1986). The binomial expansion: Simplify the evaluation process. *Journal of Counseling Development, 64,* 645–647.

Dixon, D. N., & Glover, J. A. (1984). *Counseling: A problem solving approach.* New York: Wiley & Sons.

Dixon, W. A., Heppner, P. P., & Anderson, W. P. (1991). Problem-solving appraisal, stress, hopelessness, and suicide ideation in a college population. *Journal of Counseling Psychology, 38,* 51–56.

D'Zurilla, T. J. (1986). *Problem-solving therapy: A social competence approach to clinical intervention.* New York: Springer.

D'Zurilla, T. J., & Goldfried, M. R. (1971). Problem solving and behavior modification. *Journal of Abnormal Psychology, 78,* 107–126.

D'Zurilla, T. J., & Nezu, A. M. (1990). Development and preliminary evaluation of the Social Problem Solving Inventory (SPSI). *Psychological Assessment: A Journal of Consulting and Clinical Psychology, 2,* 156–163.

Hartman, B. J. (1968). Survey of college student's problems identified by the Mooney Problem Checklist. *Psychological Reports, 22,* 715–716.

Heppner, P. P. (1978). A review of the problem-solving literature and its relationship to the counseling process. *Journal of Counseling Psychology, 25,* 366–375.

Heppner, P. P. (1988). *The Problem-Solving Inventory.* Palo Alto, CA: Consulting Psychologist Press.

Heppner, P. P., & Baker, C. E. (1997). Applications of the Problem Solving Inventory. *Measurement and Evaluation in Counseling and Development, 29,* 229–241.

Heppner, P. P., Baumgardner, A. H., Larson, L. M., & Petty, R. E. (1988). The utility of problem-solving training that emphasizes self-management principles. *Counseling Psychology Quarterly, 1,* 129–143.

Heppner, P. P., Cook, S. W., Wright, D. M., & Johnson, C. (1995). Progress in resolving problems: A Problem-Focused Style of Coping. *Journal of Counseling Psychology, 42,* 279–293.

Heppner, P. P., Cooper, C., Mulholland, A., & Wei, M. (2001). A brief, multidimensional, problem solving psychotherapy outcome measure. *Journal of Counseling Psychology, 48,* 330–343.

Heppner, P. P., & Hillerbrand, E. T. (1991). Problem-solving training: Implications for remedial and preventive training. In C. R. Snyder & D. R. Forsyth (Eds.), *Handbook of social and clinical psychology: The health perspective* (pp. 681–698). Elmsford, NY: Pergamon Press.

Heppner, P. P., & Krauskopf, C. J. (1987). An information processing approach to personal problem solving. *Counseling Psychologist, 15,* 371–447.

Heppner, P. P., & Lee, D. (2002). Problem-solving appraisal and psychological adjustment. In C. R. Snyder & S. J. Lopez (Eds.), *Handbook of positive psychology* (pp. 288-298). New York: Oxford University Press.

Heppner, P. P., Manley, C. M., Perez, R. M., & Dixon, W. A. (1994). *An adolescent version of the Problem Solving Inventory: Initial reliability and validity estimates.* Unpublished manuscript.

Heppner, P. P., & Petersen, C. H. (1982). The development and implications of a personal problem-solving inventory. *Journal of Counseling Psychology, 29,* 66-75.

Heppner, P. P., Pretorius, T. B., Wei, M., Wang, Y.-W., & Lee, D. (2000, Aug.). *Associations between problem solving and psychological adjustment in South Africa.* Paper presented at the annual meeting of the American Psychological Association, Washington, DC.

Heppner, P. P., & Reeder, B. L. (1984). Training in problem-solving for residence hall staff: Who is most satisfied? *Journal of College Student Personnel, 25,* 357-360.

Horowitz, L. M., Rosenberg, S. E., Baer, B. A., Ureno, G., & Villasenor, V. S. (1988). Inventory of interpersonal problems: Psychometric properties and clinical applications. *Journal of Consulting and Clinical Psychology, 56,* 885-893.

Janis, I. L., & Mann, L. (1977). *Decision making: A psychological analysis of conflict, choice, and commitment.* New York: Free Press.

Kendall, P. C., & Fischler, G. L. (1984). Behavioral and adjustment correlates of problem solving: Validational analyses of interpersonal cognitive problem solving measures. *Child Development, 55,* 227-243.

Laporte, L., Sabourin, S., & Wright, J. (1988). L'inventaire de resolution de problems personels: Une perspective metocognitive (The inventory of personal problem solving: A metacognitive perspective). *International Journal of Psychology, 23,* 569-581.

Larson, L. M., Potenza, M. T., Wennstedt, L. W., & Sailors, P. J. (1995). Personal problem solving in a simulated setting: Do perceptions accurately reflect behavior? *Cognitive Therapy and Research, 19,* 241-257.

Leong, F. T. L. (1990). Problem Solving Inventory. In D. J. Keyser & R. C. Sweetland (Eds.), *Test Critiques, Volume VIII* (pp. 574-582). Austin, TX: PRO-ED.

McCullough, L., & Farrell, A. D. (1983). *The computerized assessment for psychotherapy evaluation and research (computer program).* New York: Beth Israel Medical Center, Department of Psychiatry.

Mooney, R. L., & Gordon, L. V. (1950). *Manual: The Mooney Problem Checklists.* New York: Psychological Corporation.

Nezu, A. M. (1986). Efficacy of a social problem solving therapy approach for unipolar depression. *Journal of Consulting and Clinical Psychology, 54,* 196-202.

Nezu, A. M., Nezu, C. M., Friedman, S. H., Faddis, S., & Houts, P. S. (1998). *Helping cancer patients cope.* Washington, DC: American Psychological Association.

185

Nezu, A. M., Nezu, C. M., & Perri, M. G. (1989). *Problem-solving therapy for depression: Theory, research, and clinical guidelines*. New York: Wiley.

Platt, J. J., & Spivack, G. (1975). *Manual for the Means-Ends Problem Solving Procedure: A measure of interpersonal cognitive problem solving skill*. Philadelphia: Department of Mental Health Sciences, Hahnemann Medical College and Hospital.

Pretorius, T. B. (1993). Assessing the problem-solving appraisal of Black South African students. *International Journal of Psychology, 28*, 861-870.

Reis, S. D., & Heppner, P. P. (1993). Examination of coping resources and family adaptation in mothers and daughters of incestuous versus nonclinical families. *Journal of Counseling Psychology, 40*, 100-108.

Sabourin, S., Laporte, L., & Wright, J. (1990). Problem-solving self-appraisal and coping efforts in distressed and non-distressed couples. *Journal of Marital and Family Therapy, 16*, 89-97.

Sahin, N., Sahin, N. H., & Heppner, P. P. (1993). Psychometric properties of the Problem Solving Inventory (PSI) in a group of Turkish university students. *Cognitive Therapy and Research, 17*, 379-396.

Shure, M. B. (1982). Interpersonal problem solving: A cog in the wheel of social cognition. In F. C. Serafica (Ed.), *Social-cognitive development in context* (pp. 133-166). New York: Guilford Press.

Shure, M. B., & Spivack, G. (1972). Means-ends thinking, adjustment and social class among elementary school-aged children. *Journal of Consulting and Clinical Psychology, 38*, 348-353.

Wicklegren, W. A. (1974). *How to solve problems*. San Francisco: Freeman.

Witty, T. E., Heppner, P. P., Bernard, C. B., & Thoreson, R. W. (2001). Problem solving appraisal and psychological adjustment of chronic low back pain. *Journal of Clinical Psychology in Medical Settings, 8*, 149-160.

CHAPTER 9

통제 소재
기초로의 회귀

1966년에 Julian Rotter가 조작적 정의를 내린 이래로, 통제 소재(locus of control)의 개념은 광범위한 영역(심리학, 교육학, 경제학, 의학 등)의 많은 연구에서 다루어져 왔다. 마찬가지로, 연구자들이 통제 소재와 관련 지은 종속변인들은 매우 다양한데, 적응력, 직업적 성공, 결혼생활의 성공, 금연, 정신건강, 자기효능감 등이 여기에 속한다. 통제 소재의 개념을 둘러싼 모든 논란에도 불구하고, 이러한 다양성은 통제 소재가 인간행동의 이해뿐 아니라 개인 강점의 극대화 및 다양한 상황에 대한 적응력에서 핵심적인 것으로 여겨진다는 것을 보여 준다. 통제 소재는 긍정심리학 패러다임에 분명히 일치한다. 그것은 때로 어떤 상황이나 사건은 사람들이 통제할 수 없는 경우(그래서 싸울 수도 없는 경우)도 있다는 것을 인식하지만, 사람들이 자신의 발전과 심리적 안녕감에 대해 통제를 행사할 수 있는 그런 영역들을 확인하는 것을 강조하기 때문이다. 또한 이러한 관점은 누군가에게 무엇이 일어날지(그리고 그가 대처하기 위해 선택할 수 있는 행동들)를 결정하는 내외적으로 뒤얽힌 힘을 지각하는 것에서의 주관성의 중요성을 인식하고 있다. 따라서 통제 소재에 초점을 맞추고 있는 전문가의 목표 중 하나는 사람들이 자신들의 강점을 발견하여 접근하도록 도움을 주며,

한편으로 건강을 증진하는 활동을 선택하도록 돕는 것이다.

　비록 통제 소재가 널리 연구되었으나, 그럼에도 그 결과는 거의 수렴되지 않는다. 이러한 수렴의 부족은 도구의 다양성으로 설명될 수 있으며, 그 다양성은 연구자들이 구성개념을 이해하는 방식이 다른 것과 유사하다. 사실 통제 소재의 개념은 몇 가지 이론적, 심리측정적 질문을 야기시킨다. 이 장의 목표는 통제 소재 개념의 발전 및 이 개념과 관련된 주된 개념적, 경험적 문제들을 간단히 개관하고, 통제 소재 구성개념의 다양한 반복을 측정하는 다양한 도구들을 제시하는 것이다.

통제 소재의 개념: 정의와 해석의 곤란

　Rotter(1954)는 사회학습이론에 근거해서 개인이 욕구를 충족시키는 행동에 관여할 가능성은 구체적인 강화에 대한 기대와 그 강화에 부여된 가치에 달려 있다고 주장하였다. 그는 또한 이러한 기대가 상황 자체보다는 그 상황에 대한 개인의 태도에 달려 있다고 지적하였다. 이러한 태도는 사람들이 원하는 강화의 결과에 영향을 미치는 자신의 능력에 대한 지각에 의해 형성된다. 어떤 사람들은 사건의 경과에 그들이 어떤 영향을 줄 수 있다고 믿는 반면, 다른 사람들은 상황에 영향을 줄 능력이 거의 없다고 믿는다. Rotter(1966)는 통제 소재에 대해 다음과 같이 기술했다.

　　어떤 행동 이후에 강화가 그 주체에 의해 지각되었으나 그것이 전적으로 그의 행동에 수반적이지 않으면, 우리 문화에서 일반적으로 운, 기회, 운명의 결과로 여겨지거나, 강력한 타인의 통제하에 있는 것으로 여겨지거나, 또는 우리를 둘러싼 힘들의 복잡성 때문에 예측 불가능한 것으로 여겨진다. 개인이 사건을 이런 식으로 해석하는 것을 우리는 간단히 외적 통제라고 명명했다. 그리고 개인이 사건을 자신의 행동이나 비교적 영속적인 특성에 수반적이라고 지각하는 것에 대해, 우리는 그러한 믿음을 내적 통제라고 명명했다(Rotter, 1966: 1).

　통제 소재 구성개념의 발전과정 내내 이 구성개념은 안정된 성격 차원으로 잘못 여겨져 왔다(Phares, 1976). Phares와 유사하게 Lefcourt(1976)는 통제 소재는 상황과 시간에 걸쳐 일관되게 드러나는 구체적인 심리적 특성이 아니라고 주장하였다. 통제 소재를 성격학적으로 보는 관점은 이 구성개념에 대한 유일한 오해가 아니었다. 사실 통제 소재는 종종 본질적으로 긍정적(내적)이거나 부정적(외적)이라고 여겨져 왔다. 이러한 개념화와 발맞추어 많은 연구자들과 전문가들은 다양한 긍정적 결과와 내부 통제 소재를 연관시켜 왔다. 이처럼 통제 소재에 대한 다소 마니교도적인 관점과 내부 통제 소재에 대한 찬양은 구성개념의 특성, Rotter에 의해 정의된 단일 차원적 특성, 그 일반화 가능성 그리고 지배적인 사회 규준에 대한 취약성 측면에서 많은 논란을 불러일으켰다.

1975년에 Rotter는 통제 소재 검사의 결과에 대한 일부 해석의 오류와 더불어 이러한 오해에 대해 언급하였다. 여기서 그는 연구자들이 강화 가치를 별도의 변인으로 여기지 않았기에, 강화 가치가 어떤 사례에서는 결과의 해석을 편향시킬 수 있다고 언급하였다. 만약 사람들이 강화에 대해 낮은 가치를 부여하면, 그들은 높은 내부 통제 소재 점수를 받으면서도 일반적으로 외부 통제 소재와 연관된 수동적인 태도와 행동을 여전히 보일 수 있다. 반대로 강화에 높은 가치가 부여되면, 높은 내부 통제 소재 점수를 받은 사람도 단지 집단에 동조하려는 목표에 도달하기 위해 정력적으로 일할 가능성(이는 일반적으로 내부 통제 소재와 연관된다)이 있다. Rotter는 또한 내부 통제 소재는 언제나 긍정적 요소들과 연관되어 있고 외부 통제 소재는 부정적 요소들과만 연관되어 있다고 통제 소재를 지나치게 단순화하는 것을 비판하였다. 그는 이렇게 통제 소재를 지나치게 단순화하는 것에 반대하면서, 높은 내부 통제 소재 점수가 적응문제를 나타내는지의 여부를 결정하는 것이 어렵다는 사실을 강조함으로써, 결과의 해석에서 있을 수 있는 편향을 보여 주고자 시도했다. 예를 들어, 높은 내부 통제 소재 점수는 사람들이 실제 이상으로 사건에 영향을 미칠 수 있는 힘을 가졌다고 생각한다는 것을 의미할지 모른다. 이러한 높은 점수는 개인이 실패에 직면하는 능력보다는 자신의 실패를 깨닫지 못하는 것을 나타낼 수도 있다. 통제 소재의 지각이 맥락에서 벗어나 연구되어 왔다고 주장한 Dubois(1987)와 유사하게, Rotter(1989)는 사회학습이론의 더 큰 맥락에서 통제 소재를 관찰함으로써 그 결과를 이해하고 해석하는 것의 중요성을 다시 진술하였다. 그는 많은 연구자들이 사회학습이론을 잘 이해하지 못했으며 "이러한 개인차를 고정된 특질이나 유형으로 여겼다."(1989: 490)고 지적하였다.

통제 소재에 대한 우리의 이해를 더 제한하고 명료화하기 위해 Rotter(1975)는 외부 통제인 사람들에게 서로 다른 두 범주의 존재가 가능하다고 제안했는데, 이른바 방어적인 외부 통제자와 수동적인 외부 통제자가 그것이다. 전자는 그들이 경쟁적인 상황에 놓일 때 매우 활동적이 되는데, 그것은 그들이 실패를 두려워하기 때문이다. 후자는 사건에 대해 더 수동적인 태도를 취한다. 비록 두 가지의 서로 다른 외부 통제자가 구체적인 강화에 비슷하게 가치를 부여할 수는 있으나, 이러한 두 유형은 그에 대해 동일한 행동으로 반응하지 않을 것이다. 마찬가지로 다른 연구자들은 내통제-외통제의 이분법에 의문을 가졌는데, 그들은 둘 사이의 차이점에 초점을 맞추어 강화의 양극화를 비판해 왔다(예: Lefcourt, 1991; Marks, 1998; Strickland, 1989).

통제 소재 구성개념의 차원

비록 Strickland(1989)가 Rotter 척도의 요인분석이 20년 전보다 더 구체적인 요인들을 나타냈다고 지적했지만, Rotter(1975, 1989)는 이러한 하위 요인들의 존재를 인식하는 동시에 통제 소재의 단일 차원적 특성을 방어했다. 다른 연구자들은 이러한 차원에 대한 의문들을 검토하여 다양한 구분을 제안하였다. 예를 들어, Wong과 Sproule(1984)은 지나치게 높은 내통제 점수가 잠재적으로 부정적인 특성일 수 있다는 Rotter의 우려와 그가 1962년에 관찰한 외통제-내통제 연장선상의 중앙에 존재하는 꽤 큰 집단을 다시 언급하면서 통제 소재에 대한 2차원적 관점을 제안하였다. 이러한 개념은 통제 소재의 선형적 관점에 대비되며, 개인적인 책임감과 환경이 사상에 미치는 영향을 보다 현실적으로 구분하는 것을 전제로 한다. 내적인 힘과 외적인 힘 모두가 통제를 일으킨다고 믿는 사람들은 양측적(bilocal)이라고 불린다. Wong과 Sproule에 의하면 양측적인 사람들은 현실 생활에 더 잘 적응하는데, 그 이유는 그들이 모든 사건이나 상황을 통제할 수 없다는 것을 받아들이기 때문이다. 달리 말해, "그들은 변화될 수 있는 것은 바꾸려 하지만, 변화될 수 없는 것은 받아들인다"(1984: 325).

다양한 통제 소재 척도에서 행해진 요인분석이 지지하는 바는 다차원적 특성이다(예: Gurin, Gurin, & Morisson, 1978; Lefcourt, 1981, 1982; Levenson, 1974; Paulhus, 1983; Strickland, 1989). 예를 들어, Coombs와 Schroeder(1988)는 세 가지 통제 소재 척도를 비교했는데, 요인분석에서 각 척도에 몇 가지 특정한 요인들이 존재한다는 것이 드러났다. 과거에 다른 연구자들은 통제 소재가 양극적인 척도에 의해 나타나는 하나의 요인보다 더 많은 요인들로 구성되어 있을 가능성을 고려했다. 1974년에 Levenson은 통제 소재의 3요인 모델을 제안했다. 그녀가 제안한 생각은, 사람들은 개인적인 노력이 삶의 사건들에 영향을 줄 수 있다고 믿는 동시에 운을 믿을 수 있다는 것이었다. 따라서 그녀는 개인적인 책임감(잠재적으로는 수동적 내통제)과 맥락 관련 행동(분석적/능동적 내통제)을 암묵적으로 구분하였다. Levenson은 외부 통제 소재를 우연 소재(C)와 강력한 타인 소재(P)로 나눈 척도를 개발했다. 이렇게 세 부분(I, P, C)으로 이루어진 도구는 비교적 독립된 요인들로 구성되어 있으며(Lefcourt, 1991), 통제를 타당하게 나타내는 것으로 입증되었다(Levenson, 1981; Ward, 1994). 마지막으로 Fournier와 Jeanrie(1999)는 다양한 수준의 내통제와 외통제를 가정한 직업적 통제 소재 척도의 유형론을 제안하였다. 외적 신념은 세 가지 수준으로 나누어지는데, 패배주의적인(결과가 맥락과 타인에 의해서 결정된다는 신념), 의존적인(결과가 운과 운명에 의해 결정된다는 신념), 그리고 규범적인(결과가 사회 규범과 명령에 의해 결정된다는 신념) 수준이 그것이다. 내통제는 두 가지 수준으로 나누어지는데, 책임감 있는(결과가 개인의 행동에 수반적이라는 신념) 수준과 프로액티브(proactive, 개인의 노력과 환경적 수반성이 동시에 사건의 경과에 영향을 미친다는 신념) 수준이 그것이다. 요인분석을 이용하여 그들의 척도들을 분석한 결과, 두 개의 일반적인 요인들(외통제/내통제)과 다섯 개의 비교적 독립적인 하위 요인으로 나누어진다는 것을 확인하였다. 이러한 결과들은 사람들이 운, 운명 또는 특정한 환경적 수반성에 의해 영향을 받는다고 믿는 동시에, 그들의 개인적 노력의 영향을 믿을 수 있다는 생각을 지지하고 있다.

통제 소재 구성개념: 일반적 또는 특정적

비록 Rotter(1975)는 통제에 대한 일반적인 측정도구가 특히 광범위한 상황을 예측하는 정도가 낮다는 것과 같은 한계가 있다는 것을 인정했지만, 이 개념이 행동 영역에서 비교적 독립적인 사람들 사이의 일반적인 경향성을 보여 준다는 것을 1989년에 재언급하였다. 더 나아가 그는 다음과 같은 점을 강조하였다.

어떤 특수성이 나타날 수 있기 때문에 일반성의 개념에 도전하는 많은 논문들이 쓰이고 출간되었다. 이론이 독립적인 특질, 능력 또는 유형을 구체화하지는 않는다. ······ 그리고 어떤 특수성이 나타날 수 있기 때문에 그 개념에 일반성이 전혀 없다고 잘못 결론 내렸다. 일반성-특수성은 정도의 문제이지 질적인 차이의 문제가 아니다 (1989: 490).

Rotter의 관점과 상반되는 관점을 가진 다른 연구자들은 통제 소재를 영역 특정적 구성개념으로 간주할 수 있다고 주장하였다(Mischel & Mischel, 1979). 사실 몇몇 연구자들은 영역 특정적인 통제 소재 척도를 개발했다(예: Lefcourt, 1991; Paulhus, 1983; Spector, 1988). 예를 들어, Paulhus(1983)는 다양한 상황과 삶의 영역에 따라 통제 소재를 측정하는 Spheres of Control 척도(SOC)를 개발하였다. 이 척도는 통제를 개인적 통제, 대인 간 통제 그리고 사회정치적 통제의 3개 영역으로 나누었다. 이 척도와 관련하여 Paulhus와 Christie(1981)는 "SOC 척도는 3개의 중요한 행동 영역에 걸쳐 개인의 통제에 대한 지각 프로파일을 제공한다. ······내부-외부 조합의 여덟 가지 유형 각각이 서로 다른 증후군과 연관될 수 있다."(1981: 179-180)고 지적하였다. 더 최근에 Friedrich(1987)는 영역 특정적으로 여겨지는 그의 직업적 통제소재척도(Vocational Locus of Control Scale)가 일반적인 Rotter의 척도보다 구직 활동에서의 성공과 태도를 더 잘 예언한다고 밝혔다. 게다가 Trice, Haire 및 Elliot(1989)는 그들의 영역 특정적인 도구(Career Locus of Control Scale)를 사용하는 것이 일반적인 Rotter 척도를 사용하는 것보다 경력개발 활동을 더 잘 예언함을 발견하였다. 마지막으로 Lachman(1986)은 시간에 걸친 통제 소재의 안정성에 대한 그의 연구에 기초해서, 학업 성취도나 경력과 같은 특정 영역에서 통제 신념을 관찰하는 것은 더 일반적인 통제 신념을 관찰하는 것보다 더 적절하며, 특히 젊은 사람들에게서 더욱 그렇다고 주장하였다. 더구나 이러한 연구 결과들은 같은 사람이 사용하는 척도의 내용에 따라 내통제 점수를 얻을 수도 있고 외통제 점수를 얻을 수도 있는 통제 소재의 상황적인 성질을 정립시켜 주고 있다. 이러한 특정적인 척도들의 예언적 유용성과 타당도 때문에 연구자들은 이 척도들을 더 많이 사용하게 되었다(Shapiro, Schwartz, & Astin, 1996). 사실 1980년 이래로 30개 이상의 새로운 통제 소재 척도가 개발되어 건강(Georgiou & Bradley, 1992), 직업(Spector, 1988; Taylor, Boss, Bédard, Thibault, & Evans, 1990), 재정(Furnham, 1986)과 같은 서로 다른 영역에 적용되어 왔다.

비록 통제 소재가 가끔은 부정확하게 해석되기도 했으나, 많은 연구자들이 이 개념의 이론적, 경험적 기초를 재정립하고자 노력해 왔다. 이러한 재정립으로 통제 소재에 대한 대부분의 오해가 Rotter의 초기 개념과 이후 해석 간 차이의 결과로 일어났다는 것이 분명해졌다. 통제 소재 개념은 상황에 따라 다양하며 고정적이고 타고난 성격 특질을 나타내지 않는다는 것이 현재 일치되고 있다. 우리가 개인의 행동을 이해하고 예측하려면 맥락에 따라 통제 소재를 관찰해야 하고 연합된 강화를 고려해야 한다. 결과적으로 일반적 통제 소재의 의미가 개인에 대해 유용한 정보를 제공해 줄 수 있다면, 특정 영역으로 그것을 구체화시키는 것이 Rotter가 지난 40년간 이 개념을 설명하고 재설명한 방식을 왜곡하지 않는 길이다. Rotter의 입장과 대비되는 유일한 논제는 통제 소재의 차원일 것이다. 그러나 비록 다양한 연구에서 차원이 확증되었지만, 분명하고 이론적/경험적 기초를 둔 해법에 다다르기 위해서는 내부 요인과 외부 요인의 수에 대한 문제가 좀 더 탐색되어야 할 것이다.

통제 소재 척도: 다른 정의, 다른 체제

특정 연구자가 통제 소재에 대해 내린 정의는 그 구성개념이 이후 강점을 적정하게 발달시키는 데 목적을 둔 중재에 사용될 수 있는 방식에 영향을 미쳤다. 그 구성개념은 진보해 왔던 바와 같이 긍정심리학의 원칙을 반영한다. 구성개념의 진보를 예시하기 위해 이 장의 두 번째 부분에서는 통제 소재에 대한 서로 다른 개념을 제시할 것이다. 결과적으로, 두 가지 영역 특정적 척도와 더불어 단일 차원 척도와 다차원적 일반 척도가 제시될 것이다.

내외통제소재척도　　Rotter의 내외통제소재척도(I-E Scale: Internal-External Locus of Control Scale; 1966)는 가장 자주 사용되고 인용되는 통제 소재 척도다. 1991년의 문헌 개관에서 Lefcourt는 50%의 연구가 Rotter의 척도를 사용했다고 지적하였다. 이 일반 척도는 23문항으로 구성되어 있어 사람들의 일반적인 통제 기대치를 단일 차원적인 관점에서 평가할 수 있도록 한다. 각 문항은 각각 외적 소재와 내적 소재를 나타내는 2개의 진술을 가지고 있다. 참여자들은 다양한 상황에서 어느 것이 그들의 통제 기대치를 나타내는지 결정하도록 요청받는다. 여기에 포함되어 있는 6개의 허위문항이 측정의 목적을 가리고 사회적 바람직성의 효과를 제한한다. 강제 선택형 문항의 사용은 사회적으로 바람직한 반응을 줄일 수 있다. 이 척도의 결과는 단일 점수로 나타나는데, 이는 외통제의 수준을 나타낸다. 규준은 몇 가지 간행물에서 보고되었다 (Lefcourt, 1982, 1991; Phares, 1976).

I-E 척도는 이전에 개발된 James(1957), Phares(1955)의 척도에 기초하였다. 통제 소재 척도를 개발하려는 Rotter의 첫 시도는 수행, 정서, 사회정치적 태도와 같은 다양한 영역과 관련된 통제 기대치를 평가하는 하위척도들로 구성된 검사를 제작하는 것을 포함했다. 다양한 심리측정적 분석이 이루어져 I-E 척도의 문항 개수가 100개에서 23개로 줄었다. 개발 중에 다양한 영역의 항목들 사이에서 관찰된 상관은 Rotter에게 영역 특정적 통제 소재 척도를 개발하려는 생각을 포기하게 했다. 사실 Rotter가 실시한 요인분석은 첫 번째의 큰 요인에 덧붙여 해석 불가능했던 일련의 작은 요인들을 드러나게 하였다.

Rotter(1966)가 실시한 신뢰도 분석에서 I-E 척도는 받아들일 만한 내적 일치도 ($r = .70$)를 보였다. 학생 하위 집단에서 검사-재검사 신뢰도는 1개월 후 $r = .72$ ($n = 60$)였고 2개월 후 $r = .55(n = 177)$였다. 외적 소재에 대한 진술과 내적 소재에 대한 진술 사이에 관찰된 낮은 상관은 두 요인이 상대적으로 독립적임을 의미한다. 따라서 이는 개인이 단일한 문제에 대해 외적인 신념과 내적인 신념을 동시에 가질 수 있음을 의미한다. 수년간 I-E 척도로 실시된 몇 번의 요인분석이 나타내는 바는 이 척도가 Rotter가 제안한 것보다 더 다차원적이라는 것이다(Coombs & Schroeder, 1988; Smith, Trompenaars, & Dugan, 1995). I-E 척도가 개발된 지 50년이 되었지만 그 타당화 연구는 그리 많지 않다. 대부분의 연구들은 통제 소재 변인을 특정 구성개념에 연결시켰다. 게다가 어떤 연구자들은 Rotter의 척도를 사용하였으나 그것을 하위 요인으로 나누었다. 결과적으로, 이 척도를 '순수하지 않다'고 평가한 Lefcourt (1991)가 암시한 것처럼 타당도가 확립되었다고 결론 내릴 수는 없다.

내통제, 강력한 타인들 및 우연 척도　24항목으로 구성된 Levenson의 IPC 척도 (Internality, Powerful Others, and Chance Scales; 1974, 1981)는 통제 소재의 다차원적 개념에 기초한 최초의 척도 중 하나다. 이 척도는 사회학습이론(Ward, 1994)에서 도출되었는데, 내통제(I)에 덧붙여 외적인 힘의 두 가지 유형인 우연(C)과 강력한 타인 들(P)을 구분하여 사람들의 인과적인 신념의 프로파일을 분석 가능하게 했다. 특정 상황과 문화적 맥락의 영향을 인식하면서, Levenson의 통제 소재에 대한 개념은 상 황적(소인적인 것과 반대로)인 동시에 일반적이었다.

각 소척도는 −3(강한 부정)에서 +3(강한 긍정)까지의 7점 Likert 척도로 8문항씩 제 시된다. 각 척도의 점수에는 상수가 더해져서 전체 점수가 마이너스가 되는 것을 막 는다. 하나의 척도에서 높은 점수를 받는 것은 응답자가 그 통제의 원천이 자신의 경 험에 어느 정도의 영향이 있다고 보는 것을 나타내며, 반대로 낮은 점수는 그 통제의 원천이 거의 영향이 없다고 보는 것을 나타낸다.

비록 세 가지 통제 귀인을 더 잘 결정하기 위해 몇 문항들이 개정되었지만, Levenson의 척도의 문항들은 Rotter의 척도에서 유래하였다(Lefcourt, 1991). Gurin, Gurin, Lao 및 Beattie(1969)의 I-E 척도에 대한 비판에 대응하여 문항들은 이념적인 통제보다는 명백하게 개인을 나타내도록, 그리고 변화하지 않을 상황을 나타내도록 수 정되었다. IPC의 초기 버전은 36문항으로 구성되었으며, 나중에 24문항으로 줄었다.

152명의 학생 표집에서 Levenson에 의해 보고된 내적 합치도(KR-20)는 .64(I), .77(P), 그리고 .78(C)이었으나, 성인 표집에서 보고된 것은 약간 낮았다. 이렇게 적당 히 높은 계수는 Rotter의 I-E 척도(1966)에서 나타난 것과 비교할 만하다. 안정성 지수 는 1주간 $r = .60 \sim .79$부터 7주 후 $r = .66 \sim .73$까지 다양했다(Lefcourt, 1991). 몇 가지 연구(예: Levenson, 1981; Ward, 1994)에서는 비록 특정 문항과 3요인 간의 관계가 기 대만큼 강하진 않았으나 저자가 제안한 3요인 구조를 지지했다. Rotter의 척도와 확립 된 상관(I는 $r = -.41$, P는 $r = .25$, C는 $r = .56$)은 또한 타당도의 증거를 제공하였다.

직무통제소재척도 직무통제소재척도(WLCS: Work Locus of Control Scale; Spector, 1988)는 16개의 문항으로 구성된 특정적인 척도로 직장과 관련된 다양한 통 제 원천(자기, 강력한 타인, 운)을 나타낸다. 응답은 '강한 부정'에서 '강한 긍정'까지의 6점 Likert 척도로 작성된다. 사회적 바람직성의 영향을 줄이기 위해 응답 중 절반은 외적인 형태로 표현되고, 나머지 절반은 내적인 형태로 표현된다. 최고 총점은 96점 으로, 높은 점수가 외적 통제 소재를 나타낸다.

최초의 척도는 49문항으로 구성되었으며, 문항분석($n = 149$) 그리고 사회적 바람직성 척도와 결과의 상관을 기초로 줄었다. 비록 WLCS이 통제 소재의 일차원적인 척도라고 여겨졌으나, 몇몇 연구들(예: Spector, 1988)의 결과는 연구에 따라 두 요인들이 어느 정도 혹은 약하게 독립적이라는 것을 확인했다. 알파계수는 .75~.85의 범위였다. 두 요인의 내적 합치도는 보고되지 않았다. 더 최근의 연구(Lu, Kao, Cooper, & Spector, 2000)는 적당하거나 높은 수준의 내적 합치도를 얻었다 (Robinson, Shaver, & Wrightsman, 1991). 시간적 안정성에 대한 연구는 6개월간 $r = .70$을 보여 주었다(Spector, 1992).

WLCS의 수렴타당도는 직무영역 관련 변인들과 더불어 다른 통제 소재 척도와의 상관을 결정하는 것으로 연구되었다. 비록 I-E 척도와는 받아들일 만한 정도의 평균 상관인 $r = .38~.54$, IPC 척도(Spector, 1988)와는 $r = .33$이 확립되었으나, 척도 간의 관계 패턴은 가설된 것과는 일치하지 않았다.

직업적 통제소재척도 직업적 통제소재척도(VLCS: Vocational Locus of Control; Fournier, Jeanrie, & Drapeau, 1996)는 통제 소재에 대한 특정적인 다차원적 개념을 제안하고 있다. 이 척도(부록 9.1 참조)는 3개의 내통제 수준(패배주의적, 의존적, 규범적)과 2개의 외통제 수준(책임감 있는, 프로액티브)을 포함한 5개의 위계적 통제 수준으로 이루어진 유형론에 기초하고 있다(Fournier, Pelletier, & Pelletier, 1993). 이 척도는 90개의 진술로 이루어져 있는데, 각각 가정된 5개의 통제 소재 수준 중 하나를 나타낸다. 응답은 '전적으로 동의하지 않는다'부터 '전적으로 동의한다'까지의 4점척도에 따라 주어진다. 6개의 점수들이 계산되는데, 5개 유형 각각에 대한 점수와 전체 점수다. 여기서 전체 점수는 내통제의 정도를 나타낸다(Fournier & Jeanrie, 1999).

이 척도는 직업 경력 영역에서 통제 소재의 수준 다섯 가지를 경험적으로 연구하기 위해 개발되었다. 이 수준들은 직장과 구직에 대한 신념과 관련해서 다수($n = 70$)의 젊은이들의 면접 내용을 분석하여 확인되었으며, 이후에 최초의 206문항을 만드는 데 기초로 사용되었다. 그리고 문항분석($n = 142$)을 사용하여 문항 개수를 140개로 줄였고, 척도를 대규모로 실시($n = 1100$)한 이후에 이루어진 두 번째 문항분석을 통해 현재의 90문항으로 줄였다(척도개발에 대한 더 상세한 내용은 Fournier & Jeanrie, 1999 참조).

신뢰도는 내적 합치도 분석을 이용해 측정되었다. 계수는 보통에서 높은 범위 (Robinson, Shaver, & Wrightsman, 1991, 13: $r = .85, .78, .69, .77, .85$)였고, 전체 알파

계수는 .90이었다. 그리고 안정성에 대한 분석은 보고된 바 없다.

VLCS의 내용타당도는 각 문항들을 관련된 유형 및 주제와 연결시킬 수 있는 전문가들에 의해 처음 타당화되었다. 평가자간의 일치도는 만족스러운 것으로 입증되었는데, 각 유형과 주제에 대해 $r = .74, .61$로 운에 귀인할 수 있는 일치 비율을 훨씬 뛰어넘었다. 척도의 다차원적 특성은 요인분석을 통해 지지되었다. 결과는 내통제적이면서 외통제적인 요인이 존재함을 보여 줬다. 이후 요인분석은 경험적으로 가정된 5개 유형의 존재를 드러냈다. 중간의 외통제 유형은 가장 모호하고 가장 독립적이지 않은 요인처럼 보일 것이다. 하위 요인들과의 교차상관 그리고 Rotter의 I-E 척도와 총점 간의 상관($r = -.40$)은 추가적으로 이 척도의 타당도를 제공하였다.

구성개념 측정에 대한 논제와 미래의 발전

비록 많은 이론적 · 경험적 발전을 통해 통제 소재의 개념이 정교화되어 왔지만, 계속 언급되어야 할 반복적인 문제들이 있다.

이론과 측정 간의 잘못 짝짓기　Rotter(1975, 1989), Lefcourt(1981), Phares (1976)는 모두 통제 소재 개념에 기반을 둔 이론들은 통제 소재 측정 결과의 해석을 위한 체계를 갖추어야 한다고 주장하였다. 불행히도 경험적인 논문의 저자들은 종종 자신들의 개념에 대한 정확한 정의를 고려하지 않고 결과를 논의했다. 따라서 어떤 저자들의 연구에서 통제 소재와 몇몇 관련된 구성개념들(통제 욕구, 자기효능감 등; Lefcourt, 1982; Reid & Ware, 1974) 사이의 혼란은 아마도 여러 척도들의 결과에서 관찰되는 불일치를 설명할 수 있을 것이다. 예를 들어, 자기효능감은 구체적으로 관찰 가능한 행동을 드러내고 그들에게 묶여 있을 수 있는 강화와의 관계를 외현적으로 피하는 능력에 대한 개인의 지각을 의미한다(Bandura, 1997). 따라서 개인이 만드는 귀인은 그가 주어진 수준의 수행을 보이거나 특정 행동과 관련된 성취를 보이는 것을 막는 제약의 원천을 의미한다. 이러한 개념들의 이론적 경계 사이의 혼란은 통제 소재 척도 결과의 해석에서 일관성의 부족을 야기했을 수 있다.

통제 소재의 문화적 의존성　몇몇 저자들은 서로 다른 통제 소재 척도의 결과에 대한 문화적, 사회경제적 요인의 영향을 분명하게 보여 주었다. 한편, 여러 연구들의 결과는 특정 국가(예: 일본, 중국)나 특정 문화(예: 히스패닉)의 응답자들이 미국이나 서양 문화권의 응답자들보다 외통제 점수를 더 받았다는 것을 보여 주었다(예: Chia, Cheng, & Chuang, 1998; Smith et al., 1995). 그러나 1966년에 Rotter는 통제 소재가 '미국 문화권의 사람들'을 대상으로 강화의 원천과 관련된 기대를 나타낸다고 언급하였다(p. 25). 유사하게 Marks(1998)는 그러한 점수 차이는 그들의 삶과 관련해 외통제 점수가 높은 집단이 통제 기대가 낮다고 결론 내리도록 하지는 않는다고 지적하였다. 그러한 차이로 일본, 아프리카, 스페인, 이슬람 사람들이 자신의 삶에 대해 가질 수 있는 통제에 대한 기대를 적게 가지거나 또는 긍정적이거나 '좋은' 삶이 어떠해야 한다는 자신의 표현을 적게 한다는 결론에는 도달할 수 없다. 그러나 그들은 개인이 통제를 표현하는 방식이 그 사람의 문화적 규준과 밀접하게 관련되어 있고, 통제 소재 척도를 주어진 문화의 관점에서 해석하는 것이 매우 중요하다고 강조하였다. 이러한 차이는 또한 통제 소재 척도 결과의 해석에서 문화 간의 일반화에 대한 의문을 불러일으킨다. 더욱이 다른 연구들은 외통제와 다수 또는 사회경제적으로 특권이 덜한 집단에 속한다는 사실 사이의 유의미한 관계를 지적했다(Gurin et al., 1978; Levenson, 1981). Lefcourt(1982)와 Marks(1998)가 말한 바와 같이, 이러한 유의미한 관계는 서로 다른 도구에 대한 대답을 통해 밝혀진 것처럼 사람들의 통제 신념에 미치는 좋은 운의 영향을 증명하고 있다.

차원의 성질에 대한 또 다른 관점   비록 통제 소재의 다차원성이 더 이상 논란의 대상은 아니지만, 차원의 성질은 아직까지 명료화되지 않았다. Lefcourt(1982)는 척도의 서로 다른 차원들이 나타낼 수 있는 다양한 양상들의 윤곽을 명백하게 해 주었다. 가장 주의할 만한 것은 아마도 통제의 외부적 원천들의 사이를 구분하고(Levenson, 1974) 통제 신념이 적용되는 맥락들을 구분하는(예: Paulhus & Christie, 1981; Reid & Ware, 1974) 양상들일 것이다. 그러나 이러한 양상들은 매우 다른 함의를 가진다. 사실 한 척도 차원이 다른 유형의 상황들과 부합된다면, 이러한 구체적인 상황들에 대한 일차원적인 척도가 더 좋은 평가 접근을 나타내지 않는다는 점을 입증하는 것이 중요하다. 통제 상황과 관련된 구체적인 영역과 통제 원천 사이를 명확하게 구분하는 것이 얼마나 어려운지 알고 있다면, 통제 상황의 개념이 일반적 척도냐 특정적 척도냐 하는 문제를 더 의미하며 통제 원천의 개념이 구성개념의 차원성 문제를 나타낸다고 믿는 것이 합리적일 것이다. Paulhus와 Christie(1981)는 그들의 검사에서 제안된 세 개의 통제 영역들이 통제 원천을 대체한다기보다는 보충한다고 명백하게 언급하였다. 더구나 그들은 Lefcourt(1976)와 Phares(1976)가 추천한 통제 소재에 대한 체계적이고 통합적인 접근이 차원성의 두 가지 개념을 동시에 사용함으로써 적용되어야 한다고 주장하였다. 이 접근의 장점은 척도 결과의 일반화 가능성을 극대화시킬 수 있다는 것이다. 물론 단점은 그러한 척도가 각 차원 조합의 안정성을 보장할 만큼 충분한 진술을 담을 수 있도록 상당히 길어야 한다는 것이다.

마지막 생각들

지난 35년 동안 통제 소재 척도는 구성개념과 관련된 중대한 오해를 겪어 왔다. 역설적으로 이러한 오해들은 개념에 대한 우리의 이해와 평가를 다듬는 데 도움을 주었다. Rotter(1966)에 의해 세워진 이론적 기초는 여전히 우리가 통제 소재와 그 척도의 미묘함과 한계를 이해하는 것을 돕고 있다. Lefcourt의 업적과 다양한 척도를 이용해 이루어진 많은 경험적 연구들은 통제 소재 개념의 분석을 방해하고 있는 격차에 대한 이해를 촉진해 왔다. 미래에도 이 개념이 인기가 있으려면, 통제 소재 척도를 개선시키려는 시도가 개념에 대한 이론적 기초와 밀접하게 연관되어야 한다. 오랫동안 통제 소재는 외부적인 통제 원천과 내부적인 통제 원천의 상호 영향을 고려한 구성개념으로 발전되어 왔다. 확실히 그러한 통제 소재는 사람들에게 충만하고 의미 있는 삶에 참여하는 데 두 가지 필수적인 조건인 맥락에 따른 활동 능력과 고차적인 자율성을 인정하고 있다.

부 9.1 록

직업적 통제소재척도

이 질문지의 목적은 당신이 직업시장에 관해 생각하는 바를 조사하기 위한 것입니다. 당신이 여기에 쓰는 모든 사항은 비밀로 유지될 것입니다. 이 질문지는 경력과 직업 세계의 다양한 측면들에 대한 90개의 진술을 포함하고 있습니다.

1. 각 문장을 잘 읽고 즉시 응답하십시오.
2. 첫인상에 근거해서 그 진술에 얼마나 동의하거나 동의하지 않는지 당신의 선택과 일치하는 숫자에 동그라미를 치십시오.
3. 맞는 답이나 틀린 답은 없습니다.
4. 모든 문제에 답하는 것이 중요합니다.

가능한 답은:

1. 전적으로 동의하지 않는다.
2. 동의하지 않는다.
3. 동의한다.
4. 전적으로 동의한다.

1. 경력에 대한 당신의 기대를 충족시키지 않는 직업이라도 가치 있는 도전을 할 수 있다.	1	2	3	4
2. 당신은 자신을 위해 스스로 결정한다.	1	2	3	4
3. 당신의 직업 선택을 돕는 데에는 직업 예측 전문가가 가장 좋다.	1	2	3	4
4. 학교는 지루하다.	1	2	3	4
5. 당신은 자신의 직업 선택에 관한 결정을 항상 통제하지는 못한다.	1	2	3	4
6. 당신이 하는 일에서 성공하기를 원한다면 가족의 조언을 따라야 한다.	1	2	3	4
7. 학교에서 배우는 모든 것은 유용하다.	1	2	3	4
8. 직업을 갖는 것은 선택의 문제가 아닌 운의 문제다.	1	2	3	4
9. 관여하는 일이 즐길 만할 때에만 직업이 재미있다.	1	2	3	4
10. 직업을 구하기 위해 해야 하는 일은 구직 전략을 잘 세우는 것이다.	1	2	3	4
11. 선생님들의 능력이 더 좋았더라면 학교에서 더 많이 배웠을 것이다.	1	2	3	4
12. 당신이 에너지를 충분히 쏟아붓는다면 모든 일은 성취될 수 있을 것이다.	1	2	3	4
13. 학교는 당신에게 중요한 직업기술을 개발하도록 허용한다.	1	2	3	4

14. 어떠한 일이 일어날 수 있기 때문에 내년을 위해 계획하는 것은 좋지 않다.	1	2	3	4
15. 만족스러운 직업을 구하려면 운이 있어야 한다.	1	2	3	4
16. 직업을 구하려면 '적절한 사람들'을 알아야 한다.	1	2	3	4
17. 세상은 몇몇 강한 사람들에 의해 돌아가고, 당신이 할 수 있는 일은 아무것도 없다.	1	2	3	4
18. 당신은 시간을 보내기 위해 일한다.	1	2	3	4
19. 당신의 직업을 계획하는 가장 좋은 방법은 고용 통계치를 살펴보는 것이다.	1	2	3	4
20. 내년에 당신의 직업 경력에 놀라운 일이 생길 것이다.	1	2	3	4
21. 구직은 직업시장에 나온 취직자리에 기초해야 한다.	1	2	3	4
22. 학교에서의 성공에 대한 책임은 오로지 자신에게 있다.	1	2	3	4
23. 부유한 사람들이 가장 좋은 직업을 모두 차지한다.	1	2	3	4
24. 일하는 것은 고역이다.	1	2	3	4
25. 당신의 직업 경력을 계획하려면 전문가의 도움이 필요하다.	1	2	3	4
26. 미래에 대한 책임은 당신 자신에게만 달려 있다.	1	2	3	4
27. 고용주가 가장 중요시하는 것은 당신의 학점이다.	1	2	3	4
28. 당신은 일의 한계를 고려해 자신의 경력에서 타협할 준비가 되어 있어야 한다.	1	2	3	4
29. 당신의 직업에 대해 정확한 결정을 내리려면 가용한 자원들을 사용해야 한다.	1	2	3	4
30. 당신이 시작하는 일에서 성공하는 것은 친구의 지원에 달려 있다.	1	2	3	4
31. 당신의 직업 경력을 계획할 때 미래의 직업 분야에서 선택해야 한다.	1	2	3	4
32. 직업적인 성공은 당신의 개인적인 능력을 개발하는 능력에 달려 있다.	1	2	3	4
33. 당신이 직업에 대한 정보를 찾는 것은 순전히 운이다.	1	2	3	4
34. 무엇보다도 당신의 경력 선택과 부합되는 직업이 흥미 있는 직업이다.	1	2	3	4
35. 좋은 의도만으로는 충분하지 않다. 당신은 구직 전략을 이용하는 방법을 알아야 한다.	1	2	3	4
36. 직업 선택은 당신에게 강요되는 것이고, 당신이 할 수 있는 것은 아무것도 없다.	1	2	3	4
37. 학교가 더 재미있었다면 학생들이 더 잘했을 것이다.	1	2	3	4
38. 당신에게 의미 있는 직업이란 일생에 하나뿐이다.	1	2	3	4
39. 학교는 개인 능력과 직업기술을 개발하는 데 좋은 장소다.	1	2	3	4
40. 당신이 좋은 결정을 내리기 원한다면 다른 사람에게 의지해야 한다.	1	2	3	4
41. 구직은 당신이 얼마나 많은 노력을 기울이느냐에 주로 달려 있다.	1	2	3	4
42. 운명이나 운은 의사결정에서 중요한 역할을 할 수 없다.	1	2	3	4
43. 최고의 사람들만이 직업에서 성공을 기대할 수 있다.	1	2	3	4
44. 경기를 잘하려면 가용한 자원을 활용하는 방법을 알아야 한다.	1	2	3	4
45. 당신은 시험을 통해서 당신의 직무 능력이 무엇인지 찾을 수 있다.	1	2	3	4
46. 시간이 모든 것을 알아서 해 주기 때문에 결정을 내릴 일이 많지 않다.	1	2	3	4

201

47. 직업목표를 세우는 것은 필요치 않다.	1	2	3	4
48. 모든 직업이 개인적인 성장의 기회를 제공할 수 있다.	1	2	3	4
49. 상황과는 관계없이 당신의 직업목표를 성취하는 것이 중요하다.	1	2	3	4
50. 직업을 얻는 것은 운명과 운에 달려 있다.	1	2	3	4
51. 당신이 직업시장을 잘 알고 있다면 그것을 활용하는 것은 어렵지 않다.	1	2	3	4
52. 당신 자신만이 스스로 원하는 바를 알기 때문에 다른 사람의 의견은 경력개발에 관계없다.	1	2	3	4
53. 어떤 직업이 직업 훈련과 부합될 때에만 그 직업이 재미있다.	1	2	3	4
54. 경력개발에 다른 전략들을 시도하는 것은 소용없다.	1	2	3	4
55. 당신 자신을 개발하는 것은 서로 다른 생활 경험을 통합하는 것으로 이루어진다.	1	2	3	4
56. 직업에 약간의 한계가 있어도 여전히 유익할 수 있다.	1	2	3	4
57. 구직은 당신이 얼마나 많은 노력을 들이느냐와 고용 가능성에 달려 있다.	1	2	3	4
58. 당신이 학교를 잘 활용한다면 학교는 가치 있는 학습환경을 제공해 준다.	1	2	3	4
59. 당신이 직업목표를 달성하기 원한다면 가능한 한 다른 사람들에게 의지해야 한다.	1	2	3	4
60. 다른 사람들이 어쨌든 결정을 해 줄 것이기에 당신이 결정 내리는 것은 소용없다.	1	2	3	4
61. 당신의 경력개발은 당신의 친구, 가족 그리고 사회가 가지는 다양한 영향에 달려 있다.	1	2	3	4
62. 사람들이 학교에 머무르는 이유는 다른 할 일이 없기 때문이다.	1	2	3	4
63. 일하는 것은 지루하다.	1	2	3	4
64. 직업 세계에서 당신의 성공은 운에 달려 있다.	1	2	3	4
65. 다양한 직업에 대해 아는 것은 필수적이지만, 그것이 자동적으로 직업시장에서의 성공으로 이끌지는 않는다.	1	2	3	4
66. 사회적 압력이 직업 세계에서 당신의 성공을 막을 수 있다.	1	2	3	4
67. 당신이 선택한 직업 경로를 따르기 위해서 당신은 체계화될 필요가 있다.	1	2	3	4
68. 당신이 열심히 노력하면 언제나 직업목표에 도달할 방법이 있다.	1	2	3	4
69. 당신 직업의 성공과 실패는 가족들의 지지에 달려 있다.	1	2	3	4
70. 당신이 구직을 위해 해야 하는 모든 것은 제때에 적당한 위치에 있는 것이다.	1	2	3	4
71. 과정을 밟는 것은 시간 낭비다.	1	2	3	4
72. 한계가 없는 직업이 재미있는 직업이다.	1	2	3	4
73. 좋은 직업계획이란 당신이 기대하지 않은 것에 대해 여지를 남겨두는 것이다.	1	2	3	4
74. 당신은 자격증이 있어야만 좋은 직업을 구할 수 있다.	1	2	3	4

75. 직업시장은 닫혔다. 애써 봤자 별 수 없다.	1	2	3	4
76. 직업 만족은 권위 있는 위치에 있는 사람들에게서 당신이 받는 조언에 달려 있다.	1	2	3	4
77. 직업 세계에서 당신은 자신의 미래를 통제할 수 없다.	1	2	3	4
78. 학교에서 성공하려면 당신이 할 수 있는 것은 열심히 공부하는 것뿐이다.	1	2	3	4
79. 포화 상태에 있는 일을 선택하는 것은 실패로 이끌 것이다.	1	2	3	4
80. 대안적인 해결책이 직업계획의 부분이 되어야 한다.	1	2	3	4
81. 직장에는 너무 많은 제약이 있어 애초에 아무것도 시작하지 않는 것이 낫다.	1	2	3	4
82. 학교는 필요악이다.	1	2	3	4
83. 무엇보다도 재미있는 직업은 당신의 직업 기대에 일치하는 것이다.	1	2	3	4
84. 경력에서 앞서 나가려면 비록 조건이 항상 좋지 않더라도 솔선수범해야 한다.	1	2	3	4
85. 직업기술은 타고나는 것이며 개발되지 않는다.	1	2	3	4
86. 당신이 학교에서 성공하려면 운이 좋아야 한다.	1	2	3	4
87. 당신은 환경의 제약에 영향을 받지 말아야 한다.	1	2	3	4
88. 당신의 직업을 계획하려면 단기목표와 장기목표를 선택해야 한다.	1	2	3	4
89. 당신의 능력에 맞는 직업을 찾는 것은 운의 문제다.	1	2	3	4
90. 당신이 일하는 유일한 이유는 일정한 사회적 위치를 얻기 위해서다.	1	2	3	4

참고문헌

Bandura, A. (1997). *Self-efficacy: The exercise of control.* New York: Freeman.

Chia, R. C., Cheng, B. S., & Chuang, C. J. (1998). Differentiation in the source of internal control for Chinese. *Journal of Social Behavior and Personality, 13, 4,* 565-578.

Coombs, W. N., & Schroeder, H. E. (1988). Generalized locus of control: An analysis of factor analytic data. *Personality and Individual Differences, 9*(1), 79-85.

Dubois, N. (1987). *La psychologie du controle: Les croyances internes et externes (Psychology of control: Internal and external beliefs).* Grenoble: Presses Universitaires de Grenoble.

Fournier, G., & Jeanrie, C. (1999). Validation of a five-level locus of control scale. *Journal of Career Assessment, 7*(1), 63-89.

Fournier, G., Jeanrie, C., & Drapeau, S. (1996). *Echelle de Locus de controle relie a la carriere (Vocational locus of control scale)*. Quebec, Canada: Universite Laval.

Fournier, G., Pelletier, R., & Pelletier, D. (1993). Typologie des croyances entretenues par les jeunes de 16 a 25 ans a l'egard de l'insertion socio-professionnelle (Typology of socioprofessional integration beliefs among 16-25-year-old young adults). *L'orientation Scolaire et Professionnelle, 22*(1), 65-83.

Friedrich, J. R. (1987). Perceived control and decision making in a job hunting context. *Basic and Applied Social Psychology, 8*(1-2), 163-176.

Furnham, A. (1986). Economic locus of control. *Human Relations, 39*(1), 29-43.

Georgious, A., & Bradley, C. (1992). Development and validation of the safety locus of control scale. *Perceptual and Motor Skills, 61*(1), 151-161.

Gurin, P., Gurin, G., Lao, R. C, & Beattie, M. (1969). Internal-external control in the motivational dynamics of Negro youth. *Journal of Social Sciences, 25,* 29-53.

Gurin, P., Gurin, G., & Morrison, B. M. (1978). Personal and ideological aspects of internal and external control. *Social Psychology, 41*(4), 275-296.

James, W. H. (1957). *Internal versus external control of reinforcement as a basic variable in learning theory.* Unpublished doctoral dissertation, Ohio State University, Columbus.

Lachman, M. E. (1986). Locus of control in aging research: A case for multidimensional and domain-specific assessment. *Journal of Psychology and Aging, 1*(1), 34-40.

Lefcourt, H. M. (1976). *Locus of control: Current trends in theory and research.* Hillsdale, NJ: Erlbaum.

Lefcourt, H. M. (1981). *Research with the locus of control construct. Vol. 1. Assessment methods.* New York: Academic Press.

Lefcourt, H. M. (1982). *Locus of control: Current trends in theory and research.* Hillsdale, NJ: Erlbaum.

Lefcourt, H. M. (1991). Locus of control. In J. P. Robinson, P. R. Shaver, & L. S. Wrightsman (Eds.), *Measures of personality and social psychological attitudes* (pp. 413-499). New York: Academic Press.

Levenson, H. (1974). Activism and powerful others: Distinctions within the concept o f internal-external control. *Journal of Personality Assessment, 38,* 377-383.

Levenson, H. (1981). Differentiating among internality, powerful others, and chance. In H. M. Lefcourt (Ed.), *Research with the locus of control construct, Vol. 1. Assessment methods* (pp. 15-63). New York: Academic Press.

Lu, L., Kao, S. F., Cooper, C. L., & Spector, P. E. (2000). Managerial stress, locus of control, and job strain in Taiwan and USA comparative study. *International Journal of Stress Management, 7,* 209-226.

Marks, L. I. (1998). Deconstructing locus of control: Implications for practitioners. *Journal of Counseling and Development, 76,* 251-260.

Mischel, W., & Mischel, H. N. (1979). Self control and the self. In T. Mischel (Ed.), *The self: Psychological and philosophical issues* (pp. 31-64). New York: Holt,

Rinehart and Winston.

Paulhus, D. L. (1983). Sphere-specific measures of perceived control. *Journal of Personality and Social Psychology, 44*(6), 1253-1265.

Paulhus, D., & Christie, R. (1981). Spheres of control: An interactionist approach to assessment of perceived control. In H. M. Lefocurt (Ed.), *Research with the locus of control construct. Vol. 1. Assessment methods* (pp. 161-188). New York: Academic Press.

Phares, E. J. (1955). *Changes in expectancy in skill and chance situations.* Unpublished doctoral dissertation, Ohio state University, Columbus.

Phares, E. J. (1976). *Locus of control in personality.* Morristown, NJ: General Learning Press.

Reid, D., & Ware, E. E. (1974). Multidimensionality of internal versus external control: Addition of a third dimension and nondistinction of self vs. others. *Canadian Journal of Behavioral Science, 6,* 131-142.

Robinson, J. P., Shaver, P. R., & Wrightsman, L. S. (1991). *Measures of personality and social psychological attitudes.* San Diego, CA: Academic Press.

Rotter, J. B. (1954). *Social learning and clinical psychology.* Englewood Cliffs, NJ: Perntice Hall.

Rotter, J. B. (1966). Generalized expectancies for internal versus external control of reinforcement. *Psychological Monographs, 80*(1, whole No. 609).

Rotter, J. B. (1975). Some problems and misconceptions related to the construct of internal versus external control of reinforcement. *Journal of Consulting and Clinical Psychology, 45,* 489-493.

Shapiro, D. H., Schwartz, C. E., & Astin, J. A. (1996). controlling ourselves, controlling our world. *American Psychologist, 51*(12), 1213-1230.

Smith, P. b., Trompenaars, F., & Dugan, S. (1995). The Rotter Locus of control scale in 43 countries: A test of cultural relativity. *International Journal of Psychology, 30*(3), 377-400.

Spector, P. E. (1988). Development of the Work Locus of Control scale. *Journal of Occupational Psychology, 61,* 335-340.

Spector, P. E. (1992). *Summated rating scale construction: An introduction.* Beverly Hills, CA: Sage.

Strickland, B. R. (1989). Internal-external control of reinforcement. In T. Blass (Ed.), *Personality variables in social behavior* (pp. 219-279). Hillsdale, NJ: Erlbaum. (Original published 1977)

Taylor, M. C., Boss, M. W., Bédard, R., Thibault, C. J., & Evans, K. (1990). Variables related to the transition of youth from school to work. *Canadian Journal of Counseling, 24*(3), 153-164.

Trice, A. D., Haire, J. R., & Elliott, K. A. (1989). A career locus of control scale for undergraduate students. *Perceptual and Motor Skills, 69,* 555-561.

Ward, E. A. (1994). Construct validity of need for achievement and locus of control scales. *Education and Psychological Measurement, 54*(4), 983-992.

Wong, P. T. P., & Sproule, C. F. (1984). An attribution analysis of the Locus of Control Construct and the Trent Attribution Profile. In H. Lefcourt (Ed.), *Research with the Locus of Control Construct* (Vol. 3, pp. 310-360). New York: Academic Press.

CHAPTER 10

연구와 실제에서의 창의성 측정

창의성(creativity)은 인간의 진화에서 가장 신비하면서도 가장 중요하게 보이는 인간행동의 특징이다. 참신한 방법으로 문제를 해결하고, 기발하고 적절하며 사회적으로 가치 있는 일들을 해낼 수 있는 능력은 수세기 동안 사람들에게 선망의 대상이 되어 왔다. 창의성에 관한 대부분의 연구는 창조적 사고의 본질, 창조적인 사람의 고유한 특징, 개인의 일생에 걸친 창의성의 개발, 창조적 활동에 밀접하게 관련된 사회환경 등을 다루고 있다(Simonton, 2000). 이런 연구는 긍정심리학에 기반을 둔 상담자들에게 내담자들의 창조적인 특질을 발견하고 창조적 사고를 평가하도록 도움을 줄 수 있다. 상담자들은 이러한 지식들을 활용하여 내담자가 창조적인 삶을 개발하는 데 방해가 되는 내적이고 환경적인 장벽을 극복하도록 도울 수 있다.

창의성에 관한 대부분의 연구들은 천재성을 개발하는 프로그램으로부터 도움을 얻을 수 있는 아동들을 확인하거나 과학, 사업 및 산업 영역에서 혁신적인 역할을 담당할 수 있는 사람들을 확인하고자 하는 소망에 의해 이루어져 왔다. 내담자의 강점에 반응하기를 원하고 상담에서 긍정적인 방향을 추구하는 상담자들은 종종 창의성에 중점을 둔다. 평가는 이러한 모든 활동들에서 역할을 한다.

---

* Barbara Kerr and Camea Gagliardi

이 장에서는 창의성을 측정하는 상담자들이 고려해야 하는 다양한 문제들에 대해 다룰 것이다. 이는 창의성의 다양한 정의들과 측정도구들, 창의성을 방해하거나 증진 시키는 심리적 및 맥락적 변인들, 창의성 평가의 광범위한 맥락 내에서 측정을 적절 하게 활용할 필요성 등을 포함한다. 그리고 우리는 창의적 과정의 측정도구들과 창의 적인 사람을 확인하고, 창의성 측정과 평가를 상담에 적용하며, 이 분야에 대한 미래 의 방향에 대해 논할 것이다.

고려해야 할 측정에 관한 논제들

창의성을 측정하는 도구를 선택하기 전에 짚고 넘어가야 할 몇 가지 논제들이 있 다. 첫째, 창의성의 정의는 도구에 따라 달라질 수 있다. 둘째, 창의성 도구가 실제로 예언하는 것이 무엇인지 때때로 불명확하다. 셋째, 창의성은 항상 다른 심리적 및 환 경적 변인의 맥락 내에서 평가될 필요가 있다.

다양한 정의와 다양한 측정도구

창의성의 정의는 복잡미묘하다. 대부분의 연구자들은 창의성이 독창성, 적절성 그 리고 사회에 가치 있는 업적의 산출이라는 측면을 가지고 있다는 점에는 동의했지만, 이 개념을 조작하는 적절한 도구와 방법에서 동의를 이루는 데에는 어려움이 있었다. 대부분의 창의성 측정도구들이 복잡한 창의성의 개념을 충분하게 포착하지 못한다는 것은 이미 잘 알려져 왔다. 30년 전 Treffinger, Renzulli 및 Feldhusen(1971)은 널리 받아들여지는 창의성에 대한 통일된 이론이 부족하기 때문에 연구자들과 교육자들이 여러 어려움에 직면해 왔다고 주장하였다. 즉, 유용한 조작적 정의를 확립하고, 검사 들과 검사 시행 절차들 간의 차이에 대한 함의를 이해하며, 창의성과 인간의 다른 능 력 간의 관계를 이해하는 것 등에서의 어려움이 그것이다(p. 107).

Sternberg(2001)는 창의성을 인간의 다른 능력들과 분리되어 있는 것으로 간주하 지 말아야 하며, 오히려 사회적인 맥락에서 이해해야 한다고 주장하였다. 그는 다양 한 연구문헌에서 공통적으로 나타나는 결과에 따라 지능, 지혜 및 창의성 간에 상관 이 있다는 것을 주장하였다. 지능은 존재하는 사회적 의제를 진전시키고, 창의성은 그것에 의문을 제기하고 새로운 것을 제안하도록 하며, 지혜는 새로운 것과 기존의 것을 조화시켜 주는 것이다. 그러나 아직까지도 창의성에 대한 개념을 조작하고 측정하는 문제들은 여전히 남아 있다. 창의성을 검사하는 도구들이 많이 생겨났으며, 어떤 검사들은 심리측정적으로 더 정교하지만 대부분 준거문제를 가지고 있다. 즉, '창의성 연구자들이 연구하고 있는 것은 정확하게 무엇인가' 하는 문제다.

이 분야의 몇몇 연구자들은 실용적이고 역동적이며 창조적인 분야를 나타내는 다양한 측정도구들을 고려하였다. Houtz와 Krug(1995)은 "다양한 도구와 방법들은 새로운 문제와 상황에서의 유연성과 적응력, 최대한의 이론개발, 실생활의 문제들에 대한 적용성 등을 허용해 준다."(p. 273)고 주장하였다. 준거의 변화가 문제되느냐에 대한 입장과 관계없이, 창의성 검사에 대한 평가는 최근 발전의 관점에서 고려될 때와 한계점의 관점에서 해석될 때 훨씬 더 후해지는 것 같다.

창의성 도구를 통하여 예언할 수 있는 것은 무엇인가

많은 수의 가용한 창의성 검사들은 확산적 사고 또는 관념 작용의 유창성을 밝혀내지만, 미래의 창조적 행동을 예언하지는 못한다. 많은 경우에 실제로 창의성 측정 도구에서 창의성이 높은 아이들은 성인이 되었을 때 의미 있게 창조적인 활동을 하지는 못했다. 그러나 Plucker와 Runco(1998)는 현존하는 도구들의 예언타당도 증진뿐 아니라 창의성에 대한 개별적인 정의와 이론을 포함하는 창의성의 범위를 확장하는 유용성에서의 진전에 대해서도 논의하면서, 창의성 측정의 무용론은 과장된 것이라 주장하였다(p. 36). 낮은 예언타당도는 측정의 문제라기보다는 오히려 방법론의 문제일 수 있다(예: 너무 짧은 연구 기간, 정상분포가 아닌 자료에 대한 부적합한 통계처리, 종단연구에서 잘못 설정된 성과 준거). 게다가 전통적인 연구에서 유용하게 사용된 창의성에 대한 외현적 정의와 이론을 통해서는 창의성에 관한 개인적 신념에 내재해 있는 풍부한 정보에 접근할 수 없다. Plucker와 Runco(1998)는 사람들이 창조적인 활동에 참여할 때 "전문가들에 의해 개발된 이론과는 아주 다를 수 있는 창의성을 촉진하고 평가하는 방법에 대한 신념과 창의성에 대한 개인적인 정의에 의해 그들의 생각이나 행동이 이끌어진다."(p. 37)고 주장하였다. 자신을 달성하는 사람들의 내현적인 이론에 상응하는 도구를 만드는 것은 정의의 문제를 일으킬 뿐만 아니라 특히 횡문화적이고 어떤 학문의 특정적인 연구문제에 민감한 도구 설계에 사회적으로 타당한 기법이 생기게도 한다.

맥락에서의 창의성

다른 심리적인 맥락 변인들과 별도로 창의성을 측정하는 것은 문제가 있다. 창의적인 사람들에 대한 선구적인 연구에서 Csikszentmihalyi(1996)는 대중들에게 창의적이라고 인정받는 업적을 산출하여 문화에 막대한 영향을 미친 100명의 개인을 연구하였다. 과학자, 예술가, 작가, 교육자, 정치가, 사회활동가, 엔지니어, 종교 지도자 등을 포괄하는 이 연구에서 그는 창의적인 사람들의 가장 주된 특징이 지식이나 기술 영역의 숙달(mastery)이라는 것을 발견했다. 어떤 영역에 대한 숙달이 없다면 확산적 사고나 관념 작용의 유창성으로 창의적인 결과를 산출하기가 어렵다. 창의적인 사람들은 대부분 정상적인 아동기와 견실한 가치관을 제공해 주었던 가족이 있었다. 그러나 그들은 부모, 특히 아버지를 상실한 비율이 높았다. 일반적으로 그들은 부모 상실의 경험을 자신의 정체감 창조의 기회로 활용하도록 격려하는 지지적인 다른 어른들을 주위에 가지고 있었다. 창의적인 사람들은 학교에 대해서는 이야기할 게 별로 없었으며, 여러 면에서 일반적인 학교생활은 호기심이 아주 많고 스스로 이끄는 젊은 사람들에게는 별 볼일이 없었다. 다만 대학이나 고등교육 그리고 그들이 강렬하게 원하는 지식을 제공하였던 멘토나 교사들만이 그들의 관심에 부합하였었다. 성년이 된 후, 창의적인 사람들은 자신의 직업에 대해 돌아가는 길을 택했다. Csikszentmihalyi에 따르면 가장 특이한 것은 창의적인 사람들이 그들에게 주어진 모든 기회들을 이용하며, 유전자나 사건에 의해 이끌리기보다는 그 기회를 자신의 목적에 맞게 만들어 간다는 것이다.

Csikszentmihalyi(1990, 1996)는 창의적인 사람들의 가장 두드러진 특징은 '몰입(flow)'을 경험할 수 있는 능력인데, 이는 그들이 관여하고 있는 활동과 일체감을 경험하고 초시간적인 경험을 하는 것을 말한다. 몰입감 상태에서 사람들은 자신의 능력이 그 일이 제공하는 도전과 똑같다는 느낌을 가진다. 따라서 그들은 몰입감 상태를 증진시키는 과정에 있게 된다.

이런 특징과 더불어 창의성을 증진시키는 삶의 조건도 중요한데, 어떤 심리적인 조건들은 창의성을 방해한다. 창의적인 사람은 종종 '불안하게 살아가며' 일반적으로 더 독립적인 생활양식을 선택하지만, 이것은 창의성을 둔화시키는 약물남용이나 자기파괴 행동으로 이어질 수도 있다. Pritzker(1999)에 따르면 창의적인 사람들은 불확실하고 거부당할까 봐 애태우는 일들이 어렵고 스트레스를 받으며 불안을 일으키기 때문에 술을 마신다. 우울에 대한 반응으로 스스로 투약을 하든 유전적인 소인에 굴복하든 간에, 창의적인 사람들은 다른 사람들이 알지 못하게 오랜 기간 동안 혼자서 술을 마시고 중독된다. 창의성이 약물 사용의 원인이 된다는 것은 입증되지 않았지만(Kerr, Shaffer, Chambers, & Hallowell, 1991), 물질 사용이 창의성을 증진시킨다는 믿음은 부정확한 지각의 결과인 것 같다.

또한 창의적인 작가, 예술가, 음악가들이 기분장애, 특히 양극성장애로 고통받는 비율이 높다는 증거가 있다(Andreason, 1987; Jamison, 1989; Richard & Kinney, 1990). 상관이 있다는 증거들이 많기는 하지만, Bowden(1994)은 양극성장애에서 창의성과 관련된 여러 특징들이 인과관계를 반영할 수 있으며 그 방향성에 대해 좀 더 실험적인 연구가 필요하다고 주장하였다. 여기에는 관련된 개념들의 범위와 속도의 증가, 인내심, 에너지의 증가, 수면의 감소, 자신에 대한 과도한 집중, 고조된 성적 흥미 등이 포함된다. 적절한 조증 상태가 개인에게 도움이 될 수 있다 하더라도, 조증과 우울증은 모든 동기와 생산성을 파괴한다. 아무도 양극성장애와 창의성 간의 상관을 완전히 이해할 수는 없지만, 성격과 삶의 방식과는 별개로 창의성을 연구한다면 원래의 생산적인 역량을 평가하기가 어려울 것이다.

마지막으로, 창의적 행동을 만들어 내는 데는 환경적 변인이 인지적 변인과 중요한 면에서 상호작용을 한다(Piirto, 1998). 역사적으로 특정한 시기의 어떤 공동체에서 창의적인 사람이 아주 많이 증가했다는 기록이 있다. 15세기의 플로렌스, 할렘 르네상스 그리고 1960년대의 샌프란시스코가 그 예다. 후원자의 존재, 창의적 개인들의 하위문화에 대한 지지, 표현 자유의 가능성, 창의적인 업적에 필요한 물건이나 자원의 가용성 등이 재능을 가진 사람들에게서 창의적인 행동을 나타나게 하는 데 중요한 역할을 한다. 성별, 인종, 계급은 낮은 기대와 고정관념을 야기시킴으로써 재능 있는 사람들이 창의성을 표현하는 데 장애물이 될 수 있다. Amabile(2001)은 개인의 창의성이 주로 재능에 의존한다는 가정을 넘어서서 환경의 영향을 고려해야 한다고 연구자들을 격려하였다. 그녀의 창의성 구성 모델은 창의성이 세 가지—과제 영역에 고유한 기술, 일반적인 창의성 관련 기술, 과제에 대한 동기—로 구성되어 있으며, 이들은 창의성에서 사회적 환경의 중요성을 개념화하는 데 유용한 방법을 제공하고 있다.

측정도구의 적절한 활용

여러 창의성 검사도구들은 창의성에 대한 복잡한 지적, 정서적 개념 내에서 서로 다른 구성개념들을 측정하고 있다. 다른 검사와 비교하여 한 검사도구가 부적절할 때는 문제가 생긴다. 창의성 측정도구를 표준화한 것으로 잘 알려진 Torrance(1984)는 평가에서 객관적인 측정에 주의해야 한다고 하였다. 그는 창의성만이 의사결정을 위한 독자적인 준거가 되어서는 안 되고, 다양한 재능들이 평가되어야 하며, 문화적으로 다른 개인들에게는 그 문화에 맞는 가치 있는 뛰어난 소질을 평가해야 한다고 권고하였다(pp. 155-156). 객관적 검사의 제한된 맥락 내에서조차 다양한 측정도구를 사용하는 것은 평가가 사람들을 제대로 변별한다는 것을 확증할 수 있도록 돕는다. Hocevar와 Bachelor(1989)는 창의성 연구에서 사용된 측정도구를 분류하였다. 분류된 범주는 확산적 사고, 태도 및 흥미 검사, 성격검사, 자전적 검사, 성과의 판단, 저명한 사람에 대한 연구, 자기보고식의 창의적 활동 및 성취 등이다. 창의적 사고를 심리측정법으로 측정하는 것에 대한 포괄적인 논의에 관심이 있는 사람들은 최근의 개관(Hocevar & Bachelor, 1989)과 논평(Houtz & Krung, 1995)을 참고할 수 있다.

창의성의 측정도구

창의성을 측정하는 대부분의 측정도구들은 몇 가지 범주로 나누어진다. 확산적 사고는 창의적 과정에 가장 중요한 요인으로 생각되므로 평가도구들은 이러한 사고의 측정을 포함하고 있다. 대부분의 성격검사는 지필검사로서, 창의적 행동과 관련된 측면을 자기보고식으로 기술하는 검사다. 그러나 투사검사는 창의적 행동을 이끌어 낼 수 있는 무의식적 동기와 요구를 평가함으로써 창의적 성격을 측정한다.

창의적 과정의 측정도구: 확산적 사고

전통적인 지능검사는 창의성과 지능이 서로 독립적이라는 가정에 따라 창의적이거나 확산적인 사고를 측정하는 도구를 포함시키지 못했다. 전통적인 지능검사는 수렴적 사고를 측정하는데, 이는 문제나 질문에 대한 한 가지 정답으로 수렴할 수 있는 종류의 사고다. 반면 확산적 사고는 질문에 대해 다양한 대답을 산출하고 특이하거나 비범한 답을 할 수 있는 사고를 말한다. 이러한 사고는 약간은 관습적이고 약간은 독창적인 다양한 방향으로 이끄는 인지다. Runco(1999)에 따르면 "때로는 결론이 독창적이기 때문에 확산적 사고는 창의적 사고와 문제해결의 잠재력을 나타낸다." (p. 577). 그러므로 이런 검사가 신뢰성 있고 타당한 정도만큼 검사들이 창의적 사고의 잠재력에 대한 추정치로 간주될 수 있으며, 미래의 창의적 성과에 대한 추정치를 추론할 때에는 주의가 요구된다.

확산적 사고의 검사들이 있다. 1960년대에 J. P. Guilford와 E. Paul Torrance는 확산적 사고 검사 배터리(battery)를 제작하여 창의성 초기 연구에 사용하였는데, 이것은 오늘날까지 널리 사용되고 있다.

GUILFORD 배터리   Guilford의 검사 배터리는 지능의 구조 모델(Guilford, 1962)에 근거하며, 여러 형태의 확산적 사고를 포함한 180여 가지의 다른 종류의 사고를 변별하였다. 창의적 사고와 가장 관련되어 있는 능력은 기존 정보로부터 새로운 정보를 산출해 내는 확산적 생산 능력과 개인의 지식이나 경험을 개정하여 새로운 형태나 패턴으로 변환시키는 변환 능력에서 발견된다.

Guildford 배터리는 확산적 생산의 다른 측면들을 측정하는 10개의 개별적인 검사로 구성되어 있다. 이 검사들은 (1) 이야기의 제목 정하기(의미 단위의 확산적 생산), (2) 무엇과 관계가 있는가(의미 유목의 확산적 생산), (3) 유사한 의미(의미적 관계의 확산적 생산), (4) 문장 작성(의미체계의 확산적 생산), (5) 사람들의 종류(의미적 함의의 확산적 생산), (6) 어떤 것으로 무엇을 만들기(형상 단위의 확산적 생산), (7) 다른 문자집단(형상 유목의 확산적 생산), (8) 사물 만들기(형상체계의 확산적 생산), (9) 숨은 글자(형상 변환의 확산적 생산), (10) 장식 추가하기(형상 함의의 확산적 생산) 등이다. 각 과제들에는 시간 제한이 있으며 유창성 점수(반응 수)와 독창성 점수(통계적으로 낮은 빈도)로 채점된다. 여기에는 언어적(의미적) 내용과 비언어적(형상적) 내용 모두가 포함된다. Guildford의 지능구조가 몇십 년간 지지되어 왔지만, 그의 검사 배터리는 Torrance 검사(뒤에서 설명될)에 비해 타당도에 대한 연구들이 부족하다. Meeker(1978)는 Guilford 검사로 많은 아이들을 검사하였고, 초등학교 때 창의성이 높은 아이들이 고등학교에서도 높은 점수를 받는 것을 발견하였다. 그러나 Michael과 Bachelor (1990)는 204명의 중학생을 대상으로 Guilford 검사를 실시하여 27개의 확산적 사고 변인들의 상관 매트릭스를 재검사하는 요인분석 절차를 사용한 결과, 원래의 요인구조와 약간 일치한다는 결과만을 얻었다. 그러므로 이 검사의 요인구조가 아직도 타당한지는 확실치 않으며, 다만 이 검사들이 창의성을 평가하는 데 약간의 유용성이 있다고 할 수 있다.

TORRANCE 검사　　Torrance는 나중에 창의성은 "정확한 정의를 허용하지 않는다."(Parkhurst, 1999: 13)라고 인정하였지만, 연구목적으로 창의성을 조작적으로 정의하려는 초기의 시도는 주로 문제해결에 중점을 두었다. 그는 다음과 같이 언급하고 있다.

> 나는 창의적 사고를 어려움, 문제, 정보에서의 결함, 빠진 요소들을 느끼고, 그 결함들에 대해 가설들을 추측하거나 공식화하며, 가설을 검증하고 결국 그 결과들에 대해 의사소통하는 과정에서 나타나는 것으로 기술하고자 노력해 왔다(Torrance, 1965: 8).

Torrance 창의성 검사(TTCT: The Torrance Tests of Creative Thinking)는 비언어적 형태와 언어적 형태로 구성되어 있는데, '그림을 통한 창조적 사고(Thinking Creatively With Pictures)'와 '단어를 통한 창조적 사고(Thinking Creatively With Words)'는 유치원 아이들부터 대학원생에 걸쳐 네 가지 측면의 창조적 능력—즉, 유창성(fluency), 유연성(flexibility), 독창성(originality), 정교성(elaboration)—을 평가하기에 적합하다. 비언어적 검사는 세 가지 활동으로 구성되어 있는데, 하나의 도형을 정교화하기 위해 선을 긋는 것, 선을 그어 그림 완성하기 그리고 같은 도형을 사용하여 가능한 다른 모양을 많이 만들기가 그것이다. 언어적 검사는 응답자에게 질문, 대안적인 용도 및 추측을 만들어 내도록 하는 여섯 가지 활동으로 이루어져 있다. 각각의 비언어적 검사와 언어적 검사는 시간을 재고 유창성, 유연성, 독창성의 측면에서 채점된다. 비언어적 검사는 정교성에서도 채점된다.

TTCT는 가장 널리 사용되는 창의성 검사일 뿐 아니라 다른 검사들에 비해 타당한 검사다. 따라서 여러 나라에서 번안되어 사용되고 있으며, TTCT의 자료가 국제적 척도로 수집되어(Houtz & Krung, 1995) 비판적으로 개관되기도 했다(Cooper, 1991; Hocevar & Bachelor, 1989; Torrance, 1989). Treffinger(1985)가 행한 검사-재검사 신뢰도 연구 결과들의 분석에서 상당히 높은 신뢰도가 확인되었는데, 그 범위는

.50 ~ .93이었다. Torrance(1988)는 22년간의 종단연구를 통하여 성인의 성취와 상관을 측정하였다. 타당도 계수는 남자에서 .62, 여자에서 .57이었다. 이 타당도 계수가 중간 정도의 예언타당도를 보여 주고 있지만, Torrance는 성취를 예언하는 데 있어서 지능과 같은 정도의 예언타당도를 보이고 있는 것이라고 지적하였다. 20년간의 연구 끝에 TTCT의 신뢰도와 타당도가 확립되었으며, 창의성을 평가하는 다면적인 접근에서 다양한 측정도구들을 포함시키는 것의 적절성이 입증되었다.

확산적 사고 검사들에 대한 비판 Treffinger 등(1971)은 뚜렷하게 인지적인 측정도구들을 사용해 복잡하고 다면적인 창의성의 구성개념에 대한 추론을 해서는 안된다고 경고하면서 확산적 사고 검사에 대한 일차적인 비판을 교묘하게 기술하였다. 그러나 이것이 확산적 사고 검사의 유용성을 기각하지는 못하며, 반대로 확산적 사고 측정도구들이 창의성 전체를 설명해 주지는 못하지만, 이 측정도구들은 창의성에서 중요한 역할을 하는 지적 능력을 평가하는 것 같다(Treffinger et al., 1971: 108). 게다가 확산적 사고 검사들의 예언타당도가 낮다는 것 또한 문제다. 확산적 사고 또는 비판적 사고가 그 안에서 정의되고 있지만, 그것이 창의적 성과나 뛰어남과 반드시 일치하지는 않는다. Plucker와 Runco(1998)는 낮은 예언타당도가 종단연구에서 비효과적인 성과 준거를 포함하여 빈약한 방법론의 문제일 수 있다고 주장함으로써 이 오래된 비판에 도전했다. 그들은 결과 변인에서 창의적 성취의 양에만 의존하는 전통적인 방법에 비해 창의적 성취의 질과 양을 모두 포함하는 연구는 확산적 사고 검사의 예언타당도를 높일 수 있다고 주장했다. 또한 Parkhurst(1999)는 실제 생활에서의 창의성, 즉 창의적 생산이 확산적 사고와 상관이 그리 높지 않기 때문에, 확산적 사고가 창의성과 동등하다고 주장하는 것은 허울좋은 것뿐이라고 주장하였다. 예를 들어, 지능평가를 전문적으로 하는 연구자들과 임상가들은 개인의 과학적 능력을 측정하는 검사가 나중의 과학적 성취를 예언할 것이라고 가정하지 않는다. 오히려 "기대할 수 있는 모든 것은 개인이 과학적 지식과 능력을 사용할 필요가 있을 때 그것들을 사용할 것이라는 점이다"(Parkhurst, 1999: 6).

결론적으로, 창의적 인지과정에 대한 주요 검사들이 가지고 있는 심각한 문제는 검사 시행시간이 길고 검사의 사용과 해석에 대해 잘 훈련된 전문가가 필요하다는 것이다. 그리고 간단한 형태의 검사는 개발되지 않았거나 창의성을 예언하는 데 성공적이지 못했다.

창의적인 사람에 대한 측정: 현저한 특질

어떤 연구자들은 창의성을 온전히 인지과정이라고 생각한 반면에, 성격적 특질로 간주하는 견해도 있었다. 사람들이 창의적 사고를 가진 것으로 평가되고 인내와 독립성 같은 특징들이 나타나지 않는다면, 그들은 창의적으로 생산적이 될 수 없을 것이다. 타당한 평가 절차가 인지적인 요소와 성격적인 요소 모두에 고려되어야 한다.

확산적 사고와 같은 태도와 성격은 관찰 가능하고 측정 가능하다. 성격검사, 자기보고식 형용사 체크리스트, 자서전적 조사, 흥미나 태도 측정, 자기 및 동료 지명 절차, 면접 등이 모두 창의적 인간을 연구하기 위한 측정도구다. 그러나 주로 사용되는 측정도구는 성격검사들과 투사검사들이다. King과 Pope(1999)는 창의성이 자율성, 내향성, 경험에 대한 개방성과 같은 심리적 특질과 관련되어 있다고 하였다(p. 201). Feist(1999)는 창의적인 사람들의 가장 두드러진 특징은 "정규적인 사회적 접촉을 다소 거부하고 혼자 일하는 데 시간을 보내기를 좋아하며, 집단의 영향에서 독립적이고 자율적이다."(p. 158)라고 기술하였다. 자율성을 추구하는 경향과 관련하여, 창의적인 사람들은 외향적이기보다 내향적인 경향이 있어 강한 사회적 자극을 회피하려는 경향이 있다. Piirto(1998)는 『창의적인 사람들을 이해하기(*Understanding Those Who Create*)』라는 책에서 특정 영역에서 창의적인 사람들의 특징들을 개관하였다. 창의적인 사람들 중 예술가는 특히 더 충동적이며 자발적이었고, 작가들은 더 반항적이었으며, 건축가는 더 유연하지 못했다. 음악가들은 더 내향적이었고, 발명가들과 창의적인 엔지니어들은 전반적으로 적응을 잘하는 경향이 있었다. 그러므로 창의적인 행동을 예언하려고 노력한다면, 모든 창의적인 직업에 적합한 하나의 창의적인 성격 유형을 찾는 것보다는 특정 영역과 상관 있는 성격적 특질을 고려하는 것이 더 중요할 것이다.

출생 순서와 애착은 자율성의 발달에 막대한 초기의 영향을 미치는 두 가지 요인이다. Sulloway(1999)는 출생 순서가 형제들에게 가정환경을 다른 방식으로 경험하게 하고, 이것이 성격발달에서의 차이를 가져와 결국은 창의적인 성취에 영향을 미친다고 주장하였다. 첫째와 막내가 창의성의 모든 수준에서 다르다는 것이 증명되지는 않았지만, 그들은 창의성을 다른 방식으로 나타내는 경향이 있다. 특히, Feist(1999)는 첫째들이 새로운 경험에 저항적이고 창의성을 관습적이고 세련되며 지적인 방식으로 표현하는 반면, 막내들은 경험에 더 개방적이고 창의성을 비관습적이고 비동조적이며 독립적인 방식으로 표현하는 경향이 있다고 주장하였다. 더구나 애착의 안정성과 자율성 및 독립성의 촉진은 아동들에게 더 많은 호기심, 자신감, 성취 그리고 창의성을 불러일으키는 것 같다.

성격검사: 형용사 체크리스트, MBTI, NEO PI-R   Gough의 형용사 체크리스트(1960)는 자기를 묘사하는 300개의 단어로 구성되어 있다. Gough는 창의적인 사람들과 덜 창의적인 사람들을 신뢰성 있게 변별하는 30개의 형용사로 이루어진 하위 척도를 확인하였다. Gough의 창의적 성격 척도(Creative Personality Scale)는 소속 분야에서 전문가로 평가된 12개 분야에서 표집된 1,701명 응답자의 반응에 기초하여 만들어졌다. 30개의 형용사 중 18개는 창의성과 관련된 긍정적인 것이었는데, 유능한(capable), 영리한(clever), 대담한(confident), 제멋대로의(egotistical), 유머러스한(humorous), 개인주의적인(individualistic), 비공식적인(informal), 통찰력 있는(insightful), 지적인(intelligent), 흥미가 다채로운(interests wide), 발명의 재능이 있는(inventive), 독창적인(original), 반성하는(reflective), 자원이 풍부한(resourceful), 자신감 있는(self-confident), 섹시한(sexy), 속물적인(snobbish), 그리고 인습에 매이지 않는(unconventioal)이었다. 약간씩 다른 세 형용사 세트가 창의성 연구에 사용되었다. Domino(1994)는 두 개의 창의적인 성인집단에 네 가지의 다른 형용사 체크리스트(ACL: Adjective Check List 또는 Domino, Gough, Schaefer 및 Yarnell 척도)의 사용을 검토하였다. 그는 네 가지 척도 모두 적당한 신뢰도를 가지고 있으며 준거 측정도구와 상관이 높다는 것을 밝혔다.

Myers-Briggs 성격유형검사(MBTI: Myers-Briggs Type Indicator; Briggs & Myers, 1998)는 여러 유형의 정보처리 중 개인이 선호하는 방법을 평가하기 위해 제작된 자기보고형 검사다. 300개 정도의 강제 선택형 문항들로 구성되어 있으며 내향성-외향성, 직관-감각형, 사고-감정형 및 인식-판단형의 네 가지 차원을 평가한다. 창의성 지표(Creativity Index)는 창의성과 밀접하게 관련된 네 차원 간의 패턴으로 나타난다. 내향적이고 직관적이고 사고적이며 인식적인 유형이 가장 창의적인 유형이다. Myers-Briggs의 창의성 지표는 교사(Houtz, LaBlance, Butera, & Arons, 1994)나 심리치료자(Buchanan & Bandy, 1984) 그리고 많은 다른 전문직에서 창의적 유형과 관련이 있었다.

　　NEO 5요인 성격검사(Neo Five Factor Personality Inventory; Costa & McCrae, 1991)는 처음에 신경증, 외향성, 경험에 대한 개방성의 세 차원으로 된 성격 모델을 따라 이름 붙여졌다. 호의성과 성실성이 나중에 추가된 요인이다. 자기보고식 성격검사로 형용사 쌍을 사용하여 9단계의 양극성 척도에 평정하게 한다. NEO에 기저하는 요인 구조는 문화, 연령, 성별에 걸쳐서 타당도가 인상적으로 확인되었다(Costa & McCrae, 1992). 창의성과 관련되는 것으로 보이는 반응 패턴은 간접적으로 확인되었을 뿐이다. 전형적으로 막내들이 더 창의적이었는데, 그들은 호의적이며 더 성실하였고 경험에 개방적이었다(Sulloway, 1999). Csikszentmihalyi(1996)의 연구에 따르면, 이 요인들 중 어떤 요인은 창의적 생산에 필수적인 몰입감 상태에 도달하는 것을 촉진할 수 있다. 몰입감은 고독한 가운데 달성되는 경향이 있으므로 내향성을 포함하며, 현재의 순간에 심오한 감수성이 요구되므로 경험에 대한 개방성을 포함한다. 또한 그는 창의적인 사람들이 일과 관련하여 저항에 직면하면 까다로운 경향이 있을 뿐 아니라 대부분의 사람들이 동의하는 성실성에서 낮다는 것을 밝혔다. NEO가 측정하는 내향성과 낮은 수준의 성실성, 낮은 호의성, 경험에 대한 개방성은 창의성과 관련이 있는 것으로 보인다. 이 도구의 가치는 이 방향으로 부가적인 연구를 가능하게 하는 명백하고 잘 지지된 구성개념에 기초한다.

투사검사: Rorschach 검사　　정신역동 모델은 개인의 본능적 추동, 동기 및 방어를 이해하기 위해 개발된 투사검사 기법의 기초가 된다. 투사검사의 기본 가정은 애매한 자극에 대한 피검자들의 반응이 성격 유형을 나타내는 경향이 있다는 것이다. 이 검사에는 잉크 반점과 인간 상황에 대한 그림들이 일반적으로 사용된다. Walsh와 Bentz(1995)에 따르면 잉크 반점이 애매하기 때문에 "피검자의 해석은 피검자가 세상을 조직하고 지각하는 방법에서 나온 것이며, 그림에 자신의 삶에 대한 감정과 태도와 생각을 투사한다."(p. 128)고 한다. 검사자는 반응 패턴에서 두드러진 특징에 초점을 두고, 그 안에서 일치되는 요소들을 찾음으로써 개인의 성격에 대한 전반적인 인상을 얻으려고 노력한다. 투사검사들은 몇 가지 측면에서 객관적 성격검사와 다르다. 즉, 의도가 명백하지 않을 뿐더러 구조화되어 있지 않으며 의미에 대한 질적 해석

에 의존한다. 투사검사는 객관적 성격검사보다 해석하기 어렵고, 가장 엄격한 채점체계조차도 신뢰도와 타당도는 높지 않다. 그러나 이는 개인에 대한 중요한 정보를 얻을 수 있는 검사방법이다.

Hermann Rorschach는 1921년에 성격을 연구할 목적으로 로샤 잉크반점검사를 개발하였다. 이 검사는 잉크 반점으로 되어 있는 총 10장의 카드로 구성되어 있다. 5장은 검정이나 회색으로 되어 있고, 나머지 5장은 유채색으로 되어 있다. 한 번에 한 장의 카드만이 제시되며 '잉크 반점이 무엇처럼 보이는가.'라고 묻는다. 검사자는 반응을 기록하고 반응 영역과 반응을 이끈 반점의 결정인이나 특징을 확인하는 절차를 반복한다. 모든 채점체계에서 수련과 경험이 요구되지만, 일반적으로 더 독창적인 반응은 창의성이나 생산성을 반영하는 것으로 해석된다. King과 Pope(1999)는 로샤 잉크반점검사에 독창적이고 정교한 반응을 하는 사람들은 더 창의적이라는 그들의 주장을 지지하는 여러 연구들을 인용하였으며, 복잡하고 참신한 반응이 자율성을 나타낸다는 것을 로샤 프로토콜을 통해 검증하려는 다른 연구자들에게 도전하였다. 사실 그들은 내용에 기초하고, "창의적인 반응들은 과도하게 정교화된 평범한 지각체이거나 또는 특이한 지각체다." "형태질이 특이한 것은 자극에 대해 참신하게 접근하였다는 것을 의미한다." 그리고 "운동반응과 색채반응은 자주 나타난다."(p. 203)라는 가정에 근거하여 로샤 반응의 창의성 예비척도를 만들어 냈다. Ferracuti, Cannoni, Burla 및 Lazzari(1999)는 TTCT의 비언어적 검사와 임상가들이 창의성과 가장 상관 있을 것으로 여기는 로샤의 발달질 통합반응 간에 강한 상관이 있음을 확인하였다. (Murray와 Morgan은 주제통각검사(TAT; Murray, 1943)를 개발하였는데, 이 검사 역시 창의성을 측정하는 데 사용되어 왔다. Gieser와 Stein(1999)은 60년의 역사를 가진 TAT를 사용하여 창의성을 성공적으로 연구하는 방법을 보여 주었다.)

창의성을 연구하는 데 투사검사를 사용하려는 관심이 증가하고 있다. Gregory (2000)는 창의적인 반응을 유발하는 것처럼 보이는 패턴을 확인하기 위해 '검사를 역전'시킬 것을 제안하였다. 그는 병리에 초점을 맞추는 대신, 로샤가 피검자의 성격에 있는 창의성의 근원을 발견하는 데 유용하다고 하였다. 그는 검사를 역전시키는 것 (예: 사람의 종류에서 패턴의 종류로)이 무엇이 창의성을 자극하는지를 보여 줄 것이라고 주장하였다. 그는 또한 "어떤 종류의 패턴이 지각체의 풍부한 다양성을 유발하는가?"(p. 19)라는 명료한 실험적 의문을 제기하였다.

상담에서 창의성 검사의 활용

창의성에 관한 여러 검사들이 있지만, 상담 장면에서 창의성을 평가하는 데 가장 유용한 검사는 무엇인가? 먼저, 평가하는 이유를 고려해야 한다. 내담자가 교육적인 평가를 의뢰했다면, 예를 들어 영재반이나 특수교육 프로그램을 위해 등급을 나눌 목적으로 의뢰했다면 상담자는 프로그램의 성질을 알아보아야 한다. 방법은 언제나 프로그램과 맞는 것이어야 한다. 프로그램이 아이디어를 브레인스토밍 하는 능력과 창조적 문제해결 능력을 강조한다면 TTCT가 적당할 것이다. 반면 프로그램이 특수 영역에 초점을 두고 있다면 예술가의 성격과 가장 유사한 개인의 성격을 확인하는 형용사 체크리스트 같은 성격검사를 사용하는 것이 더 효과적일 것이다.

TTCT에서 교육적 검사점수가 높은 내담자가 의뢰되었다면 그것은 어떤 의미가 있을까? 그것은 피검자가 창의적으로 사고한다는 것을 의미하지만, 내담자가 창의적인 업적을 만들어 냈다는 것을 반드시 의미하는 것은 아니다. 이는 그 사람이 창의성이라는 인지적인 '재료(building blocks)' — 관념적 유창성, 유연성 및 독창성 — 를 가지고 있다는 것을 뜻한다. 그러나 이것들은 평균 이상의 지능, 인내심, 성취 동기 그리고 창의적 행동을 예언하는 다른 특징들과 반드시 결합되어야 한다. 만일 내담자를 창의적인 글쓰기나 예술작업과 함께 창의적인 문제해결을 요구하는 프로그램에 배정하려고 한다면, 성취 욕구와 인내심에 대한 욕구의 정보를 제공하는 성격검사와 핵심 영역의 능력에 관한 검사들을 조합하여 사용한다면 TTCT가 배정에 도움을 줄 수 있을 것이다. 창의적으로 생각하지만 지능이 낮고 성취 동기가 부족하며 끈기가 없는 아동은 흥미로운 생각은 많이 하지만 그것을 실행에 옮기거나 비판적으로 평가하지 못한다. 창의적으로 생각할 수 있는 사람일지라도 목표를 추구하는 데 집중하는 성격적 특성이 없다면 한 분야의 전문가가 되기 힘들다.

Meeker(1978)는 아동의 관점에서 창의성을 측정하는 방법을 개발하고 Guilford 척도가 어떻게 아이들의 창의성을 이해할 수 있도록 돕는지를 보여 주었다. 아동은 지능의 구조 모델에 따라 평가되면 지능의 장단점을 이해하도록 도움을 받는다. 결과 프로파일은 학생의 장점을 육성하고 단점을 보완하게 하는 영재교육 학급에 아동들을 배정하는 데 도움이 되도록 사용된다.

TTCT와 Guilford 검사 모두 고도로 창의적이지만 지능은 약간 높은 영리한 아동을 옹호하는 데 유용할 수 있다. 창의성과 지능이 중복되지만 완벽하게 상관 있지는 않기 때문에, 고도로 창의적이지만 평균 수준의 지능을 가진 아동도 과제를 완수하려는 일관성과 동기가 있다면 영재교육의 도움을 받을 수 있다. Renzulli(1999)의 확인의 삼원법(three ring method of identification) — 지능, 창의성, 과제 몰입의 증거를 요구하는 — 에 기반을 두고 있는 이러한 영재 프로그램은 창의적 과정에 대한 객관적인 측정도구에 특별히 개방될 것이다.

만일 내담자가 진로상담을 원한다면 더 포괄적인 접근에 따라 창의성을 평가하는 것이 적절하다. 창의성 검사 배터리보다는 형용사 체크리스트의 창의성 척도나 잠재된 창의성을 측정하는 창의성과 상관 있는 다른 성격검사의 하위척도를 선택하여 사용하는 것이 좋다. 성격검사는 내담자의 창의성이 가장 잘 드러나는 특정 영역을 확인할 수 있는 직업흥미검사나 가치검사와 함께 조합하여 사용할 수 있다. 중다 잠재력, 즉 창의적인 영재를 평가하는 접근법이 아이오와 대학교의 재능발달 상담연구실에서 개발되었다(Kerr & Erb, 1991). 이 상담연구실은 개인 및 집단 상담과 평가를 통합하는 일련의 활동들을 전개하였다. 청소년 내담자들은 직업선호도검사(VPI: Vocational Preference Inventory; Holland, 1996), Personality Research Form(PRF; Jackson, 1991) 및 가치검사를 받았다. 형용사 체크리스트와 같은 PRF는 자율성 욕구, 성취 욕구, 인내심, 친애 성향, 주도성 그리고 창조적 성과와 정적 또는 부적 상관이 있다고 밝혀진 다른 여러 척도들의 점수를 산출한다. 직업흥미 및 가치와 더불어 이 점수들은 창의적인 분야에서의 내담자의 만족과 성공 가능성을 결정하는 데 유용하다. 이 연구에서 절반 이상의 학부생들은 기존의 전공을 보다 창의적이고 자신의 가치와 부합되는 전공으로 바꾸었다.

상담에서 투사검사를 사용하여 창의성을 측정할 수 있다. 상담은 주로 부정적 상황, 성격장애, 기분장애 및 행동 결함에 초점을 둔다. 투사검사를 활용하는 것은 내담자들을 도울 수 있을 뿐 아니라 상담자가 내담자의 긍정심리에 초점을 맞추도록 도와준다. 상담자는 로샤나 TAT를 실시하는 과정에서 종종 놀라운 경험을 하거나 직관적으로 만족스러운 것을 발견하기도 한다. 상담자는 객관적 검사보다 더 직접적인 방법으로 내담자의 창의적 과정을 볼 수 있는 기회를 갖게 된다.

게다가 내담자 자신의 역사가 Piirto(1998)의 연구에 나온 창의적인 인물들의 생애

역사나 Csikszentmihalyi(1996)의 창의적인 일생의 요약과 비교되는 자서전적인 접근도 유용할 수 있다. 내담자에게 가장 긍정적인 경험 중의 하나는 그가 갈등을 어떻게 견디는지, 극단적인 감정들을 어떻게 느끼는지, 그리고 창의적인 일생에 흔히 있는 생산성에 대한 장애물이 어떻게 나타나는지를 상담자에게 보여 줄 수 있는 것이다. 자율성, 비동조성, 자발성, 표현 등의 특징들이 사회에서 너무 자주 평가절하되고 있다. 그럼에도 이런 요소들은 사람들로 하여금 위대한 예술, 문학, 음악 및 과학을 생산하도록 이끄는 특질들이다. 이러한 역설에 민감한 상담자들은 창의적인 사람들이 자신을 인정하고 자신의 재능을 가치 있게 평가하도록 도울 수 있다.

창의성 측정의 미래 방향

창의성 평가에 대한 연구의 개관을 통해서 이 영역에서의 많은 업적들은 도구의 개발이었다는 것이 드러났다. TTCT를 제외하고는 도구 타당화를 위한 후속 연구가 거의 이루어지지 않았다. 인지과정과 성격특성 검사의 예언타당도에 관한 보다 종단적인 연구들이 창의성에 관한 좋지 않은 검사들을 가려낼 수 있을 것이다. 게다가 신뢰도에 주의하는 것은 현재의 검사들을 개선시키고, 그것이 임상가들에게 유용하게끔 만든다.

더 짧고 더 쉽게 실시할 수 있는 검사를 추구하는 것 역시 필요하다. 검사는 간단해야 쉽게 채점할 수 있다. 가장 일반적으로 사용되는 창의적 사고를 측정하는 검사인 TTCT는 불행하게도 시행시간이 오래 걸릴 정도로 길고 채점하기가 어렵다. 결과적으로 많은 교육자와 상담자들은 이렇게 시간이 많이 걸리는 전략을 사용하는 것을 싫어한다.

아마도 가장 명백한 요구는 교육 장면과 상담 장면에서 창의성 검사를 통합하는 것에 대한 요구일 것이다. 창의성을 측정하는 방법은 많지만, 어떻게 성격과 지능의 창의적인 측면이 평가되어야 할 부분이 되는지에 대해 이해하는 전문가는 거의 없다. 교사들은 창의성의 본질과 그것을 확인하는 방법에 대한 훈련을 먼저 받아야 한다. 상담자는 상담에 사용할 목적으로 창의성 검사를 평가하고 선택하는 방법에 대한 훈련이 필요하다. 현재 이러한 검사들의 사용에 대해 사람들을 교육할 수 있는 능력을 갖춘 상담자들은 거의 없다. 그러나 상담자와 교사들이 내담자나 학생의 창의적인 강점을 효과적으로 확인하는 방법을 익히도록 도와 주려는 사람들은 열정적이고 정열적으로 배우려는 사람을 발견할 것이다.

참고문헌

Amabile, T. M. (2001). Beyond talent: John Irving and the passionate craft of creativity. *American Psychologist, 56,* 333–336.

Andreasen, N. C. (1987). Creativity and mental illness: Prevalence rates in writers and their first-degree relatives. *American Journal of Psychiatry, 144,* 1288–1292.

Bowden, C. L. (1994). Bipolar disorder and creativity. In M. P. Shaw & M. A. Runco (Eds.), *Creativity and affect* (pp. 73–86). Westport, CT: Ablex.

Briggs, K. C., & Myers, I. B. (1998). *Myers-Briggs Type Indicator.* Palo Alto, CA: Author.

Buchanan, D., & Bandy, C. (1984). Jungian typology of prospective psychodramatists: Myers-Briggs Type Indicator analysis of applicants for psychodrama training. *Psychological Reports, 55,* 599–606.

Ceoper, E. (1991). A critique of six measures for assessing creativity. *Journal of Creativity Behavior, 25,* 194–217.

Costa, P. T., & McCrae, R. R. (1991). *NEO Five-Factor Inventory.* Odessa, FL: Psychological Assessment Resources.

Costa, P. T., & McCrae, R. R. (1992). Four ways five factor are basic. *Personality and Individual Differences, 13,* 655–656.

Csikszentmihalyi, M. (1990). *Flow: The psychology of optimum experience.* New York: Harper-Collins.

Csikszentmihalyi, M. (1996). *Creativity: Flow and the psychology of discovery and invention.* New York: Harper-Collins.

Domino, G. (1994). Assessment of creativity with the ACL: An empirical comparison of four scales. *Creativity Research Journal, 7,* 21–33.

Feist, G. J. (1999). Autonomy and independence. *Encylopedia of Creativity* (Vol. 1, pp. 157–163). San Diego, CA: Academic Press.

Ferracuti, S., Cannoni, E., Burla, F., & Lazzari, R. (1999). Correlations for the Rorschach with the Torrance Tests of Creative Thinking. *Perceptual and Motor Skills, 89,* 863–870.

Gieser, L., & Stein, M. (1999). *Evocative images: The Thematic Apperception Test and the art of projection*. Washington, DC: American Psychological Association.

Guilford, J. P. (1962). Potentiality for creativity. *Gifted Child Quarterly, 6,* 87–90.

Gough, H. G. (1960). The Adjective Check List as a personality assessment research technique. *Psychological Reports, 6,* 107–122.

Gregory, R. (2000, March 2). Reversing Rorschach. *Nature, 404,* 19.

Hocevar, D., & Bachelor, P. (1989). A taxonomy and critique of measurements used in the study of creativity. In J. A. Glover, R. R. Ronning, & C. R. Reynolds (Eds.), *Handbook of creativity* (pp. 53–76). New York: Plenum Press.

Holland, J. (1996). *Vocational Preference Inventory*. Odessa, FL: Psychological Assessment Resources.

Houtz, J. C., & Krug, D. (1995). Assessment of creativity: Resolving a mid-life crisis. *Educational Psychology Review, 7,* 269–299.

Houtz, J. C., LeBlanc, E., Butera, T., & Arons, M. F. (1994). Personality type, creativity, and classroom teaching style in student teachers. *Journal of Classroom Interaction, 29,* 21–26.

Jackson, D. (1991). *The Personality Research Form*. Port Huron, MI: Sigma Assessment Systems.

Jamison, K. (1989). Mood disorders and seasonal patterns in British writers and artists. *Psychiatry, 52,* 125–134.

Kerr, B. A., & Erb, C. (1991). Career counseling with academically talented students: Effects of a value-based intervention. *Journal of Counseling Psychology, 38,* 330–314.

Kerr, B., Shaffer, J., Chambers, C., & Hallowell, K. (1991). Substance use of creatively talented adults. *Journal of Creativity Behavior, 25,* 145–153.

King, B. J., & Pope, B. (1999). Creativity as a factor in psychological assessment and healthy psychological functioning. *Journal of Personality Assessment, 72,* 200–207.

Meeker, M. (1978). Measuring creativity from the child's point of view. *Journal of Creativity Behavior, 12,* 52–62.

Michael, W. B., & Bachelor, P. (1990). Higher-order structure-of-intellect creativity factors in divergent production tests: A re-analysis of the Guilford data base. *Creativity Research Journal, 3,* 58–74.

Murray, H. A. (1943). *Thematic Apperception Test*. Cambridge: Harvard University Press.

Parkhurst, H. B. (1999). Confusion, lack of consensus, and the definition of creativity as a construct. *Journal of Creativity Behavior, 33,* 1–21.

Piirto, J. (1998). *Understanding those who create*. Scottsdale: Gifted Psychology Press.

Plucker, J. A., & Runco, M. A. (1998). The death of creativity measurement has been greatly exaggerated: Current issues, recent advances, and future directions in creativity assessment. *Roeper Review, 21,* 36–39.

Pritzker, S. R. (1999). Alcohol and creativity. In M. A. Runco & S. Pritzker (Eds.), *Encyclopedia of Creativity* (Vol. 2, pp. 699-708). San Diego, CA: Academic Press.

Renzulli, J. S. (1999). What is this thing called giftedness, and how do we develop it? A twenty-five year perspective. *Journal for the Education of the Gifted, 23,* 3-54.

Richards, R., & Kinney, D. K. (1990). Mood swings and creativity. *Creativity Research Journal, 3,* 202-217.

Runco, M. A. (1999). Divergent thinking. In M. A. Runco & S. Pritzker (Eds.), *Encyclopedia of creativity* (Vol. 1, pp. 577-582). San Diego, CA: Academic Press.

Simonton, D. K. (2000). Creativity: Cognitive, personal, developmental, and social aspects. *American Psychologist, 55,* 151-158.

Sternberg, R. J. (2001). What is the common thread of creativity? Its dialectical relation to intelligence and wisdom. *American Psychologist, 56,* 360-362.

Sulloway, F. J. (1999). Birth order. In M. A. Runco & S. Pritzker (Eds.), *Encyclopedia of creativity* (Vol. 1, p. 701). San Diego, CA: Academic Press.

Torrance, E. P. (1965). *Rewarding creativity behavior: Experiments in classroom activity.* Englewood Cliffs, NJ: Prentice-Hall.

Torrance, E. P. (1984). The role of creativity in identification of the gifted and talented. *Gifted Child Quarterly, 28,* 153-156.

Torrance, E. P. (1988). The nature of creativity as manifest in its testing. In R. J. Sternberg (Ed.), *The nature of creativity* (pp. 43-75). New York: Cambridge University Press.

Treffinger, D. J. (1985). Review of the Torrance Tests for Creativity Thinking. In J. Mitchell (Ed.), *Ninth mental measurements yearbook* (pp. 1633-1634). Lincoln, NE: Buros Institute of Mental Measurement.

Treffinger, D. J., Renzulli, J. S., & Feldhusen, J. F. (1971). Problems in the assessment of creativity thinking. *The Journal of Creativity Behavior, 5,* 104-111.

Walsh, B. W., & Betz, N. (1995). *Tests and assessment* (3rd ed.). Englewood Cliffs, NJ: Prentice-Hall.

CHAPTER 11

지혜로운 수행에 대한 평가

인류의 문화가 시작된 이래로 지혜는 인간 발달의 이상적인 목표로 여겨져 왔다. 지혜에 대한 심리학적인 연구는 철학에 대한 정의가 바로 '지혜에 대한 사랑 또는 추구'라는 것을 고려하는 철학적인 연구에 비해 아직도 초기 단계라고 할 수 있다. 우리가 인식해야 할 중요한 점은 일반적으로 지혜에 대한 역사적인 연구들을 볼 때 지혜를 개인의 마음이나 특성과 동일시하는 것이 선호되지 않는 분석방식이라는 점이다. 지혜를 개인(지혜로운 사람과 같은)과 동일시하는 것이 심리학에서 우세한 접근이며, 지혜는 사례를 들어 증명되는 방법 중의 하나다. 지혜는 종교 경전이나 법령집 또는 속담집에 예시되어 있는 지식체계로 자주 기술되고 있다. 그리고 지혜는 고립된 개인에게는 충분히 표현되기 어려운 것 이상으로 간주된다.

역사를 통해서 보면, 지혜라는 주제에 대한 관심은 증대되었다가 쇠퇴하는 것을 반복하였다(Baltes, 출판 중). 서구 세계에서 지혜가 신성한 것인지 인간적인 것인지에 대한 의문은 르네상스 시대 동안 지혜에 관련된 담론의 중심 주제였다. 이런 논쟁은 세계적으로 지혜가 중요한 것으로 여겨졌던 후기 계몽주의 시기에 최초의 결론에 도달했다. 종교의 기원을 다룬 고고학적이고 문화적인 업적들과 중국, 인도, 이집트, 구

---

* U. M. Staudinger and B. Leipold

메소포타미아와 그 밖의 지역에서 나타난 지혜에 관련된 세속적인 서적들은 문화와 역사적 시간에 따라 지혜의 정의가 매우 유사하다는 것을 보여 주었다(Baltes, 출판 중). 즉, 지혜는 (1) 행동과 인생의 의미에 대한 중요하고 어려운 질문과 전략을 제시한다. (2) 지식의 한계와 세계의 불확실성에 대한 지식을 포함한다. (3) 지식, 판단 그리고 충고의 진정한 최상 수준을 의미한다. (4) 특출한 시야, 깊이, 분량 및 균형을 가진 지식을 구성한다. (5) 마음과 성격의 완벽한 시너지(즉, 지식과 미덕의 조화)를 포함한다. (6) 개인과 타인의 선이나 안녕을 위해 사용되는 지식을 나타낸다. (7) 달성하거나 상술하기는 어렵지만, 일단 나타나면 쉽게 인식된다. 이렇게 공유된 특징들은 지혜와 그에 관련된 지식 및 기술의 부분이 인류의 적응적인 가치 때문에 문화적으로 선택되어 왔다는 것을 시사한다(예: Staudinger, 1996).

최근 들어 지혜의 개념에 대한 관심이 증가하고 있다. 이와 같은 강한 관심은 서구 산업사회가 다원론적인 사회가 되어 왔던 사실과 관련이 있다. 사람이 어떻게 자신의 삶을 이끌고 가야 할지가 더 이상 분명하지 않으며, 따라서 안내와 방향성에 대한 요구가 출현하게 된다. 지혜에 대한 개념은 그러한 요구를 충족하는 데 이상적으로 적합한 것처럼 보인다. 지혜의 주제에 대한 관심은 철학과 종교적 연구부터 문화인류학, 정치학, 교육학, 심리학에 이르는 다양한 분야에서 나타나고 있다(예: Arlin, 1993; Nichols, 1996). 1970년대 후반에서 1980년대 초반에 지혜에 대한 심리학적인 연구가 출현한 주된 이유들 중에는 나이를 먹어도 쇠퇴하지 않는 지적 기능의 영역 또는 유형에 대한 탐색이 있었다.

지혜에 대한 심리학적인 정의

지혜를 과학적으로 어떻게 정의할 것인가에 대해서 고민할 때는 대개 사전을 참고할 수 있다. 예를 들어, 독일의 유명한 역사적인 사전(Grimm & Grimm, 1854/1984)에서는 지혜를 "자신과 세계에 대한 통찰과 지식 그리고 어려운 삶의 문제에 대한 건전한 판단"으로 정의하고 있다. 이와 유사하게 옥스퍼드 사전은 "삶의 어려움과 불확실한 문제에 대한 좋은 판단과 충고"라고 정의하고 있다. 백과사전에 정의된 지혜는 주요 특징으로 지식 또는 판단력을 강조한다.

　지혜를 정의하는 심리학자들은 심리학적인 범주 안의 관점에서 지혜에 관련된 사고, 판단 및 충고의 내용과 형식적인 속성들을 구체화시켜야 한다. 게다가 그들은 지혜의 상태에 도달한 사람들의 특징을 묘사해야 하고, 그런 지혜를 다른 사람들에게 전달할 수 있어야 한다. 심리학자들에 의한 이런 초기 노력들은 대부분 이론적이고 모호했다. 노화에 대한 개척적인 연구에서 G. Stanley Hall(1992)은 명상적인 태도, 철학적인 냉정함, 공평무사, 성인의 후기에 나타나는 도덕적인 교훈들을 이끌어 내려는 소망 등을 지혜와 연관시켰다. 덧붙여 그는 지혜가 극단적인 것들 사이에서 중도를 추구하는 것, 지식과 의심 사이의 역동, 당면한 문제로부터의 적당한 초연함, 정서와 동기 및 사고에 대한 균형 잡힌 조정 등을 포함한다고 강조하였다(예: Harts-Horne, 1987; Labouvie-Vief, 1990). 사전적 정의의 연장선상에서 이와 같은 심리학적 정의들은 전형적으로 지혜가 미개척 영역인 인간 조건에 대한 지식, 삶의 의미와 처신에 대한 가장 어려운 질문에 관한 지식, 삶의 불확실성과 무엇을 알 수 없는지에 대한 지식, 제한적인 지식을 다루는 방법 등을 포함하고 있다. Birren과 Fisher(1990)는 지혜에 대한 심리학적인 개념들을 개관하고, "지혜는 삶의 과제와 문제에 반응하는 인간 능력의 정서적이고 능동적이며 인지적인 측면들을 통합하는 것이다. 지혜는 강한 정서와 초연함, 활동과 비활동 그리고 지식과 의심 사이의 반대되는 유인가 사이의 균형이다."(p. 326)라고 정의하였다. 지혜에 대한 대부분의 개념들은 이와 같이 다양한 정도로 다차원성을 나타낸다.

　지혜는 마음과 천년왕국의 미덕의 이상적인 통합으로 묘사되어 왔지만, 최근에는 오로지 경험적으로만 연구되고 있다. 경험적 개념화와 연구가 부족한 이유 중 하나는 관념의 역사와 함축에서 지혜만큼 풍부한 개념이 과학적 연구를 할 만한지에 대한 심각한 의심을 반영하는 것이다. 분명 최근의 경험적 시도는 고도로 복잡한 이 현상의 일부만을 획득하는 데 불과하다. 그러나 우리는 현재 지혜에 대한 최근의 조작이 그것이 연구될 수 있고 노력할 만한 가치가 있다는 것을 입증해 왔다고 믿고 있다. 지혜에 대한 측정도구 중 일부가 부록 11.1에 소개되어 있다.

지혜에 대한 심리학적 연구의 두 가지 주된 접근법

내현적인 이론에 기초하였는지 또는 외현적인 이론에 기초하였는지에 따라, 지혜에 대한 심리학적 연구의 두 가지 주요 접근법이 구분될 수 있다. 현재 내현적인 이론과 지혜에 대한 주관적인 상식적 믿음이나 지혜로운 사람의 평가에 초점을 맞추는 연구가 더 많다(예: Clayton & Birren, 1980; Holiday & Chandler, 1986; Sowarka, 1989; Sternberg, 1985).

지혜에 대한 내현적인 이론

지혜에 대한 대부분의 심리학적 연구는 지혜의 정의를 보다 정교화하는 것에 초점을 맞춰 왔다. 이 연구는 지혜에 대한 사전적 정의를 넘어서서 일상적인 신념들, 민속적인 개념들 또는 지혜에 대한 내현적인(주관적인) 이론들의 성질을 평가하였다. 가령, '지혜는 무엇인가?' '지혜가 다른 형태의 지능과 어떻게 다른가?' '어떤 상황에서 지혜가 필요한가?' '무엇이 지혜로운 행동인가?' '지혜로운 사람의 특징은 무엇인가?' 등과 같은 질문에 대답하기 위한 노력이 이 접근의 핵심이다(Staudinger & Baltes, 1994 참조).

이 연구들에서 지혜는 두 가지 방식으로 평가된다. 참여자들에게 지혜를 반영하는 정도에 따라 형용사를 분류하도록 요구하거나(Clayton, 1975), 한 사람에게 동시에 함께 일어날 확률의 정도에 따라 형용사를 분류하도록 요구하는 것이다(Sternberg, 1985). 이와 같은 평정은 중다차원 척도화(multidimensional scaling) 기법으로 분석된다. 다른 연구들에서는 참여자들에게 지혜로운 사람의 전형성을 반영하는 정도에 따라 문항을 평정하도록 요구한다(Holliday & Chandler, 1986). 이 문항들은 지혜로운 사람을 기술하거나, 지혜롭지 않은 사람을 기술하거나, 또는 관계없는 특성들을 기술하기도 한다. 그 후에 이러한 평정들에 대해 요인분석을 한다. 모든 경우에 자극 재료들(형용사, 문항)은 참여자들에게 지혜로운 사람의 개념을 기술하게 한 예비 연구에 기초해서 개발되었다. 그 후에 가장 자주 언급되었던 특징들이 척도문항이 된다.

Clayton(1975)은 지혜가 패러독스를 이해하는 능력, 모순을 조화시키고 타협을 발전시키는 능력이라고 정의하였다. 그녀는 다른 연령집단으로부터 지혜와 관련된 단어를 확인하는 데 중다차원 척도화 기법을 사용하였다. 지혜의 세 가지 차원은 (1) 정서적(예: 공감, 동정심), (2) 반성적(예: 직관, 내성), (3) 인지적(예: 경험, 지능)으로 확인되었다. Clayton은 또한 지혜의 개념이 응답자의 나이가 증가함에 따라 좀 더 분화된다는 것을 발견했다.

Sowarka(1989)는 학위논문에서, 지혜의 관념에 대해 나이 든 참여자들과 면접한 것을 내용 분석하여 지혜로운 사람에 관한 상식적인 개념을 재구성하였다. 그녀는 참여자들에게 다음과 같은 질문을 하였다. "당신은 지혜로운 사람이라 생각되는 누군가를 알았던 적이 있습니까?" "지혜로운 사람이라고 말하는 사람의 어떤 점이 당신으로 하여금 그를 지혜롭다고 말하게 하였습니까?" 그 결과, 지혜로운 사람은 우수한 특성을 보여 주고, 지적으로 유능하고(성격 특질), 다른 사람들에게 영향을 미치며, 전문적인 기술(사회적인 역할)을 가지고 있다는 것이 밝혀졌다. 이 연구의 중요한 발견 중 하나는 참여자들이 그들의 지인들 가운데 현명한 사람을 추천하는 것이 쉬워 보였다는 점이다.

일련의 연구에서 Sternberg(1985)는 내현적인 이론들을 탐색하는 것이 지혜의 의미를 연구하는 데 유용하다고 결론 내렸다. 예비 연구에서 예술, 경영학, 철학 그리고 물리학을 전공하는 교수들에게 그들의 학문 분야에서 이상적으로 지혜로운 사람의 특징적인 행동들을 나열하도록 요구하였다. 이상적으로 지혜로운 사람의 특징들에 기초해서, 여러 학문 분야의 학자들과 함께 일반인들에게 이상적으로 지혜로운 사람의 개념의 관점에서 각 행동들의 전형성을 평정하도록 요구하였다. 9점척도에서 지혜의 평균 점수는 6.3~7.1의 범위였다. 그 결과는 나열된 문항들이 각 집단에서 지혜로운 사람의 특징이라는 것을 시사하고 있다. 게다가 평정은 참여자들 간(.86~.96)에, 그리고 문항들 간(.89~.97)에 일관성이 높았다. 이와 같이 결과들은 직업집단과 문항 세트 내의 신뢰도를 나타내고 있다.

더 최근에 Sternberg(1998)는 지혜와 실용적 지능 및 암묵적 지식과 관련된 내현적인 이론에 대한 자신의 업적을 통합하였으며, 균형이라는 개념이 지혜를 정의하는 데 핵심적이라고 제안하였다. 지혜는 본래 개인과 상황의 상호작용과 관련된 것으로 보인다. 그것은 공동의 선을 달성하기 위한 목표에 암묵적 지식을 적용하는 것이라고 정의된다. 특히, 암묵적 지식은 환경적인 맥락에 대한 반응들(적응, 조성, 선택)뿐 아니라 관심사들(개인 내적인, 개인 외적인, 대인관계적인)의 균형을 잡는 데 적용된다. 이러한 의미에서 지혜는 공동의 선을 달성하는 데 관심사들의 균형을 요구하는 실용적인 지능의 특수한 형태다.

지혜에 대한 내현적인 이론과 지혜로운 사람에 관한 이러한 연구를 통해 서구인들은 지혜의 본질에 대해 상당히 뚜렷한 이미지를 가지고 있음을 알 수 있다. 네 가지 결과들이 특히 주목할 만하다. 첫째, 지혜는 지혜로운 사람들 및 지혜의 전달자인 그들의 행동과 밀접하게 관련되어 있는 것처럼 보인다. 둘째, 지혜로운 사람은 마음의 특징과 인격을 겸비하고 다양한 관심과 선택의 균형이 잡힌 것으로 기대된다. 셋째, 지혜는 그것의 적용(충고)과 그 발생에 대한 합의적인 인식 모두에 관해 매우 강하게 대인관계적이고 사회적인 측면들을 전달한다. 넷째, 지혜는 지능과 같은 개념들과 중첩되지만, 총명함, 신중함 그리고 인지, 정서 및 동기의 통합과 같은 측면에서는 독특한 변량 또한 나타낸다. 오늘날까지 문화들 간에 지혜에 대한 내현적인 이론을 비교하는 연구(불행하게도 불투명한 과학적 특성을 지닌)는 거의 없었다(예: Takahashi & Bordia, 2000). 따라서 앞으로 이 영역에 대한 연구가 추가적으로 요구된다.

지혜에 대한 외현적인 이론

내현적인 이론과 대조적으로, 지혜와 관련된 심리학적 연구들에 대한 다른 접근에는 외현적인 이론들이 포함된다. 그것들은 후에 조작될 수 있고 검증될 수 있는 지혜의 이론적인 개념들에 기초하였다. 이 전통에서는 지혜의 행동적인 표현들이 분석의 단위다. 외현적인 접근들 내에서 연구의 세 가지 다른 방향들이 구분될 수 있다. (1) 개인적인 특징으로서 지혜에 대한 평가(Erickson, 1959), (2) 후형식적 조작(postformal operations)과 성숙한 사고의 신피아제(neo-Piagetian) 전통에서의 지혜에 대한 평가(예: Kramer & Woodruff, 1986; Labouvie-Vief, 1990), (3) 전문가 체계로서의 지혜에 대한 평가(예: Baltes & Smith, 1990; Straudinger & Baltes, 1994)가 그것이다.

성격발달이론에서 대개 지혜는 발달의 마지막 단계가 아니라면 계속 발전하는 것으로 개념화되고 있다. Erickson에게 지혜는 큰 후회 없이 자신의 인생을 받아들이고 부득이한 종말로서 죽음을 받아들이는 것을 의미한다. 통합 대 절망은 인간 존재의 마지막 심리사회적 위기를 구성하는데, 통합은 절망과 역동적인 균형을 이룰 때에만 달성될 수 있다. 사람은 침착하게 죽음을 받아들이고, 지혜를 주된 가치 지향으로 여기며, 일반적으로 인류에 대해 수용하는 태도를 가지고 있다. 성격발달과 관련된 측면은 초월(Orwoll & Perlmutter, 1990)이거나 또는 보다 집단주의적이고 보편적인 문제들에 대한 개인적인 걱정을 넘어서는 것이다.

인지발달을 연구하는 피아제 학파의 전통에서는 여러 명의 연구자들이 성인의 사고에 있어 후형식적 단계가 있다는 것을 제안한다. 이러한 후형식적 사고에 대한 이론들에서 지혜는 복잡성과 변증법적 사고가 증가하는 것으로 개념화되었다. 후형식적 사고의 범주는 중다 원인과 중다 해법에 대한 인식, 모순과 패러독스에 대한 인식, 그리고 불확실성, 비일관성, 불완전성 및 타협을 다루는 능력 등을 포함한다. 최근에는 변증법적 사고 역시 여러 문화에 걸쳐서 연구되고 있다. Peng과 Nisbett(1999)의 연구에서는 동양 문화(중국)가 서구 문화(미국과 오스트레일리아)보다 변증법적 사고를 더 촉진시키는 것으로 보였다.

마지막으로, 지혜는 특수한 종류의 전문가 수준의 지식과 기술로 개념화된다. 전문성이 자기 분야의 특수한 지식을 습득하는 햇수에 기초한다는 생각과 일관되게, 이러한 틀 내에서의 연구는 전문가가 특수한 분야에서 뛰어나다는, 이른바 '인생에 대한 근본적인 실용주의자'라는 것을 입증해 주고 있다(예: Baltes & Staudinger, 2000; 좀 더 자세한 기술은 다음 절을 보라).

지혜에 대한 개인차 측정도구

여기서는 지혜의 연구에 대한 세 가지 명백한 접근들 각각에 관련된 평가 절차들이 제시된다.

성격 특징으로서 지혜에 대한 평가

성격이론들에서 지혜는 성격발달의 마지막 단계가 아니라면 계속 발전하는 것으로 자주 개념화되고 있다. 이런 맥락에서 지혜는 '최적의 성숙'에 비견된다. '지혜로운 사람'이란, 예를 들어 대립된 것을 조정하며 집단주의적이고 보편적인 문제의 관점에서 개인적인 안건을 초월하여 자신에 관련된 정보를 무시하고 억제하기보다는 통합하는 것으로 특징지어진다. '최적의 성숙'이 굉장히 바람직하기 때문에 대부분의 조작은 척도의 사회적으로 바람직한 목적에 따라 편향된다.

예를 들어, Walaskay, Whitbourne 및 Nehrke(1983~1984), Ryff와 Heincke(1983)는 성격발달에 관한 Erickson의 개념 중 특히 통합과 지혜에 기초한 자기보고식 질문지를 개발하였다. '통합'에 관한 척도는 Ryff와 Heincke(1983)에 의해 개발되었으며 16문항으로 구성되어 있다. 높은 점수를 받은 사람은 존재의 승리와 실망에 적응하고, 개인적인 삶을 당연한 것으로 받아들이며, 지난 삶을 불가피하고 적절하며 의미있는 것으로 간주하고, 정서적으로 통합되어 있으며, 과거의 갈등을 해결하고 여러가지 것에 주의를 기울이는 감각을 갖고 있는 것으로 묘사된다. Adult Ego-Development 척도(Walaskay et al., 1983~1984)는 이전의 두 평가도구들을 정교화시킨 것이다(Boylin, Gordon, & Nehrke, 1976; Constantinople, 1969). 문항들은 Erickson의 세 가지 최종적 발달과제(즉, 친밀감 대 고립, 생산성 대 자기 몰입, 통합 대 절망)를 따랐다. 다섯 문항은 위기에 대한 긍정적인 해결을 측정하고, 다섯 문항은 부정적인 해결을 측정한다.

또 다른 접근방법은 자기 발달과 성숙의 관점에서 지혜를 조작적으로 측정하기 위해 기존의 성격척도들을 재조합하여 사용해 왔다. 예를 들어, Wink와 Helson(1997)은 성격척도를 사용하였으며, 실용적인 지혜(즉, 대인관계적 기술 및 흥미, 통찰력, 명확한 사고, 내성 능력, 인내력 등)와 초월적인 지혜(즉, 개인적인 것의 초월, 지혜의 복잡성과 한계의 인식, 사고와 노력의 통합, 영적인 깊이)를 평가하는 개방형 반응들을 사용하였다. 예를 들어, Practical Wisdom 척도는 14개의 표시문항(예: 성숙, 통찰력, 인내력)과 네 개의 반대내용 문항(예: 미성숙, 성급함, 피상적임)으로 구성되어 있다. 최종적인 지혜 점수는 표시문항들의 수에서 반대내용 문항들의 수를 뺀 것이다. 자기보고식 지혜에 추가하여 참여자들은 "많은 사람들이 성장해 가면서 지혜로워지길 원합니다. 당신이 획득한 지혜의 예를 들어줄 수 있습니까? 그리고 그것을 어떻게 획득하였는지 말해 주십시오."라고 질문받는다. 훈련된 평가자들은 5점척도를 사용하여 대답을 평가한다. 좀 더 최근에 Ardelt(1997)는 지혜의 인지적, 반성적 및 정서적 내용을 조작적으로 측정하기 위해 Haan(1969)의 Ego Rating 척도와 Block(1961)의 캘리포니아 Q-소트(California Q-sort)를 사용하였다. 지혜의 인지적인 구성 요소는 Q-소트에서 1문항과 Ego Rating 척도에서 4문항(즉, 객관성, 지능, 논리적 분석력, 집중력)으로 측정되었다. 반성적인 구성 요소는 Ego Rating 척도에서 3문항과 Q-소트에서 6문항(예: 부인하지 않는 것, 투사하지 않는 것, 내성적인 면)으로 측정되었다. 마지막으로 지혜의 정서적인 구성 요소는 Q-소트에서 10문항(예: 인정 있거나 사려 깊은 방식의 행동, 타인에 대해 적대감이 없는 것)과 Ego Rating 척도에서 1문항(공감)으로 구성되어 있다

후형식적 사고로서 지혜의 평가

성인 사고에 대한 신피아제 학파 이론의 핵심은 형식적인 논리를 특징짓는 보편적인 진리 준거에 대한 초월이다. 이런 초월은 변증법적이고 상보적이며 상대주의적인 사고와 같은 개념들에서 흔한 것이다. 그러한 중다 진리에 대한 인내(즉, 모호함에 대한 인내)는 또한 지혜의 결정적인 특징으로 언급되어 왔다. 이 같은 기본적인 이해에 연결된 많은 다른 접근들은 구분될 수 있다. 즉, 변증법적 사고, 상보적 사고, 상대적 사고 그리고 반성적인 판단이다. 이런 종류의 성숙한 사고들은 대개의 경우 수행으로 평가된다. 이와 같이 참여자들은 가상적인 문제에 반응하도록 요구받는다. 그 후 응답은 성숙한 사고의 수준이 올라갈수록 바람직한 방향으로 채점된다(예: Blanchard-Fields, 1986; Kitchener & Brenner, 1990; Kramer & Woodruff, 1986; Labouvie-Vief, 1980). 보고된 채점자간 일치도는 대개 Cronbach 알파계수 .75~.85의 범위에 속한다.

Kramer(1983)는 후형식적 사고의 많은 모델들을 요약하기 위해 성숙한 사고의 세 가지 특징인 지식의 상대주의적인 성질에 대한 자각, 모순에 대한 수용, 그리고 모순을 변증법적인 전체로 통합하는 것을 제안했다. Kramer와 Woodruff(1986)의 연구에서 이러한 특징들은 성숙한 사고의 순차적 서열 수준에 따라 조작되었으며, 동시에 반응 프로토콜 분석을 위해서 채점 범주가 조작되었다. 후형식적 사고를 평가하기 위해 참여자들에게 각각 두 가지 딜레마를 제시하였다. 첫 번째의 직업적인 딜레마는 처음으로 전일제 근무에 참여할 것인지에 대한 여성의 결정에 집중되었다. 두 번째 딜레마는 미래에 놓인 인질의 위기에 집중되었는데, 거기에서는 포함된 양쪽 편이 잠재적으로 '건설적이며' 아울러 '파괴적인' 의도나 행동을 가지고 있다. 채점자들은 사고의 각 범주들이 드러난 반응들의 예를 가지고 각 프로토콜을 평정하였다. 채점의 기초로 각 참여자들에게 하나의 빈도 점수를 배정하였으며, 변증법적 사고에 관하여 4점척도로 반응의 질을 나타내는 하나의 평정 점수가 주어졌다.

잘못 구조화된 사회 딜레마가 대개 후형식적 사고를 측정하는 데 사용된다. 다른 연구에서는 사회적 추론에서 정서의 역할이 연구되었다(Blanchard-Fields, 1986). 세 연령집단에게 상황마다 두 가지 상반된 설명이 제공되는 세 가지의 가상적인 상황(가

상적인 전쟁, 조부모 갈등의 구경, 임신 딜레마)이 제시되었다. 과제들은 정서적 현저성과 대인관계적 갈등의 정도에 따라 변화되었다. 참여자들에게 상황에 대한 설명이 요구되었으며, 이후에 몇 가지 탐색적인 질문들이 주어졌다(예: 이 상황에서 누가 잘못했습니까? 그 갈등 상황은 어떻게 해결되었습니까?). 반응들은 변증법적 사고(Perry, 1970)의 수준과 불확실성하에서의 판단(Kitchener & King, 1981) 수준에 따라 채점되었다. 채점자간 신뢰도는 Cronbach 알파계수 .92∼.94의 범위에 속했다.

인생에 대한 근본적인 실용주의에서 전문가 수준의 지식과 판단

성격적인 특징 또는 성숙한 사고의 특징으로서 지혜에 대한 이 같은 측정도구들 외에도, 인생을 해석하고 행동하며 영위하는 것들을 다루는 과제 내에서의 지혜로운 수행을 평가하려는 시도 역시 있다. 이 접근은 생애주기이론, 마음의 노화와 성격의 노화에 대한 발달적 연구, 전문가 체계에 대한 연구, 지혜에 대한 문화-역사적인 정의 등에 기초한다(Baltes, Smith, & Staudinger, 1992). 이러한 시각들을 통합하면, 지혜는 인간 조건의 복잡하고 불확실한 문제들을 포함하는 예외적인 통찰, 판단 및 충고 등을 허용하는 삶에 대한 근본적인 실용주의에서 전문가 지식체계로 정의된다.

삶의 근본적인 실용주의에서 전문성으로서 지혜와 관련된 지식과 기술의 대부분은 생물학적 유한성과 문화적 조건형성을 포함하여 인간 조건의 전형적인 측면들에 대한 통찰을 수반한다. 지혜는 인지, 동기 및 정서의 잘 조정되고 균형 잡힌 조정을 포함한다. 좀 더 구체적으로, 지혜와 관련된 지식과 기술들은 다섯 가지의 준거 집단으로 특징지어진다. 즉, (1) 삶에 대한 풍부한 사실적 지식, (2) 삶에 대한 풍부한 절차적 지식, (3) 생애 맥락주의(lifespan contextualism), (4) 가치 상대주의, (5) 불확실성에 대한 인식과 관리다(Baltes & Staudinger, 2000 참조).

이 접근에서 지혜와 관련된 지식과 기술을 이끌어 내고 측정하기 위해 참여자들에게 "누군가가 친한 친구로부터 전화를 받았는데, 그가 더 이상 살아갈 수 없고 자살하기로 결심했다고 말하는 상황을 상상해 보십시오. 그 사람(또는 당신)이 그런 상황에서 무엇을 할 것이며 무엇을 고려하겠습니까?"(부록 11.1 참조)와 같은 어려운 삶의 딜레마가 제시된다. 그리고 나서 참여자들에게 그런 딜레마에 대해 '크게 말하면서 생각하도록' 요구한다. 다섯 가지의 지혜에 관련된 준거가 이런 프로토콜을 평가하는 데 사용된다. 평가를 위해서는 나이가 다른 여러 명의 전문 평가자들이 그들의 삶의 경험에 기초해서 선발되어야 한다. 이러한 평가자들은 반응 프로토콜을 평가하기 위해 다섯 가지 준거를 사용하는 것에 대해 광범위하게 훈련받고 조정된다. 모든 평가자는 후광 효과를 막기 위해 오직 한 가지 준거만을 훈련받는다. 평가자 간 신뢰도를 확립하기 위해 항상 두 명의 평가자들이 같은 준거를 적용한다. 3천 개 이상의 반응 프로토콜에서 5개 준거의 신뢰도는 .72~.93의 범위에 있다. 5개 준거를 평균 낸 지혜 점수의 신뢰도조차 Cronbach 알파계수 .98에 달했다. 정확한 훈련 절차와 프로토콜을 정확하게 조정하는 것은 저자들로부터 얻을 수 있는 평가자 편람에 설명되어 있다(Staudinger, Smith, & Baltes, 1994).

외적 타당도 및 내적 타당도의 지표들　지혜에 대한 주관적인 믿음에 따라서 지혜롭다고 지명된 사람들을 연구하기 위해 이러한 지혜의 패러다임을 사용했을 때, 지혜롭다고 지명된 사람들은 또한 다양한 연령과 직업적인 배경을 가진 비교 통제집단에 비해서 높은 지혜 점수를 받았다(Baltes & Staudinger, 2000). 수렴타당도와 변별타당도가 인지와 성격적 기능의 기존 측정도구들에 관해서 확립되었다. 마음과 미덕의 이상적인 조합으로 지혜를 묘사했던 역사적인 문헌들과 일맥상통하게, 지혜로운 수행은 현명한 인지양식, 창의성 및 도덕적 추론 등과 같은 인지와 성격의 접점에 위치한 측정도구들을 통해 가장 잘 예측되었다. 지능(유동성, 결정성)이나 성격(5요인, 심리적인 기질)은 둘 다 지혜에 관련된 지식과 판단에 독립적인 기여를 하지 않았다(Staudinger, Lopez, & Baltes, 1997).

지혜의 개체발생학　지혜와 관련된 지식의 발달에 대한 작업 모델은 지혜가 발달하도록 '협력할' 필요가 있는 조건과 과정들을 구체화하고 있다(예: Baltes et al., 1992; Staudinger et al., 1997). 지혜의 발달은 일반적인 개인 요인(예: 인지적인 기제, 경험에 대한 개방성, 사회적 유능성), 전문성 특유의 요인(예: 삶의 문제에 대한 경험, 지도받은 경험, 수월성에 대한 추구와 같은 동기적 소인), 촉진적 경험 맥락(예: 연령, 교육, 직업, 기간) 등에 달려 있다. 게다가 세 가지 과정은 지혜의 획득을 지원할 수 있는 것을 삶의 재검토, 삶의 관리, 삶의 계획 등으로 구체화해 왔다. 이러한 과정들은 시간에 대한 세 겹의 지각과 관련되고, 경험들과 인상들을 체계화하며, 지혜에 관련된 지식을 측정하는 방법을 제공하고 있다. 맥락 관련 요인, 개인 관련 요인 및 전문성 특유의 요인을 효과적으로 배열하는 것이 삶의 근본적인 실용주의에서 전문성을 달성할 가능성을 극대화시키는 것으로 가정된다.

이러한 개체 발생적인 모델의 검증은 지혜로운 수행의 연령에 따른 증가가 14세에서 대략 25세 사이에만 발생한다는 것을 밝혀 주었다(Pasupathi, Staudinger, & Baltes, 2001). 그 나이를 넘어 후기 성인기(대략 75세)까지는 더 지혜로워지는 데 있어 나이가 드는 것만으로는 충분치 않다(Staudinger, 1999). 성인기 동안 생물학적인 연령 외에 다른 요인들이 지혜로운 수행을 예측해 준다. 경험적인 연구들은 어려운 삶의 문제들을 다루는 데 있어서 지도와 안내뿐 아니라 경험 장면의 역할도 중요하다는 것을 지지하였다(예: Smith, Staudinger, & Baltes, 1994; Staudinger, Smith, & Baltes, 1992). 같은 맥락에서, 지혜에 관련된 지식과 판단은 단순한 누가적인 기능을 하는 게 아니라 일상생활의 맥락에 관련되어 있다. 어리거나 나이 든 응답자들은 자신들의 인생단계와 관계 있는 문제에 대해 질문받을 때 최상의 반응을 보였다(Staudinger, 1999).

지혜로운 수행의 촉진　　개체 발생적인 모델에 대한 증거를 찾는 것과는 별도로 지혜로운 수행이 촉진될 수 있다는 것 또한 알려졌다. 참여자들에게 반응하기 전에 스스로 선택한 파트너와 삶의 문제에 대해 의논할 기회를 주었더니, 지혜로운 수행이 1 표준편차 정도 향상되었다(Staudinger & Baltes, 1996). 두 번째 연구에서는 피험자들에게 관점을 바꾸도록 촉진하는 사고 전략을 가르치는 것이 지혜로운 수행을 현저하게 증가시킨다는 결과를 얻었다(Bohmig-Krumhaar, Staudinger, & Baltes, 2002).

지혜에 대한 측정에서 미래의 발전

지혜의 개념은 심리학 연구에서 신선한 주제다. 왜냐하면 지혜의 연구는 인간 조건의 지속적인 최적화에 대한 추구와 추가적인 진화를 강조하고 있으며, 전형적인 방식으로 인지적, 정서적 및 동기적 과정들 사이의 협력에 대한 연구를 가능하게 하기 때문이다.

지혜에 대한 미래의 연구는 적어도 네 가지 방식으로 확장될 것이다. (1) 지혜의 개체발생학에 관련된 삶의 과정뿐 아니라 좀 더 사회적이고 성격적인 요인들을 확인하는 것, (2) 덜 노동집약적인 평가도구를 개발하려는 시도, (3) 자신과 관련된 지혜와 다른 사람들에 대한 지혜 사이의 상호작용에 대한 보다 나은 이해의 획득, (4) 지혜로운 행동에 비교해서 지혜로운 판단이나 지혜로운 충고의 선행 사건과 상관물을 비교하는 것이다. 긍정심리학이라는 새로운 분야 내에서 지혜는 핵심적인 인간의 강점 중의 하나로 간주될 수 있으며, 그 발달을 촉진시키기 위한 시도들이 이루어질 것이다 (Aspinwall & Staudinger, 2002 참조).

부 **11.1** 록

지혜와 관련된 과제의 예시와 높은 수준의 반응 예(축약)

삶의 계획(Life Planning): 14세 소녀는 그들의 가족들로부터 즉시 떠나길 원한다. 그녀는 무엇을 해야 하고 무엇을 고려해야 할까?

우선 나는 소녀가 왜 떠나고 싶은지 물어볼 것이다. 거기에는 폭력이나 학대 같은 이유가 있을 수 있다. 그러나 청소년기이므로 좀 더 정서적인 이유가 있을 수도 있다. 만약 실제로 집에 문제가 있는 경우라면 그 문제의 심각도에 달려 있다. 정말 그 소녀가 지금 당장 떠나도록 도움이 필요한 사례일 수도 있다. ……그러나 소녀의 입장에서 정서적인 혼란이 문제라면 그 소녀와 부모에게 먼저 이야기하는 것을 시도해 볼 것이다. 만약 타협에 이르지 못한다면 일시적인 분리를 생각해 볼 수도 있다. 종종 시간이 해결해 주기도 한다. ……문제에 대한 어떤 해결은 환경과 태도들이 변화되는 듯도 하고, 일정 시간이 흐른 후에 변화되는 것 같다. ……이런 것이 청소년들이 가진 변덕 때문인지도 고려해 보아야 한다. 또한 시대가 변해서 현재의 14세 소녀들은 20년 전의 14세 소녀들보다 훨씬 더 많이 성숙되어 있다.

삶의 관리(Life Management): 어떤 사람이 친한 친구로부터 자신이 더 이상 살 수 없을 것 같아서 자살을 하기로 결심했다는 전화를 받게 된다. 그 사람은 어떻게 해야 하고 무엇을 고려해야 할까?

한편으로 이 문제는 실제적인 면을 가지고 있다. 사람은 한 가지 방법 또는 다른 방법으로 대처해야 한다. 다른 한편으로는 철학적인 면을 가지고 있다. 인간의 존재가 과연 그들 자신이나 그 밖의 것들을 죽이도록 허락할 수 있는지…… 우선 이 결정이 오래전부터 계획되어 왔던 것인지, 아니면 일시적인 삶의 상황에 의한 행동인지를 알아낼 필요가 있다. 후자의 경우, 이런 상황이 얼마나 지속되었는지가 불확실하다. 자살하도록 상상만 한 상황일 수도 있다. 그러나 아무도 삶으로부터 쉽게 떠날 수 없다고 생각한다. 만약 그들이 진정으로 죽음을 원한다면 그들의 죽음에 대해서 '투쟁하도록' 압력을 받아야 한다. ……그 사람에게 대안적인 방법을 보여 주도록 시도해 볼 책임이 있다고 여겨진다. 한 예로 최근에 우리 사회에서 고령자들의 자살이 늘고 있는 추세다. 이것은 위험하게 비춰진다. 자살 그 자체가 아니라 그것이 사회에 미치는 영향 때문이다.

삶의 재검토(Life Review): 삶을 반성할 때, 사람들은 때때로 그들이 성취하려고 계획한 것을 하나도 성취하지 못했음을 깨닫는다. 그들은 무엇을 해야 하고 무엇을 고려해야 할까?

우선 나는 이렇게 말하고 싶다. 단지 소수가 그리고 가장 비판력 없는 사람이 자신이 성취한 것에 완전히 만족한다고 말한다. …… 단지 소수가 그들이 보다 현실적인지 이상적인지 하는 것은 우리가 고려하는 목표의 유형에 달려 있다. 그것은 또한 사람의 나이와 그가 처한 환경에도 달려 있다. …… 다음으로 그 목적이 왜 달성되지 않았는지에 대한 가능한 이유를 분석하기 시작해야 한다. 종종 다양한 목표들이 우선권을 따지지 않고 동시에 추구되어 결국에는 실패하는 경우가 있다. 목표에 대해서 점차적으로 현실적이 되는 것이 중요하다. 종종 다른 사람들에게 목표에 대해 말하는 것이 도움이 된다. 사람에게는 외적인 조건과 내적인 조건들이 다루어지거나 때때로 삶의 어려움을 불러일으킬 수 있는 두 가지 상황들 사이에 조화가 필요하다.

참고문헌

Ardelt, M. (1997). Wisdom and life satisfaction in old age. *Journal of Gerontology, 52B,* 15-27.

Arlin, P. K. (1993). Wisdom and expertise in teaching: An integration of perspectives. *Learning and Individual Differences, 5,* 341-349.

Aspinwall, L. G., & Staudinger, U. M. (2002). A psychology of human strengths: Some central issues of an emerging field. In L. G. Aspinwall & U. M. Staudinger (Eds.), *A psychology of human strengths: Perspectives on an emerging field* (pp. 9-22). Washington, DC: American Psychological Association.

Baltes, P. B. (in press). *Wisdom: The orchestration of mind and character.* Boston: Blackwell.

Baltes, P. B., & Smith, J. (1990). The psychology of wisdom and its ontogenesis. In R. J. Sternberg (Ed.), *Wisdom: Its nature, origins, and development* (pp. 87-120). New York: Cambridge University Press.

Baltes, P. B., Smith, J., & Staudinger, U. M. (1992). Wisdom and successful aging. In T. Sonderegger (Ed.), *Nebraska symposium on motivation* (Vol. 39, pp. 123-167). Lincoln: University of Nebraska Press.

Baltes, P. B., & Staudinger, U. M. (2000). Wisdom: A metaheuristic (pragmatic) to orchestrate mind and virtue toward excellence. *American Psychologist, 55,* 122–136.

Birren, J. E., & Fisher, L. M. (1990). The elements of wisdom: Overview and integration. In R. J. Sternberg (Ed.), *Wisdom: Its nature, origins, and development* (pp. 317–332). New York: Cambridge University Press.

Blanchard-Fields, F. (1986). Reasoning on social dilemmas varying in emotional saliency: An adult developmental perspective. *Psychology and Aging, 1,* 325–333.

Block, J. (1961). *The Q-sort method in personality assessment and psychological research.* Springfield, IL: Charles C. Thomas.

Bohmig-Krumhaar, S., Staudinger, U. M., & Baltes, P. B. (2002). Mehr Toleranz tut Not: Labt sich wert-relativierendes Denken und Urteilen verbessern? (In need of more tolerance: Is it possible to facilitate value relativism?). *Zeitschrift fur Entwicklungspsychologie und Padagogische Psychologie, 36,* 30–43.

Boylin, W., Gordon, S. K., & Nehrke, M. F. (1976). Reminiscence and ego integrity in institutionalized elderly males. *Gerontologist, 16,* 118–124.

Clayton, V. P. (1975). Erikson's theory of human development as it applies to the aged: Wisdom as contradictory cognition. *Human Development, 18,* 119–128.

Clayton, V. P., & Birren, J. E. (1980). The development of wisdom across the life span: A reexamination of an ancient topic. In P. B. Baltes & J. O. G. Brim (Eds.), *Life-span development and behavior* (Vol. 3, pp. 103–135). New York: Academic Press.

Constantinople, A. (1969). An Eriksonian measure of personality development in college students. *Development Psychology, 1,* 357–372.

Erikson, E. H. (1959). *Identity and the life cycle.* New York: International University Press.

Grimm, J., & Grimm, W. (1984). *Deutsches Worterbuch* (German dictionary). Mumchen: Deutscher Taschenbuch. (Original published 1854)

Haan, N. (1969). A tripartite model of ego functioning: Values and clinical research applications. *Journal of Nervous and Mental Diseases, 148,* 14–30.

Hall, G. S. (1922). *Senescence: The last half of life.* New York: Appleton.

Hartshorne, C. (1987). *Wisdom as moderation: A philosophy of the middle way.* Albany: State University of New York Press.

Holliday, S. G., & Chandler, M. J. (1986). Wisdom: Explorations in adult competence. In J. A. Meacham (Ed.), *Contributions to human development* (Vol. 17, pp. 1–96). Basel: Karger.

Kitchener, K. S., & Brenner, H. G. (1990). Wisdom and reflective judgement: Knowing in the face of uncertainty. In R. J. Sternberg (Ed.), *Wisdom: Its nature, origins, and development* (pp. 212–229). New York: Cambridge University Press.

Kitchener, K. S., & King, P. M. (1981). Reflective judgment: Concepts of justification and their relationship to age and education. *Journal of Applied Developmental Psychology, 2,* 89-116.

Kramer, D. A. (1983). Postformal operations? A need for further conceptualization. *Human Development, 26,* 91-105.

Kramer, D. A., & Woodruff, D. S. (1986). Relativistic and dialectical thought in three adult age-groups. *Human Development, 29,* 280-290.

Labouvie-Vief, G. (1980). Beyond formal operations: Uses and limits of pure logic in life-span development. *Human Development, 23,* 141-161.

Labouvie-Vief, G. (1990). Wisdom as integrated thought: Historical and developmental perspectives. In R. J. Sternberg (Ed.), *Wisdom: Its nature, origins, and development* (pp. 52-83). New York: Cambridge University Press.

Nichols, R. (1996). Maxims, "practical wisdom," and the language of action. *Political Theory, 24,* 687-705.

Orwoll, L., & Perlmutter, M. (1990). The study of wise persons: Integrating a personality perspective. In R. J. Sternberg (Ed.), *Wisdom: Its nature, origins, and development* (pp. 160-177). New York: Cambridge University Press.

Pasupathi, M., Staudinger, U. M., & Baltes, P. B. (in press). Adolescents' knowledge and judgment about difficult matters of life. *Developmental Psychology.*

Peng, K., & Nisbett, R. E. (1999). culture, dialectics, and reasoning about contradiction. *American psychologist, 54,* 741-754.

Perry, W. G. (1970). *Forms of intellectual and ethical development in the college years.* New York: Rinehart & Winston.

Ryff, C. D., & Heincke, S. G. (1983). The subjective organization of personality in adulthood and aging. *Journal of Personality and Social Psychology, 44,* 807-816.

Smith, J., Staudinger, U. M., & Baltes, P. B. (1994). Occupational settings facilitating wisdom-related knowledge: The sample case of clinical psychologists. *Journal of Consulting and Clinical Psychology, 62,* 989-999.

Sowarka, D. (1989). Weisheit und weise Personen: Common-Sense-Konzepte alterer Menschen (Wisdom and wise persons: Common-sense concepts of older adults). *Zeitschrift fur Entwicklungspsychologie und Padagogische Psychologie, 21,* 87-109.

Staudinger, U. M. (1996). Wisdom and the social-interactive foundation of the mind. In P. B. Baltes & U. M. Staudinger (Eds.), *Interactive minds* (pp. 276-315). New York: Cambridge University Press.

Staudinger, U. M. (1999). Older and wiser? Integrating results from a psychological approach to the study of wisdom. *International Journal of Behavioral Development, 23,* 641-664.

Staudinger, U. M., & Baltes, P. B. (1994). The psychology of wisdom. In R. J. Sternberg (Ed.), *Encyclopedia of intelligence* (pp. 1143-1152). New York: Macmillan.

Staudinger, U. M., & Baltes, P. B. (1996). Interactive minds: A facilitative setting for wisdom-related performance? *Journal of Personality and Social Psychology, 71,* 746-762.

Staudinger, U. M., Lopez, D., & Baltes, P. B. (1997). The psychometric location of wisdom-related performance: Intelligence, personality, and more? *Personality and Social Psychology Bulletin, 23,* 1200-1214.

Staudinger, U. M., Smith, J., & Baltes, P. B. (1992). Wisdom-related knowledge in a life review task: Age differences and the role of professional specialization. *Psychology and Aging, 7,* 271-281.

Staudinger, U. M., Smith, J., & Baltes, P. B. (1994). *Manual for the assessment of wisdom-related knowledge* (Technical Report). Berlin: Max Planck Institute for Human Development.

Sternberg, R. J. (1985). Implicit theories of intelligence, creativity, and wisdom. *Journal of Personality and Social Psychology, 49,* 607-627.

Sternberg, R. J. (1998). A balance theory of wisdom. *Review of General Psychology, 2,* 347-365.

Takahashi, M., & Bordia, P. (2000). The concept of wisdom: A cross-cultural comparison. *International Journal of Psychology, 35,* 1-9.

Walaskay, M., Whitbourne, S. K., & Nehrke, M. F. (1983-1984). Construction and validation of an ego integrity status interview. *International Journal of Aging and Human Development, 18,* 61-72.

Wink, P., & Helson, R. (1997). Practical and transcendent wisdom: Their nature and some longitudinal findings. *Journal of Adult Development, 4,* 1-15.

CHAPTER 12

용 기

용기를 조작적으로 정의하는 것은 어렵지만 용기를 찾는 것은 어려운 일이 아니다. 당신이 아는 한 아이가 자신을 괴롭히는 사람이 다른 형제들까지 괴롭히지 않게 하기 위해서 그 사람에게 맞섰는가? 그것이 바로 용기다. 당신의 내담자가 매우 두려움을 느끼면서도 "노력해 볼게요."라고 말하는 것 역시 용기라고 할 수 있다. 용기는 우리 주위에서 쉽게 찾아볼 수 있다. 그것은 특별한 상황에서 특별한 행동을 나타내는 것일 수 있다(따라서 드문 사건이라고 할 수 있다). 그러나 우리는 두 명의 긍정심리학자들의 생각에 동의할 것이다. 용기는 "평상시에 나타나는 특별한 행동이다"(C. R. Snyder, 개인적 서신, 9월, 2001). 그리고 어떤 상황에서든 "위기에 대처하는 것이다"(M. E. P. Seligman, 개인적 서신, 1월, 2001).

용기가 당신이 생각했던 것보다 더 자주 나타난다는 점과 당신이 그것을 보면 알수 있을 것이라는 점에 대한 주장은 이 주제에 대한 학술적인 처리로서 적절하지 못하다. 철학, 심리학 그리고 건강과 관련된 분야들의 학문은 몇 세기 전에 Socrates가 『라케스(*Laches*)』에서 말한 '용기란 무엇인가?'라는 질문에서 별로 더 나아가지를 못했다. 『라케스』에서 Socrates는 용기에 대한 관점으로 지능과 인내력에 초점을 맞

춘 아테네의 장군들 Nicias, Laches와 함께 용기의 본질에 대해 논의하였다. 우리는 여전히 용기에 대한 정의를 내리기 위해 분투하고 있다. 그러나 이 핵심적인 질문은 용기가 어떻게 보이고 행해지는지를 검증하는 많은 수단들을 우리에게 남겨 주었다. 따라서 지금은 용기에 대해 자세히 설명할 수 있다. 이 영역에서 과학적인 형세가 주어진다면, '용기란 무엇인가?' 라는 질문에 대한 많은 답들을 공유하는 것이 최선일 것이다. 이 핵심 질문을 다루기 전에 우리는 용기의 많은 유형들에 대한 다양한 관점들을 정리할 것이다. 그리고 연구나 실제 상황에서 어떻게 용기를 더 잘 측정할 수 있을지에 대해 다룰 것이다.

용기의 여러 유형

역사적으로 용기는 큰 미덕으로 간주되어 왔다. 왜냐하면 용기가 사람들이 개인 내적인 그리고 대인관계적인 어려움에 맞설 수 있도록 도와주기 때문이다. 철학자들은 용기를 이해하기 위한 초기의 견해들을 제공했다. 수세기에 걸쳐 용기에 대해 사회적으로 적절한 개념을 세우기 위한 노력은 전쟁터의 용감한 군인에 대한 관심에서 시작되어 일상적인 삶의 경험과 모든 사람의 마음으로 옮겨지게 되었다.

오래전에 Socrates는 젊은 군인이 어떻게 용기를 행할 수 있는지, 그리고 용기의 본질이 무엇인지에 대해 밝히길 원했다. Aristotle은 '용감한 군인'의 신체적 용기(physical courage)를 분석했다. 그리고 Plato는 그의 스승의 도덕적(정신적) 용기에 경탄했다. Aquinas가 고난에도 불구하고 변함 없는 것에 용기의 초점을 두는 것과 Tillich가 자아와 존재의 재확인으로 용기를 해석하는 것과 함께, 철학에서의 일부 초점이 도덕적인 전쟁에서 베테랑들의 행동과 특질로 이동해 가는 것 같았다. 이렇게 용기의 두 부류(신체적, 정신적)는 대부분의 철학자들의 관심을 사로잡았다. 정신적 용기(moral courage)는 의견이 상충되는 상황에서 확고하게 행동적인 표현을 하는 것으로 여겨지는 반면, 신체적 용기 또는 용맹함은 손상이나 죽음이란 압도적인 두려움을 극복하는 능력으로 생각되어 왔다(Larsen & Giles, 1976). 현대의 응용철학자인 Daniel Putman(1997)은 정신적 용기와 신체적 용기 사이의 차이를 구분했으며, 더 나아가 심리적 용기(psychological courage)에 대해서도 설명하였다. 그는 모든 용기가 심리적 과정에서 생겨났다는 것을 인정했지만, 해로운 습관과 비합리적인 불안에 직면하는 힘에 초점을 두어 심리적 용기를 정의했다. 이 심리적 용기는 사람들이 그들의 심리적, 신체적 건강을 지속적으로 추구하는 것을 일상적으로 보여 주는 생명의 용기(vital courage)라고 부르는 것의 선구자일 수 있다.

신체적 용기: 전쟁터 그리고 그곳을 넘어서서

안드레이아(Andreia) 또는 군대의 용기(military courage)는 고대 그리스에서 '용감한 군인'으로 정의되었다. 비겁함과 무모함 사이에서 길을 찾는 것은 어떤 그리스 군인을 용기 있고 그래서 그 집단에 더 가치 있는 것으로 구분하였다. 전장에서 두려움과 자신감을 포함하는 상황에서 적절하게 행동하는 기질이 먼 옛날부터 현재까지 보편적으로 가치 있는 것으로 여겨지고 있다(Rorty, 1988).

Ernest Hemingway는 20세기 미국에서 용기에 대한 문학을 처음으로 퍼뜨린 사람이다. 여러 싸움터(전장, 넓은 바다, 투우장)에서 볼 수 있는 신체적 용기에 대한 그의 매혹은 미국인들이 당당하고 참을성 있게 위험에 직면하면서 보이는 매혹을 반영하는 것 같았다. 사실 'Hemingway 신조(code)'(강하고 지적이며 용감하게 삶을 살아가는)는 많은 미국인들에게 행동의 신조를 제공하였다.

Jack Rachman의 경우, 신체적인 용기는 신체적인 위험에서 비롯되는 두려움의 투사된 상이고 어떤 사람은 다른 사람보다 지각된 위험을 더 잘 다룬다는 것을 깨달은 이후에, 두려움이 그의 연구의 초점이 되었다. Rachman(1984)은 용기의 본질에 대한 정보를 수집하기 위해 낙하산병, 훈장을 받은 군인 그리고 폭탄 처리반원과 함께 일했다. 그는 용기 있는 사람들은 어려움 속에서도 잘 인내하고 생리적으로 빠르게 회복한다는 것을 발견하였다. 또한 그는 용기 있는 사람들의 행동은 반드시 특정한 상황에만 국한되지는 않았으며, 대중 앞에서 항상 일어나는 것도 아니라는 점을 주장하였다. 이러한 점에서 그는 자신의 심리치료 내담자들이 보여 준 내적인 싸움과 개인적인 용기에 흥미를 느끼게 되었다. 그는 안드레이아보다 용기가 위험에 대한 신체적 극복과 더 명확하게 관련된다고 결론지었다.

정신적 용기: 최선의 정당한 일을 하는 것

사람이 정신적 용기와 함께 신체적 용기를 나타낼 수 있다는 것은 Socrates의 정신적 용기에 대한 Plato의 글에서 드러나고 있다. Putman(1997)이 지적한 바와 같이, Socrates는 아테네가 정복당하는 것을 막기 위해 전투에서 견뎌 냈다. 그러나 그는 더 큰 도덕적 선을 지켜내기 위해 사회에 맞서며 더 힘든 전투를 벌였다(p. 1). 다른 작가들이나 일반인들은 정신적 용기를 내고 지속하는 것이 믿을 수 없는 힘을 요구한다는 것에 주목하게 되었다.

John F. Kennedy는 용기에 매혹되었다. 그는 유권자들이 그들의 결정이나 주장의 가치에 대해 동의하지 않을 때조차도 미국인들을 위해 최선의 길이 무엇인가를 결정하기 위해 자신의 양심이나 원칙을 따르는 정치인들의 이야기를 수집하는 데 수년을 보냈다. Kennedy 자신이 군사적인 영웅과 같은 존재였지만, 그는 『용기의 측면(*Profiles in Courage*)』(1956)이라는 책에서 신체적 용기가 아닌 정신적 용기의 가치를 높게 평가하였다.

확실성과 성실은 의견의 충돌이나 요구가 거절되는 상황에서 자신의 관점이나 가치의 표현과 가장 밀접하게 관련되는 성취인 것 같다. 비록 '행복한 삶'의 중요한 측면이긴 하지만, 그것은 무엇을 하는 것이 최선이고 가장 확실한 것인지에 대한 지표가 되어 주지는 못한다. 정확히 언제 자신의 견해를 명확히 해야 하는가? 한 예로 Rosa Parks는 그렇게 할 상황이었기 때문에 버스의 맨 앞좌석에 앉았다고 말했다. 또 다른 예로 5문항의 설문(O'Byrne, Lopez, & Petersen, 2000)에서 응답자들은 정신적 용기는 그들이 편견에 부딪히고 어떤 필요한 상황에서 생각을 끝까지 고수하는 것을 필요로 할 때 가치 있다고 언급하였다. 다른 경우(예: Finfgeld, 1998; Shelp, 1984)에서는 건강관리의 맥락에서 의료진들이 환자가 정직과 솔직성을 갖도록 용기를 불어넣어 주어야 한다고 주장하였다. 그것은 진실을 말하는 용기뿐만 아니라 진실을 들을 수 있는 용기까지도 포함한다. 정신적 용기는 또한 더 큰 선을 위해 자신보다 힘 있는 대상(예: 사장)에게 맞설 때도 역시 작용할 수 있다. 그리고 개인이 발휘하는 정신적 용기에는 사회적 불찬성의 위험성이 가끔 있다(Putman, 1997).

이 정신적 용기는 신체적 용기보다 이 책의 독자와 더 밀접하게 관련 있을 수 있다. 신체적 용기는 어떤 확실한 상황, 예를 들면 특정 직업상의 업무를 수행할 준비가 되어 있는지를 파악하기 위해 심리평가를 하는 동안 적용할 수 있겠지만, 정신적 용기(생명의 용기, 건강/변화의 용기, 심리적 용기라고도 할 수 있는)는 긍정적인 정신건강이 휴식할 수 있는 플랫폼이다.

생명의 용기: 생명을 위한 투쟁

옛날의 병원은 전쟁터와 유사했다. 잘 훈련되고 장비를 잘 갖춘 군인들은 부상당한 동료들을 옆에 두고 죽음의 두려움에 직면하며 적들과 싸웠다. 우리가 보기에 생존을 위한 용기는 수술이나 약물치료, 식이요법 등을 통해 병마와 싸우는 환자들에게서도 나타난다. 의사나 간호사 그리고 다른 건강 전문가들은 그들이 도와 주는 사람들의 삶의 질을 높이고 그들의 삶을 보호하기 위해 전문적 지식을 사용한다. 많은 연구자들은 생명의 용기(이렇게 지칭하지는 않았지만)를 고찰하였다. 그리고 그들은 다른 사람이 만성적인 심각한 병에 걸렸다는 것을 들었을 때 우리가 그것에 집중하게 되는 현상을 발견하였다.

Haase(1987)는 만성적인 질병을 앓고 있는 9명의 청년들을 대상으로 용기에 대한 개인적인 경험들을 연구하기 위해 현상학적 접근을 사용하였다. 8개의 분석단계는 "만성적인 병을 앓고 있는 청년들이 용기를 경험하게 되는 기본적인 구조는 무엇인가?"라는 질문에 대한 답을 확인하기 위해, 그리고 병에도 불구하고 갖게 되는 용기의 기본적 구조를 밝히기 위해 사용되었다. 이 과정을 통해서 Haase는 용기의 생생한 경험은 건강했을 때의 경험을 통해 특정한 삶의 방식에서 생겨난 대인관계적 특성이라는 것을 발견하였다. 처음에는 생생한 경험은 상황의 성질과 영향에 대한 개인적 자각을 위한 투쟁을 포함한다. 끊임없이 부닥치는 용기가 필요한 상황들을(예: 병으로부터 경험하게 되는 여러 치료, 처치, 신체적인 변화, 그 밖의 다른 여러 상황들)을 통해, 청소년들은 하나의 용기로써 경험을 자각하고 해결에 이르게 된다. 상황은 점점 힘들어 보이지만 해결하기 불가능한 것은 아니다. 대처 전략들이 개발되고, 질병과 관계없는 삶의 다른 측면들에서는 적극적으로 활동하게 된다. 용기가 필요한 상황의 해결을 통해 청소년들은 숙달감, 유능감, 성취감 그리고 성숙감을 발달시키게 된다.

병을 앓고 있는 중년기의 성인들을 대상으로 실시한 용기에 관한 인터뷰에서, Finfgeld(1998)는 용기란 장기간의 건강 상태의 위협에 대해 자각하고 수용하며, 통찰을 통해 문제를 해결하고, 자신과 다른 사람에 대한 민감성을 발달시키는 것을 포함한다고 결론지었다. Finfgeld(1995)는 또한 만성적인 심각한 질병에 맞서서 용기를 발휘한 노년기의 성인과 인터뷰하면서, 용기 있게 되는 것은 중요한 타인들, 가치, 희망과 같은 요소들을 포함하는 생애에 걸친 과정이라고 결론지었다. Finfgeld(1995) 연구의 참여자들은 그들의 삶에서 투쟁이나 위협이 용기를 유발한다는 것을 보여 주

249

었다. 그녀는 용기 있는 행동들이 위협의 확인과 문제해결에 뒤따라 일어난다고 주장하였다. 그것은 투쟁을 도전으로 바꾸도록 사람을 이끈다는 것이다. 행동의 기대, 역할 모델의 존재, 가치체계 역시 용기가 나타나는지, 그리고 어떻게 나타나는지를 결정하는 것 같다. 이러한 용기 있는 행동은 개인적인 통합과 함께 마음의 평정을 되찾게 하고 자신의 삶에 대해 후회하지 않게 한다.

Shelp(1984)에 따르면 용기는 환자들과 마찬가지로 의사들에게도 반드시 필요하다. Shelp는 의사에게는 재능과 동정심에 더해 효과적으로 환자들을 치료하기 위해서 반드시 용기라는 필수적인 덕목이 있어야 한다고 주장하였다. 게다가 '격려'(p. 358)를 통해서 용기를 서서히 갖도록 하는 것은 누군가를 돌보거나 관여하는 것과 같은 일을 하는 전문직에게 요구되는 능력이다. Shelp는 용기의 필수 요소가 선택의 자유, 상황에 대한 두려움 그리고 불확실하지만 도덕적으로 가치 있는 목표를 가지고 어떤 상황에서 기꺼이 위험을 무릅쓰려는 의지라고 언급하였다. Shelp에 의하면, 용기 있는 행동을 했을 때는 결과의 고귀함에 대해 돌이켜보는 것이 중요하다(즉, 목표가 고귀할수록 그것을 용기 있는 행위로 생각하는 게 더 적절하다). Finfgeld(1995, 1998) 역시 용기가 건강 관련 전문가들에 의해 촉진될 수 있다는 Shelp의 의견을 지지하였다.

Putman(1997)이 설명한 것처럼, 심리적 용기는 자신의 해로운 습관에 직면하는 데 힘이 된다. 생명의 용기의 이러한 형태는 우리 모두가 스트레스, 슬픔, 역기능적인 관계 등과 같은 형태의 심리적 도전들과 투쟁하는 것만큼 아주 흔한 것일 수 있다. 우리의 심리적 안정성에 대한 이러한 위협들의 관점에서 보면, 우리는 두려움에 대해 체계적으로 둔감해지도록 만들거나 신념을 재구조화함으로써 우리의 역기능에 대항하고 있다. Putman은 신체적 용기나 정신적 용기에 비해 심리적 용기를 위한 훈련이 부족하다는 놀라운 주장을 하였다. 그는 대중문화에서 신체적 용기와 정신적 용기의 많은 상을 문학이나 영화를 통해 접할 수 있지만, 심리적 용기를 갖고 있는 사람들의 모습은 거의 찾아보기가 힘들고 또 찾더라도 거리가 있다고 하였다. 아마도 이는 정신건강 문제와 파괴적인 행동들에 대한 부정적인 낙인의 결과일 것이다. 그러나 Plato와 Aristotle의 시대 이래로 인정되어 왔지만, 생명의 용기를 둘러싼 언어는 정신적 용기나 신체적 용기와 관련하여 새로운 것일 가능성이 있다.

용기의 다차원적인 성질

비록 용기의 다른 유형들이 유행했다가 시들해지기도 했지만, 용기에 대한 분류는 아직 충분하지 못하다. 안드레이아는 현재 유일한 의미 있는 형태의 용기는 아니다. 신념을 고수하고 신체적, 정신적 건강을 위해 싸우는 것은 확실히 사회에서나 학자들에게서 가치 있게 여겨지고 있다. 지금까지 학문과 고전적인 문헌들은 용기에 대한 지식을 체계화하는 방법들을 우리에게 제공해 왔다. 용기와 관련된 업적들에 대한 광범위한 개관에 이어서 두 집단의 연구자들이 용기에 대한 유사한 분류법을 개발하였다. O' Byrne 등(2000)은 신체적, 정신적 그리고 건강 변화(지금 생명의 용기에 해당되는)의 세 가지 부류의 용기를 확인하였다. 신체적 용기는 사회적으로 가치 있는 목표 추구에 기초한 신체적인 행동의 표현에 의해 사회적 선을 유지하려는 시도를 포함한다(예: 화재가 난 건물에서 어린아이를 구출해 내는 소방관). 정신적 용기는 의견의 불일치, 인정되지 못하는 것, 또는 거절과 같은 불편함에 직면해서 확실성에 대해 행동적으로 표현하는 것이다(예: 회의에서 다수가 선택한 것은 아니지만 더 큰 이익이 있을 것으로 여겨지는 정책에 찬성표를 던지는 정치인). 그리고 생명의 용기는 성과가 모호한 상황에서도 병이나 무능력에 대해 인내하는 것을 의미한다(예: 심장이식 수술을 받은 한 아이가 예후가 불확실함에도 불구하고 지속적으로 여러 집중적인 치료를 받는 것).

강점 분류체계(Values in Action Classification)에는 용기의 차원에 대한 하나의 유사한 범주화가 존재한다. Peterson과 Seligman(2001)의 용기는 확실성(즉, 자신에 대해 바르게 알고, 다른 사람에게 자신을 진실된 방식으로 나타내는 것), 열의-열정(즉, 추구하기/도전적인 상황에서 생동감 갖기), 성실-인내(즉, 과제를 수행하고 도전하고 해결하기), 용맹(즉, 위험에 맞서서 신체적, 지적, 정서적 자세를 취하는 것)과 같은 장점으로 구성되는 핵심적인 인간의 덕목으로 개념화되었다. 이러한 모든 강점들은 특질과 같고 성취되며 도덕적으로 가치 있고 개인에게 고유한 것이다.

비록 우리는 용기의 다양한 유형에 대해 유형 간 차이를 확립함으로써 분석할 수 있었지만, 용기의 구성 요소나 성분을 밝히는 데에는 그리 성공적이지 못했다. 따라서 모든 유형의 용기의 공통적인 특성이 무엇인지는 불확실한 채로 남아 있다. '용기란 무엇인가?'라는 질문에 대한 답을 더 자세히 살펴보는 것은 그 현상에 대해 보다 경제적으로 정의할 수 있게 해 줄 것이다.

용기란 무엇인가 - 조작적 정의를 향한 움직임

Socrates가 말했다. "라케스, 우리가 용기의 본질을 결정하기 시작했다면, 두 번째로 젊은이가 연구나 추구를 통해 그러한 자질을 획득할 수 있는지 계속 질문해 보자. 자네가 가능하다면 용기가 무엇인지 나에게 말해 주게"(Plato, 1953: 85).

지난 몇 세기 동안 학자들(예: Finfgeld, 1995; Haase, 1987; Putman, 1997; Rachman, 1984; Shelp, 1984)은 용기에 대한 더 포괄적인 평가를 시작하는 데 필요한 이론적이고 과학적인 도약대를 확립해 왔다. 사실 용기에 대한 학문적인 정의는 우리가 구성개념을 조작적으로 정의하려고 시도할 때 끌어내는 풍부한 데이터베이스를 제공한다. 용기에 대한 각기 다른 17개의 정의가 〈표 12-1〉에 제시되어 있다. 아마도 Hemingway의 정의는 용기에 대한 가장 경제적인 기술일 것이다. Hobbes(Rorty, 1988 재인용)의 견해는 용감한 행위에 대해 확실히 가장 비판적이다. 각각의 다양한 정의들은 학자들이나 사회가 과거의 여러 시점에서 두려움에 맞서 견디는 것의 관점에서 무엇이 가치 있다고 여기는지에 대한 일견을 제공하고 있다.

일반인들이 용기를 어떻게 생각하는지에 대해 좀 더 자세하게 살펴보기 위해, O'Byrne 등(2000)은 97명에게 질문을 했고, 그 결과 용기에 대한 사람들의 관점이 상당히 다양하다는 사실을 발견했다. 예를 들면, 〈표 12-2〉에서 어떤 사람들은 용기를 태도(예: 낙관주의)로 이해하고 어떤 사람은 행동(예: 다른 사람의 생명을 구해 주는 것)으로 이해하고 있음을 알 수 있다. 때로는 정신적인 힘을 의미하기도 하고, 신체적인 힘으로 기술되기도 한다. 참여자들은 생명의 용기, 정신적 용기, 신체적 용기로 분류할 수 있는 시나리오에 대해 논의했으며, 용기의 성질이 다차원적이라는 의견에 약간의 지지를 제공하였다. 어떤 사람들은 용기가 위험을 무릅쓰는 것을 포함한다고 주장하는 한편, 다른 사람들은 두려움을 언급하고 있다. 그러나 이러한 구성 요소들 중 어느 것도 모든 반응에서 일관되게 나타나지는 않았다.

〈표 12-1〉 용기에 대한 다양한 정의

학 자	정 의
Aquinas	용기(fortitudo)는 "견실한 것을 현저히 어렵게 만드는 것, 즉 심각한 위험들을 견디거나 격퇴하는 마음의 군건함, 일차적으로는 신체적 손상과 죽음에 대한 두려움을 극복하기 위해 행동을 지속하고 이차적으로는 공격하는 것을 견디는 것을 말한다. 어떠한 확고한 미해결된 어려움에 처해 있을지라도 확고한 마음을 가지는 것"(1948: 123)으로 정의되었다.
Aristotle	안드레이아(군인의 용기)는 두려움과 자신감을 포함하는 상황에서 적절하게 행동할 수 있는 소질로 정의되었다. 비겁함과 무모함 사이에서 합리적으로 결정된 중용(Rorty, 1988)
Finfgeld	"용기 있다는 것은 장기간에 걸친 건강 염려의 위협을 충분하게 자각하고 수용하며, 통찰력을 갖고 문제를 해결하고, 일반적으로 개인적인 요구나 세상에 대한 민감성을 발달시키는 것을 포함한다. 용기 있는 행동은 책임을 지는 것과 생산적인 것으로 구성되어 있다"(1998: 153).
Gergen and Gergen	"용기 있기 위해서는 개인적 자존감과 정체감이 나오는 그러한 관계들 속에서 확고하게 남아 있어야 한다"(1998: 144).
Haitch	"용기에는 두 측면이 있다. 한 측면은 확고함을 지키거나 투쟁하는 것이고, 다른 한 측면은 어쩔 수 없는 현실을 수용하는 것이다. 용기는 개인이 위험이나 죽음에 맞설 수 있게 해 주는 심리적인 힘이다"(1995: 86).
Hemingway	고난 속에서의 우아함(1995, 1996)
Hobbes	"상처와 사고사에 대한 경멸. 이것은 사람들에게 개인적인 복수를 하게끔 만들고, 때로는 공공 치안을 불안하게 하려 한다"(Rorty, 1988: 307).
Kant	용기(fortudido)는 "강하지만 부당한 대상에 저항하는 능력과 단호한 목적, 그리고 우리 안에 있는 도덕적인 성향에 반대되는 것에 대해(Rorty, 1988: 65)"로 정의된다.
Kennedy	(정치적인 용기를 가진 정치가를 묘사하였다.) "개인적 이득과 정치적 이유를 넘어서서 국가에 대한 변함 없는 충성을 보이는 사람"(1956: 21)
Kohut	"그들에게 압력을 가하는 대상에 저항하고 그들의 이상이나 그들 스스로에게 충실한 것"(1979: 5)
O'Byrne 등	"기질적인 심리적 용기는 위험을 정의하고 대안적인 행동을 확인하여 고려하며, 자신이나 다른 사람이 아직 실현하지 못한 선을 달성하기 위한 노력으로 잠재적인 부정적 결과에도 불구하고 행동을 선택하는 인지적 과정이다"(2000: 6).
Plato	존중해야 할 가치가 있는 것과 두려워해야 할 가치가 있는 것이 무엇인지를 기억하는 능력(Rorty, 1988)
Putman	심리적 안정을 잃는 것과 관련된 두려움에 직면하는 것(1997)
Rachman	두려움에 직면해도 견뎌 내는 것(1984)

Seligman	위기에 대처하는 능력(개인적 서신, 2001)
Shelp	"자신이나 다른 사람이 실현하지 못한 선을 획득하고 지키기 위한 노력의 일환으로 위험한 상황에서 두렵지만 자발적으로 행동하는 성향"(1984: 354)
Snyder	일상적인 상황에서의 비범한 행동(개인적 서신, 2001)

〈표 12-2〉 '용기란 무엇인가?'에 대한 일반인들의 대답들

- 당신에게 불편함을 줄 수 있기 때문에(왜냐하면 그것은 위험하고 위협적이며 어렵다) 행하기 어려운 행동(심리적, 신체적, 또는 영혼적)을 하는 것
- 때때로 자신의 편안한 구역—용기와 어리석음 사이의 미묘한 경계—을 넘어서는 행동을 하는 것
- 가능한 실패나 불확실성에 맞서서 위험을 무릅쓰는 것
- 인생이 주는 것을 가질 수 있고 인생에서 최선을 다하는 능력(긍정적인 태도를 포함하는)
- 자신의 정서적/심리적/영적/신체적 건강을 향하여 위협적인 상황에 맞서서 위험을 무릅쓰는 것
- 다른 사람들의 동의가 없더라도 자신이 믿고 있는 것을 옹호하는 것
- 결과를 이미 알고 있는 상황일지라도 재난이나 손상에 맞서서 자신을 옹호하는 것
- 자신이 실패할지 성공할지에 대해 알지 못하는 상황에서도 기꺼이 위험을 무릅쓰는 것(용감함)
- 대의를 희생하고 일하고 돕는 것; 신의
- 결과에 대해 확신이 없을 때에도 상황을 진행시키는 것; 최상의 사회적 이익에 부합되는 규준에 도전하는 것
- 위협/두려움/도전에 직면하고 장애물들을 극복하는 능력
- 과제의 진전을 위해 자신의 두려움을 견디는 능력
- 자신감, 자신과 상황에 대한 신념, 선택을 하고 그것을 행동으로 옮기는 것, 힘
- 용감; 위기의 순간에서 발휘되는 힘과 지혜
- 규범과 다른 자신의 견해를 방어하는 것; 자신이 믿는 바를 옹호하는 것
- 어려움이나 도전에 맞설 힘을 갖고 있는 것
- 자신의 일부를 희생하면서 책임져야 할 위험을 감수하는 것
- 도망치거나 그렇지 않은 것처럼 가장하기보다는 도전에 직면하는 것
- 자신의 신념과 일치되는 행동을 보이는 것
- 실패를 감수하는 것; 실패에 맞서서 결의를 보이는 것
- 위험하거나 삶을 위협하는 사건에서의 도움 형태
- 사심 없는 행동; 자신보다 다른 사람을 걱정하는 모습
- 보통 사람이 할 수 없었던 용감한 일을 하는 것
- 정신적으로/신체적으로 강한 것
- 격렬한 상황들/환경들 속에서 개인이 자신의 행동/행위로 인해 부정적인 결과들이 일어날 수 있음을 알고 있으면서도 어떤 행동에 관여하는 것

254

※주된 주제: 위험 감수(잠재적인 실패, 부정적 결과들, 불확실성), 특정 태도, 도전에 맞서는 것, 신념을 지키는 것.

용기를 측정하기 위한 시도

연구자들과 임상가들은 용기를 측정하기 위해 다양한 방법을 사용하였다. 용기에 대한 연구의 선구자인 Rachman은 두려움이나 스트레스에 대한 용감한 반응과 관련된 생리적 반응을 측정하였다. Finfgeld(1995, 1998)는 만성질환에도 불구하고 용기를 갖게 되는 과정에 초점을 둔 면접체계를 개발하였다. Buss와 Craik(1983)의 행위-빈도(act-frequency) 접근법과 이와 관련된 사회측정 절차는 용기의 본보기와 그 특성을 확인해 주는 데 사용되었다. 그리고 물론 지필검사는 측정을 위한 빠르고 손쉬운 방법이다. 각 접근법들이 차례로 논의될 것이며, 산출된 결과가 용기를 명료화해 왔던 정도들이 언급될 것이다.

용기와 관련된 생리적 반응의 측정

Rachman(1984)은 겁 없음(fearlessness)과 용기의 관계에 대해 연구하였고, 겁이 많은 사람들도 용감한 행동을 할 수 있다고 주장하였다. 비록 용기와 겁 없음이 종종 비슷한 말로 간주되고 있지만, 두려움에도 불구하고 인내심을 발휘하는 것이 용기의 가장 순수한 형태라고 주장되어 왔다(〈표 12-1〉 참조). 실제로 Rachman은 참된 용기는 주관적인 두려움이 있어도 두려운 상황에 접근할 수 있고 또 기꺼이 접근하는 것을 말한다고 주장하였다. 이런 경우에 용기 있는 사람들이 어떤 반응을 보이는지를 결정하기 위해서 주어진 상황에서 두려움이나 스트레스의 정도를 평가하기 위해 생리적인 반응들이 측정될 수 있다.

용기에 대한 연구에 앞서 행해진 Rachman(1978)의 연구는 주관적인 두려움과 개인의 신체반응에 초점을 두었다. 용기에 흥미를 느끼게 되었을 때, Rachman과 그의 동료들(Cox, Hallam, O'Connor, & Rachman, 1983; O'Connor, Hallam, & Rachman, 1985)은 용기 있는 행위와 용기 있는 행위자의 구분과 함께 폭탄을 다루는 사람들을 대상으로 용기와 겁 없음의 구분에 대해서 연구하였다. 용감한 행동으로 훈장을 받은 사람들은 비슷한 훈련과 근무 기간을 가졌지만 훈장을 받지 못한 사람들과 비교되었다. 훈장은 용감한 행위를 한 개인을 확인시켜 주는 방법으로 사용되었다. 스트레스 상황에서 개인들의 수행은 주관적이고 행동적이며 정신생리학적인 다양한 측정도구들에 의해 결정되었다. 실험 결과(Cox et al., 1983), 참가자들이 다른 조건에서 차이가 없음에도 불구하고 훈장을 받은 폭탄 조작자와 훈장을 받지 못한 폭탄 조작자의 스트레스 상황에서 구분되는 생리적 반응의 지표들이 확인되었다. 확인된 용기 있는 행위자들(즉, 훈장을 받은 폭탄 조작자)은 스트레스 상황에서 다른 참가자들과 유사한 신체적 감각을 보고하였다. 반복 검증에서 O'Connor 등(1985)은 훈장을 받은 사람들은 다른 참가자들보다 스트레스 상황에서 더 낮은 심박률을 유지한다는 것을 보여 주었다. Rachman(1984)은 낙하산병들이 그들의 훈련 프로그램을 시작할 때는 보통 사람과 비슷한 정도의 두려움을 느끼지만, 이러한 두려움은 5번 낙하하는 동안 가라앉는다는 것을 발견하였다. 두려움을 느낌에도 불구하고 낙하를 감행하는 것(즉, 용기)은 두려움의 감소를 가져왔다.

용기 있게 되는 것

여러 연구자들은 용기를 측정하고, 용기가 포함된 특정 상황에 대한 개방형-폐쇄형 질문과 면접을 통해 사람들이 어떻게 용감해질 수 있는지를 확인하려고 시도하였다(Finfgeld, 1995, 1998; Haase, 1987; Szagun & Schauble, 1997). Haase(1987)는 현상학적이고 기술적인 평가방법을 사용하였다. 만성질환을 앓고 있는 청소년들을 대상으로 한 비구조화된 면접에서 각 참가자들은 용기 있는 행동을 한 경험을 확인하고 기술하였다. 구체적으로 참가자들은 그들이 면접 전에 경험한 용기 상황에 대해 생각하도록 요구되었다. 그들에게 다음과 같은 지시문이 주어졌다. "당신이 용감하게 행동했던 상황을 묘사해 보십시오. 당신이 그 경험을 했을 때의 사고, 느낌 그리고 지각들을 그대로 묘사해 보십시오. 완벽하게 그 상황을 묘사했다고 느낄 때까지 계속 설명해 주십시오"(p. 66). 이 지시문은 모든 개인들이 용기와 관련된 경험을 갖고 있고 용기를 실행할 역량을 갖고 있다는 가정을 보여 주고 있다. 용기에 관한 Haase의 발견은 용기가 타고난 것이기보다는 태도나 대처방법의 발달로 보아야 한다는 것을 지적하고 있다. 또한 면접의 적절한 시기에 명료화된 질문을 하였다. 그리고 그녀는 듣고, 테이프로 녹음하고, 중요한 진술을 추출하고, 더 일반적인 재진술로 말하고, 주제 군집과 범주로 체계화하는 것 등을 포함하는 자료분석의 8단계 과정을 사용하였다.

Finfgeld(1995)는 이론적인 방법론에 기초해서 만성질환을 앓고 있는 노년기 성인들의 용기에 대해 연구하였다. 면접 질문은 청소년들의 용기에 대해 연구한 Haase의 연구에서 가져왔고, 다른 질문들은 여러 연구에서 나타난 가설들로부터 개발하였다. 만성질환을 앓고 있는 중년기 성인을 대상으로 한 Finfgeld의 연구(1998)에서는 다시 질적 자료분석 방법을 가진 근거 있는 이론을 사용하였다. 잠재적인 참가자들은 이론적인 표집 절차에 의해 선발되었다. 어떤 참가자들은 지지집단 모임을 찾아 용기 있는 행동을 보여 준 개인들을 확인함으로써 모집되었다.

Evans와 White(1981)는 용기 있게 되기 위한 속성을 결정짓는 데 필요한 방법론을 개발하였으며, 두려움과 용감함의 속성을 관련시켰다(그들은 용감함과 용기를 비슷한 뜻으로 여겼다). 청소년 참가자들은 비디오테이프의 내용을 보고 나서 질문에 대답하도록 요구되었다. 이때 세 가지 질문이 제시되었는데, (1) "당신이 생각하기에 비디오에 등장하는 사람은 얼마나 두려워하는 것 같습니까?" (2) "당신은 뱀을 들어 올리는 것에 대해 어떻게 느낍니까?" (3) "당신이 생각하기에 비디오에 등장하는 사람은 얼마나 용감합니까?" 그들은 참가자들의 연령이 증가함에 따라 상관이 부정적인 쪽에서 긍정적인 쪽으로 이동한다는 것을 밝혔다. 이것은 어느 정도의 두려움을 허용하는 용감함에 대한 보다 정교한 개념을 반영하는 것이다.

더 어린 아이들의 용기에 대한 개념을 알아보기 위해 Szagun(1992)은 5~12세의 어린이들을 대상으로 구조화된 개인적 면접을 사용해서 연구하였다. 이 면접에서는 아이들에게 12개의 다른 위험들에서 용기의 정도를 ('용기 없음'에서 '매우 용기 있음'까지의 5점척도에) 평정하도록 하였다. 그리고 용기를 나타내는 짧은 삽화를 판단하도록 요구하였다. 8~9세의 아이들은 용기를 모험을 하거나 두려움을 극복하는 것에 비유한 반면, 5~6세의 아이들은 용기를 주어진 과제의 어려움과 겁 없음에 비유하였다. 11~12세의 아이들은 여전히 행동하는 순간에 그 행동의 위험 요소에 대해 충분히 자각하는 것은 용기의 필수적인 구성 요소라고 보고하였다(Szagun, 1992). 주어진 발달단계에 놀랍지 않게, 더 어린 집단이 다른 위험들(예: 심리적인 위험)보다 신체적인 위험을 더 용기 있는 것으로 평정하였다.

더 최근에 Szagun과 Schauble(1997)은 어린 아동들을 위한 면접기법과 청소년들과 성인들을 위한 개방형 질문지를 사용하여 용기에 대해 연구하였다. 연구자들은 참가자들에게 그들이 용감하게 행동했던 상황에 대해서 그 상황에서의 생각과 느낌에 초점을 맞춰 회상하고 묘사하도록 요구하였다. 아이들의 경우는 구체적인 인물이 등장하는 짧은 이야기를 사용해서 용기에 관해 질문했다. 어릴수록 용기의 경험에 대해 묘사할 때 두려움 또는 두려움을 극복하는 것을 생각해 내지 못했으나, 연령이 증가함에 따라 용기와 두려움의 경험이 같다고 생각하였다. 과거의 연구와 유사하게 (Szagun, 1992), 연령이 높은 참가자들은 용기에 대한 필요조건으로서 심리적 위험에 초점을 두고 응답을 한 반면, 어린 참가자들은 용기를 신체적인 위험을 무릅쓰는 것으로 개념화하였다. 또한 연령이 높은 참가자들은 용기를 두려움의 극복, 자신감, 추진력과 같은 다면적인 정서적 경험으로 개념화하였다.

행위-빈도 접근과 사회측정 방법론

Buss와 Craik(1983)의 행위-빈도 접근은 사람들에게 특정한 특질을 가지고 있는 개인을 확인하게 해 주고, 상태나 특질에 일치하는 사람이 참여하는 행동의 세부사항을 알려 주는 역할을 하고 있다. 예를 들어, 이 장의 저자들은 교사들에게 가장 큰 용기를 보였던 학생을 확인하게 하는 과정 중에 있다. 그 교사들은 지명된 사람이 용기를 나타냈던 활동들이나 행동들에 대해 다섯 가지 목록을 작성하도록 요구된다. 이 과정은 용기의 좋은 예와 용기의 구조를 확인시켜 주기에 가치가 있다. 게다가 이 접근은 용기에 대한 개인차 측정도구를 만드는 데 필요한 정보를 제공할 수 있다.

사회측정 방법론은 또한 특정 집단(예: 가족, 팀, 회사)에서 용기 있는 사람을 발견하는 데 도움이 될 수 있다. 이것은 어떤 집단의 모든 구성원들에게 선택(예: 당신은 회사의 불공정한 고용정책에 맞서 당신과 함께 투쟁할 동료로 누구를 추천하겠는가?)과 거절(예: 분쟁에서 지지를 호소할 때 당신이 의지하지 못할 만한 사람은 누구인가?)의 질문을 하는 매우 간단한 접근법이다. 이런 면접과정을 거쳐서(Hale, 1985 참조) 집단 구성원들은 누가 집단에서 리더 역할을 하는 데 필요한 용기를 지녔는지를 공동으로 결정하기 위해서 그들의 대인관계 경험들을 사용한다.

간단한 척도들

긍정심리학 운동의 맥락에서 긍정적인 삶의 측면들을 측정하기 위한 노력들이 있어 왔다. 모든 사람들의 내면적인 강점들을 효과적으로 다루기 위해 간단한 질문지들이 새롭게 개발 중이거나 개정되고 있다. 이 책의 다른 장에서 제안되었던 이러한 심리측정적인 작업은 수십 년에 걸쳐 지속되고 있다. 특히, 용기의 측정에 대한 간단한 척도를 제작하기 위한 노력은 다소 산발적으로 진행되어 왔다. 1976년 Larsen과

Giles는 용기의 두 가지 유형—실존적 용기(정신적 용기와 유사한)와 사회적 용기(신체적 용기와 관련된)—을 측정하기 위한 척도를 개발하였다. 이 척도는 22개의 사회적 용기 영역과 관련된 문항과 28개의 실존적 용기를 측정하는 문항으로 구성되어 있다. 이 척도의 심리측정적인 토대는 제한되어 있으며, 이 척도를 정교화하기 위한 연구도 거의 없다.

보다 최근의 척도개발은 '원천(wellsprings)' 측정도구라고 불려 온 것에 대해 작업하는 긍정심리학 연구팀들에 의해 완성되었다. 원천 측정도구의 초판은 용기를 다루는 5개의 문항(예: "나는 강한 저항에도 불구하고 내 생각을 견지했다.")을 사용했다. 용기는 원천 측정도구의 두 번째 판에서 측정된 6개의 핵심적 미덕 중 하나로 확인되었기 때문에, 심리측정적으로 건전한 도구를 개발하는 것에 많은 노력이 집중되었다 (Peterson & Seligman, 2001).

개념적이고 측정적인 논제들

용기의 심리학은 잘 이해되지 않고 있다. 우리는 용기(두려움 또는 두려움 없는)를 주도하는 힘, 그것이 기질적인 변인인지 아닌지에 대한 불확실성, 그것이 어떻게 심리적 강점과 건강한 과정의 보다 큰 틀에 부합되는지에 대한 부족한 이해 등에 대해 합의를 이루지 못하고 있다. 검증 가능한 원칙의 밑그림을 그릴 이론적인 틀이 없다면, 우리는 용기의 광채를 파악하는 데 어려움을 겪을 것이다(사실 신체적, 정신적 그리고 생명의 용기가 모두 서로 다른 힘을 이끌어 내기 때문에 용기의 다양한 유형을 모두 포괄하는 종합적인 이론이 필요하다). 용기에 대한 긴장성(tonic) 대 조정성(phasic) 구성 요소 또한 명료화될 필요가 있다. 만약에 용기가 긴장성 현상이라면, 특질 같은 속성이 개인 내에서 발견된다는 것이 입증되기 때문에 척도들이 용기에 대해 의미 있는 표현을 해 줄 것이다. 반면에 용기가 조정성이라면, 주어진 상황에서 필요할 때 순수한 형태로 나타날 뿐이기 때문에 관찰, 구두 보고, 경험표집 방법, 중요 사건 기법(critical incident techniques) 등이 용기를 다루기 위해 필요하다. 마지막으로, 이론에 기초한 측정체계에 대한 타당화에 이어 우리는 용기가 다른 특성, 과정, 성취 등과 어떻게 관련되는지를 결정해야만 한다. 달리 말해서, 우리는 심리학자들이나 대중적인 저자들이 주장했던 것처럼 살고 창조하며 치료하는 데 정말로 용기가 필요한가?

결 론

용기는 학자들에게 별로 관심을 받지 못해 왔기에 간과되었던 덕목이라 할 수 있다(Shelp, 1984). 비록 학자들의 관심은 비교적 적었지만, 용기가 이전에 생각했던 것보다는 개인들의 삶에서 더 자주 표현되고 있다고 주장할 수 있다. 용기는 삶을 살아가면서 불가피하게 접하게 되는 도전이나 스트레스를 다루는 데 있어 중요한 부분이다. 용기는 대처의 중요한 부분으로 간주될 수 있으며, 상황에 따라 대처과정에 필수적이기조차 하다. 이 같은 관점에서 용기는 누구든지 획득할 수 있는 것으로 생각될 수 있다. 우리는 용기에 대한 윤곽을 잡음으로써 독자들이 용기에 대해 흥미를 갖고 일상생활에서 용기를 찾을 수 있는 어떤 도구를 얻을 수 있기를 희망한다. 또한 용기의 심리학이라고 할 수 있는 학문에 기여하길 바란다.

참고문헌

Aquinas, T. (1948). *Introduction to St. Thomas Aquinas: The Summa theologica, The Summa contra gentiles* (Trans. and Ed. A Pegis). New York: Random House.

Buss, D. M., & Craik, K. H. (1983). The act-frequency approach to personality. *Psychological Review, 90,* 105-126.

Cox, D., Hallam, R., O'Connor, K., & Rachman, S. (1983). An experimental analysis of fearlessness and courage. *British Journal of Psychology, 74,* 107-117.

Evans, P. D., & White, D. G. (1981). Towards an empirical definition of courage. *Behavior Research and Therapy, 19,* 419-424.

Finfgeld, D. L. (1995). Becoming and being courageous in the chronically ill elderly. *Issues in Mental Health Nursing, 16,* 1-11.

Finfgeld, D. L. (1998). Courage in middle-aged adults with long-term health concerns. *Canadian Journal of Nursing Research, 30*(1), 153-169.

Gergen, M. M., & Gergen, K. J. (1998). The relational rebirthing of wisdom and courage. In S. Srivastva & D. L. Cooperrider (Eds.), *Organizational wisdom and executive courage* (pp. 134-153). San Francisco: New Lexington Press.

Haase, J. E. (1987). Components of courage in chronically ill adolescents: A phenomenological study. *Advances in Nursing Science, 9*(2), 64-80.

Hale, A. E. (1985). *Conducting clinical sociometric explorations. A manual for psychodramatists and sociometrists.* Roanoke, VA: Royal.

Haitch, R. (1995). How Tillich and Kohut find courage in faith. *Pastoral Psychology, 44,* 83-97.

Hemingway, E. (1995). *The sun also rises.* New York: Scribner's. (Original published 1926)

Hemingway, E. (1996). *The old man and the sea.* New York: Scribner's. (Original published 1952)

Kennedy, J. F. (1956). *Profiles in courage.* New York: Harper and Brothers.

Kohut, H. (1979). *Self-psychology and the humanities: Reflections on a new psychoanalytic approach.* New York: W. W. Norton.

Larsen, K. S., & Giles, H. (1976). Survival or courage as human motivation: Development of an attitude scale. *Psychological Reports, 39,* 299-302.

O'Byrne, K. K., Lopez, S. J., & Petersen, S. (2000, Aug.). *Building a theory of courage: A precursor to change?* Paper presented at the 108th Annual Convention of the American Psychological Association, Washington, DC.

O'Connor, R., Hallam, R., & Rachman, S. (1985). Fearlessness and courage: A replication experiment. *British Journal of Psychology, 76,* 187-197.

Peterson, C., & Seligman, M. E. P. (2001). Values in action (VIA) classification of strengths. Retrieved July 7, 2001, from http://psych.upenn.edu/seligman/taxonomy.htm

Plato (1953). *The dialogues of Plato, Volume 1: Laches* (Trans. B. Jowett). New York: Appleton.

Putman, D. (1997). Psychological courage. *Philosophy, Psychiatry, and Psychology, 4*(1), 1-11.

Rachman, S. J. (1978). Human fears: A three-systems analysis. *Scandinavian Journal of Behaviour Therapy, 7,* 237-245.

Rachman, S. J. (1984). Fear and courage. *Behavior Therapy, 15,* 109-120.

Rorty, A. O. (1988). *Mind in action: Essays in the philosophy of mind.* Boston: Beacon Press.

Shelp, E. E. (1984). Courage: A neglected virtue in the patient-physician relationship. *Social Science and Medicine, 18*(4), 351-360.

Szagun, G. (1992). Age-related changes in children's understanding of courage. *Journal of Genetic Psychology, 153,* 405-420.

Szagun, G., & Schauble, M. (1997). Children's and adults' understanding of the feeling experience of courage. *Cognition and Emotion, 11*(3), 291-306.

정서적 모델과 측정도구

CHAPTER 13

긍정적 정서의 측정

이 책의 이어지는 장들은 긍정심리학의 분야가 긍정적인 주관적 경험의 심리를 넘어 폭넓은 연구 영역을 포함하고 있다는 것을 보여 준다. 긍정심리학자들은 창의성, 지혜 및 공감과 같은 특징들이 항상 행복을 느끼게 하지는 않는다 하더라도 그러한 특징들에 가치를 두고 있다. 그렇지만 개인의 주관적인 경험을 구체화하지 못한다면 그 분야는 불완전해질 것이다. 어떤 사람이 인생을 보람 있다고 느끼지 못한다면, 자신이 긍정적이고 만족스러운 인생을 살았다고 주장하기가 어려울 것이다. 주관적으로 보람 있는 인생의 한 가지 중요한 특징은 즐거운 정서 경험이다. 행복과 인생의 만족감에 대한 판단은 개인이 기쁨, 만족 및 흥분, 애정, 에너지 등과 같은 즐거운 정서를 경험하는 빈도와 일관성 있게 적당한 수준에서 강한 수준까지 상관되어 있다 (Diener & Lucas, 2000). 이런 정서들은 종종 개인이 인생을 잘 살아가고 있다는 것을 나타낸다.

긍정적 정서의 역할은 개인의 인생이 옳은 행로에 있다는 단순한 신호 이상으로 확장된다. 긍정적인 정서는 또한 개인이 긍정적인 성과를 달성하도록 돕는 데 구체적인 기능과 역할을 할 수 있다. 연구에 따르면, 긍정적인 정서가 사람들을 더 창조적이고

* Richard E. Lucas, Ed Diener, and Randy J. Larsen

(예: Estrada, Isen, & Young, 1994; Isen, Daubman, & Nowichi, 1987) 더 친애적으로 (예: Cunningham, 1988; Isen, 1987) 만드는 원인이라는 것을 시사한다. 행복한 사람들은 덜 행복한 사람들보다 돈을 더 많이 번다(Diener, Nickerson, Lucas, & Sandvik, 2002). 더욱이 긍정적 정서 경험 경향에서의 개인차는 성격 특질이라는 것을 함축하고 있다. 어떤 연구자들은 긍정적 정서가 외향성 차원의 핵심을 구성한다고 주장한다 (Lucas, Diener, Grob, Suh, & Shao, 2000; Tellegen, 1985; Watson & Clark, 1997). 그러므로 긍정적 정서는 포괄적인 긍정심리학 내에서 성과 변인과 투입 변인 둘 다에서 중심적 역할을 할 것이다.

긍정적 정서를 이해하기 위해서는 긍정적 정서의 측정도구들이 적절해야 하는 것이 필수적이다. 그러나 단순히 정서척도들의 신뢰도와 타당도를 검증하는 것만으로는 충분하지 않다. 정서라는 것은 순수하게 주관적인 느낌에서 행동 경향성에 이르기까지, 그리고 관찰된 행동에서 구체적인 생리적 변화까지 구성 요소들의 광범위한 배열을 가진 복잡한 현상이다. 종종 이 다양한 구성 요소들이 약간 정도만 관련되어 있고, 단지 한두 가지 구성 요소만을 측정함으로써 연구자들은 그 사태의 부분을 놓칠 수 있다. 이 장에서 우리는 긍정적 정서의 측정을 둘러싸고 있는 몇몇 논제들에 대해 논의할 것이다. 이는 심리학자들이 긍정적 정서 측정도구들을 이해하고 평가하고 선택하기 위해 필요할 것이다.

긍정적 정서의 정의와 모델

정서란 무엇인가? 불행하게도 이 질문에 대한 단일한 답은 없다(예: Frijda, 1999; Kleinginna & Kleinginna, 1981; Larsen & Fredrickson, 1999; Ortony & Turner, 1990). 대부분의 이론가들은 각각 특정한 것을 포함하지만 구성개념의 전부를 정의하는 것은 아닌 다양한 구성 요소의 관점에서 정서를 정의하고 있다. 예를 들어, Frijda(1999)는 정서가 다음의 구성 요소로 이루어져 있다고 주장하였다. (1) 정서 또는 쾌락이나 고통의 경험, (2) 사물이나 사건에 대해 좋은지 나쁜지의 평가, (3) 행동 준비성 또는 환경에 따른 행동 변화의 준비성, (4) 자율적 각성, (5) 인지적 활동 변화다. 그러나 일부 연구자들은 어떤 유인가가 없는 감정 상태가 이러한 기준들을 만족시키지 못했음에도 불구하고 기본 정서 목록에 이 상태를 포함시켜 왔다. 예를 들어, Ortony와 Turner(1990)는 놀람, 흥미 및 욕구 등이 정서적으로 유인가가 명백하지 않음에도 불구하고 종종 기본 정서 목록에 포함되어 있다는 점을 지적하였다. 놀람, 흥미 및 욕구는 모두가 유쾌할 수도 있고 불쾌할 수도 있고 전적으로 중립적일 수도 있다. 마찬가지로 Fredrickson(1998)은 많은 긍정적 정서들이 쉽게 확인 가능한 행동 경향성을 가지고 있지 않다고 언급하였다. 그러므로 Frijda가 열거한 구성 요소들은 정서의 정의라기보다 가능한 구성 요소를 묘사한 것으로 볼 수 있다.

이러한 정의에 대한 몇몇 논제들이 긍정적 정서에 대한 이 장의 초점에 의해 논의되고 있는 것처럼 보인다. 어떤 사람들은 긍정적 정서가 정의대로 정서적으로 유인가가 있어야 한다고 주장할 수 있을 것이다. 불행히도 긍정적 정서에 관해 무엇이 긍정적인지에 대한 동의 또한 없다. 어떤 긍정적 정서들은 단순하게 유쾌한 유인가를 갖고 있다(예: Larsen & Diener, 1992). 그러나 다른 긍정적 정서들은 행동에 접근하도록 동기화시키는 행동 활성화 체계로부터 나온다. 이 접근에 따르면, 긍정적 정서는 단순히 유쾌하지만은 않다. 대신 그것들이 행동에 접근하도록 이끈다면 긍정적이다. 흥미처럼 정서적으로 중립적인 감정들은 긍정적 정서로 간주될 수 있는 반면, 만족이나 이완처럼 유쾌한 유인가를 가진 감정들은 그렇지 않을 수 있다. 이러한 정의적인 논제는 심리학자들이 연구하고 있는 긍정적 정서의 성질에 관해 구체적인 가설을 가질 때 측정에 관한 논제가 된다. 만약 심리학자들이 접근행동과 접근체계 내에서의 활동에 관심을 갖는다면, 그들은 흥미나 약속과 같은 정서를 평가하기를 원할 것이다. 그러나 그들이 오직 유쾌함에만 관심을 가진다면, 그들의 측정도구가 만족이나 이완과 같은 정서를 포함하기를 원할 것이다. 하지만 우리의 경험상 긍정적 정서척도의 다른 유형들은 종종 비슷하게 행동하며(예: Lucas & Fujita, 2000), 광범위한 긍정적 정서들이 표집되는 한 이러한 다른 정서척도들을 사용하는 것은 실용적으로 별다른 차이가 없을 것이다.

긍정적 정서에 대한 구조모형

정서 연구자들은 존재하는 수많은 정서들을 보다 적은 기본 정서 목록이나 정서적 차원으로 체계화할 수 있는 모형을 개발하려고 상당히 노력하고 있다. 이 목표를 달성하기 위한 여러 대안적인 접근들이 있다. 예를 들어, 어떤 연구자들은 적은 수의 기본 정서가 존재한다고 주장하고 있다. 기본 정서 접근의 다양한 주창자들 간에 무엇이 기본 정서를 구성하는지, 그리고 어떤 정서들이 그러한 요건들을 충족하는지에 대해 상당한 불일치가 있다(Ekman, 1992a, 1992b; Izard, 1992; Ortony & Turner, 1990; Panksepp, 1992; Turner & Ortony, 1992). 다행히도 몇 개의 두드러진 긍정적 정서들이 기본적인 것이라고 제안되어 왔다. Ortony와 Turner(1990)의 개관에 따르면, 대부분의 이론가들은 오직 하나의 일반적인 유쾌 정서(예: 기쁨, 행복, 의기양양 또는 쾌락)만을 포함시켰다. 용기, 희망, 사랑, 경탄(흥미, 놀람, 욕구 등과 같은 긍정적 정서가 의문시되는 것들과 함께) 등과 같은 보다 구체적인 정서들은 기본 정서에 더 드물게 포함되었다. 만약 기본 정서가 존재한다면, 기본적인 긍정적 정서는 기본적인 부정적 정서보다 수적으로 더 적은 것처럼 보인다.

기본 정서 접근의 대안은 여러 정서들 간의 관련성을 이해하기 위한 차원적 접근이다(예: Russell, 1980; Watson & Tellegen, 1985). 차원적 접근에 따르면, 개별 정서들의 공변량은 요인분석을 통해 적은 수의 중요한 차원으로 환원될 수 있다. 어떤 연구자들은 공변량을 설명하기 위해서는 세 차원이 필요하다고 주장하고 있지만(예: Schimmack & Grob, 2000), 두 차원이 정서 용어의 변산성을 설명하기에 충분하다는 데에 더 큰 합의가 있다(예: Russell, 1980; Watson & Tellegen, 1985). 이 요인 접근에서는 정서 용어들이 원형(circumplex)구조로 기술되고 있다. 즉, 정서들은 두 개의 독립적인 정서 차원의 교점으로 형성되는 한 점 주위의 하나의 원 안에 동등하게 위치한다고 여겨진다(원형 접근에 대한 개관은 Larson & Diener, 1992 참조; 원형구조에 대한 최근의 증거는 Watson, Wiese, Vaidya, & Tellegen, 1999 참조).

정서의 두 차원 모델 중에 구체적인 차원들을 이해하기 위한 대안적인 접근들이 있다. 특히 기분 용어들의 요인적 표상 내에서 그 요인들은 다르게 회전될 수 있으며, 차원들은 다른 해석을 가지게 될 것이다. 예를 들어, Russell과 그의 동료들(Russell, 1980; Russell & Feldman Barrett, 1999)은 요인 공간이 유쾌함과 각성 차원에 의해 더 잘 묘사될 수 있다고 주장했다. 한편 Watson, Tellegen 및 그의 동료들(Watson & Tellegen, 1985; Watson et al., 1999)은 이러한 차원들이 독립적인 긍정적 정동 또는 긍정적 활성화 그리고 부정적 정동 또는 부정적 활성화 차원을 만들어 내기 위해서는 45도 회전되어야 한다고 주장했다. 긍정적 정동은 높은 수준의 유쾌함과 높은 수준의 각성의 조합이며, 흥미, 약속, 능동성 등과 같은 정서들을 포함하고 있다. 반면, 부정적 정동은 높은 수준의 불쾌함과 높은 수준의 각성의 조합이며, 고민, 고통, 두려움 등과 같은 정서들을 포함하고 있다(Thayer, 1978 참조). 이러한 연구자들은 이와 같이 회전된 차원들이 정서의 주요 군집들과 정렬되며, 그것들이 근본적인 정서체계를 표현한다고 주장한다.

또한 정동과 정서의 구조가 위계적일 것이라는 가능성이 있다. Watson(2000)은 긍정적 정동과 부정적 정동이 위계상에서 두 상위 요인이지만, 정서구조를 충분하게 기술하기 위해서는 많은 수의 관련된 하위 요인들이 필요하다고 주장하였다. 이 모델에서 긍정적 정동은 쾌활(joviality), 자기만족(self-assuredness) 그리고 세심함(attentiveness)의 세 가지 별개의 국면으로 나누어질 수 있다. 이와 유사하게, 긍정적 정서의 이론적인 분석에서 Fredrickson(1998)은 긍정적 정서에는 적어도 네 가지 다른 유형(기쁨, 관심, 만족, 사랑)이 있다고 주장하였다. Diener, Smith 및 Fujita(1995)는 보다 체계적이고 경험적인 접근을 시도하였으며, 다양한 연구 전통(정서에 대한 인지적 접근, 생물학적/진화론적 접근, 경험적 접근)으로부터 정서 용어들을 선택하였다. 그들의 분석은 변산성을 설명하기 위해 긍정적 정서의 두 가지 별개 유형(기쁨과 사랑)이 필요하다는 것을 시사하였다. 그러나 세 집단의 연구자들(Diener et al., 1995; Fredrickson, 1998; Watson & Clark, 1992)은 긍정적 정서가 종종 강하게 상관되어 있으며 상대적으로 분화되어 있지 않다는 점을 지적하였다.

한 가지 다른 논란은 긍정적 정서와 부정적 정서가 단일 차원의 양극을 나타내고 있는지, 아니면 두 가지가 사실상 독립적인 차원인지에 관한 것이다. 달리 말하면, 사람이 긍정적 정서와 부정적 정서를 동시에 경험할 수 있는지, 아니면 하나의 존재가 다른 것의 부재를 나타내는지에 대한 의문이 있다. 많은 연구들이 이 논제를 탐구해 왔지만(예: Diener & Emmon, 1984; Diener & Iran-Nejad, 1986; Feldman Barrett & Russell, 1998; Green, Salovey, & Truax, 1999), 우리는 모든 논란을 만족시킬 해결책이 있다고 믿지 않는다. 긍정적 정서와 부정적 정서의 독립성은 정서가 측정되는 동안의 시간적 틀(예: Diener & Emmon, 1984), 사용되는 반응척도 그리고 구성개념을 측정하기 위해 중다방법이 사용되는지의 여부(Green, Goldman, & Salovey, 1993)에 달려 있다. 우리는 연구자들과 임상가들이 긍정적 정서를 명백하게 측정해야 하고 부정적 정서의 부재를 긍정적 정서의 존재의 증거로 취급하지 말아야한다고 권고한다. 적어도 어떤 경우에는 두 가지가 독립적이다. 그리고 사실상 긍정적 정서와 부정적 정서가 다른 뇌체계에서 나올 수 있다(Cacioppo, Gardner, & Berntson, 1999).

마지막으로, 한 가지 구조적 논제는 긍정적 정서가 측정되는 시간적 틀에 관한 것이다. 정서는 특정 사건과 대상에 짧게 지속되는 반응을 할 수도 있고, 특정한 것과 관련이 없을 수 있는 길게 지속되는 반응을 할 수도 있다. 일반적으로 '정서(emotion)'라는 용어는 전자를 의미하고, '기분(mood)'이라는 용어는 후자를 의미한다(Morris, 1999). 그러나 이 용어들은 때때로 혼용되어 왔다. 이 장에서 긍정적 정서에 관해 언급할 때도 우리는 정서와 기분을 모두 의미한다. 하지만 모든 연구자들과 임상가들은 정서의 구조와 과정이 짧은 시간 동안 평가되었을 때와 오랜 기간을 두고 평가되었을 때 달라질 수 있다는 것을 알아야 한다. 심리학자들은 그들이 특정 반응 척도와 측정도구를 선택할 때 어떤 유형의 정서적 반응에 관심이 있는지를 결정해야만 한다.

정서모형에 대한 요약과 함의

정서 경험의 성질에 대한 각 접근들은 긍정적 정서에 대한 조금씩 다른 모형을 초래하였다. 이 논제들에 대한 우리의 논의는 부득이 간단하였으며, 이에 독자들에게 이 논제들이 긍정적 정서에 대한 그들의 평가에 영향을 미칠 것이라 생각한다면 앞에서 인용된 연구들을 참조할 것을 권고한다. 그러나 우리는 여러 모델들 간에 많은 유사점들이 있으며, 대부분의 심리학자들에게 이 분야의 중요한 논란들은 긍정적 정서의 평가에 실제적인 함의가 없을 것임을 지적해야 한다. 기껏해야 상관이 높은 기본적인 긍정적 정서나 긍정적 정서의 차원은 수적으로 적다. 가용한 짧은 정서 질문지들(뒤에 개관되고 있는)이 많이 있는데, 대부분은 이러한 정서들을 광범위하게 표집한다. 만일 활성화된 긍정적 정서를 측정하는지 활성화되지 않은 긍정적 정서를 측정하는지가 확실하지 않다면, 몇 개의 여분 문항만으로도 두 가지 모두를 신뢰성 있게 평가할 수 있다. 만일 긍정적 정서의 두 유형이 다른 상관을 나타낸다면, 연구자들은 그들의 분석을 따로 유지할 수 있을 것이다. 그리고 그들이 비슷한 상관을 나타낸다면, 연구자들은 단일 측정도구로 그것들을 조합할 수 있을 것이다. 물론 구체적인 긍정적 정서(예: 사랑, 기쁨, 만족)의 역동에 흥미가 있는 심리학자들은 그들이 신뢰성 있는 중다 문항 척도를 사용하는지 확인해야 한다.

평가의 방법

정서는 순수하게 주관적인 것에서부터 순수하게 생리적인 것까지 중다 구성 요소를 포함하는 복잡한 현상이다. 단일한 방법이 아닌 정서의 평가방법은 정서 현상 전체를 파악하게 할 수 있으며, 정서 현상에 대한 완벽한 이해는 오직 중다 방법적인 탐구를 통해서만 얻어질 수 있다. 그러므로 긍정적 정서에 관심이 있는 심리학자들은 가능하다면 항상 중다 방법을 사용해야 한다. 여기서 우리는 사용되어 왔던 방법들을 개관하고, 긍정적 정서의 평가를 위해 이러한 방법들을 사용하는 데 있어서 전망과 문제점을 논의하고자 한다.

긍정적 정서에 대한 자기보고

자기보고식 정서척도는 일반적으로 얼마나 자주 또는 강하게 긍정적 정서를 경험하고 있거나 경험해 왔는지를 나타내는 응답을 요구한다. 척도의 구체적인 체재는 차원의 수에 따라 달라질 수 있으며, 이러한 차이들은 척도의 측정 속성에 깊이 영향을 줄 수 있다.

문항의 수　긍정적 정서를 평가하는 가장 간단한 방법은 하나의 광범위한 긍정적 정서를 사용해서 응답자가 어떻게 느끼는지를 묻는 것이다. 예를 들어, 피검자들에게 다음과 같이 물을 수 있다. "일반적으로 얼마나 즐겁다고 느끼고 있습니까?" "일반적으로 얼마나 행복을 느끼나요?" 만약 심리학자들이 흥분 같은 특정한 긍정적 정서에 흥미가 있다면 다음과 같이 물을 수 있다. "지금 얼마나 흥분을 느끼나요?" 이런 척도들은 약간의 타당도를 가지며 간단하다는 장점을 가지고 있지만, 낮은 신뢰도로 인해 어려움을 겪을 수 있다.

중다 문항 척도는 신뢰도가 높다는 장점이 있으며, 많은 경우에 적용 범위가 더 넓다. 단일 기본 정서에 대한 여러 측면들이 평가될 수 있거나(예: 만족, 행복, 기쁨, 의기양양), 긍정적 정서의 넓은 범위가 표집될 수 있도록 다양한 기본 정서들이 포함될 수 있다.

비록 정서척도가 132문항 정도로 길어질 수도 있지만(예: Zuckerman과 Lubin (1985)의 Multiple Affect Adjective Checklist 개정판(MAACL-R)), 대부분의 척도는 더 짧

다. 다양한 긍정적 정서들이 높게 상관되어 있어서, 심지어 네다섯 문항 정도로 짧은 척도조차 매우 높은 신뢰도를 보이는 경우가 종종 있다(예: Diener et al., 1995; Watson & Clark, 1994 참조).

반응척도 다양한 반응척도들이 긍정적 정서를 측정하는 데 사용되어 왔다. 많은 도구들은 피검자들에게 정서 목록을 제시하고 어떤 것들을 경험하고 있는지 또는 얼마나 경험해 왔는지를 체크하도록 요구하는 간단한 체크리스트 접근을 사용한다(예: Zuckerman & Lubin, 1985). 이 접근의 변형으로 피검자들에게 예/아니요 반응척도를 사용해서 그들의 정서 상태를 묘사하는 다양한 진술들에 동의하는지 표시하도록 하고 있다(예: Bradburn & Caplovitz, 1965). 두 경우 모두에서 긍정적 정서 점수의 총점은 체크를 하거나 '예' 반응을 한 것이 합산된다. 체크리스트는 다른 반응척도들보다 반응 태도에 의해 영향을 받기가 쉬울 수 있으며, 일부 연구자들은 이에 대해 경고하고 있다(예: Green et al., 1993).

체크리스트의 대안으로는 Likert 반응척도가 있다. 이는 피검자들에게 정서 용어들의 목록이나 정서적 상태를 묘사하는 진술들을 제시한다. 그리고 나서 그들에게 얼마나 강하게 정서를 느끼는지, 과거에 얼마나 자주 정서를 느껴 왔는지, 또는 숫자가 매겨진 Likert 척도를 사용하여 진술에 어느 정도 동의하는지를 표시하게 한다.

척도상의 점수들은 다양하고(일반적으로 5점에서 9점까지), 구체적인 고정점(anchors)은 측정의 초점에 따라 달라진다. 어떤 척도는 응답자가 정서를 경험해 왔던 강도를 평가하는데, 이는 종종 '전혀 아니다' 또는 '약간'에서 '조금' '상당히' '꽤' '아주 많이'에 이르는 범위의 용어를 사용한다(예: Watson, Clark, & Tellegen, 1988). 다른 척도들은 응답자들이 어떤 정서를 경험했던 빈도를 평가하는데, 이는 시간의 특정한 백분율(예: '시간의 0%' '시간의 10%')이나 일반적인 빈도의 기술(예: '전혀' '절반 정도' '항상'; Diener et al., 1995)을 나타내는 고정점을 사용할 수 있다. 빈도와 강도는 정서 경험의 분리될 수 있는 구성 요소이고, 이는 다른 과정을 반영할 수 있다(Schmmack & Diener, 1997).

예를 들어, Diener, Sandvik 및 Pavot(1991)은 전반적인 행복이 시간에 따른 긍정적 정동 대 부정적 정동의 빈도를 반영하며 강도를 반영하지는 않는다고 주장하였다. 이러한 구성 요소들은 분리될 수 있기에 우리는 정서의 빈도나 강도를 제공하는 반응

척도의 사용을 권한다(또는 둘 다를 분리해서 측정하는 것을). 그러나 모호하게 두 가지를 다 측정하는 반응척도(예: '많지 않다' 또는 '많다')는 피하는 것이 좋다.

Likert 반응척도의 또 다른 변형으로 시각적 아날로그 척도가 있다. 이 접근은 Likert 척도에서 반응 선택지의 시각적 표현을 사용한다. 예를 들어, 피검자들에게 눈살을 찌푸리고 있는 애매모호한 표정에서 웃는 표정에 이르기까지의 범위를 가지고 있는 얼굴 표정 시리즈가 제시될 것이다. 이에 그들은 자신의 느낌 상태를 가장 잘 반영한 얼굴에 표시를 할 수 있다. 이와 유사하게 피검자들에게 두 개의 반대되는 형용사로 분리된 선이 제시되거나 정서의 강도를 나타내는 온도계가 제시될 수 있다. 피검자들은 시각적 아날로그의 어딘가에 표시를 함으로써 어떻게 느끼는지를 나타낼 수 있다. 시각적 아날로그 척도는 피검자들이 척도에 있는 단어들을 이해하는 데 어려움이 있을 때, 전통적인 정서측정에 대한 유용한 대안이다. 예를 들어, 어린아이들이나 다른 언어를 말하는 피험자를 대상으로 한 연구에서 시각적 아날로그 척도를 사용하는 것은 도움이 될 것이다.

시간 틀　　아마도 정서를 평가하는 방법을 결정할 때 고려해야 할 가장 중요한 특징은 지시의 시간 틀일 것이다. 이미 언급한 바와 같이, 대부분의 이론가들은 구체적인 자극에 대한 단기적인 반응(정서)과 구체적인 대상 또는 사건과 관련 없이 장기적으로 지속되는 감정(기분)을 구분하고 있다. 더구나 정서와 기분에서 장기적인 개인차는 개인의 잠재되어 있는 성격적 기질을 반영할 수 있다. 기분, 정서 그리고 기질이 기저한 과정은 각기 다를 수 있으며 다른 현상에 차별적으로 관련될 수 있다. 그러므로 연구자들과 임상가들은 그들이 정서 경험의 어떤 측면을 연구하고자 하는지 결정하고 적절한 측정도구를 선택하는 것이 필수적이다.

많은 정서 질문지들은 정서 경험의 다른 유형을 측정하기 위해 다양한 지시문을 제시한다. 예를 들어, Watson 등(1998)은 그들이 개발한 정적 정동과 부적 정동 목록(PANAS: Positive And Negative Affect Schedule) 척도가 피검자들에게 '바로 지금' '오늘' '지난달에' 또는 '지난 몇 달 동안' 어떻게 느꼈는지를 표현하도록 요구하는 지시문들을 주고 실시될 수 있다는 점을 지적하였다. 시간 틀이 더 짧아질수록 정서 반응을 얻기가 더 수월해지고, 시간 틀이 길어질수록 기분이나 정서성에서의 성격 차이를 파악하기가 더 수월해진다. 대부분의 정서 질문지들의 지시문은 정서 경험의 다양한 측면들을 평가하기 위해 변형될 수 있다.

실시간 대 회고적 보고　시간 틀에 관한 논제는 연구자들에게 정서평가와 관련된 문제, 즉 정서 경험의 역동적 성질에 대해 주의를 기울이게 한다. 정서는 시간에 따라 상당히 변화한다. 우리가 교통 체증을 경험한다면 화가 날 것이고, 이 사건은 확실히 그날의 나머지 시간의 기분에도 영향을 미칠 것이다. 그러나 분노의 강도와 주관적인 경험은 그 사건 이후의 시간에 따라 극적으로 변화될 수 있다. 피험자들에게 회고적으로 자신의 정서를 평가하도록 요구하는 것은 그들에게 자신의 느낌을 기억하고 그 역동적인 경험을 정확하게 정리하는 너무나 어려운 과제를 요구하는 것이다 (Fredrickson & Kahneman, 1993). 정서 경험의 시간적인 차원을 파악하기 원하는 연구자들은 종종 정서와 기분의 실시간 측정도구를 사용한다(예: Kahneman, 1999). 예를 들어, 연구자들은 피험자들에게 하루 동안 무선적으로 긍정적 정서를 평가하도록 프로그램된 초소형 컴퓨터를 장착할 것을 요구할 수 있다. 저비용으로 이 절차를 대신할 수 있는 대안은, 피검자에게 값싼 알람시계를 사용하여 시간을 알려 준 다음 지필식 정서 질문지를 완성하게 하는 것이다(피검자가 지필검사를 잘 수행하는지는 평가할 수 없지만). 대안적으로 좀 더 단기적인 정서 경험에 관심이 있는 심리학자들은 실험실에서 시간에 따른 정서의 변화를 평가하기 위한 다양하고 새로운 기술들을 사용할 수 있다. 예를 들어, 이동식 계량기와 회전식 다이얼이 시간에 따른 정서 경험을 평가하기 위해 사용될 수 있다. 피검자들은 그들의 정서 변화만큼 다이얼과 계량기를 변화시킬 수 있다.

시간에 따른 정서를 평가함으로써 심리학자들은 정서 경험의 여러 특징들을 조사할 수 있다. 중다 정서 보고는 별개의 구성 요소로 분할될 수 있다. 예를 들어, 분리된 빈도와 강도 점수가 계산될 수 있다. 그리고 정서적 반응성은 정서의 변동성이나 정서 경험의 최고조 수준을 계산함으로써 조사될 수 있다. 이와 유사하게 정서 대 기분을 강조하기 위해 다른 표집 전략이 사용될 수 있다. 피험자들에게 중요한 정서적 사건이 일어난 시간을 보고하도록 요구하는 사건표집 전략은 구체적인 사건에 대한 정서적 반응을 파악하기가 쉽게 해 준다. 피험자들에게 하루 동안 무작위로 신호를 보내는 무선표집 전략은 맥락에 관계없는 기분을 더 많이 파악할 수 있게 해 줄 것이다. 그리고 다른 전략을 사용하는 것은 정서 경험의 다른 측면들이 탐구될 수 있게 해 준다. 피험자들은 오랜 기간 동안 얼마나 많은 긍정적 정서를 경험했는지 응답할 것을 요구받았을 때 다양한 정서 경험을 기억하고 정확하게 정리하는 데 종종 어려움을 느낀다(Robinson & Clore, 2000). 피험자들이 경험한 정서를 얼마나 잘 기억하고 보고할 수 있는지를 평가하기 위해, 실시간 경험이 긍정적 정서에 대한 회고적 판단과 비교될 수 있다. 실시간 정서평가는 점차 긍정적 정서경험에 대한 포괄적인 연구의 중요한 부분이 되어 가고 있다.

구체적인 긍정적 정서 측정도구들   〈표 13-1〉에는 널리 사용되고 있는 자기보고식 긍정적 정서척도들이 제시되어 있는데, 대부분은 광범위한 정서 경험들을 평가하는 큰 정서척도에 포함되어 있다. 어떤 것은 정서성에서의 개인차를 측정하기 위해 특별하게 설계되었으며(예: Tellegen과 Waller(1994)의 Multidimensional Personality Questionnaire), 대부분은 구체적인 지시문이나 반응척도에 따라 정서의 개인차나 일시적인 경험을 측정하는 데 사용될 수 있다. 앞에서 언급한 바와 같이 긍정적 정서의 구조에 관한 이론들은 다른데, 〈표 13-1〉에 기술된 측정도구들은 이 차이들을 반영하고 있다. 어떤 측정도구들은 기본 긍정적 정서나 긍정적 정서 경험의 낮은 수준의 국면에 초점을 두고 있는 한편, 다른 측정도구들은 광범위한 유쾌함이나 활성화된 긍정적 정서 차원에 초점을 두고 있다. 대부분 하위척도들이 조합되어 하나의 긍정적 정서척도를 이루고 있다. 대부분의 긍정적 정서가 서로 높게 상관되어 있기 때문에 (특히 개인차 수준에서; Zelenski & Larsen, 2000 참조), 표에 제시된 척도들은 모두 높은 내적 합치도와 타당도의 강한 증거를 보여 주고 있다(Affective Balance 척도는 예외; Larsen, Diener, & Emmons, 1985 참조). 또한 삶의 만족도 척도(Satisfaction With Life Scale; Diener, Emmons, Larsen, & Griffin, 1985)와 같이 인지적 안녕감에 대한 측정도구도 포함되어 있다. 인지적 안녕감 측정도구들은 긍정적 정서 경험과 상당한 정도로 상관되어 있다(Lucas, Diener, & Suh, 1996). 부록 13.1과 13.2는 표준적인 긍정적 정서와 삶의 만족도 척도의 예다.

요약   아마도 자기보고식 평가방법은 긍정적 정서를 평가하는 가장 쉽고 가장 효율적인 방법일 것이다. 이 방법은 신뢰성 있고 타당하며, 일반인들이 실제적으로 이해하고 있는 긍정적 정서에 가깝게 만들었다. 더구나 자기보고식 척도는 특정 문항, 반응척도, 시간 틀, 구체적인 평가방법 등을 변화시킴으로써 상당히 융통성 있게 사

〈표 13-1〉 **긍정적 정서 측정도구 요약**

척도명	저 자	소척도	문항 수	긍정적 정서 소척도
Activation-deactivation Adjective Checklist	Thayer (1967)	2	28	활기찬 각성
Affect Balance Scale	Bradburn & Caplovitz (1965)	2	10	긍정적 정서
Affect Grid	Rusell, Weiss, & Mendelsohn (1989)	2	1	유쾌함
Differential Emotion Scale	Izard, Dougherty, Bloxom, & Kotsch (1974)	10	30	놀람, 흥미, 즐거움
Intensity and Time Affect Scale	Diener, Smith, & Fujita (1995)	6	24	사랑, 기쁨
Mood Adjective Checklist	Nowlis & Green (1957)	12	130	격동, 의기양양, 사회적 애정, 활기
Multiple Affect Adjective Checklist	Zuckerman & Lubin (1985)	5	132	긍정적 정동
Multidimensional Personality Questionnaire	Tellegen & Waller (1994)	11	300	긍정적 정서성
Positive And Negative Affect Schedule	Watson, Clark, & Tellegen (1988)	2	20	활성화된 긍정적 정동
Positive And Negative Affect Schedule (확장판)	Watson & Clark (1994)	11	55	쾌활, 자기만족, 세심함
Profile of Mood States	McNair, Lorr, & Droppleman (1971)	6	72	활기
Satisfaction with Life Scale	Diener, Emmons, Larsen, & Griffin (1985)	1	5	삶의 만족

용될 수 있다. 개별적인 강도, 빈도, 반응성, 변동성 점수(다른 구성 요소와 함께)는 다양한 정서 측정도구들로부터 쉽게 계산될 수 있다.

이러한 개별 구성 요소들은 정서 경험에 대해 풍부한 이해를 하게 해 준다. 그러나 자기보고는 정서과정에 대한 통찰만을 제공하는 것은 아니며, 의심할 여지가 없는 것도 아니다. 피검자들은 그들의 진짜 정서 경험을 보고할 수 없거나 하고 싶지 않을 수도 있다. 그들의 반응은 사회적 바람직성, 극단적 반응 또는 다른 반응 유형과 반응 태도에 의해 영향을 받을 수 있다. 게다가 주관적인 자각이 쉽사리 이루어지지 않는 정서 경험의 측면들도 있을 수 있다. 그러므로 자기보고식 정서척도는 가능하면 비자기보고식 측정도구로 보완되어야 한다.

비자기보고 방법

대부분 긍정적 정서의 비자기보고식 측정도구들은 정서 경험이 중다 구성 요소를 포함하고 있다는 가정에 기초하고 있다. 가령, 정서 이론가들은 정서가 다른 사람에게 인식될 수 있는 표현적 구성 요소를 가지고 있다고 한다. 그러므로 정서 경험에 대한 관찰자의 보고는 자기보고에 대한 유용한 대안이 될 수 있다. 또 대부분의 정서 이론가들은 정서 경험의 생리적 상관물들이 있다고 주장한다. 연구자들은 생리적 과정을 평가함으로써 정서를 경험하고 있는 사람이 자각하지 못하는 측면들을 파악할 수 있을 것이다. 여기에서 우리는 긍정적 정서에 대한 다양한 비자기보고식 측정도구들을 개관할 것이다.

관찰자 보고   자기보고에 대한 간단하고 쉬운 대안은 관찰자 보고다. 대부분의 자기보고식 긍정적 정서 측정도구들은 정서에 대한 신뢰성 있고 타당한 관찰자 측정도구들로 쉽게 변화될 수 있다. 연구자들은 친구와 가족 구성원에게 목표 인물이 어떤 정서를 얼마나 자주 또는 강하게 경험하는지 물음으로써 정서 경험에 관한 부가적인 정보를 얻을 수 있다. 관찰자들은 다른 반응 태도, 반응 유형 그리고 기억 편향을 가지고 있으며, 정서에 대한 자기보고와 관찰자 보고가 조합되면 긍정적 정서에 대한 더 타당한 측정도구를 얻을 수 있다(Diener et al., 1995).

관찰자가 목표 인물이 경험하는 사적이고 주관적인 정서적 느낌을 판단하기 어려울 것처럼 보이지만, 연구들은 관찰자와 목표 인물이 일반적으로 목표 인물의 정서 경험에 대해 상당히 일치한다는 결과를 보여 주고 있다. 예를 들어, Diener 등(1995)은 긍정적 정서의 관찰자 보고와 자기보고 사이에 .50이 넘는 상관을 발견하였다.

관찰자 접근법의 대안으로 전문가 평정 접근법이 있다. 목표 인물을 알지 못하는 관찰자는 이 기법을 사용하여 정서 경험의 특정 징후를 해석할 수 있도록 훈련될 수 있다(예: Gottman, 1993). 대안적으로 훈련되지 않은 평가자에게 정서를 일으키는 상황에서 목표 인물을 관찰한 후에 그 사람의 정서를 판단하도록 요구할 수 있다. 전자의 접근은 평가자의 광범위한 훈련을 요구하지만 후자보다 더 타당하고 신뢰성 있는 정서 보고를 제공한다.

안면 측정도구   정서 경험을 전체적으로 판단하기 위해 평가자를 훈련시키는 것에 더하여, 목표 인물이 나타내는 얼굴 표정에서 정서의 구체적인 징후를 찾도록 평가자를 훈련시키는 것이 가능하다. 예를 들어, Facial Action Coding System(FACS; Eckman & Friesen, 1975, 1978)은 평가자가 얼굴에서 특정 근육의 움직임에 기초하여 정서 판단을 할 수 있도록 해 준다. 그러나 여기에는 실질적인 훈련이 요구되고, 시간적 순서의 얼굴 채점에 많은 시간이 걸린다. 그렇지만 긍정적 정서의 개인차의 신뢰성 있고 타당한 측정도구들은 연감 사진(예: Harker & Keltner, 2001)과 같은 정적인 그림으로부터 얻을 수 있다. 게다가 얼굴 표정의 측정은 근전도 기술을 사용하여 자동화할 수 있다(Cacioppo, Berntson, Larsen, Poehlmann, & Ito, 2000; Cacioppo & Tassinary, 1990). 이러한 기술은 얼굴 근육의 수축을 측정하여 그것을 정서가 표현될 때 일어나는 알려진 변화와 비교하는 것이다.

근전도는 근육 변화가 너무 작아서 육안으로는 관찰할 수 없는 변화를 파악할 수 있다는 부가적인 이점을 가지고 있다. 우리는 비록 긍정적 정서의 안면 측정도구들이 자기보고에 희망적인 대안을 제공하고 있지만, 긍정적 정서에 대한 분화된 측정도구들이 안면 측정도구들로부터 얻어질 것 같지는 않다는 점을 언급해야 하겠다 (Fredrickson, 1998). 대신에 이 기술은 아마도 일반적인 유쾌함만을 신뢰성 있게 측정할 수 있을 것이다.

생리적 측정도구   그 동안 여러 생리적 측정도구들이 정서를 측정하기 위해 사용되어 왔다. 그러나 이것들은 일반적인 행복과 부정적 정서를 구분하거나 다양한 부정적 정서들을 구분하는 경향이 있다. 예를 들어, Cacioppo 등(2000)은 다른 정서 경험들의 생리적 상관물들을 검증하는 연구들에 대한 메타 분석을 하였다. 그들이 개관한 연구들은 심박률, 심박률 촉진, 혈압, 혈액 온도, 손가락 온도, 호흡 폭, 피부 전도도 외의 여러 변인들을 측정하였다. 이러한 변인들 중 몇 가지는 부정적 정서로부터 긍정적 정서를 구분할 수 있지만, 그것들은 개별 정서들을 제한적으로만 변별할 수 있었다. 다른 연구자들은 뇌의 특정 영역들이 경험과 정서의 개별 유형의 표현에 관여하는 경향이 있으며, 이 영역들에서의 활동을 측정하는 것이 정서 활동의 유용한 측정도구 (개인차 또는 일시적인 상태 수준에서)를 제공할 수 있다는 점을 지적해 왔다. 예를 들어, Davidson(1992)은 뇌의 우측 전두엽 영역이 부정적 정서 표현을 담당하는 한편 뇌의 좌측 전두엽 영역은 긍정적 정서를 담당할 수 있다는 증거를 개관하였다. PET 스캔 이나 기능적인 MRI와 함께 근전도(EEG) 측정도구는 긍정적 정서 경험을 측정하기 위해 이러한 차별적인 활동을 나타낼 수 있다. 그러나 개별 정서들은 이 정신생리적 접근에 의해 파악될 것 같지는 않다.

정서에 민감한 과제   정서가 인지과정과 행동 경향성에 영향을 주기 때문에 연구자들은 때때로 정서를 측정하는 데 이러한 효과들을 이용할 수 있다. 예를 들어, Seidlitz와 Diener(1993)는 사람들에게 짧은 시간 동안 그들이 겪은 많은 행복 경험을 회상하도록 요구하였다. 그 결과, 회상된 경험의 수는 행복 보고와 정적으로 상관되었다. 이와 같이 긍정적 사건의 회상은 고양된 기분의 지표로 사용될 수 있다. 다른 연구들에서는 단어 완성 과제나 단어 재인 과제와 같은 다른 인지 과제들을 사용해 왔다. 행복한 피검자들은 중립적인 상태에 있는 피검자들보다 긍정적인 단어를 더 빠르게 확인하였으며, 또한 행복한 피검자들은 불행한 피검자들보다 긍정적인 단어를 만들기 위해 어간을 더 잘 완성하였다. 연구자들이 사회적 바람직성이나 피검자들이 솔직하지 않은 방식으로 대답하게 할 수 있는 다른 논제들에 대해 염려할 때, 그러한 인지 과제는 피검자가 실제로 얼마나 행복한지를 확인할 수 있도록 도움을 줄 것이다. Rusting(1998)은 이 인지 과제들이 긍정적 정서 상태뿐 아니라 긍정적 정서의 개인차에도 민감하다는 증거를 개관하였다.

요약   정서는 단지 주관적인 경험 이상이 관여되기 때문에 비자기보고식 측정도구들은 정서와 정서과정을 이해하는 데 필수적이다. 그러나 다양한 비자기보고식 측정도구들이 표준 측정 배터리에 포함될 수 있기 위해서는 많은 작업이 요구된다. 비록 정서의 자기보고와 관련된다고 알려져 왔던 수많은 안면 측정도구와 생리적 지표들이 있지만, 이러한 지표들은 또한 다른 비정서적인 과정과 연관되어 있다. 그러므로 그것들은 종종 정서의 주관적 경험과 약하게 상관되어 있다. 관찰자 보고, 행동 과제, 인지적 측정도구들과 같은 비생리적인 측정도구들은 연구 프로그램에 쉽게 편입시킬 수 있다. 그러나 그것들은 종종 자기보고와 약한 상관만을 보인다. 그러므로 우

리가 중다 평가방법을 권장하고 있지만, 연구자들은 이러한 다양한 방법들 간에 강한
일치를 기대하지 말아야 한다.

긍정적 정서 측정에서 미래의 발전

긍정적 정서의 측정에 대해 네 가지의 주요한 도전들이 있다. 첫째, 긍정적 정서의
정의와 구조에 대한 수많은 논란들이 정립될 필요가 있다. 중다평가 방법, 구조방정식
모형과 같은 최신 분석기법, 시간에 따른 개인 간 및 개인 내 정서 구조를 다루기 위한
위계적 선형모형 등을 이용하는 연구들이 시작되고 있다. 이러한 세련된 측정 접근법
은 우리가 정서 경험의 본질과 정서에 기저하는 과정을 이해하도록 도울 것이다.

둘째, 심리학자들은 긍정적 정서의 다양한 구성 요소들이 수렴되는 방식에 대한 이
해를 발전시켜야 한다. 대부분의 정서 이론가들은 정서가 주관적 경험, 인지적 변화,
행동 경향성 그리고 생리적 변화를 포함하는 중다 구성 요소를 가진다고 믿고 있다.
그러나 다양한 구성 요소의 측정도구들은 단지 약한 상관관계에 있다. 앞으로의 연구
에서는 언제 구성 요소들이 수렴되고 또 왜 그러는지를 밝혀야 한다.

셋째, 긍정적 정서의 측정에 대한 연구는 별개의 긍정적 정서의 구조를 세밀하게
검토함으로써 도움을 얻을 것이다. 비록 많은 이론가들이 별개의 기본 긍정적 정서
또는 적어도 식별 가능한 긍정적 정서의 측면이 존재한다고 주장하고 있지만, 확인되
는 구체적인 긍정적 정서는 모델에 따라서 달라진다. 더구나 대부분의 연구들은 이러
한 다른 긍정적 정서들이 강하게 상관되어 있다는 것을 보여 주고 있다. 미래의 연구
에서는 별개의 식별 가능한 기본 긍정적 정서가 존재하는지, 그리고 어떤 특성들(평
가양식, 생리적 변화, 활동 경향성 등)이 그것들을 구분할 수 있는지 밝혀야 한다.
Fredrickson(1998)은 이런 목표를 성취하려면 연구자들이 부정적인 정서를 연구하기
위해 사용해 온 방법과 이론들로부터 나온 그들의 전략을 변화시킬 필요가 있음을 주
장하였다. Fredrickson은 긍정적 정서가 근본적으로 부정적 정서와 다르고, 긍정적
정서의 이론들은 그것들을 구분하고 긍정적으로 느끼는 다양한 방식들을 설명하기
위해 다른 특징들에 초점을 맞출 필요가 있다고 주장하였다.

넷째, 임상가들과 전문가들은 긍정적 정서 경험과 관련되어 있는 실제적인 논제를

위해 이러한 이론적 논란들이 어떤 함의를 가지고 있는지 밝혀야 한다. 예를 들어, 개별 긍정적 정서들이 강하게 상관되었더라도, 그것들은 다른 심리적 문제나 임상적인 처치와 차별적인 관계를 보여 줄 수 있다. 이러한 관계를 이해하는 것은 연구자들과 전문가들 모두가 긍정적 정서 경험에 깔려 있는 기제를 이해하도록 도울 수 있을 것이다.

결 론

긍정심리학자들은 잘 타당화된 측정기법을 사용하여 확신을 갖고 긍정적 정서를 평가할 수 있을 것이다. 가장 간단하고 융통성 있는 것은 정서의 자기보고식 방법이다. 그리고 자기보고식 방법은 아마도 시간에 따른 개인 내 정서 경험에 대해 최상의 통찰을 제공해 줄 것이다. 일반적으로 긍정적 정서 형용사의 다양한 집합은 상당한 정도의 신뢰도와 타당도를 가지고 긍정적 정서 차원을 파악할 것이다. 그러나 이러한 자기보고식 방법들이 정서 경험에 대한 완전한 이해에 도달할 수 있기 위해서는 관찰자 보고, 안면 채점, 정신생리적 측정도구 등을 포함하는 다양한 비자기보고식 측정으로 보완되어야 한다.

281

부 **13.1** 록

Intensity and Time Affect Survey(ITAS)

지시문: 다음의 각 정서를 [지난달에/지난주에/어제/바로 지금] 얼마나 [자주/강하게] [경험했습니까/경험하고 있습니까]?

1	2	3	4	5	6	7
전혀			절반 정도			항상

1. 애정
2. 기쁨
3. 두려움
4. 분노
5. 수치심
6. 슬픔
7. 사랑
8. 행복
9. 걱정
10. 초조
11. 죄책감
12. 외로움
13. 염려
14. 만족
15. 불안
16. 혐오
17. 후회
18. 불행
19. 다정함
20. 긍지
21. 신경과민
22. 격노
23. 당황
24. 우울

※ 문항 1, 7, 13, 17은 '사랑' 소척도, 문항 2, 8, 14, 20은 '기쁨' 소척도다. 사랑 소척도와 기쁨 소척도를 합산하면 전체 긍정적 정서 점수가 된다. 시간의 길이에 따른 정서를 측정하기 위해 다른 반응 선택지들이 사용될 수 있다. 그리고 빈도와 강도 지시문이 정서 경험의 다른 구성 요소를 측정하기 위해 사용될 수 있다.

부 13.2 록

삶의 만족도 척도

지시문: 다음 진술에 당신이 얼마나 동의하는지 또는 반대하는지를 1에서 7까지의 숫자를 사용해서 표시하시오.

7 전적으로 동의한다

6 동의한다

5 다소 동의한다

4 동의하지도 반대하지도 않는다

3 다소 반대한다

2 반대한다

1 전적으로 반대한다

1. _____ 나의 인생은 대부분 나의 이상에 근접해 있다.

2. _____ 내 인생의 조건은 뛰어나다.

3. _____ 나는 내 인생에 만족한다.

4. _____ 이제까지 나는 내가 인생에서 원하는 중요한 것들을 얻었다.

5. _____ 만일 내가 내 인생을 다시 살 수 있다면, 나는 거의 아무것도 바꾸지 않을 것이다.

※ 모든 문항 점수들이 합산되어 총점이 된다.

참고문헌

Bradburn, N. M., & Caplovitz, D. (1965). *Reports on happiness*. Chicago: Aldine.

Cacioppo, J. T., Berntson, G. G., Larsen, J. T., Poehlmann, K. M., & Ito, T. A. (2000). The psychophysiology of emotion. In M. Lewis & J. M. Haviland-Jones (Eds.), *Handbook of emotion* (2nd ed., pp. 173–191). New York: Guilford Press.

Cacioppo, J. T., Gardner, W. L., & Berntson, G. G. (1999). The affect system has parallel and integrative processing components: Form follows function. *Journal of Personality and Social Psychology, 76,* 839–855.

Cacioppo, J. T., & Tassinary, L. G. (1990). Inferring psychological significance from physiological signals. *American Psychologist, 45,* 16–28.

Cunningham, M. R. (1988). Does happiness mean friendliness? Induced mood and heterosexual self-disclosure. *Personality and Social Psychological Bulletin, 14,* 283–297.

Davidson, R. J. (1992). Anterior cerebral asymmetry and the nature of emotion. *Brain and Cognition, 20,* 125–151.

Diener, E., & Emmons, R. A. (1984). The independence of positive and negative affect. *Journal of Personality and Social Psychology, 47,* 1105–1117.

Diener, E., Emmons, R. A., Larsen, R. J., & Griffin, S. (1985). The Satisfaction With Life scale. *Journal of Personality Assessment, 49,* 71–75.

Diener, E., & Iran-Nejad, A. (1986). The relationship in experience between various types of affect. *Journal of Personality and Social Psychology, 50,* 1031–1038.

Diener, E., & Lucas, R. E. (2000). Subjective emotional well-being. In M. Lewis & J. M. Haviland-Jones (Eds.), *Handbook of emotion* (2nd ed., pp. 325–337). New York: Guilford Press.

Diener, E., Nickerson, C., Lucas, R. E., & Sandvik, E. (2002). Dispositional affect and job outcomes. *Social Indicators Research, 59,* 229–259.

Diener, E., Sandvik, E., & Pavot, W. (1991). Happiness is the frequency, not the intensity, of positive versus negative affect. In F. Strack, M. Argyle, & N. Schwarz (Eds.), *Subjective well-being: An interdisciplinary perspective. International series in experimental social psychology* (pp. 119–139). Oxford: Pergamon Press.

Diener, E., Smith, H., & Fujita, F. (1995). The personality structure of affect. *Journal of Personality and Social Psychology, 50,* 130–141.

Ekman, P. (1992a). An argument for basic emotions. *Cognition and Emotion, 6,* 169–200.

Ekman, P. (1992b). Are there basic emotions? *Psychological Review, 99,* 550–553.

Ekman, P., & Friesen, W. (1975). *Unmasking the face.* Englewood Cliffs, NJ: Prentice-Hall.

Ekman, P., & Friesen, W. (1978). *Facial Action Coding System.* Palo Alto, CA: Consulting Psychologists Press.

Estrada, C. A., Isen, A. M., & Young, M. J. (1994). Positive affect improves creative problem solving and influences reported source of practice satisfaction in physicians. *Motivation and Emotion, 18,* 285–299.

Feldman Barrett, L., & Russell, J. A. (1998). Independence and bipolarity in the structure of affect. *Journal of Personality and Social Psychology, 74,* 967–984.

Fredrickson, B. L. (1998). What good are positive emotions? *Review of General*

Psychology, 2, 300-319.

Fredrickson, B. L., & Kahneman, D. (1993). Duration neglect in retrospective evaluations of affective episodes. *Journal of Personality and Social Psychology, 65,* 45-55.

Frijda, N. H. (1999). Emotions and hedonic experience. In D. Kahneman, E. Diener, & N. Schwarz (Eds.), *Well-being: The foundations of hedonic psychology* (pp. 190-210). New York: Russell Sage Foundation.

Gottman, J. M. (1993). Studying emotion in social interaction. In M. Lewis & J. M. Haviland (Eds.), *Handbook of emotions* (pp. 475-487). New York: Guilford Press.

Green, D. P., Goldman, S. L., & Salovey, P. (1993). Measurement error masks bipolarity in affect ratings. *Journal of Personality and Social Psychology, 64,* 1029-1041.

Green, D. P., Salovey, P., & Truax, K. M. (1999). Static, dynamic, and causative bipolarity of affect. *Journal of Personality and Social Psychology, 76,* 856-867.

Harker, L., & Keltner, D. (2001). Expressions of positive emotion in women's college yearbook pictures and their relationship to personality and life outcomes across adulthood. *Journal of Personality and Social Psychology, 80,* 112-124.

Isen, A. M. (1987) Positive affect, cognitive processes, and social behavior. In L. Berkowitz (Ed.), *Advances in experimental social psychology* (Vol. 20, pp. 203-253). San Diego, CA: Academic Press.

Isen, A. M., Daubman, K. A., & Nowicki, G. P. (1987). Positive affect facilitates creativity problem solving. *Journal of Personality and Social Psychology, 52,* 1122-1131.

Izard, C. E. (1992). Basic emotions, relations among emotions, and emotion-cognition relations. *Psychological Review, 99,* 561-565.

Izard, C. E., Dougherty, F. E., Bloxom, B. M., & Kotsch, W. E. (1974). *The differential emotions scale: A method of measuring the subjective experience of discrete emotions.* Unpublished manuscript, Vanderbilt University, Nashville, TN.

Kahneman, D. (1999). Objective happiness. In D. Kahneman, E. Diener, & N. Schwarz (Eds.), *Well-being: The foundations of hedonic psychology* (pp. 3-25). New York: Russell Sage Foundation.

Kleinginna, P. R., & Kleinginna, A. M. (1981). A categorized list of emotion definitions, with suggestions for a consensual definition. *Motivation and Emotion, 5,* 345-379.

Larsen, R. J., & Diener, E. (1992). Promises and problems with the circumplex model of emotion. In M. S. Clark (Ed.), *Review of Personality and social psychology: Emotion* (Vol. 13, pp. 25-59). Newbury Park, CA: Sage.

Larsen, R. J., Diener, E., & Emmons, R. A. (1985). An evaluation of subjective well-being measures. *Social Indicators Research, 17,* 1-17.

Larsen, R. J., & Fredrickson, B. L. (1999). Mesurement issues in emotion research. In D.

285

Kahneman, E. Diener, & N. Schwarz (Eds.), *Well-being: The foundations of hedonic psychology* (pp. 40-60). New York: Russell Sage Foundation.

Lucas, R. E., Diener, E., Grob, A., Suh, E. M., & Shao, L. (2000). Cross-cultural evidence for the fundamental features of extraversion. *Journal of Personality and Social Psychology, 79,* 452-468.

Lucas, R. E., Diener, E., & Suh, E. M. (1996). Discriminat validity of subjective well-being measures. *Journal of Personality and Social Psychology, 71,* 616-628.

Lucas, R. E., & Fujita, F. (2000). Factors influencing the relation between extraversion and pleasant affect. *Journal of Personality and Social Psychology, 79,* 1039-1056.

McNair, D. M., Lorr, M., & Droppleman, L. F. (1971). *Manual: Profile of Mood States.* San Diego, CA: Educational and Industrial Testing Service.

Morris, W. N. (1999). The mood system. In D. Kahneman, E. Diener, & N. Schwarz (Eds.), *Well-being: The foundations of hedonic psychology* (pp. 169-189). New York: Russell Sage Foundation.

Nowlis, V., & Green, R. (1957). *The experimental analysis of mood.* Technical report, contract no. Nonr-668 (12). Washington, DC: Office of Naval Research.

Ortony, A., & Turner, T. J. (1990). What's basic about basic emotions? *Psychological Review, 97,* 315-331.

Panksepp, J. (1992). A critical role for "affective neuroscience" in resolving what is basic about basic emotions. *Psychological Review, 99,* 554-560.

Robinson, M., & Clore, G. L. (2000). *Belief and feeling: Evidence for an accessibility model of emotional self-report.* Manuscript submitted for publication. University of Illinois at Urbana-Champaign.

Russell, J. A. (1980). A circumplex model of affect. *Journal of Personality and Social Psychology, 39,* 1161-1178..

Russell, J. A., & Feldman Barrett, L. (1999). Core affect, prototypical emotional episodes, and other things called emotion: Dissecting the elephant. *Journal of Personality Social Psychology, 76,* 805-819.

Russell, J. A., Weiss, A., & Mendelsohn, G. A. (1989). The Affect Grid: A single-item scale of pleasure and arousal. *Journal of Personality and Social Psychology, 57,* 493-502.

Rusting, C. L. (1998). Personality, mood, and cognitive processing of emotional information: Three conceptual frameworks. *Psychological Bulletin, 124,* 165-196.

Schimmack, U., & Diener, E. (1997). Affect intensity: Separating intensity and frequency in repeatedly measured affect. *Journal of Personality and Social Psychology, 73,* 1313-1329.

Schimmack, U., & Grob, A. (2000). Dimensional models of core affect: A quantitative comparison by means of structural equation modeling. *European Journal of Personality, 14,* 325-345.

Seidlitz, L., & Diener, E. (1993). Memeory for positive versus negative life events:

Theories for the difference between happy and unhappy persons. *Journal of Personality and Social Psychology, 64,* 654–663.

Tellegen, A. (1985). Structures of mood and personality and their relevance to assessing anxiety, with an emphasis on self–report. In A. H. Tuma & J. D. Maser (Eds.), *Anxiety and the anxiety disorders* (pp. 681–706). Hillsdale, NJ: Erlbaum.

Tellengen, A., & Waller, N. (1994). Exploring personality through test construction: Development of the Multidimensional Personality Questionnarie. In S. R. Briggs & J. M. Cheek (Eds.), *Personality measures: Development and evaluation* (Vol. 1, pp. 133–161). Greenwich, CT: JAI Press.

Thayer, R. E. (1967). Measurement of activation through self–report. *Psychological Reports, 20,* 663–678.

Thayer, R. E. (1978). Toward a psychological theory of multidimensional activation (arousal). *Motivation and Emotion, 2,* 1–34.

Turner, T. J., & Ortony, A. (1992). Basic emotions: Can conflicting criteria converge? *Psychological Review, 99,* 566–571.

Watson, D. (2000). *Mood and temperament.* New York: Guilford Press.

Watson, D., & Clark, L. A. (1992). On traits and temperament: General and specific factors of emotional experience and their relation to the five–factor model. *Journal of Personality, 60,* 441–476.

Watson, D., & Clark, L. A. (1994). *The PANAS–X: Manual for the Positive and Negative Affect Schedule Expanded Form.* Unpublished manuscript, University of Iowa, Iowa City.

Watson, D., & Clark, L. A. (1997). Extraversion and its positive emotional core. In R. Hogan, J. Johnson, & S. Briggs (Eds.), *Handbook of personality psychology* (pp. 767–793). San Diego, CA: Academic Press.

Watson, D., Clark, L. A., & Tellegen, A. (1988). Development and validation of brief measures of positive and negative affect: The PANAS scale. *Journal of Personality and Social Psychology, 54,* 1063–1070.

Watson, D., & Tellegen, A. (1985). Toward a consensual structure of mood. *Psychological Bulletin, 98,* 219–235.

Watson, D., Wiese, D., Vaidya, J., & Tellegen, A. (1999). The two general activation systems of affect. Structural findings, evolutionary consideration, and psychobiological evidence. *Journal of Personality and Social Psychology, 76,* 820–838.

Zelenski, J. M., & Larsen, R. J. (2000). the distribution of basic emotions in everyday life: A state and trait perspective from experience sampling data. *Journal of Research in Personality, 34,* 178–197.

Zuckerman, M., & Lubin, B. (1985). *Manual for the MAACL–R: The multiple affect adjective check list revised.* San Diego, CA: Educational and Industrial Testing Service.

CHAPTER 14

자존감의 측정

　일반적으로 자기에 대해서 긍정적인 관점을 가지는 것에는 많은 이점이 있다고 여겨진다. 높은 자존감을 가진 사람들은 심리적으로 행복하고 건강할 것이라고 추정되는 반면(Branden, 1994; Taylor & Brown, 1988), 낮은 자존감을 가진 사람들은 심리적으로 괴롭고 심지어는 우울할 것이라고도 생각된다(Tennen & Affleck, 1993). 높은 자존감을 가진다는 것은 명백히 이득을 제공한다. 높은 자존감을 가진 이들은 자신에 대해서 좋게 느끼고, 도전과 부정적인 피드백에 효과적으로 대처할 수 있으며, 사람들이 그들을 높이 평가하고 존경한다고 믿는 사회에서 살고 있다. 극도로 높은 자존감을 갖는 것과 관련하여 부정적인 결과가 있다 하더라도(Baumeister, 1998), 높은 자존감을 가진 대부분의 사람들은 행복하고 생산적인 삶을 이끌어 가는 듯하다. 이와 대조적으로, 낮은 자존감을 가진 사람들은 좀 더 부정적인 시각으로 세상을 보고, 그들 자신에 대한 총체적인 혐오는 주변의 모든 것에 대한 지각에 색을 덧입힌다. 상당한 증거들이 자존감이 우울, 수줍음, 외로움 그리고 소외와 관련 있음을 보여 주고 있다. 낮은 자존감은 그것을 가진 사람들에게 혐오적이다. 따라서 자존감은 일에서의 성공, 생산성 또는 다른 객관적인 결과물에 중대한 영향을 미치지는 않는다 할지라도

＊Todd F. Heatherton and Carrie L. Wyland

삶의 즐거움에 영향을 준다. 선택할 수 있다면 대부분의 사람들은 높은 자존감을 갖기를 선호할 것이다.

자존감이 심리적 건강에 중대하다는 것은 대중매체나 교육정책에 있어 분명하다. 실제로 몇몇 교육자들은 아이들에게 높은 자존감을 주입시키기 위한 시도로 교육과정을 변경해 왔는데, 심지어 어떤 주에서는 이전 학년에서 과제를 숙달하는 것에 실패했는데도 상위 학년으로 진급시키기도 했다. 이러한 사회적 진급은 긍정적인 자존감이 매우 중요하고 많은 사회적 병리들(예: 십대의 임신과 약물 사용, 폭력, 학업 실패, 범죄)이 낮은 자존감에서 기인한 것이라는 믿음에 기초하고 있다. 따라서 전반적으로 높은 자존감이 그 지역에서 직면하고 있는 많은 행동적 문제들을 예방하는 '사회적 백신'처럼 작용할 것이라고 생각했기에, 캘리포니아 주에서는 자존감 강화 프로그램을 개발하도록 학교를 격려하는 법률을 제정하였다(Mecca, Smelser, & Vasconcellos, 1989). 사회적 병리가 낮은 자존감에서 기인한 것이 아니라 할지라도, 정책 제정자들이나 교육자들이 부정적인 자기 관점의 감정적인 결과에 주목하는 이유를 쉽게 이해할 수 있다. 배척되거나 거절당한다고 느끼는 사람은 육체적인 질병과 감정적 문제 그리고 부정적인 정서를 포함하는 다양한 부정적인 반응을 경험한다. 더욱이 사회적 지지는 정신적, 신체적 건강의 중요한 요소로 알려져 있고(Cohen & Wills, 1985), 혐오감을 느끼는 사람은 타인으로부터 지지를 덜 받게 되는 것 같다. 따라서 높은 자존감을 갖는 것의 이득이 과장되었다 할지라도(Dawes, 1994), 낮은 자존감이 그것을 지니고 있는 사람에게 문제가 된다는 것은 의심의 여지가 없다. 그러나 자존감이 어떻게 정확히 측정될 수 있을까? 이 장에서는 자존감을 측정하는 다양한 방법들을 살펴보고, 이러한 방법들에서 어떤 사람이 높거나 낮은 자존감을 갖고 있다는 것이 무엇을 의미하는지 검토하고자 한다.

자존감 구성개념의 이해

자존감은 가치가 있는가 없는가에 관한 자기의 전반적인 관점과 관련된 자기개념의 평가적 측면이다(Baumeister, 1998). 이것은 Coopersmith(1967)의 자존감에 대한 고전적인 정의에서 구체적으로 나타난다.

　　자신에 대해 개인이 만들고 관습적으로 유지해 온 평가: 그것은 승인의 태도를 나타
내고 개인이 그 자신을 유능하고 중요하고 성공적이고 가치 있다고 믿는 정도를 가리
킨다. 짧게 말해, 자존감은 개인이 자신에 관해서 가지고 있는 태도를 나타내는 개인적
인 가치 판단이다 (pp. 4-5).

　　이와 같이 자존감은 자기에 관한 태도이고 기술, 능력, 사회적 관계 그리고 미래의
결과에 관한 개인적 신념과 관련된다.

　　자존감(self-esteem)을 좀 더 일반적인 용어인 자기개념(self-concept)과 구분하는
것이 중요한데, 그것은 두 용어가 때때로 상호 교환되어 사용되기 때문이다. 자기개
념은 사람들이 그들 자신에 관하여 가지는 인지적인 신념의 전체를 의미한다. 그것은
자기에 관해 알려진 모든 것이고 이름, 인종, 좋아하는 것과 싫어하는 것, 신념, 가치,
키와 몸무게 같은 외모 등을 포함한다. 반대로 자존감은 자신에 관한 측면을 관찰하
고 평가할 때 경험하는 감정적인 반응이다. 자존감은 자기개념과 관련되지만 객관적
으로 긍정적인 측면(예: 학업, 운동, 예술)을 믿는 사람들에게 그러하며, 그렇다고 해서
자신을 좋아하지는 않는다. 반대로 자기 자신을 좋아하는 사람들에게는 긍정적인 자
기 관점을 지지해 주는 어떠한 객관적인 지표가 부족함에도 불구하고 높은 자존감을
유지한다. 자기개념의 내용에 의해 영향을 받는다 할지라도 자존감은 동일한 것이 아
니다.

　　자존감 연구의 역사 내내 개념이 그다지 정의되지 않고, 따라서 제대로 측정되지 않
는다는 염려가 있어 왔다(Blascovich & Tomaka, 1991). Jackson(1984)은 "30년 동안의
집중적인 노력 이후에…… 나타난 것은…… 설명할 수 없는 결과의 혼돈이다." (p. 2)
라고 언급하였다. 자존감 연구의 주요한 비평가들 중 한 사람인 Wylie(1974)는 이 영
역의 어려움이 실험의 정확성 부족과 자존감을 측정하는 도구의 확산 때문이라고 비
난했다. 예를 들어, 수많은 자존감 측정도구가 있지만 그 척도의 많은 것들이 서로 낮
은 상관을 보인다. 실제로 자존감 측정의 역사를 되돌아보면, Briggs와 Cheek (1986)
은 "1970년대 중반까지 자존감 측정 연구의 상태는 성격 연구 분야의 골칫거리가 되
어 왔다." (p. 131)고 언급하였다.

　　구성개념이 어떻게 정의되는가는 그것이 어떻게 측정되는가에 관한 명백한 함의를
가진다. 어떤 용어가 일상생활 언어에서 광범위하게 사용되고 사회적 가치를 많이 지

니고 있을 때, 아마도 이형적이고 가벼운 정의가 자존감을 정의 내리고 측정하는 데 있어서의 혼란에 기여해 왔다는 것은 놀라운 일이 아닐 것이다. 자존감이 정의되어 온 다양한 방법들 전부를 고려하기에는 지면이 턱없이 모자란다. 따라서 이 장에서 우리는 자존감의 제안된 원천, 어떤 요인이 가장 중요한지에 대한 가능한 성차 그리고 자존감의 차원과 안정성에 대한 차별적인 견해들을 포함하여 자존감을 측정하는 것과 관련된 몇 가지 중심적인 개념적 논제들을 다루고자 한다.

자존감의 원천

자존감의 원천에 관한 많은 이론들이 있다. 예를 들어, William James(1890)는 자존감이 '자존감 = 성공/야망'의 일반 규칙에 따라 어떤 중요한 차원에서 그들의 목표를 초과한 결과물을 냈던 경험의 축적에서 개발된다고 주장하였다. 이러한 관점에서 측정은 최근의 평가와 개인의 목표나 동기 간의 가능한 불일치를 검토해야 한다. 더욱이 사람들로 하여금 목표에 도달하게 하는 자기가 지각한 기술이 측정에서 중요하다. 따라서 측정은 능력에 관한 개인적 믿음과 관련된 것을 포함해야 한다.

자존감에 관한 가장 대중적인 상당수의 이론들은 자기평가가 사회적 환경과 동떨어질 수 없다는 의미에서 거울 자기(looking-glass self)라는 Cooley(1902)의 개념에 기초한다. Mead(1934)의 상징적 상호작용주의는 사람들이 자신의 인생에서 중요한 사람들에 의해 표현되는 생각과 태도를 내면화하는 과정에 대해 말하고 있다. 사실상 개인은 그를 둘러싸고 있는 사람들이 반응하는 방식과 일치하는 방식으로 자신에게 반응하게 된다. 낮은 자존감은 주요한 대상이 그 사람을 거절하고 무시하며 품위를 떨어뜨리고 평가절하할 때의 결과물인 것 같다. Coopersmith(1967)와 Rosenberg(1965, 1979)에 의해 이어진 생각 또한 대부분의 동시대의 자존감 연구에서와 마찬가지로 상징적 상호작용주의와 기본적으로 일치한다. 이러한 관점에 따라서 사람들이 친구, 동료 또는 가족들과 같은 중요한 타인들에게 어떻게 보이는지에 대한 지각을 측정하는 것은 중요하다. 자존감에 관한 최근의 몇몇 이론들은 사람들이 양육되는 문화와 사회의 가치나 기준들을 강조해 왔다. 예를 들어, Crocker와 그의 동료들은 자존감이 그들이 속해 있는 특정한 집단의 사회적 정체성에 기초하고 있기 때문에 어떤 사람들은 집단적 자존감을 경험한다고 주장하였다(Luhtanen & Crocker, 1992).

Leary, Tambor, Terdal 및 Downs(1995)는 자존감에 대한 새롭고 중요한 사회적

설명을 주장해 왔다. 사회계기판 이론(sociometer theory)은 인간이 우리의 진화 역사에 근거를 두고 있는 근본적인 소속 욕구를 가진다는 가정에서 시작한다(Baumeister & Leary, 1995). 대부분의 인간 진화에서 생존과 번식은 집단과의 관계에 달려 있었다. 사회집단에 속하는 사람들이 제외된 사람들에 비해 살아남고 번식할 가능성이 더 많았다. 이러한 사회계기판 이론에서 자존감은 사회적 배제의 가능성에 대한 감시자로 기능한다. 사람들이 거절당할 것 같은 가능성이 증가되는 방식으로 행동할 때, 그들은 상태적인 자존감(state self-esteem)의 감소를 경험한다. 따라서 자존감은 사회적 승인-거절에 관한 사회계기판의 모니터로 기능한다. 특성 수준에서 높은 자존감을 가진 사람들은 거절의 가능성이 낮다는 것을 가리키는 사회계기판을 가지기에 타인이 자신을 어떻게 지각하는지에 관해서 걱정하지 않는다. 반대로 낮은 자존감을 가진 사람들은 금방 거절당할 것을 가리키는 사회계기판을 가지기에 공적인 인상을 관리하는 것에 극도로 신경을 쓰게 된다. 낮은 자존감이 사회 불안과 상관이 아주 높다는 것을 포함해서 사회계기판 이론을 지지하는 많은 증거들이 있다. 사회계기판이 자존감을 상징적 상호작용주의보다는 소속감에 대한 진화된 욕구에 연결하고 있지만, 이 이론은 자존감을 측정하기 위해 사회적 상황이 검토되어야 한다는 생각을 초기의 이론들과 공유하고 있다.

자존감에서의 성차

많은 연구들은 자존감의 주요한 원천에 있어 소년과 소녀가 다르다는 것을 제안하고 있는데, 소녀들은 관계에 더 많은 영향을 받고 소년들은 객관적인 성공에 더 많은 영향을 받는다는 것이다. Stein, Newcomb 및 Bentler(1992)는 청소년 발달에 대한 8년간의 연구에서 피험자들을 조사하였다. 청소년기 동안 기능적 지향(agentic orientation)은 여성보다는 남성에게서 강화된 자존감을 예견하고, 의사소통 지향(communal orientation)은 남성보다는 여성에게서 자존감이 강화될 것을 예견했다. 성인 남성과 여성도 같은 패턴을 보여 주고 있다. Josephs, Markus 및 Tafarodi(1992)는 남성과 여성에게 수행 차원(예: 경쟁, 개인적 생각)이나 사회적 차원(예: 양육, 대인관계적 통합)에서 결함을 가진다는 것을 나타내는 거짓 피드백을 주었다. 예상대로 자존감이 높은 남성은 향후 수행을 성공적으로 할 수 있다는 예견이 가능한 상태에서 추정치가 높아진 반면, 자존감이 높은 여성들은 향후 사회적 행동에서 성공이 예견될 때 추정치가 높아졌다. 전반적으로 남성은 앞서 가는 것에서 자존감을 획득하는 반면, 여성은 함께 가는 것에서 자존감을 획득하는 것 같다.

인생 전반에 걸친 자기에 관한 느낌에 있어 또 하나 눈에 띄는 성차는 여성이 남성에 비해 신체상에 대한 만족이 더 낮은 경향이 있다는 것이다. 여성들은 남성에 비해 특정한 몸의 형태를 평가하는 데 있어서 훨씬 더 부정적이고, 체중감량을 시도하고, 육체적인 외모 평가에 관한 불안을 보고하고, 성형수술을 하려는 경향이 훨씬 더 많다(Heatherton, 2001). 신체상에 대한 여성들의 불만족은 자기 자신을 과체중으로 지각하는 것과 관련된다. 미국 여성의 3/4 이상이 체중을 줄이고 싶어 하며, 체중을 늘리고 싶어 하는 사람은 아무도 없을 것이다. 자신이 과체중이라고 믿는 것은 신체상에 대한 불만족과 밀접하게 관련된다. 여성들은 사춘기 초기부터 자신의 체형과 몸무게를 문화적 이상형에 관한 자신들의 신념과 비교한다. 이상형과의 차이는 종종 사람들에게 더 매력적인 신체 사이즈를 갖기 위해 다이어트를 시작하도록 동기화시킨다. 다이어트는 거의 성공하지 못하고, 1%보다 더 적은 사람들만이 5년 이상 체중감량 상태를 유지할 수 있다(NIH Technology Assessment Conference Panel, 1993). 반복된 실패는 신체상에 대한 불만족과 낮은 자존감을 악화시킬 것이다(Heatherton & Polivy, 1992). 완벽주의적인 경향을 가지고 있고 자존감이 낮은 여성들은 특히 불만족에 영향을 받으며, 그러한 성격 특성들은 폭식 증상의 증가와 관련된다(Vohs, Bardone, Joiner, Abramson, & Heatherton, 1999). 흑인 여성들은 백인 여성들에 비해 2배 이상으로 지나치게 비만임에도 불구하고, 자신을 지나치게 살찐 것으로 간주하는 경향이 백인 여성들보다 더 적다. 그들은 또한 백인 여성들이 비만한 백인의 체형에 대해 평가하는 것보다 비만한 흑인의 체형에 대해 더 긍정적으로 평가한다(Hebl & Heatherton, 1998). 여성과 달리 남성들은 그들의 신체를 행동의 도구로 간주하는 경향이 더 크고, 자신이 지각한 신체적 힘으로부터 자존감이 생겨난다(Franzoi, 1995). 그러므로 신체 판단 주제에 관한 개인적인 느낌을 평가하는 것과 관련하여 연구자들은 남성과 여성의 신체상의 차별적인 결정 요인에 민감할 필요가 있다.

자존감의 차원

자존감은 총체적인 자기나 자기의 세부적인 측면을 언급할 수 있는데, 예를 들면 사람들이 그들의 사회적 신분, 인종 또는 민족적 집단, 육체적인 외형, 운동 기술, 직업 또는 학교 성적 등에 대하여 어떻게 느끼는지와 같은 것이다. 자존감과 관련된 연구문헌에서 중요한 논제는 자존감을 단일한 총체적 특성으로 개념화하는 것이 최선인지, 아니면 독립적인 하위 요소들의 중다 특질로 개념화하는 것이 최선인지 하는 것이다. 총체적인 입장에서 자존감은 사람들의 삶의 모든 측면에 스며든 총체적인 자기 태도로 간주된다. 이러한 점에서 Robins, Hendin 및 Trzesniewski(2002)는 총체적인 자존감의 단일 문항 측정도구를 개발했다. 그것은 단순한 5점척도로서, "나는 높은 자존감을 가지고 있다."는 문장으로 구성된다. 그들은 이 단일 문항이 가장 광범위하게 사용되는 성격척도와 비슷한 정도로 영역 특정적인 평가, 성격 요인, 심리적 안녕 등을 포함하는 다양한 측정도구들과 상관되어 있다는 것을 발견하였다.

자존감은 또한 위계적 구성개념으로 개념화될 수 있어서 그 구성 요소로 나누어질 수 있다. 이러한 관점에서 세 가지 주요한 구성 요소가 있다. 즉, 수행 자존감(performance self-esteem), 사회적 자존감(social self-esteem) 그리고 신체적 자존감(physical self-esteem)이다(Heatherton & Polivy, 1991). 이러한 구성 요소들은 각각 차례로 더 작은 하위 구성 요소들로 나누어질 수 있다. 수행 자존감은 총체적인 능력에 대한 개인의 지각을 말하는 것으로서 지적 능력, 학교 성적, 자기조절 능력, 자신감, 효능감, 기능 등을 포함한다. 수행 자존감이 높은 사람들은 자신이 똑똑하고 능력이 있다고 믿는다. 사회적 자존감은 타인이 자신을 지각하는 것에 대해 어떻게 믿고 있는지를 의미한다. 여기서 현실보다는 지각이 가장 중요하다는 것에 주의하라. 만약에 사람들이 타인들, 특히 중요한 타인들이 자신을 가치 있고 존중하는 것으로 믿는다면, 높은 사회적 자존감을 경험할 것이다. 이는 심지어 타인이 실제로는 그들을 경멸할 때에도 나타난다. 사회적 자존감이 낮은 사람들은 종종 사회적 불안을 경험하고 공적 자기 지각이 높게 나타난다. 그들은 자신의 이미지에 대해 극도로 예민하고 남들이 자신을 어떻게 보는지에 대해 걱정한다. 마지막으로 신체적 자존감은 사람들이 어떻게 자신의 몸을 보는지를 의미하는데, 이는 인종-민족에 대한 신체적 낙인과 느낌뿐 아니라 운동기술, 신체적 매력, 신체상 등을 포함한다.

어떻게 이러한 자존감의 하위 구성 요소들이 총체적 자존감과 관련되는가? William James(1892)는 총체적 자존감은 자존감의 특정한 요소들의 합이라고 제안하였고, 각각은 자기개념에서의 중요성에 의해 가중치가 주어진다. 달리 말하면, 사람들은 자신에게 문제가 되는 것들에 관해서 좋게 느낄 때 높은 자존감을 갖는다. 테니스에 능숙하지 않은 것은 운동과 관련되지 않은 자기개념에는 무관하고, 반면에 학교 성적이 나쁜 것은 주류의 가치를 중요하게 여기지 않는 빈민가의 젊은이에게는 거의 영향을 미치지 않을 것이다(Steele, 1997). 이러한 점에서 Brett Pelham(1995), Herbert Marsh(1995)는 총체적 대 특정적 요소 모델의 가치에 대해 논쟁해 왔다. Pelham의 연구는 대체로 자기 관점의 중심적 역할이 자기에 대한 감정적인 반응(즉, 자존감에 관한 자신의 느낌)의 중요한 예측 요인이라는 James의 관점을 지지한 반면, Marsh는 영역 중요성은 자존감과 강하게 관련이 없다고 주장해 왔다. 아직 이 주제에 대해서 판단을 내리지 않더라도, 영역 중요성의 개념은 자존감에 관한 대부분의 이론에서 중심적인 역할을 한다.

자존감의 안정성

자존감의 측정과 정의에 관한 또 하나의 논제는 안정적인 성격 특질로 개념화하는 것이 나은지, 아니면 맥락 특정적 상태로 개념화하는 것이 나은지에 대한 것이다. 자존감에 대한 대부분의 이론들은 그것을 상당히 안정적인 특질로 보고 있다. 만약 당신이 오늘 높은 자존감을 가지고 있다면, 당신은 아마 내일도 높은 자존감을 가질 것이다. 이러한 관점에서 자존감은 중요한 업무에서 반복적으로 성공하거나 중요한 타인들로부터 지속적으로 존중받는 것과 같은 개인적인 경험을 통하여 서서히 형성되기 때문에 안정적이다. 그러나 많은 연구에서 자존감도 독립 변인이거나 범주 변인이라기보다는 종속적으로 작용한다는 점이 시사되고 있다(Wells & Marwell, 1976). 이러한 연구들은 자존감이 시시각각 조작되고 영향을 받을 수 있다고 가정한다. 다른 사람들은 자존감이 그 정의에 의하면 조작할 수 있는 것이 아니라고 주장한다.

그러나 후속 견해들에 의하면 자존감은 특질일 뿐만 아니라 '상태'로도 볼 수 있다(Heatherton & Polivy, 1991). 그것은 안정적인 기저선을 중심으로 변동이 있다. 비록 우리가 우리 자신에 대해 전반적으로 좋게 느낀다고 할지라도, 우리는 자기 의심이나 심지어는 혐오까지 경험할 수 있다. 상태 자존감에서의 변동 폭은 사회적 평가에 대한 증가된 민감성과 의존, 자기를 어떻게 보는가에 대한 관심의 증가, 심지어 분노나 혐오감 등과도 관련된다(Kernis, 1993). 일반적으로 취약한 자존감을 가진 사람은 긍정적인 반응에 극도로 호의적으로 반응하고 부정적인 반응에는 극도로 방어적으로 반응한다.

자존감의 개인차 측정

많은 사람들이 자존감의 중요성을 이야기하고 합의된 정의가 도전받아 왔다는 점을 볼 때, 자존감에 대한 많은 척도가 있다는 것은 놀랄 일이 아니다. 불행하게도 이러한 측정도구들의 대부분은 적절하게 수행되지 않았다. 그리고 그중 많은 것들은 아주 다른 구성개념을 측정하고 있는 것 같은데, 그 척도들 간의 상관 범위가 0~.8이고 평균이 .4이기 때문이다(Wylie, 1974).

몇몇 자존감 측정도구는 다른 것들보다 낫다. Crandall(1973)은 33개의 자존감 측정도구들을 세밀하게 검토하여 그중 4개가 우수하다고 판단하였다. 즉, Rosenberg 자존감 척도(Self-Esteem Scale; Rosenberg, 1965), Janis-Field Feelings of Inadequacy 척도(Janis & Field, 1959), Coopersmith Self-Esteem Inventory(1967), 그리고 Tennessee 자기개념 척도(Self-Concept Scale; Fitts, 1964)가 그것이다. 총체적 자존감을 측정하는 Rosenberg 척도를 제외한 다른 것들은 다면적이고 자기개념의 다양한 정동적 특성을 측정한다. Demo(1985)는 자존감의 여덟 가지 측정도구(투사검사, 면접, 자기보고, 또래평가 등을 포함하는) 중 Rosenberg와 Coopersmith의 척도가 요인분석에서 가장 우수하다는 것을 발견하였다.

Blascovich와 Tomaka(1991)는 자존감의 수많은 측정도구에 대한 신중한 검토를 통해 완벽한 측정이란 존재하지 않으며, 개념적이고 방법론적인 비판에 대한 해결책이 거의 없었다고 결론 내렸다. 그들은 특질 자존감의 더 나은 측정도구 중 하나로 Janis-Field 척도의 개정판을 추천하였다. 그러나 그들은 Rosenberg 척도가 연구에서 가장 광범위하게 사용된다고 언급하였다. 우리는 다음에서 상태 자존감 척도뿐만 아니라 두 가지 측정도구들에 대해 설명한다(Heatherton & Polivy, 1991).

Janis-Field Feelings of Inadequacy 척도 개정판

최초의 Janis-Field Feelings of Inadequacy 척도(JFS)는 태도 변화 조사에서 사용하기 위해, 1959년에 개발된 23문항 검사다(Janis & Field, 1959). 이 다차원적 척도는 자기존중, 학업 수행, 사회적 자신감 그리고 외모를 측정한다(Fleming & Watts, 1980). Janis와 Field에 의해서 측정된 반분신뢰도는 .83이고 신뢰도는 .91이었다.

JFS의 문항들은 수차례 수정되어 왔는데(예: Fleming & Courtney, 1984; Fleming & Watts, 1980), 반응체제의 변화(5점 또는 7점 척도 등)나 학업 수행과 같은 자존감의 다른 차원을 측정하기 위해 질문을 추가하는 것(Fleming & Courtney, 1984)의 변화 등이었다. Robinson과 Shaver(1973)는 JFS를 철저히 검토하여 이를 성인에게 사용하는 것이 가장 낫다고 확인하였다. 그리고 Blascovich와 Tomaka(1991)는 Fleming과 Courtney 판(1984)을 사용하기에 가장 좋은 측정도구의 하나로 꼽았다. 우리는 자존감의 복합적 요소들을 조사하고자 하는 연구자들의 연구를 위해 이것을 추천한다(부록 14.1의 JSF 참조).

Rosenberg 자존감 척도

Rosenberg 자존감 척도(RSE; Rosenberg, 1965)는 총체적 자존감 측정에 가장 광범위하게 사용되어 왔다(Demo, 1985). 이것은 앞에서 언급한 Blascovich와 Tomaka (1991)의 연구에서 개관되었던 연구의 25%에서 사용되었다. RSE는 내적 신뢰도가 높은($\alpha = .92$) 10문항 Guttman 척도다. Rosenberg(1979)는 이 척도가 기분 측정도구와 중간 정도의 상관을 보인다고 보고하였다. Carmines와 Zeller(1974)는 RSE와 관련된 잠재적인 문제를 확인하였다. 그들은 '긍정적인' 요인과 '부정적인' 요인을 나누는 것을 확인하였다. 불행하게도 부정적인 방향으로 표현된 질문들은 '부정적인' 요인에 부과되고, 긍정적인 방향으로 표현된 질문들은 과도하게 '긍정적인' 요인에 부과된다. 따라서 그 때문에 반응 태세의 영향을 받기 쉽다. 그러나 두 요인이 하나의 준거 변인(강도, 방향 그리고 일관성에서)에 거의 동일하게 상관을 보이기 때문에, 그것들은 동일한 일반적 구성개념을 나타내는 것처럼 보인다(Rosenberg, 1979; 부록 14.2의 RSE 참조).

상태 자존감 척도

상태 자존감 척도(SSES: State Self-Esteem Scale; Heatherton & Polivy, 1991)는 일반적으로 자존감의 실험실 조작에 민감하게 사용되는 도구로, 자존감에서 순간적인 변동을 나타내는 20개의 문항으로 구성되어 있다. 이 척도(부록 14.3 참조)는 만족할 만한 내적 합치도($\alpha = .92$)를 가지고 있고, 자기평가에서 일시적인 변화에 민감하다(Crocker, Cornwell, & Major, 1993 참조). 심리측정적 연구에서는 SSES가 기분과 분리될 수 있다는 것을 보여 주고 있다(Bagozzi & Heatherton, 1994). 확증적 요인분석을 통해 SSES가 수행 자존감, 사회적 자존감, 외모 자존감의 세 요인으로 구성되어 있다는 것이 밝혀졌다(Bagozzi & Heatherton, 1994). SSES는 실험적 요구를 최소화하기 위해 '현재의 생각(current thoughts)'이라고 이름 붙여졌다. 당연히 특질과 상태 자존감의 측정은 높은 상관을 보이고, 따라서 중립적인 장면에서 SSES 상의 점수는 특질 측정도구들과 관련될 것이다. 그러므로 자존감의 특질적인 면을 사용할 것인지 상태적인 면을 사용할 것인지에 관한 결정은 장기적인 결과를 예견하는 데 관심이 있는지, 아니면 자기에 관한 느낌과 관련된 즉각적인 효과에 관심이 있는지에 달려 있다.

대안적인 개념화: 내재적 자존감

외현적인 측정도구들의 타당도는 많은 도전을 받아 왔는데, 이러한 측정도구들은 자신의 태도나 느낌을 정확하게 보고하는 데 있어서 잠재적으로 편향된 개인의 능력에 의존하기 때문이다. 결과적으로 자존감을 포함하여 태도의 내현적인 측정도구들은 자기의 무의식적이고 자동적인 측면을 파악하려고 시도하고 있다. 사람들이 반드시 그들의 내적 정신과정을 의식하지는 않기 때문에 자기 표현적 동기나 다른 신념들이 의도하든 의도하지 않았든 편향이나 왜곡을 만들 수 있다. Greenwald와 Banaji(1995)는 내현적인 자존감을 "자기 관련된 대상과 자기 해리된 대상의 평가에 대한 자기 태도의 내성적으로 미확인된(또는 부정확하게 확인된) 효과"(p. 10)로 정의하였다. 많은 증거들이 자기에 관한 내현적인 긍정적 태도라는 개념을 지지하고 있다. 예를 들어, 사람들은 자기 자신의 이니셜을 선호하고(Koole, Dijksterhuis, & van Knippenberg, 2001), 심지어 집단이 임의적으로 결정되었을 때도 외집단 사람보다는 내집단 사람을 선호하는 것(Greenwald & Banaji, 1995)과 같이, 자기에 관한 정보에 긍정적인 편향을 보여 주고 있다. 본질적으로 자기와 관련된 무언가는 일반적으로 특별히 긍정적인 것으로 보인다.

내현적인 자존감을 측정하기 위해 다양한 방법들이 개발되어 왔는데(Bosson, Swann, & Pennebaker, 2000), 그중 가장 광범위하게 알려지고 사용되고 있는 것은 Implicit Associates Test(IAT; Greenwald, McGhee, & Schwarz, 1998)다. IAT는 쌍으

로 된 단어 조합 만들기를 포함하고 있다. 자존감을 측정하기 위해 사용될 때의 구분은 me와 같은 자기 관련 단어와 your와 같은 타인 관련 단어 사이에, 그리고 sunshine과 같은 유쾌한 단어와 death와 같은 불유쾌한 단어 사이에 있다. 자존감은 자기 유쾌한(그리고 타인 불유쾌한) 조합을 만드는 반응시간과 자기 불유쾌한(그리고 타인 유쾌한) 조합을 만드는 반응시간 간 차이의 함수다. IAT는 빈약한 신뢰도를 보여주고 있고 외현적인 측정도구들과는 정적으로, 그러나 약하게 상관되어 있다. 요인분석은 그것들이 다른 구성개념이라는 것을 나타내고 있다(Greenwald & Farnham, 2000).

IAT와 자존감에 대한 다른 내현적인 측정도구들의 타당도는 알려져 있지 않다. 자기 표현이나 인지과정에 불변성이 주어진다면 내현적인 측정도구들을 선호할 이유가 있다. 그러나 광범위하게 사용되고 있는 외현적인 측정도구들에 비해 그것들을 선택하는 것을 정당화할 수 있는 유용한 증거는 존재하지 않는다. 다른 개념적 수준에서는 내현적인 측정도구에서 무엇을 기대할 수 있는지 알기가 어렵다. 특정한 성과를 예측하기 위해 외현적인 측정도구를 사용했던 수많은 연구들이 있었고, 그 연구들을 통해 이들은 비슷한 척도들이 사용되었을 때 상당한 정도의 일관성을 얻었다. 이것은 연구자들이 높거나 낮은 자존감을 갖는 것이 무엇을 의미하는지에 관해 일반화할 수 있게 해 주었다(Baumeister, 1998). 내현적인 측정도구들도 동일한 결론을 이끌어 내야 하는가? 만일 그렇다면 그것들이 필요하지 않다. 그러나 내현적인 측정도구가 외현적인 측정도구와 다른 결론을 도출한다면, 우리는 실제로 자존감을 측정하는 더 좋은 방법이 어느 것인지 어떻게 알 수 있을까?

미래의 발전

자존감 구성개념의 인기와 인간 본성의 긍정적인 측면을 이해하는 잠재적인 가치에도 불구하고, 자존감의 측정은 수십 년 동안 문제가 되어 왔다. 불충분하게 타당화된 척도들의 증가는 행동, 사고 그리고 감정에 있어서 자존감의 중요성을 연구하려고 노력하는 많은 학자들에게 중요한 도전을 안겨 주었다. 자존감 측정에서 고유한 주요 문제는 자기보고가 자기 제시적인 관심사에 의해 영향을 받는 정도다. 하나의 전략은 자기보고 편향과 관련된 변량을 통제하기 위해 방어성이나 사회적 바람직성을 재는 척도를 사용하는 것이다. 비록 몇몇 연구자들이 이러한 접근을 시도해 왔지만, 어떤 단일한 방법도 그 자체로 유용하다는 것을 경험적으로 입증하지는 못했다. 사실상, 사회적으로 바람직한 반응은 자존감의 진정한 요소이고, 따라서 통계적인 절차를 이용하여 그것을 분리한다는 것은 인위적인 상황이 될 것이다. 내현적인 측정의 개발은 자기 제시적인 관심사를 다루는 것일 수 있다. 그러나 우리가 내현적인 측정도구들이 타당한지를 알기까지는 많은 작업들이 필요하다. 최소한 내현적인 자존감에 대한 연구는 행동적 또는 인지적 성과의 관점에서 좋은 자존감 측정도구가 정확히 무엇을 예견해야 하는지를 숙고하게 만들었다. 이러한 자존감 구성개념과 관련된 기본 정의적 논제에 대한 재평가가 오랫동안 있어 왔다.

부 14.1 록

Janis와 Field 척도 개정판

각 문항은 '매우 자주' '꽤 자주' '때때로' '어쩌다 한 번' 또는 '거의 드물게' 또는 '매우 확신하는' '꽤 확신하는' '약간 확신하는' '별로 확신하지 않는' '전혀 확신하지 않는' 과 같은 용어들을 사용하여 1~5의 척도로 채점된다. 대부분의 문항은 역채점 되므로 높은 자존감 반응은 높은 점수가 된다. (역)이라고 적힌 문항들은 역채점되지 않는다. 어떤 연구자들은 문항이 단어 표현에 따라 다른 고정치를 가진 7점척도를 사용한다.

1. 당신이 알고 있는 대부분의 사람들보다 자신이 열등하다고 얼마나 자주 느낍니까?
2. 당신이 잘할 수 있는 일이 하나도 없다고 얼마나 자주 느낍니까?
3. 사람들 사이에 있을 때, 적당한 이야기거리를 생각하는 데 어려움이 있습니까?
4. 다른 사람들이 당신을 어떻게 생각하는지에 대해 얼마나 자주 걱정합니까?
5. 기말보고서와 같은 중요한 과제를 제출할 때, 당신은 얼마나 자주 일을 잘했다고 느낍니까? (역)
6. 당신은 다른 사람들이 얼마나 당신을 신체적으로 매력적이라고 볼 거라고 확신합니까? (역)
7. 당신은 자신이 가치 없는 사람이라고 생각합니까?
8. 다른 사람들과 잘 지낼 수 있을까에 대해 얼마나 많이 걱정합니까?
9. 당황스러운 실수를 했거나 바보 같이 보이는 일을 했을 때, 그것을 극복하는 데 얼마나 걸립니까?
10. 에세이를 수업 과제로 읽고 이해해야 할 때, 당신은 얼마나 걱정하거나 염려합니까?
11. 학교 친구들과 비교했을 때 자신이 더 열심히 해야 된다고 얼마나 자주 느낍니까?
12. 당신의 신체적 협응력이 떨어진다고 생각한 적이 있습니까?
13. 당신이 알고 있는 사람들이 언젠가는 당신을 우러러보고 존경할 것 같은 느낌을 얼마나 확신합니까? (역)
14. 당신의 선생님 또는 고용주가 당신이 한 일에 대해 비판하는 것을 얼마나 걱정합니까?
15. 당신은 새로운 사람을 만나는 것에 불편함을 느낍니까?
16. 당신의 선생님을 설득하기 위한 주장을 글로 써야 하는데 선생님이 당신의 생각에

동의하지 않는다면 그에 대해 얼마나 걱정하고 염려합니까?

17. 당신의 체격이나 외모에 대해 창피함을 느낍니까?

18. 운동 능력에 있어서 대부분의 다른 사람들보다 열등하다고 느낍니까?

19. 당신이 가치 있는 사람인가에 의문을 느끼는 당신 자신에게 실망을 느낍니까?

20. 다른 사람들이 이미 모여서 이야기를 하고 있는 방에 혼자서 들어가야 할 때 걱정이 되거나 불안을 느낍니까?

21. 다른 사람이 당신과 있는 것을 좋아하는지에 대해 얼마나 자주 걱정합니까?

22. 과제에서 글로 적어야 할 때, 당신의 생각을 표현하는 데 얼마나 자주 어려움을 느낍니까?

23. 당신의 친구나 동료들 대부분이 당신보다 신체적으로 더 매력적이라고 얼마나 자주 느낍니까?

24. 신체 협응력을 요구하는 스포츠에 참가했을 때, 당신이 잘하지 못할 것 같아 걱정합니까?

25. 당신은 얼마나 자주 자신을 싫어합니까?

26. 얼마나 자주 자신을 의식합니까?

27. 수줍음 때문에 얼마나 자주 어려움을 겪습니까?

28. 과제를 위해 당신이 읽은 것을 이해하는 데 얼마나 자주 어려움을 느낍니까?

29. 당신은 당신이 더 나아 보이기를 자주 바라거나 꿈꿉니까?

30. 당신은 훌륭한 무용수가 될 수 있거나 협응력을 필요로 하는 오락 활동을 잘할 수 있는 능력이 부족하다고 생각한 적이 있습니까?

31. 전반적으로 당신의 능력에 대해 어느 정도로 자신이 있습니까? (역)

32. 직장이나 학교에서 다른 사람들이 당신을 성공자나 실패자로 여기는지에 대해 얼마나 많이 걱정합니까?

33. 당신이 만난 사람들이 당신에 대해 호의적이지 않은 견해를 가지고 있다고 생각할 때, 당신은 그것에 대해서 얼마나 걱정하고 염려합니까?

34. 얼마나 자주 당신의 급우들보다 학업 능력이 열등하다고 생각합니까?

35. 이성을 유혹하는 능력에 대해 걱정하거나 염려한 적이 있습니까?

36. 스포츠에서 잘하려고 노력하고 있고 다른 사람들이 쳐다보고 있다는 것을 알 때, 당신은 얼마나 당황하고 안절부절못합니까?

출처: Fleming & Courtney (1984).

303

부 14.2 록

Rosenberg 자존감 척도

3	2	1	0
전적으로 동의함	동의함	동의하지 않음	전혀 동의하지 않음

1. 나는 내가 적어도 다른 사람과 같은 수준으로 가치 있는 사람이라고 느낀다.

2. 나는 내가 장점을 많이 가지고 있다고 느낀다.

3. 대체적으로 나는 내가 실패자라고 느끼는 경향이 있다. (역)

4. 나는 대부분의 사람만큼 일할 수 있다.

5. 나는 나 자신이 자랑스럽게 여길 만한 것들이 그다지 없다. (역)

6. 나는 나 자신에 대해서 긍정적인 태도를 가진다.

7. 전체적으로 나는 나 자신에 만족한다.

8. 나에 대해서 더 많은 존경심을 가질 수 있기를 바란다. (역)

9. 나는 때때로 무용지물임에 틀림없다고 느낀다. (역)

10. 때때로 능숙하지 않다고 생각한다. (역)

(역)이라고 표시된 것은 역채점하고(0 = 3, 1 = 2, 2 = 1, 3 = 0), (역)이 없는 문항들은 그냥 점수를 더하십시오. Rosenberg 척도의 전형적인 점수는 대략 22점이며, 대부분의 점수는 15 ~ 25점 사이입니다.

출처: Rosenberg (1965).

부 14·3 록

현재의 생각

이것은 이 순간에 당신이 무엇을 생각하고 있는지를 측정하기 위해 만들어진 질문지입니다. 당연히 어떤 대답을 하더라도 정답이 있는 것은 아닙니다. 가장 좋은 답은 이 순간에 당신이 진짜 당신 자신이라고 느끼는 것입니다. 당신이 가장 최선의 답이라고 확신할 수 없더라도 모든 문항에 반드시 답을 하십시오. 다시 말하지만, 바로 지금 당신에 관해 진실인 것들에 답을 하십시오.

1=전혀 그렇지 않다 2=약간 그렇다 3=다소 그렇다 4=아주 그렇다 5=전적으로 그렇다

1. 나는 나의 능력에 대해 확신한다.
2. 나는 내가 성공자나 실패자로서 간주되는 것에 대해 걱정한다. (역)
3. 나는 현재의 내 신체에 만족한다.
4. 나는 나의 수행에 대해 좌절하거나 당황한다. (역)
5. 나는 내가 읽은 것을 이해하는 데 어려움을 가지고 있다. (역)
6. 나는 다른 사람이 나를 존경하고 높게 평가한다고 느낀다.
7. 나는 나의 체중이 불만족스럽다. (역)
8. 나는 나 자신이 의식된다. (역)
9. 나는 다른 사람들만큼 영리하다.
10. 나는 나 자신에 대해 불쾌하다. (역)
11. 나는 자신에 대해 좋게 느낀다.
12. 나는 지금 나의 외모에 흡족하다.
13. 나는 다른 사람들이 나에 대해 어떻게 생각하는지 걱정한다. (역)
14. 나는 사물을 이해하는 것에 자신이 있다.
15. 나는 지금 이 순간 다른 사람보다 열등하다. (역)
16. 나는 매력적이지 않다. (역)
17. 나는 내가 만들고 있는 인상에 대해 걱정한다. (역)
18. 나는 다른 사람들보다 학업 능력이 부족하다고 느낀다. (역)
19. 나는 잘하고 있지 못하다고 느낀다. (역)
20. 나는 바보처럼 보일까 봐 걱정한다.(역)

출처: Heatherton & Polivy (1991).

Bagozzi, R. P., & Heatherton, T. F. (1994). A general approach to representing multifaceted personality constructs: Application to self-esteem. *Structure Equation Modelling, 1,* 35-67.

Baumeister, R. F. (1998). The self. In D. Gilbert, S. Fiske, & G. Lindzey (Eds.), *The handbook of social psychology* (pp. 680-740). New York: Random House.

Baumeister, R. F., & Leary, M. R. (1995). The need to belong: Desire for interpersonal attachments as a fundamental human motivation. *Psychological Bulletin, 117,* 497-529.

Blascovich, J., & Tomaka, J. (1991). Measures of self-esteem. In J. P. Robinson & P. R. Shaver (Eds.), *Measures of personality and social psychological attitudes* (pp. 115-160). San Diego, CA: Academic Press.

Bosson, J., Swann, W. B., Jr., & Pennebaker, J. (2000). Stalking the perfect measure of implicit self-esteem: The blind men and the elephant revisited? *Journal of Personality and Social Psychology, 79,* 631-643.

Branden, N. (1994). *The six pillars of self-esteem.* New York: Bantam Books.

Briggs, S. R., & Check, J. M. (1986). The role of factor analysis in the development and evaluation of personality scales. *Journal of Personality, 54,* 106-148.

Carmines, E. G., & Zeller, R. A. (1974). On establishing the empirical dimensionality of theoretical terms: An analytical example. *Political Methodology, 1,* 75-96.

Cohen, S., & Wills, T. A. (1985). Stress, social support, and the buffering hypothesis. *Psychological Bulletin, 98,* 310-357.

Cooley, C. H. (1902). *Human nature and social order.* New York: Charles Scribner & Sons.

Coopersmith, S. (1967). *The antecedents of self-esteem.* San Francisco: Freeman.

Crandall, R. (1973). The measurement of self-esteem and related constructs. In J. P. Robinson & P. Shaver (Eds.), *Measurement of social psychological attitudes* (pp. 45-167). Ann Arbor, MI: Institute for Social Research.

Crocker, J., Cornwell, B., & Major, B. (1993). the stigma of overweight: Affective consequences of attributional ambiguity. *Journal of Personality and Social Psychology, 64,* 60-70.

Dawes, R. (1994). Psychological measurement. *Psychological Review, 101,* 278-281.

Demo, D. H. (1985). The measurement of self-esteem: Refining our methods, *Journal of Personality and Social Psychology, 48,* 1490-1502.

Fitts, W. H. (1964). *Tennessee Self-Concept scale.* Los Angeles: Western Psychological Services.

Fleming, J. S., & Courtney, B. E. (1984). The dimensionality of self-esteem: II. Hierarchical facet model for revised measurement scales. *Journal of Personality and Social Psychology, 46,* 404-421.

Fleming, J. S., & Watts, W. A. (1980). The dimensionality of self-esteem: Some results for a college sample. *Journal of Personality and Social Psychology, 39*, 921-929.

Franzoi, S. (1995). The body-as-object versus the body-as-process: Gender differences and gender considerations. *Sex Roles, 33*, 417-437.

Greenwald, A. G., & Banaji, M. R. (1995). Implicit social cognition: Attitudes, self-esteem, and stereotypes. *Psychological Review, 102*, 4-27.

Greenwald, A. G., & Farnham, S. D. (2000). Using the Implicit Associate Test to measure self-esteem and self-concept. *Journal of Personality and Social Psychology, 79*, 1022-1038.

Greenwald, A. G., McGhee, D. E., & Schwarz, J. L. K. (1998). Measuring individual differences in implicit cognition: The implicit association test. *Journal of Personality and Social Psychology, 74*, 1464-1480.

Heatherton, T. F. (2001). Body image and gender. In N. J. Smelser & P. B. Baltes (Eds.), *International Encyclopedia of the Social and Behavioral Sciences* (Vol. 2, pp. 1282-1285). Oxford, UK: Elsevier.

Heatherton, T. F., & Polivy, J. (1991). Development and validation of a scale for measuring state self-esteem. *Journal of Personality and Social Psychology, 60*, 895-910.

Heatherton, T. F., & Polivy, J. (1992). chronic dieting and eating disorders: A spiral model. In J. H. Crowther & D. L. Tennenbaum (Eds.), *The etiology of bulimia nervosa: The individual and familial context* (pp. 133-155). Washington, DC: Hemisphere.

Hebl, M., & Heatherton, T. F. (1998). The stigma of obesity women: The differences is black and with. *Personality & Social Psychology Bulletin, 24*, 417-426.

Jackson, M. R. (1984). *Self-esteem and meaning.* Albany: State University of New York Press.

James, W. (1890). *Principles of psychology, Volume 1.* New York: Henry Holt.

James, W. (1892). *Psychology: The briefer course.* New York: Henry Holt.

Janis, I. L., & Field, P. B. (1959). Sex differences and factors related to persuasibility. In C. I. Hovland & I. L. Janis (Eds.), *Personality and persuasibility* (pp. 55-68). New Haven, CT: Yale University Press.

Josephs, R. A., Markus, H. R., & Tafarodi, R. W. (1992). Gender and self-esteem. *Journal of Personality and Social Psychology, 63*, 391-402.

Kernis, M. H. (1993). The roles of stability and level of self-esteem in psychological functioning. In R. F. Baumeister (Ed.), *Self-esteem: The puzzle of low self-regard* (pp. 167-172). New York: Plenum Press.

Koole, S. L., Dijksterhuis, A., & van Knippenberg, A. (2001). What's in a name: Implicit self-esteem and the automatic self. *Journal of Personality and Social Psychology, 80*, 669-685.

Leary, M. R., Tambor, E. S., Terdal, S. K., & Downs, D. L. (1995). Self-esteem as an

307

interpersonal monitor: The sociometer hypothesis. *Journal of Personality and Social Psychology, 68,* 518-530.

Luhtanen, R., & Crocker, J. (1992). A collective self-esteem scale: Self-evaluation of one's social identity. *Personality and Social Psychology Bulletin, 18,* 302-318.

Marsh, H. (1995). A Jamesian model of self-investment and self-esteem: Comment of Pelham. *Journal of Personality & Social Psychology, 69,* 1151-1160.

Mead, G. H. (1934). *Mind, self, and society,* Chicago: University of Chicago Press.

Mecca, A. M., Smelser, N. J., & Vasconcellos, J. (Eds.) (1989). *The social importance of self-esteem.* Berkeley: University of California Press.

NIH Technology Assessment conference Panel. (1993). Methods for voluntary weight loss and control. *Annals of Internal Medicine, 199,* 764-770.

Pelham, B. W. (1995). Self-investment and self-esteem: Evidence for a Jamesian model of self-worth. *Journal of Personality and Social Psychology, 69,* 1141-1150.

Robins, R. W., Hendin, H. M., & Trzensniewski, K. H. (2001). Measuring global self-esteem: Construct validation of a single-item measure and the Rosenberg self-esteem scale. *Personality and Social Psychology Bulletin, 27,* 151-161.

Robinson, J., & Shaver, P. R. (1973). *Measures of social psychological attitudes.* Ann Arbor, MI: Institute for Social Research.

Rosenberg, M. (1965). *Society and the adolescent self-image.* Princeton, NJ: Princeton University Press.

Rosenberg, M. (1979). *Conceiving the self.* New York: Basic Books.

Steele, C. (1997). Race and the schooling of Black Americans. In L. H. Peplau & S. E. Taylor (Eds.), *Sociocultural perspectives in social psychology: Current readings* (pp. 359-371). Upper Saddle River, NJ: Prentice-Hall.

Stein, J. A., Newcomb, M. D., & Bentler, P. M. (1992). The effect of agency and community on self-esteem: Gender differences in longitudinal data. *Sex Roles, 26,* 465-483.

Taylor, S. E., Brown, J. D. (1988). Illusion and well-being: A social psychological perspective on mental health. *Psychological Bulletin, 103,* 193-210.

Tennen, H., & Affleck, G. (1993). the puzzles of self-esteem: A clinical perspective. In R. F. Baumeister (Ed.), *Plenum series in social / clinical psychology* (pp. 241-262). New York: Plenum Press.

Vohs, K. D., Bardone, A. M., Joiner, T. E., Abramson, L. Y., & heatherton, T. F. (1999). Perfectionism, perceived weight status, and self-esteem interact to predict bulimic symptoms: A model of bulimic symptom development. *Journal of Abnormal Psychology, 108,* 695-700.

Wells, L. E., & Marwell, G. (1976). *Self-esteem: Its conceptualization and measurement.* Beverly Hills, CA: Sage.

Wylie, R. C. (1974). *The self-concept: A review of methodological considerations and measuring instruments.* Lincoln: University of Nebraska Press.

CHAPTER 15

낭만적 사랑
큐피트의 화살에 대한 측정

사랑은 긍정심리학의 주요한 특징 중 하나로, 이 책에 제시되고 있는 다른 핵심 개념들과 역동적인 체계 내에 연결되어 있다. Seligman과 Csikszentmihalyi(2000)가 언급한 바와 같이, 긍정심리학은 "가치 있는 주관적 경험; 안녕감, 만족, 욕구 충족……몰입감과 행복…… 사랑과 일에 대한 역량과 관련이 있다"(p. 5).

모든 형태의 사랑—낭만적 파트너, 부모, 아이, 친구 등에 대한 사랑—은 인간 사회에서 가장 중요하다. 이 장은 특별히 낭만적 사랑 또는 파트너와의 사랑에 대한 측정에 초점이 맞춰져 있지만, 우리는 사랑의 모든 형태와 표현이 기본적으로 중요하다는 것을 인정한다.

이 장에서는 '일반적인' 의미에서 생물학적 현상에 속하는 것, 인간으로서 하드웨어 부분, '구체적인' 의미에서 역사적 시기와 문화 등에 의해 암시되고 형성되는 사회적 구조 등을 포함하는 사랑에 대한 역사적 개념에 대해 먼저 논의하고 있다. 우리는 사랑을 열정적 사랑이나 우애적 사랑으로 가장 명백하게 나타나는 원초적인 정서로 간주하고 있다.

우리는 사랑에 대한 두 가지 척도—사랑의 태도 척도(Love Attitudes Scale), 열정적

---

* Clyde Hendrick and Susan S. Hendrick

사랑 척도(Passionate Love Scale) — 에 대해 자세히 논의한다. 그리고 사랑의 다양한 개념이나 측정에 대해서는 간략하게 개관한다. 마지막으로, 우리는 사랑의 연구에서 미래의 방향에 대한 우리의 견해를 대략적으로 언급할 것이다.

역사적 배경

철학자 Irving Singer는 사랑의 광범위한 역사에 대해 기술했고(1984a, 1984b, 1987), 네 가지 초기 개념적 전통 — 에로스(eros, 미를 추구하는), 필리아(philia, 우정으로서의 사랑), 노모스(nomos, 신성한 의지에 대한 순종과 순응), 아가페(agape, 신에 의한 사랑의 선물) — 을 제안하였다. 사랑에 대한 이 같은 개념적-철학적 관점들은 현대 서구 사회에서 관심을 가진 낭만적인 파트너와의 사랑에 대해서는 별로 언급하지 않고 있다. 몇몇 학자들은 낭만적 사랑이 근대에 결혼을 선택하는 데 필요한 부속물로써 발달되어 온 것이라고 생각했다(Gadlin, 1977). 사람들이 또 다른 자기를 사랑할 수 있는 고유한 '자기'의 감각을 발달시키기까지, 낭만적 사랑(특히 일시적인 애인과 반대되는 인생의 동반자와의)은 오늘날처럼 흔하지 않았다(Hendrick & Hendrick, 1992a).

그러나 몇몇 학자들은 낭만적이고 열정적인 사랑이 모든 문화와 역사에 걸쳐서 존재해 왔다고 보고 있다(Hatfield & Rapson, 1996). Cho와 Cross(1995)는 열정적 사랑과 자유로운 배우자 선택(사랑의 다른 표현뿐만 아니라)에 대한 증거가 수천 년을 거슬러 올라간 중국 문학에서도 명백한 주제로 나타났다고 했다. 좀 더 최근에는 Doherty, Hatfield, Thompson 및 Choo(1944)가 일본계 미국인, 유럽계 미국인과 하와이 태양섬 거주자들을 비교했는데, 열정적인 사랑과 우애적 사랑의 두 가지 관점에서 그들이 매우 유사하다는 것을 발견했다.

사랑에 보편적인 면이 있다는 것은 당연하지만, 사랑의 특수한 묘사와 표현에 대한 문화적, 역사적 영향은 부인하기 어렵다. Sprecher 등(1944)은 러시아인, 일본인 그리고 미국인이 사랑에 접근하는 것을 비교한 연구에서 유사점과 차이점을 발견했다. 예를 들어, 러시아인은 결혼하는 데 있어 사랑을 반드시 필요한 것으로 보는 것 같지 않았고, 일본인 응답자들은 어떤 낭만적 신념들에 동의하지 않았으며, 미국인들은 안정 애착 유형에 좀 더 동의하는 것 같았다. 게다가 개인이 배우자를 선택하는 것 대 중매결혼과 같은 문화적 규준은 사랑과 낭만적 신념에서 문화적 차이들을 수반하는 것으로 보인다.

그러므로 사랑이 문화적으로 보편적이고, 낭만적 사랑의 구체적인 표현이 '거의 보편적'이라 하더라도(Jankowiak & Fischer, 1992), 사랑은 문화와 역사적 시기에 따라 다르게 표현되고 있다. 그러면 사랑은 어떻게 그려져야 하는가?

사랑의 모습들

앞서 언급했듯이 사랑이라는 정서는 여러 가지로 표현되지만, 그중의 하나인 낭만적인 파트너와의 사랑만이 이 장에서 다뤄진다. 실제로 학자들(예: Shaver, Morgan, & Wu, 1996)은 사랑이 기본 정서로 간주되어야 하고, 그것이 좀 더 복잡하고 미묘한 뉘앙스를 풍기는 모든 정서들의 근본적인 정서라고 설득력 있게 주장하였다. Shaver 등은 왜 사랑이 이와 같은 기본 정서 상태의 준거에 맞는지 여러 이유를 들어 설명했는데, 여기에는 뚜렷이 구별되는 얼굴 표정과 보편적인 신호가 포함되었다. 저자들은 또한 사랑을 '정서'와 '성향'으로 나누는 것은 부적절하다고 지적하였다. 이런 측면에서 Shaver 등은 정서는 실제로 특질 같지만 상태 같기도 하고, "우리가 특별히 사랑을 하거나 사랑을 느낄 때의 순간을 반영하는 격동"(p. 86) 같기도 하다고 지적하였다. "그러나 모든 사랑의 격동이 공통적으로 가지고 있는 것은 사람들이 접근해서 접촉하게 하며 친밀감에 마음을 열게 하는 것이다. 이런 공통적인 행동 경향은 많은 다른 문화에 있는 사람들에게 그러한 모든 경우에 '사랑'이라는 똑같은 용어를 사용하게 한다"(p. 93). 이와 같이 Shaver 등은 그들이 그런 상태를 기본 정서라고 주장하는 것처럼 사랑의 중요성을 능변으로 주장하고 있다.

우리는 사랑이 정서심리학에서 중요하다는 Shaver 등의 주장에 동의하지만(Taraban, Hendrick, & Hendrick, 1998 참조), 사랑이 근본적이고 기초적인 인간 경험으로 여겨지기보다 '기본' 또는 순수성에 대한 준거에서 기초적인 것으로 간주되는 것에는 별 관심이 없다. 사랑의 핵심에 대한 관점에 일관되게 Baumeister와 Leary(1995)는 우리의 진화적 유산의 일부인 애착과 관계에 대한 욕구로서 '소속에 대한 근본적인 욕구'를 기술해 왔다. 이와 유사하게, 오래전에 Harlow(1974)는 유아-어머니

311

결속의 영장류(그리고 인간) 체계의 일부로 신체적 접촉과 상호작용의 중요성을 강조하였다. 이러한 현상들은 분명히 좀 더 넓은 사랑이라는 정서의 일부분이다.

영장류에서 나타나는 결속 현상은 효과적인 짝짓기, 유아 생존, 집단 방어 등을 촉진하도록 만들어진 것 같다. 그러한 결속이 인간 경험에서는 우리가 사랑이라고 부르는 정서로 표현된다. 사랑은 주고받는 행동을 하는 주체가 누구인지에 따라 다양한 방식으로 표현된다. 따라서 이 장에서 설명되는 낭만적인 파트너와의 사랑은 우리의 생존을 유지하는 정서와 행동에 뿌리를 두고 있다. 이러한 후자의 진술이 극적으로 들릴 수도 있을 것이다. 그러나 사랑은 극적이다(적어도 어떤 형태에서는). 사실 사랑의 유형이나 스타일을 구분하는 하나의 특징이 드라마이고, 이 점은 열정적 사랑과 우애적 사랑을 분명하게 대조시킨다.

열정적 및 우애적 사랑

고대 중국, 이집트 그리고 헤브라이의 작품(제목을 나열하기는 어렵지만)들은 모두 열정적인 감정을 불러일으키는 묘사들을 담고 있다. 그러나 낭만적 사랑을 열정적 사랑과 우애적 사랑으로 나누는 사회과학적 범주화는 상대적으로 최근의 것이다. Berscheid와 Walster(1978)는 최초로 사랑을 열정적 사랑(낭만적 사랑의 시작을 가속화시키는 강렬한 모닥불)과 우애적 사랑(오랫동안 관계를 유지하는 안정적이고 조용하고 은근하고 홍조를 띤 깜부기불)으로 분류하였다. 이는 사랑의 두 단계로 개념화된다. 즉, 열정적 사랑은 종종 밝게 빛나서 자신을 태우고, 가장 운 좋은 경우에만 우애적 사랑으로 발전되는 것으로 개념화되었다. 우리는 이러한 관점을 다른 곳에서는 '사랑의 양자택일(either/or) 이론'이라고 불러 왔다(Hendrick & Hendrick, 2000: 204).

좀 더 최근에 Hatfield(1988)는 사람들에게 "열정적/우애적 사랑이 가능하고 이러한 감정들이 일생을 통해서 간헐적으로 경험되는 것 같다."고 지적하면서, 열정적 사랑과 우애적 사랑이 반드시 순차적이라기보다는 동시적인 것이라고 주장해 왔다(p. 193). 이러한 관점에 대한 지지로 우리(Hendrick & Hendrick, 1993)는 우정과 같은 사랑이 그들의 낭만적 관계에 대해 응답자들이 쓴 설명을 보면 가장 자주 나타난다는 것을 발견하였다. 게다가 대학생들의 거의 절반 정도가 가장 가까운 친구의 이름을 대라고 하면 애인의 이름을 말한다. 이처럼 열정이 격동치는 관계의 초기 단계에서 응답자들은 자신들의 사랑의 우정적인 측면을 강조한다. 이 연구의 당연한 결과는

Contreras, Herdrick 및 Hendrick(1996)이 수행한 연구인데, 이 연구에서 40년 동안 결혼한 상태였던 커플들에게조차 열정적 사랑이 관계의 만족에 대한 가장 강력한 예측 요인이라는 것이 밝혀졌다. 이와 같이 아마도 대부분의 낭만적 파트너 관계에는 열정과 우정이 공존하고 있을 것이다.

열정과 우정에 대한 이원적인 관점은 상당히 많은 연구들을 자극해 왔으며 강력한 경험적 지지를 가지고 있다(Hendrick & Hendrick, 1989). 그러나 그러한 지향들이 아무리 흥미롭다 하더라도, 현재의 낭만적 관계들이 사랑에 대한 두 가지 지향으로만 개념화될 수 있는 것 같지는 않다. 우리는 다음에서 사랑의 여섯 가지 다른 지향 또는 '스타일'을 제공하는 다차원적 접근을 고려할 것이다.

사랑의 스타일

사회학자인 John Alan Lee(1973)는 사랑에 대한 개념을 발달시키기 위해, 다르고 똑같이 아름다운 색깔 — 색깔 있는 바퀴의 색깔과 유사하게 — 에서 가용한 것으로 '색깔 있는 바퀴'라는 은유를 사용했다. Lee는 사랑을 (색깔과 같이) 제1, 제2, 심지어 제3의 혼합이 있는 것처럼 묘사했지만, Lee의 접근에 기초한 대부분의 연구들은 비교적 독립적인 여섯 가지 사랑 스타일에 집중되어 왔다.

Lee(1973)는 면접 질문지 체제(사랑 이야기 카드 분류, Love Story Card Sort)를 사용한 광범위한 연구로부터 이러한 스타일들을 발전시켰다. 이 연구를 통해 사랑의 스타일에 대한 Lee의 개념이 나왔으며, 그것은 후에 '이상적인 유형들'로 묘사되었다. 사실 '이상적'인 사람은 하나도 없고, 또 단지 하나의 사랑 스타일만을 가지고 있는 사람은 하나도 없다. 모든 사람들은 그들의 사랑 프로파일에 각각의 사랑 스타일을 조금씩 가지고 있다.

에로스(eros)는 강렬하고 열정적인 사랑이다. 에로스적인 사랑을 하는 사람은 파트너의 특별한 신체적 속성을 선호하고, 빠르게 강렬해지고, 사랑하는 사람에 대해 모든 수준에서 '알고' 의사소통하기를 원하고, 자신감 있으며 전념하려 한다.

루더스(ludus)는 사랑이 진지한 것인데도 게임처럼 놀이로 하는 사랑이다. 루더스적인 사랑을 하는 사람은 관여된 모든 사람과 즐거운 오락이 되기를 원하고, 동시에 여러 사랑관계에 '균형'을 맞추며, 정서적인 강렬함과 구속은 피한다.

스토르게(storge)는 우정에 기초하는 것으로 앞에 언급한 우애적 사랑과 흡사한 사랑이다. 스토르게적인 사랑을 하는 사람은 유사한 태도와 가치관을 지닌 사랑하는 파트너와 한결같고 안정적이며 편안한 관계를 원하고, 애인과 '좋은 친구' 둘 다가 될 수 있다.

프래그마(pragma)는 적당한 대상을 찾아서 '쇼핑을 나가는'(리스트를 작성하여) 사랑이다. 프래그마적인 사랑을 하는 사람은 좋은 짝을 만나기를 원하고, 그래서 중매자의 도움을 받으려고 하거나 컴퓨터 데이트 서비스를 받기도 한다.

마니아(mania)는 감정의 기복이 심한 특성을 가진 사랑이다. 마니아적인 사랑을 하는 사람은 강박적이고 의존적이며 불안정하고(아래 방향), 지지적이고 사랑스러우며 파트너에게 헌신하고(위 방향), 고통이 따를지라도 기대를 가지고 사랑을 열망한다 (Hendrick & Hendrick, 1992b).

아가페(agape)는 사심 없고 이타적인 것을 반영하는 정신적 사랑이다. 아가페적인 사랑을 하는 사람은 파트너의 복지를 걱정하고 파트너의 요구에 전념하며, 자신을 위해서는 상대적으로 요구를 하지 않는다. 어떤 관계가 지속되려면 어느 정도 아가페적인 특징이 필요하지만, 진정으로 아가페적인 사랑을 하는 사람은 매우 드물다.

이러한 여섯 가지 사랑의 스타일은 낭만적 사랑을 개념화하는 데 좀 더 넓은 선택지를 제공하고 있으며(이전에 가능했던 것보다 더 많이), 다음에서 논의되는 사랑의 측정도구에 대한 기초를 제공하고 있다.

사랑에 대한 측정

앞에 언급한 바와 같이, 사랑의 연구에는 여러 접근이 있고 각기 자신의 정의를 가지고 있다. 지면관계로 사랑측정 척도의 역사는 생략하고 최근의 연구들에 초점을 맞추려 한다. 우리의 목적을 위해 사랑에 대한 측정의 '현대적 기원'이 좋아하는 것과 사랑하는 것을 구분하고 측정하려는 Rubin의 시도와 함께 시작되었다. Rubin은 좋아하는 것과 사랑하는 것을 측정하는 13문항의 척도를 만들었는데, 이 척도는 10년 이상 폭넓게 사용되었고 아직도 간간이 사용되고 있다. Kelly(1983)는 좋아하는 것을 측정하는 척도는 존경의 개념을 측정하는 것으로 보이고, 사랑하는 것을 측정하는 척도는 욕구, 보살핌, 신뢰 그리고 인내의 개념을 측정하는 것으로 보인다고 지적하였다. 실험적 작업은 Rubin의 사랑척도 내에서 이러한 구성개념들을 실제로 확증해 주었다(Steck, Levitan, Mclane, & Kelley, 1982).

또한 Rubin의 척도에서 발견된 복잡성은 후속 도구들의 대부분을 특징지었다. 사랑은 복잡한 개념이고, 따라서 항상은 아니지만 도구들은 대체로 다차원적이다. 예를 들면, 두 가지 사랑척도가 오늘날 가장 빈번하게 사용되고 있는데, 사랑의 태도 척도(LAS; Hendrick & Hendrick, 1986)와 열정적 사랑 척도(PLS; Hatfield & Sprecher, 1986)는 상당히 다르다. PLS는 강렬한 에로스적 사랑의 단일 구성개념을 측정하는 데 반해, LAS는 열정적 사랑에 추가하여 5개의 다른 구성개념을 측정한다. 여기에서는 두 가지 척도에 주목하며, 다른 접근들에 대해서는 단지 간략하게만 논의한다.

사랑의 태도 척도

사람의 태도 척도(LAS)는 Lee(1973)에 의해서 개념화된 사랑에 대한 양적 측정도구로 개발되었다. 측정에 대한 Lee의 접근은 질적이고 노동 집약적이었다. 우리의 양적인 접근은 Lasswell과 Lasswell(1976)의 최초의 측정 작업에 기초하고 있다. 우리는 에로스, 루더스, 스토르게, 프래그마, 마니아 그리고 아가페의 여섯 가지 구성개념을 측정하는 42개 문항으로 이루어진 척도를 개발하였다. 여섯 가지 사랑의 구성개념으로 표현되는 6개의 요인들이 주성분 분석을 사용하여 42개 문항으로부터 계속해서 추출되었으며, 이는 전형적으로 변량의 45% 정도를 설명하고 있다. 7개 문항으로 이루어진 각 척도들은 스토르게의 .69부터 아가페의 .83까지의 알파값을 보여 주었고, 마니아 .70부터 루더스 .82까지의 검사–재검사 신뢰도를 보였다(4주에서 6주 간격에 기초하여; 좀 더 자세한 것은 Hendrick & Hendrick, 1986 참조). LAS는 광범위하게 사용되었고 여러 나라의 언어로 번역되었다. LAS를 개념화하는 데 있어 우리는 사랑의 여섯 가지 구성개념을 유형보다는 변인으로 취급하기로 결정하였다. 변인 접근을 통해서 각 사람은 LAS 상에서 관련된 관계와 성격 구성개념과 연관될 수 있는 6개의 점수를 얻는다.

LAS는 비판에 취약한 것 같다. Johnson(1987)은 문항들 중 많은 부분이 상대적으로 일반적인 반면에 다른 항목들은 특정한 파트너와 관련이 있고, 일반적인 문항과 특정한 문항의 비율이 여섯 가지 척도에 걸쳐 광범위하게 차이가 난다는 것을 지적하였다. 이러한 비판에 대한 반응으로 우리는 19개의 일반적인 문항을 다시 작성했고,

315

LAS를 42개 문항의 관계 특정적인 판으로 만들었다(Hendrick & Hendrick, 1990).

현재 관계를 맺고 있는 사람이나 그렇지 않은 사람에게서 유사한 결과들이 나타나는 경향이 있다. 우리는 한 번도 사랑을 해 본 적이 없는 사람들을 연구에서 배제하였는데, 그들의 응답은 여러 관계 변인들에서 다른 경향을 보이기 때문이다. 그러나 한 번도 사랑을 해 본 적이 없는 사람들에 대한 구체적인 연구는 틀림없이 가치가 있을 것이다.

우리는 개정이 성공적이었다는 것을 곧 발견했다. LAS는 독점권이 없었기 때문에, 연구자들은 이를 알맞게 고쳐서 사용하였다. 가장 흔한 변화는 좀 더 짧은 척도를 만들기 위해 문항을 줄인 것이다. 결국 우리는 개정 작업에 참여하기로 결정했다. 우리는 다량의 자료 모음을 여러 번 조사했고, 여섯 가지 척도 각각에서 가장 알맞은 4개의 문항들을 골라 내었다. 그리하여 24개 문항으로 이루어진 LAS의 단축형이 완성되었다(Hendrick, Hendrick, & Dicke, 1998). 4문항의 하위척도의 심리측정적 속성은 우수했고, 어떤 면에서는 7문항의 하위척도보다 우수했다. 알파계수는 마니아 .75부터 아가페 .88까지였고, 검사-재검사 상관은 프래그마 .63에서 스토르게 .76까지였다(대략 7주 간격에 기초하여).

LAS는 임상적 사용보다 연구를 위하여 만들어졌지만 부부상담에서도 효과적으로 사용될 수 있다. 게임하듯이 하는 사랑은 부정적인 관계를 낳는 한편, 열정적인 사랑이 관계 만족과 정적으로 관련된다는 것을 보여 주는 일치된 연구 결과들이 있다. 그렇지만, 점수들이 관계에서 긍정적이거나 부정적으로 기능한다고 해석되어서는 안 된다. 아마도 척도를 가장 잘 활용하는 방법은 파트너가 그들의 관계에서 사랑을 어떻게 보는지를 논의하기 위해 LAS에서 파트너의 점수를 사용하는 것이다. 측정은 각자의 파트너에게 두 번씩 이루어질 수 있는데, 한 번은 '실제' 관계에 대한 것이고 다음은 '이상적으로' 그들의 사랑이 어떠해야 하는지에 대한 것이다. 이런 훈련은 파트너에게 바라는 목표를 분명하게 할 수 있고, 치료자의 도움을 받아서 그들의 관계를 재조정할 수 있다.

LAS의 24문항판은 부록 15.1에 제시되어 있다. 에로스(첫 번째 척도)는 열정적인 사랑이고, 아마도 낭만적 사랑의 전통적 전형과 가장 근접하는 것이다. 단일 차원의 낭만적 사랑 접근은 열정적 사랑을 측정하는 문항들로 Hatfield에 의해 성공적으로 개발되었다.

열정적 사랑 척도

Hatfield와 Sprecher(1986)는 열정적 사랑을 특정한 타인과의 결합을 강렬하게 갈 망하는 것으로 해석하였고, 이러한 갈망에 대한 인지적이고 정서적인 요소들을 다루 는 30개 문항의 열정적 사랑 척도(PLS)를 개발하였다. 그들은 또한 행동적 요소를 가 정하였으나, 사전 검사에서 "열정적 사랑 접근은 실제적 행동보다는 좀 더 마음과 심 정에 가까운 현상"(p. 390)이라는 것을 발견하였다. (저자는 또한 30개 문항의 반을 이용 하여, 15개 문항으로 이루어진 PLS 단축형 척도도 타당화하였다.)

PLS는 매우 잘 구성된 척도였다. 이것은 단일 차원의 척도로 30문항판의 알파계수 는 .94였고 15문항판의 알파계수는 .91이었다. Hatfield와 Rapson(1987)은 PLS의 타 당도를 지지하는 자료를 개관하였다. 그들은 열정적 사랑이 문화를 통해 나타나고, 심지어 사춘기 이전의 아이들에게도 나타난다는 것을 입증하였다. 게다가 열정적 사 랑은 역사가 기록되기 시작하면서부터 존재해 왔다는 것이 드러났다. 저자들은 열정 적 사랑의 경험이 인간에게 보편적이라고 주장하였다.

독자적인 연구는 PLS의 질과 타당도를 지지하고 있다. 예를 들어, Hendrick과 Hendrick(1989)은 PLS의 30문항판을 포함해서 여러 사랑척도들을 요인 분석하였는 데, PLS에서 단일한 요인을 발견하였으며, 이는 변량의 54%를 설명하였다. 게다가 PLS는 열정적 사랑을 측정하기 위해 만들어진 척도들이나 개념상 가깝게 관련되어 있는 다른 여러 척도들과 높은 상관을 보이고 있다. 예를 들어, PLS의 점수들은 LAS 에서 에로스 척도와 .53의 수치로 정적 상관을 이루고 있다. 확실히 열정적 사랑에 대 한 정확한 측정은 낭만적 사랑의 연구에 반드시 필요하다. 그러나 열정(또는 에로스) 과는 다른 낭만적 사랑의 유형들이 나타나기 때문에 수많은 척도들이 개발되어 왔다.

사랑에 대한 대안적 접근과 그 측정

여기서 우리는 사랑을 개념화하고 측정하는데 있어 최근의 가장 대중적인 네 가지 접근들을 설명할 것이다.

사랑의 삼각형 이론 Sternberg(1986)는 낭만적 사랑은 열정(passion), 친밀감 (intimacy) 그리고 책임(commitment)의 세 가지 요소의 혼합물이라고 주장하였다. 세 가지 요소가 존재하는지 아닌지에 따른 다양한 조합들은 사랑이 아닌 것(세 가지 요소 모두가 없는)부터 완성된 사랑(세 가지 요소 모두가 완전하게 조합된)까지 여덟 가지를 만든다. 사랑의 삼각형 이론(triangular theory of love)은 우아하고 간단하며, 많은 함의가 이 이론으로부터 도출된다. 불행하게도 세 가지 구성 요소들을 적절하게 측정하기 위한 척도를 고안해 내는 데 어려움이 있어 왔다. Sternberg에 의해 개발된 초기 36문항의 평정척도는 여러 연구들에서 세 가지 구성 요소의 하위척도들 간에 매우 높은 상관을 보여 왔다(Acker & Davis, 1992; Chojnacki & Walsh, 1990; Hendrick & Hendrick, 1989). Sternberg(1997)는 여러 문항들의 개정을 포함하여 척도에 대한 광범위한 타당화 연구를 하였고, 세 가지 직교분석들이 자료와 부합한다는 것을 일관성 있게 발견하였다. 이러한 요인들은 열정, 친밀감 그리고 책임을 나타내는 것으로 가장 잘 해석되었다. 그러나 개정된 척도에서도 하위척도들 간의 상관은 상당히 높게 나타났다(.46～.73의 범위).

개념적으로 열정, 친밀감 그리고 책임의 개념들이 아직도 적당한 측정도구를 찾고 있는 독립적인 개념들인지, 또는 세 가지 개념들의 의미가 본질적으로 혼입되어 있을 것 같다는 점에서 측정도구가 적절한 것인지에 대해서는 불분명하다. 따라서 앞으로 좀 더 많은 연구들이 필요하다.

원형이론　　수많은 연구에서 Beverly Fehr(예: 1988, 1993, 1994)는 다양한 측정도구와 함께 사랑에 대한 원형이론(prototype theory)을 개발하였다. 원형적 접근은 사랑에 대한 일상적 개념을 연구하는 한 방법이다. 연구에서 참가자들에게 전형적으로 사랑의 유형을 열거하도록 요구하여 15개 유형의 결과가 나왔다(예: 우정, 성적인, 모성애, 낭만적인). 다른 연구들에서 참가자들은 사랑의 종류의 각 속성들을 열거하였다(예: 촛불을 켜고 하는 저녁식사, 산책하기, 보살핌). 여전히 다른 연구들에서는 유사성, 중요도, 동의 등과 같은 특징들에서 이러한 속성들을 평정하도록 요구하였다. Fehr의 연구는 일반적으로 우애적 사랑이 열정적 사랑보다 좀 더 전형적이라는 것을 보여 주고 있다(예: Fehr, 1988). Regan, Kocan 및 Whitlock(1998)은 한 집단에게 낭만적 사랑의 특징들을 열거하도록 하였고, 다른 집단에게 이러한 특징들의 중요도를 평정하게 하였다. 성적인 매력과 열정은 특징들을 열거한 목록에 있었다. 그러나 이러한 특징들은 신뢰, 정직함, 행복과 같은 다른 특징들보다 상당히 아래에 위치했다. 낭만적 사랑에서 열정적인 특징들이 가장 높은 점수를 얻을 것이라고 예상했으나, 오히려 결과는 반대로 나왔다. Aron과 Westbay(1996)는 Fehr(1988)에 의해 최초로 사용된 68가지 특징들 모두를 요인 분석하였다. 그 결과, 그들은 열정, 친밀감 그리고 책임의 세 가지 기저 차원들을 확인하였다. 게다가 그들은 친밀감과 관련된 특징들이 다른 두 가지 요인들의 특징들보다 사랑에 있어 좀 더 핵심적으로 평정되었다는 것을 발견하였다.

이와 같이 Aron과 Westbay(1996)가 수행한 원형적 관점에 대한 연구는 Fehr의 업적과 Sternberg(1986)의 삼각형 이론 간의 수렴을 제안하고 있다. 우리는 Fehr와 Sternberg의 접근이 개념면에서나 방법면에서 광범위하게 다르다는 것을 알아야 한다. 이와 같이 Aron과 Westbay에 의해 발견된 일치는 좀 더 주목할 만하다.

자기확장이론   다른 이론들을 평가하는 데 추가하여 Aron 부부는 자신들의 이론을 개발하였다. 동양적 전통으로부터 나온 은유에 기초하여 A. Aron과 Aron(1986)은 인간이 자신을 확장하려는 기본적 동기를 가지고 있다는 자기확장이론(self-expansion theory)을 제안했다. "자기는 모든 것과 모든 사람을 포함하는 것, 자기(Self)를 알거나 될 수 있는 방향으로 확장하고 있다. 그 길에 따르는 단계들은 한 사람 또는 사물을 포함하는 단계이고, 그 뒤에 다른 것, 그 뒤에 여전히 또 다른 것을 포함시킨다"(Aron & Aron, 1996: 45-46). 낭만적 사랑은 자기 확장에 대한 기본적인 동기와 자기 안에 있는 타인 그리고 대개 타인 안에 있는 자기를 상호 포함시키고자 하는 동기로부터 나온다.

자기 확장 은유를 사용한 연구는 결실을 맺어 왔다. 자유 묘사, 자기효능감 평정 그리고 다양한 종류의 질문지들을 포함하는 다양한 측정도구들이 사용되어 왔다. 척도화에 대한 흥미로운 접근이 사람들로 하여금 관계를 맺고 있는 두 사람을 두 개 원이 중복되는 정도로 그 관계에 대해 평정하도록 한 Aron, Aron 및 Smollan(1992)에 의해 개발되었다. 이 척도(Inclusion of Other in Self Scale)는 친밀함을 측정하는 데 매우 효과적인 척도이며, 심리측정적 속성들에서 전통적 질문지들과 비교해 볼 때 최소한 동등하고 종종 좀 더 능가한다. 자기확장이론은 전망이 있어 보인다.

애착과정   Bowlby(1969)는 엄마와 아기의 관계 연구에서 애착이론(attachment theory)을 개발하였다. 그는 안정, 불안 그리고 회피의 세 가지 애착 유형을 기술하였다. Hazan과 Shaver(1987)는 성인의 낭만적 관계로 애착이론을 확장시켰다. 아동과 성인들의 애착과정을 연구하기 위해 면접과 자기보고식 측정도구들을 포함하는 다양한 측정도구들이 개발되었다. 애착에 관한 연구문헌은 광범위하고, 성인의 낭만적 애착에 대한 자기보고식 척도에 관한 문헌들만 해도 현재 방대하다. 성인 애착 측정도구에 포함되는 많은 논제들은 Crowell, Fraley 및 Shaver(1999)에 의해 잘 요약되어 있으며, 이 책의 18장에 제시되어 있다.

측정에 대한 논제들

사랑 측정도구에 대한 조사에서는 사랑을 연구하는 방법론에 대해 합의된 것이 없다고 지적하고 있다. 접근들은 원을 중복시키는 방법부터 표준화된 질문지까지의 범위가 있다. 아마도 이러한 상태는 사랑의 이론들에서 광범위한 의견 차이가 있는 한 바람직하다. 현재 나타나는 이론의 다양성은 사회구조주의의 배경(어떤 이들은 '위협'이라고 말한다)에 대항하면서 존재한다. Gergen과 Gergen(1995)은 이러한 접근을 사랑의 개념에 적용하였다. 그들은 지난 몇 세기 동안 사랑의 세 시기를 발견하였다. 즉, 낭만주의, 모더니즘 그리고 포스트모더니즘이다. 모더니즘은 이전 시기로부터 낭만적 흐름의 일부분이 이월된 합리주의와 실용주의의 시기다. 근대의 도구적 실용주의는 양적 측정에 의해 사랑(그리고 성)에 대한 분석적인 연구를 상세히 가능하게 하고 있다. 이러한 분석적인 정밀함은 낭만주의 시기에는 생각할 수 없는 것이었다. 우리가 포스트모더니즘 시대로 이동하면서, 합리주의는 삶의 많은 것들 중 단지 하나의 접근이 되고 있다. 응집된 자기가 다른 정체성들로 분해될 것이라는 생각이 관계 맥락들에 걸쳐 가정되고 있다.

다차원적인 정체감들을 가진 포스트모더니즘적 세상에서 '하나의 진실한 사랑'의 개념은 의미가 없을 것이다. 따라서 우리는 현재 사랑에 대한 연구와 풍부한 이론을 정립하는 것이 이를 찬성하고 지지하는 특정한 문화적 맥락 안에서 일어난다는 것을 명심해야 한다. 상당한 문화적 변화들이 있을 때, 최근의 모든 업적의 적절성은 의문시될 수 있을 것이다.

좀 더 긍정적인 언급으로 Singer(1984a)는 평가(appraisal, 가치를 정하는 날마다의 행동)를 수여(bestowal, 다른 것에 대한 정서적 가치 부여)와 구분하였다. 수여는 선물이다. 사랑의 선물이고 자유롭게 주어진다. Hendrick과 Hendrick(1992b)이 언급했듯이, 수여라는 개념은 세상 안에서 새로운 창조를 위한 의미를 제공하기 때문에 상당히 극적이다. 즉, 수여는 새로운 가치인 사랑을 창조한다. 동시에 수여와 같은 개념은 실제적인 측정의 문제를 만든다. 어떻게 인간 영혼의 새롭고 자유로운 창조를 측정할 수 있겠는가? 그 해답은 아직 명확하지 않다.

좀 더 큰 이론적인 측정 논제들은 지평선 위에 어렴풋하게 보인다. Michell(1999)은 Fechner, Thurston, Stevens와 같은 측정의 창시자들은 심리적 속성들이 측정 가능하다고 단순하게 가정한 것에 대해 흥미로운 논쟁을 일으켰다. Michell(1999)은 어떤 속성이 양화될 수 있느냐 하는 것은 경험적인 문제며, 수량화 가능성이 단순하게 가정되어서는 안 된다고 반대하였다(Michell의 저서에 대한 우수한 개관은 Luce, 2000 참조). 이러한 논쟁들은 상당히 추상적일 수 있으며, 그 논제는 당연히 사랑, 좋아함, 친밀함 등과 같은 속성들의 측정보다 훨씬 크다. 그러나 측정의 성질에 대한 심오한 논쟁들의 결과는 미래에 우리가 개발할 측정도구와 사랑이론의 유형에 상당한 영향을 미칠 것이다.

미래의 방향

사랑의 연구에 대한 새로운 방향을 추구하면서(Hendrick & Hendrick, 2002 참조), 관련 측정도구들을 개발하고 타당화하는 것 또한 필요할 것이다. 이전에 논의되었던 사랑에 대한 많은 연구 접근들(예: 원형, 자기 확장)은 사랑의 중심적 형태를 예시하는 것을 통해서건 자기를 확장하는 것을 통해서건 사람들이 사랑하는 과정을 강조하고 있다. 이와 같은 연구는 지속되어야 한다. 따라서 학자들은 보다 넓은 사랑의 현상들을 설명하는 복잡한 인지와 정동을 좀 더 잘 이해하게 되었다. 그러나 이 장에서 강조되었던 사랑의 스타일과 열정적 사랑의 접근법들은 적어도 낭만적 사랑에서는 사랑의 내용에 좀 더 관계된다. 탐색되는 질문들은 사랑이 무엇인지(모든 낭만적 형태에서), 그리고 어떻게 그것이 개인적이고 낭만적인 양자관계의 다른 측면들과 연결되는지와 관계가 있다. 이러한 연구는 지속되어야 한다. 우리는 사랑에 대한 연구가 너무 많기는커녕 너무 적다고 생각한다.

우리가 다른 곳에서 언급했듯이(Hendrick & Hendrick, 2002) 두 가지 현상들에 대한 연구가 종종 두 갈래로 나눠지지만, 낭만적 유형의 사랑은 종종 성(sexuality)과 관련되어 있다. 사랑과 성은 많은 커플들에게서 결합되어 있고, 연구자들은 이를 잘 연결시킬 필요가 있다. 성을 포함한 사랑 연구는 현재 '젊고 매력적인 이성과의' 사랑에서 게이, 레즈비언 및 양성애자들, 신체적 장애를 지니고 있는 사람들 그리고 나이 든 사람들을 포함하는 연구로 확장되어야 한다. 건강하고 적당한 사랑-성 파트너를 가졌다는 축복을 받은 사람들은 노년에도 성생활을 잘 유지한다는 조사 결과가 나왔다(Levy, 1994). Keri Pickett이라는 사진작가는 그녀의 할머니의 결혼 60주년 기념으로 편지, 사진 그리고 회고록의 편집물에 어떤 내용이 적당한지를 할머니와 상의하면서 할머니에게 부부의 성관계가 언급되는 것이 괜찮은지를 물었다. 그녀의 할머니는 "글쎄, 성에 대한 내용이 들어가는 게 필요할걸. 그렇지 않으면 자연스럽지 않지." 라고 답하였다(Pickett, 1995: 5).

만약에 우리가 믿고 있는 것처럼 낭만적 사랑이 문화적으로 보편적이라면, 학자들은 사랑을 여러 사회에 걸쳐, 사회 안에서, 그리고 사회 안에 있는 집단들에 걸쳐 조사하는 것이 필요할 것이다. 사랑이 실제 생물학적으로 결정된 것일 수도 있지만 그것은 문화적으로 표현되고, 세계가 하나가 되는 것이 실현되는 미래에는 사랑이 측정 도구들뿐 아니라 응답자들의 관점에서 보다 다양하게 측정될 필요가 있다.

결국 사랑은 희망과 같은 다른 긍정심리학 개념의 맥락에서 연구되는 것이 필요하다. "성 바오로와 마르틴 루터가 인생에 있어 선의 본질로 사랑과 함께 희망을 주장했다."(Snyder, 2000: 3)는 것은 흥미롭지만 별로 놀랍지는 않다. 사랑과 다른 긍정심리학의 구성개념의 측정은 상당히 중요하지만 앞으로 좀 더 연구되어야 한다.

이와 같이 우리는 사랑을 다른 긍정적 개념들과 연결된 역동적 구조 내에서 중심 개념으로 보고 있다. 개념들은 기본적으로 관련되어 있고, 관계의 본질은 인간 사회의 관계의 본질을 반영하고 있다. 이런 견해를 가지고 좀 더 광범위하고 충분히 통합된 인간 상태에 대한 이해가 가능하고, 그래서 완전한 긍정심리학이 나타나게 될 것이다(Hendrick & Hendrick, 2002: 481).

사랑의 태도 척도-단축형

에로스

1. 나의 파트너와 나는 더할 나위 없이 육체적 '궁합'이 잘 맞는다.

2. 나의 파트너와 내가 서로에게 운명적이라고 느낀다.

3. 나의 파트너와 나는 서로를 진정 이해하고 있다.

4. 나의 파트너의 신체적 아름다움/외모가 나의 이상적 기준에 잘 맞는다.

루더스

5. 나는 나의 파트너가 나에 대해서 알지 못하는 것이 상처를 주지 않는다고 믿는다.

6. 나는 나의 파트너가 가끔 다른 파트너를 찾는 것을 막아야 했다.

7. 나의 파트너는 내가 다른 사람과 어떤 일을 했는지 안다면 화를 낼 것이다.

8. 나는 나의 파트너 그리고 많은 다른 파트너들과 '사랑의 게임'을 즐긴다.

스토르게

9. 우리의 사랑은 오랜 우정에서 자라 왔기 때문에 매우 신중하다.

10. 우리의 우정은 오랜 시간을 거쳐 서서히 사랑으로 발전했다.

11. 우리의 사랑은 진정 깊은 우정이고, 이해할 수 없거나 신비스러운 감정이 아니다.

12. 우리의 사랑관계는 좋은 우정에서 발전했기 때문에 매우 만족스럽다.

프래그마

13. 나의 파트너를 선택하는 데 있어서 중요하게 고려해야 하는 사항은 그/그녀가 나의 가족을 어떻게 생각하느냐다.

14. 나의 파트너를 선택하는 데 있어서 중요한 요소는 그/그녀가 좋은 부모가 될 수 있는가 하는 것이다.

15. 나의 파트너를 선택하는 데 있어서 중요하게 고려해야 하는 사항은 그/그녀가 나의 직업을 어떻게 생각하느냐다.

16. 나의 파트너와 관계가 깊어지기 전에 우리가 아이를 가질 경우 그/그녀의 유전적 배경이 나와의 관계에서 어떻게 조화될 수 있을지 알아내도록 노력한다.

마니아

17. 나의 파트너가 나에게 관심을 갖지 않았을 때 나는 앓아누울 것이다.

18. 나는 파트너와 사랑을 하게 된 이후로 어떤 것에 집중하는 데 어려움을 느낀다.

19. 나는 나의 파트너가 다른 누군가와 있다는 것이 의심되면 편안해질 수 없다.

20. 만약 나의 파트너가 한동안 나를 무시한다면, 나는 그의 관심을 끌기 위하여 가끔 어리석은 행동을 하게 된다.

아가페

21. 나는 나의 파트너가 고통을 받는 것보다는 내가 고통을 받는 것이 낫다.

22. 나는 나의 행복보다 파트너의 행복을 앞세우지 않는다면 행복할 수 없다.

23. 대개 나는 나의 파트너가 자신의 것을 성취하도록 나 자신의 소망을 희생한다.

24. 나는 나의 파트너를 위하여 모든 것을 견딜 것이다.

※ 각 문항은 5점척도로 평정된다(5＝전적으로 반대한다, 4＝반대한다, 3＝중간이다, 2＝동의한다, 1＝전적으로 동의한다).

참고문헌

Acker, M., & Davis, M. H. (1992). Intimacy, passion, and commitment in adult romantic relationships: A test of the triangular theory of love. *Journal of Social and Personal Relationships, 9,* 21–50.

Aron, A., & Aron, E. N. (1986). *Love and the expansion of self: Understanding attraction and satisfaction.* New York: Hemisphere.

Aron, A., Aron, E. N., & Smollan, D. (1992). Inclusion of Other in the Self scale and the structure of interpersonal closeness. *Journal of Personality and Social Psychology, 63,* 596–612.

Aron, A., & Westbay, L. (1996). Dimensions of the prototype of love. *Journal of Personality and Social Psychology, 70,* 535–551.

Aron, E. N., & Aron, A. (1996). Love and expansion of the self: The state of the model. *Personal Relationships, 3,* 45–58.

Baumeister, R. F., & Leary, M. R. (1995). The need to belong: Desire for interpersonal attachments as a fundamental human motivation. *Psychological Bulletin, 117,* 497–529.

Berscheid, E., & Walster, E. (1978). *Interpersonal attraction* (2nd ed.). Reading, MA: Addison-Wesley.

Bowlby, J. (1969). *Attachment and loss: Vol. 1 Attachment.* New York: Basic Books.

Cho, W., & Cross, S. E. (1995). Taiwanese love styles and their association with self-esteem and relationship quality. *Genetic, Social, & General Psychology Monographs, 121,* 283–309.

Chojnacki, J. T., & Walsh, W. B. (1990). Reliability and concurrent validity of the Sternberg Triangular Love scale. *Psychological Reports, 67,* 219–224.

Contreras, R., Hendrick, S. S., & Hendrick, C. (1996). Perspectives on marital love and satisfaction in Mexican American and Anglo couples. *Journal of Counseling and Development, 74,* 408–415.

Crowell, J. A., Fraley, R. C., & Shaver, P. R. (1999). Measurement of individual differences in adolescent and adult attachment. In J. Cassidy & P. R. Shaver (Eds.), *Handbook of attachment: Theory, research, and clinical applications* (pp. 434–465). New York: Guilford Press.

deMunck, V. C. (1998). Lust, love, and arranged marriages in Sri Lanka. In V. C. deMunck (Ed.), *Romantic love and sexual behavior: Perspectives from the social sciences* (pp. 285–300). Westport, CT: Praeger.

Doherty, R. W., Hatfield, E., Thompson, K., & Choo, P. (1994). Cultural and ethnic influences on love and attachment. *Personal Relatoinships, 1,* 391–398.

Fehr, B. (1988). Prototype analysis of the concepts of love and commitment. *Journal of Personality and Social Psychology, 55,* 557–579.

Fehr, B. (1993). How do I love thee? Let me consult my prototype. In S. Duck (Ed.), *Individuals in relationships* (pp. 87–120). Newbury Park, CA: Sage.

Fehr, B. (1994). Prototype-based assessment of laypeople's views of love. *Personal Relationships, 1,* 309–331.

Gadlin, H. (1977). Private lives and public order: A critical view of the history of intimate relations in the United States. In G. Levinger & H. L. Raush (Eds.), *Close relationships: Perspectives on the meaning of intimacy* (pp. 33–72). Amherst: University of Massachusetts Press.

Gergen, M. M., & Gergen, K. J. (1995). What is this thing called love? Emotional scenarios in historical perspective. *Journal of Narrative and Life History, 5,* 221–237.

Harlow, H. F. (1974). *Learning to love.* New York: Jason Aronson.

Hatfield, E. (1988). Passionate and companionate love. In R. J. Sternberg & M. L. Barnes (Eds.), *The psychology of love* (pp. 191–217). New Haven, CT: Yale University Press.

Hatfield, E., & Rapson, R. L. (1987). Passionate love: New directions in research. In W.

325

H. Jones & D. Perlman (Eds.), *Advances in personal relationships: Vol. 1* (pp. 109-139). Greenwich, CT: JAI Press.

Hatfield, E., & Rapson, R. L. (1996). *Love and sex: Cross-cultural perspectives.* Boston: Allyn & Bacon.

Hatfield, E., & Sprecher, S. (1986). Measuring passionate love in intimate relations. *Journal of Adolescence, 9,* 383-410.

Hazan, C., & Shaver, P. (1987). Romantic love conceptualized as an attachment process. *Journal of Personality and Social Psychology, 52,* 511-524.

Hendrick, C., & Hendrick, S. S. (1986). A theory and method of love. *Journal of Personality and Social Psychology, 50,* 392-402.

Hendrick, C., & Hendrick, S. S. (1989). Research on love: Does it measure up? *Journal of Personality and Social Psychology, 56,* 784-794.

Hendrick, C., & Hendrick, S. S. (1990). A relationship-specific version of the Love Attitudes Scale. *Journal of Social Behavior and Personality, 5,* 239-254.

Hendrick, C., Hendrick, S. S., & Dicke, A. (1998). The Love Attitudes scale: Short Form. *Journal of Social and Personal Relationships, 15,* 147-159.

Hendrick, S. S., & Hendrick, C. (1992a). *Liking, loving & relating* (2nd ed.). Pacific Grove, CA: Brooks/Cole.

Hendrick, S. S., & Hendrick, C. (1992b). *Romantic love.* Newbury Park, CA: Sage.

Hendrick, S. S., & Hendrick, C. (1993). Lovers as friends. *Journal of Social and Personal Relationships, 10,* 459-466.

Hendrick, S. S., & Hendrick, C. (2000). Romantic love. In C. Hendrick & S. S. Hendrick (Eds.), *Close relationships: A sourcebook* (pp. 203-215). Thousand Oaks, CA: Sage.

Hendrick, S. S., & Hendrick, C. (2002). Love. In C. R. Snyder & S. J. Lopez (Eds.), *Handbook of positive psychology* (pp. 472-484). New York: Oxford University Press.

Jankowiak, W. R., & Fischer, E. F. (1992). A cross-cultural perspective on romantic love. *Ethnology, 31,* 149-155.

Johnson, M. P. (1987, Nov.). Discussion of papers on love styles and family relationships. In K. E. Davis (Chair), *New directions in love style research.* Symposium conducted at the Pre-conference theory construction and research methodology workshop, National Council on Family Relations, Atlanta, GA.

Kelley, H. H. (1983). Love and commitment. In H. H. Kelley, E. Berscheid, A. Christensen, J. H. Harvey, T. L. Huston et al. (Eds.), *Close relationships* (pp. 265-314). New York: Freeman.

Lasswell, T. E., & Lasswell, M. E. (1976). I love you but I'm not in love with you. *Journal of Marriage and Family counseling, 38,* 211-224.

Lee, J. A. (1973). *The colors of love: An exploration of the ways of loving.* Don Mills, Ontario: New Press.

Levy, J. A. (1994). Sex and sexuality in later life stages. In A. S. Rossi (Ed.), *Sexuality across the life course* (pp. 287-309). Chicago: University of Chicago Press.

Luce, R. D. (2000). Empirical quantification is the key to measurement-including psychological measurement. [Review of the book *Measurement in psychology: A critical history of a methodological concept* by Joel Michell.] *Contemporary Psychology: APA Review of Books, 45,* 499-502.

Michell, J. (1999). *Measurement in psychology: Critical history of a methodological concept.* Cambridge: Cambridge University Press.

Pickett, K. (1995). *Love in the 90's: B.B and Jo: The story of a lifelong love.* NewYork: Warner Books.

Regan, P. C., Kocan, E. R., & Whitlock, T. (1998). Ain't love grand! A prototype analysis of the concept of romantic love. *Journal of Social and Personal Relationships, 15,* 411-420.

Rubin, Z. (1970). Measurement of romantic love. *Journal of Personality and Social Psychology, 16,* 265-273.

Seligman, M. E. P., & Csikszentmihalyi, M. (2000). Positive psychology: An introduction. *American Psychologist, 55,* 5-14.

Shaver, P. R., Morgan, H. J., & Wu, S. (1996). Is love a "basic" emotion? *Personal Relationships, 3,* 81-96.

Singer, I. (1984a). *The nature of love: Vol. 1. Plato to Luther* (2nd ed.). Chicago: University of Chicago Press.

Singer, I. (1984b). *The nature of love: Vol. 2. Courtly and romantic.* Chicago: University of Chicago Press.

Singer, I. (1987). *The nature of love: Vol. 3. The modern world.* Chicago: University of Chicago Press.

Snyder, C. R. (2000). Hypothesis: There is hope. In C. R. Snyder (Ed.), *Handbook of hope: Theory, measures, and applications* (pp. 3-21). San Diego, CA: Academic Press.

Sprecher, S., Aron, A., Hatfield, E., Cortese, A., Potapova, E. et al. (1994). Love: American style, Russian style, and Japanese style. *Personal Relationships, 1,* 349-369.

Steck, L., Levitan, D., McLane, D., & Kelley, H. H. (1982). Care, need, and conceptions of love. *Journal of Personality and Social Psychology, 43,* 481-491.

Sternberg, R. J. (1986). A triangular theory of love. *Psychological Review, 93,* 119-135.

Sternberg, R. J. (1997). Construct validation of a triangular love scale. *European Journal of Social Psychology, 27,* 313-335.

Taraban, C. B., Hendrick, S. S., & Hendrick, C. (1998). Loving and liking. In P. A. Andersen & L. K. Guerrero (Eds.), *Handbook of communication and emotion* (pp. 331-351). San Diego, CA: Academic Press.

327

CHAPTER 16

정서 지능의 측정

역사를 돌이켜보면 심리학자들과 다른 연구자들은 정서가 실제로 인지 활동을 증진시키고 적응행동을 동기화시키는 기능을 한다는 것을 받아들이기를 꺼려 왔다(예: Woodworth, 1940; Young, 1936, 1943). 정서 지능(emotional intelligence)이라는 용어를 처음 제안했을 때, 우리들은 이 용어가 일종의 모순된 어법으로 어떤 사람들, 특히 역사적 전통에 깊이 발을 담그고 있는 사람들에게는 충격을 줄 수 있다는 것을 잘 알고 있었다. 그럼에도 불구하고 우리들은 정서가 이성에 방해가 되기보다는 보탬이 될 수 있고(Damasio, 1994), 지능의 구성 요소에 대한 전통적 견해는 지능에 대한 너무 협소한 접근일 수 있다는 견해를 제시함으로써(Gardner, 1983, 특히 개인적 지능 참조) 사람들의 주의를 환기시킬 수 있다고 생각했다. 이후로 우리들은 정서 지능에 대한 좀 더 정확한 정의와 정서 지능에 포함되는 능력들에 관한 구조적 모형을 제시하고자 했다. 또한 우리들은 일군의 능력들로서 정서 지능을 측정하는 방법을 개발하고자 했다. 이런 연구 성과들 중 일부가 심리학자이자 저널리스트인 Daniel Goleman(1995)에 의해 베스트셀러로 일반 대중들에게 널리 보급되면서부터 정서 지능 개념은 일반인들이 흔히 사용하는 어휘 중 하나로 자리를 잡아가게 되었다.

---

* Peter Salovey, John D. Mayer, David Caruso, and Paulo N. Lopes

정서 지능은 정서를 지각하고 표현하는 능력, 정서를 이해하고 사용하는 능력 그리고 개인적 성장을 촉진하기 위해 정서를 관리하는 능력을 말한다. 좀 더 공식적으로 우리들은 정서 지능을 다음과 같이 정의한다. 정서 지능이란 정서를 정확히 지각하고 평가하며 표현하는 능력, 인지 활동을 촉진하기 위해 감정에 접근하고 감정을 생성하는 능력, 정서가 실린 정보와 정서 관련 지식을 이해하는 능력, 정서적·지적 성장, 안녕 및 적응적인 사회적 관계를 증진시키기 위해 자신과 타인의 정서를 관리하는 능력이다(Mayer & Salovey, 1997; Salovey, Bedell, Detweiler, & Mayer, 1999, 2000; Salovey, Mayer, & Caruso, 2002; Salovey, Woolery, & Mayer, 2001). 정서 지능에 대한 우리의 견해는 정서 지능이 성격 특질에 뿌리를 두기(이러한 구분에 관해서는 Mayer, Salovey, & Caruso, 2000a, 2000b 참조)보다는 능력에 기반을 두고 있다(Saarni, 1999 참조)는 것이다.

정서 지능 모형

정서 지능에 대한 우리의 정의에 함축되어 있듯이, 정서 지능은 〈표 16-1〉에 제시된 것처럼 네 가지 차원(혹은 분지)으로 구성된다.

정서의 지각

첫 번째 분지는 정서의 지각(perceiving emotion, 때로는 인식(identifying)으로도 불림)이라는 이름으로 불린다. 하지만 여기에는 이 용어가 함축하는 것보다 훨씬 더 많은 것들이 포함된다. 정서의 지각은 자신과 타인의 정서를 지각하고 인식하는 능력과 자극들(예: 예술작품, 음악, 이야기)에 내포된 정서적 차원들을 파악하는 능력으로 정의된다. 정서 지능의 이 차원이 자기에게 초점이 맞춰진다면 정서적 각성(Lane & Schwartz, 1987)과 정서 표현에 대해 양가적이 아니거나(King, 1998; King & Emmons, 1990), 감정표현불능증(alexithymia; Apfel & Sifneos, 1979)이 아닌 상태 등이 관련된다. 반대로 타인에게 초점이 맞춰진다면 정서 민감성(Campbell, Kagan, & Krathwohl, 1971), 정서 수용 능력(Buck, 1976), 비언어적 민감성(Rosenthal, Hall, DiMatteo, Rogers, & Archer, 1979), 공감(Batson, Fultz, & Schoenrade, 1987; Buck, 1984;

330

〈표 16-1〉 **정서 지능에 대한 4분지 모형**

분지 명칭	관련 기술들에 대한 요약
정서 지각 (분지 1)	자신 및 타인의 정서를 식별하는 능력; 대상, 예술, 이야기, 음악 및 기타 자극들에 내포된 정서들을 인식하는 능력
사고 촉진을 위한 정서 사용 (분지 2)	감정의 소통을 위해 정서를 생성하고 사용하며 느끼는 능력; 혹은 다른 인지과정들에 정서를 사용하는 능력
정서 이해 (분지 3)	정서적 정보를 이해하는 능력; 관계가 진전됨에 따라 정서가 어떻게 결합하고 발달하는지를 이해하는 능력; 그러한 정서들이 지니는 의미들을 이해하는 능력
정서 관리 (분지 4)	감정에 개방적일 수 있는 능력; 개인적 이해와 성장을 증진시키기 위해 자신과 타인의 감정을 조절하는 능력

Mehrabian & Epstein, 1972) 등이 의미하는 바들을 내포하게 된다.

사고 촉진을 위한 정서 사용

정서 지능의 두 번째 분지는 주의집중과 좀 더 이성적인 사고를 위해 정서를 사용하는 능력과 관련된다. 정서의 사용은 추리, 문제해결, 창의성, 의사소통과 같은 인지활동들에 도움이 되는 방식으로 정서를 이용하는 능력을 포함한다. 각 정서들은 저마다의 정신적 갖춤새(mental sets)를 만들어 낼 수 있는데, 이러한 갖춤새들은 다양한 추리 과제들을 해결하는 데 다소간 적응적으로 기능하는 것으로 알려져 있다(Isen, 1987; Palfai & Salovey, 1993; Schwartz, 1990; Schwartz & Clore, 1996). 어떤 정서들은 창의적 사고를 자극하는 데 도움이 되기도 하며(Isen & Daubman, 1984; Isen, Daubman, & Nowicki, 1987), 어떤 사람들로 하여금 정서를 특히 더 창의적으로 체험하게끔 만드는 피드백 고리(feedback loop) 또한 있을 수 있다(Averill, 1999, 2000; Averill & Nunley, 1992).

정서 이해

정서 지능의 세 번째 분지는 정서 시스템에 대한 지능으로 간주될 수 있다. 여기에는 정서 어휘에 대한 이해와 정서가 서로 결합하고 발달하고 변화하는 방식에 대한 이해가 포함된다. 정서 이해를 잘하는 사람들은 정서 어휘가 특히 풍부하고, 서로 다

331

른 감정 상태를 기술하는 용어들의 차이를 잘 이해한다. 그들은 정서 용어들이 정서 원형(emotional prototypes)을 중심으로 어떻게 배열 또는 조직화되는지(Ortony, Clore, & Collins, 1988), 그리고 다양한 정서 체험들 이면에 존재하는 핵심적 의미나 주제가 무엇인지(Lazarus, 1991)를 이해하고 포착해 내는 데 특히 민감하다.

정서 관리

자신과 타인의 기분과 정서를 조절하는 능력은 정서 지능의 네 번째 분지를 구성한다. 사람들이 자신의 감정을 제대로 관리하기 위해서는 자신의 감정을 정확하게 감찰하고 식별하며 변별할 수 있어야 한다. 그리고 자신이 그러한 감정들을 개선시키거나 수정할 수 있다고 믿어야 하고, 감정을 변화시키기 위한 방략들을 사용할 수 있어야 하며, 그 방략들의 효과성을 평가할 수 있어야 한다. 사람들은 이러한 일련의 능력들 면에서 서로 차이가 난다. 일부 연구들은 사람들이 적어도 이러한 능력들에 대한 자기 지각면에서는 서로 분명한 차이를 보인다는 점을 확인해 주고 있다(Catanzaro & Greenwood, 1994; Salovey, Mayer, Goldman, Turvey, & Palfai, 1995).

다른 사람의 감정을 조절하는 능력면에서는 아마도 사람들 사이에 훨씬 더 큰 개인차가 존재할 것이다. 어떤 사람들은 낙담한 친구의 기분을 북돋우기 위해, 체육 경기에서 선수들에게 동기를 불러일으키기 위해, 그리고 다른 사람들을 확실하게 고무시키기 위해 무엇을 말하거나 해야 하는지를 거의 언제나 정확히 알고 있는 것 같다(예: Wasielewski, 1985). 사회적 지지의 이점들은 널리 알려져 있는데, 어떤 사람들은 사회적 지지를 제공하고 사회적 자본을 형성하는 데 특별한 재주를 타고난 것 같다.

개인차로서의 정서 지능의 측정: Mayer-Salovey-Caruso 정서지능검사

우리들은 정서 지능이 실제로 단순한 은유를 넘어서 일군의 능력으로 진지하게 취급될 수 있기 위해서는 정서 지능 자체를 측정해 내는 것이 최선의 방법이라고 주장한 바 있다(Mayer, Dipaolo, & Salovey, 1990; Mayer & Salovey, 1993; Mayer, Salovey, Caruso, & Sitarenios, 2001). 능력에 대한 믿음을 측정하는 자기보고 척도들은 많이 있다. 하지만 우리들은 학교, 직장 및 사회적 관계에서 사람들이 행하는 실제 행동을 가장 잘 예언해 주는 것은 실제 기술과 능력 자체이고, 따라서 그에 대한 측정이 필요하다고 믿는다. 이러한 논거 위에서 우리들은 4분지 모형에 기반을 둔 두 개의 정서 지능 평가검사 배터리를 개발하였다. 첫 번째 도구는 Multifactor Emotional Intelligence Scale(MEIS; Mayer, Caruso, & Salovey, 1999)이고, 이를 기반으로 좀 더 전문적으로 제작된 두 번째 도구가 바로 MEIS의 단축형이라 할 수 있는 Mayer-Salovey-Caruso 정서지능검사(MSCEIT: Mayer-Salovey-Caruso Emotional Intelligence Test; Mayer, Salovey, & Caruso, 2001)다.

MSCEIT의 개발과 구조

MEIS와 마찬가지로 MSCEIT는 우리들이 제안한 정서 지능 모형의 네 가지 차원(혹은 분지)들을 측정한다. 각 분지는 두 세트의 과제들을 사용하여 평가된다. 정서 지각과 관련된 두 과제들은 응답자들에게 예술작품과 풍경(사진) 그리고 얼굴 사진(얼굴)에 내포되거나 표현된 감정을 식별하도록 요구한다. 정서 사용과 관련된 두 과제들에서 응답자들은 비정서 단어를 사용하여 감정을 기술하고(감각), 다양한 인지 및 행동 과제를 성공적으로 수행하는 데 도움이 되거나 방해가 되는 감정을 지적하도록(촉진) 요구받는다. 정서 이해와 관련된 과제들에서 응답자들은 정서가 시간에 걸쳐 발달하고 변화하는 방식(변화)과 여러 정서들이 혼합되어 다른 정서가 생성되는 방식(혼합)에 관한 질문들을 받게 된다. 정서 관리 능력은 자신의 감정(정서 관리)과 사회적 상황에서 다른 사람들에게 발생하는 감정(사회적 관리)을 조절하는 가장 적응적인 방식을 이끌어 내는 일련의 시나리오들을 사용하여 평가한다. MEIS를 위해 개발된 문항들은 MSCEIT의 출발점으로 사용되었다. 현재는 몇 번의 수정을 거쳐 MSCEIT 2판이 나와 있는 상태이며, 이전 판들과 현재 판들 간에는 매우 높은 상관이 존재한다.

채점체계

전통적인 분석적 지능(analytical intelligence) 검사들과는 달리, 능력 기반의 정서 지능 검사(ability-based test of emotional intelligence)에서 '정답'을 결정하기란 어려운 일이다. 이에 우리들은 합의적 채점(consensus scoring), 전문가 채점(expert scoring), 표적 채점(target scoring)의 세 가지 접근법을 고려했다.

합의적 채점에서 MSCEIT 문항들은 이질적인 구성원들로 이루어진 큰 규모의 표본에게 제시된다. 이러한 규준 표본(normative sample)으로부터 나온 반응들은 모두 기록되며, 개별 응답자들의 반응은 규준 표본에 의해 제공된 반응과 일치하는 정도에 따라 '점수'가 주어진다. 즉, 개별 응답자들이 제시한 각 반응들에 대해 그런 답변을 제공한 규준 표본의 비율이 증가함에 따라 응답에 주어지는 점수 또한 증가하게 되는 것이다. 합의적 채점 접근은 개별 응답자의 MSCEIT 수행이 일반 대중들의 수행과 부합하는 정도를 측정한다. 여기에 내재하는 가정은 많은 수의 사람들로 이루어진 표본으로부터 나오는 응답이 정답으로 수렴된다는 것이다. MSCEIT를 출간한 회사인 Multi-Health Systems에서 합의적 채점을 위해 현재까지 확보한 규준 표본은 전 세계적으로 대략 5천 명을 넘는다. MEIS를 위한 합의적 표본은 좀 더 작은 규모인 5백 명 정도에 이른다(Mayer et al., 1999).

전문가 채점은 관련 분야 전문가들이 정답이라고 생각하는 것들을 사용한다. 개별 응답자들은 전문가들이 제공한 응답과 일치하는 답변을 내놓을 경우에 점수를 받게 된다. 이런 반응들은 또한 그와 같은 반응을 내놓은 전문가들의 수가 늘어남에 따라 가중치를 얻을 수도 있다. MEIS의 경우, 문항 수가 많아서 관련 전문가 집단에게 부담이 될 수 있었기 때문에 저자들 중 두 명(Mayer와 Caruso)이 직접 전문가 역할을 수행하였다. 우리들은 전문가에 의해 결정된 점수와 합의적 규준에 의해 결정된 점수들 간의 관계를 조사할 수 있었다. 물론 좀 더 큰 규모의 전문가 표본이 더 바람직할 수 있다. 따라서 MSCEIT의 경우, 인간과 동물의 정서를 연구하는 명망 있는 학자 및 연구자들의 학술단체인 International Society for Research on Emotion(ISRE)에 속한 약 20명의 회원들이 전문가 표본으로 사용되었다. 그들은 대부분 복합 정서, 현상학적(의식적) 정서 체험, 정서 대처 및 관리, 정서가 얼굴 표정에 어떻게 반영되는지 등에 관해 평생 동안 연구해 온 학자들이다.

일부 문항에 대해서는 표적 기반 채점이 가능하다. 예를 들어, 사진에서 얼굴 표정을 드러낸 사람에게 그 당시 어떤 감정을 느꼈는지를 직접 물어보는 것이 가능하다. 마찬가지로, 추상적 예술작품을 만든 예술가에게 그가 작품 속에서 어떤 감정을 표현하려 했는지 직접 물어볼 수 있다. 응답자의 대답이 이러한 인물(즉, 표적)들의 대답과 일치한다면 그 대답은 정답이 될 수 있다.

우리들은 세 가지 채점방법들을 사용해 산출된 정서 지능 점수들 간의 상관을 조사했다. 이들 간에는 수렴되면서도 다소 다른 결과가 나오리라 기대되었다. 먼저 MEIS 를 사용한 전문가 채점과 합의적 채점 간의 상관을 조사하였다(Mayer et al., 1999). 이 연구에서 단일한 전문가 평정(Mayer와 Caruso의 평정 복합 점수)과 일반적인 합의적 채점 결과를 비교하였다. 전문가 평정의 형식(단일 평정)을 감안할 때 이분형 (dichotomous) 자료만 사용할 수 있었기 때문에, 집단 공통 채점과 전문가 채점 간에 잠재적 일치율이 낮아지는 결과가 초래되었다. 이런 사정에도 불구하고 두 평정 접근들 간에는 상당한 일치가 발견되었다. 4개의 분지들 각각에서 하나씩 추출된 4개의 과제들에 대해 살펴볼 때, 전문가 채점과 합의적 채점 간의 상관은 $r = .61 \sim .80$에 이르는 것으로 나타났다. 실제 합의 및 전문가 검사 점수(각 기준들에 부합하는 참가자들의 반응) 간의 상관은 그보다 더 낮은 것으로 나타났다. 6개의 과제들에 대한 채점 결과는 $r = .52$ 혹은 그 이상의 상관을 지니지만, 과제의 수에 있어서는 일치율이 낮았다. 하지만 전문가 및 규준 표본 응답들이 서로 다른 방식으로 작성되었기에 상관의 크기가 작아졌을 수 있다는 점에 주목해야 한다. 예를 들어, 두 명의 전문가들은 컴퓨터 화면을 통해 얼굴과 사진들을 판단한 반면, 규준 표본에 속한 사람들은 컬러 사진을 보고 판단했다(Mayer et al., 1999).

MSCEIT의 경우, 채점방법들 간에 훨씬 더 강력한 비교가 가능하다. 검사 시간이 MEIS보다 짧기 때문에 전문가들에게 정답을 평가하도록 요청하기가 더 쉬웠다. 따라서 좀 더 적절한 전문가 표본을 구하는 것이 가능했다. 전문가 집단의 경우 International Society of Research in Emotion의 제11차 연차학술대회에 참가한 연구자들의 도움을 받았다. 이렇게 구해진 점수는 MEIS에서 가용했던 것보다는 확실히 더 나은 전문가 표본의 견해를 반영하는 것이다. 이렇게 구해진 자료에 대한 분석은 현재 진행 중이지만, MSCEIT를 실시한 5천 명 이상의 사람들 중에서 합의적 규준에 기초한 MSCEIT 전체 척도 점수는 전문가들에 기초해 구해진 점수와 $r > .90$이라는 꽤 높은 상관을 지니는 것으로 나타났다(Mayer et al., 2001, 출판 중). 우리들은 MSCEIT에 대한 합의적 및 전문가 점수 간에 발견되는 이와 같은 높은 일치가 상당히 고무적인 것이라고 생각한다.

요인타당도

합의적 채점을 위해 사용된 1,700명 정도의 규준 표본 자료를 대상으로 주축 요인

분석(principal axis factor analysis)을 실시한 결과, MSCEIT(제2판)의 8개 하위 과제들이 이론 모형에 나타난 것처럼 한 분지당 2개 과제씩 네 분지에 아주 잘 부합되는 방식으로 배치된다는 것이 밝혀졌다. 네 분지들 각각의 내적 일치도는 적절했으며(이 표본에서 지각, 사용, 이해, 관리 분지의 α값은 각기 .87, .76, .73, .82였음), 각 분지 점수들은 일반적으로 정상 분포를 이루는 것으로 나타났다. 여성들의 점수가 남성들보다 높은 경우가 종종 있긴 했지만, 인종에 따른 체계적인 차이는 없는 것으로 나타났다(Mayer, Salovey, & Caruso, 2002; 훨씬 더 큰 표본을 대상으로 한 분석에 대해서는 Mayer et al., 2001, 출판 중).

자료가 계속 수집 중이지만, MSCEIT는 분석적 지능과 많은 다른 성격 개념들을 잘 변별해 냄으로써 적절한 변별타당도를 지니는 것으로 여겨진다. 103명의 대학생들을 대상으로 한 연구에서 MSCEIT는 다양한 다른 측정도구들과 함께 실시되었다(Lopes, Salovey, & Straus, 출판 중). 〈표 16-2〉에서 볼 수 있듯이, MSCEIT 점수는 사회적 바람직성 또는 기분과는 관련되지 않는 것으로 보인다. 또한 MSCEIT 점수는 공적 및 사적 자의식, 자존감과 같은 많은 성격 측정도구들과도 관련되지 않는 것으로 나타났다. WAIS-III 어휘 하위척도 및 SAT 언어점수(이 표본에서 두 점수의 범위는 다소 제한적이었다)에 의해 평가된 언어 지능은 정서 어휘에 대한 지식에 기초하는 MSCEIT 정서 이해 분지와는 적당한 상관이 있었지만, 다른 분지 점수 혹은 전체 점수와는 유의미하게 상관되지 않는 것으로 나타났다.

성격의 Big Five Model(외향성, 신경증, 사교성, 양심 및 개방성으로 구성; Costa & McCrae, 1992)과 관련하여, MSCEIT 분지 점수들은 신경증 및 외향성과는 유의미하게 상관되지 않는 것으로 나타났다(Costa & McCrae, 1992). 정서 사용 및 관리는 사교성과 적당한 정적 상관이 있었고, 개방성과는 어느 정도의 부적 상관이 있는 것으로 나타났다. 그리고 정서 이해 및 관리는 양심과 적당한 상관이 있는 것으로 나타났다. 하지만 NEO Five Factor Inventory(Costa & McCrae, 1992) 점수와의 이러한 상관들은 그 어느 것도 .33을 넘지는 못했고, 대부분의 유의미한 상관들은 그 크기가 .2~.3의 범위 내에 속하는 것으로 나타났다(Lopes et al., 출판 중).

MSCEIT의 수렴타당도에 대한 지지 증거는 사람들의 사회적 상호작용의 질을 평가하는 두 개의 자기보고 측정도구들과 관련해서 일부 찾아볼 수 있다. MSCEIT 정서 관리 분지는 Ryff(1989)의 심리적 안녕감 척도(Scales of Psychological Well-Being)에

〈표 16-2〉 MSCEIT의 수렴 및 변별 타당도: 다른 측정도구들과의 상관

	MSCEIT: 정서 지각	MSCEIT: 정서 사용	MSCEIT: 정서 이해	MSCEIT: 정서 관리	MSCEIT: 전체 점수
타인과의 긍정적 관계	-.01	-.06	.20	**.27**	.11
NRI 부정적 상호작용 요인/친한 친구	**-.25**	**-.33**	**-.36**	**-.36**	**-.45**
NRI 부정적 상호작용 요인/부모	-.05	-.08	-.03	-.10	-.09
NRI 사회적 지지 요인/단짝 친구	-.09	-.05	.02	.10	-.03
NRI 사회적 지지 요인/부모	-.14	-.07	.09	**.22**	.01
언어 지능(WAIS-III 어휘)	.06	-.03	**.39**	.05	.17
SAT 언어 점수(자기보고)	-.10	**-.22**	**.36**	-.10	-.04
SAT 수학 점수(자기보고)	-.09	-.06	.19	-.13	-.03
TMMS-주의	.05	-.10	.04	.05	.01
TMMS-명료성	.08	-.13	.09	.04	.04
TMMS-기분 회복	.00	-.00	.21	**.27**	.15
신경증	-.07	-.03	-.09	-.15	-.12
외향성	-.04	-.01	.10	.06	.03
사교성	.19	**.24**	.15	**.33**	**.32**
개방성	-.13	**-.28**	-.01	**-.22**	**-.22**
양심	.11	.12	**.22**	**.24**	**.23**
자존감	.01	-.07	-.05	.08	-.01
사적 자의식	.00	-.11	-.16	-.12	-.12
공적 자의식	.02	.08	.04	.05	.06
사회 불안	.02	-.02	-.07	.02	-.01
사회적 바람직성	.09	.01	.08	.15	.11
기분	-.01	-.09	.03	.12	.01

※ 유의미한 상관은 굵게 표시됨($p < .05$, 양방향). 결측치로 인해 N은 $90 \sim 102$의 범위에 있음.
기분: 정서 원형 모형에 기초한 기분 복합 점수.
MSCEIT: MSCEIT 제2판(Mayer et al., 2001).
NRI 사회적 지지 및 부정적 상호작용: Network of Relationship Inventory(Furman, 1996).
신경증, 외향성, 개방성, 사교성 및 양심: NEO Five-Factor Inventory(Costa & McCrae, 1992).
타인과의 긍정적 관계: Scales of Psychological Well-Being(Ryff, 1989, 14문항판).
공적 및 사적 자의식, 사회 불안: Public-Private Self-Consciousness Inventory(Fenigstein, Scheier, & Buss, 1975).
SAT: Scholastic Aptitude Test, 자기보고.
자존감: Rosenberg Self-Esteem Inventory(Rosenberg, 1965; 4문항짜리 축약형. 학생들 간의 범위 제한을 피하기 위해 수정됨. 이 표본에서의 $\alpha = 81$).
사회적 바람직성: The Marlowe-Crowne Social Desirability Scale(Crowne & Marlowe, 1960).
TMMS 주의, 명료성 및 기분 회복: Trait Meta-Mood Scale(Salovey et al., 1995; 12문항짜리 축약형. 이 표본에서의 $\alpha = .70 \sim .74$).
언어 지능: Wechsler Adult Intelligence Scale 제3판(Wechsler, 1997) 어휘 하위검사.

337

서 타인과의 긍정적 관계 하위척도와 관련이 있는 것으로 나타났다. 이 하위척도는 개인의 사회생활 참여 및 사회적 지지의 질에 대한 만족도를 평가한다. MSCEIT의 정서 지각, 사용, 이해 및 관리 분지는 관계에서의 갈등과 반목을 평가하는 Network of Relationship Inventory(NRI; Furman, 1996)의 (친한 친구와의) 부정적 상호작용 요인과 역상관을 지니는 것으로 나타났다. 또한 MSCEIT의 정서 관리 분지는 응답자에 대해 부모가 제공하는 친밀과 애정 등을 평가하는 NRI의 부모와의 관계 사회적 지지 요인과 상관이 있는 것으로 나타났다(Lopes et al., 출판 중).

MSCEIT와 상위 기분 체험(meta-mood experience, 사람들이 자신의 기분을 반성하는 방식을 일컬음) 간에는 비교적 약한 상관이 있는 것으로 나타났다. 우리들은 MSCEIT의 정서 관리 및 이해 분지와 부정적 기분을 조절하기 위해 낙관적인 생각을 얼마나 사용하는지를 측정하는 Trait Meta-Mood Scale(TMMS; Salovey et al., 1995)의 기분 회복 요인 간에 .2~.3 범위의 상관이 있음을 발견할 수 있었다. 하지만 이 연구는 신뢰성이 있기는 하지만 TMMS의 축약판만 사용되었다는 제한점이 있다.

구성타당도와 예언타당도

MSCEIT는 최근에 출판되었기 때문에 MSCEIT를 사용하여 실험실, 직장, 가정 혹은 학교에서의 성과를 예언한 완료된 연구를 찾기는 힘들다. 하지만 MSCEIT의 선구자라 할 수 있는 MEIS는 많은 연구들에서 사용되었고, 거기서 나온 결과들은 정서 지능에 대한 4분지 모형이 예언타당도가 있음을 시사한다.

예를 들어, Trinidad와 Hohnson(2002)은 남부 캘리포니아 지방 십대들의 정서 지능과 약물 사용 간의 관계를 조사했다. 정서 지능 점수가 높은 청소년들은 흡연 경험이 전혀 없거나 최근 얼마 동안 흡연을 하지 않은 경우가 더 많았으며, 최근 들어 음주를 한 경험도 더 적은 것으로 나타났다. MEIS 점수가 더 높은 학생들은 정서 지능이 낮은 학생들에 비해 또래 친구들로부터는 덜 공격적인 것으로, 교사들로부터는 더 친사회적인 것으로 평가받았다(Rubin, 1999). 보험회사의 소비자 고충 처리팀 직원들 중에서 MEIS 점수가 높은 부서원들은 회사 관리자들로부터 업무 효율성이 더 뛰어나다고 평가받았으며, 고객 서비스 부서별 수행 수준은 해당 부서의 평균 MEIS 점수와 연관이 있는 것으로 나타났다(Rice, 1999). 또한 MEIS에 의해 측정되는 정서 지능은 공감(Giarrochi, Chan, & Caputi, 2000; Mayer et al., 1999; Rubin, 1999)과 사회적 만족

(Ciarrochi et al., 2000) 측정 결과들과 상관이 있는 것으로 나타났다. 이런 결과들은 예비적인 것으로 간주될 필요가 있다. 그럼에도 불구하고 이 결과들은 학교, 직장, 가정 등과 같은 다양한 삶의 영역들에서의 관련 행동을 정서 지능이 잘 예언한다는 것을 시사하는 유망한 증거들임에는 틀림없다. MEIS와 관련된 이런 결과들이 MSCEIT에 대해서도 반복 검증되는지의 여부는 앞으로의 연구 과제라 할 수 있다.

정서 지능 측정의 다른 접근들

지금까지 우리들은 일군의 능력들로서의 정서 지능 측정에 대해 강조해 왔다. 하지만 최근에는 정서 지능(혹은 정서 지능이라는 명칭이 붙은 성격 개념)의 개인차를 측정하는 자기보고식 혹은 관찰자 평가 접근을 사용하는 연구들이 늘어나는 추세다.

자기보고식 질문지

여기서는 정서 지능을 측정하는 최근의 여러 자기보고식 질문지들 중에서 관련 문헌들에 가장 빈번하게 등장하는 두 질문지들을 중점적으로 소개하고자 한다.

Schutte 등(1998; Petrides & Furnham, 2000)은 우리의 정서 지능 모형에 기초하여 간편형 자기보고식 척도를 개발하였다. 이 척도에는 정서 평가 및 표현, 정서 조절, 문제해결, 기타 인지 활동 촉진을 위한 정서 사용 등의 하위척도들이 포함되어 있다. 33문항으로 이루어진 이 척도는 내적 일치도와 검사-재검사 신뢰도가 높은 편이다. Schutte 등의 척도는 Toronto Alexithymia Scale(Bagby, Parker, & Taylor, 1994), Trait Meta-Mood 척도(Salovey et al., 1995)의 주의, 명료성, 회복 하위척도들, 성격의 Big Five Model(Costa & McCrae, 1992)의 경험에 대한 개방성 하위척도 등을 포함하여 이론적으로 관련되는 여러 개념들과 상관이 있는 것으로 나타났다. 이 척도에서의 점수는 대학교 1학년생들의 학점과 정적으로 상관되었고, 내담자나 죄수보다는 치료자의 점수가 더 높은 것으로 나타났다. 이 척도에 의해 측정되는 정서 지능은 다양한 정신건강 기관에서 근무하는 학교 상담자들에 대한 지도감독자의 평가와도 관련이 있는 것으로 밝혀졌다(Malouff & Schutte, 1998).

가장 널리 사용되는 정서 지능 측정도구는 Bar-On(1997)의 Emotional Quotient

Inventory(EQ-i)다. 133문항으로 이루어진 이 도구는 정서 지능을 광범위한 영역의 적응적 성격 특질로 정의한다. 응답자들은 각 문항의 내용이 자신에게 해당되는 정도를 5점척도에서 응답한다. EQ-i는 다음과 같은 5개의 복합척도(composite scales)와 15개의 하위척도로 구성된다. (1) 자기존중, 정서적 자기 자각, 주장성, 독립성 및 자기실현으로 구성되는 개인 내적 EQ, (2) 공감, 사회적 책임 및 인간관계로 구성되는 대인적 EQ, (3) 스트레스 내성 및 충동 통제로 구성되는 스트레스 관리 EQ, (4) 현실 검증, 융통성 및 문제해결로 구성되는 적응성 EQ, (5) 낙관주의와 행복으로 구성되는 전반적 기분 EQ다. 한 가지 강조되어야 할 것은 EQ-i가 우리들이 능력이라고 생각하지 않거나(예: 주장성, 낙관주의, 행복) 정서와 관련이 없다고 생각하는(예: 독립성, 사회적 책임, 현실 검증, 문제해결) 많은 속성들을 포함하고 있다는 것이다. EQ-i 점수는 성공적으로 적응하는 군대 신병과 그렇지 못한 신병, 수감자와 비수감자 등을 비롯해 관련된 비교집단들 간에 유의미한 차이를 보이는 것으로 나타났다(개관을 위해서는 Bar-On, 2000 참조).

우리들은 다른 곳에서 이러한 유형의 자기보고식 정서 지능 측정도구들이 지니는 제한점들에 대해 논의한 바 있다(예: Mayer et al., 2000a, 2000b). 우리의 주요 관심사는 사람들이 자신의 정서 관련 능력들을 정확하게 평가할 능력을 갖추고 있는지의 여부다. 또한 정서 지능에 대한 자기보고는 성격 측정도구들과 높은 상관을 지닌다는 문제 역시 있을 수 있다. 아마도 정서 지능에 있어서 가장 타협적인 사람들은 자신이 이 분야에서 꽤 천부적인 재능을 타고났다고 믿는 사람들인 것 같다.

좀 더 중요한 문제는 자기보고식 척도를 사용할 경우에 정서 지능이 성격에 대한 측정 결과들과 구분된다는 것을 입증하기가 어려워진다는 것이다(Davies, Stankov, & Roberts, 1998; Hedlund & Sternberg, 2000에 의해 개관됨; Mayer, Caruso, & Salovey, 2000). 예를 들어, EQ-i를 사용한 연구들에서 정서 지능은 성격의 Big Five(예: Dawda & Hart, 2000), 감정표현불능증(Parker, Taylor, & Bagby, 2001) 등의 개념들과 높은 상관을 지닌다. 한 가지 문제는 정서 지능의 구성 요소를 폭넓게 정의해 버림으로써 정서 지능이 일상생활에서 중요한 것으로 간주되면서도 분석적 지능 검사에서는 측정되지 않는 모든 비인지적 특질들로 정의되었다는 것이다. 전형적으로 Big Five 분류체계에 많은 성격 특질들이 포함되는 결과가 초래되었다는 것이다(McCrae, 2000; 특히 이 연구의 〈표 12-1〉(p. 253) 참조). 바로 이와 같은 이유로 우리들은 정서 지능에 대한 이러한 정의를 능력모형(ability models)과 구분하기 위해 혼합모형(mixed models)이라고 부른다(Mayer et al., 2000b). Bar-On(2000: 364)은 EQ-i는 "한 개인의 정서적·사회적 지능을 제공하는, 정서적·사회적 능력과 관련된 행동에 대한 자기보고식 측정도구로 기술될 수 있다."고 밝힌 바 있다.

관찰자 평정

정서 지능의 측정에 대한 또 다른 접근은 특정 개인의 사회적 환경 내에 존재하는 모든 사람들의 그 특정 개인에 대한 복합적 평정을 사용하는 것이다. 조직개발 분야에서는 비교적 흔한 이 같은 절차는 때로는 360도 평가(360-degree assessment)라고 불리기도 한다. Boyatzis, Goleman 및 Rhee(2000)는 Goleman(1998)의 작업장 장면에서의 정서 지능 모형에 포함된 기술들을 측정하기 위해 Emotional Competence Inventory(ECI)를 개발하였다. Goleman 모형은 5개 군집으로 배열된 25개의 능력들을 기술하는데, ECI는 이 중에서 20개의 능력을 자기보고 또는 360도 평가 형식을 사용하여 측정한다. ECI에 포함된 능력들 중 다수는 실제로 중요하기도 하고, 또한 분석적 지능에 대한 전통적 측정도구들로는 잘 포착되지 않는 것들이긴 하지만(예: 주도성, 조직적 자각, 변화 촉매), 정서 지능 자체와는 별로 관련이 없어 보인다는 문제점을 지닌다. ECI는 경영 및 인적자원 자문회사인 Hay/McBer 그룹에 의해 폭넓게 사용되었다. 자기평가식 및 타인평가(360도 평가)식 ECI는 모두 적절한 내적 일치도를 갖추고 있는 것으로 보이지만(Boyatzis et al., 2000), 공존, 변별 혹은 예언 타당도와 관련해서는 출판된 자료가 거의 없는 실정이다(정서 지능의 360도 평가에 대한 또 다른 접근과 관련해서는 Dulewics & Higgs, 2000, 출판 중).

미래의 방향

첫째, 우리들은 MSCEIT가 정서 지능에 대한 유망한 측정도구라 믿고 있지만, 이 분야에서 아직 규명되지 않은 이슈들에 답을 하기 위해서는 앞으로 더 많은 연구들이 행해질 필요가 있다. 가장 분명한 것은 MSCEIT의 예언타당도에 관한 연구가 부족하다는 것이다. 이 개념을 연구하는 다른 연구자들과 마찬가지로, 우리들은 정서 지능이 무엇을 예언해야 하는지에 대해 많은 아이디어를 가지고 있다. 하지만 지금은 그러한 아이디어들을 탐색하기 시작하는 단계에 불과하다. 한 가지 문제는 정서 지능이 능력으로 측정되었다 하더라도 행동의 단일한 예들을 예측해 내기는 무척 힘들다는 것이다. 한 예로 메이저리그 야구의 경우를 들어 보자. 평균적인 타자들과 우수한 타자들의 차이를 분명히 알기 위해서는 거의 한 시즌이 지나 봐야 한다. 우수한 타자들은 평균적인 타자들에 비해 시즌당 40개의 안타를 더 치는 것으로 알려져 있는데, 이는 네 경기마다 한 개의 안타를 더 치는 것에 불과하다. 따라서 어떤 타자가 특정 타석에서 안타를 칠 것인지를 예언하기 위해 야구 적성 검사를 사용하는 것은 그리 큰 도움이 되지 못할 수 있다. 필요한 것은 여러 타석과 경기에 임했을 때의 자료를 수집하는 일이다. 불행하게도 정서 지능의 예언타당도를 평가하기 위하여 학교, 직장 및 인간관계 장면에서 이와 유사한 연구를 하는 것은 비용 부담이 너무 크다.

둘째, 예언타당도 연구들은 정서 지능이 분석적 지능(IQ)과 (Big Five Model에 의해 평가되는) 표준 성격과 같은 잘 알려진 개념들을 넘어서는 중요한 성과들과 관련된다는 것을 보일 필요가 있다. 이는 정서 지능과 이러한 성과들 간에 상관이 있음을 보여 주는 것만으로는 충분치 않다. 정서 지능의 효용성을 입증해 줄 가장 강력한 증거는 정서 지능이 다른 변인들로는 예언할 수 없었던 중요한 성과들을 설명한다는 것을 보여 주는 연구들로부터 나올 것이다(Salovey & Pizarro, 출판 중).

셋째, 채점문제는 여전히 논란을 불러일으키고 있다. 정서 지능을 합의적 규준에 의거해 평가하는 것이 과연 이치에 맞는지에 관해서는 의견이 분분하다. 이는 규준 표본의 구성원들이 대체적으로 정서 지능면에서 특별히 더 나은 통찰력을 가지고 있지 않다고 여길 때 더욱 그러하다(Roberts, Zeidner, & Matthews, 2001). 하지만 일반적인 합의적 규준과 전문가들에 기초한 점수들 간에 상당한 일치가 있다는 증거들이 계속 제시된다면, 이 문제는 그다지 큰 골칫거리가 되지 않을 수도 있다(Mayer et al., 2001, 출판 중).

넷째, 우리들은 정서 지능을 측정하는 세 가지 다른 방식들인 일군의 능력들로서의 정서 지능, 자기 보고된 성격 개념으로서의 정서 지능 그리고 타인들에 의해 관찰된 정서 지능을 논의하였다. 이 세 가지 접근들이 정서 지능이라고 불릴 수 있는 그 무엇을 실제로 측정하는지를 포함하여, 이러한 접근들 간의 관계에 관해서는 아직까지 적절히 연구된 적이 없다. 세 가지 접근들이 모두 다 적절한 변별 및 수렴 타당도를 보일 것인지는 확실치 않지만, 이 접근들이 모두 중요할 가능성은 충분해 보인다.

결 론

우리들 중의 한 명(Peter Salovey)은 'The Professors of Bluegrass'라는 이름의 밴드에서 베이스를 연주한다. 그로서는 정규 직업을 포기하고 순회공연 음악가가 될 것인지를 결정하기 전에 자신이 베이스 연주자로서 형편없는지, 적절한지 혹은 뛰어난지를 평가해 보는 것이 아마도 도움이 될 것이다. 이러한 평가는 세 가지 방식으로 행해질 수 있다. 첫 번째는 그의 음악성을 하나의 능력으로 간주하고, 그에게 청중들 앞에서 어려운 곡을 연주해 보라고 하는 것이다. 두 번째는 밴드의 동료 음악가들에게 그의 연주에 대해 어떻게 생각하는지를 물어보는 것이다. 세 번째는 그에게 자신의 연주를 스스로 평가해 보도록 요구하는 것이다. 이러한 세 가지 접근은 모두 중요할 수 있는 서로 다른 사실들, 즉 그가 베이스 연주 능력을 갖췄는지, 그의 동료들이 그와 함께 연주하는 것을 즐기는지, 그리고 자신의 베이스 연주 능력에 대해 그가 얼마나 자신감을 갖는지에 관해 우리에게 말해 줄 수 있다. 자신감이 없다면 우리의 베이스 연주자는 청중들 앞에서 공연하거나 심지어는 연습하는 것조차 꺼릴 수 있다. 만일 동료들이 그의 연주를 좋아하지 않는다면 그들은 그와 함께 계속 공연하는 것을 꺼릴 수 있다. 하지만 우리들은 그가 심리학 교수로서 수지맞는 직업을 포기하고 일시적인 기분에 젖어 순회공연 음악가로 살 것인지에 관해 가장 훌륭한 조언을 제공해 줄 평가방법은 그의 실제 베이스 연주 능력이라고 생각한다. 이러한 입장은 그가 합의적 규준(청중들의 반응)이나 전문가들(Mike Bub, Tom Gray, Todd Phillips, Missy Raines 등과 같은 유명한 베이스 연주자들)의 견해에 비추어 연주를 잘하든 못하든 상관없이 적용된다. 마찬가지로 우리들은 정서 지능을 능력으로 개념화하고 측정하는 것이 이 개념의 타당도와 심리학적으로 유관한 행동에 대한 예언적 유용성을 입증하는 데 가장 유망하다고 믿는다.

참고문헌

Apfel, R. J., & Sifneos, P. E. (1979). Alexithymia: Concept and measurement. *Psychotherapy and Psychosomatics, 32*, 180-190.

Averill, J. R. (1999). Individual differences in emotional creativity: Structure and correlates. *Journal of Personality, 67*, 331-371.

Averill, J. R. (2000). Intelligence, emotion, and creativity: From trichotomy to trinity. In R. Bar-On & J. D. A. Parker (Eds.), *The handbook of emotional intelligence* (pp. 277-298). San Francisco: Jossey-Bass.

Averill, J. R., & Nunley, E. P. (1992). *Voyages of the heart: Living an emotionally creative life*. New York: Free Press.

Bagby, R. M., Parker, J. D. A., & Taylor, G. J. (1994). The twenty-item Toronto Alexithymia Scale: I. Item selection and cross-validation of the factor structure. *Journal of Psychosomatic Research, 38*, 23-32.

Bar-On, R. (1997). *Bar -On Emotional Quotient Inventory (EQ-i): Technical manual*. Toronto: Multi-Health Systems.

Bar-On, R. (2000). Emotional and social intelligence: Insights from the Emotional Quotient Inventory. In R. Bar-On & J. D. A. Parker (Eds.), *The handbook of emotional intelligence* (pp. 363-388). San Francisco: Jossey-Bass.

Batson, C. D., Fultz, J., & Schoenrade, P. A. (1987). Distress and empathy: Two qualitatively distinct vicarious emotions with different motivational consequences. *Journal of Personality, 55*, 19-39.

Boyatzis, R. E., Goleman, D., & Rhee, K. S. (2000). Clustering competence in emotional intelligence: Insights from the Emotional Competence Inventory. In R. Bar-On & J. D. A. Parker (Eds.), *The handbook of emotional intelligence* (pp. 343-362). San Francisco: Jossey-Bass.

Buck, R. (1976). A test of nonverbal receiving ability: Preliminary studies. *Human Communication Research, 2*, 162-171.

Buck, R. (1984). *The communication of emotion*. New York: Guilford Press.

Campbell, R. J., Kagan, N. I., & Krathwohl, D. R. (1971). The development and validation of a scale to measure affective sensitivity (empathy). *Journal of Counseling Psychology, 18*, 407-412.

Catanzaro, S. J., & Greenwood, G. (1994). Expectancies for negative mood regulation, coping, and dysphoria among college students. *Journal of Consulting Psychology, 41*, 34-44.

Ciarrochi, J. V., & Chan, A. Y. C., & Caputi, P. (2000). A critical evaluation of the emotional intelligence construct. *Personality and Individual Differences, 28*, 539-561.

Costa, P. T., Jr., & McCrae, R. R. (1992). *NEO -PI-R Professional Manual-Revised NEO*

Personality Inventory (NEO-PIR) and NEO Five-Factor Inventory (NEO-FFI). Odessa, FL: Psychological Assessment Resources.

Crowne, D. P., & Marlowe, D. (1960). A new scale of social desirability independent of psychopathology. *Journal of Consulting Psychology, 24,* 349-354.

Damasio, A. (1994). *Decartes' error: Emotion, reason, and the human brain.* New York: Putnam.

Davies, M., Stankov, L., & Roberts, R. D. (1998). Emotional intelligence: In search of an elusive construct. *Journal of Personality and Social Psychology, 75,* 989-1015.

Dawda, D., & Hart, S. D. (2000). Assessing emotional intelligence: Reliability and validity of the Bar-On Emotional Quotient Inventory (EQ-i) in university students. *Personality and Individual Differences, 28,* 797-812.

Dulewicz, V., & Higgs, M. (2000). Emotional intelligence: A review and evaluation study. *Journal of Managerial Psychology, 15,* 341-372.

Dulewicz, V., & Higgs, M. (in press). A study of 360-degree assessment of emotional intelligence. *Selection and Development Review.*

Fenigstein, A., Scheier, M. F., & Buss, A. H. (1975). Public and private self-consciousness: Assessment and theory. *Journal of Consulting and Clinical Psychology, 43,* 522-527.

Furman, W. (1996). The measurement of children and adolescents' perceptions of friendships: Conceptual and methodological issues. In W. M. Bukowski, A. F. Newcomb, & W. W. Hartup (Eds.), *The company they keep: Friendships in childhood and adolescence* (pp. 41-65). New York: Cambridge University Press.

Gardner, H. (1983). *Frames of mind: The theory of multiple intelligences.* New York: Basic Books.

Goleman, D. (1995). *Emotional intelligence.* New York: Bantam.

Goleman, D. (1998). *Working with emotional intelligence.* New York: Bantam.

Hedlund, J., & Sternberg, R. J. (2000). Too many intelligences? Integrating social, emotional, and practical intelligence. In R. Bar-On & J. D. A. Parker (Eds.), *The handbook of emotional intelligence* (pp. 136-167). San Francisco: Jossey-Bass.

Isen, A. M. (1987). Positive affect, cognitive processes, and social behavior. *Advances in Experimental Social Psychology, 20,* 203-253.

Isen, A. M., & Daubman, K. A. (1984). The influence of affect on categorization. *Journal of Personality and Social Psychology, 47,* 1206-1217.

Isen, A. M., Daubman, K. A., & Nowicki, G. P. (1987). Positive affect facilitates creative problem solving. *Journal of Personality and Social Psychology, 52,* 1122-1131.

King, L. A. (1998). Ambivalence over emotional expression and reading emotions in situations and faces. *Journal of Personality and Social Psychology, 74,* 753-762.

King, L. A., & Emmons, R. A. (1990). Conflict over emotional expression: Psychological and physiological correlates. *Journal of Personality and Social Psychology, 58,* 864-877.

345

Lane, R. D., & Schwartz, G. E. (1987). Levels of emotional awareness: A cognitive-developmental theory and its application to psychopathology. *American Journal of Psychiatry, 144,* 133-143.

Lazarus, R. S. (1991). *Emotion and adaptation.* New York: Oxford University Press.

Lopes, P. N., Salovey, P., & Straus, R. (in press). Emotional intelligence, personality, and the perceived quality of social relationships. *Personality and Individual Differences.*

Malouff, J., & Schutte, N. (1998, Aug.). *Emotional intelligence scale scores predict counselor performance.* Paper presented at the Annual Convention of the American Psychological Society, Washington, DC.

Mayer, J. D., Caruso, D., & Salovey, P. (1999). Emotional intelligence meets traditional standards for an intelligence. *Intelligence, 27,* 267-298.

Mayer, J. D., Caruso, D., & Salovey, P. (2000). Selecting a measure of emotional intelligence: The case for ability scales. In R. Bar-On & J. D. A. Parker (Eds.), *The handbook of emotional intelligence* (pp. 320-342). San Francisco: Jossey-Bass.

Mayer, J. D., DiPaolo, M. T., & Salovey, P. (1990). Perceiving affective content in ambiguous visual stimuli: A component of emotional intelligence. *Journal of Personality Assessment, 54,* 772-781.

Mayer, J. D., & Salovey, P. (1993). The intelligence of emotional intelligence. *Intelligence, 17,* 443-442.

Mayer, J. D., & Salovey, P. (1997). What is emotional intelligence? In P. Salovey & D. Sluyter (Eds.), *Emotional development and emotional intelligence: Implications for educators* (pp. 3-31). New York: Basic Books.

Mayer, J. D., Salovey, P., & Caruso, D. (2000a). Emotional intelligence as Zeitgeist, as personality, and as a mental ability. In R. Bar-On & J. D. A. Parker (Eds.), *The handbook of emotional intelligence* (pp. 92-117). San Francisco: Jossey-Bass.

Mayer, J. D., Salovey, P., & Caruso, D. (2000b). Models of emotional intelligence. In R. J. Sternberg (Ed.), *The handbook of intelligence* (pp. 396-420). New York: Cambridge University Press.

Mayer, J. D., Salovey, P., & Caruso, D. (2001). *The Mayer-Salovey-Caruso Emotional Intelligence Test (MSCEIT).* Toronto: Multi-Health Systems.

Mayer, J. D., Salovey, P., & Caruso, D. (2002). *Test manual for the MSCEIT V.2.* Toronto: Multi-Health Systems.

Mayer, J. D., Salovey, P., Caruso, D., & Sitarenios, G. (2001). Emotional intelligence as a standard intelligence. *Emotion, 1,* 232-242.

Mayer, J. D., Salovey, P., Caruso, D., & Sitarenios, G. (in press). Measuring emotional intelligence with the MSCEIT V2.0. *Emotion.*

McCrae, R. R. (2000). Emotional intelligence from the perspective of the five-factor model of personality. In R. Bar-On & J. D. A. Parker (Eds.), *The handbook of*

346

emotional intelligence (pp. 263-276). San Francisco: Jossey-Bass.

Mehrabian, A., & Epstein, N. (1972). A measure of emotional empathy. *Journal of Personality, 40,* 525-543.

Ortony, A., Clore, G. L., & Collins, A. (1988). *The cognitive structure of emotions.* Cambridge: Cambridge University Press.

Palfai, T. P., & Salovey, P. (1993). The influence of depressed and elated mood on deductive and inductive reasoning. *Imagination, Cognition, and Personality, 13,* 57-71.

Parker, J. D. A., Taylor, G. J., & Bagby, R. M. (2001). The relationship between alexithymia and emotional intelligence. *Personality and Individual Differences, 30,* 107-115.

Petrides, K. V., & Furnham, A. (2000). On the dimensional structures of emotional intelligence. *Personality and Individual Differences, 29,* 313-320.

Rice, C. L. (1999). *A quantitative study of emotional intelligence and its impact on team performance.* Unpulbished master's thesis. Pepperdine University, Malibu, CA.

Roberts, R. D., Zeidner, M., & Matthews, G. (2001). Does emotional intelligence meet traditional standards for and intelligence? Some new data and conclusions. *Emotion, 1,* 196-231.

Rosenberg, M. (1965). *Society and the adolescent self-image.* Princeton, NJ: Princeton University Press.

Rosenthal, R., Hall, J. A., DiMatteo, M. R., Rogers, P., & Archer, D. (1979). *Sensitivity to nonverbal communication: A profile approach to the measurement of individual differences.* Baltimore: Johns Hopkins University Press.

Rubin, M. M. (1999). *Emotional intelligence and its role in mitigating aggression: A correlational study of the relationship between emotional intelligence and aggression in urban adolescents.* Unpublished manuscript, Immaculata College, Immaculata, PA.

Ryff, C. D. (1989). Happiness is everything, or is it? Explorations on the meaning of psychological well-being. *Journal of Personality and Social Psychology, 57,* 1069-1081.

Saarni, C. (1999). *Developing emotional competence.* New York: Guilford Press.

Salovey, P., Bedell, B. T., Detweiler, J. B., & Mayer, J. D. (1999). Coping intelligently: Emotional intelligence and the coping process. In C. R. Snyder (Ed.), *Coping: The psychology of what works* (pp. 141-164). New York: Oxford University Press.

Salovey, P., Bedell, B. T., Detweiler, J. B., & Mayer, J. D. (2000). Current directions in emotional intelligence research. In M. Lewis & J. M. Haviland-Jones (Eds.), *Handbook of emotions* (2nd ed., pp. 504-520). New York: Guilford Press.

Salovey, P., & Mayer, J. D. (1990). Emotional intelligence. *Imagination, Cognition, and Personality, 9,* 185-211.

347

Salovey, P., Mayer, J. D., & Caruso, D. (2002). The positive psychology of emotional intelligence. In C. R. Snyder & S. J. Lopez (Eds.), *The handbook of positive psychology* (pp. 159–171). Oxford: Oxford University Press.

Salovey, P., Mayer, J. D., Goldman, S. L., Turvey, C., & Palfai, T. P. (1995). Emotional attention, clarity, and repair: Exploring emotional intelligence using the Trait Meta-Mood Scale. In J. W. Pennebaker (Ed.), *Emotion, disclosure, and health* (pp. 125–154). Washington, DC: American Psychological Association.

Salovey, P., & Pizarro, D. A. (in press). The value of emotional intelligence. In R. J. Sternberg, J. Lautrey, & T. Lubart (Eds.), *Models of intelligence for the next millennium*. Washington, DC: American Psychological Association.

Salovey, P., Woolery, A., & Mayer, J. D. (2001). Emotional intelligence: Conceptualization and measurement. In G. Fletcher & M. Clark (Eds.), *The Blackwell handbook of social psychology: Interpersonal processes* (pp. 279–307). London: Blackwell.

Schutte, N. S., Malouff, J. M., Hall, L. E., Haggerty, D., Cooper, J. T., et al. (1998). Development and validation of a measure of emotional intelligence. *Personality and Individual Differences, 25,* 167–177.

Schwarz, N. (1990). Feelings as information: Informational and motivational functions of affective states. In E. T. Higgins & E. M. Sorrentino (Eds.), *Handbook of motivation and cognitive* (Vol. 2, pp. 527–561). New York: Guilford Press.

Schwarz, N., & Clore, G. L. (1996). Feelings and phenomenal experiences. In E. T. Higgins & A. W. Kruglanski (Eds.), *Social psychology: Handbook of basic principles* (pp. 433–465). New York: Guilford Press.

Trinidad, D. R., & Johnson, C. A. (2002). The association between emotional intelligence and early adolescent tobacco and alcohol use. *Personality and Individual Differences, 32,* 95–105.

Wasielewski, P. L. (1985). The emotional basis of charisma. *Symbolic Interaction, 8,* 207–222.

Wechsler, D. (1997). *WAIS-III: Wechsler Adult Intelligence Scale* (3rd ed.). San Antonio, TX: Psychological Corporation.

Woodworth, R. S. (1940). *Psychology* (4th ed.). New York: Holt.

Young, P. T. (1936). *Motivation of behavior*. New York: Wiley.

Young, P. T. (1943). *Emotion in man and animal: Its nature and relation to attitude and motive*. New York: Wiley.

인간관계 모델과 측정도구

CHAPTER 17

공감과 그 측정

    공감(empathy)은 긍정 행동에 관심을 가진 심리학자들이 상당히 주목해 온 개념이다. 공감은 타인에 대한 공격을 억제할 뿐 아니라 타인을 돕고 정의로운 일을 행하도록 동기화한다(Batson, 1991; Hoffman, 2000; Miller & Eisenberg, 1988). 또한 공감은 사람들의 적절한 사회적 상호작용을 촉진하고 상호 유대감을 제공하기도 한다(Eisenberg et al., 1996; Saarni, 1990). 따라서 공감은 긍정적 발달을 이해하는 데 매우 중요한 인간행동의 한 측면이다.

    공감을 정의하는 방식은 다양하다. 사회 및 발달 심리학에서 공감반응은 타인의 상태나 처지에 대한 인지적 정보처리의 결과로 나타나는 정서반응으로 정의된다. Feshbach(1978)와 Hoffman(1982)과 마찬가지로, Eisenberg와 동료들은 공감을 타인의 정서 상태에 대한 염려나 이해로부터 나오는, 나아가 타인의 감정과 비슷해지거나 같아지기까지 하는 정서적 각성 상태로 정의한 바 있다(Eisenberg, Shea, Carlo, & Knight, 1991). 예를 들어, 어떤 관찰자가 슬픔에 잠긴 다른 사람을 보고 그 반응으로 슬픔을 느낀다면, 그 사람은 공감을 경험하고 있는 것이다. 공감은 부정적 정서뿐 아니라 긍정적 정서에 대해서도 일어날 수 있다. 공감이라는 이름을 붙일 수 있기 위해

* Qing Zhou, Carlos Valiente, and Nancy Eisenberg

서는 공감을 시도하는 사람이 경험하는 감정이 최소한 어느 정도까지는 타인의 정서적, 심리적 혹은 신체적 상태를 반영하는 것이어야 한다. 즉, 자신과 타인이 경험하는 감정 간의 차이가 최소화되어야 한다는 것이다. 그렇지 않다면 그것은 공감의 원시적 형태 혹은 전조는 될지라도 공감은 아니다.

순수한 공감을 동정(sympathy)이나 개인적 고통(personal distress) 같은 공감 관련 반응들과 구분하는 것이 적어도 개념적 수준에서는 유용하다(Batson, 1991). 공감은 타인의 부정적인 정서 상태에 대한 염려나 이해에 기반을 둔 타인 지향적인 정서반응 이다. 공감은 염려의 감정과 관계되며 타인의 부정적 감정을 덜어 주고자 하는 욕구 를 포함한다. 동정은 공감 경험으로부터 나오기도 하고, 타인이 처한 상황에 대한 조 망 수용, 정신적 연상 작용, 기억으로부터의 정보 인출 등과 같은 인지과정으로부터 나오기도 한다(Eisenberg, Shea et al., 1991).

개인적 고통은 타인의 고통과 관련된 단서들을 지각할 때 경험하게 되는 불안이나 불편 등의 부정적 반응들을 포함한다(Batson, 1991). 동정과 마찬가지로, 개인적 고통 은 주로 공감이나 공감적 과잉 각성(empathic overarousal)으로부터 나올 수도 있지 만, 순전히 인지적인 과정(예: 타인의 슬픔과 자신의 고통스러웠던 과거 기억 간의 연합)을 통해서도 나올 수 있다. 학자들에 따르면 공감적 과잉 각성(Hoffman, 1982)이나 개인 적 고통(Batson, 1991)은 타인에게 초점을 두기보다는 자기에게 초점을 둔다. 연구자 들은 이러한 생각과 일치하는 증거, 즉 혐오적인 정서적 각성은 자기 초점적 주의를 유도한다는 것을 발견했다(Wood, Saltzberg, & Goldsamt, 1990). 결과적으로 개인적 고통을 경험하는 사람은 자신의 혐오적인 정서적 각성을 경감시키는 데 관심을 두는 것으로 여겨진다(Batson, 1991).

어떤 연구자들은 경험적 연구를 통해 공감과 동정 그리고 개인적 고통을 구분하고 자 했고, 또 어떤 연구자들은 그중 단 하나의 개념 혹은 여러 개념들의 조합을 측정하 고자 했다. 공감을 동정이나 개인적 고통과 구분하는 것은 매우 어려운 일인데, 공감 이 대부분의 상황에서 최소한 동정과 개인적 고통 중의 하나를 반드시 유발하는 것으 로 여겨지기 때문이다. 따라서 많은 경우에 공감 관련 반응에 대한 측정은 하나 이상 의 개념을 측정하는 것이 될 수 있다.

이러한 개념들 간의 구분이 논의되기 이전의 초기 연구들은 대부분 전반적 공감 (global empathy) 혹은 우리들이 공감, 동정 그리고 개인적 고통이라고 정의한 것들을 모두 조합한 개념을 연구 대상으로 삼았다(예: Bryant, 1982; Mehrabian & Epstein, 1972). 그러나 Batson(1991)은 동정(Batson은 공감이라 불렀다)은 이타적인 것으로 보이는 행동들, 즉 일종의 자기 이득에 기초한 것이 아니라 타인을 이롭게 하고자 하는 수의적 행위들과 관련되지만 개인적 고통은 그렇지 않다는 것을 입증해 보였다. 따라서 동정과 개인적 고통을 경험적으로 구분하는 것에는 이미 상당한 관심이 기울어져 왔던 셈이다.

물론 공감 관련 반응에 대한 정의는 해당 개념에 대한 조작적 정의를 어떻게 내리느냐에 따라 달라질 수 있다. 이 장에서 우리들은 공감 관련 반응을 평가하는 데 사용된 방법들을 간략히 개관하고, 실제 연구 결과들을 제시하여 다양한 접근들이 지니는 장단점들을 논의하고자 한다.

공감 관련 반응의 자기보고

공감 관련 반응을 평가하는 기법으로 가장 흔히 사용되는 것 중의 하나는 바로 자기보고다. 다음에서 우리들은 세 가지 유형의 자기보고 측정방식들, 즉 그림-이야기, 질문지 및 실험적 자극 상황에서의 자기보고에 관해 개관할 것이다.

그림-이야기 자기보고 측정

1960년대와 1970년대에 공감에 대한 그림-이야기 측정(picture-story measures of empathy)은 주로 아동의 공감을 평가하는 데 사용되었다. 이런 방식의 측정에서 아동들은 전형적으로 정서 유발 상황에 놓여 있는 가상적인 주인공을 묘사하는 그림들(대개 사진이나 스케치)을 보면서 짧은 이야기를 듣게 된다. 이러한 유형의 측정도구 중 가장 흔히 사용되는 것이 Feshbach and Roe Affective Situations Test for Empathy(FASTE; Feshbach, 1978)인데, 이는 학령 전 아동들이나 어린 학령기 아동들의 공감을 측정하기 위해 만들어진 것이다. FASTE는 각기 세 장의 슬라이드가 딸린 여덟 개의 이야기들로 구성되는데, 이야기들은 이야기 주인공을 행복하게 하거나 슬프게 하거나 두렵게 하거나 화나게 할 것으로 기대되는 사건들을 묘사한다(정서당 두 개의 이야기가 있음). 각 시나리오를 접한 후, 아동들은 '어떤 기분이 드는가?' 혹은

353

'이야기를 듣고 어떤 감정이 느껴지는가?'와 같은 질문을 받는다. 아동이 느끼는 감정과 이야기 주인공의 정서 상태 간의 일치 정도가 바로 공감반응에 대한 조작적 정의가 된다.

많은 연구자들은 자신들의 연구에 맞게 FASTE를 수정해 왔다. 가령, FASTE의 이야기들은 수정되거나, 다른 이야기로 대치되거나, 혹은 네 정서 중 일부(예: 행복과 슬픔)만이 평가되기도 했다(예: Eeisenberg-Berg & Lennon, 1980). 어떤 연구들에서는 아동이 얼굴 표정을 나타내는 그림들을 손으로 가리킴으로써 자신의 반응을 비언어적으로 나타낼 수 있도록 절차가 수정되기도 했다(예: Eeisenberg-Berg & Lennon, 1980; Iannotti, 1985).

그림-이야기 방식의 측정은 특히 어린 아동들을 대상으로 한 정서 공감 연구에서 중요한 도구로 사용되어 왔다. 하지만 이 측정방식은 심리측정적 속성 면에서 상당한 문제를 안고 있다는 지적들이 있다(Eisenberg & Miller, 1987; Lennon, Eisenberg, & Carroll, 1983). 첫째, 이야기들은 전형적으로 너무 짧아서 공감을 불러일으킬 만한 충분한 정서를 유도해 내지 못할 수 있다. 그러나 보다 긴 이야기를 사용한 연구에서도 측정의 타당도는 개선되지 않은 것으로 나타났다(예: Eisenberg-Berg & Lennon, 1980). 둘째, 그림-이야기에 대한 아동의 자기 보고된 공감은 공적인 상황에서 요구되는 친사회적 행동과는 정적인 상관이 있지만, 자발적인 친사회적 행동과는 부적인 상관이 있는 것으로 나타났다(예: Eisenberg-Berg & Lennon, 1980). 이러한 결과는 자기 보고된 공감이 사회적 요구(즉, 사회적으로 승인받는 방식으로 행동하고자 하는 요구)의 영향을 받는다는 것을 시사하는 것이다.

두 번째 문제점과 관련하여 아동의 공감 보고는 아동과 실험자의 성별에 영향을 받는 것으로 보인다. 이와 관련해 연구자들은 그림-이야기 측정도구(예: FASTE)에서 동성의 실험자가 면접을 진행했을 때 아동들이 그렇지 않은 경우에 비해 더 높은 점수를 받는다는 것을 발견했다(Eisenberg & Lennon, 1983; Lennon et al., 1983). 아동들은 동성의 실험자가 면접을 진행할 때 사회적으로 바람직한 반응을 하는 것에 더 많은 관심을 가질 수 있다. 또한 공감에 대한 그림-이야기 측정도구를 사용한 대부분의 연구들에서 아동의 공감반응 점수는 서로 다른 정서들로 구성된 여러 상황들에 걸쳐 합산되어 오로지 전체 공감 지수만이 분석에 사용되었다. 그러나 Hoffman(1982)이 지적했듯이, 한 정서(예: 행복)에 대한 공감은 다른 정서(예: 슬픔)에 대한 공감과 동등한 것이 아니다. 더욱이 그림-이야기 절차를 사용한 연구자들은 일반적으로 동정과 공감을 구분하지 않았다. 그림-이야기 측정이 지니는 이 같은 문제점들을 감안한다면, 상위분석(meta analysis)에서 공감과 친사회적 및 공격적 행동 간의 약한 관계만 확인되었다는 것이 그리 놀랄 일도 아닐 것이다(Eisenberg & Miller, 1987; Miller & Eisenberg, 1988).

질문지 자기보고

공감에 대한 질문지 측정은 특질적 공감(trait of empathy), 즉 여러 장면에 걸친 공감반응을 평가하기 위한 것으로 보인다. 가장 흔히 사용되는 것 중의 하나가 Mehrabian과 Epstein(1972)의 정서 경향성(emotional tendency) 척도인데, 이는 대체로 보다 나이 든 청소년과 성인을 위한 것이다. 이 질문지는 모두 33문항으로 이루어져 있으며, 각 문항에 대해 '매우 강하게 동의한다'에서 '매우 강하게 반대한다'에 이르는 9점 Likert 척도에 응답하게 되어 있다. 문항들은 정서적 감염(emotional contagion)에 대한 취약성(예: "주위 사람들은 내 기분에 상당한 영향을 미친다."), 낯설고 동떨어진 사람들의 감정에 대한 이해(예: "외로운 사람들은 아마도 불친절할 것이다."), 극단적인 정서적 반응성(예: "사랑을 주제로 한 노래 가사는 때때로 내 마음에 크게 와닿는다."), 타인의 긍정적 정서 경험에 감동받는 경향성(예: "다른 사람들이 선물 포장을 뜯는 것을 지켜보는 것이 즐겁다."), 동정적 경향성 혹은 그 결핍(예: "사람들이 어떤 일 때문에 매우 혼란스러워하는 것을 이해하기 힘들다."), 문제를 겪는 사람들과 기꺼이 함께하고자 하는 마음(예: "친구가 자신의 문제에 관해 이야기를 꺼내기 시작하면 대화의 주제를 다른 곳으로 돌리려고 애쓴다.") 등을 측정한다. 이 측정도구의 내적 일치도는 성인들을 대상으로 했을 때 .79(Kalliopuska, 1983), 7학년을 대상으로 했을 때 .48(Bryant, 1982)이었다. 그리고 반분신뢰도는 .84인 것으로 보고되었다(Mehrabian & Epstein, 1972).

Bryant(1982)는 Mehrabian과 Epstein 척도를 아동용으로 수정하였다. Bryant의 공감척도는 전반적 동정(global sympathy, 예: "여자 아이가 상처받는 것을 보면 마음이 아프다." "같이 놀아 줄 친구가 없는 남자 아이를 보면 마음이 슬퍼진다.")을 평가하는 22개 문항으로 구성된다. 전체 문항들 중 17개 문항은 Mehrabian과 Epstein(1972) 척도에서 나온 것이다. 검사를 실시하는 방식은 실시 대상의 연령대에 따라 크게 세 가지로 나눠진다(Bryant, 1987). 나이 어린 아동들의 경우는 각기 하나씩의 공감 문항이 적혀 있는 카드들을 읽고, 각 카드를 '나' 상자("me" box) 혹은 '나 아님' 상자("not me" box)에 집어넣는 방식이 사용된다. 보다 나이 든 아동들의 경우는 각 문항에서 '예' 혹은 '아니요'에 동그라미 치는 방식이 사용된다. 그리고 청소년 혹은 성인들의 경우는 Mehrabian과 Epstein이 사용한 9점척도 방식이 사용된다. Bryant 척도의 내적 일치도 계수(alpha)는 1학년의 경우 .54, 4학년의 경우 .68, 그리고 7학년의 경우는 .79였다 (Bryant, 1982).

Mehrabian과 Epstein, Bryant의 자기보고식 측정도구의 문제는 동정, 정서적 각성에 대한 취약성, 조망 수용, 개인적 고통 등과 같은 공감 관련 반응의 다양한 측면들을 별다른 구분 없이 모두 다 측정한다는 것이다. Davis(1983, 1994)의 대인반응성 척도(Interpersonal Reactivity Scale; Davis, 1994 참조)는 공감적 염려(즉, 동정), 개인적 고통, 환상 공감(fantasy empathy, 책이나 영화 속의 인물들에 대한 대리적 반응), 조망 수용 등을 측정하는 척도들을 서로 구분함으로써 이 문제를 해결했다. 이 척도는 주로 청소년과 성인들을 대상으로 사용되었다. 4개의 하위척도들의 내적 신뢰도는 .70~.78에 이르며, 성인들을 대상으로 한 연구에서 두 달 간격의 검사-재검사 신뢰도는 .61~.81에 이르는 것으로 나타났다(Davis, 1983, 1994). 청소년들을 대상으로 한 2년 간격의 검사-재검사 신뢰도는 .50~.62에 이르는 것으로 나타났다(Davis & Franzoi, 1991).

Eisenberg와 동료들은 아동을 대상으로 성향적 동정(dispositional sympathy)을 평가하기 위해 3문항짜리 간편형 척도를 개발했다(Eisenberg, Fabes, Schaller, Cargo, & Miller, 1991). 문항들은 "내가 가지고 있는 물건들을 가지지 못한 아이들을 보면 마음이 슬퍼진다." "괴롭힘을 당하는 아이를 보면 마음이 슬퍼진다." 그리고 "슬픔에 잠겨 있거나 곤란을 겪는 아이들을 보면 마음이 슬퍼질 때가 종종 있다."이다. 이 3문항짜리 척도의 내적 일치도 계수(alpha)는 .67이었다. 이 척도는 유치원에서 초등학교 2학년에 이르는 아동들을 대상으로 한 Eisenberg 등(1996)의 연구에서는 7문항짜리로(α = .73), 5세에서 8세에 이르는 아동들을 대상으로 한 Spinrad 등(1999)의 연구에서는 6문항짜리로(α = .63, 부록 17.1 참조) 확장되어 사용되기도 하였다.

그림-이야기 측정과 비교해서 공감 관련 반응에 대한 질문지 평가는 실시하기가 더 편리하고 경제적이다. 더욱이 질문지는 훨씬 더 광범위한 영역의 행동 및 상황들에 걸쳐서 개인의 공감 혹은 동정 반응을 평가할 수 있기 때문에, 특수한 상황에만 국한되는 측정보다는 공감반응에 대한 더 안정적이고 일관된 측정 결과를 제공할 수 있다(Eisenberg & Miller, 1987). 타당도와 관련해서 보자면, 공감에 대한 질문지 측정 결과들은 중기 아동기 및 성인기에 이르는 피험자들의 친사회적 행동과는 정적 상관을 가지고 공격성과는 부적 상관을 가지는 것으로 일관되게 밝혀졌다(Eisenberg & Fabes, 1998; Eisenberg & Miller, 1987; Miller & Eisenberg, 1988). 하지만 공감에 대한 자기보고식 질문지 측정은 단점 또한 분명히 지니고 있다. 그중 하나는 공감 및 동정에 대한 아동들의 질문지 보고에 사회적 바람직성이 개입되어 있다는 것이다(예: Eisenberg, Fabes, Schaller, Miller et al., 1991). 성인들의 경우는 성역할로부터 기인하는 것들(예를 들어, 여성들은 남들에게 감성적으로 보이더라도 별 상관을 하지 않는 반면, 남성들은 그렇지 않게 보이기를 더 바랄 수 있다)을 포함하여 자신의 가치, 욕구 및 자기 지각과 일치하는 방식으로 자신을 바라보고자 하는 경향성 등이 사회적 바람직성보다는 공감 및 동정의 보고에 더 많은 영향을 미칠 것으로 여겨진다(Losoya & Eisenberg, 2001).

실험적 자극 상황에서의 자기보고

이런 형태의 측정에서는 대개의 경우 참가자들로 하여금 자극에 관련된 사건이나 사람들이 허구가 아닌 실제라고 믿게 하기 위해 오디오테이프나 비디오테이프 혹은 실제 연기를 통해 정서 유발 자극이 제시된다. 유발 자극(예: 고통 유발 영화)이 제시된 후, 참가자들은 공감(예: 공감적인, 염려하는, 온정적인, 온화한, 동정적인; Batson, 1991), 긍정적 및 부정적 정서, 동정이나 개인적 고통과 같은 기타 공감 관련 반응(예: Batson, 1991; Holmgren, Eisenberg, & Fabes, 1998; Zahn-Waxler, Friedman, & Cummings, 1983)들을 반영하는 정서 형용사 척도상에서 스스로를 평정함으로써 자신의 정서반응을 보고하게 된다. 참가자들의 연령에 따라 지필식 측정, 언어적 보고, 혹은 그림척도(pictorial scale)를 손으로 가리키는 등의 응답방식이 사용된다. 아동의 경우는 그 관계가 좀 약하지만(Eisenberg & Fabes, 1990, 1998), 청소년 및 성인의 경우는(Eisenberg & Miller, 1987) 공감 유발 상황에서 자기 보고된 공감과 친사회적 행동 간에 일반적으로 적정한 정도의 상관이 있는 것으로 밝혀졌다.

Strayer와 Schroeder(1989; Strayer, 1993 참조)는 비디오로 녹화된 짧은 정서 유발 영상물을 보여 주고 그에 대한 아동들의 공감반응을 측정하는 절차를 개발했다. 영상물을 본 후에 아동들은 등장인물이 느낀 정서의 종류와 강도 그리고 자신이 경험한 감정(예: 행복한, 슬픈, 화난, 무서운, 놀란, 역겨운 혹은 중립적인)을 보고하도록 요구받는다. 여기에서 공감은 두 가지 방식으로 평가되었다. 하나는, 등장인물과 아동이 느낀 감정이 일반적으로 볼 때 유쾌/불쾌 면에서 동일한지, 자신과 등장인물에 대해 아동이 보고한 감정이 유형면에서 동일한지(강도는 제외) 혹은 유형과 강도 모두에서 동일한지를 점수화하는 방법이다. 다른 하나는, 아동이 자신이 느낀 감정에 대해 보고한 경우에 등장인물의 어떤 측면이 그렇게 느끼도록 만들었는지를 말하도록 하고, Empathy Continuum(EC) 점수화 체계에 따라 공감 점수를 매기는 방법이다.

실험적으로 유도된 상황에서의 자기보고를 포함한 거의 모든 유형의 자기보고 측정은, 특히 아동을 대상으로 사용될 경우 연구 참가자의 언어적 능력과 이해력에 영향을 받을 수 있다. 예를 들어, 아동은 자신이 관찰한 정서를 정확하게 명명하거나, 자신이 느낀 바를 정확하게 보고하거나, 혹은 서로 유사한 정서 상태들을 잘 구분하지 못할 수도 있다(Strayer, 1987).

공감 관련 반응의 제3자 측정

공감의 제3자 보고(other reports)에 관한 연구들은 Mehrabian과 Epstein(1972)의 공감척도, Davis(1983)의 공감 하위척도, Eisenberg와 동료들(1991)의 자기보고 동정척도(예: Eisenberg, Carlo, Murphy, & Van Court, 1995; Eisenberg et al., 1998; 부록 17.2의 척도 참조) 등에서 사용된 것과 유사한 문항들을 사용한다. 이것들은 모두 부모, 교사, 또래 등으로부터 연구 참가자들의 공감 관련 반응에 관한 정보를 얻기 위한 것들이다. Losoya와 Eisenberg(2001)가 제안했듯이, 제3자 보고 측정방식을 사용하는 것에는 몇 가지 이점이 있다. 첫째, 제3자 보고는 너무 어려서 정확한 자기보고를 하지 못하는 아동들에 대한 자료를 수집하는 데 사용될 수 있다. 둘째, 제3자 보고는 특히 가족이 아닌 다른 사람이 보고자일 경우, 자기보고에 비해 사회적 바람직성에 따른 편향이 덜 일어날 수 있다. 셋째, 제3자 보고는 연구 참가자의 다양한 장면에서의 공감 관련 반응에 대해 여러 명의 보고자들로부터 정보를 얻을 수 있기 때문에 단 한 명의 보고자로부터 정보를 얻었을 때보다 훨씬 더 신뢰성 있는 정보를 얻어낼 수 있다. 아동의 동정에 관한 부모와 교사의 보고는 적당한 정도의 일치가 있지만, 이러한 일치는 아동이 청소년기로 넘어가게 되면 서로 무관한 정도로까지 감소된다(Eisenberg, Fabes et al., 1996, 1998; Murphy, Shepard, Eisenberg, Fabes, & Guthrie, 1999). 이는 중학교 교사들이 초등학교 교사들만큼 자신의 학생들을 잘 알지 못하기 때문일 수도 있고, 청소년들이 좀 더 비밀스러워지거나 자신의 감정을 숨기기 때문일 수도 있다. 공감의 제3자 보고와 아동의 친사회적 행동의 관계를 조사한 연구들에서 아동의 공감을 평가한 인물과 친사회적 행동에 관한 정보를 제공한 인물이 같을 경우에는 높은 상관이, 다를 경우에는 중간 정도의 상관이 있는 것으로 나타났다(Eisenberg & Miller, 1987). 더욱이 동정에 대한 제3자 보고는 일반적으로 아동의 사회적 능력과 더 관련되는 경향이 있었다(Eisenberg et al., 1996; Murphy et al., 1999).

공감 관련 반응의 안면, 자세 및 음성 지표

참가자들에게 결핍 혹은 고통 상태에 있는 사람들의 모습을 담은 비디오테이프를 보여 주거나(예: Holgren et al., 1998) 고통을 겪고 있는 다른 사람에게 어떤 반응을 하도록 하는(예: Zahn-Waxler et al., 1983) 등, 실험적으로 유도된 공감 유발 자극에 대한 참가자들의 안면, 자세 및 음성 반응들을 수집하여 공감 관련 반응으로 부호화하는 방법 또한 사용되었다. 이와는 달리 Zahn-Waxler, Radke-Yarrow, Wagner 및 Chapman(1992)은 아동의 엄마들에게 자연 상황에서 아동이 직접 유발했거나 목격한 다른 사람의 고통에 대해 아동이 어떤 반응을 보였는지를 자세히 기술하도록 하는 방법을 사용하기도 했다.

공감 유도 자극에 대한 안면, 자세 및 음성 반응으로부터 다양한 정서들이 부호화될 수 있다. 예를 들어, Zahn-Waxler와 동료들의 연구(1992)에서 자연 상황에서 발생하는 타인의 고통에 대한 참가자들의 반응들은 다음과 같이 부호화되었다. 즉, (1) 공감적 걱정(empathic concern, 즉 피해자에 대한 동정적 걱정을 반영하는 듯이 보이는 정서적 각성; 예: 슬픈 표정, 진정시키는 혹은 기운을 북돋우는 목소리로 "참 안됐어."와 같은 동정적인 말을 하는 것, 혹은 걱정스러운 표정으로 피해자에게 다가서는 자세), (2) 자기 고통(self-distress, 즉 타인의 고통에 의해 유발된 좀 더 강하고 부정적인 감정; 예: 흐느끼거나, 소리 내어 울거나, 안달하거나, 울먹이는 것), (3) 타인의 고통을 보면서도 긍정적 감정을 느끼는 것이다. Eisenberg와 동료들은 공감 유발 영상물에 대한 참가자들의 안면 및 자세 반응을 부호화하면서 동정, 공감 및 개인적 고통을 반영하는 안면 표정들을 서로 구분해 보고자 하였다. 걱정스러운 주의의 표정들(예: 내리쳐진 눈썹, 숙여진 머리, 영상물 속의 유발 자극에 대한 강한 관심)은 공감 유발 자극에 노출되는 동안 동정을 느낀다는 것을 나타내는 것으로 보인다. 슬픈 사건에 대한 반응으로 나타나는 공감적 슬픔(empathic sadness) 신호, 즉 슬픈 표정은 공감을 나타내며 동정을 불러일으키는 것 같다. 그리고 무섭고 불안한 표정과 입술을 깨무는 것은 개인적 고통을 나타내는 것 같다(Eisenberg, Schaller et al., 1988; Eisenberg & Fabes, 1990).

공감의 안면, 자세 및 음성 지표가 지니는 분명한 장점은 자기보고 측정에 내재하는 자기 제시 편향(self-presentational bias)의 영향을 덜 받는다는 것이다. 이는 사회적으로 적절한 표정 제시 규칙을 학습하지 못한 나이 어린 아동의 경우나(Cole, 1986) 비방해 측정(unobtrusive measurement)이 행해지는 경우에 더욱 그러하다. 따라서 공감 관련 반응에 대한 안면, 자세 및 음성 측정은 성인뿐 아니라(Eisenberg et al., 1994) 생후 15개월에서 초등학생에 이르는 아동들에게도 적용되었다(예: Miller, Eisenberg, Fabes, & Shell, 1996; Zahn-Waxler et al., 1992).

하지만 안면 및 자세 측정방법에는 한계점 역시 존재한다는 것을 주목해야 한다. 첫째, 대리적 정서를 포함하는 상황들에서의 안면 표정은 공감을 반영할 수도 있지만 참가자의 정서 표현성을 반영하는 것일 수도 있다. 표현력이 풍부한 아동은 그렇지 않은 아동에 비해 공감 각성 수준이 동일할지라도 안면, 자세, 음성 측정상 더 공감적인 것처럼 보일 수 있다. 더욱이 아동들은 나이가 들어감에 따라 점점 더 부정적 감정의 표현을 은폐할 수 있게 되고(Cole, 1986), 또 실제로 다양한 상황에서 그렇게 한다(Eisenberg, Fabes et al., 1988). 따라서 자기보고에서와 마찬가지로 좀 더 나이 든 아동과 성인의 부정적 감정의 표현에는 자기 제시 편향과 요구 특성이 개입될 수 있다(Losoya & Eisenberg, 2001). 그러므로 안면 지표는 좀 더 나이 든 아동과 성인의 공감 관련 반응을 포착하는 지표로서는 정확하지 않을 수 있으며, 안면 표정이 다른 사람들이 함께 있는 상황에서 평가될 때에는 더욱 그럴 수 있다.

공감의 안면, 자세 및 음성 지표와 참가자의 친사회적 행동 및 공격성의 관계는 사용되는 공감 자극의 유형에 따라 달라지는 것으로 보인다. Eisenberg와 Miller(1987)

의 상위분석 결과를 살펴보면, 영화, TV, 영상물, 실제와 흡사한 연기 등에 대한 아동의 반응을 조사한 연구들에서 공감과 친사회적 행동 간에는 유의미한 정적 상관이 있는 것으로 나타났다. 하지만 친사회적 행동과 그림-이야기 지표에 대한 안면, 자세 및 음성 반응 간에는 아무런 일관적인 관계도 발견되지 않았다. 더욱이 그림-이야기 및 영상물을 사용한 연구들에서 공감에 대한 안면, 자세 및 음성 반응과 공격성 간에는 아무런 일관된 관계도 발견되지 않았다(Miller & Eisenberg, 1988). 하지만 최근의 한 연구에서는 공감 유발 부정적 사건을 담은 그림을 제시받았을 때, 소녀들의 경우는 그렇지 않았지만 소년들의 경우는 안면반응이 그들의 외재화 행동문제(externalizing problem behavior)와 부적인 관련이 있는 것으로 밝혀졌다.

공감 관련 반응의 생리적 측정

공감 관련 반응에 대한 지표로서 생리적 지표, 특히 심박률(HR: heart rate)과 피부전도(SC: skin conductance)를 사용하는 연구들이 늘고 있다(예: Eiesenberg, Fabes, Schaller, Carlo, & Miller, 1991; Zahn-Waxler, Cole, Welsh, & Fox, 1995). 이러한 측정 방법들에 대한 타당화는 서로 다른 유형의 유발 자극(동정 유발 혹은 고통 유발 자극)을 제시하고 그 지표상의 반응들이 얼마나 발생하는지, 또 그 지표들이 친사회적 행동을 얼마나 잘 예언하는지 등을 조사함으로써 이루어졌다. 이런 측정방법들이 장점을 지녔다는 것은 분명하지만, 사용 및 해석상의 편이성과 관련하여 단점을 지녔다는 것 역시 분명하다.

심박률
공감 관련 반응에 관련되는 심박률(HR) 패턴이 서로 다르다는 증거가 점차 늘어나고 있다. 심리생리적 연구들을 살펴보면, 정보를 받아들이거나 주의의 초점이 외부로 향할 때에는 HR 감소가 일어난다(Cacioppo & Sandman, 1978; Lacey, Kagan, Lacey, & Moss, 1963). 따라서 공감 유발 상황에서 개인들의 HR 감소가 발생할 때 그들은 타인의 정서 상태나 상황에 주의의 초점을 맞추고 공감을 경험하고 있는 것으로 보인다. 대조적으로 개인들이 불안이나 고통을 경험하거나 적극적인 대처를 할 때에는 HR 증가가 발견된다(Cacioppo & Sandman, 1978; Lazarus, 1975). 따라서 HR 증가는 개인적 고통의 경험과 관련이 있는 것으로 여겨진다.

초기 연구들에서는 피험자들에게 동정 유도 영상물을 제시하거나(혹은 동정 유도 사건에 관해 이야기하도록 하거나), 고통스러운 사건을 지켜보거나 그에 관해 이야기하도록 하면서 그들에게서 HR 변화가 일어나는지를 조사했다. 일반적으로 동정을 유발하는 상황(예: 동정 유발 영상에 대한 노출)에서는 HR이 감소하는 반면, 고통을 유발하는 활동(예: 무서운 영화를 보는 것)과 관련해서는 HR이 증가하였다(Eisenberg, Fabes et al., 1988; Eisenberg, Schaller, et al., 1988). 더욱이 HR 감소는 일반적으로 (이타주의 동기가 유발될 것 같은 환경에서) 친사회적 행동과 관련되는 반면, HR 증가는 때때로 친사회적 행동과 부적인 관계가 있는 것으로 나타났다(Eisenberg & Fabes, 1990 참조). 이는 동정과 이타주의의 관계에 관한 이론과 일치하는 것이다. 예를 들어, 행동문제를 가지고 있는 4~5세 아동들을 대상으로 한 연구에서 친사회적 행동 및 공감적 염려는 HR 감소와 관련이 있었다(Zahn-Waxler et al., 1995). 여기에서 친사회적 경향성과 관련이 있는 것은 긴 시간에 걸친 평균 HR이 아니라 유발기(evocative period) 동안의 HR 감소라는 사실을 주목하는 것이 중요하다(예: Zahn-Waxler et al., 1995).

피부전도

공감 관련 반응의 지표로서 피부전도(SC) 또한 사용되어 왔다(Eisenberg, Fabes, Schaller, Miller, et al., 1991; Fabes, Eisenberg, & Eisenbud, 1993). 사람들은 불안하거나 무서움을 느낄 때 SC를 나타내는 경향이 있다(MacDowell & Mandler, 1989; Wallbott & Scherer, 1991). SC는 종종 생리적 각성과 관련되기 때문에 이 지표는 동정보다는 개인적 고통의 지표로 여겨져 왔다(Eisenberg & Fabes, 1990). 실제로 대리적 고통을 유도하는 영상물에 대해 아동과 성인들은 높은 수준의 SC를 나타내는 경향이 있다(Eisenberg, Fabes, Schaller, Carlo et al., 1991; Eisenberg, Fabes, Schaller, Miller et al., 1991).

관련 이론과 일치하게, SC는 친사회적 및 반사회적 행동과 관련이 있는 것으로 밝혀졌다. 예를 들어, Fabes 등(1993)은 소녀들의 성향적 조력도(dispositional helpfulness)와 공감 유도 영상물에 대한 반응으로 나타나는 SC 간에는 역상관이 존재한다는 것을 발견했다. 더욱이 학령 전의 소녀들을 대상으로 했을 때, 문제행동(외재화 및 내재화 문제행동)이 가장 심한 것으로 분류된 소녀들의 경우에는 공감 유도 자극에 대한 반응으로 SC 상승이 가장 클 것으로 나타났다(Zahn-Waxler et al., 1995).

생리적 자료의 장단점

공감 관련 반응을 평가하기 위해 생리적 자료를 수집하는 것에는 여러 장점이 있다. 첫째, 대부분의 경우 사람들은 자신의 생리적 반응을 의식적으로 통제하지는 못한다(하지만 HR의 경우는 어느 정도의 통제가 가능하다). 따라서 이런 자료는 사회적 바람직성 편향과는 비교적 무관하다고 볼 수 있다. 둘째, 아동들이 대리적으로 유도된 정서반응을 보고하는 데 어려움을 가지는 경향이 있다는 점을 감안한다면(Eisenberg & Lennon, 1983; Eisenberg & Miller, 1987), 생리적 자료는 이런 아동들의 공감 관련 반응을 드러내는 대안적 방법이 될 수 있다. 셋째, 생리적 자료를 연구에 사용함으로써 공감 관련 반응을 경험하는 당사자가 자신의 반응을 보고하면서 발생할 수 있는 제3변인의 혼입문제를 극복하는 것이 가능해진다.

반면, 생리적 자료를 사용하는 것에는 방법론적 및 실제적 단점들도 존재한다. 첫째, 생리적 자료의 사용에 내재하는 한 가지 심각한 잠재적 문제점은 사람들이 개인적 고통과 동정을 동시에 경험할 수 있고, 이러한 동시적 반응들이 생리적으로 어떻게 나타나는지가 불분명하다는 것이다. 둘째, 생리적 자료의 분석은 복잡하고 어려울 수 있다. 연구자들은 유발 사건의 제시 직후에 측정한 자료에 더 관심을 기울여야 하는지, 긴 시간에 걸친 평균치에 더 관심을 기울여야 하는지를 결정해야 한다. 셋째, 생리적 반응에는 개인차가 존재하기 때문에 대개의 경우 기저선 반응을 통제하는 것이 필요하다. 넷째, 연구 참가 아동의 연령이 생리적 반응에 영향을 미칠 수 있고, 이는 생리적 자료에 대한 종단적인 조사를 더욱 어렵게 만든다.

실제적인 관점에서 참가자들, 특히 어린 아동들은 생리적 측정 장치에 반응성(reactivity) 문제를 나타낼 수 있다(Wilson & Cantor, 1985 참조). 더구나 생리 장치 전극에 익숙해지고 난 다음에도 아동들은 여전히 불편감을 드러낼 수 있다. Gottman, Katz 및 Hooven(1997)과 동료들은 이러한 문제를 최소화할 수 있는 독창적인 방법을 개발했다. 그들의 실험실에서 아동들은 전극을 내장한 우주복을 입고 우주선 캡슐에 몸을 묶게 된다. 이러한 절차를 사용하는 것은 아동의 움직임을 최소화할 수 있다는 부가적인 이점이 있다. 왜냐하면 움직임이 통제되지 않을 경우 생리적 자료의 수집 자체가 방해받을 수도 있기 때문이다. 말하는 것 역시 생리적 반응에 영향을 미치기 때문에 연구 참가자들에게 자료를 수집하는 동안 말을 하지 않도록 하는 것 또한 필요하다. 덧붙여, 예기치 않은 온도의 변화나 소음에 의해 생리적 반응이 영향을 받을 수 있기 때문에 격리된 실험실을 사용하는 것 역시 필요하다.

결 론

이 장에서 우리들은 공감 관련 반응을 평가하는 네 가지 방법(예: 자기보고, 제3자 보고, 안면 및 생리적 측정)들을 살펴보았다. 이러한 측정방법들이 서로 간에 어떤 관련이 있는지에 대해서는 정보가 더 필요하다. 일부 연구들에서 각 측정치들은 서로 적당한 정도의 정적 상관을 지니는 경향이 있었지만(예: Eisenberg, Fabes et al., 1988), 측정치들 간에 상관이 거의 없다는 연구들도 있었다(Eisenberg, Fabes, Schaller, Carlo et al., 1991; Zahn-Waxler et al., 1995; Cacioppo et al., 1992 참조). HR과 SC는 정서 유발 자극이 비교적 유발성이 높을 경우에는 서로 간의 연관성이 더 높아질 수 있다 (Eisenberg et al., 1996). 측정치들 간 일치의 결여를 설명하기 위해 일부 이론가들은 서로 다른 역할 사회화(role socialization)가 정서의 외적 표현(예: 자기보고, 안면 표현)과 내적 표현(생리적 반응)에 차별적인 영향을 미쳤을 가능성을 논의했다(Cacioppo et al., 1992). 또 다른 이론가들은 어떤 사람들은 정서를 주로 외적으로 표현하는 반면, 다른 사람들은 내적으로 표현하는 경향이 있다는 가설을 제시하기도 했다(Buck, 1984). 그러나 공감 관련 정서반응의 표현에 존재하는 개인차의 성질과 그 결정 인자를 직접적으로 조사한 연구는 거의 없는 실정이다.

어떤 사람들은 자신의 감정(공감 관련 반응을 포함하여)을 밖으로 드러내는 경향이 있는 반면에 다른 사람들은 안으로 감추는 경향이 있다는 것이 사실이라면, 공감 관련 반응을 평가할 때 가능하다면 중다방법 접근(multimethod approach)을 사용하는 것이 중요하다. 중다방법 접근은 공감 관련 반응의 여러 측정방법들이 각기 장점과 단점을 동시에 지니고 있다는 점을 감안할 때 더욱 중요해진다. 이와 더불어 동정과 개인적 고통은 친사회적 행동과 서로 다른 관련성을 지니기 때문에, 긍정적 발달에 관심을 가진 연구자들이라면 공감 관련 반응에 대한 전반적 측정을 넘어서는 측정을 해야 할 것이다. 개인적 고통의 경우는 그렇지 않지만, 동정의 경우는 최적의 정서 조절(optimal emotional regulation)과 관련되는 듯하다(Eisenberg et al., 1994, 1996, 1998). 따라서 동정은 아동의 일반적인 사회적 능력(Eisenberg et al., 1996; Murphy et al., 1999), 고차적인 도덕적 추리(Carlo, Eisenberg, & Knight, 1992), 타인에 대한 낮은 적개심(Davis, 1994) 등을 포함하는 최적의 사회적 기능성(optimal social functioning)과 밀접한 관계가 있는 것으로 보인다. 전반적 공감(global empathy)은 아마도 정서적 각성(emotional arousability)이나 타인에 대한 아동의 정서반응에 관심을 가질 때 더 유용할 듯하고, 동정과 개인적 고통은 긍정적인 사회 및 정서 발달과 행동에 더 밀접하게 연관되는 것 같다.

공감 관련 반응에 대한 대부분의 측정은 성향적 반응(예: 제3자 및 자기보고 질문지)을 측정하기도 하고, 공감 유도 영상 자극 혹은 실제 연기에 노출되는 실험적 상황에서 참가자들이 나타내는 상황적 반응을 측정하기도 한다. 공감 관련 반응은 실생활에서의 그것과 실험 장면에서의 그것이 다소 차이가 날 수도 있기 때문에 일상생활에서의 공감 관련 반응에 대한 더 많은 정보가 필요하다. 이런 점에서, 타인의 고통에 대한 어린 자녀들의 실생활에서의 반응을 부모로 하여금 보고하게 한 Zahn-Waxler 등(1992)의 연구 접근은 매우 유망하다. 이와 유사한 접근이 아동 혹은 성인의 대리적 정서반응을 평가할 때도 사용될 수 있을 것이다. 좀 더 나이 든 아동과 성인들이 자신의 공감 관련 경험에 대해 일지 형태로 보고하게 하는 것은, 그들이 공감 관련 정서 경험을 어떤 식으로 처리하고 그에 어떻게 반응하는지를 이해하는 데 도움이 될 것이다. 이런 종류의 자료는 실생활 장면에서 공감과 동정을 실제로는 경험하면서도 때때로 다른 사람을 돕는 것을 억제하는 사람들의 경우, 어떤 요인들 때문에 그러한지를 이해하는 데 필요한 정보 또한 제공해 줄 수 있을 것이다.

요약하자면, 공감 관련 반응은 사람들 내부에서 발생하는 과정이기 때문에 측정하기가 쉽지 않다. 각 측정방법은 공감 관련 반응의 각기 다른 측면에 초점을 맞추고 또 각기 장단점을 지니고 있어서, 일반적으로 상황적인 공감 관련 반응을 측정할 때는 더욱더 중다방법 접근이 추천된다. 더불어 아동을 대상으로 한 공감, 동정 및 개인적 고통의 평가에 사용되는 측정과 관련해서는 특히 평가 도구와 절차상의 더 많은 개선이 요구된다. 공감 및 관련 반응은 공격과 반사회적 행동의 억제뿐 아니라 조력과 대인 이해와 같은 긍정적 행동의 증진에도 중요한 역할을 하기에, 공감측정에서의 개선은 최적의 기능성(optimal functioning)에 대한 연구에 상당한 기여를 할 것으로 보인다.

부 17.1 록

Eisenberg 등의 Child-Report Sympathy 척도

1. 장난감과 옷이 없는 아이들을 보면 가엾다는 느낌이 든다.

2. 괴롭힘을 당하는 아이들을 보면 불쌍하다는 느낌이 든다.

3. 내가 가지고 있는 물건을 가지지 못한 아이들을 보면 가엾다는 느낌이 든다.

4. 상처 받거나 혼란스러워하는 아이들을 보면 불쌍하다는 느낌이 든다.

5. 슬프거나 문제를 겪고 있는 아이들을 볼 때면 불쌍하다는 느낌이 들곤 한다.

6. 놀림받거나 괴롭힘당하는 아이들을 봐도 불쌍하다는 느낌이 들지 않는다.

※ 지시문은 다음과 같다. "여러분에게 몇 개의 문장을 읽어드리겠습니다. 여러분이 문장 속의 주인공과 같은지 다른지를 말해 주십시오. 옳거나 틀린 답이 있는 것은 아닙니다." 먼저 아동은 제시된 문장이 자신에게 해당되는지의 여부에 관해 질문을 받게 된다. 아동이 해당된다고 응답하면, 그 정도를 다음의 세 가지 중 하나를 골라 응답하게 한다. '정말 그렇다' (1점), '어느 정도 그렇다' (2점), '나와 상관없다' (3점). 점수가 높을수록 자신에게 더 해당되는 것으로 하려면 역채점하면 된다.

부 17.2 록

아동의 동정/공감에 대한 부모(혹은 교사)의 보고

정말 그렇다	어느 정도 그렇다				어느 정도 그렇다	정말 그렇다
1.	_____	_____	우리 아이는 불행한 사람들을 불쌍하게 여길 줄 안다.	혹은	우리 아이는 불행한 사람들을 불쌍하게 여길 줄 모른다.	_____ _____
2.	_____	_____	우리 아이는 사람들 에 대해 동정심을 가지고 있다.	혹은	우리 아이는 사람들 에 대해 동정심을 가지고 있지 않다.	_____ _____
3.	_____	_____	우리 아이는 놀림을 받는 아이들을 불쌍히 여긴다.	혹은	우리 아이는 놀림을 받는 아이들을 불쌍 히 여기지 않는다.	_____ _____
4.	_____	_____	우리 아이는 문제를 겪거나 슬퍼하는 아 이들을 봐도 불쌍하 게 여기지 않는다.	혹은	우리 아이는 문제를 겪거나 슬퍼하는 아 이들을 보면 불쌍하 게 여긴다.	_____ _____
5.	_____	_____	우리 아이는 다른 아이가 상처받는 것 을 보면 마음 아파 한다.	혹은	우리 아이는 다른 아이가 상처받는 것 을 봐도 아무렇지 않게 여긴다.	_____ _____

※ 지시문은 다음과 같다. "귀하의 자녀(혹은 학생)가 제시되는 각 문장과 관련해서 실제로 어떤지에 관해 귀하의 의견을 느끼는 대로 표시해 주십시오. 먼저 귀하의 자녀(혹은 학생)가 왼쪽 문장에 해당되는지 혹은 오른쪽 문장에 해당되는지를 결정한 다음, 그 정도를 '정말 그렇다' 혹은 '어느 정도 그렇다'에 표시해 주십시오. 이런 식으로 각 문항마다 4개의 밑줄 친 빈 칸 중 하나에 체크하면 됩니다." 이 척도는 Eisenberg와 Fabes 등(1998)의 연구에 사용되었는데, 이 연구에서는 "전반적으로 아이가 얼마나 동정적입니까?"라는 질문에 대한 평정(1점 = '아주 조금 혹은 전혀'에서 5점 = '심할 정도로 매우')도 포함하고 있다. 문항들은 표준화되었고, 일부 문항은 총점 계산 시 역채점된다.

참고문헌

Batson, C. D. (1991). *The altruism question: Toward a social-psychological answer.* Hillsdale, NJ: Erlbaum.

Bryant, B. (1982). An index of empathy for children and adolescents. *Child Development, 53,* 413–425.

Bryant, B. (1987). Critique of comparable questionnaire methods in use to assess empathy in children and adults. In N. Eisenberg & J. Strayer (Eds.), *Empathy and its development. Cambridge studies in social and emotional development* (pp. 361–373). New York: Cambridge University Press.

Buck, R. (1984). *The communication of emotion.* New York: Guilford Press.

Cacioppo, J. T., & Sandman, C. A. (1978). Physiological differentiation of sensory and cognitive tasks as a function of warning processing demands and reported unpleasantness. *Biological Psychology, 6,* 181–192.

Cacioppo, J. T., Uchino, B. N., Crites, S. L., Snydersmith, M. A., Smith, G. et al. (1992). Relationship between facial expressiveness and sympathetic activation in emotion: A critical review, with emphasis on modeling underlying mechanisms and individual difference. *Journal of Personality and Social Psychology, 62,* 110–128.

Carlo, G., Eisenberg, N., & Knight, G. P. (1992). An objective measure of adolescents' prosocial moral reasoning. *Journal of Research on Adolescence, 2,* 331–349.

Cole, P. M. (1986). Children's spontaneous control of facial expression. *Child Development, 57,* 1309–1321.

Davis, M. H. (1983). Measuring individual differences in empathy: Evidence for a multidimensional approach. *Journal of Personality and Social Psychology, 44,* 113–126.

Davis, M. H. (1994). *Empathy: A social psychological approach.* Madison, WI: Brown & Benchmark.

Davis, M. H., & Franzoi, S. L. (1991). Stability and change in adolescent self-consciousness and empathy. *Journal of Research in Personality, 25,* 70–87.

Eisenberg, N., Carlo, G., Murphy, B., & Van Court, P. (1995). Prosocial development in late adolescence: A longitudinal study. *Child Development, 66,* 911–936.

Eisenberg, N., & Fabes, R. (1990). Empathy: Conceptualization, assessment, and relation to prosocial behavior. *Motivation and Emotion, 14,* 131–149.

Eisenberg, N., & Fabes, R. (1998). Prosocial development. In W. Damon (Series ED.) & N. Eisenberg (Vol. Ed.), *Handbook of Child Psychology: Vol. 3. Social, emotionality development* (5th ed., pp. 701–778). New York: Wiley.

Eisenberg, N., Fabes, R. A., Bustamante, D., Mathy, R. M., Miller, P. A. et al. (1988). Differentiation of vicariously induced emotions in children. *Developmental*

Psychology, 24, 237-246.

Eisenberg, N., Fabes, R. A., Murphy, B., Karbon, M., Maszk, P. et al. (1994). The relations of emotionality and regulation to dispositional and situational empathy-related responding. *Journal of Personality and Social Psychology, 66*, 776-797.

Eisenberg, N., Fabes, R. A., Murphy, B., Karbon, M., Smith, M. et al. (1996). The relations of children's dispositional empathy-related responding to their emotionality, regulation, and social functioning. *Developmental Psychology, 32*, 195-209.

Eisenberg, N., Fabes, R. A., Schaller, M., Carlo, G., & Miller, R. A. (1991). The relations of parental characteristics and practices to children's vicarious emotional responding. *Child Development, 62*, 1393-1408.

Eisenberg, N., Fabes, R. A., Schaller, M., Miller, P. A., Carlo, G. et al. (1991). Personality and socialization correlates of vicarious emotional responding. *Journal of Personality and Social Psychology, 61*, 459-471.

Eisenberg, N., Fabes, R. A., Shepard, S. A., Murphy, B. C., Jones, J. et al. (1998). Contemporaneous and longitudinal prediction of children's sympathy from dispositional regulation and emotionality. *Development Psychology, 34*, 910-924.

Eisenberg, N., & Lennon, R. (1983). Sex differences in empathy and related capacities. *Psychological Bulletin, 94*, 100-131.

Eisenberg, N., & Miller, P. A. (1987). The relation of empathy to prosocial and related behaviors. *Psychological Bulletin, 101*, 91-119.

Eisenberg, N., Schaller, M., Fabes, R. A., Bustamante, D., Mathy, R. et al. (1988). The differentiation of personal distress and sympathy in children and adults. *Development Psychology, 24*, 766-775.

Eisenberg, N., Shea, C. L., Carlo, G., & Knight, G. (1991). Empathy-related responding and cognition: A "chicken and the egg" dilemma. In W. Kurtines & J. Gewirtz (Eds.), *Handbook of moral behavior and development. Vol. 2. Research* (pp. 63-88). Hillsdale, NJ: Erlbaum.

Eisenberg, N., & Lennon, R. (1980). Altruism and the assessment of empathy in the preschool years. *Child Development, 51*, 552-557.

Fabes, R. A., Eisenberg, N., & Eisenbud, L. (1993). Behavioral and physiological correlates of children's reactions to others in distress. *Developmental Psychology, 29*, 655-663.

Feshbach, N. D. (1978). Studies of empathic behavior in children. In B. A. Maher (Ed.), *Progress in experimental personality research* (Vol. 8, pp. 1-47). New York: Academic Press.

Gottman, J. M., Katz, L. F., & Hooven, C. (1997). *Meta-emotion: How families communicated emotionally*. Hillsdale, NJ: Erlbaum.

369

Hoffman, M. L. (1982). The measurement of empathy. In C. E. Izard (Ed.), *Measuring emotions in infants and children* (pp. 279–296). Cambridge: Cambridge University Press.

Holmgren, R. A., Eisenberg, N., & Fabes, R. A. (1998). The relations of children's situational empathy-related emotions to dispositional prosocial behavior. *International Journal of Behavioral Development, 22,* 169–193.

Iannotti, R. J. (1985). Naturalistic and structural assessments of prosocial behavior in preschool children: The influence of empathy and perspective taking. *Developmental Psychology, 21,* 46–55.

Kalliopuska, M. (1983). Verbal components of emotional empathy. *Perceptual and Motor Skills, 56,* 487–496.

Lacey, J. I., Kagan, J., Lacey, B. C., & Moss, H. A. (1963). The visceral level: Situational determinants and behavioral correlates of autonomic response patterns. In P. H. Knapp (Ed.), *Expression of the emotions in man* (pp. 161–196). New York: International Universities Press.

Lazarus, R. S. (1975). A cognitively oriented psychologist looks at biofeedback. *American Psychologist, 30,* 553–561.

Lennon, R., Eisenberg, N., & Carroll, J. (1983). The assessment of empathy in early childhood. *Journal of Applied Developmental Psychology, 4,* 295–302.

Losoya, S., & Eisenberg, N. (2001). Affective empathy. In J. A. Hall & F. J. Bernieri (Eds.), *Interpersonal sensitivity: Theory and measurement. The LEA series in personality and clinical psychology* (pp. 21–43). Mahwah, NJ: Erlbaum.

MacDowell, K. A., & Mandler, G. (1989). Constructions of emotion: Discrepancy, arousal, and mood. *Motivation and Emotion, 13,* 105–124.

Mehrabian, A., & Epstein, N. A. (1972). A measure of emotional empathy. *Journal of Personality, 40,* 523–543.

Miller, P. A., & Eisenberg, N. (1988). The relation of empathy to aggressive and externalizing/antisocial behavior. *Psychological Bulletin, 103,* 324–344.

Miller, P. A., Eisenberg, N., Fabes, R. A., & Shell, R. (1996). Relations of moral reasoning and vicarious emotion to young children's prosocial behavior toward peers and adults. *Developmental Psychology, 32,* 210–219.

Murphy, B. C., Shepard, S. A., Eisenberg, N., Fabes, R. A., & Guthrie, I. K. (1999). Contemporaneous and longitudinal relations of young adolescents' dispositional sympathy to their emotionality, regulation, and social functioning. *Journal of Early Adolescence, 19,* 66–97.

Saarni, C. (1990). Emotional competence: How emotions and relationships become integrated. In R. A. Thompson (Ed.), *Socioemotional development* (pp. 115–182). Lincoln: University of Nebraska Press.

Spinrad, T. L., Losoya, S. H., Eisenberg, N., Fabes, R. A., Shepard, S. A. et al. (1999). The relations of parental affect and encouragement to children's moral emotions and behavior. *Journal of Moral Education, 28,* 323-337.

Strayer, J. (1987). Picture-story indices of empathy. In N. Eisenberg & J. Strayer (Eds.), *Empathy and its development* (pp. 351-355). Cambridge: Cambridge University Press.

Strayer, J. (1993). Children's concordant emotions and cognitions in response to observed emotions. *Child Development, 64,* 188-201.

Strayer, J., & Schroeder, M. (1989). Children's helping strategies: Influences of emotion, empathy, and age. *New Directions for Child Development, 44,* 85-105.

Wallbott, H. G., & Scherer, K. R. (1991). Stress specificities: Differential effects of coping style, gender, and type of stressor on autonomic arousal, facial expression, and subjective feeling. *Journal of Personality and Social Psychology, 61,* 147-156.

Wilson, B. H., & Cantor, J. (1985). Developmental differences in empathy with a television protagonist's fear. *Journal of Experimental Child Psychology, 39,* 284-299.

Wood, J. V., Saltzberg, J. A., & Goldsamt, L. A. (1990). Does affect induce self-focused attention? *Journal of Personality and Social Psychology, 58,* 899-908.

Zahn-Waxler, C., Cole, P. M., Welsh, J. D., & Fox, N. A. (1995). Psychophysiological correlates of empathy and prosocial behaviors in preschool children with behavior problems. *Development and Psychopathology, 7,* 27-48.

Zahn-Waxler, C., Friedman, S. L., & Cummings, E. M. (1983). Children's emotions and behaviors in response to infants' cries. *Child Development, 54,* 1522-1528.

Zahn-Waxler, C., Radke-Yarrow, Wagner, E., & Chapman, M. (1992). Development of concern for others. *Developmental Psychology, 28,* 126-136.

371

CHAPTER 18

성인 애착 안전성의 평가

1980년대에 이르러 사회, 발달, 임상 및 상담 심리학에 이르기까지 여러 학문 분야에서 성인 애착(adult attachment)에 관한 연구가 두드러지기 시작했다. 다양한 표본, 측정도구 및 방법론을 적용한 연구들의 결과는 다음과 같은 한 가지 강력한 결론으로 수렴된다. 즉, 안전 애착 유형(secure attachment style)의 사람들은 불안전 애착을 가진 사람들에 비해 수많은 수행 및 적응 영역에서 더 나은 기능성을 보인다는 것이다(Lopez & Brennan, 2000). 실제로 안전 애착 성인들은 시종일관 인지과정이 더 융통성 있고, 정서 조절이 더 성숙되며, 인간관계 행동이 더 건설적이다.

안전 애착이 성인들의 건강하고 적응적인 자기 조절과 강한 연관을 지닌다는 점을 감안할 때, 이 개념은 여지없이 긍정심리학의 지속적 발전에 중추 개념의 역할을 할 것이다(Seligman & Csikszentmihalyi, 2000; Snyder & Lopez, 2002). 이런 가능성을 염두에 두고 몇 가지 주제에 초점을 맞춰 이 장을 전개해 나가고자 한다. 우선, 애착 안전성(attachment security) 개념을 소개하고 그 이론적 기원을 간략히 살펴본 후, 애착 안전성이 이제까지 어떻게 개념화되었는지를 알아볼 것이다. 그런 다음, 성인 애착 안전성 평가의 두 가지 서로 다른 전통(즉, 면접 및 자기보고)에 관해 논평할 것이다. 또한 애착 안전성의 안정성, 개념적 단일성, 개념화와 조작화의 적절성 등과 관련된 의문들을 포함하여 애착 안전성의 평가에 내재하는 여러 가지 중요한 이슈와 논쟁들을 살펴볼 것이다. 마지막으로, 이 개념의 측정을 어떻게 새롭게 확장할 수 있는지, 그리고 많은 결실을 맺을 수 있는 앞으로의 연구 방향은 무엇인지에 관해서도 살펴볼 것이다.

이 장에서 이러한 여러 목표들을 달성하기 위해서는 지면관계상 각 주제에 관한 개괄적인 소개에 중점을 둘 수밖에 없다. 따라서 좀 더 자세한 소개가 필요한 경우에는 가능한 한 참고문헌을 제시할 것이다. 뿐만 아니라 애착 관련 척도나 질문지, 면접계획 등이 수없이 많이 존재하기에, 여기서 행해지는 개관은 불가피하게 성인 애착 유형에 관한 좀 더 두드러진 몇 개의 자기보고 및 면접 측정방식들에 국한될 수밖에 없다. 이외의 초기 부모와의 유대에 관한 회고적 측정이나 부모-청소년 관계의 질에 관한 측정 등 애착 관련 지각에 대한 다른 측정방식들에 대해서는 다루지 않는다. 이런 제한들에도 불구하고 이 장에서는 성인 애착 안전성의 개념화와 평가에 내재하는 핵심 이슈들을 일목요연하게 제시하는 데 우선적인 목표를 둘 것이다.

성인 애착 안전성 개념의 기원과 발전

성인 애착에 관한 현대 연구들은 애착이론의 초기 설계자라 할 수 있는 John Bowlby와 Mary Ainsworth의 연구에 이념적 뿌리를 두고 있다(Bretherton, 1992). 애착이론의 기원과 초기 발달에 관해서는 Ainsworth와 Bowlby(1991), Bretherton (1992), Karen(1994) 등이 훌륭한 역사적 설명을 제공하고 있다.

Bowlby(1969/1982)는 고아 및 비행 아동에 대한 임상적 관찰과 동물행동학, 체계이론 및 인지과학이론에 기초해서 유아-양육자 관계의 질이 아동의 행동 및 정서 경험의 주요 측면들과, 더 나아가 건강하거나 그렇지 못한 발달 경로의 형성에 인과적인 영향을 미친다고 제안했다. Bowlby에 따르면 '애착체계'는 유아와 양육자를 연결시켜 주는 근접 추구 행동(proximity-seeking behavior)을 조절하게 되는데, 이는 보호와 정서적 안전의 제공을 주된 기능으로 하는 독특하고도 진화에 기초한 동기체계(즉, 리비도적 욕구나 추동의 만족과는 무관한)를 반영하는 것이다.

특히 Bowlby는 인생의 초기 몇 년 동안에 유아가 내적 작동모형(IWM: internal working model)이라고 일컬어지는 인지 도식의 형태로 주요 양육자와의 초기 애착 관련 경험들에 관한 표상을 형성한다고 주장했다. IWM은 자신의 능력과 애정 대상 으로서의 가치(lovability)에 관한 아동의 지각(자기 모형, self model)과 애착 대상들에 의 접근 가능성과 그들의 반응성에 관한 기대(타인 모형, other model)가 통합된 것으로 볼 수 있다. 애착 대상으로부터 온정적이고 반응적이며 비강제적인 보살핌을 받는 유아들은 증대된 탐색, 환경적 지배, 점차적으로 더 자신감 있고 자율적인 형태의 자 기 조절 등을 주된 특징으로 하는 안전(secure) 애착 모형을 형성하게 된다. 반면에 자 신의 양육자가 강제적이고 반응이 일관적이지 않다고 지각하거나 혹은 일관되게 거 부적인 것으로 지각하는 유아들은 보살핌 및 근접 추구 행동이 아주 느리게 활성화되 거나 아예 억제되어 버리는 불안(anxious) 혹은 회피(avoidant) 지향성을 형성하게 된 다. 이 같은 결과는 한 걸음 더 나아가 정서 조절과 사회 능력에 있어서 현저한 결손을 초래하는 것으로 여겨진다. Ainsworth와 동료들은 유아-양육자 애착행동을 알아보 기 위하여 엄마가 떠났다가 다시 돌아오는 에피소드를 표준화시키고, 이에 대한 유아 의 반응을 연구하는 일종의 관찰 방법론인 '낯선 상황(strange situation)' 패러다임을 사용했다. 이 방법론을 적용한 연구 결과들은, 기저의 IWM을 반영하는 이러한 뚜렷 한 대인적 지향성 혹은 '애착 유형'이 실제로 존재한다는 경험적 증거를 제공해 준다 (Ainsworth, Blehar, Waters, & Wall, 1978).

이 이론을 성인기로 확장시키는 데 무엇보다 중요했던 것은 이러한 인지 도식의 '작업적(working)' 성질에 관한 Bowlby의 구체적인 가설들과 더불어 애착체계의 작 동에 관한 그의 전 생애적("요람에서 무덤까지") 조망이었다(Bowlby, 1979). Bowlby 는 IWM은 일단 형성된 후에는 비교적 안정적이고 자기 타당화적인(self-validating) 성질을 지닌다고 믿었다. 그 이유는 이런 모형들이 (1) 내적 평가와 대인행동들을 개 인 적응적이었던 이전의 발달 경로를 따라 조직화하고, (2) 이는 다시 앞으로의 인간 관계에서의 지각과 기대를 유도하는 원형으로서 기능하며, (3) 이런 과정을 통해 도 식과 일치하는 방식으로 개인의 사회적 경험을 형성해 나가기 때문이다.

성인 애착 안정성: 두 가지 평가 전통의 등장

애착이론이 성인의 기능성에 대한 경험적 연구로 확장되기 시작한 것은 1980년대 중반의 두 가지 독립적인 연구 분야, 즉 발달 및 사회 심리학에서였다. 발달심리학 분야에서 Ainsworth의 학생이었던 Mary Main과 동료들은 낯선 상황 연구에 참여한 엄마 피험자들을 대상으로 면접을 실시하고, 부모와 함께한 그들의 아동기 시절 경험에 관해 조사하기 시작했다. 면접에서 연구자들은 고통, 분리, 보살핌 등의 주제와 관련해서 부모와 함께한 참가자들의 초기 경험에 관한 기억들을 조사했다. 이 연구를 통해 면접방식의 성인 애착 안정성 평가 방법론으로 가장 유망한 성인 애착 면접(AAI: Adult Attachment Interview)이 구성되고 타당화될 수 있었고(George, Kaplan, & Main, 1985), 성인 애착에 관한 네 집단 분류방식 또한 가능해졌다(Main & Goldwyn, 1984, 1998).

이와 동일한 시기에 두 명의 사회심리학자인 Cindy Hazan과 Phillip Shaver는 Ainsworth 등(1978)의 세 집단 분류법을 기초로 간단한 3문항짜리 자기보고 측정도구를 제작하고, 이를 통해 애착이론을 성인 애정관계 연구에 적용했다. Hazan과 Shaver는 예비 연구를 통해 이론적으로 도출된 몇 가지 가설들, 즉 세 가지 성인 애착 유형과 관계 지각 및 기능성에 대한 다양한 지표들의 관계에 관한 가설들을 뒷받침하는 경험적 지지 증거를 얻을 수 있었다. 그들의 연구는 다른 연구자들(Bartholomew & Horowitz, 1991)을 자극하는 기폭제 역할을 했다. 이에 따라 세 집단 분류방식을 수정하여 회피 양식을 두 가지 유형(거부 및 두려움 양식)으로 구분하는 작업이 이어지게 되었고, 그 결과 Main과 Goldwyn(1984)이 제안한 네 집단과 대략적으로 일맥상통하는 분류체계가 창안될 수 있었다. 각 분류체계들에 관한 개략적 설명은 〈표 18-1〉에 제시되어 있다.

〈표 18-1〉 성인 애착 유형에 관한 세 가지 유명한 분류체계들

Hazan과 Shaver(1987)	설 명
안전 (secure)	나는 다른 사람들과 비교적 쉽게 가까워지는 편이고, 내가 남들에게 의지하고 또 그들이 나에게 의지하는 것이 편안하다. 내가 버림을 받거나 다른 사람들이 나에게 너무 가까이 다가오는 것에 관해 별로 걱정을 하지 않는다.
회피 (avoidant)	나는 다른 사람들과 가까워지는 것이 다소 불편하다. 남들을 완전히 믿는 것이 어렵고, 그들에게 의지하도록 나 자신을 내버려 두는 것이 힘들다. 누구라도 나에게 너무 가까이 다가오면 신경이 쓰이고, 내 애인은 종종 내가 더 가까이 다가오기를 바라지만 나는 그렇게 하는 것이 불편하다.
불안 (anxious)	나는 다른 사람들이 내가 바라는 만큼 나와 가까워지려 하지 않는다고 느낀다. 나는 종종 내 애인이 진정으로 나를 사랑하지 않거나 나와 함께하려 하지 않을까 봐 걱정하곤 한다. 나는 다른 사람들과 완전히 일치되기를 바라지만, 이러한 바람은 때로는 사람들을 질리게 하여 멀리 떠나 버리게 만들기도 한다.

Bartholomew와 Horowitz (1991)	설 명
안전 (secure)	나는 다른 사람들과 정서적으로 가까워지는 것이 쉽다. 내가 다른 사람들에게 의지하고, 또 그들이 나에게 의지하는 것이 편하다. 내가 혼자가 되거나 다른 사람들이 나를 받아 주지 않을 것이라는 걱정은 하지 않는다.
거부 (dismissing)	나는 정서적으로 친한 사람이 없는 것이 편하다. 내가 독립적이고 자족적이라는 느낌을 가지는 것이 나에게는 매우 중요하다. 나는 남들에게 의지하고 싶지도 않고, 또 그들이 나에게 의지하게 하고 싶지도 않다.
몰입 (preoccupied)	나는 다른 사람들과 정서적으로 완벽하게 친해지고 싶지만, 종종 다른 사람들은 내가 원하는 만큼 나와 친해지지 않으려는 것 같다. 가까운 사람들이 없으면 마음이 불편하지만, 다른 사람들이 내가 그들에게 가치를 두는 것만큼 나에게 가치를 두지 않을까 봐 걱정되기도 한다.
두려움 (fearful)	나는 다른 사람들과 친해지는 것이 불편하다. 나는 정서적으로 친한 관계를 원하지만, 사람들을 완전히 믿거나 그들에게 의지하는 것이 힘들다. 내가 다른 사람들과 너무 친해졌다가 상처를 입게 될까 봐 걱정된다.

(표 계속)

Main과 Goldwyn (1984, 1998)[a]	설 명
안전/자율 (secure/ autonomous)	피면접자는 조리 있는 협력적인 대화를 한다. 피면접자는 애착에 가치를 두지만, 특정한 사건이나 관계에 대해서는 객관적인 듯이 보인다. 애착 관련 경험에 대한 기술이나 평가, 즉 어떤 경험이 좋고 어떤 경험이 싫었는지에 대해 일관적이다. 대화에서 Grice(1975)의 규칙들에 대한 현저한 위반은 발견되지 않는다.
거부 (dismissing)	면접은 조리가 없고, 피면접자는 애착 관련 경험이나 관계에 대해 거부적이다. 피면접자는 이런 경험들을 열거된 사건들에 의해 뒷받침되지 않거나 그것들과 정면으로 모순되는 과거의 일반화된 표상들과 동일시된다. 따라서 Grice의 질의 규칙(maxim of quality)을 위반한다. 또한 축어록은 과도하게 짧아서 양의 규칙(maxim of quantity)을 위반한다.
몰입 (preoccupied)	면접은 조리가 없고, 피면접자는 과거의 애착관계나 경험에 사로잡혀 있다. 피면접자는 화나거나 수동적이거나 두려워하는 듯이 보이고, 길고 문법적으로 뒤섞인 혹은 모호한 표현들로 가득 찬 문장을 사용하여 Grice의 태도 및 유관성 규칙(maxim of manner and relevance)을 위반한다. 그리고 축어록은 종종 과도하게 길어서 양의 규칙(maxim of quantity)을 위반한다.
미해결/혼란 (unresolved/ disorganized)	상실이나 학대에 관한 토론을 하는 동안 피면접자는 추리나 대화를 진행하는 과정에서 실수를 저지른다. 예를 들어, 피면접자는 이미 죽은 사람이 실제로 여전히 살아 있다고 믿고 있는 듯한, 혹은 어렸을 때 상상 속에서 어떤 사람을 죽여 본 적이 있음을 나타내는 낌새를 언뜻 드러내 보인다. 피면접자는 아주 긴 침묵에 빠지거나 찬사조의 말을 늘어 놓기도 한다.

[a] Hesse(1999)가 저술한 장에서 허락하에 인용(Guilford Press, 1999년 저작권 보유).

성인 애착 안전성 평가의 이슈들

다른 학자들이 이미 주목했듯이(Bartholomew & Shaver, 1998; Simpson & Rholes, 1998), 발달 및 사회 심리학의 연구 주도에 따라 성인 애착 분야에서 각기 면접 및 자기보고식 평가 전통이 생겨나게 되었다. 더 중요한 점은, 이런 연구 전통들로 인해 요즘에는 영역(가족 대 또래/친구) 및 차원(유목 대 연속 점수) 상에서 다양한 조합의 측정이 가능해졌다는 것이다(Martholomew & Shaver, 1998). 하지만 예견되었다시피 이러한 다양성 때문에 성인 애착 안전성의 적절한 개념화와 평가에 관한 몇 가지 논쟁들 또한 불가피하게 되었다. 다음에서는 이러한 평가문제들에 대해 좀 더 자세히 살펴보고, 독자들이 도구 선택과 사용에 관한 결정을 보다 잘하기 위해 필요한 정보들을 충분히 제공하고자 한다.

무의식적 마음 상태인가, 의식적인 마음 상태인가

성인 애착 안전성에 관한 면접 및 자기보고 측정은 주로 IWM에 관한 서로 다른 가정에 기초하고 있다. 면접 측정법의 일반적인 가정은 성인의 IWM은 의식적 접근이 가능하지 않고 방어적 왜곡에 취약하며, 따라서 참가자의 반응에 대한 주의 깊은 조사 및 객관적 기록과 더불어 독립적 평정자를 사용하여 대화분석을 함으로써 최종 평가 분류가 가능해진다는 것이다. 예를 들어, AAI는 참가자들의 부모들과의 과거 및 현재의 관계를 조사하고, 고통 및 분리 주제에 관한 초기 기억을 평가하기 위해 녹음된 18문항짜리 1시간 분량의 반구조화 면접을 사용하여 성인들의 '애착 관련 마음 상태'를 평가한다. AAI의 역사적 발전과 타당화에 관한 자세하고도 포괄적인 논의를 전개한 바 있는 Hesse(1999)에 따르면, Main의 분류체계(Main & Goldwyn, 1984, 1998) 사용을 훈련받은 독립적 평정자들은 면접 축어록을 읽어 내려가면서 합리적이고도 협력적인 대화 원리를 준수하는 피면접자의 능력, 즉 이야기의 전반적 '조리성(coherence)'에 기초하여(Grice, 1975) 참가자들을 네 집단 중 하나(〈표 18-1〉 참조)로 분류하게 된다. 요컨대, 사람들이 자신의 부모와의 초기 관계 경험에 대해 접근하고 기술하는 방식(manner)이 그들이 행한 말의 내용(content)보다 궁극적인 애착 분류에 훨씬 더 중요하다는 것이다.

'안전/자율 애착'으로 분류되는 사람들은 자신이 보고한 초기 경험이 전반적으로 긍정적이건 부정적이건 일련의 질문들에 사려 깊고 의미 있고 조리 있게 반응하는 분명한 능력을 지니고 있다. 대조적으로 '거부' '몰입' 혹은 '미해결/혼란' 애착으로 분류되는 사람들은 기억 인출 곤란, 언어적 비유창성, 혹은 자기 감찰에서의 다른 지연들을 나타내는데, 이들은 모두 이야기의 전반적 조리성에 부정적인 영향을 미치는 것들이다. 표준 AAI 평정척도는 주로 유목 분류를 하기 위해 사용되지만, Q-sort 방법론을 사용한 대안적 채점체계가 개발되어 IWM과 면접 축어록에 반영된 사고 조직을 모두 평가하는 연속 점수를 두 개의 독립적 차원들(안전/불안 및 과활동성/비활동성)에서 산출하는 것이 가능해졌다(Kobak, Cole, Ferenz-Gillies, & Fleming, 1993). Kobak 등(1993)은 두 가지 채점체계를 사용해 얻은 애착 유목 분류들 간의 카파(kappa)를 .65로 보고했는데, 이는 적정한 수준에 속한다.

자기보고 측정은 IWM이 의식적으로 접근 가능하고, 표준 체크리스트 혹은 평정척도를 사용해서 참가자들의 보고를 신뢰성 있게 얻어낼 수 있으며, 또 그렇게 함으로써 친밀한 또래들과의 전형적인 관계 패턴을 기술해 낼 수 있다고 가정한다. 따라서 자기보고 측정법은 IWM이 무의식적인 '마음 상태'라기보다는 관계 친밀성에 대한 일반화된 기대와 선호를 반영하는 의식적인 '마음 상태'로서 참가자들의 행동반응 패턴과 관계 경험에 대한 정보처리를 유도하는 것으로 개념화한다. 예를 들어, Hazan과 Shaver(1987)의 3문항으로 된 예비 측정도구(〈표 18-1〉 참조)에 반응하는 참가자들이 연애관계에 관한 자신의 느낌을 가장 잘 기술하는 문장을 하나 선택하면, 이를 통해 자신이 '안전' '불안' '회피' 중 어느 유형으로 분류될 것인지가 결정된다. 앞서 언급했다시피 Bartholomew와 Horowitz(1991)는 원래의 세 집단 분류체계(〈표 18-1〉 참조)를 두 개의 회피 유형(즉, '거부' 및 '두려움')을 포함하는 네 집단 분류체계로 확장시켰다. 다른 연구자들(Collins & Read, 1990; Simpson, Rholes, & Phillips, 1996)은 원래의 문장 진술문을 연속 점수로 평정 및 채점이 가능하도록 여러 문항들로 풀어서 제시하는 방식을 통해 또 다른 자기보고 측정도구를 개발하였다. 성인 애착의 기저 차원 구조에 관한 연구에서는 일반적으로 대인적 친밀과 의존에 대한 편안함을 측정하는 차원(즉, 회피)과 대인적 거부와 유기에 대한 두려움을 측정하는 차원(즉, 불안)의 2차원 요인구조를 지지하는 결과가 얻어졌다. 더불어 이러한 발전들은 보다 향상된 내적 일치도를 가진 좀 더 새롭고 요인분석에 의해 도출된 성인 애착 측정도구의 개발을 촉진시켰다(ECR: Experiences in Close Relationships; Brennan, Clark, & Shaver, 1998).

성인 애착 안전성은 얼마나 안정적인가

성인 애착에 대한 면접 및 자기보고 측정법은 IWM의 의식적 접근 가능성에 대한 입장이 서로 다른 것이 사실이다. 하지만 이 측정법은 일단 평가된 개인의 '성인 애착 유형' 혹은 '성인 애착 지향성'에 대해서는 Bowlby가 가정했던 것과 마찬가지로 그것이 비교적 안정적인 개념이라는 데 입장을 같이한다. 측정의 관점에서 어떤 개념의 시간적 안정성은 검사-재검사 신뢰도(분류 유목의 경우에는 빈도분석 및 카파계수, 연속 점수의 경우에는 상관계수)에 의해 계산될 수 있다. 또한 AAI와 같은 면접법의 경우에는 재검사 시 면접자가 달라질 수 있으므로 시간적 안정성이 시간에 걸친 평정자 간

〈표 18-2〉 성인 애착 측정도구들의 주요 특징

도구 명칭	형식	문항 또는 질문 수	하위척도	실시시간 (분)	신뢰도			구성 타당도
					평정자 간	내적 일치도	검사-재검사	
AAI	면접	18	25	60	.87~.95[a]	.87~.91[b]	강함	탁월
FPAI	면접	변동적	4	60	.73~.89	.85~.92	적당	약간
ASM	자기보고	단일 문항 (3범주)	N/A	2~3	N/A	N/A	적당	양호
RQ	자기보고	단일 문항 (4범주)	N/A	2~3	N/A	N/A	적당	양호
AAS	자기보고	18	3	3~5	N/A	.69~.75	적당	양호
AAQ	자기보고	17	2	3~5	N/A	.70~.76[c]	적당[d]	양호
ECR	자기보고	36[e]	2	6~8	N/A	.91~.94	적당	양호

[a] AAI의 모든 개별 유목들에 대한 것임.
[b] Q-sort 차원 평정척도에 대한 것임.
[c] 현재의 17문항짜리에 기초한 것임.
[d] 이전의 13문항짜리에 기초한 것임.
[e] 단축형.

※ AAI: Adult Attachment Interview(Geroge, Kaplan, & Main, 1985); FPAI: Family and Peer Attachment Interview(Bartholomew, 1998); ASM: Attachment Style Measure(Hazan & Shaver, 1987); RQ: Relationship Questionnaire(Bartholomew & Horowitz, 1991); AAS: Adult Attachment Scale(Collins & Read, 1990); AAQ: Adult Attachment Questionnaire(Simpson, Rholes, & Phillips, 1996); ECR: Experiences in Close Relationships(Brennan, Clark, & Shaver, 1998).

일치도로 계산될 수 있다(몇 가지 유명한 성인 애착 측정도구들의 신뢰도 및 타당도 정보에 관해서는 〈표 18-2〉를 보라).

AAI를 사용한 분류의 시간적 안정성은 적당하거나 강한 편에 속한다. 예를 들어, 이스라엘의 젊은 성인 표본을 대상으로 3개월에 걸쳐 AAI 안정성을 평가한 Sagi 등(1994)의 연구에서 두 시점에 걸친 평정자 간 신뢰도는 높았고(87~95%의 범위), 동일 기간 동안의 분류 일치율은 적당히 높은(90%) 것으로 나타났다. Bakermans-Kranenburg와 van IJzendoorn(1993)의 연구에서도 비슷한 검사-재검사 안정성 지표가 얻어졌다. 이 두 연구를 통해 면접자가 달라져도 유목 분류는 달라지지 않는다는 것을 알 수 있다(좀 더 완전한 논의를 위해서는 Hesse, 1999 참조). AAI를 사용한 연구

381

들에 대한 광범위한 상위분석에서도 애착 조직화의 세대 간 연속성을 지지하는 확실한 증거들이 발견되었다. 여기서 애착의 세대 간 연속성은 부모의 AAI 분류와 자녀의 낯선 상황에서의 분류의 일치로 정의되었다(van IJzendoorn, 1995). 이와는 달리 Davila(2001)는 AAI와 유사한 축어록 분석방식을 사용하는 Family and Peer Attachment Interview(FPAI; Bartholomew, 1998)의 네 가지 하위척도의 평정자 간 신뢰도가 .73(몰입)~.89(거부)에 이르는 것으로 보고했으며, Scharfe와 Bartholomew (1994)는 이러한 면접에 기초한 축어록 평정의 8개월 검사-재검사 상관이 적당한 정도에 이른다고 보고했다.

다소 혼재되어 있기는 하지만, 성인 애착에 대한 자기보고 측정법의 시간적 안정성을 지지하는 증거 또한 존재한다. 젊은 성인 표본을 대상으로 Relationship Questionnaire(RQ)를 사용한 Scharfe와 Bartholomew(1994)의 연구에서는 참가자의 약 60% 정도가 8개월 후에도 동일한 애착 유형을 나타내는 것으로 밝혀졌다. 연인 및 부부 표본을 대상으로 Attachment Style Measure(ASM)를 사용한 두 개의 독립된 연구에서 Fuller와 Fincham(1995), Kirkpatrick과 Hazan(1994)은 2년 및 4년에 걸친 애착 유형 일치율이 각기 60~70%에 이른다는 것을 발견했다. 좀 더 최근에 Davila, Burge 및 Hammen(1997)은 ASM을 사용하여 청소년기 후반의 여자들을 대상으로 2년에 걸친 애착 유형 안정성을 조사하면서, 애착 유형의 변화가 현재 상황이나 환경(이는 만성적 혹은 일시적 스트레스로 측정됨)을 반영하는지 혹은 좀 더 안정적인 개인차를 반영하는지에 관심을 기울였다. 연구 결과 애착 유형 불안정성 비율은 28(6개월)~34(2년)%에 이르는 것으로 나타났는데, 연구자들은 이러한 변동성이 변화에 대한 민감성에서의 개인차를 반영하는 것 같다고 결론지었다.

놀랍게도 성인 애착의 차원적 자기보고 측정법에 대해서는 시간적 안정성 정보가 별로 없는 실정이다. Adult Attachment Scale(AAS)의 세 차원(즉, 세 하위척도)들에 대한 검사-재검사 상관의 경우 2개월의 시간 간격($r = .52~.71$; Collins & Read, 1990)과 8개월의 시간 간격($r = .64~.73$; Scharfe & Bartholomew, 1994) 모두에서 적당한 정도로 높은 것으로 나타났다. Lopez, Mendelez 및 Rice(2000)는 출판되지 않은 자료를 인용하면서 Adult Attachment Questionnaire(AAQ)의 두 하위척도들의 2개월에 걸친 검사-재검사 상관이 각기 적당했다고 보고했다(회피의 경우 $r = .79$, 불안의 경우 $r = .64$). 대학 신입생 표본을 대상으로 회피와 불안을 평가하는 ECR 하위척도를 실시한 Lopez와 Gormley(2002)의 연구에서 구해진, 6개월에 걸친 시간적 안정성은 적당했던 것으로 알려졌다(각기 $r = .71, .68$).

성인 애착 안전성에 대한 면접 및 자기보고 측정법은 동일한 것을 재는가

가족관계와 친밀한 또래관계를 강조하는 정도에 차이가 난다는 점을 감안한다면, AAI를 자기보고 측정도구들과 비교한 일부 초기 연구들에서 방법 간 유형 분류의 일치 정도가 낮았다는 결과가 얻어진 것은 그리 놀랄 일도 아니다. 이러한 결과는 면접법과 자기보고법이 과연 동일한 개념을 측정하는 것인지에 관한 의문을 불러일으켰다(Crowell et al., 1996). 일부 연구자들은 이러한 결과를 오직 면접법만이 내적 작동 모형(IWM)을 민감하게 평가할 수 있으며, 자기보고법은 단지 현재의 친밀관계에서의 '애착 유형'만 평가한다는 것을 나타내는 것으로 간주했다(Dozier & Tyrell, 1998). 그러나 Bartholomew와 Shaver(1998)는 유사한 방법을 사용해서 동일한 영역을 측정할수록 측정도구들의 일치도가 높아진다는 것을 증명했고, 이를 토대로 면접법과 자기보고법은 평가에 관한 '연속선적' 시각('continuum' perspective)을 가지고 조망하는 것이 더 생산적일 것이라고 제안했다. 좀 더 최근에 Shaver, Belsky 및 Brennan (2000)은 지역사회 성인 여성들에게 AAI와 AAS를 실시하고, AAI의 세부 부호화 척도와 AAS 하위척도 점수 간의 상관을 조사했다. 그 결과, '축어록의 조리성(coherence of transcript)'과 '마음의 조리성(coherence of mind)'을 평가하는 AAI 척도들은 AAS의 각 하위척도들, 특히 양육 추구 및 제공 양자 모두에 대한 편안함을 평가하는 AAS Dependent 척도와 유의미하게 상관되는 것으로 나타났다. 이 연구자들은 AAI와 AAS가 동일한 구성개념을 측정하는 것이 아니기에 서로 호환적으로 사용되어서는 곤란하다고 주의를 환기시키면서도(이에 관해서는 애착 연구자들 간에 일반적인 합의가 있다), 애착과 관련된 진정한 마음 상태를 보다 잘 측정할 수 있는 자기보고식 측정도구의 개발이 앞으로 가능해질 것이라고 제안했다.

성인 애착은 유형적 속성을 지니는가, 차원적 속성을 지니는가

Fraley와 동료들(Fraley & Waller, 1998; Fraley, Waller, & Brennan, 2000)에 의해 행해진 최근 연구들은 성인 애착에 대한 더욱 민감하고 신뢰성 있으며 타당한 자기보고 측정도구가 개발될 수 있을 것이란 믿음을 갖게 한다. 분류측정 조사법(taxometric investigative methods)을 사용한 연구에서 Fraley와 Waller(1998)는 성인 애착 유형이 서로 구분되는 분류 유목들로 구성된다는 증거를 발견하지 못했는데, 이를 토대로 이 연구자들은 성인 애착 안전성에 대한 차원적(dimensional) 개념화 및 평가를 강하게 옹호했다. 그들의 시험적 증거와 결론이 설득력 있는 것은 사실이다. 하지만 애착 유형에 대한 범주적(categorical) 및 원형적(prototypical) 평가가 애착 연구들과 깊이 관련되어 있고, 또 연구자들이 그러한 도구들을 계속 사용할 것이라는 점 또한 사실이다(Klohnen & John, 1998).

Fraley 등(2000)은 몇몇 측정도구들에 대해 문항분석을 실시함으로써 성인 애착에 대한 자기보고 측정도구들의 측정 민감성을 향상시키려는 노력을 기울였다. 문항반응이론(IRT: item response theory)과 문항반응 분석은 척도문항들이 측정 정확성이 높은 동시에 그 분포가 균등한지에 관심을 가진다. 이 연구자들에 따르면 ECR 척도들은 가장 양호한 심리측정적 속성을 지녔고, "다른 애착 척도들에 비해 확연히 더 높은 검사 정보 함수(test information functions)를 지녔다"(p. 357). 그러나 ECR은 (분석에 포함된 다른 도구들과 마찬가지로) 비교적 낮거나 불균등하게 분포하는 검사 정보 곡선을 지니고 있어서 좀 더 나은 문항들이 척도에 포함될 필요가 있다. 일부 문항 조정을 거쳐 개정된 ECR조차도 애착 불안전성을 평가할 때보다 애착 안전성을 평가할 때 정확도가 떨어지는 것으로 나타났다. 이 같은 결과는 성인 애착에 대한 자기보고 평가가 회피 및 불안 차원의 낮은 말단부를 충실히 평가하는 새로운 문항들(즉, 안전성을 반영하는 문항들)을 보강함으로써 보다 향상될 여지가 있음을 시사한다.

성인 애착 안전성: 개인차 변인인가, 관계 개념인가

성인 애착 안전성에 대한 면접 및 자기보고 측정법 양자 모두에 내재하는 또 다른 성가신 문제는, 평가 결과 나타난 변동성(variation)을 개인차 변인으로 개념화하는 것이 더 나은지 혹은 관계 특정적 개념(relationship-specific construct)으로 개념화하는 것이 더 나은지(Kobak, 1994), 그리고 이와 관련해서 사람들이 하나의 단일 애착 모형을 가지고 있는지 혹은 중다 애착 모형을 가지고 있는지(Collins & Read, 1994)에 관한 것이다. 비록 성인들이 특정한 맥락과 관계에 따라 애착 관련 기대를 다르게 한다는 증거들이 점차 늘고 있는 것은 사실이지만, 그래도 여전히 개인차 개념화가 애착 연구의 주종을 이루고 있다. 예를 들어, Baldwin, Keelan, Fehr, Enns 및 Koh-

Rangarajoo(1996)에 따르면 대부분의 사람들은 다양한 애착 지향성을 반영하는 관계 도식(relational schemas)을 가지고 있다. 그리고 이러한 도식들은 실험적으로 '자극 될(primed)' 수 있으며, 그 도식적 지식의 상대적 가용성과 접근 가능성이 관계에 대한 인지과정에 영향을 미친다. 이와 더불어 연애 및 부부 관계의 양 당사자 모두의 애착 유형 혹은 지향성을 평가한 몇몇 연구들에서는 개인의 애착 유형이 관계 지각 및 행동에 미치는 영향은 파트너의 애착 유형 혹은 지향성에 따라 어느 정도 달라진다는 점을 발견했다(Lopez & Brennan, 2000 참조). 더욱이 여러 관계들에 걸친 애착 패턴에 있어서의 개인 내 변동성에 따라 개인 및 관계 적응 결과가 유의미하게 차이가 난다는 증거도 있다(LaGuardia, Ryan, Couchman, & Deci, 2000). 만일 사람들이 중다 애착 모형을 가지고 있는 것이 사실이라면, 궁극적으로 이런 모형들이 위계적 '망' 형태로 조직화되어 있는지(Collins & Read, 1994), 아니면 어떤 다른 인지적 구성 형태를 가지는지가 밝혀져야 할 것이다.

논쟁을 넘어서: 현재의 가능한 결론들

Kelly Brennan과 나는 수많은 최신 문헌들을 개관하면서 성인 애착 안전성은 심리적 건강과 효율성의 발달과 유지에 필수적인 수많은 능력들의 복합체라고 결론 내린 바 있다(Lopez & Brennan, 2000). '안전'으로 분류되거나 대인 회피 및 불안 수준이 낮은 것으로 평가된 사람들은 애매함과 불확실성에 대한 내성 능력이 뛰어나고, 협력적인 문제해결을 하며, 타인들에 대해 정확한 지각을 하고, 자신의 정서적 각성을 효율적으로 관리하며, 인지 및 평가 과정이 덜 왜곡되고, 더 통합적이며, 자기 반성적이다. 우리들은 또한 성인 애착 안전성은 비교적 지속적인 자기 맥락 관계 타인과의 지속적이고도 창의적인 관계 설정을 증진시킴으로써 자기 조직화 및 재조직화 모두를 최적화시키는 것으로 가장 잘 개념화될 수 있다고 제안한 바 있다.

앞서 언급되었다시피 성인 애착 연구자들은 일반적으로 면접 및 자기보고 측정법이 일부 공통적 요소들을 측정하기는 하지만 성인 애착 안전성의 서로 다른 측면 및 지표들을 더 잘 평가한다는 데 의견을 같이한다(Shaver et al., 2000 참조). AAI와 같은 면접법은 인출 및 기술 시도에 의해 촉발되는 어휘 및 정서 조절 과정과 더불어 초기 기억이 기저의 IWM을 어떻게 채색하는지를 평가하는 데 더 적절하다. 하지만 개인별 실시와 평정자 훈련에 소요되는 비용문제가 이 면접법의 단점이다.

자기보고 측정도구들은 특히 친밀한 또래관계의 맥락에서 애착과 관련된 자신의 인간관계 특징에 대한 사람들의 의식적 자각을 평가하는 데 더 적절하다. 이러한 측정도구들은 비용이 덜 들고 사용이 더 편리하지만, 방어적 왜곡과 반응 갖춤새 편향(response set bias)에 더 취약하다. ECR은 다른 자기보고 척도들에 비해서 하위척도들의 신뢰도는 더 높은 편이지만, 다른 자기보고 성인 애착 척도들과 마찬가지로 문항들이 불안전 말단부보다는 안전 말단부에서의 변동성을 보다 잘 평가한다는 문제점을 지닌다. 성인 애착 유형 및 지향성의 보다 덜 의식적인 측면을 평가하는 새로운 자기보고 측정도구의 개발은 계속 추구되어야 할 목표다.

성인 애착 안전성 평가의 새로운 지향과 발달

성인 애착 안전성은 전형적으로 긍정적인 심리적 건강 및 효율성과 관계되는 개인 및 친밀 관계의 많은 특징들을 통합하는 데 상당히 유망한 개념이다. 또한 현대 애착 이론은 직무관계(Hardy & Barkham, 1994; Schirmer & Lopez, 2001), 교사-학생 관계(Larose, bernier, Soucy, & Duchesne, 1999; Lopez, 1997) 등과 같은 비가족/비친밀 관계 영역에서 애착과 관련된 과정 및 성과들을 탐색하는 데 상당한 융통성과 생산성을 발휘하고 있다. 이러한 영역들으로의 지속적인 외연 확장은 유망하고도 바람직하다. 그러나 치료적 관계 영역으로 개념 관련 평가와 연구를 확장하려는 노력이 훨씬 더 유망할 것이다(Slade, 1999). 만일 Bowlby가 그렇게 믿었던 것처럼, 불안정 IWM이 긍정적인 치료적 만남의 맥락에서 변화 가능하다면, 치료자-내담자 애착 관련 역동에 대한 연구는 보다 많은 연구가 행해질 핵심 분야가 될 것이다. 이러한 맥락에서 특별히 언급할 가치가 있는 한 가지 성인 애착 안전성 측정도구는 Client Attachment to Therapist Scale(CATS; Mallinckrodt, Gantt, & Coble, 1995)이다. 임상 표본을 대상으로 개발되고 타당화된 36문항짜리 자기보고 측정도구인 CATS는 요인분석에 의해 도출된 세 개의 하위척도들(즉, 안전, 회피/두려움, 몰두/융합)을 가지고 있는데, 이들은 각기 치료자를 향한 내담자의 서로 다른 지향성을 반영한다. CATS 개발자들에 의한 후속 연구들은 원가족 분리 불안과 감정표현불능증(즉, 정서 상태에 대한 접근과 확인에 어려움을 호소하는 증상)을 치료자에 대한 불안전 지향성과 연결시키는 쪽으로 진행되었다(Mallinckrodt, King, & Coble, 1998).

또 다른 잠재적 지향점은 성인 애착 안전성에 대한 문화 간 비교 연구다. Bowlby는 애착체계의 보편성(그리고 그 연장으로 애착이론의 범문화적 타당성)을 강조하긴 했지만, 이러한 가정은 심각한 도전을 받아 왔다(Rothbaum, Weisz, Pott, Miyake, & Morelli, 2000). 몇몇 성인 애착 연구들에서 미국인이 아닌 표본(예: 이스라엘, 호주)이 사용되긴 했지만 그 역시 '서구' 사회의 일원들이기 때문에, 특히 비서구 집단을 대상으로 성인 애착 연구를 확장해야 한다는 요구가 강력해지고 있다. 이러한 필요성은 도구개발이라는 새로운 과제에 대한 해결을 요구한다. 미국인 표본들에서조차 부모와의 유대의 질과 성인 애착 안전성 간에 이론적으로 기대되는 관계가 인종/민족에 따라 달라진다는 예비적 증거가 존재하고 있는 실정이다(Lopez et al., 2000).

결 론

성인 애착 안전성의 평가는 별도의 두 가지 경로를 따라 발전해 왔다. 이러한 경로들은 전형적으로 (배타적이진 않지만) 면접에 기초한 방법론과 자기보고 방법론을 사용해 왔으며, 가족 및 친밀한 또래관계를 강조하는 정도에 있어서 차이가 난다. 이 방법론들은 성인 애착 유형의 차이를 초래하는 것으로 여겨지는 자기 및 타인에 대한 IWM의 의식적 접근 가능성에 대해 서로 다른 가정을 한다. 함께 묶어서 얘기하자면, 이 두 접근은 성인 애착 유형이 의식적 및 무의식적 특질들을 모두 포함하며, 개인(그리고 좀 더 그럴듯하게는 관계)의 비교적 안정적인 특징들을 평가하고, 성인 애착 유형이 서로 구분되는 별도의 유목들로 구성되기보다는 차원으로서 개념화되는 것이 더 적절하다는 데 시각을 같이한다. AAI와 같은 면접법이 기저의 IWM을 좀 더 민감하게 평가해 낼 수 있지만, 자기보고법 역시 지속적 발달을 거듭하면서 이러한 능력을 가지게 될 것으로 보인다. 성인 애착에 대한 최근의 문화 간 비교 연구와 가족관계 이외의 관계들(예: 치료적 관계)에 대한 평가 노력은 성인 애착 안전성이 서로 다른 다양한 맥락과 발달 시기들에 걸쳐 심리적 건강과 효율성에 어떤 영향을 미치는지를 좀 더 잘 이해하게 해 줄 것이다.

참고문헌

Ainsworth, M. D. S., Blehar, M. C., Waters, E., & Wall, S. (1978). *Patterns of attachment: A Psychological study of the Strange Situation.* Hillsdale, NJ: Erlbaum.

Ainsworth, M. D. S., & Bowlby, J. (1991). An ethological approach to personality development. *American Psychologist, 46*, 333–341.

Bakermans–Kranenburg, M. J., & van IJzendoorn, M. H. (1993). A Psychometric study of the Adult Attachment Interview: Reliability and discriminant validity. *Development Psychology, 29*, 870–879.

Baldwin, M. W., Keelan, J. P. R., Fehr, B., Enns, V., & Koh–Rangarajoo, E. (1996). Social–cognitive conceptualization of attachment working models: Availability and accessibility effects. *Journal of Personality and Social Psychology, 71*, 94–109.

Bartholomew, K. (1996). *The Family and Peer Attachment Interview.* Unpublished manuscript, Simon Fraser University, Burnaby, British Columbia, Canada.

Bartholomew, K., & Horowitz, L. M. (1991). Attachment styles among young adults: A test of a four–category model. *Journal of Personality and Social Psychology, 61*, 226–244.

Bartholomew, K., & Shaver, P. R. (1998). Methods of assessing adult attachment: Do they converge? In J. A. Simpson & W. S. Rholes (Eds.), *Attachment theory and close relationships* (pp. 25–45). New York: Guilford Press.

Bowlby, J. (1979). *The making and breaking of affectional bonds.* London: Tavistock.

Bowlby, J. (1982). *Attachment and loss. Vol. I: Attachment.* London: Tavistock. (Original published 1969).

Bowlby, J. (1988). *A secure base: Parent–child attachment and healthy human development.* New York: Basic Books.

Brennan, K. A., Clark, C. L., & Shaver, P. R. (1998). Self–report measurement of adult attachment: An integrative overview. In J. A. Simpson & W. S. Rholes (Eds.), *Attachment theory and close relationships* (pp. 46–76). New York: Guilford Press.

Bretherton, I. (1992). The origins of attachment theory: John Bowlby and Mary Ainsworth. *Developmental Psychology, 28*, 759–775.

Collins, N., & Read, S. J. (1990). Adult attachment, working models, and relationship quality in dating couples. *Journal of Personality and Social Psychology, 58*, 644–663.

Collins, N., & Read, S. J. (1994). Cognitive representations of attachment: The structure and function of working models. In K. Bartholomew & D. Perlman

388

(Eds.), *Attachment processes in adulthood* (pp. 53-90). London: Jessica Kingsley.

Crowell, J. A., Waters, E., Treboux, D., O'Connor, E., Colon-Downs, E. et al. (1996). Discriminant validity of the Adult Attachment Interview. *Child Development, 67,* 2585-2599.

Davila, J. (2001). Refining the association between excessive reassurance seeking and depressive symptoms: The role related interpersonal constructs. *Journal of Social and Clinical Psychology, 20,* 538-559.

Davila, J., Burge, D., & Hammen, C. (1997). Why does attachment style change? *Journal of Personality and Social Psychology, 73,* 826-838.

Dozier, M., & Tyrell, C. (1998). The role of attachment in therapeutic relationships. In J. A. Simpson & W. S. Rholes (Eds.), *Attachment theory and close relationships* (pp. 221-248). New York: Guilford Press.

Fraley, R. C., & Waller, N. G. (1998). Adult attachment patterns: A test of the typological model. In J. A. Simpson & W. S. Rholes (Eds.), *Attachment theory and close relationships* (pp. 77-114). New York: Guilford Press.

Fraley, R. C., & Waller, N. G., & Brennan, K. A. (2000). An item response theory analysis of self-report measures of adult attachment. *Journal of Personality and Social Psychology, 78,* 350-365.

Fuller, T. L., & Fincham, F. D. (1995). Attachment style in married couples: Relation to current marital functioning, stability over time, and method of assessment. *Personal Relationships, 2,* 17-34.

George, C., Kaplan, N., & Main, M. (1985). *The Adult Attachment Interview.* Unpublished protocol, Department of Psychology, University of California, Berkeley.

Grice, P. (1975). Logic and conversation. In P. Cole & J. L. Moran (Eds.), *Syntax and semantics: Vol. 3. Speech acts* (pp. 41-58). New York: Academic Press.

Hardy, G. E., & Barkham, M. (1994). The relationship between interpersonal attachment and work difficulties. *Human Relations, 47,* 430-445.

Hazan, C., & Shaver, P. (1987). Romantic love conceptualized as an attachment process. *Journal of Personality and Social Psychology, 52,* 511-524.

Hesse, E. (1999). The Adult Attachment Interview: Historical and current perspectives. In J. Cassidy & P. R. Shaver (Eds.), *Handbook of attachment: Theory, research, and clinical applications* (pp. 395-433). New York: Guilford Press.

Karen, R. (1994). *Becoming attached.* New York: Warner.

Kirkpatrick, L., & Hazan, C. (1994). Attachment styles and close relationships: A four-year prospective study. *Personal Relationships, 1,* 123-142.

Klohnen, E. C., & John, O. P. (1998). Working models of attachment: A theory-based prototype approach. In J. A. Simpson & W. S. Rholes (Eds.), *Attachment theory and close relationships* (pp. 115-140). New York: Guilford Press.

389

Kobak, R. (1994). Adult attachment: A personality or relationship construct? *Psychological Inquiry, 5,* 42-44.

Kobak, R. R., Cole, H. E., Ferenz-Gillies, R., & Fleming, W. S. (1993). Attachment and emotion regulation during mother-teen problem solving: A control theory analysis. *Child Development, 64,* 231-245.

LaGuardia, J. G., Ryan, R. M., Couchman, C. E., & Deci, E. L. (2000). Within-person variation in security of attachment: A self-determination theory perspective on attachment, need fulfillment, and well-being. *Journal of Personality and Social Psychology, 79,* 367-384.

Larose, S., Bernier, A., Soucy, N., & Duchesne, S. (1999). Attachment style dimensions, network orientations, and the process of seeking help from college teachers. *Journal of Social and Personal Relationships, 16,* 225-247.

Lopez, F. G. (1997). Student-professor relationships style, childhood attachment bonds, and current academic orientations. *Journal of Social and Personal Relationships, 14,* 271-282.

Lopez, F. G., & Brennan, K. A. (2000). Dynamic processes underlying adult attachment organization: Toward an attachment-theoretical perspective on the effective self. *Journal of Counseling Psychology, 47,* 283-300.

Lopez, F. G., & Gormley, B. A. (2002). Stability and change in adult attachment style over the first-year college transition: Relations to self-confidence, coping, and distress patterns. *Journal of Counseling Psychology, 49,* 355-364.

Lopez, F. G., Melendez, M., & Rice, K. R. (2000). Parental divorce, parent-child bonds, and adult attachment orientations: A comparison of three racial/ethic groups. *Journal of Counseling Psychology, 47,* 177-186.

Main, M., & Goldwyn, R. (1984). *Adult attachment scoring and classification system.* Unpublished manuscript, University of California, Berkeley.

Main, M., & Goldwyn, R. (1998). *Adult attachment scoring and classification system.* Unpublished manuscript, University of California, Berkeley.

Mallinckrodt, B., Gantt, D. L., & Coble, H. M. (1995). Attachment patterns in the psychotherapy relationship: Development of the Client Attachment to Therapist scale. *Journal of Counseling Psychology, 42,* 307-317.

Mallinckrodt, B., King, J. L., & Coble, H. M. (1998). Family dysfunction, alexithymia, and client attachment to therapist. *Journal of Counseling Psychology, 45,* 497-504.

Rothbaum, F., Weisz, J., Pott, M., Miyake, K., & Morelli, G. (2000). Attachment and culture: Security in the United States and Japan. *American Psychologist, 55,* 1093-1104.

Sagi, A., van IJzendoorn, M. H., Scharf, M., Korean-Karie, N., Joels, T. et al. (1994). Stability and discriminant validity of the Adult Attachment Interview: A psychometric study in young Israeli adults. *Developmental Psychology, 30,* 771-

777.

Scharfe, E., & Bartholomew, K. (1994). Reliability and stability of adult attachment patterns. *Personal Relationships, 1*, 23-43.

Schirmer, L. L., & Lopez, F. G. (2001). Probing the social support and work strain relationship among adult workers: Contributions of adult attachment orientations. *Journal of Vocational Behavior, 59*, 17-33.

Seligman, M. E. P., & Csikszentmihalyi, M. (2000). Positive psychology: An introduction. *American Psychologist, 55*, 5-14.

Shaver, P. R., Belsky, J., & Brennan, K. A. (2000). The Adult Attachment Interview and self-reports of romantic attachment: Associations across domains and methods. *Personal Relationships, 7*, 25-43.

Simpson, J. A., & Rholes, W. S. (1998). Attachment in adulthood. In J. A. Simpson & W. S. Rholes (Eds.), *Attachment theory and close relationships* (pp. 3-21). New York: Guilford Press.

Simpson, J. A., Rholes, W. S., & Phillips, D. (1996). Conflict in close relationships: An attachment perspective. *Journal of Personality and Social Psychology, 71*, 899-914.

Slade, A. (1999). Attachment theory and research: Implications for the theory and practice of individual psychotherapy with adults. In J. Cassidy & P. R. Shaver (Eds.), *Handbook of attachment: Theory, research, and clinical applications* (pp. 575-594). New York: Guilford Press.

Snyder, C. R., & Lopez, S. J. (Eds.) (2002). *Handbook of positive psychology.* New York: Oxford University Press.

van IJzendoorn, M. H. (1995). Adult attachment representations, parental responsiveness, and infant attachment: A meta-analysis on the predictive validity of the Adult Attachment Interview. *Psychological Bulletin, 117*, 387-403.

CHAPTER 19

용서의 측정

용서(forgiveness)는 한때 일부 학자들만이 관심을 기울였던 별로 두드러지지 않은 개념이었다. 하지만 이제는 많은 학자들이 용서에 대해 연구하고 있다. 용서에 대한 연구가 늘어남에 따라 몇 가지 방식으로 용서를 평가하는 측정도구들도 생겨나기 시작했다. 어떤 도구들은 (1) 특정한 침해행위를 한 사람에 대한 용서(예: McCullough et al., 1998; Subkoviak et al., 1995), (2) 특정한 사람에 대한 용서(예: Hargrave & Sells, 1997), (3) 한 가족 내에서의 용서에 대한 지각(예: Pollard, Anderson, Anderson, & Jennings, 1998) 등과 같은 비성향적 용서(nondispositional forgiveness)를 평가한다. 또 어떤 도구들은 성향적 용서(dispositional forgiveness)를 평가한다(예: Berry, Worthington, Parrott, O'Connor, & Wade, 2001; Hebl & Enright, 1993; Mauger et al., 1992; Mullet, Houdbine, Laumonier, & Girard, 1998; Tangney, Fee, Reinsmith, Boone, & Lee, 1999). 현재 대부분의 용서 측정도구들은 용서하기(granting of forgiveness)를 평가한다. 따라서 이 장에서는 용서하기에 대한 도구들만 언급할 것이다. 그렇다고 해서 일부 다른 도구들이 용서받기(seeking of forgiveness)를 평가한다는 점을 간과해서는 안 될 것이다(예: Tangney et al., 1999).

＊Laura Yamhure Thompson and C. R. Snyder

용서측정의 주요 이슈들

어떤 개념을 측정하기 위해서는 우선 개념화 작업이 필요하다. 용서가 어떻게 개념화되어야 하는지에 대해서는 많은 논쟁이 있어 왔다(McCullough, Pargament, & Thoresen, 2000b 참조). 하지만 용서가 적응적이라는 데는 대부분 동의한다(예: Mauger et al., 1992; McCullough, 2000; McCullough & Worthington, 1995). 이와 관련하여 연구 결과들은 용서가 생리적 건강 및 심리적 안녕감과 관련된다는 주장에 힘을 보태고 있다(예: Mauger et al., 1992; Strasser, 1984; Subkoviak et al., 1995; Witvliet, 출판 중). 역으로, 용서하지 않는 것(unforgiveness)은 정신병리와 정적인 관련이 있다 (Mauger et al., 1992).

하지만 모든 학자들이 용서의 이로운 측면만을 칭송하고 있는 것은 아니다. 일부 학자들은 용서는 용서하는 사람(즉, 피해자)을 학대관계에서 재피해화(revictimization)에 취약하도록 만들 수 있고(Katz, Street, & Arias, 1997), 피해를 입은 것에 대해 스스로를 비난하도록(Bass & Davis, 1994) 만들 수도 있다는 점을 시사해 왔다. 이처럼 상반되는 견해는 부분적으로 용서에 대한 정의방식의 차이로부터 기인한다. 대부분의 연구자들은 분노 혹은 원한의 포기를 용서에 대한 정의의 핵심으로 삼는다(예: McCullough, 2000; Worthington, Sandage, & Berry, 2000). 어떤 연구자들은 화해 (reconciliation)를 용서과정의 한 요소로 간주하는 반면(예: Hargrave & Sells, 1997), 다른 연구자들은 용서와 화해를 별개의 과정으로 간주한다(예: McCullough, 2000).

주요 연구자들의 용서의 정의 및 척도

다음 부분에서는 용서 측정도구들을 서로 구분하는 데 초점을 맞춰 용서에 관한 우리들의 개념화 및 측정도구와 다른 연구자들의 개념화 및 측정도구들 간의 차이점과 유사점을 검토하고자 한다.

Snyder와 Yamhure Thompson

우리들은 용서를 침해자, 침해행위 및 그 후유증에 대한 애착이 부정적에서 중립적 혹은 긍정적으로 변화되는 방향에서 지각된 침해에 대한 구조화(framing)가 일어나는 것으로 정의한다. 침해행위의 근원, 즉 용서의 대상은 자기 자신, 어떤 인물 혹은 인물들, 또는 자신의 통제 범위를 넘어선 것으로 생각되는 상황(예: 질병, '운명' 혹은 자연재해)이 될 수 있다(Yamhure Thompson et al., 2002). 용서의 정의에서 '부정적 애착(negative attachment)'이란 침해자, 침해행위 및 그와 연합된 부정적 결과에 대한 반응으로 경험하게 되는 부정적인 생각, 감정 혹은 행동들을 말한다. 따라서 이러한 부정적 애착은 개인이 침해사건을 생각할 때 떠오르는 인지, 기억, 감정 혹은 행동들 역시 포함한다. 용서를 행하는 사람은 (1) 애착 가치(valence of attachment)를 부정적에서 중립적 혹은 긍정적으로 변화시킴으로써, 혹은 (2) 가치의 변화와 애착 강도의 약화를 동시에 이룸으로써 부정적 애착으로부터 벗어날 수 있다. 애착 강도가 약화된다는 것은 예전에 그랬던 것과는 달리 자신을 더 이상 침해자 혹은 침해행위와 강하게 연결되어 있는 것으로 보지 않는다는 것을 의미한다. 이는 무슨 일이 있었는지를 망각한다는 의미가 아니라, 특정 인물 혹은 사건과 자신을 더 이상 부정적인 방식으로 연결시키지 않는다는 의미다.

용서의 대상이 어떤 인물일 경우, 용서하는 사람은 부정적 애착으로부터 벗어나서 그 대상에게 마음의 문을 열고 호의적이고 긍정적인 감정을 발달시키게 될 가능성도 있다. 이는 애착에 부여된 가치가 부정적에서 긍정적으로 변화된다는 것을 나타낸다. 그러나 중립적 애착으로의 변화만 일어나도 그것은 용서에 대한 우리들의 정의에 충분히 부합된다. 긍정적 감정의 발달에 있어서 용서 대상과의 화해는 있어도 되고 없어도 된다. 따라서 우리들은 화해가 용서의 필수 요소는 아니라고 주장한다. 이런 점에서 우리들의 시각은 침해자에 대한 동정이나 공감이 용서에 필수적이라고 주장하는 다른 이론가들과는 차이가 난다(McCullough, 2000).

또한 우리들은 용서의 대상이 자신이든, 상황이든, 다른 인물이든 상관없이 용서는 개인 내적인(intrapersonal) 것이라고 본다. 용서에 대한 이러한 시각이 법체계 또는 다른 가용한 자원들을 동원해서라도 정의를 추구하고자 하는 다른 가능성까지 배제하는 것은 아니다. 기저의 동기가 부정적 애착과 용서 불가를 내포하는 보복적 성질의 것이 아니라면 그러한 시도 역시 용서에 포함될 수 있다.

395

측정도구

우리들이 개발한 용서 측정도구는 Heartland 용서척도(HFS: Heartland Forgiveness Scale)다(Yamhure Thompson et al., 2002). 부록 19.1에 제시되어 있듯이, HFS는 성향적 용서를 평가하는 18문항짜리 도구다. HFS는 각각 6문항으로 된 자기, 타인 및 상황을 평가하는 3개의 하위척도들로 구성되어 있다. 각 하위척도 문항의 절반은 용서를 평가하는 긍정적 진술문이고, 나머지 절반은 용서 불가를 평가하는 부정적 진술문이다. 각 문항은 7점척도상에서 응답하게 되어 있는데, 1점은 '거의 항상 그렇지 않다', 3점은 '대체로 그렇지 않다', 5점은 '대체로 그렇다' 그리고 7점은 '거의 항상 그렇다'를 나타낸다. HFS에 대한 채점은 9개의 부정적 진술문들을 역채점하여 18문항에 대한 응답 결과를 모두 합산하면 된다. HFS 하위척도들의 점수는 각 하위척도에 포함된 문항들의 응답 결과를 합산하여 구해진다.

McCullough와 동료들

McCullough 등(McCullough, 2000; McCullough et al., 1998)의 제안에 따르면, 용서는 (1) 가해자와의 개인적 및 심리적 접촉을 피하려는 동기가 약화되고, (2) 가해자에게 복수하거나 해를 입히려는 동기가 약화되고, (3) 자비를 베풀려는 동기가 증가되는 방향으로 개인이 경험하는 대인동기상의 친사회적 변화를 말한다. 우리들의 모형과는 달리, 이들의 모형은 (1) 동기상의 변화를 전제로 하되 인지, 감정 혹은 행동상의 변화를 필요로 하지는 않으며(McCullough et al., 2000b), (2) 자비(우리들이라면 이를 부정적에서 긍정적으로의 애착 가치의 변화로 개념화했을 것이다)를 포함한다. 용서에 대한 우리들의 기준을 충족시키기 위해서는 애착을 부정적에서 중립적으로 변화시키거나 감소시키기만 해도 된다. 우리들은 용서와 화해 간에 구분이 이뤄져야 한다는 데 동의한다. 우리들이 이미 이론화했듯이, 화해는 개인 간(interpersonal) 과정인 반면, 용서는 개인 내(intrapersonal) 과정이다.

McCullough와 동료들(1998)은 대인동기의 친사회적 변화를 강조함으로써 동기를 용서 정의의 핵심으로 규정했다(McCullough, 2000). 이 같은 정의는 용서가 대인관계와 관련된 개인 내적 과정이라는 것을 시사한다. 하지만 용서에 대한 우리들의 정의는 자신과 상황에 대한 용서를 포함한다. 따라서 용서는 타인과의 관계에 대해서만 적용되는 것이 아니라 자신과 비인적 세계(impersonal world)와의 관계에 대해서도 적용될 수 있는 것이다. 요컨대, 용서에 대한 우리들의 정의와 McCullough 등의 정의 사이에는 다음과 같은 세 가지 주요 차이점들이 존재한다. (1) 우리들의 정의는 인지와 정서에서의 변화를 전제하는 반면, McCullough 등의 정의는 단지 동기상의 변화만을 전제한다. (2) 우리들의 정의는 침해자에 대한 자비를 전제하지 않지만, McCullough 등의 정의는 자비를 전제한다. (3) 우리들의 정의는 용서의 대상으로 자기 및 상황을 포함하는 반면, McCullough 등의 정의는 (비록 명시적으로 언급되지는 않았지만) 타인에 대한 용서에만 적용되는 것 같다.

측정도구

McCullough 등(1998)이 고안한 용서 측정도구는 Transgression-Related Interpersonal Motivations Inventory(TRIM)라고 불린다. TRIM은 (1) 침해자와의 개인적 및 심리적 접촉을 피하려는 동기, (2) 침해자에게 복수를 하거나 침해자가 해를 입는 것을 보고자 하는 동기를 측정하는 두 개의 하위척도로 구성된 12문항짜리 척도다. 문항들에 대한 응답은 1점('전혀 동의하지 않는다')에서 5점('매우 동의한다')에 이르는 5점척도상에서 행해진다. McCullough 등(2000b)이 사용한 용어를 빌리자면, TRIM은 침해행위-특정적 용서(transgression-specific forgiveness)를 측정하는 도구다. 이 도구는 그들의 정의에서 나타나는 것처럼 본질적으로 두 가지 동기를 측정한다. TRIM은 용서에 대한 그들의 정의에 포함된 개념인 자비에 대한 동기는 측정하지 않는다. 이 장의 목적에 비추어 TRIM은 침해행위-특정적 용서 측정도구로 간주될 것이다.

Enright와 동료들

Enright와 동료들은 용서를 "부당하게 우리에게 상처를 입힌 사람에 대해 과분하긴 하지만 동정, 관대, 심지어는 애정의 마음까지도 품으면서 그 사람에 대한 원한, 부정적 판단 및 무관심 행동을 행할 권리를 기꺼이 포기하려는 용의성"(Enright, Freedman, & Rique, 1998: 46-47)이라고 정의하였다. McCullough 등의 정의(1998)와 유사하게, 그리고 우리들의 정의와는 다르게, Enright 등의 개념화는 용서의 필수 요소로서 가해자에 대한 자비를 포함한다. 사실상 Enright 등(1998; Enright, 2000)은 자비뿐 아니라 용서 대상에 대한 용서하는 사람의 자발적 애정까지도 요구한다.

Enright와 Zell(1989)은 "비록 용서 작업은 주로 내적인 것이지만, 애정 어린 사회 공동체의 일원이 되는 것이 그 열매다."(p. 99)라면서 이를 강조하고 있다. 하지만 이러한 차이점에도 불구하고 세 부류의 연구자들(우리들, McCullough와 동료들 그리고 Enright와 동료들)은 용서의 필수 요소로서 화해를 인정하지 않는다는 점에서는 한 목소리를 내고 있다.

Enright와 동료들의 정의는 자기 및 타인에 대한 용서에는 적용될 수 있지만 상황에 대한 용서는 적용 대상이 아닌데, 이는 "용서는 사람들 사이의 일이다. 사람이 토네이도나 음식을 용서할 수는 없는 일이다. 예를 들어, 사람이 어떻게 토네이도와의 애정 어린 사회 공동체에 다시 참가할 수 있겠는가?"(p. 53)라는 그들의 말에서 분명하게 드러난다. 반면 우리들은 비인적 세상에 의해서도 침해받았다는 느낌을 가질 수 있기에, 그 비인적 세상 역시 용서의 대상이 될 수 있다고 이론화한다.

측정도구

Enright는 두 개의 도구를 개발하였다. Enright Forgiveness Inventory(EFI; Subkoviak et al., 1995)는 특정한 침해행위에 대한 60문항짜리 자기보고식 측정도구다. EFI 문항들은 6개의 용서 차원들, 즉 가해자에 대한 긍정적 감정, 행동, 인지 그리고 부정적 감정, 행동, 인지의 결여를 평가한다. 문항들에 대한 응답은 6점 Likert 척도상에서 행해진다. 응답자들은 자신의 삶에서 가장 최근에 경험한 대인적 침해행위가 무엇이고, 침해자가 누구인지에 관한 질문을 받게 된다. EFI의 여섯 개 하위척도 점수들은 전부 합산되어 전체 용서 점수를 구성한다. 용서 점수를 교정하기 위해 5문항짜리 유사 용서 척도(pseudo-forgiveness scale) 또한 사용된다.

두 번째 척도는 Willingness to Forgive(WTF; Hebl & Enright, 1993)로서 용서를 일종의 문제해결 방략으로 사용하는, 성향적 용의성을 측정하는 16문항짜리 시나리오 척도(scenario scale)다. WTF는 용서 개입의 효과성을 평가하기 위해 개발되었으며, 처음의 15개 문항은 가상적인 것인 데 반해 마지막 한 문항은 개입의 초점이 되는 침해행위에 관한 것이다. 응답자들은 각 시나리오에 대해 열 가지의 가능한 응답방법들 중 하나를 택할 수 있는데, 그중 오직 한 응답만이 용서에 해당된다. 여기서 네 가지 종류의 점수들이 계산될 수 있는데, 그것은 (1) 가상적 시나리오에 응답하는 경우, (2) 가상적 시나리오에 대한 응답을 선호하는 경우, (3) 실제 시나리오에 응답한 경우,

(4) 실제 시나리오에 응답하기를 선호한 경우에 걸쳐서 용서가 해결책으로 선택되는 횟수를 반영한다.

Mauger와 동료들

Mauger 등(1992)은 Forgiveness of Self(FS) 척도와 Forgiveness of Others(FO) 척도를 개발할 때 용서에 대한 뚜렷한 정의를 내리지는 않았다. 하지만 자기와 타인에 대한 용서를 측정하는 척도를 개발했다는 점을 감안한다면, 그들이 용서를 자기 및 타인 모두에게 적용 가능한 것으로 간주한다고 봐도 무방할 것이다. 게다가 Mauger 등은 척도의 내용을 살펴보면 두 개의 척도들이 이와 같은 두 부류의 행동을 평가한다는 것을 알 수 있다고 지적하기도 하였다. 그들은 "Forgiveness of Others 척도의 문항들은 복수를 하고, 보복과 복수를 정당화하고, 원한을 품고, 다른 사람들을 자신에게 쉽게 상처 입힐 수 있는 사람으로 보는 것과 관련되며", 반면에 "Forgiveness of Self 척도의 문항들은 과거의 행위들에 대한 죄책감, 자신을 죄 많은 사람으로 보는 것, 자신에 대해 여러 가지 부정적 태도를 가지는 것 등에 초점을 맞춘다."(p. 174)라고 밝힌 바 있다. FS와 FO가 용서 대신에 용서 불가를 측정한다는 추론도 있을 수 있다. FO 척도의 한 문항은 "나는 어떤 식으로든 나에게 상처를 입혔던 친구들과 꽤 쉽게 화해할 수 있다."(p. 172)인데, 이는 타인에 대한 용서를 개념화하는 데 Mauger가 화해를 포함시켰음을 시사하는 것이다. 용서에 대한 이러한 암묵적 정의의 한 요소로 자비가 포함되는지, 그리고 상황에 대한 용서(즉, 비인적 세상에 대한 용서)도 가능한지에 대해서는 알 수 없다.

측정도구

Mauger 등(1992)이 개발한 용서 측정도구는 성향적 용서를 측정하는 두 개의 척도, 즉 FS와 FO로 이루어져 있다. FS와 FO는 성격장애와 관련된 행동들을 측정하는 301문항짜리 도구(BAS: Behavioral Assessment System)의 일부다. 두 개의 하위척도들은 각각 진위 형태로 응답하게 되어 있는 15개 문항들로 구성되어 있다.

Hargrave와 Sells

Hargrave와 Sells(1997)는 용서를 "피해자와 가해자가 파괴적인 관계를 종식시킬 수 있는 방향으로 애정과 관계의 신뢰를 회복하고자 하는 노력"(p. 43)으로 정의했다. 그들은 다른 사람들과의 지속적 관계의 틀 내에서 용서를 조망한다. 따라서 자기 및 상황 지향 용서의 주제들은 다루지 않는다. Hargrave와 Sells는 면죄하기(exonerating)와 용서하기(forgiving)라고 불리는, 서로 구분되는 별도 영역을 지닌 용서 작업에 대한 위계모형을 제안했다. 여기서 면죄하기는 다시 통찰과 이해로 구성되며, 용서하기는 보상의 기회 주기와 외현적 용서하기 행위로 구성된다. 따라서 이 모형에는 네 가지 용서 영역들이 있는 셈이다.

보상의 기회 주기는 "피해자가 비위협적으로 지각하고 정서적 유대를 구축하는 방향으로 가해자와의 상호작용 및 관계에 개입하는 능력"(p. 46)으로 정의된다. 따라서 그들의 개념화에는 신중한 화해가 포함되는 셈이다. 외현적 용서하기는 "관계가 안전하고 신뢰할 수 있는 정도에 이를 수 있도록 가해자와 과거의 관계 손상에 대해 이야기를 나누고 특정한 침해행위에 대한 책임문제를 해결하는 능력에 대한 지각"(p. 46)으로 정의된다. 외현적 용서하기의 문항 내용을 살펴보면 외현적 용서하기가 순수하게 대인적인 작업은 아님을 알 수 있다. 대신 그것은 어떤 식으로든 의사소통 과정에서 외현적으로 표현되어야 할 뿐이다. 더욱이 두 개의 다른 요인들이 외현적 행위에 대한 정의 및 문항 내용에 포함되는 것 같다. 용서하는 사람 측에서의 신뢰와 침해자 측에서의 책임 감수가 그것이다. 따라서 Hargrave와 Sells의 정의는 타인들에 대한 용서만 다루고, 화해(혹은 적어도 화해를 목표로 하는)행위 및 신뢰를 포함한다는 점에서 우리들의 정의와는 차이가 있다.

측정도구

Hargrave와 Sells(1997)의 측정도구는 Interpersonal Relationship Resolution Scale(IRRS)이라고 불린다. 이 도구는 응답자에게 '상처'를 입힌 특정 인물에 대한 용서를 측정한다. 따라서 이 도구는 침해행위 특정적이기보다는 인물 특정적이다. IRRS는 용서와 고통이라는 두 개의 척도로 구성되어 있다. 22문항으로 이루어진 용서척도는 4개의 하위척도(즉, 5문항은 통찰, 5문항은 이해, 7문항은 보상 기회 주기, 5문항은 외현적 용서하기 행위)로 구성되어 있다.

Tangney와 동료들

Tangney 등(1999)은 용서에 대해 다음과 같은 작업적 정의를 제시하였다.

(1) 다음과 같은 조건들이 충족되는 침해행위 이후의 인지-정서적 변화, (2) 피해자가 자신에게 가해진 상해에 대해 현실적인 평가를 내리고 가해자의 책임을 인정하되, (3) 복수나 응당 받아야 할 처벌에 대한 요구와 그 어떠한 배상 청구도 포기함으로써 '부채에 대한 청산'을 자유롭게 선택하는 것이다. 이러한 '부채에 대한 청산'은 또한 (4) 침해행위와 직접적으로 연관된 '부정적 감정의 청산'을 포함한다. 특히 용서하기에 있어 피해자는 침해행위에 대한 원한이나 분노를 극복해야 한다. 요컨대, 용서하기에 있어 피해자는 (5) 본질적으로 자신을 피해자 역할로부터 분리시킬 수 있어야 한다(p. 2).

이러한 정의는 용서의 개념화에 애정이나 연민을 필수 요소로 포함하지 않는다는 점에서 우리들의 정의와 유사하다. Tangney 등의 모형에서는 단순하게 부정적 정서를 포기하는 것만으로도 충분하다. Tangney 등과 우리들의 이론은 용서와 정의의 추구가 상호 배타적인지에 관해 서로 대조를 이룬다. Tangney와 동료들은 처벌 혹은 배상에 대한 요구는 본질적으로 용서하기가 아니라고 말한다. 하지만 '요구(need)'라는 용어를 사용한다는 점에 유의해야 한다. 왜냐하면 중요한 것은 사람의 동기이지 행동이 아니라는 의미를 내포하는 것으로 해석될 수 있기 때문이다. 예를 들어, 어떤 사람은 복수나 배상에 대한 요구의 결과로서가 아니라 침해자에 의해 상처받을지도 모르는 다른 사람들을 보호하기 위해서 정의를 추구할 수 있다. 위에서 제시된 정의의 세 번째 부분에 대한 이러한 해석에서 용서에 대한 이 같은 기준은 동기가 보복적이지 않은 한 용서를 하면서도 여전히 정의를 추구할 수 있다는 우리들의 주장과 맥을 같이하는 것이다. Tangney 등의 정의에서 사용된 용어들은 자기 및 타인에 대한 용서에 모두 적용될 수 있을 것이다. 하지만 Tangney 등의 정의는 용서 대상으로서 비인적 침해자(즉, 상황)에 대해서는 명시적으로 다루지 않는다.

측정도구

Tangney 등(1999)은 비록 출판되지는 않았지만 Multidimensional Forgiveness Inventory(MFI)라고 불리는 성향적 용서 측정도구를 개발했다. 이 도구는 시나리오에 기초한 측정도구로서 16개의 서로 다른 침해행위 시나리오와 관련된 72개의 질문

401

들로 구성되어 있다. 여기에는 타인을 용서하는 경향성, 자기를 용서하는 경향성, 용서를 구하는 경향성, 타인을 용서한 횟수, 자기를 용서한 횟수, 타인을 비난하는 경향성, 자기를 비난하는 경향성, 상처감에 대한 민감성 그리고 분노 경향성의 9개 하위척도들이 있다. 응답자들은 각 시나리오에 제시된 각 질문에 5점 Likert 척도상에서 응답하게 된다.

Heartland 용서척도의 개발 및 타당화

연구들에 따르면 성향적 용서 측정도구들에 대한 사람들의 응답 점수는 정신건강 및 안녕감에 대한 측정도구 점수들과 관련되는 경향이 있지만, 특정한 침해행위에 대한 용서 측정도구 점수들은 정신건강 및 안녕감과 유의미하게 관련되지 않는 경향이 있다(McCullough & Witvliet, 출판 중). 따라서 성향적 용서에 대한 측정도구들은 용서의 심리적 상관물들을 평가하는 데 특히 더 유용한 것으로 보인다. 현 시점에서 HFS는 용서 성향을 측정하는 가장 포괄적인 도구다. 또한 Heartland 용서척도(HFS: Heartland Forgireness Scale)는 자기와 타인 및 상황들에 대한 성향적 용서를 평가하는 유일한 도구이기도 하다. 따라서 다음 부분에서는 HFS의 심리측정적 속성들에 대해 좀 더 자세한 정보를 제시할 것이다.

HFS의 신뢰도

내적 일치도   표본 크기가 123~651명에 이르는 5개의 학생 표본들과 2개의 비학생 표본들을 대상으로 HFS에 대한 내적 일치도가 계산되었다. α값은 HFS 척도에 대해 .84~.87에 이르렀고, 자기와 타인 및 상황 하위척도들의 경우는 .71~.83에 이르렀다.

검사-재검사 신뢰도   학생 표본($N=193$)을 대상으로 한 3주 간격의 검사-재검사 신뢰도는 HFS의 경우는 .83이었고, 3개 하위척도들의 경우는 .72~.77에 이르렀다($p<.001$). 비학생 표본($N=57$)을 대상으로 한 9개월 간격의 검사-재검사 신뢰도는 HFS의 경우는 .77이었고, 하위척도들의 경우는 .66~.70에 이르렀다($p<.001$).

HFS의 구성타당도

각기 228명과 276명의 학생 표본을 사용한 두 연구에서 HFS는 성향적 용서에 대한 다음의 세 가지 측정도구들과 정적인 상관을 가지는 것으로 나타났다(모든 $p<.005$). 즉, FS 척도와 FO 척도의 조합과는 .62, WTF 척도와는 .20, 그리고 MFI 척도와는 .46의 상관이 있었다. HFS는 TRIM과는 유의미한 부적 상관이 있는 것으로 밝혀졌다 ($r=-.25$, $p<.005$; McCullough et al., 1998). TRIM이 다른 사람에 의해 행해진 특정한 가해행위에 대한 용서를 평가한다는 점을 감안한다면, TRIM과 HFS의 타인 용서 하위 척도 간의 상관계수가 HFS 전체 척도 및 TRIM 간의 상관계수($r=-.39$, $p<.005$)보다 약간 더 높았다는 것은 이해가 된다. 마찬가지로, HFS의 타인 용서 하위척도는 특정한 침해행위에 대한 또 다른 측정도구인 EFI와 유의미한 상관이 있는 것으로 나타났다($r=.21$, $p<.005$; Subkoviak et al., 1995). 마지막으로, HFS와 그 하위척도들은 IRRS에 의해 측정되는 특정 인물에 대한 용서와는 유의미한 상관을 지니지 않는 것으로 나타났다(Hargrave & Sells, 1997).

HFS와 정적 상관을 지니는 측정도구들　　4개의 학생 연구 및 2개의 비학생 연구들(N의 범위는 48~281)에서 HFS는 관련 개념들에 대한 다음과 같은 세 가지 측정도구들과 유의미한 정적 상관을 지니는 것으로 밝혀졌다($p<.005$). (1) Cognitive Flexibility 척도($r=.46$과 .52; Martin & Rubin, 1995), (2) Dyadic Trust 척도($r=.37$; Larzelere & Huston, 1980), (3) Response Style Questionnaire의 주의분산 하위척도 ($r=.33$; Nolen-Hoeksema & Morrow, 1991).

HFS와 부적 상관을 지니는 측정도구들　　연구들에 따르면(N의 범위는 48~281), HFS는 관련 개념들에 대한 다음과 같은 측정도구들과 유의미한 부적 상관을 지니는 것으로 밝혀졌다($p<.005$). (1) Hostile Automatic Thoughts 척도($r=-.35$, $-.44$, $-.45$; Snyder, Crowson, Houston, Kurylo, & Poirier, 1997), (2) Response Style Questionnaire의 반추 하위척도($r=-.34$; Nolen-Hoeksema & Morrow, 1991), (3) Beck Depression Inventory($r=-.68$; Beck & Steer, 1987).

403

연애관계에서의 HFS의 예언타당도

연애관계에 있는 성인 남성 및 여성들($N = 128$)에게 용서(즉, HFS), 신뢰, 적대감, 관계 만족, 관계 지속 등을 측정하는 측정도구들을 실시하였다. 이러한 자기보고식 측정도구들은 연구의 시작단계에서 실시되고 9개월 뒤에 재실시되었다. 결과에 따르면, 관계 지속의 더 강력한 예언인자는 적대감이 아닌 용서였다. 관계 만족에 대한 유의미한 예언 인자는 파트너에 대한 참가자의 신뢰와 파트너가 자신을 얼마나 신뢰하는지에 대한 지각이었다. 참가자와 파트너 간의 친밀도는 참가자 및 파트너의 신뢰에 의해 설명되는 관계 만족 변량을 넘어서는 부가적인 설명 변량을 가짐으로써 증대 타당도(incremental validity)를 가지는 것으로 드러났다.

이 연구들은 전반적으로 HFS가 자기, 타인 및 상황에 대한 좀 더 구체적인 용서 경향성뿐 아니라 용서에 대한 일반적인 성향을 평가하는, 짧지만 신뢰성 있고 타당한 측정도구라는 것을 나타낸다.

결 론

이 장에서 우리들은 일곱 가지의 자기보고식 용서 측정도구들과 이들이 기초하고 있는 용서에 대한 개념화들 간의 차이점과 유사점들에 대해 살펴보았다. 모든 측정도구들은 공통적으로 사람들의 용서 경향성을 측정하지만, 각 측정도구들 간 그리고 각 측정도구들이 평가하고자 하는 용서 개념화들 간에 상당한 차이가 존재하는 것이 사실이다. 임상적 혹은 연구 목적을 위해 용서평가 측정도구를 선택하고자 하는 독자들은 자신의 요구에 가장 잘 들어맞는 측정도구를 선정하는 데 있어서 이 장에 제시된 정보들을 활용할 수 있을 것이다.

부 19.1 록

Heartland 용서척도

지시문: 삶을 살아가는 과정에서 우리 자신의 행동이나 다른 사람의 행동 혹은 우리들의 통제를 벗어나는 외부 환경 때문에 부정적인 일들이 일어날 수 있습니다. 이런 일들이 일어난다면, 우리들은 얼마 동안 우리 자신이나 다른 사람 혹은 외부 상황에 대해 부정적인 생각이나 감정을 가질 수 있습니다. 여러분들이 그런 부정적인 일들에 전형적으로 어떻게 반응하는지를 생각해 보십시오. 그 다음 각 문항에 기술된 부정적인 상황들에 대한 여러분들의 전형적인 반응을 가장 잘 기술하는 숫자 한 가지를 아래에 제시된 7점 척도를 참고해서 골라 주십시오. 옳거나 틀린 답은 없습니다. 가능한 한 솔직하게 응답해 주시면 됩니다.

1	2	3	4	5	6	7
거의 항상 그러지 않다	대체로 그럴지 않다		대체로 그렇다			거의 항상 그렇다

——1. 상처를 입었을 때, 처음에는 마음이 불편하지만 시간이 지나면서 차츰 진정된다.

——2. 안 좋은 어떤 일을 저질렀을 때는 자신을 무척 책망하게 된다.

——3. 예전에 저질렀던 안 좋은 일로부터 얻게 된 교훈은 그런 잘못을 되풀이하지 않는 데 도움이 된다.

——4. 일단 상처를 입게 되면 나 자신을 진정시키기가 매우 힘들다.

——5. 시간이 지나면 내가 저지른 실수에 대해 이해할 여유가 생긴다.

——6. 감정이나 생각 혹은 말이나 행동상으로 좋지 않은 일을 저질렀다면 그 일에 대해 끊임없이 나 자신을 책망하게 된다.

——7. 어떤 사람이 잘못을 저질렀다고 생각되는 경우 그 사람을 끊임없이 책망하게 된다.

——8. 시간이 지나면 다른 사람들이 저지른 실수에 대해 이해할 여유가 생긴다.

——9. 나에게 상처를 입힌 사람들에 대해서는 계속 혹독하게 대하게 된다.

——10. 예전에 나에게 상처를 입혔던 사람들이라도 결국에는 그들을 좋은 사람이라 생각하게 된다.

——11. 사람들이 나를 학대하거나 혹사시킨다면 그들을 계속해서 안 좋게 보게 된다.

——12. 사람들이 나를 실망시키더라도 결국에는 그것을 극복할 수 있다.

13. 통제할 수 없는 어떤 이유 때문에 일이 잘못되면 그에 관한 부정적인 생각 에 사로 잡히게 된다.

14. 시간이 지나면 삶의 과정에서 처했던 나쁜 환경에 대해서도 이해할 여력이 생긴다.

15. 살면서 통제할 수 없는 일 때문에 실망하게 된다면 그것에 관한 부정적인 생각에 계속 사로잡히게 된다.

16. 나는 살면서 겪었던 안 좋은 상황과도 결국에는 화해하고 살 것이다.

17. 그 누구의 잘못도 아닌데 안 좋은 상황이 발생했다면 그 상황을 받아들이기가 매우 힘들다.

18. 안 좋은 상황이라 하더라도 그 누구도 어찌해 볼 도리가 없는 것이라면 그에 관한 부정적인 생각을 더 이상 하지 않는다.

채점방법: HFS 및 세 개의 하위척도 점수를 계산하기 위해서는 먼저 2, 4, 6, 7, 9, 11, 13, 15, 17번 문항 점수를 역채점해야 한다. 그리고 각 하위척도를 구성하는 문항들의 값을 전부 더하면 된다. HFS 전체 척도는 1~18번 문항, 자기 하위척도는 1~6번 문항, 타인 하위척도는 7~12번 문항 그리고 상황 하위척도는 13~18번 문항으로 구성된다.

참고문헌

Bass, E., & Davis, L. (1994). *The courage to heal*. New York: Harper Perennial.

Beck, A. T., & Steer, R. A. (1987). *The Beck Depression Inventory*. San Antonio, TX: Psychological Corporation.

Berry, J. W., Worthington, E. L., Jr., Parrott, L., O'Connor, L., & Wade, N. G. (2001). Dispositional forgiveness: Development and construct validity of the Transgression Narrative Test of Forgiveness (TNTF). *Personality and Social Psychology Bulletin, 27,* 1277–1290.

Enright, R. D. (2000). *Helping clients forgive: An empirical guide for resolving anger and restoring hope*. Washington, DC: American Psychological Association.

Enright, R. D., Freedman, S., & Rique, J. (1998). The psychology of interpersonal forgiveness. In R. D. Enright & J. North (Eds.), *Exploring forgiveness* (pp. 46-62). Madison: University of Wisconsin Press.

Enright, R. D., & Zell, R. L. (1989). Problems encountered when we forgive another. *Journal of Psychology and Christianity, 8*, 52-60.

Hargrave, T. D., & Sells, J. N. (1997). The development of a forgiveness scale. *Journal of Marital and Family Therapy, 23*, 41-63.

Hebl, J. H., & Enright, R. D. (1993). Forgiveness as a psychotherapeutic goal with elderly females. *Psychotherapy, 30*, 658-667.

Katz, J., Street, A., & Arias, I. (1997). Individual differences in self-appraisals and responses to dating violence scenarios. *Violence and Victims, 12*(3), 265-276.

Larzelere, R. E., & Huston, T. L. (1980). The dyadic trust scale: Toward understanding interpersonal trust in close relationships. *Journal of Marriage and the Family, 42*, 595-604.

Martin, M. M., & Rubin, R. B. (1995). A new measure of cognitive flexibility. *Psychological Report, 76*, 623-626.

Mauger, P. A., Perry, J. E., Freeman, T., Grove, D. C., McBride, A. G. et al. (1992). The measurement of forgiveness: Preliminary research. *Journal of Psychology and Christianity, 11,* 170-180.

McCullough, M. E. (2000). Forgiveness as human strength: Theory, measurement, and links to well-being. *Journal of Social and Clinical Psychology, 19*, 43-55.

McCullough, M. E., Pargament, K. I., & Thoresen, C. E. (Eds.) (2000a). *Forgiveness: Theory, research, and practice*. New York: Guilford Press.

McCullough, M. E., Pargament, K. I., & Thoresen, C. E. (Eds.) (2000b). The psychology of forgiveness: History, conceptual issues, and overview. In M. E. McCullough, K. I. Pargament, & C. E. Thoresen (Eds.), *Forgiveness: Theory, research, and practice* (pp. 1-14). New York: Guilford Press.

McCullough, M. E., Rachal, K. C., Sandage, S. J., Worthington, E. L., Jr., Brown, S. W. et al. (1998). Interpersonal forgiving in close relationships II: Theoretical elaboration and measurement. *Journal of Personality and Social Psychology, 75,* 1586-1603.

McCullough, M. E., & Witvliet, V. O. (in press). The psychology of forgiveness. In C. R. Snyder and S. J. Lopez (Eds.), *The handbook of positive psychology*, New York: Oxford University Press.

McCullough, M. E., & Worthington, E. L., Jr. (1995). Promoting forgiveness. A comparison of two brief psychoeducational group interventions with a waiting-list control. *Counseling and Values, 40*, 55-68.

Mullet, E., Houdbine, A., Laumonier, S., & Girard, M. (1998). "Forgiveness": Factor structure in a sample of young, middle-aged, and elderly adults. *European Psychologist, 3*, 289-297.

Nolen-Hoeksema, S., & Morrow, J. (1991). A prospective study of depression and distress following a natural disaster: The 1989 Loma Prieta earthquake. *Journal of Personality and Social Psychology, 61*, 105-121.

407

Pollard, M. W., Anderson, R. A., Anderson, W. T., & Jennings, G. (1998). The development of a family forgiveness scale. *Journal of Family Therapy, 20*, 95–109.

Snyder, C. R., Crowson, J. J., Jr., Houston, B. K., Kurylo, M., & Poirier, J. (1997). Assessing hostile automatic thoughts: Development and validation of the HAT Scale. *Cognitive Therapy and Research, 21,* 477–492.

Snyder, C. R., & Higgins, R. L. (1988). Excuses: Their effective role in the negotiation of reality. *Psychological Bulletin, 104*, 23–35.

Strasser, J. A. (1984). The relation of general forgiveness and forgiveness type to reported health in the elderly. *Dissertation Abstracts International, 45* (6), 1733B.

Subkoviak, M. J., Enright, R. D., Wu, C. R., Gassin, E. A., Freedman, S., Olson, L. M. et al. (1995). Measuring interpersonal forgiveness in late adolescence and middle adulthood. *Journal of Adolescence, 18*, 641–655.

Tangney, J., Fee, R., Reinsmith, C., Boone, A. L., & Lee, N. (1999, Aug.). *Assessing individual differences in the propensity to forgive.* Paper presented at the annual meeting of the American Psychological Association, Boston, MA.

Witvliet, C. V. O. (in press). Forgiveness and health: Review and reflection on a matter of faith, feelings, and physiology. *Journal of Psychology and Theology.*

Worthington, E. L., Jr., Sandage, S. J., & Berry, J. W. (2000). Group interventions to promote forgiveness. In M. E. McCullough, K. I. Pargament, & C. E. Thoreson (Eds.), *Forgiveness: Theory, research, and practice* (pp. 228–253). New York: Guilford Press.

Yamhure Thompson, L., Snyder, C. R., Hoffman, L., Michael, S. T., Rasmussen, H. et al. (2002). *Dispositional forgiveness of self, others, and situations.* Manuscript submitted for publication.

CHAPTER 20

유머 감각

현대 서구 문화에서 유머 감각(sense of humor)은 바람직하며 심지어는 미덕이기까지 한 성격 특징으로 인식되고 있다. 유머 감각이 많은 사람들은 스트레스에 더 잘 대처하고, 다른 사람들과 더 잘 지내며, 정신적, 심지어는 신체적 건강도 더 좋은 것으로 여겨진다(예: Lefcourt, 2001a). 하지만 유머가 항상 긍정적 측면만을 가진 것은 아니다. 실제로 Aristotle과 Plato로부터 시작해서 현재까지(예: Gruner, 1997) 이어지고 있는 웃음에 관한 초기 이론들은 웃음이 타인들의 우매함, 나약함 혹은 꼴사나움을 조롱하는 우월감에서 연유된 것으로 본다. 하지만 이러한 관점은 유머를 긍정심리학의 한 부분으로 포함시키는 데 별 도움이 되지 않는다. 유머에 대한 개념화가 여러 세기에 걸쳐 개념화되어 온 방식을 검토해 본다면 어떻게 해서 그러한 상호 모순된 시각이 존재할 수 있는지를 이해할 수 있다.

유머 개념의 발달

Ruch(1998a)는 '유머'의 어원을 신체 및 정신 기능의 모든 측면에 영향을 미치는 것으로 간주되었던 네 가지 유머 혹은 체액(혈액, 점액, 흑담즙, 황담즙)에 대한 고대 그리스의 이론에서 유래한 것으로 보았다. 시간이 지나면서 유머는 기분을 나타내는 것으로 변용되었고(이런 용법은 어떤 사람이 기분이 좋거나 나쁘다(in good humor or bad humor)고 말할 때처럼 요즘에도 남아 있다), 최종적으로는 재치, 재미 혹은 웃김을 나타내는 용법으로 변용되었다. 17세기 말까지는 불구자나 정신이상자들을 비웃는 것이 사회적으로 용인되었고, 적대적인 재담을 주고받는 것이 사교계의 흔한 교류 양식이었다. 하지만 인본주의 운동이 영향력을 행사하기 시작한 18세기 무렵부터 이러한 적대적 형태의 웃음은 정제되지 않고 저속한 것으로 간주되기 시작했다.

인본주의 철학자와 윤리학자들은 사회적으로 더 적절한 형태의 웃음과 유흥이 무엇인지에 관해 개념화하기 시작했다. 그들은 사회적으로 용인 가능한 웃음의 표현을 그렇지 않은 것으로부터 구분하기 위해 '유머'라는 용어를 선택했고, 거기에 아주 제한적이고 특별한 의미를 부여했다. 웃음을 이와 관련된 다른 현상들(예: 재치, 코미디, 빈정거림, 풍자, 비꼼, 조롱)과 구분하기 위해, 일반적으로 세상의 불완전성과 인간 본성의 약점에 대해 동정적이고 인내심 있고 자애로운 방식으로 즐기고자 할 때에만 유머라는 용어가 사용되었다. 또한 유머는 지나치게 심각해지지 않고, 재미 삼아 사람들을 놀릴 수 있고, 다른 사람의 견해로부터 일정한 철학적 거리를 유지하는 것 등을 나타내는 용어로서의 지위도 얻게 되었다. 따라서 유머는 빈정거림, 신랄함, 무자비함 등을 시사하는 잔꾀와 같은 웃음의 다른 근원들과는 구분되었다. 이러한 개정된 유머 개념에 포괄되는 자애롭고 비적대적이며 철학적인 형태의 즐거움을 표현하는 사람들은 추잡한 농담, 잔꾀를 부리는 재담, 타인을 조롱하는 사람들과는 대조적으로 세련되고 고귀한 존재로 간주되었다. 빅토리아 시대에 이르러 (이러한 제한된 의미를 지니는) 유머 감각은 상식, 관용, 양보와 더불어 미덕으로서의 지위를 얻게 되었다.

Freud(1928) 역시 유머와 웃음의 다른 근원들을 이런 식으로 구분한 바 있다. 그는 (가장 좁은 의미의) 유머를 잔꾀나 농담과 구분하여, 수용할 수 없는 공격적 및 성적 충동을 표현하는 방법으로서 가장 건강한 방어기제 중의 하나로 간주하였다. Freud에 따르면 유머는 불운이나 역경에 직면하여 초연한 시각을 유지할 수 있도록 해 주고, 따라서 자신과 세상에 대해 현실성 있는 시각을 유지하면서도 응당 떠오를 수 있는 우울, 불안 및 분노를 경험하지 않도록 해 준다. 따라서 그는 이러한 제한된 정의가 지니는 미덕적이고 인도주의적인 의미를 받아들임과 동시에 정신건강과 안녕감이라는 심리학적 의미까지도 부가시켰던 것이다.

Maslow(1954), Allport(1961)와 같은 이후의 심리학 이론가들은 이러한 견해를 그대로 수용하여, 건강한 혹은 성숙한 성격은 비적대적이고 철학적이며 자기를 비난하면서도 수용하는 특별한 형태의 유머로 특징지어진다고 제안하였다. 이들 이론가들이 대부분의 일상적 농담과 전형적으로 대중매체에서 발견되는 코미디류와는 대조적으로 이러한 건강한 형태의 유머가 상대적으로 매우 드물다고 간주한 점은 주목할 만하다. 이와 더불어 그들은 건강한 형태의 유머는 강렬한 웃음보다는 잔잔한 미소를 동반하는 것 같다고 제안하였다. 이상과 같은 공식화는 심리적 건강이 특정한 형태의 적응적 유머의 존재뿐 아니라 좀 더 부적응적인 형태의 유머의 부재와 관련되기도 한다는 점을 시사하는 것이다. 유머를 긍정심리학의 한 요소로 간주하는 현대의 시각은 이러한 생각들에 그 뿌리를 두고 있다.

유머의 현대적 의미

하지만 지난 세기를 거치면서 그 모양새는 다소 혼란스러워졌다. 그 이유는 비전문가든 심리학 연구자든 가릴 것 없이 사람들이 사용하는 유머라는 용어가 일반적으로 엄격한 초점을 상실하고, 모든 웃음 관련 현상들을 나타내는 포괄적인 집합적 용어(umbrella term)로 변용되어 버렸기 때문이다. 이제 유머는 농담, 단독 코미디, 텔레비전 시트콤, 정치적 풍자, 조롱 등을 포함하는 모든 형태의 웃음을 지칭한다. 이러한 의미의 유머는 이제 자애롭고 철학적일 수도 있지만 공격적이고 적대적일 수도 있다(Ruch, 1996). 과거 수십 년간 행해진 대부분의 심리학적 유머 연구들 역시 이러한 경향성을 뒤쫓아, 유머가 심리적 건강에 도움이 된다는 관점은 그대로 유지하면서도 그 의미를 대폭 확장시켜 버렸다. 따라서 유머의 잠재적 효용성을 설명하려는 연구들은 과거의 공식화에서는 건강한 혹은 바람직한 것으로 간주되지 않았을지도 모르는 요소들을 포함하는 느슨한 조작적 정의를 사용해 왔다. 예를 들어, (나중에 기술하겠지만) 유머에 관한 현존하는 자기보고 측정도구들은 일반적으로 사람들이 유머를 사용하거나 표현하는 구체적인 방식은 평가하지 않는다. 마찬가지로 신체건강 측면들에 대한 유머의 효과를 조사하는 실험실 연구들은 코미디의 내용이나 유머의 유형에는 별다른 주의를 기울이지 않은 채 코미디 영상 자료를 사용하는 경향이 있다. 나중에 논의하겠지만, 적응적 및 부적응적 유머 형태에 대한 이러한 구분의 실패는 유머와 신체 및 정신 건강의 관계를 조사한 연구들에서 일관적이지 않은 결과가 산출되는 한 가지 이유가 될 수 있다.

이제 유머는 현대 심리학 연구에서 폭넓고도 다면적인 개념이 되어 버렸다(Martin, 2000). 그것은 자극(농담, 만화, 코미디 영화)의 특징들을 지칭하기도 하고, 유머를 창출하고 지각하고 이해하고 음미하는 데 관련된 정신과정('농담 즐기기')을 지칭하기도 하며, 개인의 반응(즐거움, 유쾌, 미소, 웃음)을 지칭하기도 한다. 유머는 인지적 요소와 정서적 요소를 모두 포함한다. 대부분의 유머가 대인적 맥락에서 발생하긴 하지만, 그것은 순전히 정신 내적인 현상(지나친 심각함에서 벗어나 인생을 즐겁게 관조하는 것)이 될 수도 있다. 유머는 상태(즐거움, 상쾌, 유쾌)이기도 하고, 특질(유머 감각)이기도 하다.

'유머 감각'이라는 용어는 현대 심리학에서 지속적 성격 특질로서의 유머를 지칭할 때 사용된다(성격심리학 분야에서의 유머 감각에 대한 최근 연구의 개관을 위해서는 Ruch, 1998b 참조). 하지만 특질로서의 유머 감각을 어떻게 정의하고 측정할 것인지에 대해서는 의견이 분분한 실정이고, 연구자들은 각기 다른 방식으로 이 용어를 사용한다(Martin, 1998). 따라서 유머 감각은 습관적인 행동 패턴(자주 웃고, 농담을 통해 남을 웃기고, 다른 사람의 농담에 웃음을 터뜨리는 경향성), 능력(유머를 사용할 줄 알고, 다른 사람을 웃길 줄 알고, 농담을 즐길 줄 알고, 기억할 줄 아는 것), 성향적 특질(습관적 유쾌성), 심미적 반응(특정한 유형의 유머를 즐기는 것), 태도(유머와 유머러스한 사람들에 대한 긍정적인 태도), 세계관(인생에 대한 망연한 관조), 대처 양식(역경에 직면했을 때 유머러스한 조망을 유지하는 경향성) 등으로 개념화될 수 있다. 유머 감각에 대한 이처럼 다양한 정의들은 서로 상관이 높지 않으며(심지어 어떤 것들끼리는 역상관이 있기도 하다), 모두 긍정심리학과 관련되는 것 같지도 않다. 긍정심리학의 맥락에서 유머에 대한 연구가 직면한 도전들 중의 하나는 유머 개념의 어떤 측면 혹은 요소가 정신건강 및 성공적

적응에 가장 큰 관련이 있는지를 확인하는 일이다.

대처 및 관계 향상 방식으로서의 유머

긍정심리학에 특히 밀접한 관련이 있는 것으로 보이는 한 가지 개념화는 유머를 스트레스 대처 양식으로 보는 것이다. 이는 유머를 건강한 방어기제로 간주한 Freud의 개념화에도 부합하는 것이다. 이러한 관점에서 유머러스한 조망은 역경의 부정적 결과를 완화시킨다. 스트레스에 대한 Lazarus와 Folkman(1984)의 교류모형에 입각해서 볼 때, 유머는 인지적 평가의 한 형태로서 잠재적인 스트레스 상황을 좀 더 온화하고 덜 위협적인 방식으로 지각하도록 돕는다(Kuipper, Martin, & Olinger, 1993). Kant와 Schopenhauer의 철학적 저작들까지 거슬러 올라갈 수 있는 유머에 대한 부조화 이론들(incongruity theories; 예: Suls, 1972)에 따르면, 유머는 원래 서로 분리된 두 개의 관념들, 개념들 혹은 상황들을 의외의 혹은 예기치 않은 방식을 통해 하나로 결합시키는 것을 포함한다. 유머에 수반되는 이러한 시각 전환은 일종의 평가 중심적 대처 전략(appraisal-focused coping strategy)의 하나로 간주될 수 있는데, 많은 연구자들은 이것을 유머의 효과성에 대한 가설을 뒷받침하는 근거로 삼기도 한다(예: Dixon, 1980; O' Connell, 1976). 하지만 대처기제로서의 유머에 대한 연구 증거는 확실치 않은 편이다(개관을 위해서는 Lefcourt, 2001b 참조). 이후에 논의하겠지만, 이것은 유머가 개념화되고 측정되는 방식의 부적절성 때문일 수 있다.

유머를 대처기제로 바라보는 관점과 관련해서, 유머가 심리적 건강과 스트레스에 대한 저항에 기여하는 이유는 그것이 사회적 지지를 증진시키기 때문이라는 주장이 있다. 따라서 유머 감각이 많은 사람들은 사회적 능력을 더 많이 보유하고 있는 것으로 간주된다(Bell, McGhee, & Duffey, 1986). 그들은 사람들을 끌어당기고, 우정을 유지하며, 풍부한 사회적 지지망을 발달시키고, 결과적으로 사회적 지지가 가져다주는 정신적 및 신체적 이득을 취하는 것이 더 쉬울 수 있다(Cohen & Wills, 1985). 하지만 현재 사회적 지지나 매력, 친밀, 혹은 관계 만족과 같은 대인관계의 다른 측면들에 미치는 유머의 효과를 조사한 연구(예: Murstein & Brust, 1985; Ziv & Gadish, 1989)는 매우 제한되어 있다. 이 같은 주제는 잠재적으로 풍부한 부가적 연구거리가 될 수 있을 것으로 보인다.

유머 감각의 측정

유머 감각을 개념화하는 방식이 매우 다양하다는 점을 감안할 때, 연구자들이 자기보고법, 유머 이해 측정도구, 능력검사, 행동관찰 기법 등을 포함하는 다양한 측정방법을 개발해 왔다는 사실은 놀랄 일도 아니다. 다음에서는 가장 널리 쓰이는 측정도구들에 관해 논의하고자 한다(전체 측정도구 목록에 대해서는 Ruch, 1998b 참조).

유머 감각에 대한 자기보고식 측정도구

지난 20년 동안의 유머 연구에서 자기보고는 유머 감각을 평가하는 가장 널리 사용되는 측정방법이었다. 이런 검사들에서 응답자들은 자주 웃고, 농담을 말하며, 다른 사람들의 농담에 웃고, 유머를 이해하는 등의 경향성과 관련하여 일련의 자기 기술 진술문들에 동의하는 정도를 평정하도록 요구받는다.

Coping Humor Scale   Coping Humor Scale(CHS; Martin & Lefcourt, 1983)은 사람들이 스트레스에 대처하는 데 유머를 사용하는 정도를 평가하기 위해 고안되었다. 이 척도는 "문제가 생겼을 때 그 속에서 재미있는 무언가를 발견하려고 노력하는 과정에서 문제가 크게 완화되는 경우가 종종 있다." "나는 괴로운 상황 속에서도 뭔가 웃기거나 농담거리가 될 만한 것을 찾아내려고 노력한다." 등과 같은 7개의 자기 기술 진술문들로 이루어져 있다. CHS의 Cronbach α는 .60~.70에 이르며, 12주 간격의 검사-재검사 신뢰도 계수는 .80을 넘어선다(Martin, 1996). 성차는 대체로 발견되지 않는다. 이 측정도구의 구성타당도를 지지하는 증거는 상당히 많은 편이다(Lefcourt & Martin, 1986; Martin, 1996에 잘 요약되어 있음). 예를 들어, CHS 점수는 사람들이 (1) 스트레스에 대처하는 데 유머를 사용하는 경향성($r = .50$), (2) 자신을 너무 심각하게 여기지 않는 경향성에 대한 동료들의 평정과 유의미한 상관을 지닌다(r의 범위는 .58~.78). 또한 CHS는 스트레스를 유발하는 영화를 관람하는 동안 참가자들이 행하는 유머러스한 혼잣말이 얼마나 재미있는지에 대한 평정과도 유의미한 상관을 지닌다(*r* = .50). 자연 상황 연구에서 CHS 점수가 더 높은 치과 환자들은 치과 수술을 받기 전에 농담을 더 많이 하고 더 많이 웃는 것으로 나타났다(Trice & Price-Greathouse, 1986). 이 측정도구는 일반적으로 사회적 바람직성과는 상관되지 않으며, 따라서 변별타당도를 지니는 것으로 보인다. CHS는 유머를 대처기제로 간주하는 연구에서 폭넓게 사용되어 왔다(개관을 위해서는 Martin, 1996 참조). 하지만 CHS는 문항-총점 상관이 낮은 일부 문항들 때문에 내적 일치도가 상대적으로 낮다는 심리측정적 제한점을 지니고 있다.

Situational Humor Response Questionnaire

Situational Humor Response Questionnaire(SHRQ; Martin & Lefcourt, 1984)는 삶의 다양한 상황들에서 사람들이 미소 짓고 웃는 빈도에 의거해서 유머를 정의한다. 따라서 이 도구는 미소와 웃음의 외현적 표현이 일상생활에서 유머를 지각하고 만들어 내고 즐기는 데 관여되는 좀 더 사적이고 내밀한 과정들보다 더 타당한 지표라는 가정에 기초한다. 이 척도는 상황에 대한 짧은 기술(예: "만일 레스토랑에서 친구들과 식사를 하는데 종업원이 당신에게 물을 엎질렀다면")을 제시하는 18개의 문항들로 이루어져 있다. 여기에는 유쾌하거나 불쾌한 상황들이 모두 포함되며, 구체적이고 구조화된 상황에서 비구조화된 상황, 그리고 흔히 접할 수 있는 상황에서 생소한 상황에 이르기까지 다양한 상황들이 포함되어 있다. 각 문항에 대해 응답자들은 그 상황들에서 어느 정도나 웃게 될지를 '특별히 우스울 것 같지는 않다.'에서 '넋놓고 웃게 될 것 같다.'에 이르는 Guttman 반응 선택지들을 사용해서 평정하도록 요구받는다. 이 척도에는 18개의 상황문항들 외에도 더해서 참가자들이 다양한 범위의 상황들에서 일반적으로 얼마나 자주 웃고 미소 짓는지와 관련된 3개의 자기 기술 문항들이 포함되어 있다.

SHRQ의 Crobach *α*는 .70~.85의 범위에 이르며, 검사-재검사 상관은 약 .70에 이른다(Lefcourt & Martin, 1986). 대체로 남성과 여성 간의 차이는 존재하지 않는다. SHRQ의 타당도에 대한 지지 증거는 광범위하다(Lefcourt & Martin, 1986; Martin, 1996 참조). 예를 들어, SHRQ 점수는 비구조화 면접에서의 자발적인 웃음 빈도 및 지속 기간과 유의미한 상관을 지닌다(*r*의 범위는 .30~.62). 또한 SHRQ 점수는 참가자의 웃음 빈도에 대한 동료들의 평정과 스트레스 대처에 유머를 사용하는 경향성과도 유의미한 상관을 지닌다(*r*의 범위는 .30~.50). 더불어 SHRQ 점수는 실험실 참가자들의 혼잣말이 재미있는 정도에 대한 평정과도 유의미한 상관이 있었다($r = .21 \sim .44$). 또한 Martin과 Kuiper(1999)는 SHRQ 점수가 더 높은 사람들은 3일간 웃는 빈도가 더 높았다는 것을 발견했다. 이 도구가 사회적 바람직성 도구들과 유의미한 상관을 가지지 않는다는 점은 변별타당도가 있음을 나타낸다. SHRQ는 유머의 스트레스 중재 효과에 대한 연구들을 포함하여 유머 연구에 폭넓게 사용되어 왔다(개관을 위해서는 Martin, 1996 참조).

SHRQ는 유머를 순전히 웃음의 빈도에 의거해서만 정의했다는 점에서 비판을 받아 왔다(Thorson, 1990). 실제로 Martin(1996)이 인정했듯이, 유머 없는 웃음이 있을 수 있고 웃음 없는 유머도 있을 수 있다. 그럼에도 불구하고 SHRQ와 다양한 성격 및 안녕감 측정도구들과의 상관은 CHS와 같은 자기보고식 유머 측정도구들에서의 상관과 견줄 만하다. 다른 유머척도들과의 이 같은 유사성은 SHRQ에 불쾌한 혹은 다소간의 스트레스 상황들을 묘사하는 문항들이 많이 포함되어 있기 때문인 것으로 보인다. 따라서 SHRQ는 웃음 빈도 자체만의 평가를 넘어서서, 불쾌한 혹은 잠재적으로 당혹스러운 사건들에 직면해 명랑한 사고방식을 유지하려는 경향성을 평가하는 것으로 보인다. 이 도구의 잠재적으로 더 심각한 단점은 각 문항에 기술된 상황들이 대학생들의 경험에 특유한 것이어서 다른 전집에게는 덜 적합하다는 것이다. 더욱이 각 문항에 기술된 상황들은 세월이 지남에 따라 다소간 시대에 뒤떨어지게 되므로 많은 사람들에게 적용되기 힘든 측면이 있다.

Sense of Humor Questionnaire Sense of Humor Questionnaire(SHQ; Svebak, 1974)는 유머 감각에서 본질적인 것으로 간주되는 다음과 같은 3개의 차원들을 각기 7문항으로 평가하는 3개의 하위척도로 구성되어 있다. (1) 상위 메시지 민감성(metamessage sensitivity) 혹은 상황에서 유머를 인식하는 능력(예: "나는 대부분의 상황들에서 뭔가 코믹하거나 재미있거나 유머러스한 것들을 찾아낼 수 있다."). (2) 유머 애호(liking of humor) 혹은 유머와 유머러스한 역할을 즐기는 것(예: "남을 웃기려고 하는 사람들의 진정한 의도는 자기의 자신감 부족을 숨기려는 것이라는 인상을 받게 된다." 이 문항은 역채점됨), (3) 정서 표현성(emotional expressiveness) 혹은 자신의 감정을 자유롭게 표현하는 경향성(예: "어떤 상황이 매우 웃긴다는 생각이 들면 나 이외에 아무도 그것이 우습다고 생각하지 않더라도 무덤덤한 표정을 짓고 있기가 매우 힘들다.")이다.

Lefcourt와 Martin(1986)은 상위 메시지 민감성과 유머 애호 하위척도의 α 값은 .60~.75에 이르지만, 정서 표현성의 경우는 .20 이하라고 보고했다. 따라서 그들의 후속 연구에서는 처음의 두 하위척도만 사용되었다. 이 두 하위척도에 대한 한 달 간격의 검사-재검사 신뢰도는 .58~.78에 이르렀다. 상위 메시지 민감성과 유머 애호 하위척도의 타당도 지지 증거는 유머에 대한 또래 평정과의 상관과 SHRQ, CHS 및 다른 자기보고식 유머 측정도구들과의 상관에서 찾을 수 있다. SHQ 하위척도들과 Marlowe-Crowne 사회적 바람직성 척도 간의 상관은 유의미하지 않은 것으로 나타났다(Lefcourt & Martin, 1986). 역학조사에 사용하기 위한 6문항짜리 단축형 SHQ(Svebak, 1996) 또한 개발되었다.

Multidimensional Sense of Humor Scale   Multidimensional Sense of Humor Scale(MSHS; Thorson & Powell, 1993)은 여섯 개의 가설적인 유머 차원들(자신을 유머러스한 인물로 인식하는 것, 타인의 유머를 인식하는 것, 유머에 대한 이해, 웃기, 유머러스한 조망 수용 및 대처적 유머)을 폭넓게 평가하기 위해 고안된 측정도구다. 24문항으로 구성된 이 척도에 대한 요인분석 결과, 원래 가설화했던 것과는 다소 다른 요인 구조가 산출되어 다음과 같은 네 개의 요인들이 확인되었다. (1) 유머 생산 및 유머의 사회적 사용(예: "나는 친구들을 즐겁게 하기 위해 유머를 사용한다."), (2) 대처적 유머(예: "유머나 재치를 사용하는 것은 어려운 상황을 이겨내는 데 도움이 된다."), (3) 유머에 대한 부정적 태도(예: "농담을 즐기는 사람은 꼴불견이다."), (4) 유머에 대한 긍정적 태도(예: "나는 재미있는 농담을 좋아한다.")가 그것이다. 몇 개의 문항들은 둘 이상의 요인에 동시에 높게 부하되며, 요인 점수는 평균 .45 이상의 상관을 지닌다. 전체 척도의 Crobach α는 .90이었고, 각 요인 점수에 대한 신뢰도는 보고되지 않았다. 따라서 MSHS는 다차원적으로 제작되긴 했지만 단일 총점 점수를 사용하는 것이 가장 적절하다. 이 척도는 유머에 대한 태도 혹은 신념에 경도된 경향이 있다(예: "어떤 사람을 코미디언이라고 부르는 것은 그 사람에 대한 모독이다."와 "유머는 저속한 대처기제다."). MSHS는 유머 감각과 심리적 건강의 다양한 측면들의 관계를 조사한 몇 건의 연구들에서 사용되었다(개관을 위해서는 Thorson, Powell, Sarmany-Schuller, & Hampes, 1997 참조).

유머 감각 측정에 대한 대안적 개념화 및 접근

연구자들은 자기보고 측정도구들과 더불어 유머 감각을 평가하기 위한 몇 가지 다른 접근들을 사용해 왔다. 이러한 측정 접근들은 각기 유머 감각에 대한 서로 다른 개념화에 기초한다.

유머 이해 측정도구들　　유머 이해 접근(humor appreciation approach)에서 참가자들은 수많은 농담, 만화, 다른 유머러스한 자료들이 자신에게 얼마나 즐거운지 혹은 재미있게 지각되는지를 평정하도록 요구받는다. 이러한 자극들은 전형적으로 연구자들의 판단에 따라, 혹은 요인분석 절차에 근거해서 다양한 유목들(예: 무해한, 공격적인, 성적인 등)로 분류된다. 특별한 유형의 농담을 선호하는 것은 공격적 경향성 등과 같은 성격의 특정 측면과 연관이 있는 것으로 간주된다. 1980년대 이전에 행해진 대부분의 유머 연구들은 이러한 접근을 사용했다(Martin, 1998 참조). 일부 초기 연구자들은 유머 이해와 정신건강의 다양한 측면들 간의 관계를 조사하는 데 이 방법을 사용했다. 예를 들어, O'Connell(1960)은 Wit and Humor Appreciation Test (WHAT)를 개발했는데, 여기에는 임상심리학자 패널들에 의해 적대적 재치, 넌센스 재치, (Freud적인 의미의) 유머를 나타내는 것으로 평가된 농담들이 담겨 있다. 적응적 개인들은 부적응적 개인들에 비해 유머를 나타내는 농담을 선호한다는 일부 증거들이 있긴 하지만, 후속 연구들은 이러한 결과를 지지하는 증거를 거의 제시하지 못했다(O'Connell, 1976).

개인의 이해 평정을 결정하는 데 있어서 유머러스한 자료의 내용이 일반적으로 구조보다 덜 중요하다는 결과를 내놓은 좀 더 최근의 연구들에서 이러한 내용 중심적 접근이 가지는 문제점이 드러나게 되었다. 이 점과 관련하여 Ruch(1992; Ruch & Hehl, 1998)는 다양한 연령, 직업 및 국적의 참가자 표본들을 대상으로 다양한 농담과 만화들을 사용하여 일련의 요인분석 연구를 수행하였다. Ruch는 유머 자극이 재미있는 정도와 혐오스러운 정도에 대한 평정을 모두 사용하여 세 개의 안정적인 유머 요인들을 발견했다. 두 개의 가장 큰 요인들은 농담과 만화의 구조적 측면에 관한 것이었고(부조화의 해결 대 미해결), 세 번째 요인은 내용에 관한 것이었다(성적 주제). Ruch는 이 영역들 각각에서 사람들이 농담과 만화를 이해하는 정도를 평가하는 3-WD(Witz-Dimensionen) 유머검사를 제작하였다. 이후에 행해진 수많은 연구들에서 그는 이러한 유머 선호 차원들의 성격적 상관물들이 무엇인지를 조사했다. 그 주요 결과는 보수적인 사회적 태도를 가진 사람들은 부조화가 해결되는 유머를 선호하고, 감각 추구 경향성이 높은 사람들은 부조화가 미해결되는 유머(넌센스 유머)를 선호한다는 것이었다. 3-WD와 몇몇 자기보고 유머 감각 척도들을 사용한 연구에서 두 측정 접근들 간의 상관은 매우 작은 것으로 나타났다(Kohler & Ruch, 1996). 따라서 유머 이해 측정도구와 자기보고 척도는 서로 꽤 다른 개념을 측정하는 것으로 보인다.

유쾌 기질(cheerful temperament)로서의 유머 측정도구들   Ruch의 기질 접근(temperament approach; Ruch & Kohler, 1998)은 유머에 대한 또 다른 대안적 접근 중의 하나다. 이 접근에서 유쾌성, 심각성, 나쁜 기분 성향 등은 유머의 기질적 기초를 형성하는 특질로 간주된다. Ruch, Kohler 및 van Thriel(1996)은 이러한 특질들 및 관련 상태들에서의 개인차를 평가하기 위하여 State-Trait Cheerfulness Inventory(STCI)를 개발하였다. 일련의 연구들에서 이 측정도구를 통해 높은 특질 점수를 얻은 사람들은 일반적으로 부정적 정서를 유도할 만한 상황에서도 긍정적 정서를 더 잘 유지하는 것으로 밝혀졌다. 이 접근은 유머에 대한 개념 및 측정에 유용한 대안적 접근이 될 수 있는데, 그 이유는 이 접근이 앞서 논의되었던 유머에 대한 전통적인 엄격한 정의에 잘 부합되기 때문이다. 상태척도(일별, 주별 혹은 월별) 또한 개입 혹은 처치 연구에서 사전-사후 측정도구로 사용되기에 적합하다. 따라서 이 척도는 변화를 민감하게 포착할 수 있는 유일한 자기보고식 유머 측정도구라고 할 수 있다.

유머 행동을 평가하기 위한 Q-sort 기법   Craik, Lampert 및 Nelson(1996)은 관찰자들로 하여금 사람들의 유머와 관련된 일상 행동을 평가하도록 하는 방법으로 성격에 대한 행위-빈도 접근(action-frequency approach)에 기초한 Humorous Behavior Q-Sort를 개발했다. 100개의 카드 묶음은 다양한 유머 행위(예: "다른 사람을 편안하게 하기 위해 재미있는 농담을 사용하는 것" "농담을 마치기도 전에 웃어 버려 분위기를 망치는 것")를 기술하는 진술문들을 담고 있다. 사람들의 행동 패턴에 친숙해지도록 훈련받은 관찰자들은 특정 개인을 가장 덜 특징짓는 것에서 가장 잘 특징짓는 것에 이르기까지 카드들을 아홉 개의 묶음으로 분류한다. 대학생들을 대상으로 한 자기 기술 Q-Sort에 대한 요인분석 연구에서는 서로 다른 유머 행위 양식을 반영하는 다음과 같은 다섯 개의 요인들이 발견되었다. 즉, 사회적으로 온정적인 대 냉담한, 반성적인 대 촌스러운, 유능한 대 미숙한, 세속적인 대 억압된, 온화한 대 천박한이 그것이다. Craik과 Ware(1998)는 이 평가 절차의 평정자간 신뢰도와 타당도에 대한 지지 증거를 보고한 바 있다. 자기보고식 방법보다 관찰법을 사용하여 유머의 개인차를 연구하고자 할 때에는 이 접근이 유용할 수 있다.

유머 능력 검사　　몇몇 연구자들은 유머를 창의력이나 지능과 비견되는 하나의 능력으로 간주하고 이를 평가하는 방법을 개발하였다. 여기에서 초점은 전형적 수행(typical performance)보다는 최대 수행(maximal performance)의 평가에 맞춰진다. Lefcourt와 Martin(1986)은 참가자들로 하여금 실험실에서 유머러스한 혼잣말을 하도록 하고, 훈련된 판단자들에게 (미완결성, 신기성, 놀람 등의 기준을 사용하여) 그러한 혼잣말이 얼마나 재미있는지를 평정하도록 하였다. Kohler와 Ruch(1996)는 만화의 핵심 문구 생성검사(cartoon punch-line production test)에서 유사한 기법을 사용했다. 그리고 Feingold와 Mazzella(1991)는 유머 정보, 농담 지식, 유머 추리, 농담 이해 등을 포함하는 '언어적 유머 능력'의 여러 측면들을 평가하는 몇몇 검사들을 개발하기도 하였다.

유머측정의 이슈들

지난 20년간 유머에 대한 대부분의 심리학적 연구들은 유머 감각이 심리적 건강 및 안녕감과 관련 있다는 가정을 견지해 왔다. 유머 감각이 풍부한 사람들은 스트레스에 더 효과적으로 대처하고, 부정적인 기분을 덜 경험하며, 신체건강이 더 좋고, 타인들과 더 긍정적이고 건강한 관계를 유지하는 능력이 있는 것으로 여겨져 왔다. 하지만 널리 받아들여지는 이러한 견해들에도 불구하고 다양한 유머 측정도구를 사용한 연구들로부터 나오는 증거들은 놀랍게도 미약하기도 하고 일관적이지도 않다. 예를 들어, Kuiper와 Martin(1998)은 일련의 다섯 건의 연구들에서 유머에 대한 몇 개의 자기보고식 측정도구들(CHS, SHRQ, SHQ)과 정신건강 및 '긍정적 성격'의 여러 측면들(예: 성향적 낙관주의, 심리적 안녕감, 자존감, 우울, 불안, 사회적 회피)을 측정하는 도구들 간의 관계를 조사했다. 그들은 자신들의 연구 결과에 기초하여 성향적 낙관주의

(Scheier & Carver, 1988) 같은 긍정심리학과 관련된 다른 특정도구들과는 대조적으로 유머척도들이 정신건강의 매우 약한 지표라고 결론지었다. 더욱이 일부 연구자들은 자기보고식 척도로 측정되는 유머 감각이 스트레스 완충 효과가 있다고 보고했지만 (예: Martin & Dobbin, 1988; Porterfield, 1987), 더 큰 표본을 사용한 수많은 다른 연구자들은 이러한 결과의 반복 검증에 성공하지 못했다(예: Anderson & Arnoult, 1989; Porterfield, 1987). 이와 더불어 유머, 웃음 및 신체건강 연구들을 개관한 Martin(2001)은 유머 감각 측정도구와 면역, 통증 내성, 혈압, 수명, 질병 증상 등의 건강 지표들 간에 관계가 있다는 일관된 증거들을 발견할 수 없었다. 요컨대, 유머 감각이 심리적 및 신체적 건강에 이로울 것이라는 널리 받아들여지고 있는 가정은 현존하는 유머 측정도구들을 사용한 연구들의 견지에서 보자면 강한 혹은 일관된 지지를 받지 못하고 있다.

이러한 빈약한 결과에 대한 한 가지 가능한 설명은 앞서 언급한 것처럼 잠재적으로 적응적인 혹은 부적응적인 유머 형태가 무엇인지에 관한 역사적 구분과 관련이 있다. 예전의 이론가들은 특정 유형의 유머(예: 조망 수용적인, 자기를 낮추는, 혹은 우호적인 유머)가 건강한 심리적 기능성과 관련되며, 다른 형태의 유머(예: 빈정거리는, 비난적인, 혹은 방어적으로 회피적인 유머)는 안녕감에 실제적으로 해가 될 수도 있다는 점에 주목했다(예: Allport, 1961; Freud, 1928; Maslow, 1954). 따라서 유머와 심리적 건강 간의 관계를 조사할 때는 사람들이 표현하는 유머의 유형뿐 아니라 사람들이 전형적으로 사용하지 않는 유머의 유형도 조사하는 것이 중요할 것이다.

건강하거나 건강하지 않은 유머 형태의 구분은 불행하게도 최근의 유머 연구에서는 대체로 무시되었다. 현존하는 측정도구들은 유머가 적응적이고 대처에 유익하다는 가정을 기반으로 하고 있지만, 일반적으로 연구 참가자들이 유머를 표현하는 구체적인 방법은 묻지 않는다. 예를 들어, '남을 깔아뭉개는' 비난조의 유머를 자행하거나 자신의 문제를 건설적으로 다루는 것을 피하기 위해 방어적 부정 형태의 유머를 사용하는 사람들은 "재치나 유머를 사용하는 것은 어려운 상황을 이겨 나가는 데 도움이 된다." 혹은 "나는 말로써 사람들을 웃길 수 있다." 등과 같은 전형적인 유머척도 문항들에서 긍정적인 답변을 할 수 있다. 따라서 이 측정도구들에서 높은 점수를 받았다고 해서 그것이 꼭 Allport, Maslow, Freud 등과 같은 예전의 심리학자들이 언급했던 좀 더 적응적인 혹은 심리적으로 건강한 형태의 유머를 반영한다고 볼 수는 없다.

현존하는 자기보고식 유머 측정도구들과 관련된 또 다른 문제점은 이들이 좁은 범위의 유머 표현에만 초점을 맞춘다는 것이다. 비록 연구자들은 다양한 척도들이 유머의 서로 다른 측면들을 측정한다고 가정하지만, 중다 특질, 중다방법 및 요인분석 연구들에 따르면 자기보고식 측정도구들 간에는 상당한 중첩이 존재한다. 예를 들어, 유머 이해를 측정하는지 유머 생성을 측정하는지에 따라 척도들을 둘로 나누었을 때, 이 두 유목에 각기 속하는 척도들 간의 상관은 일반적으로 각 유목 내의 척도들 간의 상관만큼이나 높게 나온다(Kohler & Ruch, 1996). 더욱이 가장 폭넓게 사용되는 자기보고식 유머 측정도구들에 대한 요인분석 결과, 단지 한두 개의 요인들이 변량의 대부분을 설명하는 것으로 나타났다(Kohler & Ruch, 1996; Ruch, 1994). 성격 차원들이 매우 광범위하다는 것을 감안한다면, 이 척도들은 주로 외향성을 측정하는 것으로 보이며 신경증처럼 잠재적으로 중요한 다른 성격 차원들과의 관련성은 극히 낮은 것으로 보인다(Kohler & Ruch, 1996; Ruch, 1994).

요컨대, 현존하는 자기보고식 유머 측정도구들은 일반적으로 수용할 만한 신뢰도와 타당도를 가지고 있지만, 특히 긍정심리학 연구에의 적합성 측면에서 무시할 수 없는 제한점을 지닌다. 더욱 문제가 되는 것은 이 도구들이 잠재적인 유머 차원들 중 극히 제한된 일부만을 측정한다는 것이다. 특히 현재의 측정도구들 중 그 어느 것도 잠재적으로 부적응적인 유머 양식 혹은 표현과 관련된 차원들을 명시적으로 평가하지는 않는다. 게다가 현존하는 도구들은 건강한 형태의 유머를 평가하는 것으로 간주되지만, 적응적이거나 부적응적인 유머의 사용을 적절히 구분하고 있지는 않는 듯하다. 유머 감각과 정신건강에 관한 연구에서 서로 다른 결과가 나오는 것은 적어도 부분적으로 측정도구상의 이 같은 제한점들 때문일 수 있다. 따라서 긍정심리학의 한 요소로서의 유머에 대한 후속 연구들은 정련된 이론, 개념화 및 도구들을 개발할 필요가 있다.

유머 감각 측정의 최근 발달

유머 감각에 대한 현존하는 측정도구들을 사용한 연구들이 유머의 다양한 측면들을 이해하는 데 값진 기여를 한 것은 사실이지만, 유머 감각의 개념화와 측정을 정련하는 데 부가적인 노력이 필요한 것 또한 사실이다. 앞서 언급했다시피 유머는 집합적 용어가 되어 버렸고, 따라서 그 구성 요소가 무엇이며 그것들이 서로 어떤 관련이 있는지, 그리고 각 요소들이 다른 성격 차원과 인간 기능성 측면들에 어떻게 연관되는지를 보다 명확히 이해할 필요가 있다. Ruch(1996)가 제안했듯이, 유머는 기질, 지능 혹은 정서와 유사하게 일군의 특질 묶음에 대한 유목 명칭으로 사용하는 것이 가장 현명할지도 모른다. 그런 만큼 이 특질 묶음들 중의 단지 일부 요소들만이 건강 및 안녕감과 연관이 있을 것으로 보인다.

유머측정을 정련화하려는, 특히 유머의 적응적 및 부적응적 차원들을 명확히 구분하려는 노력들이 현재 진행 중에 있다. 예를 들어, Martin과 동료들(Martin, Puhlik-Doris, Larsen, Gray, & Weir, 출판 중)은 최근에 잠재적으로 유익하거나 해로운 유머 양식을 구분하는 측정도구를 개발하였다. 그들은 이론 및 연구문헌들을 개관하여 유머 표현의 네 가지 주요 차원들을 가설화했다. 그중 두 차원은 비교적 건강하고 적응적인 유머를 나타내고, 나머지 두 차원은 비교적 건강하지 않은 유머들을 반영한다. 건강하거나 건강하지 않은 차원의 구분 외에도 유머와 관련된 또 다른 구분이 있을 수 있다. 그것은 유머가 대인관계에서 표현되는지, 아니면 주로 개인 내적 혹은 자기 지향적인지의 구분이다. 개발된 척도는 Humor Styles Questionnaire(HSQ)라고 불리는데, 여기에는 (1) 친애적 유머(타인을 즐겁게 하고 사회적 응집력을 증진시키는 방식으로 유머를 사용하는 것), (2) 자기 증진적 유머(조망수용적 유머, 대처로서의 유머), (3) 공격적 유머(빈정거림, 타인을 조롱하고 조종하고자 사용하는 유머), (4) 자기 패배적 유머의 네 개의 하위척도들이 포함되어 있다.

기존의 자기보고 유머척도들과는 달리, HSQ는 Jackson(1970)의 개념 기반 접근(construct-based approach)에 따라 엄격하고도 체계적인 검사 구성과정을 거쳐 개발되었다. 네 개의 가설화된 차원들을 평가하는 것으로 간주되는 많은 문항 전집에서 시작하여 꽤 큰 크기의 표본들을 대상으로 한 일련의 연구들을 거쳐, 다른 차원에 속하는 것으로 간주되는 문항들과는 상관이 낮고 동일 차원에 속하는 것으로 간주되는 문항들과는 상관이 높아 내적 일치도를 높이는 정도 등의 기준에 따라 문항들이 선별되고 정련화되었다. 이러한 절차를 적용한 결과, 서로 직교하는 네 개의 안정적인 요인들이 구해졌다.

423

초기 타당도 연구에 따르면 각 척도의 구성타당도는 물론 척도들 간의 변별타당도 역시 나타났다. 예를 들어, '건강한' 유머 양식에 대한 두 개의 도구들은 (1) 자존감, 긍정적 정서, 사회적 지지, 친밀감 등과 같은 심리적 건강 및 안녕감 지표들과는 정적으로 상관되며, (2) 우울, 불안 등과 같은 부정적 기분과는 부적으로 상관되는 것으로 나타났다. 이와는 대조적으로 '건강하지 않은' 유머 사용에 대한 두 개의 도구들은 (1) 우울, 불안, 적대감, 정신과적 증상 등과 같은 빈약한 심리적 기능성을 측정하는 도구들과는 정적으로 상관되고, (2) 자존감, 사회적 지지, 관계 만족 등과는 부적으로 상관되는 것으로 나타났다. 이 네 개의 하위척도들은 이전의 유머척도들에 비해 정신 건강 및 안녕감 측정도구들의 변량을 상당한 정도로 더 많이 설명하는 것으로 나타났다. 더불어 각 척도들은 성격에 대한 5요인모형(Five Factor Model; John, 1990)의 다섯 요인들 모두와 서로 다른 형태의 상관을 지니는 것으로 나타났는데, 이는 이 도구가 이전의 유머 측정도구들이 그랬던 것과는 달리 외향성뿐 아니라 광범위한 성격 차원들을 평가한다는 것을 나타낸다. 두 개의 해로운 유머척도들에서 성차는 없었지만, 두 개의 부적응적 척도들 모두에서 남자들의 점수가 여자들의 점수들보다 유의미하게 더 높았다는 사실은 흥미롭다. 이러한 결과는 기존의 측정도구들에서는 대체로 간과되었고, 관련 문헌들에서는 단지 암시 정도만 되었던(예: Lefcourt, 2001b) 유머의 적응적 사용에서의 중요한 성차를 연구하는 데 HSQ가 유용할 수 있다는 점을 시사하는 것이다.

전반적으로 HSQ는 기존의 도구들이 평가하지 못했던 다양한 유머 차원들을 측정하며, 덜 바람직하고 안녕감에 잠재적으로 해로울 수 있는 유머 차원을 평가하는 최초의 자기보고식 측정도구라는 의의를 지닌다. 또한 이러한 부적응적 차원들과 상관이 없는 문항들을 세심하게 정련함으로써 나머지 두 개의 질문지 척도들 역시 현존하는 척도들보다 유익한 혹은 건강한 유머를 더 순수하게 측정해 낸다는 의의를 지닌다. 앞으로는 이러한 서로 다른 유머 양식이 인간관계와 스트레스 대처에 어떤 식으로 관련되는지에 대한 부가적인 연구가 행해져야 할 것이다.

결론

현재 적절한 신뢰도와 타당도를 갖춘 출판된 유머 감각 측정도구들은 많이 존재한다. 이러한 다양한 자기보고 측정도구들은 유머의 서로 다른 요소들을 평가한다는 고유의 목표하에 개발되었지만 동일한 일반적 차원, 특히 외향성을 우선적으로 평가하는 경향이 있다. 또한 기존의 측정도구들은 긍정심리학의 한 요소로서의 유머에 대한 평가에 있어 그 유용성이 제한될 수밖에 없는데, 이는 그 도구들이 다양한 측면의 정신적 및 신체적 건강과 안녕감 측정도구들과 비일관적이고 빈약한 상관을 가진다는 사실에서 잘 드러난다. 이러한 도구들은 유머의 건강한 형태를 평가하기 위해 고안되었지만, 철학자와 초기 심리학자들이 오랫동안 행해 왔던 적응적 및 부적응적 유머 유형의 구분을 적절히 반영하지 못해 왔다. 따라서 대부분의 유머 형태들이 정신건강 및 안녕감에 유익할 것이라는 단순한 접근을 넘어서는 신세대적 측정도구가 요구된다. 적응적 및 부적응적 유머의 사용이 스트레스 대처에 어떤 역할을 하는지, 그리고 유머가 사회적 관계를 어떤 식으로 촉진 혹은 손상시키는지를 밝혀 내는 것이 잠재적으로 유망한 향후 연구 과제가 될 것이다. 앞으로의 연구에 따라서, 적응적 유머 양식의 존재만큼이나 부적응적 유머 양식의 부재가 심리적 안녕감에 중요하다는 결과가 얻어질 수도 있을 것이다. 연구자들이 유머에 대한 보다 정련된 이론, 개념화 및 측정도구들로 무장하게 된다면, 긍정심리학의 한 요소로서 유머의 역할에 대한 이해를 넓혀 나가는 데 보다 큰 진전이 있을 것이다.

참고문헌

Allport, G. W. (1961). *Pattern and growth in personality*. New York: Holt, Rinehart & Winston.

Anderson, C. A., & Arnoult, L. H. (1989). An examination of perceived control, humor, irrational beliefs, and positive stress as moderators of the relation between negative stress and health. *Basic and Applied Social Psychology, 10,* 101-117.

425

Bell, N. J., McGhee, P. E., & Duffey, N. S. (1986). Interpersonal competence, social assertiveness and the development of humor. *British Journal of Developmental Psychology, 4*, 51–55.

Cohen, S., & Wills, T. A. (1985). Stress, social support, and the buffering hypothesis. *Psychological Bulletin, 98*, 310–357.

Craik, K. H., Lampert, M. D., & Nelson, A. J. (1996). Sense of humor and styles of everyday humorous conduct. *Humor, 9*, 273–302.

Craik, K. H., & Ware, A. P. (1998). Humor and personality in everyday life. In W. Ruch (Ed.), *The sense of humor: Explorations of personality characteristic* (pp. 63–94). New York: Mouton de Gruyter.

Dixon, N. F. (1980). Humor: A cognitive alternative to stress? In I. G. Sarason & C. D. Spielberger (Eds.), *Stress and anxiety* (Vol. 7, pp. 281–289). Washington, DC: Hemisphere Publishing.

Feingold, A., & Mazzella, R. (1991). Psychometric intelligence and verbal humor ability. *Personality and Individual Differences, 12*, 427–435.

Freud, S. (1928). Humour. *International Journal of Psychoanalysis, 9*, 1–6.

Gruner, C. R. (1997). *The game of humor: A comprehensive theory of why we laugh.* New Brunswick, NJ: Transaction

Jackson, D. N. (1970). A sequential system for personality scale development. In C. D. Spielberger (Ed.), *Current topics in clinical and community psychology* (Vol. 2, pp. 61–96). New York: Academic Press.

John, O. P. (1990). The "Big Five" factor taxonomy: Dimensions of personality in the natural language and in questionnaires. In L. A. Pervin (Ed.), *Handbook of personality: Theory and research* (pp. 66–100). New York: Guilford Press.

Kohler, G., & Ruch, W. (1996). Sources of variance in current sense of humor inventories: How much substance, how much method variance? *Humor, 9*, 363–397.

Kuiper, N. A., & Martin, R. A. (1998). Is sense of humor a positive personality characteristic? In W. Ruch (Ed.), *The sense of humor: Explorations of a personality characteristic* (pp. 159–178). New York: Mouton de Gruyter.

Kuiper, N. A., Martin, R. A., & Olinger, L. J. (1993). Coping humour, stress, and cognitive appraisals. *Canadian Journal of Behavioural Science, 25*, 81–96.

Lazarus, R. S., & Folkman, S. (1984). *Stress, appraisal, and coping,* New York: Springer.

Lefcourt, M. H. (2001a). *Humor: The psychology of living buoyantly.* New York: Kluwer Academic.

Lefcourt, M. H. (2001b). The humor solution. In C. R. Snyder (Ed.), *Coping and copers: Adaptive process and people* (pp. 68–92). New York: Oxford University Press.

Lefcourt, M. H., Martin, R. A. (1986). *Humor and life stress: Antidote to adversity.* New

York: Springer-Verlag.

Martin, R. A. (1996). The Situational Humor Response Questionnaire (SHRQ) and Coping Humor scale (CHS): A decade of research findings. *Humor, 9,* 251-272.

Martin, R. A. (1998). Approaches to the sense of humor: A historical review. In W. Ruch (Ed.), *The sense of humor: Explorations of a personality characteristic* (pp. 15-62). New York: Mouton de Gruyter.

Martin, R. A. (2000). Humor. In A. E. Kazdin (Ed.), *Encyclopedia of psychology* (Vol. 4, pp. 202-204). Washington, DC: American Psychological Association.

Martin, R. A. (2001). Humor, laughter, and physical health: Methodological issue and research findings. *Psychological Bulletin, 127,* 504-519.

Martin, R. A., & Dobbin, J. P. (1988). Sense of humor, hassles, and immunoglobulin A: Evidence for a stress-moderating effect of humor. *International Journal of Psychiatry in Medicine, 18,* 93-105.

Martin, R. A., & Kuiper, N. A. (1999). Daily occurrence of laughter: Relationships with age, gender, and Type A personality. *Humor, 12,* 355-384.

Martin, R. A., & Lefcourt, H. M. (1983). Sense of humor as a moderator of the relation between stressors and moods. *Journal of Personality and Social Psychology, 45,* 1313-1324.

Martin, R. A., & Lefcourt, H. M. (1984). Situational Humor Response Questionnaire: Quantitative measure of sense of humor. *Journal of Personality and Social Psychology, 47,* 145-155.

Martin, R. A., Puhlik-Doris, P., Larsen, G., Gray, J., & Weir, K. (in press). Individual differences in uses of humor and their relation to psychological well-being: Development of the Humor Styles Questionnaire. *Journal of Research in Personality.*

Maslow, A. H. (1954). *Motivation and personality.* New York: Harper & Row.

Murstein, B. I., & Brust, R. G. (1985). Humor and interpersonal attraction. *Journal of Personality Assessment, 49,* 637-640.

O'Connell, W. E. (1960). The adaptive functions of wit and humor. *Journal of Abnormal and Social Psychology, 61,* 263-270.

O'Connell, W. E. (1976). Freudian humour: The eupsychia of everyday life. In A. J. Chapman & H. C. Foot (Eds.), *Humour and laughter: Theory, research, and applications* (pp. 313-329). London: Wiley.

Porterfield, A. L. (1987). Does sense of humor moderate the impact of life stress on psychological and physical well-being? *Journal of Research in Personality, 21,* 306-317.

Ruch, W. (1992). Assessment of appreciation of humor: Studies with the 3-WD humor test. In C. D. Spielberger & J. N. Butcher (Eds.), *Advances in personality assessment* (Vol. 9, pp. 27-75). Hillsdale, NJ: Erlbaum.

Ruch, W. (1994). Temperament, Eysenck's PEN system, and humor-related traits.

427

Humor, 7, 209-244.

Ruch, W. (1996). Measurement approaches to the sense of humor: Introduction and overview. *Humor, 9*, 239-250.

Ruch, W. (1998a). Sense of humor: A new look at an old concept. In W. Ruch (Ed.), *The sense of humor: Explorations of a personality characteristic* (pp. 3-14). New York: Mouton de Gruyter.

Ruch, W. (Ed.) (1998b). *The sense of humor: Explorations of a personality characteristic*. New York: Mouton de Gruyter.

Ruch, W., & Hehl, F. J. (1998). A two-mode model of humor appreciation: Its relation to aesthetic appreciation and simplicity-complexity of personality. In W. Ruch (Ed.), *The sense of humor: Explorations of a personality characteristic* (pp. 109-142). New York: Mouton de Gruyter.

Ruch, W., & Kohler, G. (1998). A temperament approach to humor. In W. Ruch (Ed.), *The sense of humor: Explorations of a personality characteristic* (pp. 203-230). New York: Mouton de Gruyter.

Ruch, W., Kohler, G., & van Thriel, C. (1996). Assessing the "humorous temperament": Construction of the facet and standard trait forms of the State-Trait-Cheerfulness Inventory-STCI. *Humor, 9*, 303-340.

Scheier, M. F., & Carver, C. S. (1985). Optimism, coping, and health: Assessment and implications of generalized outcome expectancies. *Health Psychology, 4*, 219-247.

Suls, J. M. (1972). A two-stage model for the appreciation of jokes and cartoons. In J. H. Goldstein & P. E. McGhee (Eds.), *The psychology of humor: Theoretical perspectives and empirical issues* (pp. 81-100). New York: Academic Press.

Svebak, S. (1974). Revised questionnaire on the sense of humor. *Scandinavian Journal of Psychology, 15*, 328-331.

Svebak, S. (1996). The development of the Sense of Humor Questionnaire: From SHQ to SHQ-6. *Humor, 9*, 341-361.

Thorson, J. A. (1990). Is propensity to laugh equivalent to sense of humor? *Psychological Report, 66*, 737-738.

Thorson, J. A., & Powell, F. C. (1993). Development and validation of a Multidimensional Sense of Humor scale. *Journal of Clinical Psychology, 48*, 13-23.

Thorson, J. A., Powell, F. C., Sarmany-Schuller, I., & Hampes. W. P. (1997). Psychological health and sense of humor. *Journal of Clinical Psychology, 53*, 605-619.

Trice, A. D., & Price-Greathouse, J. (1986). Joking under the drill: A validity study of the Coping Humor scale. *Journal of Social Behavior and Personality, 2*, 265-266.

Ziv, A., & Gadish, O. (1989). Humor and marital satisfaction. *Journal of Social Psychology, 129*, 759-768.

CHAPTER 21

감사의 평가

일상생활에서 우리들은 주는 것보다 받는 것이 훨씬 더 많다는 것을, 그리고 매사에
감사하며 살 때 인생이 풍요로워진다는 것을 좀처럼 깨닫지 못하고 산다.

– Dietrich Bonhoeffer –

감사(gratitude)는 쉽게 정의하기가 힘들다. 감사는 정서, 태도, 도덕적 덕목, 습관,
성격 특질, 대처 반응 등으로 개념화되어 왔다. 감사라는 말은 은총, 은혜 혹은 고마
움을 뜻하는 라틴어 gratia에서 유래된 것이다. 이 라틴어로부터 나온 모든 파생어들
은 "친절, 관대함, 선물, 주고받는 미덕, 혹은 대가 없이 뭔가를 얻는 것과 관련이 있
다"(Pruyser, 1976: 69). 주관적으로 감사는 경탄, 고마움 그리고 받은 은혜에 사의를
느끼는 것을 말한다. 그것은 인간관계 내에서 혹은 초월적으로 (신, 자연 그리고 우주에
대해) 행해질 수 있다. 그러나 감사는 자기 자신을 향할 수는 없다. 다양한 삶의 경험
들 속에서 감사의 느낌을 가질 수 있지만, 다른 사람으로부터 선물을 받거나 은혜를
입었을 때 감사의 마음을 가지게 되는 것이 보통이다. 다시 말해, 감사는 다른 사람이
호의를 가지고 어떤 이로움을 제공했다고 느낄 때 가지게 된다. Fitzgerald(1998)는

---

* Robert A. Emmons, Michael E. McCullough, and Jo-Ann Tsang

감사의 세 가지 구성 요소를 다음과 같이 제시했다. 즉, (1) 어떤 사람 혹은 어떤 것에 대한 진심 어린 고마운 마음, (2) 그 사람 혹은 그 대상에 대한 선의, (3) 고마움과 선의로부터 유래하는 좋게 행동하려는 성향이다. 감사하는 사람은 자신이 타인이 보여준 관대함의 수혜자라는 것을 인정한다.

우리들은 감사가 개인적 및 관계적 안녕감을 증진시키고 사회 전체로 볼 때도 꽤 이로울 수 있다는 점에서 그것을 인간의 강점 중 하나라고 주장해 왔다(Emmons & Crumpler, 2000; Emmons & Shelton, 2002). 이 장에서 우리들은 감사에 대한 고전적 및 현대적 견해를 종합하고, 감사가 현대 연구에서 어떻게 개념화되고 측정되었는지를 기술할 것이다. 우리들은 연구자와 실천가들이 점증하는 감사 연구를 통해 도움을 받기 위해서는 감사의 평가가 앞으로 어떠해야 하는지에 대해서도 제안할 것이다.

이론적 배경

역사적으로 감사는 윤택한 삶에 보탬이 되는 한 가지 미덕으로 여겨져 왔다. 고전적 저술가들은 좋은 삶에 초점을 맞춰 왔고, 시민과 사회의 건강 및 활력에 감사하는 마음을 계발하고 표현하는 것을 강조해 왔다. 시대와 문화를 불문하고 감사의 경험과 표현은 인간의 성격과 사회적 삶에서 기본적이고도 바람직한 측면으로 간주되어 왔다. 예를 들어, 유대교, 기독교, 이슬람교, 불교, 힌두교 등의 사상에서 감사는 매우 높이 평가되는 인간적 성향이다. Seneca와 Cicero와 같은 고대 로마 철학자들에 따르면 감사는 지고의 가치를 지니는 인간적 덕목이다. 역으로 배은망덕은 일종의 도덕적 타락으로 보는 시각이 팽배했다. 철학자인 David Hume은 배은망덕이 "인간이 저지를 수 있는 모든 죄들 가운데 자연법칙에 위배되는 가장 끔찍한 것"(Hume, 1888: 466)이라고 말하기도 했다. 실제로 사람이라면 은혜를 입은 것에 대해 감사의 마음을 느끼고 표현해야 할 의무를 지닌다는 것은 전 세계 종교 및 윤리 저술가들이 한결같이 동의하는 바다. 미덕 윤리학(virtue ethics)의 전통을 따르는 저술가들은 일반적으로 감사의 정서적 측면보다는 의무적 성질을 더 중시해 왔다. Spinoza(1677/1981)만은 예외였는데, 그는 감사를 사랑에 대한 사랑의 응대로 보았다.

역사적 관점에 기초해 볼 때, 사람들의 감사반응은 스스로에게뿐 아니라 보다 넓게는 공동체 사회에도 득이 된다. Thomas Aquinas(1981)는 감사를 정의(다른 사람에게 근본적 평등과 함께 권리를 부여하는 것)라는 일차 덕목과 연합된 이차 덕목으로 이해했다. Aquinas에 따르면, 감사는 은인에 대한 고마움을 불러일으키고 그에 합당하고 적절한 반응을 하도록 하기 때문에 이타적 행위를 동기화한다. 하지만 Aristotle (1962)은 이와는 다른 견해를 가지고 있었다. 그는 감사를 고결함과는 양립될 수 없는 것으로 보았고, 따라서 자신의 덕목 목록에서 감사를 제외시켰다. Aristotle에 따르면 고결한 사람들은 자분자족을 강조하며, 따라서 남에게 빚을 지고 그에 대해 다른 사람에게 감사를 표하는 일을 품위를 해치는 것으로 본다.

시대를 막론하고 감사는 매우 중요한 시민적 덕목으로 여겨졌다. 아마도 폭넓은 공동체적 관점에서 감사를 조망한 최초의 이론적 시도는 Adam Smith(1790/1976)의 저서 『도덕감정론(*The Theory of Moral Sentiments*)』일 것이다. Smith는 감사를 분노나 애정 같은 감정과 동등한 지위를 지니는 필수불가결한 사회적 정서라고 제안했다. Smith에 따르면, 감사는 은혜를 베푼 사람에게 호의적인 행동을 하도록 하는 가장 중요한 동인 중의 하나다. 이와 관련해서 Smith는 "우리로 하여금 뭔가에 가장 즉각적이고도 직접적으로 보답하도록 만드는 감정은 바로 감사다."(p. 68)라고 말했다. 그는 사회가 공리주의적 기반 혹은 감사에 기초해서 가장 순수하게 기능할 수 있다고 보았다. 하지만 감사하는 사회는 사회의 안정성을 증진시키는 중요한 정서적 자원을 제공하기 때문에 그런 사회는 더욱더 매력적이라고 믿었다. 사회학자인 Georg Simmel (1950)은 Smith 사상의 흐름을 이어받아, 감사는 사람들의 상호 의무를 지탱시켜 주는 인지적·정서적 보충물이라고 주장했다. 법과 사회적 계약 등과 같은 형식적 사회구조는 사람들 간의 상호작용에서 상호성을 규제하고 보장하는 데 불충분하기 때문에, 감사는 사람들로 하여금 상호적으로 행동하려는 욕구를 상기시키는 기능을 한다. 이로운 일들을 서로 주고받는 동안 감사는 한 사람(은혜를 입은 사람)이 다른 사람(은혜를 베푼 사람)에게 구속되게끔 만들고, 따라서 은혜를 입은 사람이 상호성 의무를 상기하도록 만든다. 그는 감사는 "인류의 정신적 기억이며…… 만일 모든 감사행위가 갑자기 사라진다면, 사회는 (적어도 우리가 알기로는) 풍비박산될 것이다."(1950: 388)라고 말했다. 이상과 같은 사회학적 교환 시각에서 감사는 사회적 응집력을 증진시키는 공리주의적 기능을 한다. 이러한 시각에 따르면, 감사는 그 자체로서 계발될 가치를 지닌 내적 상태임을 강조하는 심리학적 시각과는 대비되는 것이다(Emmons & Shelton, 2002).

현대적 접근

최근에 이르기까지 심리학자들은 도덕철학자들이나 사회학자들에 비해 감사에 대해 말할 것이 별로 없었다. 최근에 출판된 감사 관련 문헌의 개관에서 우리들이 행한 관찰에 의하면(McCullough, Kirkpatrick, Emmons, & Larson, 2001), 정서 연구를 전문으로 하는 심리학자들조차도 감사의 윤곽을 제대로 잡지 못하고 있는 실정이다(Emmons & Shelton, 2002). 우리들은 Smith, Simmel 및 기타 이론가들의 연구에 기초하여 감사는 도덕적 감정, 즉 도덕적 전구물 및 결과물을 갖는 감정이라고 이론화했다. 우리들의 가설에 따르면, 사람들은 감사를 경험함으로써 친사회적 행동을 수행하도록 동기화되고, 도덕적 행동을 유지하려는 에너지를 얻으며, 파괴적인 대인적 행동을 범하는 것을 억제하게 된다. 도덕 영역에서 감사가 행하는 특별한 기능 때문에 우리들은 감사를 공감, 동정, 죄책, 수치 등과 비견하는 것으로 보았다. 감사는 도덕적 삶의 원리에서 중심적 위치를 차지한다. 사람들이 타인의 궁핍한 처지에 반응할 기회를 가질 때 공감과 동정이 작동하고 도덕적 규준이나 의무를 준수하지 못했을 때 죄책과 수치가 작동하는 것과는 달리, 전형적으로 감사는 자신이 친사회적 행동의 수혜자라고 인식할 때 작동한다. 구체적으로 살펴보면, 우선 우리들은 감사를 다른 사람이 자신을 친사회적으로 대해 주었다는 지각을 수반하는 정서적 정보를 제공하는 일종의 도덕적 척도(moral barometer)로 간주한다. 두 번째로, 우리들은 감사를 친사회적 행동의 수혜를 받은 사람들이 친사회적으로 행동하도록 자극하는 일종의 도덕적 동인(moral motive)으로 간주한다. 세 번째로, 우리들은 감사를 이전에 행했던 친사회적 행동을 강화함으로써 사람들의 친사회적 행동을 고무시키는 일종의 도덕적 강화물(moral reinforcer)로 간주한다.

McCullough 등(2001)은 성격, 사회, 발달 및 진화 심리학 분야에서의 광범위한 연구들로부터 이러한 개념화에 대한 지지 증거를 도출하여 제시했다. 예를 들어, Trivers(1971)는 감사를 사람들의 반응을 이타적 행위에 조율시키는 진화적 적응으로 간주했다. 이러한 의미에서 감사는 상호적 이타주의에 기저하는 정서체계의 핵심 요

432

소일 수 있다. 최근에 행해진 연구는 감사가 인간과 영장류의 상호 교환에 기저하는 심리적 기제일 수 있다는 점을 실제로 보여 주고 있다(de Waal & Berger, 2000). 하지만 이러한 점들이 감사가 오로지 이런 기능만을 한다거나 사회학적 문헌들에서는 감사를 이런 식으로 묘사해 왔지만 사회적 경제에 있어서의 교환기제로 그 의미가 축소된다는 것을 의미하는 것은 단연코 아니다. 감사의 도덕적 및 친사회적 측면과 더불어 감사의 경험이 행복 및 안녕감 지표들과 인과적일지도 모르는 방식으로 연합되어 있다고 믿을 만한 이유들이 있다. 우리들은 앞으로 이에 관해 언급해 나갈 것이다.

지금까지 기술된 이론적 시각들을 요약하자면, 기존의 감사 이론 및 연구들은 다양한 사항들에 관해 상당한 의견 일치를 보이고 있다. 첫째, 기존의 시각들은 감사가 사람들로 하여금 타인에 대한 의무를 유지하는 데 도움이 되는 매우 기능적인 심리적 장치의 일부라는 데 의견을 같이한다. 둘째, 기존의 대부분의 이론적 시각들은 감사가 다음과 같은 특정한 귀인들하에서 발생한다는 점에 의견을 같이한다. 즉, (1) 어떤 이로운 일이 긍정적으로 평가될 때, (2) 그 이로움이 자기 자신의 노력에 귀인되지 않을 때, (3) 그 이로움이 은인에 의해 의도적으로 제공된 것일 때다. 마지막으로, 기존 연구들은 감사가 전형적으로 유쾌한 경험으로서 만족, 행동, 희망 등과 관련된다고 제안한다.

우리들의 이론은 감사가 단원적(monolithic)이며 단일 차원적(unidimensional) 개념이라는 가정을 유지해 왔던 지난 50년간의 사회학적-과학적 개념화와는 차이가 있다. 명확하게 드러나 있지는 않지만, 감사에 대한 기존의 개념화는 감사에 대한 각 개인의 경험은 '강도'라고 부르는 것이 가장 적합할 것 같은 하나의 단일 차원에서 서로 차이가 난다고 시사한다. 즉, 사람들은 '감사하는 정도'에 있어서 차이가 날 뿐이며, 감사 경험을 이해하는 데 필요한 다른 구분은 존재하지 않는다는 것이다. 하지만 조금만 더 숙고해 보면 감사의 다양한 측면들과 관련해 행해질 수 있는 몇 가지 다른 구분들이 있다.

감사를 바라보는 네 가지 시각

감사에 대한 우리들의 확장된 개념화에는 감사 경험을 이해하는, 적어도 네 가지 서로 다른 시각들(그리고 이러한 시각들로부터 나오는 네 가지 차원들)이 담겨 있다. 감사를 바라보는 네 가지 시각들은 (1) 성향 시각(dispositional perspective), (2) 은혜 시각(benefit perspective), (3) 은인 시각(benefactor perspective), (4) 은혜×은인 시각(benefit×benefactor perspective)이다. 성향 시각은 가장 일반적인 시각으로서 한 개인이 시간 및 상황에 걸쳐 감사를 경험하는 경향성에 대해 그 개인을 '감사할 줄 안다'거나 '배은망덕하다'는 등의 명칭을 붙여 지칭하는 것과 관련된다. 은혜 시각에서 감사는 수혜를 받은 특정한 은혜에 대한 반응으로 사람들이 나타내는 감사의 정도로 이해된다. 은혜 시각에 따르면 감사 여부는 사람들이 어떤 것을 감사하게 여기는지에 달려 있다. 은인 시각에서 감사는 과거에 자신에게 은혜를 베풀었던 특정한 인물에 대해 사람들이 나타내는 감사의 정도를 관찰함으로써 이해된다. 전형적으로 아동들은 부모가 베풀어 준 은혜에 대해 일일이 목록을 작성하지 않고도 부모에게 감사할 것으로 기대된다. 여기에서 과거에 수혜를 받은 은혜의 성질은 주요 관심 대상이 아니다. 차라리 은인 관점에서 감사 여부의 핵심은 사람들이 어떤 사람에게 감사를 느끼는가다. 은혜×은인 시각은 은혜 시각과 은인 중심적 시각을 합쳐 놓은 것이다. 이 시각에서 우리들은 한 개인이 특정한 은인(예: 아버지, 고속도로에서 처음 만난 사람, 룸메이트)이 베풀어 준 특정한 은혜(예: 대학 수업료를 지불해 주는 것, 도로에서 끼어들기를 허용해 주는 것, 쓰레기를 치워 주는 것)에 대해 느끼는 감사의 정도에 관심을 두고 있다. 따라서 은혜×은인 시각에서 감사 여부는 어떤 것에 대해 어떤 사람에게 감사하는지에 달려 있다. 여기서 강조점은 선물과 제공자 모두에게 있다.

감사 성향의 몇 가지 국면들

Rosenberg(1998)는 적대감과 불안 등 정서 특질의 핵심적인 특징은 이러한 특질들이 특정한 정서 상태를 경험하는 역치를 낮춘다는 것이라고 지적했다. 예를 들어, 고양된 적대감은 분노를 경험하는 역치를 낮춘다. 자신에게 긍정적인 결과를 가져다주는 다른 도덕적 인물의 선행을 인식하고 그에 반응하는 정서적 경향성이 바로 감사 성향(grateful disposition)이라면, 이러한 성향은 정서적 경험(즉, 매일의 감사 경험)에서 드러나는 몇 가지 특별한 국면들을 지닐 것이다. 우리들은 감사 성향의 요소들을 지칭하는 데 '차원(dimensions)' 이라는 용어보다는 '국면(facets)' 이라는 용어를 사용한다. 왜냐하면 우리들은 감사에 대한 사람들의 심리적 및 대인적 경험들이 별개의 또는 독립적인 요소들로 구성된다고 가정하지는 않기 때문이다. 대신 우리들은 그 국면들이 감사 성향을 가진 사람들이 뚜렷한 감사 경험을 하게 될 때 나타나는 특징들이라고 믿는다.

감사 성향의 첫 번째 국면은 감사 강도(intensity)다. 긍정적인 사건을 경험함에 있어 강한 감사 성향을 가진 사람들은 낮은 감사 성향을 가진 사람들에 비해 감사를 더 강하게 느낄 수 있다. 감사 성향의 두 번째 국면은 감사 빈도(frequency)다. 강한 감사 성향을 가진 사람들은 하루에도 몇 번씩 감사하는 마음을 가질 수 있고, 단순한 호의나 정중함에 대해서조차 감사의 느낌을 가질 수 있다. 역으로 감사 성향이 낮은 사람들에게 그러한 호의나 정중한 행위는 그 당시나 그 후에라도 감사하는 마음을 불러일으키기에 불충분할 수 있다. 결과적으로 감사 성향이 낮은 사람들은 특정한 기간(예: 시간당, 일당, 주당) 동안 감사를 경험하는 빈도가 더 낮을 것이다. 감사 성향의 세 번째 국면은 감사 범위(span)다. 감사 범위란 한 개인이 특정한 시기에 감사를 느끼게 되는 생활환경의 수를 지칭한다. 감사 성향이 강한 사람들은 자신의 가족, 직업, 건강, 삶 자체를 비롯해 다양한 이로운 일들에 대해 감사를 느끼게 될 것이다. 하지만 낮은 감사 성향을 지닌 사람들은 삶의 보다 적은 측면들에 대해서만 감사를 경험하게 될 것이다. 감사 성향의 네 번째 국면은 감사 밀도(density)다. 감사 밀도란 하나의 긍정적 결과 혹은 생활환경에 대해 한 개인이 감사를 느끼는 사람들의 수를 지칭한다. 특정한 결과, 가령 좋은 일자리를 구한 것에 대해 누구에게 감사를 느끼는지에 관한 질문을 받게 되면, 감사 성향이 강한 사람들은 부모, 초등학교나 중·고등학교 선생님들, 과외교사, 동료 학생들, 신 등을 포함하는 매우 많은 수의 대상들을 거론할 것이다. 이에 비해 감사 성향이 낮은 사람들은 그런 일에 대해 감사하고픈 사람들의 수가 더 적을 것이다.

감사의 차원과 국면의 연결

감사의 네 가지 차원들이 감사를 바라보는 네 가지 시각들에 모두 똑같이 적용되는 것은 아니다. 삶의 다양한 환경들에 걸친 일반적인 특질적 경향성이 주된 초점이 되는 성향 시각에서는 사람들의 감사를 네 차원 모두(강도, 빈도, 범위, 밀도)에 걸쳐 평가하는 것에 관심을 둘 수 있다. 반면에 어떤 단일한 은혜가 주된 초점이 되는 은혜 시각에서는 감사 강도, 빈도, 밀도는 관심의 대상이어도 감사 범위는 그렇지 않을 수 있다. 특정하지 않은 은혜에 대해 어떤 사람에게 감사하는 것 혹은 일련의 은혜들에 대해 감사하는 것이 주된 초점이 되는 은인 시각에서는 감사 강도, 빈도 및 범위는 관심의 대상이어도 감사 밀도는 그렇지 않을 수 있다. 그리고 특정한 은혜에 대해 특정한 은인에게 감사하는 것이 주된 초점이 되는 은혜×은인 시각에서는 감사 강도, 빈도는 관심의 대상이어도 감사 범위나 밀도는 그렇지 않을 수 있다.

감사 및 그 평가에 관한 연구의 개관

아주 최근까지도 감사의 다양한 측면들 중 일부라도 측정해 내는 합의되고 표준화된 방법은 존재하지 않았고, 감사에 대한 측정은 서로 다른 방식과 형식으로 다양하게 행해졌다. 이러한 이전의 감사 측정도구들은 자유반응, 평정, 귀인, 행동측정의 네 가지 범주로 나눠질 수 있다. 어떤 연구들에서 감사는 다른 변인들에 영향을 받는 종속변인으로 평가되었고, 다른 연구들에서는 다양한 행동적 혹은 인지-정서적 결과들에 영향을 미치는 독립변인으로 취급되었다.

자유반응

감사에 관한 질문을 던지고 그에 대한 답변을 면접식 혹은 자유반응식으로 하게 만드는 연구들이 이 범주에 속한다. 예를 들어, Teigen(1997)은 참가자들에게 자신이 감사하다고 느끼는 두 가지 예 중 하나로 특정한 사람에게 감사를 느끼는 경우, 다른 하나로 일반적으로 감사를 느끼는 경우(예: '삶에 대해 감사하는' 경우)를 들고 그에 관해 서술하도록 했다. Russell과 Paris(1994)는 아동들에게 서로 다른 감정을 느끼는 주인공에 관해 이야기하도록 했는데, 그중 하나는 '매우 감사하는' 인물에 관한 이야기로 할 것을 요구했다.

자유반응에서 확인할 수 있는 한 가지 감사 국면은 감사 빈도다. Okamoto와

Robinson(1997)은 참가자들에게 남을 돕는 내용을 담은 짧은 글을 제시하고, 다른 사람이 자신을 돕는다면 그 반응으로 무슨 말을 하거나 무엇을 하겠는지를 서술하도록 요구했다. '고맙다'고 말하겠다고 쓴 사람들의 빈도는 조력자의 특징과 도움의 성질에 따라 달라지는 것으로 나타났다. Sommers와 Kosmitzki(1988)는 참가자들에게 정서 목록을 제시하고, 자주 경험하는 정서가 무엇이며 어떤 정서들이 가장 건설적인지를 포함하는 여러 질문들을 던졌다. 참가자들은 이러한 두 질문들에 대한 반응의 하나로 종종 감사를 언급하기도 했다. 또한 Gallup 조사(1996)에서는 일종의 감사 범위에 대한 측정을 시도했는데, 연구자들은 피면접자들에게 자신이 감사하게 느끼는 두세 가지 일들을 열거해 달라고 요구했다. 피면접자들은 자신이 감사하게 느끼는 모든 일들을 다 거론하도록 요구받지는 않았지만, 이 질문은 사람들이 감사하게 느끼는 여러 유형의 이로운 일들(예: 건강, 직업/경력, 자녀, 살아 있다는 것 자체 등)을 평가해 내는 것으로 보인다.

이상과 같은 감사 특정적 측정도구들과 더불어, 연구자들은 감사에 구체적으로 초점을 맞추지 않은 질문들을 던지고 그에 대한 참가자들의 자유반응 속에서 감사 주제를 부호화하는 방법을 사용하기도 했다. 예를 들어, Barusch(1999)는 여성들이 인생 이야기에 대해 면접하는 과정에서, 가난하게 사는 나이 든 여성들의 경우에 감사가 한 가지 공통 주제가 된다는 사실을 발견하였다. Walker와 Pitts(1998)는 참가자들에게 매우 도덕적인 인물, 매우 종교적인 인물 그리고 매우 영적인 인물의 특징들을 나열하라고 요구했는데, 그 결과 '감사할 줄 아는' 이 영적인 인물의 전형적인 특징 중의 하나인 것으로 드러났다. 마찬가지로 Bernstein과 Simmons(1974)는 청소년 신장 기증자들을 면접했는데, 기증자들은 신장 수혜자로부터 듣게 되는 감사의 말들에서 기증의 보람을 느끼게 된다고 보고했다. Coffman(1996)은 허리케인 앤드류에서 살아남은 부모들이 자신과 가족들이 재난 속에서도 살아남은 것에 대해 감사하다는 말을 자주 한다는 것을 발견했다. Reibstein(1997)은 낭만적 연애를 하는 커플들을 면접하고, 감사를 표하는 언어적 및 비언어적 행동들에 대해 부호화했다. 이상과 같은 방식으로 감사의 성질과 깊이를 연구하는 데 면접과 자유반응식 질문 등의 기법들이 사용될 수 있다.

평정척도

현재까지 가장 흔히 사용되는 감사 측정도구는 평정척도다. 어떤 연구들은 감사 성향을 평가하는 데 평정척도를 사용했다. 예를 들어, Saucier와 Goldberg(1998)는 참가자와 그들의 동료들로 하여금 참가자들의 '감사성(thankfulness)'과 더불어 Big Five Inventory와 독립적인 다른 가능한 특질들을 평정하도록 했다. 그 결과, '감사하는'과 '고마워하는'이라는 두 개의 형용사로 구성된 2문항짜리 성격 측정도구는 Big Five의 사교성(agreeableness) 요인과 $r = .31$의 상관을 지니는 것으로 나타났다. 또한 1998년에 실시된 Gallup 조사에서는 사람들에게 분명한 이유 없이도 감사해하는 사람들을 많이 알고 있는지를 물었다. 감사 밀도의 측면과 관련해서, 사람들에게 신(Gallup, 1998), 친구(Parker & de Vries, 1993), 시험을 실시한 교수(Overwalle, Mervielde, & De Schuyter, 1995) 그리고 타인들(Gallup, 1998)에 대해 감사하는 정도를 평정하도록 요구하는 연구들도 수행되었다. 어떤 연구들은 감사 빈도를 조사했다. 예를 들어, 1998년에 실시된 Gallup 조사는 사람들에게 신과 다른 사람들에게 얼마나 자주 감사해하는지를 물었다. 조사 대상 성인들의 89%와 십대 청소년들의 78%가 가끔씩 신에 대한 감사를 표현한다고 응답했고, 성인들의 97%와 십대 청소년들의 96%는 가끔씩 다른 사람들에게 감사를 표현한다고 응답했다. Weiner, Russell 및 Lerman(1979)은 학생들에게 성공적으로 치렀던 시험에 대해 기억해 내고 그러한 성공을 경험한 후에 느꼈던 세 가지 정서들을 쓰라고 요구했다. 여기에서 감사반응에 대한 지표로는 감사의 빈도가 사용되었다. 다른 연구들에서는 참가자들에게 다른 정서들과 더불어 자신이 느꼈던 감사의 강도를 평정하도록 요구했다(Hegtvedt, 1990; Overwalle et al., 1995; Veisson, 1999). 많은 연구들에서 연구자들은 참가자들에게 시나리오를 읽고, 그러한 일들이 자신에게 일어난다면 만족을 느낄 것인지, 혹은 글 속의 주인공이 무엇을 느낄 것인지를 평정하도록 요구했다(Lane & Anderson, 1976; Rodrigues, 1995; Tesser, Gatewood, & Driver, 1968).

감사를 다양한 방식으로 평정한 연구들은 많았지만, 정작 실제 감사척도를 개발하려는 연구 노력은 거의 없었다. 이제까지 언급된 모든 연구들에서 감사의 측정은 기껏해야 세 문항 정도를 가지고 행해졌고, 많은 연구들은 단지 단일 문항으로 감사를 측정하기도 했다. 심지어 어떤 경우에는 감사측정을 위해 어떤 척도의 하위척도를 사용하기도 했다. 예를 들어, Ventura는 Family Coping Inventory에서 '종교적, 감사,

438

내용'요인을 발견하였다(Ventura, 1986; Ventura & Boss, 1983). 이 요인은 지금까지도 감사만을 따로 측정해 내지는 않는다. 그러므로 감사의 많은 국면 모두를 평가하는 신뢰성 있는 감사척도가 분명히 필요한 실정이다.

귀인 측정도구

면접 및 자기보고 척도와 같은 보다 직접적인 측정도구들과 더불어, 귀인과 행동을 통한 간접적인 감사 측정 또한 행해져 왔다. 자기 증진 귀인을 조사한 연구에서 Farwell과 Wohlwend-Lloyd(1998)는 참가자들이 성공을 자신의 능력과 노력에 귀인하는지, 아니면 업무 파트너의 능력과 노력에 귀인하는지를 측정했다. 또한 참가자들이 자신의 파트너를 좋아하고 감사하는 정도 역시 측정했다. 성공을 자신에게로 귀인하는 경우, 파트너에 대한 감사의 정도는 더 낮아지는 것으로 나타났다. 자신의 성공을 다른 사람에게로 귀인하는 것은 어떤 의미에서는 감사를 측정하는 것으로 볼 수 있다. 감사는 성공을 다른 사람의 덕으로 돌릴 때 느껴지는 감정이기 때문이다 (Weiner et al., 1979). Baumeister와 Ilko(1995) 역시 귀인 패러다임 내에서 감사를 측정했다. 그들은 참가자들에게 주요 성공 경험에 대해 서술하도록 요구했다. 참가자들은 거의 절반 이상의 서술문들에서 자신의 성공에 대해 다른 사람들로부터 도움을 받은 것을 고마워했다. 연구자들은 참가자들이 제공한 도움에 대해서 다른 사람들이 얼마나 고마워했는지의 빈도를 부호화하기 위해 서술문들을 추가 분석하였다. 참가자들은 자신이 쓴 서술문이 비밀로 유지될 것이라고 믿었을 때보다 사람들에게 읽혀질 것이라고 믿게 된 경우에 감사를 표현하는 경향이 더 있었는데, 이는 인상 관리에 대한 고려가 감사 표현에 영향을 미친다는 것을 시사한다.

행동 측정도구

감사행동을 조사한 연구는 소수에 불과하다. Becker와 Smenner(1986)는 어린아이들이 'trick-or-treating' 놀이(역자주: 미국 어린이들이 할로윈 데이에 하는 놀이의 일종. 어린이들이 할로윈 데이 저녁에 각 가정집을 돌며, "Trick or treat?"라고 말하면 집주인은 사탕이나 초콜릿 등을 건네 준다. 그렇게 하지 않으면 어린이들은 그 집에 낙서를 하는 등 익살스러운 장난을 치게 된다)를 하는 동안 부모의 유도나 격려 없이도 "감사합니다."라고 말하는지를 관찰했다. 대학생들을 대상으로 한 다른 연구에서는 사람들이 지나갈 수 있도록 문을 열어 주고 그들이 어떤 반응을 나타내는지를 관찰했다. 여기서는 "감사합니다."라고 말하거나 미소를 짓는 것이 감사반응으로 간주되었다(Okamoto & Robinson, 1997; Ventimiglia, 1982). 좀 더 사회학적 견지에서 Goldsmith와 Fitch(1997)는 조언 제공과 수용을 연구하는 데 현장 기록법(field notes)과 기술적 면접법(ethnographic interviews)을 사용했다. 그들은 연구를 통해 사람들은 자신이 존경하는 어떤 사람의 조언을 그 사람에게 제공한 도움에 대한 감사의 표시로 받아들이곤 한다는 것을 발견했다. Stein(1989)은 주방과 식료품 저장실에서 일하는 동안 종업원들의 감사반응과 감사할 줄 모르는 반응을 관찰했다. 이상과 같은 행동 관찰법들은 사회적 바람직성에 대한 우려를 줄일 수 있다는 점에서 자기보고식 측정법에 비해 이점을 지닌다. 하지만 연구자들 입장에서는 관찰된 행동들이 실제로 감사를 반영하는지, 아니면 일종의 공손함이나 다른 개념을 반영하는지를 알기가 어렵다는 문제가 있다. 따라서 감사측정에서 행동 측정법과 자기보고식 측정법을 조합하는 것이 감사 연구자들에게 가장 유익할 것으로 보인다.

감사 성향 측정도구

감사는 정서 특질, 기분 및 감정으로 존재할 수도 있지만, 최근까지의 측정도구들은 감사를 정서 특질 수준에서만 다루어 왔다(McCullough, Emmons, & Tsang, 2002). McCullough와 동료들은 감사 성향을 긍정적 경험 및 결과를 얻는 데서 다른 도덕적 인물의 선행이 차지하는 역할을 인식하고 그에 대해 긍정적인 감정(감사, 고마움)으로 반응하려는 일반화된 경향성으로 정의했다. 성격 성향으로서의 감사에 대해 두 개의 자기보고식 측정도구가 개발되었다. 하나는 GRAT(Watkins, Grimm, & Hailu, 1998)이고, 다른 하나는 Gratitude Questionnaire(GQ; McCullough et al., 2002)다. 이러한 개인차 측정도구들은 앞서 언급한 상호성이라는 도덕적 요소보다는 감사의 정서적 요소를 더 강조한다.

Watkins 등(1998)은 44문항짜리 GRAT 척도에서 분노(괴로움), (통상적 즐거움에 대한) 단순한 감사, (다른 사람에 대한) 사회적 감사(그리고 고마움을 표현하는 것의 중요성)의 세 가지 요인을 제시하였다. 몇 가지 문항 예들은 다음과 같다.

• 나는 기본적으로 인생이 나를 속여 왔다고 느낀다.

- 나는 때때로 음악작품의 아름다움에 압도되곤 한다.
- 나는 살면서 다른 사람들이 나를 위해 해 준 일들에 대해 깊이 감사한다.

GRAT 점수는 내적 통제 소재, 내재적 종교성, 삶의 만족 등과 같은 긍정적 상태 및 특질들과 적당한 정도의 정적 상관을 지닌다. 또한 GRAT 점수는 우울, 외재적 종교성, 자기애, 적대감 등과 같은 부정적 상태 및 특질들과는 적당한 정도의 부적 상관을 지닌다(Watkins et al., 1998). 한 실험에서 GRAT 점수가 높은 사람들은 긍정적인 기억 편향을 보였다. 그들은 회상 지시를 받았을 때 긍정적 기억을 더 많이 회상했고, 심지어는 부정적인 사건이 애초에 주었던 충격에 비해 시간이 지남에 따라 불쾌한 경험에 관한 기억을 더 긍정적으로 평정하기도 하였다.

개발된 다른 성향 측정도구는 GQ-6이다(McCullough et al., 2002). 척도 제작자들은 애초에는 일상생활에서 감사와 고마움을 얼마나 경험하고 표현하는지, 그리고 다른 사람들로부터 뭔가를 받는 것에 대해 어떤 느낌을 가지는지를 평가하는 39개의 긍정 및 부정 진술 문항들을 개발했다. 문항들에는 감사 강도 국면(예: "나는 인생에서 내가 받은 것들에 대해 감사를 느낀다."), 감사 빈도 국면(예: "오랜 시간이 지나야 어떤 사람 혹은 어떤 것에 대해 감사하는 마음이 생긴다."), 감사 범위 국면(예: "나는 때때로 아주 사소한 것들에 대해서도 감사하는 마음이 든다."), 감사 밀도 국면(예: "내가 고마움을 느끼는 사람은 한둘이 아니다.") 등이 포함되어 있다. 응답자들은 각 문항에 대해 7점 Likert 척도(1점 = 강하게 동의하지 않음, 7점 = 강하게 동의함)상에서 응답하게 된다. 척도의 최종판(GQ-6)에 포함된 여섯 문항들은 다음과 같다.

- 나는 인생에서 감사해야 할 일들이 너무 많다.
- 내가 고마움을 느끼는 일들을 일일이 열거하자면 끝도 없을 것이다.
- 세상을 바라보노라면 감사할 만한 게 별로 없다(역채점됨).
- 내가 고마움을 느끼는 사람은 한둘이 아니다.
- 나이가 들어감에 따라 지나간 내 삶의 일부였던 사람들과 일들 그리고 내가 처했던 상황들에 대해 감사하는 마음이 더욱 새로워진다.
- 오랜 시간이 지나야 어떤 사람 혹은 일에 대해 감사하는 마음이 생긴다(역채점됨).

GQ-6은 단일 차원을 측정하며, α 값은 .82다. McCullough 등(출판 중)은 최대 우도 추정법(maximum likelihood estimation)으로 구조방정식 모형을 사용하여 이 척도에 포함된 여섯 문항이 단일 요인을 갖는지를 검증했다. 세 가지 서로 다른 적합도 지수를 사용한 결과, 단일 요인 모형이 자료에 적합한 것으로 나타났다. GQ의 타당도에 관한 증거들은 이제 막 나오고 있는 중이다. GQ에서 높은 점수를 얻은 사람들은 긍정적 정서, 삶의 만족, 활력, 낙관주의는 더 많이, 그리고 우울 및 스트레스 수준은 더 적게 보고하는 것으로 나타났다(McCullough et al., 2002). 종교 모임에 정규적으로 참가하고 종교 활동에 열심인 사람들은 GQ에서 더 높은 점수를 받는 것으로 나타났다. 더 많이 감사하는 사람들은 영성(spirituality) 측정도구들에서 더 높은 점수를 받는 것으로 나타났는데, 여기서 영성이란 모든 생명은 서로 연결되어 있으며 다른 사람들에게 깊이 개입되어 그들에게도 일종의 책임감을 느끼게 된다는 믿음을 말한다. 감사하는 사람들은 물질적인 것들에는 중요성을 덜 부여하고, 자신과 타인의 성공을 축적해 놓은 소유물로 판단하려 하지 않으며, 돈 많은 사람들을 부러워하지 않고, 자신의 소유물을 다른 사람과 같이 나누려는 경향성이 더 강한 것으로 나타났다. 기본적인 성격 성향면에서 감사하는 사람들은 그렇지 않은 사람들에 비해 경험에 더 개방적이고, 더 양심적이며, 더 외향적이고, 더 사교적이고, 덜 신경증적인 것으로 나타났다.

감사하는 사람을 잘 아는 주변 인물들이 보고한 자료에서 감사 성향은 긍정적인 것들과 연관이 있는 것으로 밝혀졌다. 감사 성향이 약한 사람들에 비해 강한 사람들의 주변 인물들은 그들이 지난 한 달 동안에, 그리고 일반적으로도 친사회적 행동(예: 돈을 빌려 주고, 다른 사람을 불쌍히 여기고, 정서적 지지를 제공해 주는 것 등)을 더 많이 하는 것으로 보고했다(McCullough et al., 2002).

감사의 실험적 유도

Schweitzer(1969)는 감사를 "인생의 비밀"(p. 36)이라고 말했다. 또한 그는 인생에 있어서 가장 위대한 일은 "모든 것에 감사하는 것이다. 이를 아는 사람은 사는 것이 뭔지를 아는 사람이다."(1969: 41)라고 말했다. 마찬가지로, 심리학적 연구들 또한 삶의 환경들에 감사하는 반응을 보이는 것은 적응적인 심리적 방략이자 일상적인 경험들을 긍정적으로 해석하도록 만드는 중요한 과정일 수 있다고 제안한다. 자신의 삶의 요소들을 주목하고 감사하며 음미하는 것은 안녕감의 핵심적 결정 인자로 간주되어 왔다(Bryant, 1989; Janoff-Bulman & Berger, 2000; Langston, 1994). 우리들은 사람들이 자신이 받은 축복에 대해 주기적으로 주의를 집중하는 것이 어떤 뚜렷한 이점을 지니는지, 그리고 자발적 감사 사고 목록작성법(self-guided gratitude-thought listing procedure)이 자신이 받은 은혜를 자각하도록 하는 데 어떤 효과를 지니는지를 알아보기 위해 연구를 수행해 왔다(Emmons & McCullough, 출판 중). 특히 우리들은 이러한 반성적 과정(reflective process)이 심리적 안녕감, 사회적 관계 그리고 신체건강에 어떤 효과를 나타내는지에 관심을 두었다. 우리들은 Schweitzer가 그랬던 것처럼 감사가 사람들의 삶에서 긍정적인 정서적 변화를 야기하는 힘을 지닌다는 대담한 주장을 전개하였다(Emmons & Shelton, 2002). 우리들은 이러한 주장을 경험적으로 검증하고자 하였다.

한 연구에서는 대학생들에게 그들이 감사하거나 고맙게 여기는 일들을 주당 최대 다섯 개까지 감사 일기장에 계속 기록하도록 하였다. 매주 감사 일기를 꾸준히 써온 학생들은 골칫거리나 중립적인 생활 사건들을 기록해 온 학생들에 비해 신체 증상이 더 적고, 자신의 삶을 전반적으로 더 나은 것으로 느끼며, 다가올 한 주에 대해 더 낙관적인 생각을 가지는 것으로 나타났다(Emmons & Crumpler, 2000). 또 다른 연구에서는 학생들에게 매일 감사 일기를 쓰도록 했다(Emmons & McCullough, 출판 중). 감사 조건의 학생들은 골칫거리에 초점을 맞추도록 한 조건이나 자신이 남들보다 더 잘 산다고 생각하는 사회적 비교 조건의 학생들보다 긍정적인 각성 상태, 열의, 결단력, 주의력, 활력이 더 높다고 보고하였다. 이 세 집단은 불쾌 정서 수준에서는 차이가 없는 것으로 나타났다. 매일 감사 조건의 참가자들은 골칫거리 조건이나 사회적 비교 조건의 참가자들에 비해 개인적 문제를 겪고 있는 사람을 돕거나 다른 사람에게 정서적인 지원을 제공한 적이 있다는 보고를 더 많이 하는 경향이 있었다. 이러한 결과는 사람들로 하여금 불평거리에 초점을 맞추도록 하는 것에 비해 매일 단위로 자신이 감사해하는 삶의 측면들에 관해 생각하거나 쓰도록 하는 것이 높은 수준의 유쾌 정서를 불러일으키는 데 효과적이라는 것을 나타낸다. 우리들은 이러한 효과가 얼마나 지속되는지, 시간이 지나도 계속 유지되는지에 대해서는 알지 못한다. 실험적으로 유도된 감사가 장기적으로 어떠한 정서적 및 대인관계 상의 결과를 초래하는지, 그리고 다른 긍정 정서 유도 조건에 비해 감사 조작 조건이 어떠한 효과를 나타내는지를 알기 위해서는 부가적인 연구들이 필요하다.

443

미래의 방향

감사의 여러 측면을 이해하는 데에는 우리들이 이 장에서 개관한 것들 외에도 다양한 부가적 방법론이 적용될 수 있다. 정서 경험의 현상학적 측면을 연구하는 데에는 자전적 사건들에 대한 서술적 설명(narrative accounts of autobiographical incidents)이 강력한 방법론이 될 수 있다(Leith & Baumeister, 1998). 자신의 정서 경험에 대한 일인칭 시각에서의 개방형 설명은 심오한 정서 체험과 그 의미에 대한 통찰을 제공해 줄 수 있다. 이런 종류의 설명은 좀 더 제한적인(질문지 혹은 실험실) 절차들을 통해서는 얻을 수 없는 값진 정보를 제공해 준다. 이러한 질적 평가가 반응척도 편향(response-scale biases)에 취약하지 않다는 점에 주목하는 것이 중요하다(Diener, 1994). 우리들은 감사에 대한 서술적 설명 자료를 수집하는 데 이러한 접근법을 사용해서 실험을 해 왔다. 신경근육 장애를 지닌 130명의 환자들의 주관적 안녕감을 조사한 연구에서, 우리들은 참가자들로 하여금 어떤 대상에게 깊은 사의나 감사를 느꼈던 때에 관해 쓰도록 요구했다(Emmons & Krause, 출판 중). 다음의 서술 예는 이러한 이야기들에 표현된 감정의 범위나 강도를 잘 보여 준다.

내 모든 인생에서 사람들은 내가 옷 입고, 샤워하고, 직장/학교에 가는 등의 일들을 도와 주었다. 나에게는 나도 언젠가는 다른 사람을 위해 의미 있는 어떤 일을 할 수 있게 되기를 바라는 마음이 있었다. 나는 매우 불행해하는 한 기혼 남자를 만난 적이 있다. 그와 그의 아내에게는 아들이 하나 있었는데, 그 아이는 태어난 지 7개월 만에 죽어 버렸다. 그들은 그 후로는 아이를 전혀 갖지 않았다. 그들은 이혼했고, 그 후 그는 나의 친구이자 연인이 되었다. 그는 나에게 자신의 필생의 꿈은 아이를 가지는 것이라고 말했다. 나는 그의 아이를 임신했지만 유산하고 말았다. 그리고 다시 아이를 가졌지만 이번에는 자궁외 임신이었다(그래도 나팔관을 잃지는 않았다. 신께 감사한다!) 우리들은 한 번 더 시도를 했고, 드디어 세 번째 임신을 하게 되었다. 1998년 12월 20일에 우리의 예쁜 사내아이가 태어났다. 나는 내 인생에서 이보다 더 감사한 마음을 가져 본 일이 없다. 나 자신이 실제로 다른 이를 위해 무언가를 줄 수 있게 된 것이다. 이제 나는 앞으로 2년 이상 살 가망이 없다는 사망 선고를 받아 놓고 있다.

우리들은 이 서술문에 담긴 감정의 깊이와 그 심오성에 깊은 감명을 받았다. 이러한 강력한 표현과 감사에 대한 개인적 의미가 구조화된 자기보고 질문지, 동료들의 보고, 혹은 감사의 실험적 유도에서도 이렇게 직접적으로 나타날 수 있을지에 관해서는 매우 회의적이다.

감사(일반적으로는 인간의 강점과 미덕)에 관한 앞으로의 가장 우선적인 연구 과제는 비자기보고식 측정도구의 개발이 되어야 할 것이다. McCullough 등(2002)은 연구 참가자에 대한 정보를 많이 가진 동료들의 평정을 수집하여 성향적 감사를 측정하는 데 상당한 성공을 보여 왔다. 사실상 동료들에 의한 이러한 평정은 자기보고와 상당한 정도의 수렴을 보이고, 일반화 가능성 계수도 꽤 높은 것으로 보고되었다(평정자간 신뢰도, IRR = .65). GQ-6과 같은 성향 측정도구들은 심리측정적으로는 적절하지만, 단일 회기 보고가 나름대로 제한점을 지닌다고 믿을 만한 이유들이 있다. 어떤 개념에 대해 중다 지표에 기초한 잠재 변인을 사용하는 것은 단지 하나의 측정도구만 사용하는 것과 비교할 때 진일보한 것이라고 볼 수 있다. 감사에 대한 연구 영역을 보다 확장시키기 위해서는 자기보고 외에도 보다 다양한 출처로부터 나오는 자료를 병합시키는 것이 중요할 것이다. 이는 감사의 경험 및 표현과 관련된 인지적 및 정서적 과정들을 보다 잘 이해하는 데 도움이 될 것이다. 이 같은 복합방법적 평가(heteromethod assessment)를 사용함으로써 연구자들은 반응의 정확성을 왜곡시킬 수 있는 체계적 편향들을 측정해 내고 그에 대해 통계적 통제를 가하는 것이 가능해질 것이다. Piedmont, McCrae, Riemann 및 Angleitner(2000)는 자기보고 자료와 더불어 정보를 많이 가진 동료들이 제공한 자료를 함께 사용함으로써 성격평가의 질을 향상시킬 수 있다고 주장했다. 그리고 Diener(1994)는 주관적 안녕감을 평가하는 비전통적 방법들을 개관했는데, 그중 많은 것들이 감사 연구에도 효과적으로 사용될 수 있다.

자기보고법은 아마 앞으로도 감사와 같은 정서 상태 및 성향을 평가하는 가장 통상적인 측정법이 될 것이다. 하지만 감사에 대한 과학적 연구에서 보다 중요한 진전을 이루기 위해서는 중다방법 평가의 중요성이 더욱더 부각될 전망이다. 점화기법(priming techniques; Mikulincer, Birnbaum, Woddis, & Nachmias, 2000)은 감사 인지를 활성화하여 친사회적 행동에 미치는 영향을 조사하는 데 효과적일 수 있다. 감사 사고 및 정서에 대한 접근 가능성을 높일 때 친사회적 행동 또한 증가한다는 것을 예증할 수 있다면, 그것은 감사가 일종의 도덕적 동기라는 가설을 평가하는 잠재적으로 강력한 방법이 될 수 있다(McCullough et al., 2001). 또한 강한 감사 경험을 하는 동안 얼굴 표정 및 생리 지표들을 평가하는 것은 감사가 하나의 독특한 정서인 정도를 평가하는 데 유용할 수 있다(McCullough et al., 2002). 감사의 현상학적 체험이 실제로 생리적 통로를 통해 독특한 방식으로 현시될 수 있다면, 정신생리적 방법 역시 감사를 평가하는 값진 방법이 될 수 있다.

결 론

감사는 사람들을 더 행복하게 하는가? 일부 증거들에 따르면 대답은 그렇다이다. 감사는 말 그대로 친사회적 행동을 촉발하는가? 일부 연구 및 이론에 따르면 가능한 이야기다. 감사의 특징을 지니는 관계와 사회는 관련된 사람들에게 더 나은 연대와 개인적 결과를 불러일으키는가? 그것은 있을 법한 이야기다. 하지만 이러한 질문들이 열정적인 긍정심리학자들의 상당한 호기심을 자극할지라도, 타당하고 신뢰성 있는 감사 측정도구가 없다면 이러한 질문들에 결정적인 답을 제공하기는 힘들다. 감사 관련 개념 측정에서 최근의 발달은 그런 연구들이 가능해지도록 하는 데 도움이 될 것이다. 측정도구들이 정련화되고 다른 방식으로 감사를 측정하는 새로운 도구들이 개발될수록, 감사가 개인적 및 사회적 안녕감에서 어떤 역할을 하는지에 관한 이해도 더 늘어나게 될 것이다.

참 고 문 헌

Aquinas, T. (1981). *Summa theologica*. Westminster, MD: Christian Classics.

Aristotle. (1962). *Nichomachean ethics*. (M. Ostwald, Trans.). Indianapolis, IN: Bobbs-Merrill.

Barusch, A. S. (1999). Religion, Adversity, and age: Religious experiences of low-income elderly women. *Journal of Sociology and Social Welfare, 26*, 125-142.

Baumeister, R. F., & Ilko, S. A. (1995). Shallow gratitude: Public and private acknowledgement of external help in account of success. *Basic and Applies Social Psychology, 16*, 191-209.

Becker, J. A., & Smenner, P. C. (1986). The spontaneous use of thank you by preschoolers as a function of sex, socioeconomic status, and listener status. *Language in Society, 15*, 537-546.

Bernstein, D. M., & Simmons, R. G. (1974). The adolescent kidney donor: The right to give. *American Journal of Psychiatry, 131,* 1338-1343.

Bryant, F. B. (1989). A four-factor model of perceived control: Avoiding, coping, obtaining, and saving. *Journal of Personality, 57*, 773-797.

Coffman, S. (1996). Parents' struggles to rebuild family life after Hurricane Andrew. *Issues in Mental Health Nursing, 17*, 353-367.

Diener, E. (1994). Assessing subjective well-being: Progress and opportunities. *Social Indicators Research, 31*, 103-157.

Emmons, R. A., & Crumpler, C. A. (2000). Gratitude as a human strength: Appraising the evidence. *Journal of Social and Clinical Psychology, 19*, 56-69.

Emmons, R. A., & Krause, L. R. (in press). *Voices from the heart: Narratives of gratitude and thankfulness in persons with neuromuscular diseases.* Unpublished manuscript, University of California, Davis.

Emmons, R. A., & McCullough, M. E. (in press). Counting blessings versus burdens: An experimental investigation of gratitude and subjective well-being in daily life. *Journal of Personality and Social Psychology.*

Emmons, R. A., & Shelton, C. S. (2002). Gratitude and the science of positive psychology. In C. R. Snyder & S. J. Lopez (Eds.), *Handbook of positive psychology* (pp. 459-471). New York: Oxford University Press.

Farwell, L., & Wohlwend-Lloyd, R. (1998). Narcissistic processes: Optimistic expectations, favorable self-evaluations, and self-enhancing attributions. *Journal of Personality, 66*, 65-83.

Fitzgerald, P. (1998). Gratitude and justice. *Ethics, 109*, 119-153.

Gallup, G. H., Jr. (1998, May). *Thankfulness: America's saving grace.* Paper presented at the National Day of Prayer Breakfast, Thanks-Giving Square, Dallas.

Gallup Poll Monthly. (1996, Nov.). Princeton, NJ: Gallup Organization.

Goldsmith, D. J., & Fitch, K. (1997). The normative context of advice as social support. *Human Communication Research, 23*, 454-476.

Hegtvedt, K. A. (1990). The effect of relationship structure on emotional responses to inequity. *Social Psychology Quarterly, 53*, 214-228.

Hume, D. (1888). *A treatise of human nature.* Oxford: Clarendon.

Janoff-Bulman, R., & Berger, A. R. (2000). The other side of trauma: Towards a psychology of appreciation. In J. H. Harvey & E. D. Miller (Eds.), *Loss and trauma: General and close relationship perspectives* (pp. 29-44). Philadelphia, PA: Brunner-Routledge.

Lane, J., & Anderson, N. H. (1976). Integration of intention and outcome in moral judgement. *Memory and Cognition, 4*, 1-5.

Langston, C. A. (1994). Capitalizing on and coping with daily-life events: Expressive responses to positive events. *Journal of Personality and Social Psychology, 67,* 1112-1125.

Leith, K. P., & Baumeister, R. F. (1998). Empathy, shame, guilt, and narratives of interpersonal conflicts: Guilt-prone people are better at perspective taking. *Journal of Personality, 66,* 13-35.

McCullough, M. E., Emmons, R. A., & Tsang, J. (2002). The grateful disposition: A conceptual and empirical topography. *Journal of Personality and Social Psychology, 82,* 112-127.

McCullough, M. E., Kirkpatrick, S., Emmons, R. A., & Larson, D. (2001). Is gratitude a moral affect? *Psychological Bulletin, 127,* 249-266.

Mikulincer, M., Birnbaum, G., Woddis, D., & Nachmias, O. (2000). Stress and accessibility of proximity-related thoughts: Exploring the normative and intraindividual components of attachment theory. *Journal of Personality and Social Psychology, 78,* 509-523.

Okamoto, S., & Robinson, W. P. (1997). Determinants of gratitude expressions in England. *Journal of Language and Social Psychology, 16,* 411-433.

Overwalle, F. V., Mervielde, I., & de Schuyter, J. (1995). Structural modeling of the relationships between attributional dimensions, emotions, and performance of college freshmen. *Cognition and Emotion, 9,* 59-85.

Parker, S., & de Vries, B. (1993). Patterns of friendship for women and men in same and cross-sex relationships. *Journal of Social and Personal Relationships, 10,* 617-626.

Piedmont, R. L., McCrae, R. R., Riemann, R., & Angleitner, A. (2000). On the invalidity of validity scales: Evidence from self-reports and observer ratings in volunteer samples. *Journal of Personality and Social Psychology, 78,* 582-593.

Pruyser, P. W. (1976). *The minister as diagnostician: Person problems in pastoral perspective.* Philadelphia, PA: Westminster Press.

Reibstein, J. (1997). Rethinking marital love: Defining and strengthening key factors in successful partnerships. *Sexual and Marital Therapy, 12,* 237-247.

Roberts, R. C. (1998). Character ethics and moral wisdom. *Faith and Philosophy, 15,* 478-499.

Rodrigues, A. (1995). Attribution and social influence. *Journal of Applied Social Psychology, 25,* 1567-1577.

Rosenberg, E. L. (1998). Levels of analysis and the organization of affect. *Review of General Psychology, 2,* 247-270.

Russell, J. A., & Paris, F. A. (1994). Do children acquire the concepts for complex emotions abruptly? *International Journal of Behavioral Development, 17,* 349-365.

Saucier, G., & Goldberg, L. R. (1998). What is beyond the Big Five? *Journal of*

Personality, 66, 495–523.

Schweitzer, A. (1969). *Reverence for life* (R. H. Fuller, Trans.). New York: Harper & Row.

Simmel, G. (1950). *The sociology of Georg Simmel*. Glencoe, IL: Free Press.

Smith, A. (1976). *The theory of moral sentiments* (6th ed.). Oxford: Clarendon Press. (Original published 1790)

Sommers, S., & Kosmitzki, C. (1988). Emotion and context: An American–German comparison. *British Journal of Social Psychology, 27*, 35–49.

Spinoza, B. (1981). *Ethics* (G. Eliot, Trans.). Salzburg, Austria: University of Salzburg. (Original published 1677)

Stein, M. (1989). Gratitude and attitude: A note on emotional welfare. *Social Psychology Quarterly, 52*, 242–248.

Teigen, K. H. (1997). Luck, envy, and gratitude: It could have been different. *Scandinavian Journal of Psychology, 38*, 313–323.

Tesser, A., Gatewood, R., & Driver, M. (1968). Some determinants of gratitude. *Journal of Personality and Social Psychology, 9,* 233–236.

Trivers, R. L. (1971). The evolution of reciprocoal altruism. *Quarterly Review of Biology, 46*, 35–57.

Veisson, M. (1999). Depressive symptoms and emotional states in parents of disabled and non-disabled children. *Social Behavior and Personality, 27*, 87–98.

Ventimiglia, J. C. (1982). Sex roles and chivalry: Some conditions of gratitude to altruism. *Sex Roles, 8,* 1107–1122.

Ventura, J. N. (1986). Parent coping, a replication. *Nursing Research, 35,* 77–80.

Ventura, J. N., & Boss, P. G. (1983). The Family Coping Inventory applied to parents with new babies. *Journal of Marriage and the Family, 45*, 867–875.

de Waal, F. B. M., & Berger, M. L. (2000). Payment for labour in monkeys. *Nature, 404,* 563.

Walker, L. J., & Pitts, R. C. (1998). Naturalistic concepts of moral maturity. *Developmental Psychology, 34,* 403–419.

Watkins, P. C., Grimm, D. L., & Hailu, L. (1998, June). *Counting your blessings: Grateful individual recall more positive memories.* Presented at the 11th Annual Convention of the American Psychological Society, Denver, CO.

Weiner, B., Russell, D., & Lerman, D. (1979). The cognition–emotion process in achievement related contexts. *Journal of Personality and Social Psychology, 37,* 1211–1220.

종교 및 철학적 모델과
측정도구

CHAPTER 22

종교적 개념의 측정
개념 조직화 및 척도 선택에 대한 위계적 접근

종교는 보편적인 자비나 성스러운 평화, 완전 등과 같은 인류의 궁극적인 관심사를 다룬다. 하지만 어떤 이들에게는 종교와 영성에 대한 심리학적 연구가 긍정심리학과는 별다른 연관이 없어 보일지도 모른다. 이는 부분적으로 많은 이론가들이 종교에 대해 가지고 있는 부정적인 견해 때문일 수 있다. 예를 들어, Freud(1927/1953)는 종교를 유아적 발달단계에 비유하면서 "인류 보편의 강박신경증(universal obsessional neurosis of humanity)"(pp. 77-78)이라고 부르기도 했다. 그의 믿음에 따르면 종교는 자연의 위력으로부터 인간을 보호해 줄 전능한 아버지에 대한 요구를 충족시켜 주고, 인생을 살면서 경험하게 되는 나약함과 고통을 이겨내도록 해 주는 대신에 인간의 충동을 제한한다. Freud가 사람들의 불안을 해소하는 데 종교가 많은 도움이 된다고 생각한 것은 사실이지만, 그는 종교에 대한 의존은 사람들이 현실을 직면하고 과거에 가졌던 공포를 극복하는 것을 방해하며, 따라서 과학과 이성의 진전에 대한 사회적 방해물로 작용한다고 간주했다.

어떤 이론가들과 학자들은 종교생활을 정신적 나약함이나 결함과 결부시키기도 했다(예: Dittes, 1969; Ellis, 1960). 수많은 경험적 연구들은 종교적 몰입이 개인적 능력 및 통제, 자기 수용과 실현, 열린 마음 및 융통성 등과 부정적인 연관성을 갖는다는 점을 보여 왔다(개관을 위해서는 Batson, Schoenrade, & Ventis, 1993 참조). 또한 20세기 중반에 행해진 몇몇 연구들은 종교적 몰입을 편견 및 부정적 사회적 태도와 관련시키기도 했다(예: Adorno, Frenkel-Brunswik, Levinson, & Sanford, 1950). 이러한 이론 및 연구 결과들의 견지에서 볼 때 '강점'과 '미덕'의 심리학에서 종교가 차지하는 위상과 관련해 양가적 시각이 존재한다는 것은 당연해 보인다.

하지만 다른 이론가들이 내린 결론에 따르면 종교는 성장과 정신건강을 증진시킨다. 예를 들어, Allport(1937, 1950)는 성숙한 종교가 개인의 성격을 통합한다고 믿었다. Allport는 성격적 성숙의 발달과 유지에 있어서 종교만이 유일무이한 삶의 통합 철학인 것은 아니라고 생각했다. 그러나 그는 "종교는 모든 것들에 기저하는 가치의 추구다."(1937: 226)라고 말하면서 종교가 다른 철학들에 비해 확실히 우위에 있다고 믿었다. 종교가 가지는 이러한 포괄성은 한 개인의 남은 인생을 통합적으로 조직화하는 데 도움이 된다. Allport 외에도 많은 이론가들은 종교가 심리적 성장을 증진시킨다는 입장을 견지해 왔다. 이론가들에 따르면 종교는 자기 자각과 계발(Bertocci, 1958; James, 1902/1990; Johnson, 1959)뿐 아니라 인지적 발달(Elkind, 1970)을 촉진한다.

최근의 연구들은 종교와 신체 및 정신 건강의 특정 지표들 간에 긍정적인 관계가 있음을 밝히고 있다(예: Koenig, McCullough, & Larson, 2001). 특정 형태의 종교성은 낮은 수준의 우울 증상(예: McCullough & Larson, 1999), 높은 주관적 안녕감(예: Koenig et al., 2001), 심지어는 장수(McCullough, Hoyt, Larson, Koenig, & Thorensen, 2000)와도 연관되는 것으로 밝혀졌다. 또한 종교의 특정 차원들은 타인에 대한 인내심과 같은 긍정적인 사회적 태도들과도 연관되는 것으로 나타났다(개관을 위해서는 Batson, 1993 참조). 따라서 종교가 항상 긍정적 측면만 가지는 것은 아니라 하더라도, 어떤 경우에는 개인의 건강과 사회적 조화를 촉진시킬 수 있는 것이다. 종교가 가지는 이러한 잠재력을 감안한다면, 연구자와 실천가들이 종교의 여러 측면들을 측정하고자 시도하는 것은 나름대로 가치를 지니는 일이다. 이 장에서 우리들은 종교와 영성의 측정과 관련된 많은 중요한 이슈들을 논의하고, 경험적으로 측정되는 종교의 다양한 측면들을 개념화하는 위계적 모형을 제시하고자 한다.

종교와 영성: 정의

먼저 종교와 영성 간의 구분에 대해 간략하게 살펴보자. 이는 만만찮은 작업일 수 있는데, 그 이유는 많은 심리학자들이 각자 나름대로 다양한 정의를 내려왔기 때문이다(개관을 위해서는 Pargament, 1997 참조). Hill 등(2000)은 다양한 시각들을 포괄하면서 여러 종교들에 적용될 수 있는 종교에 대한 정의를 다음과 같이 제시하였다.

A. 신에 대한 추구에서 일어나는 감정, 사고, 경험, 및 행동……
그리고/혹은

B. (A)의 촉진을 주요 목표로 하는 (정체성, 소속감, 의미, 건강 혹은 안녕감과 같은) 인간적 목표의 추구;
그리고

C. 동일 집단의 구성원들로부터 인정과 지지를 받는 수단과 방법(예: 의례 혹은 규정된 행동). (p. 66)

Hill 등(2000)에 따르면, 이러한 정의를 채택하게 되면 종교는 "신적 존재, 신적 대상, 궁극적 현실 혹은 궁극적 진리"(p. 66) 등을 포함하는 신과의 관계 측면에서 다른 개념들과 구분이 된다. 비종교적 철학들 역시 종교와 마찬가지로 사람들의 삶 속에서 의미와 목적을 제공할 수 있다. 하지만 종교는 (각 개인이 스스로 정의한) 신과의 관계 속에서 의미와 목적을 제공한다는 점에서 구별된다. 이 정의는 종교적 신념, 종교적 감정, 신비 체험, 종교적 행동 등을 포함하는 종교의 다양한 측면들을 포괄한다. 또한 이 정의는 종교가 종교 공동체에서 발생하는 많은 사람들의 인간적 목표 달성에도 도움이 된다는 점을 인정한다.

Hill 등(2000)은 종교와 영성의 관계에 대해서도 역사적 개관을 제공했다. 그들에 따르면 종교와 영성이라는 두 용어는 과거에는 서로 밀접한 관련이 있었지만 최근 들어 그 구분이 행해지기 시작했다. 자신을 '영성적이지만 종교적이지는 않은' 것으로 인식하는 사람들이 늘어나기 시작했다는 점을 감안한다면 두 용어의 구분은 중요한 문제일 수 있다(Zinnbauer et al., 1997). 사람들의 종교 체험을 나타내는 데 '영성적'이라는 용어가 점점 더 많이 사용되고 있는 반면, '종교적'이라는 용어는 제도화된 종교를 지칭할 때에만 사용되는 경향이 있다. 일반적인 보통 사람들의 마음속에서 영성은 긍정적이고 경험적이며 진술한 그 무엇으로 자리 잡고 있는 반면, 종교는 케케묵고 의례적이며 공허한 의식을 내포하는 것으로 여겨지고 있다(Hill et al., 2000). 하지만 영성과 종교를 좋은-나쁜 혹은 개인적-제도적 등 이분법적으로 정의하는 것은 지극한 단순화이며, 이 둘 사이에 존재하는 많은 중첩들을 제대로 반영하지 못하는 결과를 초래할 수 있다. 예를 들어, Zinnbauer 등(1997)의 연구에 참여한 참가자들의 3/4 정도는 스스로를 영성적인 동시에 종교적인 존재로 생각했다. 더욱이 초기의 많은 개척적 연구자들(예: James, 1920/1990; Pratt, 1930)은 초월적 및 관계적 요소는 종교 자체의 본질적인 특성이라고 강조한 바 있다.

Hill 등(2000)은 종교와 영성을 구분하기 위해 영성을 종교와 별도로 정의했다. 하지만 그들은 영성이 종교의 한 가지 통합적 일부가 될 수 있다는 견해는 그대로 유지했다. 그들은 영성을 "신에 대한 추구로부터 일어나는 감정, 사고, 경험 및 행동"(p. 66)으로 정의했는데, 이는 앞서 살펴보았던 종교에 대한 정의에서 인간적 목표와 종교 공동체와 관련된 요소들이 제외된 나머지 부분이다. 이 정의의 틀 내에서 보자면, 사람들은 종교의 첫 번째 기준(즉, 신에 대한 추구)만 충족시킨다면 영성적인 동시에 종교적인 것이 가능해진다. 하지만 종교적이지 않으면서 영성적인(즉, 종교 공동체 바깥에서 신을 추구하는 것), 혹은 영성적이지 않으면서 종교적인(즉, 종교적 상황에서 인간적 목표를 추구하는 것) 것 역시 가능하다. 또한 영성에 대한 이러한 정의는 영성과 종교를 개인-제도의 측면에서 구분하면서도 종교가 개인적 요소와 제도적 요소를 모두 포함할 수 있다는 점을 인정한다.

많은 사람들이 자신을 종교적이지만 영성적이지는 않다고 볼 수 있기 때문에, 종교성과 더불어 영성을 측정하는 도구를 사용하는 것이 중요하다. 또한 종교성과 영성이 구분되기도 하지만 중첩되는 측면도 있기 때문에 심리학자들은 이를 잘 반영하는 도구를 사용할 필요가 있다.[1]

---

1) 종교성과 영성에 대한 Hill 등(2000)의 포괄적 정의에도 불구하고 종교성과 영성에 대한 대부분의 측정 도구들은 동양 종교보다는 서양 종교를 대상으로 하고 있다. 동양적 관점에서 영성을 평가하는 척도들은 극소수에 불과하며, 이러한 유형의 척도들의 구성과 타당화가 대단히 필요한 시점이다.

일반적인 측정상의 이슈들

Gorsuch(1984)는 측정은 종교심리학에 있어서 뼈대이자 은혜라고 언급했다. 보다 구체적으로 말하자면, 종교심리학은 수많은 척도들이 넘쳐나고 있음에도 자기보고식 측정도구들 외에는 다른 대안들이 부재하다는 문제점을 안고 있다.

넘쳐나는 척도들

종교심리학 분야에서 유사한 개념을 측정하는 척도들은 많이 있으며, 심리측정적으로 양호한 척도라면 유사한 종교적 내용 영역을 측정할 경우 유사한 결과를 내놓는 경향이 있다. 실제로 너무나도 많은 척도들이 이미 종교를 신뢰성 있게 측정해 내고 있기 때문에, Gorsuch는 심리학자들은 문헌을 철저히 개관한 후에 적절한 척도가 아직 존재하지 않는다는 점을 확신하기 전까지는 새로운 척도를 구성하는 일을 삼가야 한다고 주장하기도 했다. 또한 그는 새로운 척도가 개발되어야 한다면 심리학자들은 그것이 기존의 척도들에 어떤 정보를 새롭게 부가해 줄 수 있는지를 보여야 할 것이라고 언급하기도 했다. 덧붙여 심리학자들은 새로운 측정도구를 고안하는 것에서 기존의 도구들과 다른 심리학적 개념들 간의 관계를 조사하는 것으로 강조점을 이동시켜 나가야 한다고 주장했다.

애석하게도 지난 15년간 심리학자들은 Gorsuch의 지혜로운 제안을 거의 마음에 두지 않아 왔다. 종교성을 측정하는 새로운 평가도구들의 개발 노력은 급속도로 전개되었고—1985년과 1999년 사이에 적어도 40개의 새로운 종교성 측정도구들이 출간되었다—그 결과로 현재 약 200개 정도의 종교성 측정도구들이 출간된 지경에 이르렀다. 우리들은 척도 개발 및 개정에 좋은 의미의 노력들이 많이 투여되었지만 새로운 근본적 통찰이 제시되지는 못했고, 따라서 종교 연구에 있어서 보다 유력한 이슈들에 투여될 수 있는 자원들만 낭비되었다고 생각한다. 심리학자들은 새로운 척도들을 구성하기보다는 수없이 많은 기존의 평가도구들 중에서 한 가지 척도를 제대로 선택하는 것이 오히려 더 나을 것이다. 이러한 기존 척도들에 대한 개관은 거듭 제시되어 왔기 때문에(예: Hill & Hood, 1999), 각 척도들의 심리측정적 속성과 그 활용에 대해서는 이미 충분한 정보들이 존재하는 셈이다.

자기보고가 유일한 해답인가

불행하게도 심리학자들이 행해 온 종교성 측정도구 개발은 주로 일방향적인 것이었다. 선택된 측정 설계는 다른 형태의 측정도구들을 무시한 폐쇄형의 자기보고식 질문지가 압도적으로 많았다. 자기보고식 폐쇄형 질문지에 대한 선호는 부분적으로는 실시와 채점상의 편이성에서 기인한 것이다. 종교에 대한 면접형 측정도구가 실제로 존재하긴 하지만(예: Allen과 Spilka(1967)는 종교의 헌신적 및 합의적 차원을 평가하기 위해 처음에는 면접법을 사용했다) 이러한 도구들은 보다 편리한 자기보고식 질문지들에 자리를 내주고 말았다(예: Spilka, Stout, Minton, & Sizemore, 1977). 하지만 종교성에 대한 정확한 연구와 평가를 위해서는 대안적인 측정기법의 사용이 필요하다. 예를 들어, Allport가 제시한 널리 인용되는 차원들인 내재적 및 외재적 종교 지향성(Allport & Ross, 1967)과 같은 종교적 동기이론들은 종교적 동기에 대한 비자기보고식 측정도구들로부터 보다 많은 성과를 얻을 수 있을 것이다. 많은 다른 영역들의 경우도 마찬가지이지만, 종교적 동기를 연구함에 있어 대안적 측정법들을 배제하고 자기보고식 도구들만 사용하는 것은 최선이 아닐 것이다. 왜냐하면 사람들이 자신의 동기를 항상 의식적으로 자각하는지는 불분명하기 때문이다(예: Nisbett & Wilson, 1977).

자기보고식 측정도구들에는 사회적 바람직성 편향이라는 문제점 또한 있을 수 있다. 예를 들어, 내재적 종교적 지향성과 인종적 관용 간의 관계는 내재적 종교성과 사회적 바람직성 간에 존재하는 연관성 때문에 의문이 제기되어 왔다(Batson, Naifeh, & Pate, 1978; 개관을 위해서는 Trimble, 1997 참조). 따라서 자기보고식 측정법을 넘어선 평가방법들을 사용하는 것이 중요하다. 한 가지 가능한 대안은 대상 인물의 종교성에 관해 동료들의 보고를 사용하는 것이다(Piedmont, 1999). 더불어 심리학자들은 기존의 자기보고식 측정도구들을 보완해 주는 종교성에 대한 행동적 측정도구들을 구성할 수도 있을 것이다. 심리학자들은 다른 측정법들을 사용하여 자기보고식 측정법을 보완함으로써 종교성의 성질과 결과에 관해 보다 분명한 이해를 얻을 수 있을 것이다.

측정도구 선택 전략

종교와 종교적 체험의 다면적 속성을 감안한다면, 종교성을 제대로 측정할 수 있는 단일 측정법은 존재하지 않는다고 봐야 할 것이다. 종교적 신념, 종교적 헌신, 종교적 친애, 종교적 발달, 종교적 성숙 등을 측정하는 도구들은 많이 존재한다. 이러한 수많은 대안들을 감안할 때, 우리들은 개인적 취향이나 편이성이 아니라 이론적 원리에 따라 종교성 측정도구의 선택이 이루어져야 한다고 생각한다. 고려해 볼 만한 한 가지 중요한 원리는 종교성이 하나의 일반 요인으로 구성되는지, 아니면 많은 서로 다른 요인들로 구성되는지의 문제다. Gorsuch(1984)는 종교성은 서로 다른 종교적 차원들로 분할되는 하나의 일반 요인을 가진다고 제안했다. 그의 제안에 따르면, 많은 다른 변인들을 예언하고자 할 때에는 일반적인 종교성 요인을 측정하는 것이 적절하고, 반면에 일반적 규칙들에 예외가 되는 경우를 예언하고자 할 때에는 하위 차원들을 사용하는 것이 바람직하다. 예를 들어, 종교성에 있어서의 연령차 등과 같은 폭넓은 변인들과 종교성 간의 관계를 연구할 때에는 일반적인 종교성 요인을 사용하는 것이 적절하다. 하지만 편견과 같은 좀 더 세부적인 변인을 예언하고자 할 때에는 하위 차원들을 사용해서 관계를 알아보는 것이 필요할 것이다.

위계적 모형

Gorsuch가 제공한 통찰을 공식화하는 한 가지 방법은 종교성과 영성을 위계적으로 구조화된 심리적 영역으로 간주하는 것이다. 이 위계상에서 좀 더 높은 수준의 조직화는 매우 추상적이고 특질적인 성질을 지니는 측면들에서의 폭넓은 개인차를 반영한다. 이러한 고차적인 특질 수준(우리들은 이를 제1수준이라고 부른다)상에서 측정의 목적은 종교적 경향성 혹은 특질에서 사람들 간의 성향적 차이를 평가함으로써 어떤 사람이 얼마나 '종교적'인지에 관해 결론을 내리는 것이다. 우리들은 이를 위계적 조직화의 성향적 수준(dispositional level)이라고 부른다.

종교성 성향에 있어서의 개인차를 넘어서서 사람들은 종교적(그리고 영성적) 현실, 종교적 동기, 세상사 문제의 해결에 종교를 동원하는 것 등에 있어서 실로 엄청난 다양성을 지니고 있다. 우리들은 이러한 두 번째 수준(제2수준)을 위계적 조직화의 조작적 수준(operational level)이라고 부른다.

종교성과 영성의 일반적 성향과 조작적 특성을 이해하는 일이 어려울 수 있는데, 그 이유는 이 두 수준의 개념들이 서로 독립적으로 기능하는 것이 아니기 때문이다. 조작적 수준의 측정도구들은 성향적 개념에 귀속될 수 있는 내용을 담는 경우가 많이 있다. 예를 들어, 스트레스에 대한 대처(즉, 조작적인 제2수준 개념)를 위해 종교를 사용하는 경향이 있는 사람들은 아마도 일반적으로 종교 성향(즉, 성향적 제1수준 개념)이 더 있는 것으로 평가될 수 있다(Pargament, 1997). 이러한 중첩은 중다 변인 연구를 통해 통제될 수 있다. 우리들은 심리학자들이 특정한 제2수준 종교성 요인이 사람들의 심리적 삶에 영향을 미친다고 결론을 내리기 전에 제1수준 종교성 변인을 통제하는 것이 필요하다고 제안한다. 그렇게 하지 않는다면 심리학자들은 자신들이 발견한 결과가 조작적 종교성 변인 때문인지 일반적인 종교성 변인 때문인지를 분간하기가 힘들어질 것이다.

우리들이 제안한 것과 같은 공식적인 위계적 구조를 분명히 제시하지는 않았지만, 종교적 개념들의 관계에 관한 위계적 모형을 적용한 좋은 예를 Pargament(1997)의 연구에서 찾아볼 수 있다. 종교적 대처(조작적 조직화 수준)에 관한 연구에서 Pargament와 동료들은 성향적 조직화 수준에서의 개인차를 통제하기 위해 일반적인 종교성 측정도구들(예: 기도 및 종교 모임 참석 빈도를 묻는 단일 문항 측정도구들)을 사용했다. 그들은 이 같은 측정 전략을 사용함으로써 종교성에서 나타나는 일반적인 성향상의 개인차 효과의 혼입을 배제하면서 구체적인 종교적 행위(예: 스트레스 대처를 위한 특별한 종교적 전략)의 효과에 관해 의미 있는 결론을 내릴 수 있었다.

이 장의 남은 부분에서 우리들은 종교성과 영성을 조직화하는 데 위계적 모형을 사용하여 성향적 및 조작적 수준 모두에서 종교성을 평가하는 유망한 척도들을 개관해 보고자 한다.

성향적 수준에서의 종교성 측정

성향적 수준(제1수준)에서 우리들은 종교성 혹은 영성에 있어 사람들 사이에 존재하는 폭넓은 개인차를 평가하는 데 관심을 가지고 있다. 우리들은 사람들로 하여금 종교적 추구에 관심을 가지도록 만드는 Big Five 성격 차원(John & Srivastava, 1999)과는 어느 정도 독립적인 성격 특질이 존재한다고 가정한다. 이러한 생각은 다음과 같은 세 가지 출처들로부터 간접적인 지지를 받아 왔다.

첫째, 비교적 동질적인 문화집단 내에서 외견상 뚜렷해 보이는 많은 종교성 지표들—

종교 활동 참가 빈도, 종교의 중요성에 대한 자기보고 혹은 개인적인 종교 활동 —은 무시 못할 정도의 상관을 지니고 있다. 평균적으로 볼 때 종교 집회에 기꺼이 참석하는 사람들은 기도를 더 많이 하고, 종교가 자신의 삶의 버팀목이라고 말하기를 주저하지 않는다. 외견상 종교성의 서로 다른 측면들인 것으로 간주될지라도, 막상 측정해 보면 이들 간의 상관이 .60~.80에 이르기까지 높게 나오는 경우들도 빈번하다 (Gorsuch, 1984; McCullough, Worthington, Maxey, & Rachal, 1997). 둘째, 종교성에 대한 중다 문항 측정도구라 하더라도 요인분석을 하게 되면 요인들 간에 상관이 존재하는 것으로 나타나는데, 이는 좀 더 고차적인 차원이 존재한다는 것을 시사하는 것이다. 셋째, 행동유전학 분야에서의 최근의 연구 결과에 따르면 종교적 경향성은 부분적으로는 유전적일 수 있다(개관을 위해서는 D'Onofrio, Eaves, Murrelle, Maes, & Spilka, 1999 참조).

제1수준 종교성에서의 개인차는 단지 몇 개의 문항 또는 행동 표본들에서의 공통 변량을 조사함으로써 쉽게 평가될 수 있다. 예를 들어, 일반적 종교성을 측정하는 Rohrbaugh와 Jessor(1975)의 척도는 단지 8개의 질문들만 가지고도 일반적 종교성에 관한 매우 신뢰성 있고 일관적인 단일 차원적 측정 결과를 제공하였다. 이 척도의 문항들은 교회 출석 및 기도의 빈도, 자신의 삶에 종교가 영향을 미치는 정도, 종교 교리를 신봉하는 정도, 종교적 숭배 체험, 종교로부터 얻게 되는 안락 및 안전감 등을 측정한다. 이러한 일반적 종교성 문항들은 종교성에 대한 별도의 단일 문항 자기보고와 높은 상관을 지니는 것으로 밝혀졌다(rs = .78~.84). 일반적 종교성을 평가하기 위해 Pargament(1997)가 사용한 좀 더 적은 수의 문항들에서 발견되는 공통 변량 또한 제1수준을 적절히 평가한다. 그리고 Santa Clara Strength of Religious Faith Questionnaire(SCSORF)는 종교적 신앙의 강도를 측정하는 유용한 도구다. Plante와 Boccaccini(1997)는 대부분의 종교성 척도들이 스스로를 종교적인 존재로 생각하는 사람들을 대상으로 고안되었다는 점에 주목하여, 일반 전집을 대상으로 신앙에 대한 좀 더 폭넓은 측정을 하기 위해 10문항짜리 SCSORF를 제작했다.

이와 더불어 성향적 수준에서 영성을 평가하는 척도들도 수없이 많이 존재한다. MacDonald, Leclair, Holland, Alter 및 Friedman(1995)은 영성, 신비주의, 초월적 체험 등에 대한 20개 측정도구들의 심리측정적 속성과 적용 예들에 관한 훌륭한 개관을 제공한 바 있다. 그들의 척도 선정 기준은 각 척도들이 전통적인 종교성 측정도구

461

<표 22-1> 종교성 및 영성의 성향적 측면 평가를 위해 제안된 척도들

출 처	척도 명칭
Burris & Tarpley (1998)	Immanence
Cloninger et al. (1993)	Temperament and Character Inventory의 Self-transcendence 하위척도
Hatch, Burg, Naberhaus & Hellmich (1998)	Spiritual Involvement and Beliefs Scale
Hood (1975)	Mysticism Scale
Paloutzian & Ellison (1982)	Spiritual Well-Being Scale
Piedmont (1999)	Spiritual Transcendence Scale
Plante & Boccaccini (1997)	Santa Clara Strength of Religious Faith Questionnaire
Rohrbaugh & Jessor (1975)	Religiosity Measure
Worthing et al. (1998)	Religious Commitment Inventory (RCI-10)

들과 독립적인지의 여부였다(성향적 종교성 및 영성에 대한 몇 가지 다른 측정도구들을 참고하기 위해서는 <표 22-1>를 보라).

제1수준 종교성에 대한 측정은 종교와 신체 및 심리적 건강과의 관계를 연구하는 데 풍부한 결실을 제공해 왔다. 예를 들어, McCullough와 Larson(1999)은 종교적 몰입에 대한 일반적 측정 결과들은 우울과 부적으로 상관되는 경향이 있다고 결론 내린 바 있다. 더욱이 종교적 몰입을 많이 할수록 물질 남용 문제와 더불어 알코올, 담배, 불법 약물 등의 사용이 더 적어지는 것으로 나타났다. 또한 성향적 종교성이 더 높은 사람들은 삶에 대해 행복과 만족을 더 많이 느끼는 경향이 있었다(Myers & Diener, 1995). 하지만 종교성과 건강 간의 관계에 대한 많은 다른 측면들은 제2수준의 종교적 개념들을 조사함으로써 비로소 명확히 드러날 수 있다.

조작적 수준에서의 종교성 측정

이론적으로 볼 때 종교성의 내용적 측면은 종교가 사람들의 삶에서 어떤 기능을 하

〈표 22-2〉 종교성 및 영성의 조작적 측면의 평가를 위해 제안된 척도들	
출 처	척도 명칭
종교적 지향성	
Allport & Ross (1967)	Religious Orientation Scale: Intrinsic and Extrinsic
Batson & Schoenrade (1991a, 1991b)	Quest Religious Orientation
Hoge (1972)	Intrinsic Religious Motivation Scale
대처	
Pargament et al. (1990)	Religious Coping Activities Scale
Pargament et al. (1988)	Religious Problem-Solving Scales
Pargament, Koenig & Perez (1998)	RCOPE
기도	
Bade & Cook (1997)	Prayer Functions Scale
Luckow, McIntosh, Spilka & Ladd (2000)	척도 명칭 없음
Poloma & Pendleton (1989)	Types of Prayer
Richards (1991)	Types of Prayer

는지와는 별개의 문제일 수 있다(Gorsuch, 1984). 이와 비슷하게 우리들은 종교의 고차적인 성향적 측면은 종교의 조작적 측면들과는 독립적으로 존재한다고 제안한다 (우리들은 사람들의 종교적 삶의 기능 혹은 경험 속에서 그러한 차이를 평가하고자 한다). 종교적 성향이 동등한 두 사람이라 할지라도, 달리 말해 동일한 제1수준 종교성을 가졌다 할지라도 그들은 삶의 문제를 해결하면서 자신의 종교성을 경험하고 표현하고 적용해 나가는 데 있어 많은 차이점들을 보일 수 있다.

우리들이 제2수준 종교성이라고 부르는 종교적 조작은 다면적이다. 따라서 이 장에서 그것을 모두 제시하는 것은 불가능하기에 일부 예들에 초점을 맞출 것이다. 여기에는 종교성 이면의 동기들, 대처를 위해 종교를 사용하는 방식, 기도 등이 포함된다. 우리들의 논의를 보완하기 위해 〈표 22-2〉에 이 같은 그리고 유사한 제2수준 개념들을 평가하는 일부 출판된 척도들을 추천해 놓았다.

종교적 지향성

Allport와 Ross(1967)가 행한 내재적 및 외재적 종교적 지향성의 구분은 종교심리학 분야에서 가장 잘 확립된 제2수준 개념들 중의 하나다. 외재적 종교 지향성을 가진 사람들은 어떤 목적을 달성하기 위해 종교를 수단으로 사용하는 반면, 내재적 종교지향성을 가진 사람들은 종교 자체를 궁극적 목적으로 여긴다.

외재적 지향성

이러한 경향성을 지닌 사람들은 자신의 목적을 달성하기 위한 수단으로 종교를 사용한다. 이 용어는 가치론에서 유래한 것인데, 이는 좀 더 궁극적인 다른 관심사에 보탬이 되기 때문에 어떤 관심사를 보유하게 되는 것을 지칭하는 용어다. 외재적 가치는 항상 도구적이고 실용적이다. 이러한 경향성을 가진 사람들은 종교가 여러 방식으로—안전과 위안, 사교와 기분 전환, 지위와 자기 정당화를 제공하는 등—유용하다고 여길 수 있다. 교리에 대한 신봉은 가볍게 취급되거나 좀 더 일차적인 욕구를 충족시키기 위해 선택적으로 변형되기도 한다. 신학적 용어로 말하자면, 외재적 유형은 신을 향하기는 하지만 자기로부터 벗어나지 못하는 유형이다.

내재적 지향성

이러한 경향성을 지닌 사람들은 자신의 주된 동기를 종교에서 찾는다. 비록 강한 다른 욕구가 있다 할지라도, 그것들은 궁극적으로 보다 덜 중요한 것으로 간주되고 가능한 한 종교적 규범과 조화되는 방향으로 변형된다. 교리를 신봉하기 때문에 교리를 내재화하고 충실히 따르려는 노력이 경주된다. 이런 의미에서 이런 유형의 사람들은 종교적 삶을 산다고 할 수 있다(Allport & Ross, 1967: 434).

Allport(1950)는 외재적으로 종교적인 사람들은 불안을 완화시키기 위하여 종교를 활용하지만, 종교적 교훈을 진심으로 받아들이지는 않는다고 믿었다. 따라서 편견과 같은 바람직하지 않은 특질들과 종교성 간에 관련성이 있다면 그것은 외재적 종교성으로 설명될 수 있다. 이와는 달리 내재적으로 종교적인 사람들은 외재적으로 종교적인 사람들보다 그 수가 매우 적긴 하지만 종교가 추구하는 긍정적 목적을 잘 대변한다. 즉, 이러한 정의(예: Allport & Ross, 1967)에 따르면 내재적으로 종교적인 사람들은 다른 사람들을 더 잘 돕고 애정이 더 깊고 덜 편견적이다.

Allport와 Ross(1967)의 종교적 지향성 척도(ROS: Religious Orientation Scale)의 신뢰도는 내재적 척도의 경우 .73~.82, 외재적 척도의 경우 .35~.70에 이르는 것으로 나타났다(Trimble, 1997). Hoge(1972) 판 내재적 종교성 척도는 신뢰도가 좀 더 높은 것으로 나타났다($r = .90$). Trimble(1997)은 Hoge(1972)의 척도가 행동, 인지, 지각 등은 배제하고 오로지 종교적 동기만을 측정함으로써 이론적으로 좀 더 간명한 측면이 있다고 지적하였다. 하지만 Hoge의 척도가 심리측정적으로 그리고 이론적으로 더 낫기는 하지만, Allport와 Ross(1967)의 ROS는 오늘날에도 여전히 종교적 지향성 측정도구로 가장 널리 사용되고 있다.

내재적 및 외재적 종교 지향성에 대한 Allport와 Ross(1967)의 측정은 도전을 받아 왔다. 아마도 Batson과 동료들이 행한 비판이 가장 신랄한 비판 중 하나일 것이다. Batson은 ROS가 Allport가 원래 제안했던 내재적 종교 지향성 개념에서 핵심적인 개방성 요소(open-minded component)를 제외했다는 점을 지적하면서 종교적 지향성에 추구로서의 종교(religion as quest)라는 한 가지 새로운 차원을 부가하였다(예: Batson & Schoenrade, 1991a, 1991b). 여기에서 추구는 다음과 같이 정의되었다.

분명하고 적당한 대답은 거부하는 동시에 아무리 복잡할지라도 실존적인 의문들에 정직하게 직면하는 것을 포함하는 하나의 접근방식이다. 이러한 방식으로 종교에 접근하는 사람들은 그러한 문제들에 관한 궁극적 진실에 대해 자신이 현재 아는 것이 없으며 아마 앞으로도 그러할 것이라는 점을 인정한다. 그 의문들은 여전히 중요한 것으로 간주되며, 그에 대한 대답이 아무리 모호하고 변화무쌍하더라도 끝까지 대답을 추구한다(Batson et al., 1993: 166).

Batson 등(1993)은 이와 같은 성숙한 종교적 심성에 내재하는 의문적, 반성적 요소(questioning, reflective component)를 측정하기 위해 12문항짜리 Quest Religious Orientation Scale을 구성했다.

외재적, 내재적 및 추구적 종교 지향성 간의 경험적 차이점들 외재적, 내재적 및 추구적 종교성 간의 차이점에 대한 경험적 증거들이 축적되어 감에 따라 종교 지향성의 개념에 추구 차원을 부가해야 할 필요성이 보다 분명해졌다. Allport와 Ross(1967)가 예언했다시피, 외재적 종교 지향성은 소수 집단에 대한 편견과 연합된다는 점이 거듭 밝혀지고 있다. 하지만 내재적 종교 지향성 척도 점수는 개인이 속한 종교 지역사회에서 편견에 대해 비난적 태도를 유지하는 경우와 자기보고식 측정도구가 사용되는 경우에만 편견의 감소와 연관되는 것으로 나타났다. 편견에 대한 행동적 측정도구를 사용하거나(예: Batson, Flink, Schoenrade, Fultz, & Pych, 1986), 동성애자 또는 공산주의자에 대한 편견처럼 교회에서 엄격하게 금하고 있지 않은 편견을 조사한(예: Herek, 1987; McFarland, 1989) 많은 연구들은 내재적 종교성이 편견의 증가와 연관된다는 점을 보여 주고 있다. 편견의 감소와 일관적으로 연관된 유일한 종교 지향성은 추구였다(Batson et al., 1993).

서로 다른 세 가지의 종교 지향성은 조력행동과 연관되는 방식 또한 각기 다르다. 구체적으로 외재적 종교성 척도에서 점수가 높더라도 남을 돕는 것과 관련이 없거나 조력행동의 감소와 연관되는 경우가 종종 있다. 내재적 종교성 측정도구에서 점수가 높은 경우, 조력행위가 나타나기는 하지만 그것은 도움을 구하는 사람이 처한 구체적인 상황에 역점을 둔 것이기보다 남을 돕는 사람으로 보이고자 하는 개인적 욕구에 부응하기 때문인 것으로 보인다. 반면에 추구척도에서의 높은 점수는 일반적으로는 조력의 증가와는 관련이 없지만 다른 사람의 욕구에 민감한 조력행위와는 관련이 있다(개관을 위해서는 Batson et al., 1993 참조). 조력행동과 편견의 관계를 조사하면서 Batson, Floyd, Meyer 및 Winner(1999)는 내재적 종교성 점수가 높은 사람들은 자신들이 제공하는 도움이 동성애를 증진시킬 가능성이 있든 없든 이성애자보다 동성애자를 덜 돕는 경향이 있다는 것을 발견하였다. 반면에 Batson, Eidelman, Highly 및 Russell(2001)은 추구 종교성 점수가 높은 사람들은 자신들이 제공하는 도움이 동성애 반대 행동을 증진시킬 가능성이 있는 경우에만 동성애 반대자들을 덜 돕는 경향이 있다는 것을 발견하였다. 이와 같은 방식으로 어떤 사람의 종교적 지향성을 아는 것은 그가 다른 사람을 도울 것인지의 여부와 돕는다면 어떤 사람을 도울 것인지를 예측하는 데 도움이 된다.

요약하자면, 종교적 지향성과 관련된 연구 결과들은 심리학의 어떤 영역과 관련해서는 중다적 종교 차원들을 서로 구분하는 것이 유용한 동시에 필요하기도 하다는 점을 보여 주고 있다. 실제로 지향성과 같은 제2수준 측정이 고려되지 않는다면 편견과 같은 심리학적 개념들과 종교성의 관계에 대해 잘못된 이해가 계속 이어질 것이다.

종교와 대처

사람들은 스트레스를 겪을 때, 특히 극심한 혼란과 위험에 직면했을 때 신을 찾곤 한다. 종교적 지향성에 여러 유형이 있듯이, 개인적인 생활 스트레스의 대처에 종교를 사용하는 방식도 다양하다. 편견과 같은 부정적인 개념과 종교 간의 연관이 상당 부분 종교적 지향성에 있어서의 개인차로 설명될 수 있듯이, 종교와 안녕감의 관계 역시 사람들이 대처를 위해 종교를 사용하는 방식을 조사함으로써 보다 분명해질 것이다.

보편적으로 대처에 도움이 되고자 종교가 존재하는 것은 아니라 하더라도, 특정 스트레스 상황에서 대처를 위해 종교에 귀의하는 사람들이 있다는 것은 분명한 사실이다(Pargament, 1997). 심리학자들은 문제에 대한 일반적인 종교적 대처 양식과 특정한 스트레스에 대한 특별한 종교적 대처 전략 모두를 평가하는 측정도구들을 개발해 왔다. Pargament 등(1988)은 다음과 같은 세 가지 유형의 문제해결 방식을 제시한 바 있다. (1) 문제해결을 위해 신과 능동적이고 관계적으로 상호 교류하는 협동적인 종교적 문제해결 양식(collaborative religious problem-solving style), (2) 스스로 해결할 수 없거나 그럴 의향이 없는 문제를 신에게 맡겨 버리는 의탁적인 종교적 문제해결 양식(deferring religious problem-solving style), (3) 신이 각자에게 자신의 삶을 이끌어 나갈 자유를 주었다는 믿음을 반영하는 자기 지시적인 양식(self-directing style)이 그것이다. 종교적 문제해결 척도(Religious Problem-Solving Scale; Pargament et al., 1988)는 이와 같은 세 가지 유형의 종교적 문제해결 양식을 각기 12개의 자기보고식 문항들로 평가하는 도구다(6문항짜리 단축형 역시 기술될 것이다). 이 척도의 각 하위척도들은 제1수준 종교성, 통제 소재, 종교적 지향성, 자존감 등을 측정하는 도구들과 이론적으로 기대되는 방식으로 상관되는 것으로 나타났다.

Pargament와 동료들은 구체적인 여러 가지 스트레스들에 대처하기 위해 사람들이 자신의 종교성을 어떤 방식으로 사용하는지를 포괄적으로 측정하는 도구 또한 개발했다. 이런 노력의 가장 최근의 결실로 종교적 대처 척도(RCOPE; Pargament, Koenig, & Perez, 1998)와 Brief RCOPE(Pargament, Smith, Koenig, & Perez, 1998)를 들 수 있다. RCOPE는 사람들이 21개의 종교적 대처 전략(예: 호의적인 종교적 재평가, 처벌적 신에 대한 재평가, 적극적인 종교적 승복, 수동적인 종교적 의탁, 영적 지지의 추구, 종교적 조력 등) 각각을 사용하는 정도를 평가하는 21개의 하위척도들로 구성된다. 연구 결과 이 하위척도들은 그 자체로도 유용한 듯이 보이지만 긍정적(적응적) 및 부정적(부적응적) 종교적 대처 전략으로 구성되는 2요인 구조로 단순화될 수 있다. Pargament 등(1998)은 두 개의 총체적인 종교적 대처 요인들을 평가하기 위하여 14문항짜리 Brief RCOPE를 개발하였다. 그들의 연구 결과에 따르면, 긍정적인 종교적 대처는 정신건강 및 신체건강과 정적으로 관련되고, 부정적인 종교적 대처는 정반대의 관련성을 지니는 것으로 나타났다. 좀 더 최근에 Pargament, Koenig, Tarakeshwar 및 Hahn(출판 중)은 부정적인 종교적 대처(종교적 투쟁(religious struggle)으로 재명명됨)는 의학적 질병을 가지고 있는 노인들의 사망과 관련된다는 점을 발견하였다. 이러한 종교적 대처 측정도구들은 특히 고전적인 스트레스 대처 개념 틀 내에서 건강과 안녕감에 관한 연구들에 다양하게 적용될 수 있을 것이다.

기도

기도는 종교생활의 가장 기본적인 측면 중의 하나다(Heiler, 1958; McCullough & Larson, 1999). 그런 만큼 제2수준 혹은 조작적 형태의 종교성으로서의 기도에 대한 연구는 사람들이 일상생활에서 '종교생활을 영위하는' 방식에 관한 독특한 통찰을 제공해 줄 수 있다. 기도의 형태와 양식이 매우 다양하다는 사실은 최근에 이르기까지 경험적 심리학 분야에서 거의 무시되어 왔다. 이는 부분적으로 기도의 이러한 다양한 측면들을 평가하는 자기보고식 측정도구의 부재에서 연유하는 것이다.

Poloma와 Pendleton(1989)은 중다 차원적 체험으로서 기도를 연구한 최고의 사회과학 연구자들 중의 하나다. 그들은 Heiler(1958)와 Pratt(1930)이 제시한 기도의 네 가지 유형인 묵상 기도(mediative prayer, 신에 관해 생각하거나 반성하는 것), 전례 기도(ritual prayer, 기도문을 읽거나 암송하는 것), 구어적 기도(colloquial prayer, 대화하듯이 신과 의사소통하는 것), 청원 기도(petitionary prayer, 신에게 자신 혹은 타인의 요구를 들어달라고 요청하는 것)를 평가하는 중다문항척도를 개발하였다. Poloma와 Pendleton은 기도가 강한 종교적 혹은 영적 체험을 불러일으키는 빈도를 평가하는 측정도구도 개발하였다. 이상의 다섯 가지 척도들은 적절한 내적 일치도를 가지고 있으며, 삶의 만족에 관한 몇 가지 다른 측정도구들과도 상관이 있는 것으로 밝혀졌다. Poloma와 Pendleton이 특정한 기도 유형과 삶의 만족 측정도구들 간의 관계에 관한 추론을 행하기에 앞서 기도 빈도를 묻는 단일 문항을 사용해서 제1수준 종교성을 통제했다는 점 또한 유의할 만하다.

몇몇 다른 연구자들 역시 기도 측정도구를 개발하였다. Luckow, McIntosh, Spilka 및 Ladd(2000)는 기존의 몇 가지 기도 유형 측정도구들에서 사용된 문항들을 요인분석하여 다음과 같은 일곱 가지 서로 다른 기도 유형을 확인할 수 있었다. 즉, 중보-감사(intercessory-thanksgiving), 전례(ritual), 물질 청원(material petition), 습관

(habit), 묵상 -자각(meditation-awareness), 고백-친밀(confession-closeness), 자기중심적 청원(egocentric petition)이다. 그리고 Laird, Snyder, Rapoff 및 Green(2001)은 경배(adoration), 고백(confession), 감사(thanksgiving), 탄원(supplication), 응접(reception)과 같은 사적인 기도 유형들을 구체적으로 확인하고 타당화하였다. 좀 더 다른 시각에서 Bade와 Cook(1997)은 사람들이 대처를 위해 기도를 사용하는 구체적인 방식을 평가하기 위해 기도의 기능적 측정도구를 개발하였다. 그들이 개발한 58문항짜리 체크리스트는 기도가 지니는 다음과 같은 네 가지 대처 기능들로 구성되어 있다. 즉, (1) 수용 제공, (2) 평정과 집중의 제공, (3) 유예와 회피, (4) 도움의 제공이다. Cook과 Bade(1998)는 이 척도들이 통제 소재, 종교적 문제해결 양식, 종교적 대처 전략의 사용 등과 유의미한 상관을 지닌다는 점을 밝혔다. 또한 Schoneman과 Harris(1999)는 기도의 일부 기능들은 불안과 정적으로 관련되는(대처를 유예 혹은 회피하기 위한 기도의 사용) 반면, 다른 일부 기능들은 불안과 부적으로 관련된다는(도움의 제공) 가설과 일치하는 상관관계 증거를 얻을 수 있었다.

기도를 측정하는 기존의 자기보고식 질문지들은 사람들이 사용하는 기도의 유형과 대처 노력의 일환으로 기도가 지니는 기능 모두를 평가하는 데 유용할 수 있다. 더불어 기도는—종교적 변인의 평가에 횡단적 질문지법 이외의 다른 대안들도 지적하고자 하는 우리들의 열망을 담아—다른 방법을 통해서도 측정될 수 있다는 점을 유의하는 것 또한 나름대로 가치 있는 일이다. 예를 들어, McKinney와 McKinney(1999)는 일기 기록법을 통해서도 기도의 사용을 평가할 수 있다는 점을 예증해 보이기도 했다. 기도에 대한 자기보고식 측정도구들과 더불어 이 같은 대안적 측정법들은 연구자들이 제2수준 변인들을 평가하는 데 도움을 줄 것이다.

결 론

Gorsuch(1984)는 거의 20년 전에 측정은 종교심리학의 은혜라고 지적한 바 있다. 이는 오늘날에도 마찬가지다. 넘쳐나는 척도들은 종교심리학자들뿐 아니라 종교성과 사람들 삶의 다른 측면들 간의 관계를 조사하는 데 관심을 둔 다른 심리학자들에게도 많은 이득을 제공하고 있다. 긍정심리학의 관점에서 보자면, 어떤 형태의 종교성은 예컨대 신체 및 정신 건강, 관용과 친사회적 행동의 증진, 긍정적인 인간관계 등과 유망한 연관성을 보인다는 것이 밝혀져 왔다. 사람들의 삶에 미치는 종교성의 긍정적인 잠재적 영향력과 종교성 및 영성의 전 세계적 확산을 감안할 때, 긍정심리학은 종교적 및 영성적 개념들을 자신의 조망하에 통합하는 것이 바람직해 보인다.

가용한 종교성 측정도구들이 너무 많다는 점은 종교심리학에 친숙하지 않은 연구자들에게는 하나의 도전이 될 수 있다. 우리들은 종교적 및 영성적 심리학 개념들을 두 수준의 위계적 구조로 분류하는 단순화 작업을 실시한 바 있다. 상위 수준에는 일반적인 종교성에 대한 성향적 측정도구들이 있는데, 이들은 종교적 관심과 지향 경향성에 있어서 사람들 간에 존재하는 폭넓은 개인차에 기초하여 종교성을 평가한다. 그리고 조직화의 하위 수준에는 종교성에 대한 조작적 측정도구들이 있는데, 이들은 종교의 특정 측면이 어떻게 기능하는지를 평가한다. 조작적 측정도구들의 예에는 종교적 지향성, 종교적 대처, 기도 등이 포함된다.

심리학자들이 측정하고자 하는 특정한 종교적 개념은 반드시 이론에 의해 도출된 것이어야 한다. 또한 제2수준 종교적 조작에 관심을 가지는 심리학자들은 제1수준 종교성을 동시에 평가해야 한다. 제1수준 측정도구를 사용하지 않을 경우, 조작적 변인들이 실제로는 일반적인 종교성에 의해 설명될 수 있는 효과임에도 불구하고 효과성을 지닌다는 잘못된 결론을 내리기가 쉽다.

우리들은 연구자와 실천가들이 종교적 개념을 단일 문항으로 측정하는 관행을 삼가하기를 권고한다(McCullough & Larson, 1999 참조). 기도 빈도, 종교 행사 참석, 자기 평정된 종교성 등에 대한 단일 문항 측정도구들은 안면타당도 측면에서는 그럴듯해 보일지라도, 심리학적 개념들에 대한 단일 문항 측정에 숙명처럼 수반되는 심리측정적 취약성 때문에 신뢰성은 극히 제한될 수밖에 없다. 단일 문항 측정도구의 내적 일치도가 .50이라고 가정할 때(너무 관대한 가정이긴 하다), 그러한 종교성 측정도구와 다른 개념 간의 연합 정도는 전집에 존재하는 이들 간의 진정한 관계에 비해 29%에 불과할 정도로 줄어든다(Hunter & Schmidt, 1990). 이 정도의 감소는 너무 높은 것이며, 종교적 개념에 대한 매우 신뢰성 있는 중다 문항 측정도구들이 얼마든지 가용하다는 점을 감안한다면 전혀 불필요한 손실인 셈이다.

이전에 다른 연구자들이 했던 것과 마찬가지로, 우리들은 연구자들이 종교성 및 영성에 대한 자기보고식 질문지법을 보완해 줄 대안적인 측정기법들을 사용할 것을 권고한다. 종교성과 많은 다른 개념들 간 관계의 상당 부분은 사회적으로 바람직하게 반응하려는 사람들의 경향성 때문일 수 있다. 따라서 어떤 경우에는 타당성이 제한될 수밖에 없다. 동료 보고, 면접, 행동측정 등을 포함하여 자기보고 질문지법의 기타 대안들을 사용함으로써 종교성과 영성에 대한 보다 풍부한 이해와 더불어 인간적 기능성의 다른 영역들과의 관계에 대해 보다 폭넓은 이해를 얻는 것이 가능해질 것이다.

참고문헌

Adorno, T. W., Frenkel-Brunswik, E., Levinson, D. J., & Sanford, R. N. (1950). *The authoritarian personality*. New York: Harper.

Allen, R. O., & Spilka, B. (1967). Committed and consensual religion: A specification of religion prejudice relationships. *Journal for the Scientific Study of Religion, 6*, 191-206.

Allport, G. W. (1937). *Personality: A psychological interpretation*. New York: Henry Holt.

Allport, G. W. (1950). *The individual and his religion: A psychological interpretation*. New York: Macmillan.

Allport, G. W., & Ross, J. M. (1967). Personal religious orientation and prejudice. *Journal of Personality and Social Psychology, 5,* 432-443.

Bade, M. B., & Cook, S. W. (1997, Aug.). *Functions and perceived effectiveness of prayer in the coping process*. Paper presented at the 1997 meeting of the American Psychological Association, Chicago.

Batson, C. D., Eidelman, S. H., Higley, S. L., & Russell, S. A. (2001). "And who is my neighbor?" II: Quest religion as a source of universal compassion. *Journal for the Scientific Study of Religion, 40*, 39-50.

Batson, C. D., Flink, C. H., Schoenrade, P. A., Fultz, J., & Pych, V. (1986). Religious orientation and overt versus covert racial prejudice. *Journal of Personality and Social Psychology, 50*, 175-181.

Batson, C. D., Floyd, R. B., Meyer, J. M., & Winner, A. L. (1999). "And who is my neighbor?" Intrinsic religion as a source of universal compassion. *Journal for the Scientific Study of Religion, 38*, 445-457.

Batson, C. D., Naifeh, S. J., & Pate, S. (1978). Social desirability, religious orientation, and racial prejudice. *Journal for the scientific Study of Religion, 17*, 31-41.

Batson, C. D., & Schoenrade, P. A. (1991a.). Measuring religion as quest: 1. Validity concerns. *Journal for the Scientific Study of Religion, 30,* 416–429.

Batson, C. D., & Schoenrade, P. A. (1991b). Measuring religion as quest: 2. Validity concerns. *Journal for the Scientific Study of Religion, 30,* 430–447.

Batson, C. D., Schoenrade, P. A., & Ventis, W. L. (1993). *Religion and the individual.* New York/Oxford: Oxford University Press.

Bertocci, P. A. (1958). *Religion as creative insecurity.* New York: Association Press.

Burris, C. T., & Tarpley, W. R. (1998). Religion as being: Preliminary validation of the Immanence scale. *Journal of Research in Personality, 32,* 55–79.

Cloninger, C. R., Svrakic, D. M., & Przybeck, T. R. (1993). A psychobiological model of temperament and character. *Archives of General Psychiatry, 50,* 975–990.

Cook, S. W., & Bade, M. K. (1998, Aug.). *Reliability and validity information for the prayer functions scale.* Paper presented at the 1998 meeting of the American Psychological Association, San Francisco.

Dittes, J. E. (1969). Psychology of religion. In G. Lindzey & E. Aronson (Eds.), *The handbook of social psychology* (Vol. 5, pp. 602–659). Reading, MA: Addison-Wesley.

D'Onofrio, B. M., Eaves, L. J., Murrelle, L., Maes, H. H., & Spilka, B. (1999). Understanding biological and social influences on religious affiliation, attitudes, and behaviors: A behavior genetic perspective. *Journal of Personality, 67,* 953–984.

Elkind, D. (1970). The origins of relation in the child. *Review of Religious Research, 12,* 35–42.

Ellis, A. (1960). There is no place for the concept of sin in psychotherapy. *Journal of Counseling Psychology, 7,* 188–192.

Freud, S. (1953). *The future of an illusion* (Trans. W. D. Robson-Scott). Garden City, NY: Doubleday Anchor Books. (Original published 1927).

Gorsuch, R. L. (1984). The boon and bane investigating religion. *American Psychologist, 39,* 228–236.

Hatch, R. L., Burg, M. A., Naberhaus, D. S., & Hellmich, L. K. (1998). The Spiritual Involvement and Beliefs scale: Development and testing of a new instrument. *The Journal of Family Practice, 46,* 476–486.

Heiler, F. (1958). Prayer (Trans. and Ed. S. McComb). New York: Galaxy Books/Oxford University Press. (Original published 1932)

Herek, G. M. (1987). Religious orientation and prejudice: A Comparison of racial and sexual attitudes. *Personality and Social Psychology Bulletin, 13,* 34–44.

Hill, P. C., & Hood, R. W., Jr. (Eds.) (1999). *Measures of religiosity.* Birmingham, AL: Religious Education Press.

Hill, P. C., Pargament, K. I., Hood, W., R. Jr., McCullough, M. E., Swyers, J. P. et al. (2000). Conceptualizing religion and spirituality: Points of communality, points of departure. *Journal for the Therapy of Social Behavior, 30,* 51–77.

Hoge, D. R. (1972). A validated intrinsic religious motivation scale. *Journal for the Scientific Study of Religion, 11,* 369-376.

Hood, R. W., Jr. (1975). The construction and preliminary validation of a measure of reported mystical experience. *Journal for the Scientific Study of Religion, 16,* 155-163.

Hunter, J. E., & Schmidt, F. L. (1990). *Methods of meta-analysis: Correcting error and bias in research findings.* Thousand Oaks, CA: Sage.

James, W. (1990). *The varieties of religious experience.* New York: Vintage Book/The Library of America. (Original published 1902)

John, O., & Srivastava, S. (1999). The Big Five Trait taxonomy: History, measurement, and theoretical perspectives. In L. A. Pervin & O. P. John (Eds.), *Handbook of personality: Theory and research* (2nd ed., pp. 102-138). New York: Guilford Press.

Johnson, P. E. (1959). *Psychology of religion* (Rev. ed.). New York: Abingdon.

Koenig, H. G., McCullough, M. E., & Larson, D. B. (2001). *Handbook of religion and health.* New York: Oxford University Press.

Laird, S. P., Snyder, C. R., Rapoff, M. A., & Green, S. (2001). *Measuring private prayer: The development and validation of the Multidimensional Prayer Inventory.* Unpublished manuscript, University of Kansas, Lawrence.

Luckow, A. E., McIntosh, D. N., Spilka, B., & Ladd, K. L. (2000, Feb.). *The multidimensionality of prayer.* Paper presented at the annual convention of the Society for Personalty and Social Psychology, Nashville, TN.

MacDonald, D. A., LeClair, L., Holland, C. J., Alter, A., & Friedman, H. L. (1995). A survey of measures of transpersonal constructs. *Journal of Transpersonal Psychology, 27,* 171-235.

McCullough, M. E., Hoyt, W. T., Larson, D. B., Koenig, H. G., & Thoresen, C. E. (2000). Religious involvement and mortality: A meta-analytic review. *Health Psychology, 19,* 211-222.

McCullough, M. E., & Larson, D. B. (1999). Religion and depression: A review of the literature. *Twin Research, 2,* 126-136.

McCullough, M. E., Worthington, E. L., Jr., Maxey, J., & Rachal, K. C. (1997). Gender in the context of supportive and challenging religious interventions. *Journal of Counseling Psychology, 44,* 80-88.

McFarland, S. G. (1989). Religious orientations and the targets of discrimination. *Journal for the Scientific Study of Religion, 28,* 324-336.

McKinney, J. P., & McKinney, K. G. (1999). Prayer in the lives of adolescents. *Journal of Adolescence, 22,* 279-290.

Myers, D. G., & Diener, E. (1995). Who is happy? *Psychological Science, 6,* 10-19.

Nisbett, R. E., & Wilson, T. D. (1977). Telling more than we can know: Verbal reports on mental processes. *Psychological Review, 84,* 231-259.

473

Paloutzian, R. F., & Ellison, C. W. (1982). Loneliness, spiritual well-being, and the quality of life. In L. Peplau & D. Perlman (Eds.), *Loneliness: A sourcebook of current theory, research and therapy* (pp. 224-237). New York: John Wiley.

Pargament, K. I. (1997). *The psychology of religion and coping: Theory, research, practice.* New York: Guilford Press.

Pargament, K. I., Ensing, D. S., Falgout, K., Olsen, H., Reily, B. et al. (1990). God help me: (I): Religious coping efforts as predictors of the outcomes to significant negative life events. *American Journal of Community Psychology, 18,* 793-824.

Pargament, K. I., Kennell, J., Hathaway, W., Grevengoed, N., Newman, J. et al. (1988). Religion and the problem-solving process: Three styles of coping. *Journal for the Scientific Study of Religion, 27,* 90-104.

Pargament, K. I., Koenig, H. G., & Perez, L. M. (1998, Aug.). *The many methods of religious coping: Development and initial validation of the RCOPE.* Paper presented at the annual meeting of the American Psychological Association, San Francisco.

Pargament, K. I., Koenig, H. G., Tarakeshwar, N., & Hahn, J. (in press). Religious struggle as a predictor of mortality among medically ill elderly patients: A two-year longitudinal study. *Archives of Family Medicine.*

Pargament, K. I., Smith, B. W., Koenig, H. G., & Perez, L. (1998). Patterns of positive and negative religious coping with major life stressors. *Journal for the Scientific Study of Religion, 37,* 710-724.

Piedmont, R. L. (1999). Does spirituality represent the sixth factor of personality? Spiritual transcendence and the Five-Factor Model. *Journal of Personality, 67,* 985-1013.

Plante, T. G., & Boccaccini, M. T. (1997). The Santa Clara Strength of Religious Faith Questionnarie. *Pastoral Psychology, 45,* 375-387.

Poloma, M. M., & Pendleton, B. F. (1989). Exploring types of prayer and quality of life: A research note. *Review of Religious Research, 31,* 46-53.

Pratt, J. B. (1930). *The religious consciousness.* New York: MacMillan.

Richards, D. G. (1991). The phenomenology and psychological correlates of verbal prayer. *Journal of Psychology and Theology, 19,* 354-363.

Rohrbaugh, J., & Jessor, R. (1975). Religiosity in youth: A personal control against deviant behavior. *Journal of Personality, 43,* 136-155.

Schoneman, S. W., & Harris, J. I. (1999, Aug.). *Preferred prayer styles and anxiety control.* Paper presented at the convention of the American Psychological Association, Boston.

Spilka, B., Stout, L., Minton, B., & Sizemore, D. (1977). Death and personal faith: A psychometric investigation. *Journal for the Scientific Study of Religion, 16,* 169-178.

Trimble, D. E. (1997). The Religious Orientation Scale: Review and meta-analysis of social desirability effects. *Educational and Psychological Measurement, 57,* 970–986.

Worthington, E. L., Jr., Hight, T. L., McCullough, M. E., Schmitt, M. M., Berry, J. T. et al. (1998). *The Religious Commitment Inventory -10: Development, refinement, and validation of a brief scale for counseling and research.* Unpublished manuscript, Virginia Commonwealth University, Richmond.

Zinnbauer, G. J., Pargament, K. I., Cole, B. C., Rye, M. S., Butter, E. M., et al. (1997). Religion and spirituality: Unfuzzying the fuzzy. *Journal for the Scientific Study of Religious, 36,* 549–564.

CHAPTER 23

도덕 판단 성숙성
임상적 및 표준적 측정도구들

　도덕 성숙성(moral maturity)은 개인과 사회 가릴 것 없이 긍정적인 인간적 삶의 필수적 측면이라 할 수 있다. 인간 발달에 있어서 도덕적으로 성숙한 사람은 올바른 일을 행하는 용기(이 책의 12장 참조)를 보유하고, 타인과 공감적 유대(이 책의 15~19장 참조)를 맺어 나갈 뿐 아니라 인생, 친애관계, 약속, 정직, 물질의 소유, 관례, 법률 등에 내재하는 인간관계 및 사회규범의 근본과 기초를 명확히 이해한다. 여기서의 '명확함'이란 본질적으로 도덕적인 것으로서, 외적 고려와 혼동되지 않는 심오한 분별력으로 이해될 수 있다. 더욱이 대부분의 연구자들은 도덕 판단 성숙성이 인지적인 정신적 협응과정으로 이해될 수 있고, 따라서 도덕성 발달에 대한 전통적인 동일시 혹은 내재화 개념과는 구별되는 '구성적' 성질을 지니는 것으로 간주한다(Gibbs, 출판 중; Schulman, 출판 중). 이 장에서는 도덕 판단 성숙성을 측정하는 도구들의 역사와 구성타당도에 초점을 맞출 것이다.

---

*John C. Gibbs, Karen S. Basinger, and Rebecca L. Grime

역사: 임상적 및 표준적 측정도구들

　도덕 판단 성숙성 측정도구들은 일반적으로 인지발달이론으로부터 나왔고, 임상적 면접에서 출발하여 좀 더 표준적인 측정도구로 발달해 나가는 양상이다. 인지발달 접근에 기초하여 도덕 판단 성숙성 도구를 개발해 온 연구자들은 도덕 성숙성이 기본적으로 범문화적이며 서로 구분되는 단계들을 따라 발달한다고 개념화해 왔다 (Gibbs, 1995, 출판 중).

Piaget: 임상적 방법

　Jean Piaget(1965/1932)는 James Mark Baldwin과 다른 이론가들의 이전 연구에 기초하여 자신의 고전적 저서인 『아동의 도덕발달(*The Moral Judgement of the Child*)』에서 인지발달이론이라고 알려진 새로운 이론을 창안했다. Piaget는 6~13세 아동들을 대상으로 한 탐색적 연구에서 아동들이 자신의 경험을 능동적으로 구성한다는 사실을 발견했다. 기본적인 연령 전형적 인지구조(age-typical cognitive structure)를 확인하기 위해, Piaget는 아동들에게 적절한 과제 자극(예: 친숙한 상황에서 아동 혹은 부모의 행위를 묘사하는 간단한 이야기 쌍들)을 제시하고 아동들에게 자신의 반응을 임상적 방법(methode clinique)을 사용해서 설명하도록 요구했다. 임상적 방법은 진단 혹은 치료 면접, 투사검사 그리고 "행동과학 분야의 예비 연구에서 종종 사용되는 비공식적 탐구방법"(Flavell, 1963: 28)과 유사한 방법을 말한다. 훈련된 임상적 면접자는 "사전 관념들에 의한 체계화와 지시적 가설의 부재에 따른 비체계성의 중간자적 입장"(Piaget, 1973/1929: 20)을 견지해 나간다.

　이러한 탐색적 면접을 통해 Piaget(1965/1932)는 아동들의 도덕 판단은 일반적으로 피상적 혹은 구체적 인상들에서 도덕적 결정과 가치의 기초를 더 깊이 이해하는 방향으로 발달해 나간다는 것을 발견할 수 있었다. 그의 면접법은 절도, 거짓말, 보복적 정의, '내재적'(자연적으로 생성된) 정의, 분배적 정의, 상호성, 권위 등의 도덕 영역들까지 확대 적용되었다. 예를 들어, 절도 영역에서 그는 아동들에게 문제가 될 수 있는 행위를 담은 이야기 쌍들을 제시하고, 각 이야기 쌍에서 어느 이야기가 '더 잘못된' 행위를 묘사하며 왜 그런지를 물었다. 그 예로 하나의 이야기 쌍에서 하나의 이야기는 식사를 하러 오는 중에 15개의 컵을 깨뜨리는 주인공을 묘사하고, 다른 이야기는 컵 진열대에서 컵 1개를 훔쳐 빼내오려다 그것을 깨뜨리는 주인공을 묘사한다. 나이 어린(6~7세) 아동들은 너무 많은 컵들이 깨졌다는 '외형적, 현실적' 결과에 인상을 받아, 주인공이 올바르지 못한 의도를 가진 아동이 아니었음에도 전자의 아동이 더 나쁘다고 판단했다.

Piaget의 연구 설계는 의도성 변인과 손상 정도 변인이 혼입되었다는 점에서 후속 연구들의 비판을 받았다(예: Miller, 1998). 하지만 공평하게 말해서 '혼입'은 꽤 계획 적인 것이었다. Piaget의 목적은 어린 아동들이 의도를 이해하는지를 조사하는 것이 아니었다(그의 연구는 아동들이 실제로 의도를 이해한다는 점을 밝혔다). 대신 각기 다른 연령의 아동들이 의도를 외적 결과와 조화시키는지, 그렇게 한다면 어떻게 그렇게 하 는지를 알아보는 데 있었다. 이러한 목적을 감안한다면 Piaget가 행한 이러한 변인들 의 병렬적 배치는 아동들이 피상적(구체적, 외형적, 현실적) 도덕 판단에 취약하다는 점을 밝히는 데 적절했을 뿐만 아니라 성공적이기도 했던 것이다.

Damon과 Enright: 분배적 정의

Piaget의 혁신적 연구 이후, 많은 인지발달 이론가들(예: 이 장의 후반부에서 논의될 Kohlberg)은 폭넓은 의미의 도덕성 발달뿐 아니라 도덕 판단의 발달 및 성숙과 관련 된 특별한 영역들에서 아동의 개념적 발달을 연구하는 데 임상적 방법을 사용해 왔 다. 여기에는 Piaget(1965/1932)가 연구했던 영역들뿐 아니라 우정(Selman, 1980; Youniss, 1980), 인간관계 협상 전략(Selman & Schultz, 1990), 친사회적 행동 혹은 이 타주의(Eisenberg, 1982; 이 책의 17장 참조), 사회 혹은 사회적 제도(Adelson, Green, & O' Neil, 1969; Furth, 1980) 등의 영역들이 포함된다. 분배적 정의(즉, 물자의 공평한 분 배)는 Piaget가 애초부터 연구했던 분야들 중의 하나였다. William Damon(1977)은 분배적 정의를 좀 더 광범위하게 연구했는데, 그는 가설적인 분배적 정의뿐 아니라 실생활과 관련된 아동들의 분배적 정의 판단을 조사하는 데에도 임상적 면접을 적용 했다.

도덕성 발달의 분배적 정의 영역에서는 임상적 면접에서 한 걸음 더 나아가 좀 더 표준적인 도구를 사용하는 방향으로 측정기법이 발달해 나갔다(Enright, Franklin, & Manheim, 1980). 여기에서 임상적 면접은 다음과 같은 방식으로 진행되었다.

일단 아동이 어떤 결정을 내리게 되면, 새로운 가능성에 직면했을 때에도 아동이 원래 가졌던 자신의 믿음을 계속 고수하는지를 알아보기 위해 다른 대안들이 제시된다. …… 면접자는 사실상 아동이 현재 가지고 있는 분배적 신념과 면접자가 제시하는 대안으로 구성된 일종의 문항 쌍 검사(paired-item test)를 행하는 셈이다. 면접은 고정된 형식을 따르지 않기 때문에 각 단계에서 가능한 모든 대안들이 특정 아동에게 모두 제시되는 것은 아니다(p. 194).

임상적 면접을 잘만 사용한다면 면접 아동들을 발달적으로 비교하는 것도 가능해진다(Damon, 1977). 하지만 Robert Enright와 동료들(1980)에 의하면 문항 쌍 절차를 고정된 형식으로 체계적으로 사용할 경우 평가의 표준화는 더욱더 향상될 수 있다. 이에 따라 Enright 등은 참가자들에게 가능한 모든 비교 쌍들을 제시하는 분배 정의 척도(DJS: Distributive Justice Scale)를 개발했다. DJS는 참가자들을 서로 비교할 수 있게 해 줄 뿐 아니라 '객관적' 혹은 비추론적 채점을 가능케 한다는 이점을 지닌다. DJS는 참가자들이 자신이 어떤 문항을 선호하는지를 평가하기만 하면 된다는 점에서 일종의 '평가(evaluation)' (평정, 재인, 객관적) 측정도구로 일컬어질 수 있다. 평가 측정도구는 참가자들이 자신의 선택이나 평가의 이유, 근거를 제시해야 하는 Piaget와 Damon이 사용했던 것과 같은 '산출(production)' 측정도구들과는 구분된다.

DJS는 기본적으로 두 개의 분배 정의 딜레마 이야기(그림 형태로 제시됨)로 구성되며, 반응자의 단계 수준을 평가하기 위해 제시되는 두 이야기 중에서 하나를 선택하게 하는 표준적인 강제 선택 절차가 사용된다. 하나의 이야기는 여름 캠프에서 그림을 그린 아동들을 묘사한다. 아동들은 그림을 팔아서 여러 개의 5센트짜리 동전을 벌수 있었다. 아동들은 각자 동전들 중 얼마를 가져야 하는가? 각기 하나씩의 가능한 분배방식을 담은 그림들에는 네 아동들 — 덩치 큰 아동, 불쌍한 아동, 그림들을 거의 모두 가진 아동, 단순히 더 많은 동전을 갖기를 원하는 아동 — 이 묘사되어 있다. 예를 들어, 미성숙 단계에 해당하는 그림은 단순히 더 많은 동전을 갖기를 원하는 아동이 대부분의 동전을 가지는 것을 묘사한다. 이보다 좀 더 높은 수준에 해당하는 그림은 모든 아동들이 동전을 똑같이 나눠 갖는 것을 묘사한다. 그리고 좀 더 성숙한 수준의 그림은 타협적 분배(compromise distribution, 더 많이 기여한 동시에 동전이 더 필요한 아동에게 더 많은 동전이 분배되는 것)를 묘사한다. DJS는 각 단계의 그림이 모든 다른 단계의 그림들과 비교된다는 점에서 소진적(exhaustive)이다.

〈표 23-1〉 도덕 판단 측정도구들의 유형 및 특징

측정도구의 유형 및 명칭	대상 연령 (세)	문항 수	실시시간(분)	내적 신뢰도	구성타당도
산출(production)					
Moral Judgement Interview (MJI) (Colby & Kohlberg, 1987)	10~100	15~33 (A형)	30~60	.92~.96	강함
Sociomoral Reflection Measure-Short Form (SRM-SF) (Gibbs et al., 1992)	9~100	11	20	.92	탁월
평가(evaluation)					
Distribution Justice Scale (DJS) (Enright et al., 1980)	5~11	20	12~15	.61~.77	탁월
Defining Issues Test (DIT) (Rest et al., 1999)	15~100	72	50	.76~.78 (P지수)	강함
Sociomoral Reflection Objective Measure (SROM) (Gibbs et al., 1984)	14~100	16	45	.77~.87	일부 지지됨
Sociomoral Reflection Objective Measure-Short Form (SROM-SF) (Basinger & Gibbs, 1987)	16~100	12	20	.77~.75	일부 지지됨

〈표 23-1〉에 DJS의 특징들이 다른 측정도구들의 심리측정적 속성들과 더불어 요약되어 있다. 특히, 주목할 만한 것은 DJS가 지닌 구성타당도면에서의 강점이다. DJS는 언어적 능력보다는 연령과 더 큰 정적인 상관을 보이고, 논리적 상호성(대화) 판단과 정적인 상관을 지니며, 비서구 문화권에서도 유사한 연령 경향성을 나타낸다는 점에서 양호한 변별타당도를 지니고 있다(Enright et al., 1980). DJS 성숙성은 사회계층 및 인기에 대한 행동 측정도구와도 상관을 지닌다(Lapsley, 1996 참조).

Kohlberg: 도덕 판단 면접법

Damon과 Enright 그리고 다른 연구자들의 분배 정의 연구는 평가방식이 Piaget의 임상적 방법에서 표준적인 도구의 사용으로 발전해 갔음을 잘 보여 준다. 분배 정의

481

연구가 나름대로 일정한 영향력을 가진 것은 사실이다. 하지만 현재까지 Piaget의 개척적 연구에서 비롯된 가장 영향력 있는 방법론적 및 이론적 발전은 Lawrence Kohlberg(1958)에 의해 주도되었다. Kohlberg(1984)는 Piaget의 임상적 면접법뿐 아니라 도덕 판단에 대한 Piaget의 비교적 폭넓은 조망 역시 그대로 유지했다. 실제로 그는 도덕단계가 도덕 가치 영역을 초월하는 것으로 기술하였다. 그러나 면접 자극과 관련해서 Kohlberg는 Piaget의 이야기 쌍을 딜레마로 대치했는데, 여기서 참가자들은 각 딜레마가 제시된 후 주인공이 어떻게 행동해야 하고 왜 그래야 하는지를 묻는 질문에 답해야 한다. 이렇게 하여 도덕 판단 면접법(MJI: Moral Judgement Interview)이라 불리는 도구가 개발되었다. Kohlberg의 MJI 채점체계는 수정을 거듭하여 최종적으로 Standard Issue Scoring이라 불리는 고정된 형식을 취하게 되었다(Colby et al., 1987). 이와 관련하여 Colby와 Kohlberg(1987)는 다음과 같이 기술하였다.

> Standard Issue Moral Judgement Interview는 세 개의 유사한 형태들로 구성된다. 각 형태 내에는 세 개의 가설적인 도덕적 딜레마가 담겨져 있는데…… 각 딜레마마다 핵심적인 가치 갈등을 나타내는 것으로 선택된 두 개의 도덕적 이슈들에 초점이 맞춰진다. 예를 들어, 널리 알려진 Heinz 딜레마("Heinz는 죽어가는 아내를 구하기 위해 약을 처방해 줄 수 있는 유일한 의사가 자신이 지불할 수 없는 높은 가격에 약을 제공한다고 했을 때 약을 훔쳐야 하는가?")는 Standard Scoring에서 생명 보전 가치와 법 준수 가치 사이의 갈등을 나타낸다(p. 41).

참가자들은 가설적인 딜레마에서 자신이 내린 도덕적 결정을 정당화하는 것 외에도, 딜레마마다 '미리 정해진'(p. 41) 이슈 혹은 가치들을 평가하고 정당화하라는 요구를 받게 된다. 따라서 Heinz 딜레마에서 참가자들은 생명을 구하는 것과 법을 따르는 것의 중요성에 대해 각각 그 이유를 제시해야 한다. 이러한 도덕적 평가 질문들에 대한 답으로 참가자들이 제시하는 정당화에 대해 채점이 행해지며, 이에 따라 그 대답이 어느 단계에 해당되는지가 결정된다(Gibbs, Basinger, & Fuller, 1992).

Standard Issue MJI는 절반의 성공을 거두었다(〈표 23-1〉 참조). 한편으로 이 도구는 양호한 검사-재검사 및 평정자 간 신뢰도를 지니며 이론적인 구성타당도 또한 양호한 편이다(하지만 구성타당도 결과들에는 어느 정도 논란의 여지가 있다. 이 장의 후반부에 소개될 논의 참조; Colby, Kohlberg, Gibbs, & Lieberman, 1983). 다른 한편으로

Standard Issue 채점체계는 너무 복잡해서 Miller(1998)는 "이 도구는 심리학 문헌에서 가장 복잡한 채점체계 중의 하나다."(p. 235)라고 말하기도 했다. 양호한 평정자 간 신뢰도가 불가능한 것은 아니지만, 그렇게 되기 위해서는 광범위한 훈련이 필요하다. 더욱이 MJI를 적절하게 사용하기 위해서는(특히 보다 나이 어린 아동들에 대해) 시간이 매우 오래 걸리는 개인 면접과정을 거쳐야 한다.

MJI에 대한 산출 및 평가 대안들

MJI에 대한 두 가지 주요 대안들—하나는 산출 측정도구이고, 다른 하나는 평가 측정도구—은 도덕 판단 성숙성을 측정하는 표준적인 방법의 발달에 또 다른 기여를 했다(Miller, 1998: 235). 이 두 개의 도구들은 모두 MJI보다는 덜 복잡하다.

Sociomoral Reflection Measure-Short Form

Sociomoral Reflection Measure-Short Form(SRM-SF; Gibbs et al., 1992)은 일종의 산출 측정도구다. MJI처럼 SRM-SF는 도덕 영역(생명, 법, 친애, 계약 등)을 대표하는 도덕 가치들에 대한 추리를 이끌어 낸다. MJI가 이러한 추리를 이끌어 내기 위해 도덕적 딜레마를 사용한 반면, SRM-SF는 11개의 짧은 도입 진술문들(예: "당신의 친구가 도움을 바라는데 그는 잘못될 경우 죽을 수도 있습니다. 그 친구를 구할 수 있는 유일한 사람이 당신이라고 가정해 봅시다." 혹은 "친구와 어떤 약속을 했던 때를 생각해 보십시오.")을 사용한다. 도입 진술문들에 이어 평가 질문들(예: "(자신의 목숨을 잃지 않고) 친구의 목숨을 구하는 것이 얼마나 중요합니까? 다음 중 한 가지에 동그라미를 치십시오: 매우 중요하다/중요하다/중요하지 않다.")이 행해진다. SRM-SF는 이 도구에 의해 평가되는 모든 도덕 가치들에 대해 이러한 평가 질문들을 사용한다(MJI에서는 도덕 가치들 중의 일부에 대해서만 평가 질문들이 행해진다). SRM-SF는 딜레마를 사용하지 않음으로써 훨씬 더 간결한 형식을 띨 수 있게 되었고, 방법론적 비판을 미연에 방지할 수 있게 되었다(예: Boyes & Walker, 1988).

SRM-SF는 심리측정적 속성이 매우 뛰어나고 몇 가지 실제적인 이점 또한 지니고 있다. 그리고 SRM-SF는 수용할 만한 수준의 신뢰도(평정자간, 검사-재검사 및 내적 일치도)와 타당도(규준 관련, 구성)를 지니고 있다. 예를 들어, SRM-SF는 MJI와 양호한 공존타당도를 지니며(Basinger, Gibbs, & Fuller, 1995), 이탈리아(Gielen, Comunian, &

483

Antoni, 1994), 북아일랜드(Ferguson, McLernon, & Cairns, 1994), 스웨텐(Gibbs, Widaman, & Colby, 1982의 이전의 연장형 사용; Nilsson, Crafoord, Hedengren, & Ekehammar, 1991) 등의 표본에서 서로 비견되는 연령 경향성을 지니는 것으로 나타났다. 이 도구는 사회적 조망 수용(Mason & Gibbs, 1993a, 1993b)과 친사회적 행동(Comunian & Gielen, 1995, 2000)과 같은 이론적으로 유관한 변인들과 상관을 보이지만, 사회적 바람직성과는 그렇지 않은 것으로 나타났다(Basinger et al., 1995). 비행을 저지른 표본이 도덕 판단면에서 발달적 지체를 보인다는 것이 확인됨으로써, 이 도구는 변별타당도 역시 지니는 것으로 나타났다(예: Barriga, Morrison, Liau, & Gibbs, 출판 중; Gavaghan, Arnold, & Gibbs, 1983; Gregg, Gibbs, & Basinger, 1994). SRM-SF는 MJI에 비해 집단 실시가 가능하고, 실시시간이 덜 걸리며(〈표 23-1〉참조), 추론적 채점시간 또한 덜 들고(MJI의 경우 축어록을 채점하는 데 30~60분이 걸리는 반면, SRM-SF의 경우는 25~30분 정도 소요됨), 적절한 자가훈련 자료를 수록하고 있다. SRM-SF를 사용한 연구들을 개관한 Laura Berk(2000)는 "도덕 판단은 딜레마를 사용하지 않고도 측정할 수 있는 것으로 보인다. 이는 도덕성 발달 연구를 수행하는 데 편리함을 제공해 주는 것 같다."(p. 492)라고 결론 내렸다.

Defining Issues Test MJI에 대한 다른 주요 대안은 Defining Issues Test(DIT; Rest, 1979; Rest, Narvaez, Bebeau, & Thoma, 1999)라는 평가 측정도구다. DIT는 MJI처럼 도덕 판단을 이끌어 내기 위해 도덕 딜레마를 사용한다. DIT는 참가자들에게 단계마다 의미 있는 도덕 추리(초기 MJI 채점 매뉴얼로부터 도출된) 진술문들의 중요성을 6개의 도덕 딜레마의 맥락에서 평가(평정 및 순위 매기기)하도록 요구한다. 예를 들어, Heinz 딜레마[1]와 관련하여 참가자들은 "훔친다는 것은 아내를 너무나도 염려하고 사랑하는 남편 입장에서는 너무 자연스럽지 않은가요?"(제3단계 도덕 판단을 나타냄)와 같은 도덕 추리 호소문들의 중요성을 평가하게 된다. 이러한 평가를 통해 참가자들이 딜레마의 가장 적절한 혹은 결정적인 것으로 보는 도덕 판단 '이슈들'이 무엇인지를 확인해 낼 수 있다(이런 이유로 'Defining Issues Test'라는 이름이 붙여지게 되었다). 평가 패턴을 달리하게 되면 각 수행들을 발달적으로 구분하는 것이 가능해진다. 보다 높은 단계의 진술문들을 '가장 중요한' 것으로 평가하는 참가자는 아

---

1) Hienz 딜레마는 준비 중인 새로운 간편 및 단축형 DIT에는 포함되지 않는다(Rest et al., 1999: 8).

마도 가장 고차적인 평가를 보다 낮은 단계의 진술문들로 귀속시키는 참가자보다 도덕 판단 성숙성이 더 높다고 할 수 있다.

DIT는 일반적으로 MJI에 비해 '강한 심리측정적 속성'과 실제적 이점들을 지닌다 (Lapsley, 1996: 100). DIT의 MJI와의 공존타당도는 .60～.70대에 이른다. DIT는 집단 실시가 가능하고, 실시시간이 덜 들며, 객관적 혹은 비추론적 채점이 가능하다. 이 도구의 검사-재검사 신뢰도 및 내적 일치도는 양호한 편이다. 이 도구는 도덕 판단상의 종단적 발달을 탐지해 낼 수 있으며, 코호트(cohort) 혹은 세대 효과에 오염되지 않고, IQ 및 성격 속성, 사회적 태도 그리고 다른 인지발달 개념들에 대한 양호한 변별타당도 또한 지니고 있다(Rest, 1979; Rest et al., 1999 참조). 반면 DIT는 아동이나 비행 청소년과 같이 제한된 읽기 능력을 가진 참가자 집단에 대해서는 사용이 제한된다 (Gibbs et al., 1992). Sociomoral Reflection Objective Measure(SROM)와 Sociomoral Reflection Objective Measure-Short Form(SROM-SF)과 같은 다른 평가 측정도구들(Basinger & Gibbs, 1987; Gibbs et al., 1984; Lind, 1986 참조)도 어떤 측면에서는 DIT보다는 덜 복잡하지만 나이가 어리거나 읽고 쓰는 능력이 충분치 않은 참가자들에게는 사용이 제한된다.

구성타당도 이슈들

이미 언급되었다시피, 도덕 판단 성숙성을 평가하는 대부분의 연구들은 인지발달 이론으로부터 나온 것이다. Colby와 Kohlberg(1987)는 구성타당도 이슈들은 주어진 측정도구가 인지발달이론에서 행해지는 예언 혹은 기대와 '일치'하거나 그에 부합하는 자료를 산출하는지에 의거해서 검토되어야 한다고 주장한 바 있다. 이에 인지발달 접근에 기초한 대부분의 연구자들은 이러한 주장을 충실히 따라왔다. 도덕 판단에 있어서의 기본적인 연령 추세는 "불변적 발달(단계) 순서를 통과하는 체제"(p. 69)로 가장 잘 개념화된다는 주장에 내재된 두 가지 주요 이론적 기대들은 단계 일치성(stage consistency)과 불변적 순서(invariant sequence)다(Miller, 1998 참조). 이러한 기대를 지지하는 연구들을 평가해 보건대, 이 연구들이 적절한 연구방법을 사용하고 있는지 조사해 볼 필요가 있다.

485

단계 일치성

단계 일치성 기대는 "만일 아동들이 특정한 단계에 '속해' 있다고 말하는 것이 맞다면, 그들의 추리 역시 일치되게 그 단계에 속해야 한다."(Miller, 1998: 236)는 인지발달 접근으로부터 나온 것이다. 분배 정의와 같은 비교적 세부 영역에 대한 인지발달 단계 연구는 실제로 적절한 단계 일치성을 보이는 것으로 여겨진다. Enright 등 (1980)은 단계별 내적 일치성이 평균 .60대(전반적인 내적 일치성의 경우는 .60~.70대에 이름; 〈표 23-1〉 참조)에 이르지만, 이행적 미성숙 단계(transitional immature stage)의 경우에는 단지 .35에 불과하다는 것을 발견했다. Damon(1977)은 분배 정의 단계와 그에 관련된 다른 사회 인지적 개념들 간에 유사한 평균 상관이 있음을 발견하였다.

좀 더 폭넓게 정의된 도덕 판단의 내적 일치성은 좀 더 큰 문제를 안고 있다. 이와 관련하여 Lapsley(1996: 95-97)는 다음과 같이 지적하였다.

> Standard Issue Scoring 규칙이 단계 이질성이 보고되지 않거나 과소 추정되고, 따라서 단계 일치성이 과대 추정되는 결과를 불러일으켜 단계반응을 동질화한다는 비판이 일고 있다. ……각 딜레마들 내에서 단계 변동이, 그리고 각 딜레마들에 걸쳐서 단계 비일치성이 존재한다는 분명한 증거가 ……있다. ……이는 도덕구조가 꽤 유동적이며, 성인들은 딜레마의 유형에 따라 몇 가지 단계구조들에 기초해서 도덕 판단을 내린다는 것을 나타낸다.

이 같은 결론은 도덕 판단 단계에 대한 Piaget(1932/1965)의 관점과 일치하는 것이다. Piaget는 단일한 면접과정에서조차 단계 사용상의 융통성이 존재한다고 말한 바 있다(pp. 125-126).

단계들이 표준적인 연속적 순서대로 발생해야 한다(불변적 순서)는 구성타당도 기대를 평가한 일부 종단적 연구들 역시 논란에 휩싸여 있다. 단계 일치성과 불변적 순서 이슈들은 서로 연관되어 있다. Piaget는 주로 단계 사용상의 불변성 때문에 미성숙한 도덕 판단과 성숙한 도덕 판단이 서로 "구분"(p. 124)되기도 하지만, "단계들"(p. 126)이 아니라 부분적으로 서로 중첩하는 "국면들(phases)"(p. 317)로 이해되어야 한다고 제안하였다. 마찬가지로, Damon은 분배 정의(그리고 성인 권위의 개념) 발달에 대한 2년간의 종단연구에 기초하여 "사회 인지 단계들은 아동기에 걸쳐서 잇달아 나타나는 다양한 사회적 추리 패턴들 간에 중요한 질적 차이가 있음을 나타내고 있지만, 실제적인 매일의 발달은 점진적이고 복합적이며 종종 비균일적이기도 하다."(Damon, 1980: 1017)고 결론 내렸다.

Damon의 종단연구와는 대조적으로, Kohlberg의 종단적 도덕 판단 연구는 3~4년 마다의 주기적인 평가를 포함하여 20년 이상 지속되었다. 결과는 주로 불변적인 점진 적 순서에 대한 기대와 일치하는 것으로 나타났다(단계 건너뛰기가 없고, 무시해도 좋을 만한 단계 퇴행 등; Colby et al., 1983 참조; Boom, Brugman, & van der Heijden, 2001 비 교; Walker, 1989 비교). 하지만 이에 대해 Miller(1998)는 다음과 같이 경고했다.

초기 종단적 자료에서 나타났던 뚜렷한 퇴행들이 채점체계를 개정하게 된 한 가지 근거로 작용했다는 점이 주목되어야 한다. 즉, 미성숙해 보이는 반응을 보다 높은 수준 에 귀속시키는 채점방식을 변화시킴으로써 퇴행이 제거될 수 있었던 것이다. 이러한 접근은 나름대로의 논거를 갖춘 것이긴 하지만(Colby et al., 1983), 회의론자의 마음 에는 비변동적 순서 주장이 경험적으로 얼마나 검증 가능한 것인지에 대해 의문을 불 러일으키기에 충분하다(Miller, 1998: 236-237).

전반적으로 도덕 판단 단계 성숙성에 대한 인지발달 측정도구들의 구성타당도는 단계 일치성과 비변동적 순서에 대한 Kohlberg의 강한 주장과 관련된 문제를 안고 있지만, 도덕 판단 발달에 대한 Piaget의 원래의 중첩국면 모형(overlapping-phases model)을 채택한다면 꽤 양호한 것으로 볼 수 있다. Piaget의 모형은 도덕 판단 단계 발달의 본질에 대한 좀 더 최근의 수정주의자들의 해석과는 차이가 난다(예: Damon, 1980; Fischer, 1983). 공평하게 말해서, Colby 등(1983)은 단계발달의 중첩 '곡선' 과 관련해 "이전 단계가 쇠퇴하면 다음 단계가 등장하는 식으로 피험자들은 항상 한 단 계에서 다음 단계로 이동하는 듯이 보인다."(p. 49)라고 묘사하였다.

도덕 영역

또 다른 구성타당도 이슈는 도덕 판단에 대한 Kohlberg의 인지발달 측정도구들이 도덕성 영역을 제대로 대표하는지 여부다. Elliott Turiel(1998)은 Kohlberg 모형에서 의 도덕성은 사회 관습적 지식과 혼입되어 있으며, 따라서 엄격한 의미의 정의에 초 점을 맞추는 것으로 재개념화되어야 한다고 주장했다. 대조적으로 Carol Gilligan (1982; Gilligan & Attanuci, 1988)은 Kohlberg의 모형은 도덕성에 있어서의 여성주의적 '목소리'와 연합된 보살핌 관련 관심사들(care-related concerns)을 포함하는 것으로 확장될 필요가 있다고 주장하였다. Turiel의 연구에 대해 Colby와 Kohlberg(1987)는 도덕성과 사회적 관습은 결국에는 "완전히 독립적"(p. 15)일 수는 없는 문제라고 주장하였고, Gilligan의 연구에 대해서는 정의에 대한 자신들의 개념화에는 "보살핌에 관한 많은 혹은 대부분의 관심사들"(p. 24)이 포함되어 있다고 지적하였다. 요인분석적 연구 결과들은 Kohlberg의 산출 측정도구들에서 정의되고 표집된 도덕 영역이 단일 요인을 지닌다는 점을 밝힘으로써 Colby와 Kohlberg의 방어에 지지를 보내고 있다(Basinger et al., 1995; Colby et al., 1983). Colby와 Kohlberg의 도덕 영역 내에서 여성 참가자들은 비록 단계평가에서 편파적으로 더 낮게 채점되지는 않았지만 더 많은 보살핌 관련 호소를 한 것은 사실이었다(Garmon, Basinger, Gregg, & Gibbs; Walker, 1995 비교).

영역 이슈를 다룬 문헌들은 도덕 판단 성숙성에 대한 새로운 표준적인 측정도구를 제시하지는 못했다. Turiel(1998)은 도덕 영역에서의 판단발달에 대한 자신의 생각을 설명하면서, 주로 분배 정의(앞서 기술한 DJS)에 관해 언급했다. Gilligan(1982; Gilligan & Belenky, 1980)은 면접 자료에 기초해 '여성주의적 윤리'와 관련하여 세 가지 폭넓은 수준들을 가정했다. 그렇지만 이와 같은 유형론의 심리측정적 위상은 "그러한 수준들을 평가하기 위해 개발된 채점체계가 아직 없고, 그 수준들이 좀 더 최근에 제시된 이론에서는 더 이상 거론되지 않는다는 점 때문에 불분명하다"(Walker, 1995: 86).

결 론

도덕 판단 성숙성을 측정하기 위해 많은 도구들이 개발되었다. 이 도구들은 임상적 혹은 표준적, 영역 특정적(주로 분배 정의) 혹은 광역적, 산출적 혹은 평가적과 같은 다양한 방식으로 분류될 수 있다. 예를 들어, DJS는 영역 특정적, 평가적, 표준화 도구로 분류되는 반면, MJI는 광역적, 산출적 도구이자 임상적 도구에서 표준적 도구(Standard Issue Scoring)로 발달해 나가는 과정에 있다. SRM-SF와 DIT(SROM과 SROM-SF도 마찬가지) 역시 광역적, 표준적 도구이긴 하지만, 전자는 산출반응에 초점을 맞추는 반면에 후자는 평가반응에 초점을 맞춘다.

　이러한 도구들은 외적인 고려들과는 구분되는 심오한 도덕적 이해, 즉 본질적으로 무엇이 도덕적인지에 대한 이해로서의 도덕 판단 성숙성에 대한 인지발달적 관점을 공유한다. 외적인 고려란 인상적인 결과나 강력한 권위적 인물(Piaget의 임상적 평가방법에서처럼), 실용적 혹은 자아 중심적 기준(Damon의 평가 연구, Enright 등의 DJS 혹은 Gibbs 등의 SRM-SF), 집단의 사회적 관습(Kohlberg의 MJI, Rest 등의 DIT 혹은 Gibbs 등의 SRM-SF에서의 '도덕 유형 B' 혹은 '도덕적 이상(moral ideality)') 등을 포함하는 두드러진 상황적 특징들을 말한다. 일부 측정도구들은 특정 연령대에 초점이 맞춰져 있다. DJS는 아동기의 도덕 판단 발달의 평가에 적합한 반면, DIT는 성인들의 도덕 판단 성숙성을 평가한다. SRM-SF는 대상 연령층이 가장 폭넓은데, 후기 아동기에서 청소년기 및 성인기의 연령층에 두루 적합하다. 도덕 판단 성숙성 측정도구들은 도덕적 정체성(Barriga et al., 출판 중), 도덕적 용기(Gibbs et al., 1986; 이 책의 12장 참조), 공감 혹은 관련된 사회적 변인들(이 책의 12～21장 참조)과 같은 긍정적 도덕 기능성에 대한 다른 측정도구들과 함께 사용되어야 한다. 달리 말하자면, 도덕적 모범에 대한 Ann Colby와 William Damon(1992)의 연구에서처럼 연구자들은 긍정적인 개인 및 사회생활이라는 좀 더 큰 맥락에서 도덕 판단 성숙성을 연구하고 평가해야 한다는 것이다.

부 **23.I** 록

SRM-SF

1. 당신이 친구와 어떤 약속을 했을 때를 생각해 보십시오. 특별한 다른 사정이 없는 경우, 사람들이 친구와의 약속을 지키는 것은 얼마나 중요합니까? 아래 중 하나에 동그라미를 치십시오.

매우 중요하다   중요하다   중요하지 않다

하나의 응답을 고른 경우, 왜 그 응답을 골랐는지 그 이유를 적어 주십시오.
(이런 응답 형식은 나머지 문항들에도 그대로 적용됩니다.)

2. 친구가 아닌 다른 사람과의 약속은 어떻습니까? 특별한 다른 사정이 없는 경우, 사람들이 평소에 잘 알지 못하는 다른 사람과의 약속을 지키는 것은 얼마나 중요합니까?

3. 어린아이와의 약속은 어떻습니까? 부모들이 자녀들에게 한 약속을 지키는 것은 얼마나 중요합니까?

4. 일반적으로 사람들이 진실을 말하는 것은 얼마나 중요합니까?

5. 당신이 어머니나 아버지를 도왔던 때를 생각해 보십시오. 아이들이 부모를 돕는 것은 얼마나 중요합니까?

6. 당신의 친구가 도움을 바라는데 그는 잘못될 경우 죽을 수도 있습니다. 그 친구를 구할 수 있는 유일한 사람이 당신이라고 가정해 봅시다. 한 사람이 친구의 생명을 구해 주는 일은 얼마나 중요합니까?

7. 친구가 아닌 다른 사람의 생명을 구해 주는 경우는 어떻습니까? (자신의 생명에는 지장이 없는 경우) 어떤 사람이 낯선 사람의 생명을 구해 주는 것은 얼마나 중요합니까?

8. 어떤 사람이 더 이상 살기를 원치 않는데도 계속 사는 것은 얼마나 중요합니까?

9. 다른 사람의 물건을 빼앗지 않는 것은 얼마나 중요합니까?

10. 사람들이 법을 따르는 것은 얼마나 중요합니까?

11. 판사들이 법을 어긴 사람들을 형무소에 보내는 것은 얼마나 중요합니까?

참고문헌

Adelson, J., Green, B., & O'Neil, R. (1969). Growth of the idea of law in adolescence. *Developmental Psychology, 1,* 327-332.

Barriga, A. K., Morrison, E. M., Liau, A. K., & Gibbs, J. C. (in press). Moral cognition: Explaining the gender difference in antisocial behavior. *Merrill-Palmer Quarterly.*

Basinger, K. S., & Gibbs, J. C. (1987). Validation of the Sociomoral Reflection Objective Measure-Short Form. *Psychological Reports, 61,* 139-146.

Basinger, K. S., Gibbs, J. C., & Fuller, D. (1995). Context and the measurement of moral judgment. *International Journal of Behavioral Development, 18,* 537-556.

Berk, L. E. (2000). *Child development* (5th ed.). Boston: Allyn & Bacon.

Boom, J., Brugman, D., & van der Heijden, P. G. M. (2001). Hierarchical structure of moral stages assessed by a sorting task. *Child Development, 72,* 535-548.

Boyes, M. C., & Walker, L. J. (1988). Implications of cultural diversity for the universality claims of Kohlberg's theory of moral reasoning. *Human Development, 31,* 44-59.

Colby, A., & Damon, W. (1992). *Some do care: Contemporary lives of moral commitment.* New York: Free Press.

Colby, A., & Kohlberg, L. (1987). *The measurement of moral judgment: Theoretical foundations and research validation* (Vol. 1). Cambridge: Cambridge University Press.

Colby, A., Kohlberg, L., Gibbs, J. C., & Lieberman, M. (1983). A longitudinal study of moral judgment. *Monographs of the Society for Research in Child Development, 48* (1-2, Serial No. 200).

Colby, A., Kohlberg, L., Speicher, B., Hewer, A., Candee, D. et al. (1987). *The measurement of moral judgment* (Vol. 2). Cambridge: Cambridge University Press.

Comunian, L., & Gielen, U. P. (1995). A study of moral reasoning and prosocial action in Italian culture. *Journal of Social Psychology, 135,* 699-706.

Comunian, L., & Gielen, U. P. (2000). Sociomoral reflection and prosocial and antisocial behavior: Two Italian studies. *Psychological Reports, 87,* 161-175.

Damon, W. (1977). *The social world of the child*. San Francisco: Jossey-Bass.

Damon, W. (1980). Patterns of change in children's social reasoning: A two-year longitudinal study. *Child Development, 51,* 1010-1017.

Eisenberg, N. (1982). The development of reasoning regarding prosocial behavior. In N. Eisenberg (Ed.), *The development of prosocial behavior* (pp. 219-249). New York: Academic Press.

Enright, R., Franklin, C. C., & Manheim, L. A. (1980). Children's distributive justice reasoning: A standardized and objective scale. *Developmental Psychology, 16,* 193-202.

Ferguson, N., McLernon, F., & Cairns, E. (1994). The Sociomoral Reflection Measure-Short Form: An examination of its reliability and validity in a northern Irish setting. *British Journal of Educational Psychology, 64,* 483-489.

Fischer, K. (1983). Illuminating the processes of moral development. In A. Colby, L. Kohlberg, J. Gibbs, & M. Lieberman (Eds.), *A longitudinal study of moral judgment. Monographs of the Society for Research in Child Development, 48* (Serial No. 200), pp. 97-106.

Flavell, J. H. (1963). *The developmental psychology of Jean Piaget*. Princeton, NJ: D. Van Nostrand.

Furth, H. G. (1980). *The world of grown-ups: Children's conceptions of society*. New York: Elsevier.

Garmon, L. C., Basinger, K. S., Gregg, V. R., & Gibbs, J. C. (1996). Gender differences in stage and expression of moral judgement. *Merrill-Palmer Quarterly, 42,* 418-437.

Gavaghan, M. P., Arnold, K. D., & Gibbs, J. C. (1983). Moral judgment in delinquents and nondelinquents: Recognition versus production measures. *Journal of Psychology, 114,* 267-274.

Gibbs, J. C. (1995). The cognitive-developmental perspective. In W. M. Kurtines & J. L. Gewirtz (Eds.), *Moral development: An introduction* (pp. 27-48). Boston: Allyn & Bacon.

Gibbs, J. C. (in press). *Moral development and reality: Beyond the theories of Kohlberg and Hoffman*. Thousand Oaks, CA: Sage.

Gibbs, J. C., Arnold, K. D., Morgan, R. L., Schwartz, E. S., Gavahan, M. P. et al. (1984). Construction and validation of a multiple-choice measure of moral reasoning. *Child Development, 55,* 527-536.

Gibbs, J. C., Basinger, K. S., & Fuller, D. (1992). *Moral maturity: Measuring the development of sociomoral reflection.* Hillsdale, NJ: Erlbaum.

Gibbs, J. C., Clark, P. M., Joseph, J. A., Green, J. L., Goodrick, T. S. et al. (1986). Relations between moral judgment, moral courage, and field independence. *Child Development, 57,* 185-193.

Gibbs, J. C., Widaman, K. F., & Colby, A. (1982). Construction and validation of a simplified, group-administrable equivalent to the Moral Judgment Interview. *Child Development, 53,* 895-910.

Gielen, U. P., Comunian, A. L., & Antoni, G. (1994). An Italian cross-sectional study of Gibbs' Sociomoral Reflection Measure-Short Form. In A. L. Comunian & U. P. Gielen (Eds.), *Advancing psychology and its applications: International perspectives* (pp. 125-134). Milan: Franco-Angeli.

Gilligan, C. (1982). *In a different voice: Psychological theory and women's development.* Cambridge, MA: Harvard University Press.

Gilligan, C., & Attanuci, J. (1988). Two moral orientations: Gender differences and similarities. *Merrill-Palmer Quarterly, 34,* 223-237.

Gilligan, C., & Belenky, M. F. (1980). A naturalistic study of abortion decisions. In R. Selman & R. Yandow (Eds.), *Clinical-developmental psychology* (pp. 69-90). San Francisco: Jossey-Bass.

Gregg, V. R., Gibbs, J. C., & Basinger, K. S. (1994). Patterns of developmental delay in moral judgment by male and female delinquents. *Merrill-Palmer Quarterly, 40,* 538-553.

Kohlberg, L. (1958). *The development of modes of thinking and choices in the years from 10 to 16.* Unpublished doctoral dissertation, University of Chicago.

Kohlberg, L. (1984). *The psychology of moral development: Essays on moral development* (Vol. 2). San Francisco: Harper & Row.

Lapsley, D. K. (1996). *Moral psychology.* New York: Harper Collins.

Lind, G. (1986). Cultural differences in moral judgment? A study of West and East European University Students. *Behavioral Science Research, 20,* 208-225.

Mason, M. G., & Gibbs, J. C. (1993a). Social perspective-taking and moral judgment among college students. *Journal of Adolescent Research, 8,* 109-123.

Mason, M. G., & Gibbs, J. C. (1993b). Role-taking opportunities and the transition to advanced moral judgment. *Moral Education Forum, 18,* 1-12.

Miller, S. A. (1998). *Developmental research methods* (2nd ed.). Upper Saddle River, NJ: Prentice-Hall.

Nilsson, I., Crafoord, J., Hedengren, M., & Ekehammar, B. (1991). The sociomoral reflection measure: Applicability to Swedish children and adolescents.

493

Scandinavian Journal of Psychology, 32, 48–56.

Piaget, J. (1965). *The moral judgment of the child* (Trans. M. Gabain). New York: Free Press. (Original published 1932)

Piaget, J. (1973). *The child's conception of the world* (Trans. J. Tomlinson & A. Tomlinson). London: Paladin. (Original published 1929)

Rest, J. R. (1979). *Development in judging moral issues.* Minneapolis: University of Minnesota Press.

Rest, J. R., Narvaez, D., Bedeau, M. J., & Thoma, S. J. (1999). *Postconventional moral thinking: A neo-Kohlbergian approach.* Mahwah, NJ: Erlbaum.

Schulman, M. (in press). How we become moral: The sources of moral motivation. In C. R. Snyder & S. J. Lopez (Eds.), *Handbook of positive psychology.* New York: Oxford University Press.

Selman, R. L. (1980). *The growth of interpersonal understanding: Developmental and clinical studies.* New York: Academic Press.

Selman, R. L., & Shultz, L. H. (1990). *Making a friend in youth: Developmental theory and pair therapy.* Chicago: University of Chicago Press.

Turiel, E. (1998). The development of morality. In N. Eisenberg (Ed.), *Handbook of child psychology: Vol. 3. Social, emotional, and personality development* (pp. 863–932). New York: Wiley.

Walker, L. J. (1989). A longitudinal study of moral reasoning. *Child Development, 60,* 157–166.

Walker, L. J. (1995). Sexism in Kohlberg's moral psychology? In W. M. Kurtines & J. L. Gewirtz (Eds.), *Moral development: An introduction* (pp. 83–108). Boston: Allyn & Bacon.

Youniss, J. (1980). *Parents and peers in social development: A Sullivan–Piaget perspective.* Chicago: University of Chicago Press.

긍정적 과정, 결과 및
환경의 모델과 측정도구

CHAPTER 24

직업심리학 평가
긍정적 근로 성과로 이끄는 긍정적 인간 특성

일(work)은 사람의 삶에서 많은 역할을 한다. 이것은 선택한 삶의 유형을 지원하기 위해 돈을 버는 방식, 사람이 나아가는 경로(예: 진급과 명성을 얻는 것), 또는 삶에서의 목적과 자기개념을 표현하는 기제가 될 수 있다(Super, 1963; Wrzesniewski, McCauley, Rozin, & Schwartz, 1997). 일은 그에 종사하는 개인과 사회 모두에게 혜택이 되는데(예: Gerstel & Gross, 1987), 이는 긍정심리학이 개인의 안녕감과 사회의 안녕감에 대한 강조를 함께하고 있음을 반영하고 있다(M. E. P. Seligman & Csikszentmihalyi, 2000). 그러나 근로자가 자신과 사회에 대한 긍정적 성과를 갈구한다면, 그들은 긍정적인 인간 특성과 행동을 갖거나 발달시켜야만 한다. 이 장은 그러한 특성, 행동 그리고 성과를 언급한다. 첫 번째 부분은 직업평가라는 분야를 소개하고 간략한 역사를 제시한다. 두 번째 부분은 여러 이론들을 간략하게 제시하고 거기서 도출된 중요한 구성개념을 파악한다. 세 번째 부분은 그 구성개념을 측정하는 도구들을 상세히 살펴본다. 그리고 네 번째 부분은 미래의 평가 노력에 대한 영역을 확인한다.

많은 사회과학자와 실천가는 각자 자신의 이론, 기법, 구성개념 그리고 평가도구를 가지고 있으며 근로환경을 연구한다. 예를 들면, 직업심리학자는 사람들의 경력 개발, 직업 선택 그리고 근로 적응을 이해하고 측정하며 예측한다. 또한 산업-조직 심리학자는 작업장과 그곳에서의 근로자의 역할을 이해하고 그 향상을 추구한다. 경력 상담가는 정보를 근거로 하는 경력 선택 및 근로와 다른 삶의 역할 사이에서 건강한 균형을 이루도록 사람들에게 도움을 주는 것에 초점을 맞춘다. 상이한 관점에도 불구하고 이 전문가들은 인간 기능의 긍정적 측면에 둔 초점을 공유하고 있다. 그들은 사람들이 적합하고 만족스러운 직업 선택을 하도록(예: Dawis & Lofquist, 1984), 그리고 관심과 능력을 확장하도록(예: Mitchell & Krumboltz, 1996) 어떻게 도울 수 있을까와 같은 질문을 던진다. 지면의 제한으로 인하여 이 장에서는 근로 영역의 모든 긍정적 구성개념을 확인하지도, 근로에 대한 관점의 전체 부분을 다루지도 않을 것이다. 독자에게 흥미는 있지만 이 장에서 다루지 않은 예를 일부 거론하자면 Savickas(2000)의 인간 강점의 분류학이란 것이 있는데, 이것은 직업이론에서 도출된 것으로 삶의 영역에 걸쳐 적용될 수 있다. 예를 들면, Wrzesniewski와 그의 동료들이 행한 직업, 경력 또는 소명으로서의 근로평가(Wrzesniewski et al., 1997), 그리고 Sympson(1999)의 근로 영역에서의 희망의 조작화다. 저자의 전문 영역에서 볼 때, 이 장은 직업심리학 문헌에서 발견될 수 있는 여러 이론들, 구성개념 그리고 평가도구에 초점을 맞춘다.

비록 사람들에게 의미 있는 경력을 찾는 데 도움을 주려고 한 노력은 수세기 전으로 거슬러 올라가 추적될 수 있지만, 현대의 직업심리학 및 평가는 Frank Parsons (1909)가 직업 선택에 대한 최초의 명확한 이론을 내놓음으로써 시작되었다. Parsons는 좋은 선택은 자아와 일의 세계 사이의 좋은 짝 맞춤을 파악하는 것과 함께 자아와 일의 세계에 대한 이해를 포함한다고 하였다. 우리는 현재 직업평가의 많은 부분에서 Parsons의 이론을 따르고 있는데, 특히 일의 세계와 자아의 긍정적 특성(경력 결정하기 같은 긍정적 과정을 포함)을 파악하는 것이다.

나는 긍정심리학과 특별히 관련 있는 직업평가 내의 두 영역에 초점을 맞출 것이다. 첫 번째 영역은 사람이 만족스럽고 생산적인 경력 결정을 하는 데 필요한 긍정적 특성과 기술의 일부를 상세히 기술한다. 두 번째 영역은 일의 활동 무대가 한 개인의 삶에서 얼마나 긍정적인지를 탐색한다. 나는 후속 부분에서 관련된 직업이론, 심리적 구성개념 그리고 평가도구라는 측면에서 각 영역에 대해 언급할 것이다. 그리고 가장 영향력 있는 세 가지 이론을 선택하여 그 맥락에서 긍정적 특성과 기술 그리고 긍정적 근로의 평가를 논의할 것이다. 그러나 이들 이론을 완전히 논의할 수는 없으며, 다만 독자에게 개관(예: Brown & Brooks, 1996)을 소개하는 것에 그칠 것이다. 세 가지 이론들의 여러 측면들은 독자들이 긍정심리학 평가와의 관련성을 파악할 정도로 충분히 상세하게 논의될 것이다.

이론적 배경

이 부분에서 나는 세 가지 직업이론, 즉 John Holland의 직업이론(1959, 1985a), 직업적응이론(Dawis & Lofquist, 1984) 그리고 Donald Super의 이론(1980)을 기술할 것이다.

John Holland의 이론

John Holland의 직업이론은 아마도 직업평가에서 가장 영향력 있는 이론일 것이다(Spokane, 1996). Holland는 흥미, 정체성 및 일치성을 탐색하였다. Holland가 초점을 둔 긍정적 인간 특성 중 으뜸은 '흥미'인데, 이는 우리의 호기심, 주목, 즐김을 일으키는 행위나 과제다. 이 정의는 Ryan과 Deci(2000)의 내적 동기를 포함하면서도 우리의 자기개념과 일치되는 행위나 과제도 포함하는데, 자기개념은 우리에게 중요하고 우리가 우리의 가치를 표현하게 해 주며 우리의 요구를 충족시키는 것이다(Ryan과 Deci의 외적 동기의 측면). 흥미는 사람의 직업 강점의 지침일 수 있다. 즉, 사람이 높은 수준으로 배우고 수행하려고 동기화된 가능성이 있는 영역이다. Buckingham과 Clifton(2001)은 사람들이 강점의 영역에서 향상과 탁월성에 대한 최대한의 여지를 지니고 있다고 제안하였다. 그러므로 우리가 사람들의 직업적 흥미(즉, 직업적 강점)를 파악할 수 있다면, 사람이 자신의 직업적 잠재력을 어떻게 최대화할 수 있는지를 파악하는 데 도움이 될 것이다.

Holland는 흥미의 육각형 모형을 제안하였다. 그는 이를 성격 유형으로 보았다. 전형적인 흥미의 예를 가진 여섯 가지 유형은 (1) 현장형(예: 기계, 농업, 스포츠), (2) 탐구형(예: 과학, 학문 추구), (3) 예술형(예: 시각 및 요리 예술, 창조적 저술, 드라마), (4) 사회형(예: 교육, 상담, 다른 도움을 주는 전문가), (5) 진취형(예: 상품, 용역, 아이디어 판매), (6) 사무형(예: 타자, 서류 정리, 회계)이다. 흥미에 관한 개인의 프로파일은 이 여섯 가지 유형을 측정하는 비교적 독립적인 척도에 대한 점수로 표현될 수 있다. 비록 어떤 이의 경우 더 적은 또는 더 많은 수의 유형으로 가장 잘 기술될 수 있다고 하더라도, 이러한 여섯 가지 유형 중에 가장 높은 점수 세 가지로 구성된 프로파일은 전형적이다. 예를 들면, 다양한 흥미를 지닌 다방면의 사람(renaissance)은 여섯 가지 유형 모두의 측면에서 기술될 수 있으며, 고도로 집중된 흥미를 지닌 사람은 단지 한 가지 유형의 측면에서 기술될 수 있을 것이다.

Holland가 논의한 두 번째 긍정적 구성개념은 '정체성'인데, 이것은 "목표, 흥미 그리고 재능의 명확하고 안정된 상(image)의 소유"(Holland, Johnston, & Asama, 1993: 1)로 정의된다. 정체는 사람이 자신이 자신을 안다고 믿는 정도를 반영한다. 이것은 자신에 대한 정확한 평가에 근거를 두고 있을 수도 있고 아닐 수도 있다. 그러나 정확성 여부와 관계 없이 직업의 정체는 직업 선택에 강력하게 영향을 준다. 예를 들면, 내가 프로 삼종경기 선수가 될 재능과 흥미를 가지고 있다고 믿고 그 목표를 달성하려고 한다면, 이것은 내가 그 목표를 추구하는 정도와 나의 행동에 영향을 주기 쉽다. 그러므로 나는 내 정체의 부분에 속하지 않은 영역과 비교해서 이 영역에 좀 더 초점을 두고 더 열심히 일해야 한다. 만일 나의 초기의 정체가 부정확한 정보에 근거했다는 것을 발견한다면 나의 직업적 정체는 변할 수도 있다(예를 들면, 프로 삼종경기 선수가 될 기술을 가지고 있지 않다). 그러나 나의 정체라는 힘은 나의 의사결정에 계속 영향을 준다. 중년 전환기의 사람은 변하는 직업적 정체가 부정적 또는 병리적 과정이라기보다는 생산적 또는 긍정적 과정으로 해석된다. 사람들이 자신의 직업적 정체를 재해석함에 따라 그들은 자신의 목표, 흥미 또는 재능이 변해 왔거나 자신의 이전 직업적 정체가 부정확한 정보에 근거한 것임을 발견할 수도 있다. 그러므로 그들은 새로운 직업적 정체를 만들어 낸다.

Holland의 세 번째 구성개념은 '일치성'인데, 이는 사람의 Holland 코드와 개인이 일하기를 기대하는 또는 현재 일하고 있는 근로환경에 대한 코드 사이의 유사성 수준으로 정의된다. 높은 수준의 일치가 높은 수준의 직업 만족과 관련이 있다고 연구에서 밝혀졌기 때문에, 일치는 긍정심리학과 관련이 있다(예: Gottfredson & Holland, 1990).

직업적응이론

직업적응이론(TWA: Theory of Work Adjustment; Dawis & Lofquist, 1984) 또한 일치를 언급하고 있으나 Holland가 사용한 것과는 다른 정의를 가지고 있다. Holland가 흥미의 관점에서 일치를 언급하는 데 반해, TWA에서 일치(TWA에서 '조화' 라고 불리는)는 두 가지 다른 방식으로 정의된다. 첫째, 조화는 근로환경에 의해 제공된 지원이 근로자의 욕구와 일치되는 정도다. 그러므로 조화는 흥미라기보다는 근로 가치 또는 요구(즉, 개인이 직업에서 얻고자 하는 것, 근로자에게 중요한 것)를 뜻한다. TWA는 근로자 개인의 욕구와 근로환경에서의 강화물 패턴 사이에 일치 정도가 클수록 직업 만족 정도도 크다는 입장을 지닌다. 둘째, 조화는 근로자의 능력이 직업에서 요구되는 능력과 짝지어지는 정도를 가리킨다. 근로자의 기술과 직업에서 요구되는 기술 사이의 일치가 높을수록 직업에 대한 근로자의 수행에서 만족의 정도가 크다. 요약하면, TWA 이론가는 더 큰 조화가 더 큰 근로 만족 및 생산성과 관련이 있다고 주장한다. 이 장에서 나는 근로 가치와 근로환경 강화물에 초점을 맞추고 있다. 만족으로 이끄는 근로자 능력, 직업의 능력 요구 그리고 능력과 능력 요구 사이의 일치에 관한 정보에 대하여 궁금한 독자는 Dawis와 Lofquist를 참고하라.

이론의 '적응' 국면과 직접적으로 관련된 다양한 인간 변인이 TWA 내에 있다. TWA를 기술하면서 Dawis(1996)은 근로자가 자신의 욕구와 근로환경 강화물 사이의 부조화 지각에 상이하게 반응한다고 제안하였다. 특히, 근로자의 반응 유형은 신속(근로자가 부조화를 바꾸고자 얼마나 신속히 노력하는가), 보조(步調, 이러한 과정에 얼마나 많은 노력을 들이는가), 리듬('주기적' 또는 '안정적' 과 같은 이런 과정의 패턴), 그리고 지구력(얼마나 오래 근로자가 이런 과정에 종사하는가)의 측면에서 기술될 수 있다. TWA 이론가는 또한 근로자가 가진 유연성 수준을 언급하는데, 이는 근로자가 부조화를 견딜 수 있는 정도를 뜻한다(Dawis). 근로자가 자신의 유연성의 한계에 도달하였을 때 적응의 양상은 현저해진다. 이 점에 관해서 적극적 양상은 근로환경을 변화시키려고 노력하는 근로자를 포함한다(예: 고용자가 제공하는 의료보험 혜택을 향상시키려고 노력함). 반응적 양상은 자신을 변화시키려고 노력하는 근로자를 포함한다(예: 고용인이 충분하게 맞춰 주지 않는 특정한 요구의 상대적인 중요성을 재고함). 이러한 반응 유형은 TWA뿐만 아니라 개인 삶의 모든 영역에 대하여 상당한 관련성을 가지고 있다. 반응 유형을 보면 어떻게 사람이 새로운 환경을 조정하고 수용하고 현재의 환경 속에서 변화하는지, 그리고 이러한 환경이 작업장 내에 있는 것인지, 가까운 관계 속에 있는지, 혹은 광범위한 지역사회에 있는 것인지를 알 수 있다.

직업발달의 생애기간, 생애공간 이론

Holland의 이론과 TWA와 유사하게 Super의 생애기간, 생애공간 이론(life-span, life-space theory; Super, 1980)은 자아와 일의 세계 사이의 좋은 결합은 만족스러운 삶에 기여할 것이라는 Parsons의 가정을 따르고 있다. 그러나 Super는 그것을 넘어서서, 전 생애에 걸친 직업발달을 이해하는 발달적 접근을 취하였다. 긍정심리학에서 특히 관심이 있는 것은 직업 탐색, 직업 성숙 및 적응성, 자기개념 발달, 역할 현저성 그리고 생의 역할들의 균형이란 개념이다(Super, Savickas, & Super, 1996).

Super(1980)는 직업 탐색이 두 개의 구분되는 영역(자기, 일의 세계)에서 필요하다고 믿었다. 그는 직업적 자기개념을 발달시키고 파악하는 목적으로 자아의 탐색에 초점을 맞추었다. 직업적 자기개념들(Super, 1963)은 주관적 지각이 일의 환경에 관련되는 개인의 주관적 자기에 대한 지각으로 정의된다. '직업적 자기개념들'은 사람들은 하나의 '직업적 정체'보다는 다중 직업 자기개념을 가지고 있다는 Super의 믿음을 뜻하는 복수형이다. 어떤 직업적 자기개념은 특정한 직업 유형에 특유한 것이다(예: 나는 나 자신이 회계를 잘한다고 본다). 다른 직업적 자기개념들은 광범위한 직업에 걸쳐 적용 가능한 것이다(예: 나는 스스로 근면한 사람이라고 본다). 직업을 결정할 때 우리는 자신의 직업적 자기개념들을 충족시키려고 노력한다. 덧붙여 우리가 직업적 자기개념을 특정한 직업에서 충족시키는 정도는 일과 삶에서의 만족에 영향을 준다(예: Super, 1982; Super et al., 1996에서 인용).

TWA와 유사하게 Super(1983)는 불안정한 직업 경로에 대한 잠재성을 언급했다. Super는 이 과정을 '적응 가능성'이라고 묘사하였으며, 이것이 '경력 성숙'을 지닌 사람을 나타내는 특징이라고 이야기하였다. 경력 성숙은 사람이 발달적 또는 예상되는 변화와 기대하지 못한 변화 둘 다를 포함하는 직업 영역에서 삶의 변화하는 요구에 대처하는 준비가 되어 있는 정도라고 정의된다(Savickas, 1984). 예를 들면, 직업 선택을 할 준비가 되어 있는 대학생은 경력이 성숙되고 있는 존재로 간주된다. 이와 유사하게, 새로운 직업적 가능성을 탐색할 준비가 되어 있는 퇴출된 중년의 성인도 경력이 성숙된 것으로 간주된다.

Super의 이론의 중요한 다른 측면은 '역할 현저성'인데, 이는 특정한 생의 역할의 절대적이고 상대적인 중요성이다(예: 다른 생의 역할과의 관계에서 근로자 역할). Super (1980)는 근로자 역할은 사람들마다 상이한 수준의 중요성을 지니고 있으며 이러한 차이의 부분은 그 사람의 생에서 다른 역할들에 의해 설명될 수 있다고 보았다. 그러므로 좋은 직업 선택을 하기 위해서는 먼저 자신의 삶에서의 근로의 역할 그리고 다른 삶의 역할과 근로가 어떻게 연결되어 있는지를 자각하고 있어야만 한다. 이러한 삶의 역할들은 레저 애호가(leisurite) 같은 개인적 역할과 시민, 생의 배우자 같은 사회적으로 통합된 역할들을 모두 포함할 수 있다. 다양한 삶의 역할들의 중요성과 상호작용을 완전히 자각한다면, 사람들은 다중 삶의 영역에 걸쳐서 완전하고 생산적인 삶을 이끄는 데 도움을 받을 수 있다.

직업이론에 대한 요약

이상의 이론들의 주된 초점은 인간 강점이다. 특히 이 강점들은 사람들이 좋은 직업 결정을 하는 데 도움을 주는 기술과 특성들이다. 좋은 직업 결정을 할 때 사람들은 자신의 삶에 만족하고 사회에 좀 더 완전하게 기여한다. 그러므로 개인과 사회는 혜택을 같이 수확하는데, 이 혜택이 긍정심리학의 특징이다(M. E. P. Seligman & Csikszentmihalyi, 2000).

구성개념 측정

이 장의 나머지 부분에서 나는 경력 탐색 및 직업적 흥미, 정체감과 자기개념, 근로 가치, 일치와 조화, 직무 만족, 역할 현저성과 균형 그리고 경력 성숙과 적응성을 기술할 것이다. 신뢰성과 타당성에 대한 좋은 증거를 지닌 도구만을 제시한다. 비록 14개의 평가도구와 1개의 색인이 기술되겠지만, 더 많은 것들이 소개되지 않은 채 남아 있게 된다. 이에 많은 다른 측정에 대한 기술을 보려는 독자들은 Kapes, Mastie 및 Whitfield(1994), L. Seligman(1994), Levinson, Ohler, Caswell 및 Kiewra(1998)를 참고한다.

경력 탐색

Parsons(1909)의 직업선택이론에 근거하여, 경력 개발과 선택에 대한 가장 최근의 이론들은 경력 탐색의 중요성을 눈에 띄게 제시한다. 여기에서 나는 이 구성개념을 측정하는 두 가지 도구를 제시하겠다.

경력 탐색 질문지 경력 탐색 질문지(CES: Career exploration survey; Stumpf, Colarelli, & Hartman, 1983)는 연구자 또는 실천가가 시행하고 채점하는 59문항의 도구다. 피검사자는 각 항목에 5점 Likert 척도로 반응하는데, 항목 내용과 부합하도록 변하는 지점이 있다. 예를 들면, 1 = '거의' 또는 '만족하지 않음' 그리고 5 = '대단히 많이' 또는 '매우 만족함'이다. 지시에 의하면, 피검사자는 CES를 검사받기 전 3개월 간의 맥락에서 항목에 대답하도록 한다. 결과는 경력 탐색의 16개 차원상의 점수를 가진다. 환경 탐색, 자기 탐색, 고려하는 직업의 수, 의도된 체계적 탐색, (탐색적 행동의) 빈도, 정보의 양, 그리고 초점의 여러 차원들은 탐색과정의 측면들이다. 정보에 대한 만족, 탐색에 대한 스트레스 그리고 결정에 대한 스트레스의 세 개 차원은 탐색에 대한 반응의 측면이다. 고용 전망, 경력 탐색 성과의 확실성, 외적 탐색 수단, 내적 탐색 수단, 방법 수단 그리고 바라는 지위를 얻는 것의 중요성의 여섯 개 차원은 믿음의 측면들이다. CES는 탐색에 대한 다차원적 관점을 제공한다(심리측정 정보는 Stumpf et al., 1983을 보라).

경력 탐색 척도 경력 탐색 척도(CE: Carrer Exploration Scale; Super, Thompson, Lindeman, Jordaan, & Myers, 1988)는 연구자 또는 실천가가 시행하고 목록 출판사(Consulting Psychologists Press)가 채점하는 20개 항목의 다중 선택 척도다. CE는 경력 탐색을 단일 구성개념으로 측정한다. 신뢰도와 타당도 정보는 Super, Thompson, Lindeman 등(1988)에 있다.

만일 연구자와 실천가가 단일 구성개념으로서 경력 탐색에 흥미가 있다면(예를 들어, 많은 다른 변인들에 대한 조사연구에서) CE를 사용해야 하며, 다차원 구성개념으로서 경력 탐색에 흥미가 있다면 CES를 사용해야 한다. 연구자나 실천가가 채점을 할 수 있고 공개 영역에 있으며 CE의 발달적 관점이 존재하기 때문에 CES의 편리성은 다른 고려사항이 된다(즉, CE는 발달적 단계로써 탐색을 평가하고, CES는 어떤 행동에 대한 반응 및 태도를 포함하는 행동으로써 탐색을 평가한다).

직업적 흥미

역시 Parsons(1909)의 직업선택이론에서 도출되었으며, 현재의 많은 직업이론은 직업적 흥미의 중요성을 강조한다. 여기에서 나는 직업적 흥미에 대하여 폭넓게 사용된 세 가지 측정을 제시하겠다.

자기정향 탐색　　자기정향 탐색(SDS: Self-Directed Search; Holland, Fritzche, & Powell, 1994)은 피검자가 실시하고 채점하는 228문항의 도구다. 자료는 Psychological Assessment Resources에서 얻을 수 있다. 결과는 '행위'(피검자가 하고 싶어 하는 것), '능력'(피검자가 이미 잘할 수 있는 것), '직업'(피검자가 흥미를 갖고 있거나 마음이 끌리는 것), 그리고 '자기추정'(다른 사람과 비교된 자기평정 능력)에 대한 Holland 코드를 만든다. 피검자는 여러 가지 Holland 코드를 만드는데, 이것은 이러한 영역 모두를 포함한다. 여기에는 다양한 형태의 SDS가 있다(Holland, Powell, & Fritzche, 1997). (1) R형은 가장 일반적으로 사용되는 형태로 고등학생, 대학생, 성인에게 적합하다. (2) E형은 제한된 읽기기술을 지닌 사람들을 위해 초등학교 4학년 수준으로 쓰였다. (3) CP형은 전문가인 성인 근로자 또는 이직 중인 사람들을 위해 설계되었다. (4) Career Explorer는 고등학생과 중학생을 위한 것이다. 더불어 여러 언어로 된 다른 형태들도 있다. SDS는 직업 찾기, 교육 기회 찾기 그리고 여가 찾기와 결합해서 사용된다. 직업 찾기는 광범위한 직업을 수록한 책자로서 Holland 코드로 나열되어 있으며, 피검자가 자신의 코드를 직업 코드와 비교하는 도구로서의 역할을 한다. 교육 기회 찾기와 여가 찾기도 유사한 방식으로 사용된다. 신뢰도와 타당도 정보는 Holland 등(1984)에 있다.

직업선호도 목록　　직업선호도 목록(VPI: Vocational Preference Inventory; Holland, 1985b)은 연구자나 실천가가 실시하고 채점하는 160항목의 도구다. VPI는 피검자가 채점할 수도 있다. 실시 자료는 Psychological Assessment Resources에서 얻을 수 있다. 피검자는 측정한 직업에 대한 흥미를 '예' '아니요' 또는 '미정'이라고 표시해서 나타낸다. 결과는 여섯 개의 Holland 유형의 각각에 대한 점수를 낳는다. 네 개의 추가 척도는 자기통제, 남성성-여성성, 지위, 묵종의 성격 측면을 측정한다. 추가 척도는 희귀성이라 불리고 타당도 검사로 쓰인다. VPI는 피검자의 Holland 코드와 특정한 직업 코드를 연계시키는 직접적 방법을 제공하지는 않는다. 신뢰도와 타당도 정보는 Holland(1985b)에 있다.

Strong 흥미검사   Strong 흥미검사(SII: Strong Interest Inventory; Harmon, Hansen, Borgen, & Hammer, 1994)는 연구자와 실천가가 시행하고 Consulting Psychologists Press 출판사에서 채점하는 317항목의 도구다. 피검자는 만일 직업, 학교 주제, 활동, 여가 활동 그리고 사람의 다섯 가지 영역에서 항목들을 '좋아함' '무관심' 또는 '싫어함'이 있으면 표시한다. 덧붙여 피검자는 두 행위 사이에 선호를 표시하고, 자신의 특성을 파악하고, 일의 세계에서 선호를 표시한다. Holland 유형과 관련되어 점수의 세 세트가 결과에 제시된다. 일반적인 직업적 주제는 복합적 Holland 코드다. 기본적 흥미척도는 Holland 코드의 하위척도다. 직업적 척도는 특정한 직업에서 성공적으로 고용되어 있는 사람들의 프로파일과 피검자의 프로파일을 비교한다.

SII는 또한 네 가지 양극성 성격유형 척도에서 점수를 내는데, 이 척도는 피검자가 어떻게 자기 주변의 세상과 상호작용하기를 선호하는지에 대한 측면들을 기술하고 있다(Harmon et al., 1994). 척도들은 근로 유형, 학습환경, 지도력 유형 그리고 위험 감수/모험이다. SII에 대한 신뢰도와 타당도 정보를 보려는 독자들은 Harmon 등 (1994)을 참고한다.

직업 흥미에 대한 세 가지 측정은 각각 상이한 강점을 지니고 있다. 첫째, SDS는 그것이 측정한 상이한 영역에 의해 나타난 개인의 Holland 코드 사이의 불일치를 검사하는 데 유용하다. 예를 들면, 어떤 사람은 전업주부가 되기 전에 행위예술에 높은 수준의 흥미를 가지고 관여하고 있었을 수 있다. 그러나 지금은 그 사람이 최근에 예술적 흥미를 표현할 기회가 적었기 때문에 복합 코드에서 중간 또는 아주 낮은 예술 점수를 가지고 있을 수 있다. 대조적으로 그 사람은 딸의 걸스카우트에서의 과자 판매 행사와 아들의 보이스카우트에서의 팝콘 판매 행사를 주관하였기 때문에 복합 코드에서 상대적으로 높은 기업 운영 점수를 가지고 있을 수 있다(이러한 것들은 SDS의 활동 및 능력 영역에 반영된다).

둘째, SII는 내담자의 Holland 코드를 기본적 흥미척도로 나누기 때문에 특히 내담자에게 유용하다. 예를 들면, 어떤 내담자는 "나는 영업이 싫어."라고 말하면서 중간의 높은 기업 운영 점수에 대하여 놀랄지도 모른다. 심층적 반영에서 이 내담자는 타인으로 하여금 의견을 바꾸도록 설득하는 것을 즐기고 있다고 보고한다(즉, 내담자는 아이디어를 파는 것을 즐긴다). 이 구분은 기본적 흥미척도에 있다. 또한 SII는 내담자에게 자신의 프로파일과 넓은 범위의 직업에서 종사하는 다른 사람들의 프로파일을 직접적으로 비교하게 해 준다. 대조적으로 SDS의 직업 찾기는 내담자의 Holland 코드와 직업의 코드를 연관시킨다.

마지막으로, VPI는 연구에서 특히 유용하다. 오로지 Holland 코드만을 제시하는 축약형은 적은 비용으로 출판사에서 구입할 수 있으며, SDS에 존재하는 피검자의 능력과 혼입되지 않는 흥미 코드의 측정을 얻을 수 있다.

정체감과 자기개념

직업정체감척도(VI: Vocational Identity Scale; Holland, Gottfredson, & Power, 1980)는 "개인의 목적, 흥미, 성격 그리고 재능의 명백하고 안정된 상의 소유"(Holland, Daiger, & Power, 1980: 1)로 정의되는 직업적 정체감을 측정한다. VI는 Consulting Psychologists Press 출판사에서 구입할 수 있다. VI 척도는 18개의 참–거짓 항목으로 이루어져 있으며, 연구자나 실천가에 의해서 실시되고 채점된다. 심리측정 정보는 Holland 등(1993)에서 얻을 수 있다.

근로 가치

Super(1980)의 이론과 직업적응이론(Dawis & Lofquist, 1984)에서 근로 가치는 개인의 경력 개발과 만족을 이해하는 데 있어서 중심적 역할을 한다. 나는 여기에서 이런 이론의 각각에서 나온 평가도구에 대해 기술하겠다.

미네소타 중요성 질문지   미네소타 중요성 질문지(MIQ: Minnesota Importance Questionnaire; Rounds, Henly, Dawis, Lofquist, & Weiss, 1981)에는 두 개의 동형 형태가 있다. 190항목 짝 형태는 피검자가 각 짝에서 어떤 진술이 좀 더 자신에게 중요한지를 파악하는 것이고, 21항목 순위 형태는 피검자가 다섯 개의 진술문으로 구성된 각 세트에서 항목들의 순위를 매기는 것이다. 짝진 형태의 20개 추가 항목(순위 형태의 21개)은 각 욕구의 절대적 중요성을 평가한다. MIQ는 성취, 위안, 지위, 이타심, 안정 그리고 자율이라는 여섯 개의 가치척도와 좀 더 기본적인 근로 욕구를 측정하는 다중 하위척도(짝진 형태 20개와 순위 형태 21개)에 대한 점수를 가진다. 두 형태 모두 질문지 출판사(즉, Vocational Psychology Research, University of Minnesota, Minneapolis)에 의해 채점이 된다. 이 결과는 욕구와 가치의 각각에 대한 점수 프로파일과 다양한 종류의 직업에 대한 강화자 패턴을 지닌 피검자의 가치 프로파일을 비교하는 대응 점수의 목록과 함께 연구자 또는 개업 상담자에게 보내진다. 이때 LCT 점수라 불리는 타당도 점수(즉, 논리적으로 일관성 있는 삼각형) 또한 보내진다. LCT 점수는 피검자가 근로 욕구의 상대적 중요성을 보고하는 데 일관성이 있었던 정도를 나타낸다. 신뢰도와 타당도 정보는 Rounds 등(1981)에서 얻을 수 있다.

가치척도　　가치척도(VS: Value Scale; Nevill & Super, 1986b)는 연구자 또는 개업 상담자가 실시하고 채점하는 106항목의 도구다. 이 또한 척도 출판사(Consulting Psychologists Press)가 채점할 수 있다. 피검자는 각 항목에 대하여 중요성 수준을 '거의 중요하지 않다'에서 '매우 중요하다'의 4점 Likert 척도로 표시한다. 결과는 21개 척도에 대하여 점수를 가진다(예: 경제적 보상, 삶의 유형, 문화적 정체). 각각은 일반적 가치와 근로에서의 특수한 가치를 참조하는 항목들의 혼합물이다. VS 척도의 전부는 아니지만 일부는 MIQ의 욕구척도와 매우 유사한 이름들을 가지고 있다. 신뢰도와 타당도 정보는 Nevill과 Super(1986b)에서 얻을 수 있다.

MIQ는 자신의 가치가 어떻게 근로 영역에서 명백해질 수 있는지를 이해하고자 원하는 내담자와 작업할 때 특히 유용하다. VS는 삶의 영역에서 가치를 탐색하는 내담자에게 특히 유용하다. 이 두 도구는 연구자에게 똑같이 유용하다.

일치-조화

일치 및 조화는 각 개인의 특정 측면과 그 사람의 환경에 관련된 측면 사이의 유사성 수준을 가리킨다. 일치(congruence)는 특히 개인의 흥미와 그것이 특정한 근로환경에서 표현될 수 있는 정도 사이의 유사성 수준을 가리킨다(Holland, 1985a). 그리고 조화(correspondence)는 개인의 근로 가치와 특정한 근로환경에서의 그 가치에 대한 강화물 수준 사이의 유사성 정도를 가리킨다(Dawis & Lofquist, 1984).

C-INDEX　　많은 일치에 관한 색인이 개발되어 왔다. Brown과 Gore(1994)는 이러한 색인의 문제점을 파악하면서 다양한 색인을 평가하였다. 그들은 C-Index라

고 불리며 오늘날 심리측정적으로 가장 건실한 색인을 제시하였다. C-Index는 손으로 계산되며 개인의 Holland 코드와 직업 코드에서 철자 각 쌍의 가중 측정도구를 합하는 것으로 이루어져 있다. 다른 것과 비교해서 이 색인이 가지는 주요한 장점은 유사하지만 동일하지는 않은 Holland 코드를 가진 개인들을 상당히 구별해 주고 있으며 일치 점수는 정상 분포하고 있다는 것이다.

조화　　비록 근로자의 욕구와 근로환경이 제공한 강화물 사이의 조화가 TWA에서 중요한 구성개념이지만, 조화를 양적으로 만드는 것은 여전히 어려운 것이다(Dawis, 1996). Holland 체계에서 일치를 평가하는 과정과 유사하게, 어떤 방법이 사용되었는지에 따라 결과들은 변한다(Rounds, Dawis, & Lofquist, 1987). 그러나 Holland 체계와는 대조적으로(Brown & Gore, 1994를 보라), 조화를 측정하는 방법은 전혀 개발되지 않았다. 이는 앞으로 연구가 필요한 분야로 남아 있다.

직무 만족

직무 만족은 직업이론의 한 부분이지만 외현적인 이론적 측면의 정도는 이론들 사이에 크게 다르다. 이 개념은 직업적응이론에 명백하게 나타나 있다(Dawis & Lofquist, 1984). 여기에서 나는 직무 만족의 두 가지 측정, 즉 직업적응이론에서 도출된 것과 이 장에서 논의된 이론에서 도출된 것을 각각 제시한다.

미네소타 만족 질문지　　미네소타 만족 질문지(MSQ: Minnesota Satisfaction Questionnaire; Weiss, Dawis, England, & Lofquist, 1967)는 연구자 또는 실천가가 실시하고 그들 또는 출판사(Vocational Psychology Research, University of Minnesota)가 채점할 수 있다. 100개 항목의 장형과 20개 항목의 단형의 두 형태가 있다. MSQ는 피검자가 미네소타 중요성 질문지(짝진 형)에서 파악된 20개의 직업적 욕구와 관련된 현재 직업의 측면들에 만족하는 정도를 측정한다. 피검자는 각 항목에 '매우 만족한다'에서 '매우 불만족한다'까지의 5점 Likert 척도로 반응한다. 신뢰도와 타당도 정보는 Weiss 등(1967)에 있다.

직업 일반　　직업 만족에 대한 좀 더 최근의 측정은 직업 일반(JIG: Job in General; Ironson, Smith, Brannick, Gibson, & Paul, 1989)인데, 이것은 직업 만족의 전체적 측

정도구를 제공한다. JIG는 긍정적, 부정적, 전체적, 평가적 직업에 대한 기술인 18개 항목(문구)을 가지고 있다. 피검자는 각 문구가 자신의 현재 직업을 기술하고 있는지를 '예' '아니요' 또는 '?'(확실치 않은 경우)를 표시하여 확인한다. JIG는 연구자 또는 실천가가 실시하고 채점한다. 신뢰도와 타당도 정보는 Ironson 등(1989)에 있다.

연구자와 실천가는 단일 구성개념으로서 근로 만족에 흥미가 있다면 JIG를 사용해야 한다. 사용자는 만일 자신이 다차원 근로 만족에 흥미가 있고, 특히 근로 만족이 근로 가치의 만족과 관련된다면 MSQ를 반드시 고려해 봐야 한다.

역할 현저성과 균형

Super(1980)는 역할 현저성과 균형의 구성개념을 직업적 관점에서 제시하였다. 역할 현저성은 다양한 삶의 역할의 절대적이고 상대적인 중요성을 가리킨다. 역할 균형은 개인이 다른 삶의 역할과의 관계에서 각 역할에 쏟은 시간과 활력의 양에 편안하게 느끼는 정도를 가리킨다.

현저성 목록   현저성 목록(SI: Salience Inventory; Nevill & Super, 1986a)은 연구자 또는 실천가가 실시하고 채점하는 170항목의 도구다. SI는 또한 Consulting Psychologists Press 출판사가 채점할 수 있다. 피검자는 각 항목을 '결코 또는 거의/조금 또는 전혀'에서 '거의 항상 또는 항상/상당한 정도'까지의 4점척도로 평가한다. 결과는 학생, 근로자, 가정주부(양육과 배우자 역할을 포함함), 레저 애호가 그리고 시민이라는 다섯 가지 삶의 역할에 대하여 점수를 낸다. 이러한 삶의 역할 중에 세 가지 측면의 현저성이 맞춰진다(3가지 현저성 측면×5가지 삶의 역할, 즉 총 15가지 하위척도 점수를 가진다). 이러한 세 가지 측면 또는 현저성은 참여(즉, 피검자가 이 삶의 역할에서 실제로 하는 것), 관여(즉, 삶의 역할의 태도의 그리고 정서적 중요성), 그리고 가치 기대(즉, 삶의 역할이 피검자의 가치와 욕구를 충족시킬 것으로 기대되는 정도)다. 그러므로 우리는 SI를 통해 어떤 역할이 가장 중요한지뿐만 아니라 피검자가 중요하고(관여) 자신의 욕구에 맞는(가치 기대) 행위에 종사하는(참여) 정도에 대하여 알 수 있다. 신뢰도와 타당도 정보는 Nevill과 Super(1986a)에 있다.

삶-경력 무지개   삶-경력 무지개(Life Career Rainbow; Super, 1980)는 다른 구성개념 중에 역할 현저성을 평가하는 질적인 방법이다. 철저한 지시를 준 후에 평가

받는 개인에 의해서, 또는 연구자나 실천가와 연계된 개인에 의해서 무지개의 구축이 완성될 수 있다. 생애는 각각 탄생과 죽음을 나타내는 왼쪽과 오른쪽 끝을 가진 무지개의 길이로 나타난다. 무지개의 각 띠는 상이한 삶의 역할을 나타낸다. 생애의 주어진 지점에서 각 띠의 넓이는 시간상의 그 지점에서 그 삶의 역할의 현저성을 나타낸다. 예를 들면, 무지개의 '근로자' 띠는 십대의 특정 시점까지는 대부분의 사람들에게서 빈 상태로 있기 쉬우며, 근로자 역할이 최소의 현저성을 지닌다면 그 시점에서는 (다른 띠와 비교해서) 상당히 좁을 것이다. 성인 시기에는 가령 그 개인이 집 밖의 전일 근무직을 가지고 있고 근로자에게 의미와 목적을 지닌 직업에 종사한다면 근로자 띠가 넓을 수 있다. 이 띠는 그 사람이 근로를 모두 그만두거나 공식적 퇴직 후에 어떤 파트타임 능력으로 일을 계속하는가에 따라 다시 좁아지기도 하고 퇴직 후에는 완전히 끝나기도 한다. 생애에 걸친 어느 지점에서 횡절단하면 생애의 한 상(즉, 어느 시점에서 개인이 수행한 다중 삶의 역할에 대한 포괄적인 견해)이 얻어진다.

비록 삶-경력 무지개가 연구자들, 특히 양적인 연구에 종사하는 연구자들에게는 유용성이 제한될 수도 있지만, 개업 상담가와 내담자들에게는 매우 유용하다. 현저성 목록과 유사하게, 삶-경력 무지개는 내담자가 다양한 삶의 역할의 상대적 중요성과 그 역할들이 어떻게 상호작용하는지를 이해하는 데 도움을 줄 수 있다. 그러나 현저성 목록과는 대조적으로 삶-경력 무지개는 생애 차원을 덧붙이는데, 이는 사람들이 그 역할들의 중요성과 각 역할의 존재 및 부재가 시간에 따라 어떻게 변하는지를 탐색하게 해 준다. 더욱이 삶-경력 무지개는 사람들이 미래에 자신의 삶의 공간을 구축하고 삶의 역할을 균형 있게 만드는 것에 관하여 계획하게 해 준다.

경력 성숙과 적응성

Super(1980)는 또한 경력 성숙과 적응성 구성개념을 제안하였다. 경력 성숙은 원래 경력 개발 과정에서 예측할 만한 단계를 취하는 개인의 준비됨을 가리킨다. 경력 적응성은 예측 가능하거나 불가능한 변화를 포함한 근로자의 역할에서의 모든 변화의 유형을 다룰 개인의 준비됨을 가리킨다.

경력발달 목록   경력발달 목록(CDI: Career Development Inventory; Super, Thompson, Lindeman et al., 1988)은 연구자 또는 실천가가 시행하고 출판사

511

(Consulting Psychologists Press)가 채점하는 120개 항목의 다중 선택 도구다. CDI는 교육적·직업적 결정을 하는 준비됨을 평가한다. 중고생용과 대학생용의 두 가지 형태가 있다. 결과는 경력계획, 경력 탐색, 의사결정, 근로의 세계, 선호된 직업군에 관한 지식, 경력 개발 태도, 경력 개발 지식과 기술 그리고 (경력 성숙의 전체적 측정인) 경력 정향의 여덟 가지 척도에 점수를 낸다. 신뢰도와 타당도 정보는 Super, Thompson, Lindeman 등(1988), Punch와 Sheridan(1985)에 제시되어 있다.

성인 경력관심 목록　　성인 경력관심 목록(ACCI: Adult Career Concerns Inventory; Super, Thompson, & Lindeman, 1988)은 연구자 또는 실천가가 시행하고 전형적으로 출판사(Consulting Psychologists Press)가 채점하는 61개 항목의 도구다. 이것은 근로자 역할에서 변화에 적응하는 성인의 준비된 정도를 측정한다. 그러나 근로집단에 진입하고 있는 청소년에게도 사용될 수 있다. 피검자는 각 항목에서 '전혀 관심 없다'에서 '대단히 관심 있다'까지의 5점 Likert 척도에 반응한다. 결과는 경력 발달의 다섯 가지 주요 단계와 각 단계 내의 세 가지 하위 단계에 대하여 점수를 낸다. 비록 ACCI가 강점보다는 '관심'을 외현적으로 다루고는 있지만, 이러한 과정에서 상대적 강점의 영역을 파악하는 데 사용될 수 있다(즉, 통달되었기 때문에 관심이 적어진 발달의 영역이다). ACCI에 관한 신뢰도와 타당도 정보는 Super, Thompson 및 Lindeman(1988), Super, Thompson, Lindeman 등(1988)에 있다.

위의 두 도구 사이의 일차적인 차이는 초점을 두고 있는 발달단계다. CDI는 여전히 조기 경력 결정을 하고 있는 청소년 및 젊은 성인용이다. ACCI는 계획 중에 있거나 경력 이전 중에 있는 성인용으로 개발되었지만 전 생애에 걸쳐 사용될 수 있다.

측정의 문제 및 미래의 발달

이 장에서 논의된 모든 도구에 대한 공고한 신뢰도와 타당도를 보여 주는 상당한 증거가 있다. 검사에 특유한 측정문제를 위해서 독자들은 소개된 참고문헌을 보기 바란다. 그러나 최근 들어 나타나는 여러 주제가 있다. 우선 일반적으로 다문화 주제에 대한 자각이 우리의 현재 직업적 평가가 다양한 집단에게 사용해도 타당한지에 관한 질문을 제기하고 있다(Subich & Billingsley, 1995). 예를 들면, 여성과 함께 일하거나 경력 개발을 연구할 때, Betz(1993)는 직업적 흥미 목록의 결과가 내적으로 동기화된 선호라기보다는 성역할 사회화 과정을 반영할 수 있다고 경고하였다. 그러므로 흥미 목록에 대한 전통적인 방식으로 사용하면 여성이 비전통적인 흥미와 직업을 탐색하도록 격려받기보다는 현상을 유지하도록 하는 역할을 한다. 또한 Fouad(1993)은 많은 직업적 평가도구가 인종적·민족적 소수 구성원에 대한 규준을 가지고 있지 않으며 그 도구의 많은 것들이 이런 집단의 사람들에게 신뢰성 있고 타당한지 여부가 알려져 있지 않다고 하였다. 우리는 다양한 집단과 문화에 걸쳐서 이런 측정들의 적응성을 소개하는 상당한 노력과 자원을 쏟을 필요가 있다.

두 번째 주제는 변화하는 근로 세계를 포함한다. 직업심리학의 초기에 이 분야는 산업혁명에 부응하고 있었는데, 이는 특정한 직업에 잠재력 있는 근로자를 맞춰 주는 발달된 방법을 요구하였다(Krumboltz & Coon, 1995). 이 장에서 소개된 도구들을 포함하여 많은 신뢰성 있고 타당한 도구들이 근로자의 특성과 근로환경의 짝짓기 과정을 돕기 위하여 근로자의 특성과 근로환경을 측정하도록 개발되었다. 그러나 근로 세계가 변하는데도 직업적 평가는 적절한 보조를 맞추는 데 실패했다. 예를 들면, 작업장의 구조는 위계구조에서 팀구조로 바뀌고, 직업 묘사는 좀 더 유연하고 덜 고정되며, 근로자는 한 직업에 종사하고 있어도 새로운 기술을 획득할 당장의 요구가 있다(Krumboltz & Coon, 1995). 직업적 평가 기구는 현재 측정되는 구성개념에 내재된 이론을 재고함으로써 근로 세계에서의 이러한 변화에 부응할 필요가 있다. 다른 세계에서는 구성개념 자체의 타당도를 문제 삼을 필요가 있다. 근로 세계에서의 극적인 변화를 두고 보아 이 구성개념 각각은 여전히 경력발달에 의미를 지니고 있는가?

마지막으로, 직업적 평가에서 미래의 발달은 한 개인의 근로 삶에서 '무엇이다'와 '무엇일 수도 있다' 사이의 구별을 소개할 필요가 있다. Krumboltz가 지적한 바대로(예: Mitchell & Krumboltz, 1996), 만일 직업적 평가가 사람들이 이미 노출된 바 있는 선택사항에 대한 선택을 제한한다면 우리는 사람들에게 해를 끼치는 것이다. 특히 긍정심리학의 맥락에서 직업적 평가는 문을 열어 놓고 일의 세계에서 사람들이 지각하는 선택사항의 범위를 증가시켜야만 한다. 현재의 직업평가 도구들은 '무엇이다'를 평가하는 데는 훌륭한 역할을 한다. 우리는 이러한 도구에 '가능한 것의 측정'을 포함하도록 더할 필요가 있다.

참고문헌

Betz, N. E. (1993). Issues in the use of ability and interest measures with women. *Journal of Career Assessment, 1,* 217-232.

Brown, D., & Brooks, L. (1996). *Career choice and development* (3rd ed.). San Francisco: Jossey-Bass.

Brown, S. D., & Gore, P. A. (1994). An evaluation of interest congruence indices: Distribution characteristics and measurement properties. *Journal of Vocational Behavior, 45,* 310-327.

Buckingham, M., & Clifton, D. O. (2001). *Now, discover your strengths.* New York: Free Press.

Dawis, R. V. (1996). The theory of work adjustment and person-environment-correspondence counseling. In D. Brown & L. Brooks (Eds.), *Career choice and development* (3rd ed., pp. 75-120). San Francisco: Jossey-Bass.

Dawis, R. V., & Lofquist, L. H. (1984). *A psychological theory of work adjustment.* Minneapolis: University of Minnesota Press.

Fouad, N. A. (1993). Cross-cultural vocational assessment. *Career Development Quarterly, 42,* 4-13.

Gerstel, N., & Gross, H. E. (Eds.) (1987). *Families and work.* Philadelphia: Temple University Press.

Gottfredson, G. D., & Holland, J. L. (1990). A longitudinal test of the influence of congruence: Job satisfaction, competency utilization, and counterproductive behavior. *Journal of Counseling Psychology, 37,* 389-398.

Harmon, L. W., Hansen, J. C., Borgen, F. H., & Hammer, A. L. (1994). *Strong Interest Inventory: Applications and technical guide.* Palo Alto, CA: Counseling Psychologists Press.

Holland, J. L. (1959). A theory of vocational choice. *Journal of Counseling Psychology, 6,* 35-45.

Holland, J. L. (1985a). *Making vocational choices* (2nd ed.). Englewood Cliffs, NJ: Prentice-Hall.

Holland, J. L. (1985b). *Manual for the Vocational Preference Inventory.* Odessa, FL: Psychological Assessment Resources.

Holland, J. L., Daiger, D. C., & Power, P. G. (1980). *My vocational Situation: Description of an experimental diagnostic form for the selection of vocational assistance.* Palo Alto, CA: Consulting Psychologist Press.

Holland, J. L., Fritzche, B. A., & Powell, A. B. (1994). *Technical manual for the Self-Directed Search.* Odessa, FL: Psychological Assessment Resources.

Holland, J. L., Gottfredson, D. C., & Power, P. G. (1980). Some diagnostic scales for research in decision making and personality: Identity, information, and barriers.

Journal of Personality and Social Psychology, 39, 1191-1200.

Holland, J. L., Johnston, J. A., & Asama, N. F. (1993). The Vocational Identity Scale: A diagnostic and treatment tool. *Journal of Career Assessment, 1,* 1-12.

Holland, J. L., Powell, A. B., & Fritzche, B. A. (1997). *Self-Directed Search: Professional user's guide.* Odessa, FL: Psychological Assessment Resources.

Ironson, G. H., Smith, P. C., Brannick, M. T., Gibson, W. M., & Paul, K. B. (1989). Construction of a Job in General scale: A comparison of global, composite, and specific measures. *Journal of Applied Psychology, 74,* 193-200.

Kapes, J. T., Mastie, M. M., & Whitfield, E. A. (Eds.) (1994). *A counselor's guide to career assessment instruments* (3rd ed.). Alexandria, VA: National Career Development Association.

Krumboltz, J. D., & Coon, D. W. (1995). Current professional issues in vocational psychology. In W. B. Walsh & S. H. Osipow (Eds.), *Handbook of vocational psychology: Theory, research, and practice* (2nd ed., pp. 391-426). Mahwah, NJ: Erlbaum.

Levinson, E. M., Ohler, D. L., Caswell, S., & Kiewra, K. (1998). Six approaches to the assessment of career maturity. *Journal of Counseling and Development, 76,* 475-482.

Mitchell, L. K., & Krumboltz, J. D. (1996). Krumboltz's learning theory of career choice and counseling. In D. Brown & L. Brooks (Eds.), *Career choice and development* (3rd ed., pp. 233-280). San Francisco: Jossey-Bass.

Nevill, D. D., & Super, D. E. (1986a). *The Salience Inventory: Theory, application and research.* Palo Alto, CA: Consulting Psychologist Press.

Nevill, D. D., & Super, D. E. (1986b). *The Values scale.* Palo Alto, CA: Consulting Psychologists Press.

Parsons, F. (1909). *Choosing a vocation.* Boston: Houghton-Mifflin.

Punch, K. F., & Sheridan, B. E. (1985). Some measurement characteristics of the Career Development Inventory. *Measurement and Evaluation in Counseling and Development, 18,* 196-202.

Rounds, J. B., Dawis, R. V., & Lofquist, L. H. (1987). Measurement of person-environment fit and prediction of satisfaction in the theory of work adjustment. *Journal of Vocational Behavior, 31,* 297-318.

Rounds, J. B., Henly, G. A., Dawis, R. V., Lofquist, L. H., & Weiss, D. J. (1981). *Manual for the Minnesota Importance Questionnarie: A measure of vocational needs and values.* Minneapolis: University of Minnesota.

Ryan, R. M., & Deci, E. L. (2000). Self-determination theory and the facilitation of intrinsic motivation, social development, and well-being. *American Psychologist, 55,* 68-78.

Savickas, M. L. (1984). Career maturity: The construct and its measurement. *Vocational Guidance Quarterly, 32,* 222-231.

515

Savickas, M. L. (2000, Aug.). Building human strength: Career counseling's contribution to a taxonomy of positive psychology. In W. B. Walsh (Chair), *Fostering human strength: A counseling psychology perspective.* Symposium presented at the annual meeting of the American Psychological Association, Washington, DC.

Seligman, L. (1994). *Developmental career so and assessment* (2nd ed.). Thousand Oaks, CA: Sage.

Seligman, M. E. P., & Csikszentmihalyi, M. (2000). Positive psychology: An introduction. *American Psychologist, 55,* 5-14.

Spokane, A. R. (1996). Holland's theory. In D. Brown & L. Brooks (Eds.), *Career choice and development* (3rd ed.). San Francisco: Jossey-Bass.

Stumpf, S. A., Colarelli, S. M., & Hartman, K. (1983). Development of the Career Exploration Survey (CES). *Journal of Vocational Behavior, 22,* 191-226.

Subich, L. M., & Billingsley, K. D. (1995). Integrating career assessment into counseling. In W. B. Walsh & S. H. Osipow (Eds.), *Handbook of vocational psychology: Theory, research, and practice* (2nd ed., pp. 261-294). Mahwah, NJ: Erlbaum.

Super, D. E. (1963). Self-concepts in vocational development. In D. E. Super, R. Starshevsky, N. Matlin, & J. P. Jordaan (Eds.), *Career development: Self-concept theory* (pp. 17-32). New York: College Entrance Examination Board.

Super, D. E. (1980). A life-span, life-space approach to career development. *Journal of Vocational Behavior, 13,* 282-298.

Super, D. E. (1983). Assessment in career guidance: Toward truly developmental counseling. *Personnel and Guidance Journal, 61,* 555-562.

Super, D. E., Savickas, M. L., & Super, C. M. (1996). The life-span, life-space approach to careers. In D. Brown & L. Brooks (Eds.), *Career choice and development* (3rd ed., pp. 121-178). San Francisco: Jossey-Bass.

Super, D. E., Thompson, A. S., & Lindeman, R. H. (1988). *Adult Career Concerns Inventory: Manual for research and exploratory use in counseling.* Palo Alto, CA: Consulting Psychologists Press.

Super, D. E., Thompson, A. S., Lindeman, R. H., Jordaan, J. P., & Myers, R. A. (1988). *Manual for the Adult Career Concerns Inventory and the Career Development Inventory.* Palo Alto, CA: Consulting Psychologists Press.

Sympson, S. (1999). *Validation of the Domain Specific Hope scale: Exploring hope in life domains.* Unpublished doctoral dissertation, University of Kansas, Lawrence.

Weiss, D. J., Dawis, R. V., England, G. W., & Lofquist, L. H. (1967). Manual for the Minnesota Satisfaction Questionnarie. *Minnesota Studies in Vocational Rehabilitation, XXI.* Minneapolis: University of Minnesota.

Wrzesniewski, A., McCauley, C., Rozin, P., & Schwartz, B. (1997). Jobs, career, and callings: People's relations to their work. *Journal of Research in Personality, 31,* 21-33.

CHAPTER 25

긍정적 대처
요구 숙달과 의미 탐색

대처는 개인에게 도전, 위협, 손해, 상실 또는 혜택이 되는 중요한 사건과 요구를 관리하고 극복하는 노력으로 정의될 수 있다(Lazarus, 1991). 대처라는 용어는 좀 더 협의의 의미로서 불리한 환경에 유기체가 적응하는 데 요구되는 반응으로 종종 사용된다. 그러나 최근의 긍정심리학 운동의 맥락에서는 대처의 개념이 확장되었고, 지금은 자기 조절의 목표 달성 전략들과 개인적 성장 또한 포함하고 있다(개관을 위해서는 Snyder, 1999; Snyder & Lopez, 2002를 보라).

대처는 사건에 대한 반응으로서 그리고 다가오는 요구의 예측 안에서 발생할 수 있지만, 스스로 맡은 목표와 도전에 대한 순행적인(proactive) 접근 또한 포함될 수 있다. 가능한 모든 대처행동을 간략한 대처 차원으로 줄이려는 많은 시도가 있었다. 연구자들은 다음과 같은 두 가지 기본적인 구분에 도달하였다. 즉, (1) 도구적이고, 주의를 기울이고, 방심하지 않고, 직면적인 대처이고, 이와 대조적으로 (2) 회피적이고, 변명을 찾고, 감정적인 대처다(개관을 위해서는 Schwarzer & Schwarzer, 1996을 보라). 잘 알려진 접근은 감정 중심적 대처와 문제 중심적 대처를 구분한 Lazarus(1991)의 주장이다. 다른 개념적 구분은 동화적 대처와 조절적 대처인데, 전자는 환경을 바꾸는 데 목표를 두고 있지만 후자는 자신을 바꾸는 데 목표를 두고 있다(Brandtstädter, 1992). 동화적 대처는 끈질긴 목표 추구를 수반하고, 조절적 대처는 유연한 목표 조정을 수반한다. 이와 유사하게 일차 통제 대 이차 통제(Rothbaum, Weisz, & Snyder, 1982), 또는 숙달 대 의미(Taylor, 1983)의 용어도 정의되었다.

이 장은 앞서 기술한 대처의 두 가지 광범한 과정에 대한 대용물로서 숙달(mastery)과 의미(meaning)라는 용어를 사용하여 두 부분으로 구성하였다. 숙달은 요구에 대한 문제 중심적인 또는 동화적인 대처에 속하는 반면, 의미는 조절적 대처에 속한다. 이러한 대처과정들은 배타적으로 적용될 필요는 없다. 그것은 다소간 동시에 발생될 수도 있고 어떤 시간 순서를 가지고 발생할 수도 있다. 예를 들면, 개인들은 우선 당면한 요구를 바꾸려고 노력하고, 만일 실패하게 되면 자신들이 처한 어려운 입장을 재해석하고자 내면으로 관심을 돌려 그 안에서 주관적 의미를 찾는다. 우리는 가능한 한 사고와 행동의 논의를 많이 하지 않고, 대신 긍정적 대처를 강조하고 이전의 접근을 확장하는 혁신적인 이론적 관점에 초점을 둘 것이다. 다음에서는 긍정적 대처의 전형이 되는 순행 대처(proactive coping)와 더불어 네 가지 종류의 적응을 구분해 놓았다(Schwarzer, 2000).

도전적인 요구의 숙달: 순행적 대처이론

스트레스를 주는 요구(예: 조기 상실, 해결되지 않은 해로운 사건 또는 미래의 사건)는 가용한 자원으로는 맞닥뜨린 과제를 대응할 능력이 없다고 느끼는 사람에게는 위협으로 보인다. 사회적 맥락에서 생기는 스트레스에 가득 찬 일화의 복잡성에 비추어볼 때, 인간의 대처는 투쟁-도피(fight-and-flight) 반응 또는 긴장 완화와 같은 일차적인 형식으로 환원될 수는 없다. 대처란 요구 시기에 대한 시각과 사건에 대한 주관적 확실성에 달려 있다.

새로운 관점을 소개하기 위하여 우리는 반응적 대처(reactive coping), 예견적 대처(anticipatory coping), 예방적 대처(preventive coping) 그리고 순행적 대처(proactive coping)를 구분하고, 어떻게 대처의 각 유형이 과거, 현재, 미래의 사상을 파악하는 데 도움을 주는지를 알아보고자 한다. 반응적 대처는 과거에 경험한 손해나 상실을

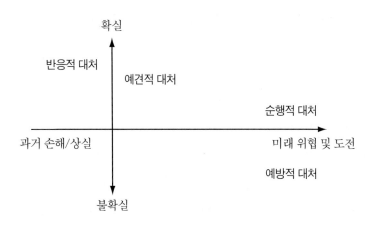

확실

반응적 대처

예견적 대처

순행적 대처

과거 손해/상실 ───────────────────────► 미래 위협 및 도전

예방적 대처

불확실

그림 25-1 시기와 확실성의 측면에서 대처의 네 가지 관점

언급하는 반면, 예견적 대처는 가까운 미래의 급박한 위협에 관계된다. 예방적 대처는 먼 미래에 불분명한 잠재적인 위협을 예시하며, 순행적 대처는 잠재적으로는 자기향상이 되는 맞닥뜨린 도전을 포함한다([그림 25-1] 참조).

반응적 대처는 과거 또는 현재의 스트레스를 주는 사건을 다루는 노력이나 손해 또는 상실을 수용하거나 보충하려는 노력으로 정의될 수 있다. 손해나 상실의 예는 이혼, 실직, 형편없이 본 입사 면접, 사고 발생, 부모나 친구의 비난 등이다. 이러한 사건들 모두는 과거에 발생한 것이다. 그러므로 대처가 필요한 개인은 상실을 보충하거나 손해를 경감시켜야 한다. 다른 선택은 목표를 재조정하고, 혜택을 찾으며, 의미를 탐색하는 것이다. 반응적 대처는 문제에 초점을 맞추거나, 감정에 초점을 맞추거나, 또는 사회관계에 초점을 맞출 수도 있다. 상실 또는 손해에 대한 대처를 위해서 개인은 바로 원기를 회복해야 할 필요가 있다. 이들은 보상이나 회복에 목표를 두고 있기 때문에 좌절을 극복하는 자신의 능력에 대한 특별한 낙관주의적 믿음인 '회복의 자기효능감'이 필요하다(Schwarzer, 1999).

예견적 대처가 반응적 대처와 근본적으로 다른 점은 핵심적인 사상이 아직 발생하지 않았다는 것이다. 이는 미래의 위협에 대처하려는 노력으로 간주될 수 있다. 예견적 대처에서 개인은 가까운 미래에 발생할 것이 확실하거나 상당히 확실한 중요한 사건에 직면한다. 그 예로는 계획된 대중 연설, 치과의사와의 약속, 입사 면접, 부모 역할 적응, 작업량 증가, 시험, 진급, 은퇴, 회사 감축 등이 있다. 차후에 다가오는 사상은 손해나 상실을 가져올 위험이 있고, 개인은 이러한 지각된 위험을 다루어야만 한다. 이 상황은 위협적이거나, 도전적이거나, 혜택을 주거나, 또는 각각이 섞인 것으로 평가된다. 대처의 기능은 노력을 증가시키거나, 도움 목록을 작성하거나, 또는 다른 자원을 투자하는 것과 같은 실제 문제를 해결하는 데 있다. 다른 기능은 위험에도 불구하고 좋게 느끼는 것인데, 예를 들면 상황을 덜 위협적인 것으로 재정의하거나, 기분을 전환하거나, 또는 타인으로부터 확신을 얻어 내는 것이다. 그러므로 예견적 대처는 알려진 위험들에 대한 관리로 이해할 수 있다. 여기서 관리는 자신의 자원을 스트레스 유발자를 예방하거나 싸우는 데, 또는 예견된 혜택을 최대화하는 데 투자하는 것을 포함한다. 개인 자원 요인 중 하나는 상황 특정적 '대처 자기효능감'(Schwarzer & Renner, 2000), 즉 특정한 상황에서 성공적으로 대처할 수 있다는 낙관적인 자기 믿음이다.

예견적 대처가 확실성 높은 사건에 대한 단기적 싸움이라면, 예방적 대처는 불확실한 사건에 대하여 장기적으로 준비하는 노력이다. 그 목표는 영향의 심각성을 최소화함으로써 미래에 덜 긴장되는 결과를 낳는 일반적인 저항 자원을 쌓는 것이다. 그러므로 스트레스를 주는 사건이 발생했다면 결과는 덜 심각할 것이다. 예방적 대처에서 사람은 먼 미래에 발생할 수도 있고 발생하지 않을 수도 있는 중요한 사건을 고려한다. 그러한 사건의 예는 직업 상실, 강제 퇴직, 범죄, 질병, 신체적 장애, 재난 또는 가난이다. 사람들이 보조 열쇠를 지니고 다니거나, 문을 이중으로 잠그거나, 좋은 건강보험을 들거나, 저축하거나, 또는 사회적 유대를 쌓는 것은 그것이 필요하게 될지조차 모르는 채 예방적 방식으로 대처하고 보호막을 쌓는 것이다.

애매함에 대한 지각은 단일 사건에 제한시킬 필요가 없다. '어떤 것'이 발생할 수도 있다는 막연한 걱정이 있을 수 있는데, 이것은 사람으로 하여금 '어떤 것'에 대해 준비하도록 동기화시킨다. 그 사람은 다소간 위협적인 것으로 평가되는 비규범적인 삶의 사상 발생에 대비한다. 이렇게 대처는 먼 미래의 다양하고 알려지지 않은 위험을 준비해야만 하기 때문에 위기 관리의 일종이다. 지각된 애매함은 광범위한 대처행위를 준비하게 한다. 모든 종류의 손해 또는 상실은 어느 날 현실화되기 때문에 사람들은 '만약의 경우에 대비하여' 자신의 심리적 강점을 개발하고, 부와 사회적 유대 그리고 기술을 축적함으로써 전반적인 저항 자원을 축적한다. 예를 들면, 대처기술 발달은 가능한 문제를 예방하는 데 도움을 주는 대처과정이다. 예방적 대처는 심각한 스트레스 상황에서 발생된 것은 아니다. 이것은 상황 불안이 아니라, 오히려 어떤 수준의 기질적 걱정 또는 적어도 삶의 위험에 관한 이유 있는 염려에 의해 유발된 것이다. 전반적인 '대처 자기효능감'은 먼 미래에 위협적인 비규범적인 삶의 사건에 대비하여 적응 유연성을 갖는 데 도움이 되는 다방면의 예방적 행동들을 성공적으로 계획하고 주도하는 개인의 유용한 준비 작업으로 보인다.

긍정적 대처의 전형은 순행적 대처인데, 그 이유는 손해, 상실 또는 위협과 같은 부정적인 평가를 필요로 하지 않기 때문이다. 순행적 대처는 목표의 도전과 개인의 성장에 대한 장려를 촉진하는 자원을 구축하려는 노력을 반영한다. 순행적 대처에서 사람들은 비전을 가지고 있다. 그들은 미래의 위험, 요구, 기회를 보지만 그것들을 잠재적 위협, 손해 또는 상실로 평가하지 않는다. 오히려 요구적인 상황을 개인적 도전으로 지각한다. 여기서 '대처는 위험 관리 대신에 목표 관리가 된다.' 그들은 행위의 건설적인 경로를 촉진하고 성장의 기회를 만들어 낸다는 점에서 반응적(reactive)이 아니라 순행적(proactive)이 된다. 순행적인 사람은 삶을 개선하려고 애쓰고 기능의 질과 과정을 확실하게 하는 자원을 구축한다. 순행적인 사람에게 더 나은 생활 상황과 높은 수행을 만드는 것은 삶을 의미 있게 만드는 기회로 경험된다. 스트레스는 '기능적 스트레스(eustress)', 즉 생산적인 각성과 생명의 에너지로 해석된다(Selye, 1974).

예방적 및 순행적 대처는 역량 조성, 자원 축적 그리고 장기 계획과 같은 동일한 종류의 외현 행동에서 명백해진다. 그러나 위협 또는 도전이라는 평가를 하게 되면 걱정 수준이 전자에서는 높고 후자에서는 낮기 때문에 차이가 생긴다. 순행적인 사람은 도전하려는 동기가 있으며 자신을 자기 자신만의 높은 질의 기준에 맞추려고 한다.

자기 조정적 목표 관리는 야심적인 목표 설정과 끈질긴 목표 추구를 포함한다. 목표 추구는 '행위 자기효능', 즉 힘든 행위 경로를 시작하고 유지할 수 있다는 믿음을 요구한다. 이것은 Snyder(1994)가 제안한 희망 구성개념의 '주도성(agency)'과 유사하다. 자기 조정적 목표 달성의 역할은 건강행동 변화를 설명하려고 설계된 이론인 건강행위 과정 접근(Schwarzer, 1992, 1999, 2001; Schwarzer & Renner, 2000)에서 자세하게 설명되었다. 이러한 네 가지 대처의 구분은 부정적 사건에 대한 단순한 반응에서 스트레스의 긍정적인 경험과 적극적인 기회의 창조가 포함되는 폭넓은 범위의 위기 및 목표 관리로 초점을 옮겼기 때문에 장점이 있다. Aspinwall과 Taylor(1997)는 기존의 이론과 유사하지만 동일하지는 않은 순행적 대처이론을 기술하였다. 그들이 순행적 대처라고 불렀던 것은 주로 이러한 접근에서 예방적 대처라는 용어로 대신

521

한다(Greenglass, Schwarzer, & Taubert, 1999). 우리가 조작적 정의를 내리기 전에 긍정적 대처의 다른 영역을 소개하는 것이 필요할 것이다.

의미의 탐색

여기에서는 '의미'의 개념과 대처과정에서의 역할을 다룬다. 의미는 다양한 스트레스에 대한 적응과 관련된 대처이론과 몇몇 현저한 스트레스에 대한 하나의 초점이었다(Lazarus, 1991). 연구자들은 대처과정에서 의미의 탐색을 기술하는 역할들에 관해 다양한 의견을 제시하였다. 그들은 그것을 대처와 구분되는 것(Affleck & Tennen, 1996), 서로 뒤얽힌 것(Folkman & Moskowitz, 2000), 또는 과정 속에서 대처를 형성하는 요인이 되는 것(Lazarus, 1991)으로 개념화하였다.

연구자들은 또한 대처과정 속에서 의미의 다양한 수준들을 자세히 조사하였다. 예를 들면, Folkman과 Moskowitz(2000)는 상황적 의미와 전체적 의미를 구별하였다. 상황적 의미는 개인의 믿음, 목표 또는 가치와의 관계에서 개인이 갖는 중요성의 수준을 알아내는 데 도움을 주는 스트레스의 평가를 가리킨다. 전체적 의미는 사람들의 좀 더 존재적인 가정 또는 '가정된 세계'와 관련된 추상적이고 일반화된 의미와 좀 더 관련이 있다(Janoff-Bulman, 1992).

역경 속에서 의미를 찾는다는 주제에 관심이 있는 대부분의 연구자들은 그것을 개인의 신체적 건강(예: Affleck, Tennen, Croog, & Levine, 1987)과 심리적 건강(예: Davis, Nolen-Hoeksema, & Larson, 1998)에 대한 폐해를 최소화하는 것과 공통적으로 관련된 강력한 인간의 강점으로 개념화한다. 먼저 Lazarus(1991), Folkman과 Moskowitz(2000)에 의해 강조된 바 있는 의미에 대한 상황적 접근이 기술될 것이다. 다음으로 외상에 관련된 문헌에서 주로 나타난 의미의 좀 더 전반적인 개념화에 대하여 보고할 것이다.

상황적 접근

Lazarus(1991)는 개인-환경 관계의 감정적 의미는 평가과정에 의해서 만들어진다고 주장하였다. 상황이 개인의 목표나 신념, 가치와 관련이 있는지는 몇 개의 자동적 결정을 살펴보면 알 수 있다. Lazarus의 이론에 의하면 위협, 손해-상실 또는 도전의 자세를 지닌 것, 관련이 있는 것 또는 관련이 없는 것으로 평가되거나 의미가 부여된다(Lazarus & Folkman, 1984). 평가의 측면에서 의미를 생성하는 것은 적응적 직면의 중요성을 알아보고자 제시될 수 있다.

Folkman과 Moskowitz(2000)는 의미의 파악은 상황과 대처 선택의 관련성을 추정하는 데 기여할 뿐만 아니라 대처행동에서, 특히 긍정적 감정을 지지하는 대처에서 핵심적인 역할을 한다고 하였다. '대처의 이면'을 살펴보려는 노력 속에서 연구자들은 만성 스트레스의 맥락에서 긍정적 감정을 길러 주는 의미 관련 대처 전략 세 가지를 밝혀냈다. 그것은 긍정적 재평가, 문제 중심적 대처 그리고 일상적 사건에 긍정적 의미를 불어넣기다.

죽음에 임박한 AIDS 배우자를 8개월 동안 돌보았던 사람을 대상으로 한 종단연구(Moskowitz, Folkman, Collette, & Vittinghoff, 1996)에서, 연구자들은 돌보는 사람이 고통스러운 경험을 보람 있는 일로 재평가하고 있는 것을 지적하면서, 긍정적 감정의 증가와는 독립적으로 연관되어 있는 긍정적 재평가를 발견하였다. 이와 유사하게, 돌보는 사람은 배우자의 죽음 전에 문제 중심적인 대처에 대한 노력을 증가시켰다고 보고하였다. 이런 식으로 이 기간 동안 긍정적 감정과의 강력한 연합이 발견되었다. Folkman과 Moskowitz(2000)는 문제 중심적 대처는 효능감과 상황 숙달을 지지한다는 점에서 의미를 찾는 것과 관련시킬 수 있다고 제안하였다. 그들은 돌보는 사람들 거의 모두가 자신들이 겪고 있는 스트레스 가운데서 긍정적인 사건을 쉽게 보고하였음을 강조하였다. 이러한 사건들의 대부분은 실제로 일상적인 것임에도 불구하고(〈표 25-1〉 참조) 긍정적인 것으로 보고되었다. 만성적 스트레스를 주는 상황(예: 장기간의 간호)의 진행 동안, 일상적 경험은 긍정적 의미를 부여하고 또 긍정적 감정에 기여하는 보급 장치로 작용한다고 제안되었다.

Fredrickson(2002)은 긍정적 감정의 확장 및 구축 모형에 대한 자신의 최근 이론에서 건강과 안녕감에 대한 긍정적 감정의 중요성을 강조하였다. Fredrickson은 부정적 감정 상태는 편협하고 고정된 사고 및 행동과 연관되어 있다고 주장해 왔다. 한편으로 긍정적 감정이 개인의 사고 레퍼토리와 행동 레퍼토리를 확장시키고, 따라서 지속적인 개인의 자원을 구축한다고 보았다. Fredrickson은 이러한 기제에 따라서 긍정적 감정이 부정적 감정을 지속적으로 해소시키는 효과가 있다고 제안하였다. 이 제안에

〈표 25-1〉 '의미'에 대한 질적 평가를 사용한 연구들

저자/연구 모집단	대처과정에서 '의미'	전략	측정/질적 평가	대처/범주(예)
Folkman & Moskowitz (2000) AIDS 환자들을 보는 사람	평가된 상황적 의미가 대처 전략의 선택에 영향을 준다. 의미는 긍정적 감정을 지지하는 데에 필수적이다.	긍정적 재평가 문제 중심적 대처 긍정적 의미를 고취시킨 일상의 사건	긍정적 재평가, 문제 중심적 대처: Ways of Coping Questionnaire (Folkman & Lazarus, 1988) 긍정적 의미를 지닌 일상의 사상: '당신이 했던 어떤 것이나 당신에게 일어난 어떤 것이 오늘 중에 특별히 좋게 만들었거나 그날 당신에게 의미 있었거나 그날 에 대해 기술하게 하다.	긍정적 이미로 교취된 사건들 계획된 것: 음식을 준비하기, 친구를 만나기 계획에 없었던 것: 아름다운 꽃을 봄, 사소한 것에 대하여 친사를 받음.
Tylor (1983); Tylor, Lichtman, & Wood (1984) 유방암 환자	나쁜 일이 일어난 이유에 관한 답을 제공하는 인과분석으로서, 좀 더 만족스러운 행동을 따라 삶을 재구조화하고자 자신의 우선순위를 재고려하여 의미를 찾는다. 의미를 찾는 것은 수달감과 사로 얽혀 있을 수도 있다.	위기의 원인과 영향뿐만 아니라 그것의 개인적 중요성을 이해 의미를 찾음으로써 위기와 부수적 영향에 대한 통제감을 을 제획득할 수 있는 기회	의미: 환자에게 암의 원인에 대한 어떤 작음을 가졌는지, 암의 대한 책임이 누구에게 있는지, 그리고 환자의 삶에서 암의 함의가 무엇인지 ... 지를 물어본다.	다음에 환자의 서술적 설명이 있다. 의미/위기의 기원:스트레스, 특정한 발암물질, 유전, 다이어트, 가슴 타격, 기타 의미/책임: 자기 자신, 타인, 환경, 기타 의미/함의: 삶의 재평가, 삶에 대한 새로운 태도, 자기 인식, 자기 변화, 우선순위의 재조정, 긍정적 의미로 파악

524

(표 계속)

저자/연구 모집단	대처과정에서 '의미'	전략	측정/질적 평가	대처/범주(예)
Davis, Nolen-Hoeksema, & Larson (1998) 유족	사건 자체에서 역경의 맥락 속에 있는 자신을 이해하는 것으로 조점을 이동하는 것과 관련하여 자신의 우선순위의 개편에 대한 자극제로서의 의미를 찾는 것 자신의 삶에서 사건에 긍정적 가치를 부여하는 중요한 수단으로서 상실에서 해법을 도출	의미 만들기: 기존의 기본적 세계관 내에서 상실에 대한 설명을 개발 해법 찾기: 역경의 희망을 추구	의미 만들기: "그 죽음에서 의미를 만들 수 있을 거라고 느끼는가?" (Davis et al., 1988: 565) 해법 찾기: "사랑하는 사람을 잃은 사람들은 때때로 그 경험에서 어떤 긍정적인 측면을 찾느다. 예를 들면, 어떤 사람은 자신이나 타인에 대해 어떤 긍정적인 것을 배웠다고 느낀다. 그 경험에서 어떤 긍정적인 것을 찾을 수 있는가?" (Davis et al., 1988: 565)	의미 만들기: 예측 가능성, 수용/삶의 주기의 일부, 신, 죽음을 수용한 환자, 그저 일어났음, 기대했음, 경험된 성장, 기타 해법 찾기: 성격의 성장, 획득된 관점, 가족을 하나로 모음, 타인으로부터의 긍정적 지지, 다른 해법, 불 낯기에 더 좋음.
Affleck & Tennen (1996) 섬유근육종 환자 Affleck & Tennen, Croog, & Levine (1987) 심장마비에서 살아남은 사람	연구자들은 해법 찾기에 관한 의미와 관련된 신념과 대처 반으로서의 해법 깨단기를 구분한다.	해법 찾기: 위험적인 경험에서 고양시키는 의미를 탐색 해법 깨단기: 스트레스 상황의 효과를 경감시키는 데 도움을 주는 인지를 다소간 자주 사용	해법 찾기: "[…] 그 경험에서 어떤 긍정적인 해법, 획득, 이득을 보지 못했는가? 그랬다면 그것이 어떤 것인가?" (Affleck et al., 1987: 31) 해법 깨단기: "만성적 고통을 지난 자신의 삶에서 어느 해법의 일부를 얼마나 많이 깨단는가?" (Affleck & Tennen, 1996: 915)를 참가자들이 평정	해법 찾기(Affleck et al., 1987): 삶/죽음에 대한 관점의 변화, 가치/종교적 관점의 철학의 변화, 가족 삶과 가족관계의 변화, 스트레스와 감동을 피할 필요에 대한 통찰, 고용을 중진시키는 삶의 양식의 변화, 건강-행동의 가치를 배움, 길어진 수명

525

따르면, 가령 긴장 이완 그리고 긍정적 의미와 같은 긍정적 감정을 축적하는 책략은 불안, 우울 또는 공격성과 같은 문제를 예방하고 치료하는 데 적합해야만 한다.

전체적 접근

평가된 상황적 의미는 전체적 의미와 대비된다. 전체적 접근은 세상과 세상 속의 자기에 관한 개인의 기본적 가정, 신념 또는 기대와 연결되어 있는 의미의 좀 더 추상적이고 일반화된 이해를 말한다(예: Wortman, Silver, & Kessler, 1993). 역경에 대처하는 동안 의미를 추구하고 있는 사람이 지닌 태도는 자신의 정체성을 정의하는 존재적 믿음과 먼 목표를 재구성하는 시도로 간주된다(가정적 세계; Janoff-Bulman, 1992).

의미 찾기를 하나의 디딤돌로 통합시키는 걸출한 이론이 Taylor(1983)가 제안한 위협적인 사건에 대한 인지적 적응이론이다. 이 이론은 적응의 세 가지 주요 차원을 제안하는데, 의미의 탐색, 숙달감 그리고 자기 향상이다. 이 세 차원은 서로 독립적이지 않다. 대신에 한 과정이 다른 기능을 수행할 수도 있다고 가정된다. 예를 들면, 인과적 설명은 의미를 제공하면서 동시에 숙달감을 증가시킬 수 있다. Taylor는 의미가 "위기가 왜 발생했으며 그 영향은 어떤 것이었는지를 이해할 필요를 불러일으킨다." (1983: 112)고 제안하였다. 사건의 원인을 이해함으로써 그 사람은 그 중요성과 그것이 개인의 삶에서 상징하는 것이 무엇인지를 평가하게 되는데, 이는 종종 생의 존재적 재평가와 그에 대한 자신의 인식으로 이끌게 된다. 유방암 환자에 대한 연구에서 Taylor는 여성의 대다수가 암 발병 이후 긍정적 변화를 보고하였음을 발견하였다. 95%의 환자가 왜 암이 발병하게 되었는지에 대한 개인적 설명을 가지고 있었다.

새로운 연구에서 Bower, Kemeny, Taylor 및 Fahey(1998)는 최근에 가까운 친구 또는 배우자를 AIDS로 잃은 40명의 HIV 양성 반응자들을 확인하였다. 의미 찾기는 심층 면접 절차를 통해서 질적으로 평가되었다. 저자는 사랑하는 사람이나 친구를 잃는 과정에서 의미를 발견했다고 보고한 사람들은 비교적 높은 수준의 CD4 T 세포(면역 기능의 지표)를 유지하고 있었으며 추적 연구 기간 동안에 죽는 경우가 적었다는 것을 확인하였다(Bower et al., 1998).

사건의 이해를 좀 더 넓은 틀 속으로 재결합시키는 것이 소수의 경우에 아주 오래 걸릴 수도 있거나 전혀 성취되지 않을 수도 있다는 증거가 있다. 배우자나 자식이 폭력에 의해 죽음을 당한 사람에 대한 연구에서 Lehman, Wortman 및 Williams(1987)

는 떠나보낸 뒤 4~7년까지도 동화 노력이 실패한 증거를 발견했다. 외상적인 상실 이후 몇 년 동안이나 가족들은 반복되는 기억, 생각 또는 죽은 사람에 대한 정신적 영상과 씨름하고 있다고 보고하였다. 또한 대부분의 가족들이 지금까지도 그 사건에서 의미를 발견하지 못하였는데, 이는 그 사건을 의미 있는 틀 안으로 통합시켜 종결하지 못했다는 것을 시사한다.

스트레스를 주는 사건에서 의미를 찾는 것의 적응적 가치에 대해 상충되는 증거들을 발견함으로써 연구자들은 그 구성개념을 더 세분화시켰다(Affleck & Tennen, 1996; Davis et al., 1998). 말기 질환 환자의 친척들에 대한 유망한 연구에서 Davis 등은 '의미 만들기(sense-making)'와 '혜택 찾기(benefit-finding)'의 두 가지 차원적 의미의 파악(construal)을 지적하는 증거를 발견하였다(〈표 25-1〉 참조). 의미 만들기는 발생한 사건에 대한 설명을 찾는 것과 관련된다. 예를 들면, 중요한 질환의 경우에 그것을 종교, 건강에 대한 지식, 또는 질환의 선행 조건-결과와 같은 존재하는 도식에 통합시키는 것(또는 도식을 조절하는 것)이다. 한편으로 혜택 찾기는 부정적인 사건의 긍정적 함의 또는 역경 속에서 빛을 찾음으로써 의미 찾기와 연결된다.

Affleck와 Tennen(1996; Tennen & Affleck, 2002)은 심한 질환문제에서 의미의 탐색 속에서의 혜택 찾기 시각을 강조하였다. 심장마비에서 살아남은 사람들에 대한 연구(Affleck et al., 1987)에서 사고 후 8년 뒤에 처음에 혜택을 찾은 사람들은 유의미하게 더 나은 심장 건강 상태에 있었고, 그 후에 심장마비로 고통받을 가능성이 적었음을 발견하였다. 또한 그들은 위기에 따른 혜택을 찾는 것에 관한 믿음(혜택 찾기)과 스트레스를 다루는 의도적 인지 또는 행동적 시도(혜택 깨닫기; Tennen & Affleck, 2002)로서의 대처 전략 사이를 구분하려는 노력을 하였다. 대처 전략으로서 혜택 깨닫기는 상황의 스트레스를 주는 영향을 완화시키려는, 노력을 들이는 혜택 인지의 사용으로 개념화되었다. 섬유근육종(fibromalygia) 환자에 대한 연구에서 환자의 혜택 깨닫기 사용과 더불어 그들의 증상과 경험을 평가하는 데 심층적인 자기 감시(self-monitoring) 방법이 사용되었다. 자료에 따르면, 혜택 깨닫기와 경험 속에서 혜택을 찾았다고 보고하는 관련성에 유의미한 개인차가 있음이 드러났다. 또한 피험자 내 분석에 따르면, 혜택 깨닫기 당일에는 개인이 보고한 고통의 강도와는 상관없이 스스로 즐거운 기분 상태를 경험할 가능성이 높았다.

그러므로 의미의 탐색은 상황적 및 전체적 의미, 혜택 찾기, 특히 혜택 깨닫기를 포함하는 긍정적 대처의 넓은 범주로 간주될 수 있다. 경험적 증거에서 의미와 긍정적 감정이 개인의 세계관을 회복시키고 추가적인 개인 자원을 쌓을 수도 있다는 사실이 입증되고 있다.

긍정적 대처의 평가

대처는 주로 체크리스트 또는 심리측정적 척도와 같은 질문지를 사용함으로써 측정되어 왔다. Schwarzer와 Schwarzer(1996)는 대처의 다양한 측면을 평가하도록 설계된 13개의 전통적인 목록에 관하여 기술하였다. 이러한 측정도구는 문제해결, 회피, 사회적 지지나 정보의 추구, 거부, 재평가 등 대처행동의 넓은 측면을 포괄하는 다양한 하위척도를 포함한다. 결론 중 하나는 만족스럽게 대처를 측정하기가 매우 어렵다는 것이다. 대처는 극히 특유한 것이고 상황과 성격 요인에 의해 다중으로 결정된다. 이론에 근거한 심리측정적 척도로는 그것의 일부만을 평가할 수 있다. 이에 비해서 실험적 측정 접근들은 개인집단에 대한 일반화된 결론을 허용하지 않으면서 개인적이고 기술적인 수준에 머물러 있다. 우리는 다음에서 기본적 측정문제를 언급할 것이지만, 먼저 이전에 기술된 구성개념의 평가에 대한 예를 제시하고자 한다.

긍정적 대처의 혁신적인 측면들을 다루고자 하는 접근들은 (1) 예방적 또는 순행적 대처로 반영되는 미래의 위협과 도전의 숙달 그리고 (2) 의미의 탐색이다. 예방적 대처는 먼 미래에 나타날 수 있는 불확실한 위협적인 사건에 목표를 두고 있다. 사람들은 다양한 위협으로부터 보호될 수 있도록 자원을 축적하고 일반적으로 조심한다. 10개 항목의 예방적 대처 하위척도가 순행적 대처척도(PCI: Proactive Coping Inventory; Greenglass et al., 1999)에 포함되어 있다. 전형적인 항목에는 "나는 미래의 사태를 대비하고 있다." "나는 재난이 닥치기 전에 그 결과에 잘 대비하고 있다." "나는 어려운 역경에 준비되어 있다."가 포함된다. PCI에 대해 고무적인 경험적 증거가 있다(Greenglass, 출판 중). 그러나 "나는 해야 할 일의 목록을 만들어서 하루를 준비한다." "내 차는 항상 필요할 때보다 조금 일찍 연료를 채워 넣기 때문에 연료가 떨어지지 않는다." "나는 비상시를 대비해서 돈을 따로 떼어 놓는다." "나는 건강이 나빠지는 것을 방지하기 위하여 규칙적으로 운동을 한다."처럼 좀 더 상황에 특정한 항목들을 선택하는 것이 이로울 수도 있다. 이러한 예들은 예방적 대처가 대부분의 사람에게는 일상적인 행동이라는 것을 증명하는 것이다. 그러나 개인이 전형적인 "예방적 대처가"라고 특징지어질 수 있는지는 정도의 문제다. 순행적 대처와 상당히 중복되어 종종 특정한 행동이 예방적인지 순행적인지는 즉각적으로 명백해지지 않는다. 이에 내재된 평가가 위협(예방적)이었는지 도전(순행적)이었는지를 알아본 후에 최종적인 결론을 내릴 수 있다.

순행적 대처는 불확실한 도전적인 목표를 갖고 있으며, 사람들은 그러한 추구에서 자원을 축적하고 기술과 책략을 발달시킨다. PCI는 다양한 예를 통하여 검증되어 왔고, 여러 언어로도 번안된 순행적 대처의 하위척도(부록 25.1 참조)를 포함하고 있다. 여기에는 단일 차원의 14개 항목이 있다(부록 25.1 참조). 이것은 만족할 만한 심리측정적 특성을 가지고 있으며 그 타당도에 대한 증거가 드러나고 있다. 캐나다, 폴란드, 독일에서 행한 연구에서 순행적 대처는 지각된 자기효능감과 정적 상관이 있으며, 상이한 직업들에서 직업 소진(job burnout)과는 부적 상관이 있음이 발견되었다(Greenglass, 출판 중). 예를 들면, 316명의 독일인 학교 교사에게서 내적 일관성은 $r = .50$이었다(미출간 자료). 상관을 보면 지각된 자기효능감과는 $r = .61$, 자기 자율과는 $r = .50$, 미루는 버릇과는 $r = -.40$이었다. 직업 소진은 정서적 고갈, 탈개인화 그리고 성취 결여의 삼차원적으로 정의되었다(Maslach, Jackson, & Leiter, 1996). 소진은 타당화와 연관된 구성개념인데, 그것이 순행적 대처와는 호환되지 않아야만 하기

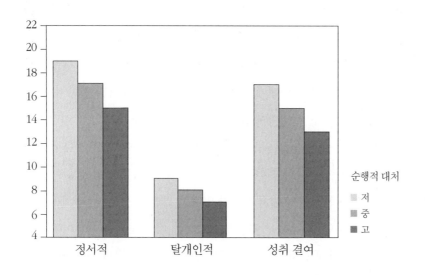

그림 25-2　순행적 대처와 소진 간의 관계　529

때문이다. 관련성을 예시하기 위해서 소진의 세 차원에 대하여 저, 중, 고 순행적 교사로 표본을 나누었다. [그림 25-2]는 순행적 대처의 수준이 증가됨에 따라 소진이 감소하는 패턴을 보여 주고 있다.

대처과정에서 의미의 평가는 질적인 접근에 달려 있다. 개관된 이론들과 연구들의 일부를 앞의 〈표 25-1〉에 요약해 놓았다. 부가적인 측정 논제들은 다음에서 간략하게 논의될 것이다.

측정 논제

대처의 측정은 몇 개의 개념적 주제에 의해 복잡하게 되어 있는데, 거기에 안정성, 일반성 그리고 차원성이 포함된다(Perrez, 2001; Schwarzer & Schwarzer, 1996). 대처를 측정하려고 시도할 때는 필연적으로 어려움이 발생한다. 대처의 평가는 심리학의 다른 구성개념의 평가와 동일하지는 않는데, 특히 성격이 측정되는 전형적인 방식과는 다르다. 대처는 매우 상황 의존적이고 스트레스를 주는 삶이 전개되듯이 빠르고 예측할 수 없게 변화한다.

대처의 평가는 당면한 스트레스를 다루는 개인의 사고와 행동에 대한 상세한 기술로 나타낼 수 있다. 이 방법은 대처가 하나의 과정이며, 변화하는 환경과 변화하는 행동 사이의 우연성의 파악이 가능하다는 사실을 나타낸다. 이는 시간표집 또는 사상표집에 의해 이루어진다. 예를 들면, 한 사람이 동일한 책략군을 항상 적용하는지, 잘 적응된 넓은 범위의 전략을 사용하는지를 평가할 수 있다. 이러한 개별 사례의 접근은 임상적 장면에서는 단일 사례에 적합하지만 현장 연구에서는 일반적이지 않다. 오히려 경험 연구의 초점은 개인차에 있다. 그러므로 안정성은 시간상 여러 시점에서의 개인차의 패턴 유사성을 참고한다. 예를 들어, 어떤 사람이 숙달 지향적인 태도로 대처하고, 어떤 사람은 의미 지향적인 태도로 대처하며, 이후 관찰에서 이것이 다시 발생한다면 그들에게 안정적인 대처 선호가 있다고 귀인할 수 있다. 대처를 표준화된 도구를 가지고 측정하면, 사람들이 역경에 대처하는 데 선호되는 방식이 있다고 특징지을 수 있다. 이는 시간에 걸쳐서 동일한 종류의 전략을 계속해서 적용한다는 것을 의미한다. 이러한 기질적 함의는 대처평가의 복잡성을 줄이는 데 도움을 주지만 비싼 대가를 치르는 것이다. 즉, 이것은 상황 특정적 대처반응의 독특성이 무시될 만한 측면이 있음을 가정한다.

다른 문제는 안정성과 밀접하게 관련되어 있는데, 소위 상이한 상황에 걸친 대처반응의 일관성이란 것이다. 사람들은 시험, 사랑하는 사람을 떠나보냄, 배우자와의 논쟁에 부딪혔을 때 동일한 전략을 적용하는가? 그들은 동일한 반응을 보이지 않을지도 모르지만 회피행동 군(群) 또는 대면행동 군에서 적절한 행동을 선택하는 일반적 경향이 있다고 특징지을 수 있다. 만일 도전적인 사건이 모든 반응을 설명할 수 있다면, 이것은 순수한 상황결정론을 반영하는 것이다. 이와 대조적으로, 사람-상황 상호작용은 사람의 특성과 상황의 특성으로부터의 공동의 영향을 제시한다. 중간 정도의 일반성을 적용하면, 사람이 상황군에 대하여 일련의 개인 의존적인 전략을 구축한다는 것을 함의하고 있다. 대처의 측정은 개인이 상황에 걸쳐 일반화하고 다른 상황에 다시 적용하게 되는 일련의 전략을 불러일으킨다는 가정에서만 의미가 있다.

Stone과 Neale(1984)은 기질 대처 대 상황 대처의 논쟁을 촉발시켰다. 그리고 그들은 종단연구를 통하여 사람이 사용하는 매일의 대처를 평가하는 도구를 발전시키려고 하였다. 예비 연구에서 사람들은 최근의 문제를 다룬 방법에 대하여 87개의 대처 항목에 응답하도록 질문을 받았다. 여기에 8개의 범주가 형성되었는데, (1) 기분 전환, (2) 상황의 재정의, (3) 직접적 행동, (4) 정화, (5) 수용, (6) 사회적 지지, (7) 이완, (8) 종교였다. 심리측정적 특성이 불만족스럽다고 반복적으로 판명되었기 때문에 저자들은 다중 항목으로 심리측정적 척도를 구축하려는 의도를 포기하고 개방형 질문 형식으로 8개 범주를 직접 적용하기로 결정했다. 참가자들은 적합한 범주를 표시하고 해당되는 곳에 자신들의 대처행동을 기술했다. 연구자들은 이 측정의 내용타당도를 공언하였고 이 접근이 전통적인 접근에 비해서 장점이 있다고 주장하였다. 특히, 그들은 대처측정에서 내적 일관성, 회상적 평가 그리고 대처과정을 합산 점수로 나타내는 것의 유용성을 의심하였다. Stone과 Neale이 신뢰성 있고 타당한 심리측정적 대처척도를 개발하지 않은 것과 구조화된 면접을 보고하지 않은 것이 오늘날에는 다행으로 여겨질 수도 있다. 왜냐하면 그들의 논문은 상황 지향된 대처평가의 장점에 대한 논쟁을 촉발시켰기 때문이다(Tennen, Affleck, Armeli, & Carney, 2000).

스트레스를 주는 또는 외상적인 사건의 맥락 속에서 의미라는 구성개념은 대체로 질적으로 평가되어 왔다(〈표 25-1〉 참조). 매우 다른 삶의 사건 상황에서 의미 탐색의 평가를 고려할 때, 면접 접근은 적절한 것으로 보인다. Sommer와 Baumeister(1998) 는 이러한 맥락에서 유용하다고 증명한 자신의 연구에서 도출한 지침 목록을 제시하였다. 먼저 그들은 적어도 분명한 한 가지 독립변인에 대한 신중한 고려를 제안하였는데, 예를 들면 두 개의 연구집단에서 첫 인물 보고를 수집하는 것이다. 둘째로, 이분법적인 예-아니요 코딩 도식은 연속적 척도보다 더 신뢰성 있다고 증명하였다(더 높은 평정자간 일치). 셋째로, 코딩은 분명한 지침을 따라야만 한다는 것이다(예: 이야기체에서 있는 진술 내용뿐 아니라 없는 진술 내용에 대한 설명). 넷째로, 그들은 통계적 힘을 향상시키기 위하여 각 유형(연구집단)에서 코드화할 충분한 수의 이야기가 있어야 한다고 제안한다. 그들은 적어도 각 집단에 60개의 이야기가 필요함을 권장하였다. 또한 짧은 설명이면 많은 예가 도움이 된다고 하였는데, 이야기에서 상세함의 부족이 '아니요' 코딩에 대한 더 큰 기저선 평정과 연합되어 있기 때문이다. 다섯째로, 선험적으로 결정된 코딩과 가설들은 이야기식의 설명에서 최초의 코딩 또는 읽기에서 도출된 경우나 새로운 코딩 범주와 보충되어야만 하는 경우가 종종 있다는 것이다. 우연에 편승되는 것을 피하기 위해서 Sommer와 Baumeister는 코딩 과정 중에 발생된 생각에 근거한 발견들이 반복 검증되어야 함을 권장하였다. 마지막으로, 그들은 가용한 예를 증가시키는 한 가지 방법은, 비록 그와 연합된 통계적 문제점이 있긴 하지만 참가자에게 직면에 대한 두 가지 관점을 수용하도록 요구하는 것이라고 제안하였다.

미래의 방향

대처 분야는 심리학에서 가장 복잡한 분야 중의 하나다. 측정도구는 측정되는 것으로 간주되는 구성개념일 뿐이다. 개념에 대한 부가적인 정교화와 분화는 적절한 평가에 대한 시도 전에 선행되어야 할 필요가 있다. 개념에 대한 그러한 분화의 예로 우리는 순행적 대처이론을 선택하였다(Aspinwall, Taylor, 1997; Schwarzer, 2000). 순행적 행위, 개인적 성장, 긍정적 재평가 그리고 긍정적 감정의 측정은 스트레스 적응의 맥락에서 심리측정적 척도의 수준에 머물러 있어서는 안 되지만, 특정한 대처 일화 내에서 변화를 설명할 수 있어야만 한다.

대처는 과정으로 간주될 때만 이해될 수 있는데(Lazarus, 1991), 이는 측정이 종단적 접근으로 이루어져야 함을 시사한다. 그러나 단순히 시간상으로 여러 지점을 선택하는 것으로는 충분하지가 않다. 왜냐하면 연구자는 의미 있는 변화가 발생되는 최적의 시기에 관해 확신할 수 없기 때문이다. 그러므로 좀 더 연속적인 측정이 요구된다. 이 제안에 가장 가까운 것은 대처를 측정하는 매일의 과정 접근인데, 보통 Experience Sampling Method(Tennen et al., 2000)라고 불리는 것이다. 여기서 참가자들은 적어도 하루에 한 번 휴대용 도구가 알려 줄 때 반응을 하게 된다. 이 방법의 주된 단점은 반응성으로, 연구 설계의 요구로 인하여 대처반응들이 인위적으로 구성됨을 뜻한다. 그러나 전반적 접근은 유망한 것으로 보인다. 앞으로 우리는 실생활에서 컴퓨터의 도움을 받는 실시간 평가방식으로의 발전을 기대할 수 있다.

부 25.1 록

순행적 대처척도

다음의 문장은 여러분이 다양한 상황에서 취할지도 모르는 반응을 다루고 있습니다. 당신이 그 상황에서 어떻게 느끼는지 그 정도를 솔직하게 나타내 주십시오. 가장 적합한 정도에 표시를 하십시오.

반응들을 채점할 때, '전혀 아니다'는 1, '다소 아니다'는 2, '다소 그렇다'는 3, 그리고 '매우 그렇다'는 4가 배정된다.

1. 나는 '주도권을 잡는' 사람이다.
2. 나는 일이 저절로 풀리도록 시도한다.
3. 목표를 달성한 후에 나는 다른 좀 더 도전적인 목표를 찾는다.
4. 나는 불평등한 것에 도전하고 그것을 깨기를 좋아한다.
5. 나는 나의 꿈을 구체화하고 달성하고자 노력한다.
6. 수많은 좌절에도 불구하고 나는 보통 내가 원하는 것을 얻는 데 성공한다.
7. 나는 내가 성공하는 데 필요한 것을 정확히 찾아내고자 노력한다.
8. 나는 장애물을 비껴서 할 수 있는 길을 항상 찾으려고 노력한다. 나를 막을 수 있는 것은 정말 아무것도 없다.
9. 나는 종종 나 자신이 실패하는 것을 봐서 그렇게 높게 희망을 두지 않는다. (−)
10. 어떤 자리에 지원할 때, 나는 나 자신이 그 자리를 차지한다고 상상한다.
11. 나는 장애물을 긍정적 경험으로 바꾼다.
12. 만일 어떤 이가 나에게 내가 어떤 일을 할 수 없다고 말한다면, 나는 내가 꼭 해낼 것이라고 확신해도 좋다고 한다.
13. 문제를 경험하고 있을 때, 나는 그것을 해결하는 데 주도권을 가진다.
14. 문제를 가지고 있을 때, 나는 보통 나 자신이 이겨낼 수 없는 상황 속에 놓여 있다고 본다. (−)

※ (−)는 역채점 항목을 나타낸다. Proactive Coping Inventory(PCI; Greenglass et al., 1999)에서 발췌.

Affleck, G., & Tennen, H. (1996). Construing benefits from adversity: Adaptational significance and dispositional underpinnings. *Journal of Personality, 64,* 899-922.

Affleck, G., Tennen, H., Croog, S., & Levine, S. (1987). Causal attribution, perceived benefits, and morbidity following a heart attack: An eight-year study. *Journal of Consulting and Clinical Psychology, 55,* 29-35.

Antonovsky, A. (1993). The structure and properties of the sense of coherence scale. *Social Sciences and Medicine, 36,* 725-733.

Aspinwall, L. G., & Taylor, S. E. (1997). A stitch in time: Self-regulation and proactive coping. *Psychological Bulletin, 121,* 417-436.

Bower, J. E., Kemeny, M. E., Taylor, S. E., & Fahey, J. L. (1998). Cognitive processing, discovery of meaning, CD4 decline, and AIDS-related mortality among bereaved HIV-seropositive men. *Journal of Consulting and Clinical Psychology, 66,* 979-986.

Brandtstädter, J. (1992). Personal control over development: Implications of self-efficacy. In R. Schwarzer (Ed.), *Self-efficacy: Thought control of action* (pp. 127-145). Washington, DC: Hemisphere.

Davis, C., Nolen-Hoeksema, S., & Larson, J. (1998). Making sense of loss and benefiting from the experience: Two construals of meaning. *Journal of Personality and Social Psychology, 75,* 561-574.

Folkman, S., & Lazarus, R. S. (1988). *Ways of Coping Questionnarie. Manual.* Palo Alto, CA: Consulting Psychologists Press.

Folkman, S., & Moskowitz, J. (2000). Positive affect and the other side of coping. *American Psychologists, 55,* 647-654.

Fredrickson, B. L. (2002). Positive emotions. In C. R. Snyder & S. J. Lopez (Eds.), *The handbook of positive psychology* (pp. 120-134). New York: Oxford University Press.

Greenglass, E. R. (in press). Proactive coping. In E. Frydenberg (Ed.), *Beyond coping: Meeting goals, visions and challenges.* Oxford: Oxford University Press.

Greenglass, E. R., Schwarzer, R., & Taubert, S. (1999). *The Proactive Coping Inventory (PCI): A multidimensional research instrument* [On-line publication]. Available at http://userpage.fu-berlin.de/health/greenpci.htm

Janoff-Bulman, R. (1992). *Shattered assumptions: Toward a new psychology of trauma.* New York: Free Press.

Lazarus, R. S. (1991). *Emotion and adaptation.* New York: Oxford University Press.

Lazarus, R. S., & Folkman, S. (1984). *Stress, appraisal, and coping.* New York: Springer.

Lehman, D. R., Wortman, C. B., & Williams, A. F. (1987). Long-term effects of losing a

535

spouse or child in a motor vehicle crash. *Journal of Personality and Social Psychology, 52,* 218-231.

Maslach, C., Jackson, S. E., & Leiter, M. P. (1996). *Maslach Burnout Inventory Manual* (3rd ed.). Palo Alto, CA: Consulting Psychologists Press.

Moskowitz, J. T., Folkman, S., Collette, L., & Vittinghoff, E. (1996). Coping and mood during AIDS-related caregiving and bereavement. *Annals of Behavioral Medicine, 18,* 49-57.

Perrez, M. (2001). Coping assessment. In N. J. Smelser & P. B. Baltes (Eds.), *The international encyclopedia of the social and behavioral sciences* (pp. 2766-2770). Oxford: Elsevier.

Rothbaum, F., Weisz, J. R., & Snyder, S. (1982). Changing the world and changing the self: A two-process model of perceived control. *Journal of Personality and social Psychology, 42,* 5-37.

Ryff, C. D., & Singer, B. (1998). The role of purpose in life and personal growth in positive human health. In P. T. Wong & P. Fry (Eds.), *The human quest for meaning* (pp. 213-235). Mahwah, NJ: Erlbaum.

Schwarzer, R. (Ed.). (1992). *Self-efficacy: Thought control of action.* Washington, DC: Hemisphere.

Schwarzer, R. (1999). Self-regulatory processes in the adoption and maintenance of health behaviors. The role of optimism, goals, and threats. *Journal of Health Psychology, 4,* 115-127.

Schwarzer, R. (2000). Manage stress at work through preventive and proactive coping. In E. A. Locke (Ed.), *The Blackwell handbook of principles of organizational behavior* (pp. 342-355). Oxford: Blacekwell.

Schwarzer, R. (2001). Social-cognitive factors in changing health-related behavior. *Current Directions in Psychological Science, 10,* 47-51.

Schwarzer, R., & Renner, B. (2000). Social-cognitive predictors of health behavior: Action self-efficacy and coping self-efficacy. *Health Psychology, 19,* 487-495.

Schwarzer, R., & Schwarzer, C. (1996). A critical survey of coping instruments. In M. Zeidner & N. S. Endler (Eds.), *Handbook of coping: Theory, research and applications* (pp. 107-132). New York: Wiley.

Selye, H. (1974). *Stress without distress.* New York: J. B. Lippincott.

Snyder, C. R. (1994). *The psychology of hope. You can get there from here.* new York: Free Press.

Snyder, C. R. (Ed.) (1999). *Coping: The psychology of what works.* New York: Oxford University Press.

Snyder, C. R., & Lopez, S. J. (Eds.) (2002). *The handbook of positive psychology.* New York: Oxford University Press.

Sommer, K. L., & Baumeister, R. F. (1998). The construction of meaning from life events: Empirical studies of personal narratives. In P. T. Wong & P. Fry (Eds.),

The human quest for meaning (pp. 143–161). Mahwah, NJ: Erlbaum.

Stone, A. A., & Neale, J. M. (1984). New measure of daily coping: Development and preliminary results. *Journal of Personality and Social Psychology, 46,* 892–906.

Taylor, S. E. (1983). Adjustment to threatening events: A theory of cognitive adaptation. *American Psychologists, 38,* 1161–1173.

Tennen, H., & Affleck, G. (2002). Benefit–finding and benefit–reminding. In C. R. Snyder & S. J. Lopez (Eds.), *The handbook of positive psychology* (pp. 584–597). New York: Oxford University Press.

Tennen, H., Affleck, G., Armeli, S., & Carney, M. A. (2000). A daily process approach to coping. *American Psychologist, 55,* 626–636.

Wong, P. T., & Fry, P. (Eds.) (1998). *The human quest for meaning.* Mahwah, NJ: Erlbaum.

Wortman, C. B., Silver, R. C., & Kessler, R. C. (1993). The meaning of loss and adjustment to bereavement. In M. S. Stroebe, W. Stroebe, & R. O. Hansson (Eds.), *Bereavement: A source book of research and intervention* (pp. 349–366). London: Cambridge University Press.

CHAPTER 26

성인의 주관적 안녕감에 대한 측정과 유용성

사람이 어떻게 반응할지 아는 것만으로는 충분하지 않다. 우리는 그가 어떻게 느끼는지, 어떻게 세상을 바라보는지…… 왜 사는지, 무엇에 두려움을 느끼는지, 무엇을 위해 기꺼이 죽을 수 있는지 알아야만 한다. 존재에 대한 그러한 질문들은 직접적으로 인간에게 던져지는 것임에 틀림없다.

- Gordon Allport(Severin, 1965: 42에서 인용) -

사회과학자들은 사람들의 존재, 즉 사람들의 삶의 경험에 대한 주관적인 관점에 대한 그들의 지각을 알아보기 위해 많은 도구들을 고안해 왔다. 거기서 안녕감 연구의 두 가지 기본적인 개념이 발전되었다. 경험된 긍정적 느낌(예: 행복감)의 정도에 대한 측정과 자신의 삶의 전반적인 지각(예: 만족감)에 대한 측정은 정서적 안녕감 조사라는 연구의 제일선을 구성한다(Diener, Suh, Lucas, & Smith, 1999; Gurin, Veroff, & Feld, 1960). 안녕감 연구에 대한 두 번째 흐름은 심리적 안녕감(Jahoda, 1958; Keyes, 1998; Ryff, 1989b; Ryff & Keyes, 1995)과 사회적 안녕감(Keyes, 1998)의 측면에서 긍정적 기능의 차원을 구체화하는 것이다. 그러므로 전반적으로 주관적 안녕감은 정서적 안녕감과 긍정적 기능의 두 가지 넓은 영역으로 구성된다(Ryan & Deci, 2001;

*Corey L. M. Keyes and Jeana L. Magyar-Moe

Waterman, 1993 비교). 이 장에서는 이러한 두 영역과 그 측정도구들의 질에 대해 개관할 것이다. 주관적인 안녕감에 대한 대부분의 연구들이 18세 이상의 개인들에게 초점을 맞추기 때문에 이 장은 성인의 안녕감에 초점을 맞추고 있다.[1] 더욱이 이 장은 직장 생산성 및 건강 성과와 관련된 측면에서 주관적인 안녕감의 '유용성'의 본질을 평가한다.

정서적 안녕감

정서적 안녕감은 삶 속에서 행복감과 만족감 그리고 긍정적인 감정과 부정적인 감정의 조화에 대한 지각으로 이루어진 주관적인 안녕감의 특정한 차원이다. 행복감이 개인의 즉각적인 경험 속에서의 즐거움과 불쾌함에 대한 자발적 반영에 근거하는 데 비해, 삶의 만족도는 그들의 삶에 대한 장기간의 평가를 나타낸다.

삶의 만족도, 긍정적 및 부정적 감정으로 구성되어 있는 정서적 안녕감의 3중 구조는 수많은 연구들에서 확인되었다(예: Bryant & Veroff, 1982; Lucas, Diener, & Suh, 1996; Shmotkin, 1998). 그러나 긍정적 감정과 부정적 감정의 구조에 대한 논쟁은 오늘날까지 계속 이어져 왔으며, 정서적 안녕감 구조에 대하여 일부 혼동이 있어 왔다(이 주제에 관한 최근의 여러 학문적 논쟁들에 관해서는 Green & Salovery, 1999; Russell & Carroll, 1999; Tellegen, Watson, & Clark, 1999a, 1999b; Watson & Tellegen, 1999를 보라). 긍정적 감정과 부정적 감정은 하나의 연속선상의 양극단에 있는가(즉, 높은 상관관계), 아니면 그 감정들이 비교적 독립적인(즉, 중간 정도의 상관인) 안녕감 차원들인가? 단일 차원(Feldman-Barrett & Russell, 1998; Russell & Carroll, 1999)과 이중차원 모델(Diener & Emmons, 1985)을 지지하는 증거들이 있다.[2] 그럼에도 불구하고 만족과

---

1) 정서적 안녕감과 삶의 만족도 척도는 아동과 청소년용으로 수정되었다(Bender, 1997; McCullough, Huebner, & Laughlin, 2000 참조). 현재까지 아동과 청소년용으로 긍정적 기능 측정의 수정에 대한 연구는 없었다.

2) 긍정적 및 부정적 감정 차원 발견의 미확정과 관련해서, 직교성에 관한 자세한 논의는 이 장의 제1 저자와 접촉하라. 긍정적 및 부정적 감정 차원과 관련된 일부 발견은 또한 감정의 맥락의존이론에 따라 설명될 수도 있다(Zautra, Potter, & Reich, 1997). 개인이 높은 수준의 요구를 경험하거나 난처하게 되었을 때, 감정적 상태가 강력하고 부정적으로 상관되어서 부정적인 감정을 크게 느끼는 사람은 동시에 긍정적 감정을 거의 또는 전혀 느낄 수 없다. 이런 경우에는 감정의 구조가 단일 차원이 된다. 스트레스를

감정을 연결하는 것은 안녕감에 대한 의미 있고 측정 가능한 개념으로서 기여한다.

측 정

삶의 만족에 대한 단일 항목 측정으로 가용한 것은 Cantril의 Self-Anchoring 척도인데, 이 척도는 응답자들에게 0점부터 10점까지 '요즘의 자신의 삶에 대하여 전반적으로 평가하도록' 요구한다. 여기서 0점은 '삶에서 있을 수 있는 최악', 10점은 '삶에서 있을 수 있는 최상'을 의미한다. Cantril의 측정을 변형시킨 척도들은 널리 쓰이고 있으며, 삶에 대하여 스스로 인정한 행복을 측정하는 데 적용되어 왔다(Andrew & Withey, 1976). 삶의 만족과 행복에 대한 다중 항목 척도 또한 개발되어 널리 사용되어 왔다(긍정적 정서와 감정적 안녕감의 측정에 대한 목록에 관해서는 Diener, 1984: 546; 이 책의 13장을 보라).

대부분의 긍정적 감정과 부정적 감정 측정은 응답자가 이러한 감정들의 증상들을 경험한다고 보고하는 빈도를 다루고 있다. 예를 들어, 참가자는 지난 30일 동안 6개 유형의 부정적인 감정과 6개 유형의 긍정적인 지표를 어느 정도 느꼈는지 나타내 보도록('항상' '대부분' '가끔' '거의 없음' '한 번도 없음') 요구받는다. 보통 부정적인

받지 않거나 평정 상태에 있을 경우에는 개인의 감정 상태들은 적당히 상관되어 있으며, 따라서 높은 수준의 긍정적 감정을 느끼는 사람은 동시에 다양한 강도의 부정적 감정을 보고할 수도 있다. 그러므로 감정의 구조는 양 차원이 된다. 실제로 Zautra와 동료들(1997)은 지난 몇 주 동안 상당히 많은 수의 생활 사상을 경험한 사람이 그렇지 않은 사람과 비교해서 긍정적 감정과 부정적 감정 간에 유의미하게 큰 부적 상관이 있음을 발견하였다. 덧붙여 주관적 변화와 정신건강에 관한 자기이론에 따르면, 일관된 사람으로 남아 있다는 지각은 정신건강으로의 전도성이 있는 반면에 자기 변화로 지각하는 것은 비참하다.

주관적 변화와 정신건강에 관한 자기이론은 또한 긍정적 및 부정적 감정의 차원성과 관련되어 가능한 설명을 제공한다(Keyes & Ryff, 2000). 이 이론에 따르면 감정의 단일 차원과 양 차원적 모형에 관한 증거는 개인적 변화에 대한 개인의 지각된 수준에 의존한다. 좀 더 구체적으로 이 이론의 핵심은 정보가 좋은지, 나쁜지, 또는 둘 다인지를 결정하는 자기 기준에 비추어 지각된 자기 변화를 평가한다는 것이다. 일관된 사람으로 남아 있다는 지각은 자기 일관성의 욕망과 부합하며 평형 상태에 대한 유기체의 욕망을 만족시키기 때문에 가장 바람직한 것이어야 한다. 쇠퇴한다는 지각은 시간의 흐름에서 비일관성을 알리고, 또 이 정보는 실망시키는 것이고, 그것에 의하여 이 모델의 자기 일관성과 자기 향상 기준을 위배하는 것이기 때문에 가장 덜 바람직하다. 마지막으로, 향상으로 지각하는 것은 이 정보가 개인적으로 만족시키고 자기 향상하는 것이지만, 반면에 향상으로 지각하는 것은 자기 일관성 기준을 위배하는 것이기 때문에 좋고 나쁜 것 두 가지로 평가되어야 한다.

감정의 증상들은 (1) 너무 슬퍼서 기운을 차릴 수 없음, (2) 신경질, (3) 들떠 있고 조바심이 남, (4) 절망적임, (5) 모든 것이 그저 애만 쓴 상태, (6) 가치 없음이다. 긍정적인 정서에 대한 증상들은 보통 (1) 명랑함, (2) 건강한 영성, (3) 매우 행복함, (4) 침착하고 평화스러움, (5) 만족함, (6) 삶의 충만을 포함한다.

삶의 만족(Diener, 1993; Diener, Emmons, Larsen, & Griffin, 1985; Pavot & Diener, 1993)과 긍정적, 부정적 감정(Mroczek & Kolarz, 1998)에 대한 다중 항목 척도의 내적 신뢰도 추정치는 보통 .80을 넘는다. 안녕감에 대한 단일 항목은 신뢰성이 덜하다. 부가적으로 연구자들은 사회적 바람직성이 안녕감 연구에서 주된 혼입이 아니며, 삶의 만족에 대한 평정은 긍정적, 부정적 감정에 대한 보고들보다 더 안정적인 경향을 보인다는 것을 밝혔다(Diener, 1984; Larsen, Diener, & Emmons, 1985).

긍정적 기능

긍정적 기능은 심리적 안녕감과 사회적 안녕감에 대한 다차원 구성개념들로 이루어져 있다(Keyes, 1998; Ryff, 1989a). 정서적 안녕감과 마찬가지로 심리적 안녕감의 초점 역시 개인적인 수준에 머물러 있는 반면, 타인들 및 환경과의 관계가 사회적 안녕감의 일차적 목표다. 심리적인 안녕감에 대한 Ryff의 모델(1989a)과 사회적 안녕감에 대한 Keyes의 모델(1998)이 다음에서 기술된다.

심리적 안녕감

성격심리학, 발달심리학 그리고 임상심리학에서 나온 다양한 개념들이 정신건강(Jahoda, 1958)과 심리적 안녕감의 준거로서 통합되었다. 심리적 안녕감의 요소들은 Aristotle 학파의 에우다이모니아(eudaimonia)의 주제로부터 계승되어 왔는데, 여기서 인간행동에 의해 성취될 수 있는 모든 이익들 중의 최고는 자기 발전에 목표를 둔 일생 동안의 행위에서 얻어진 행복이라고 말하고 있다(Waterman, 1993). 그러므로 사회적 안녕감의 많은 측면들은 자기실현(Maslow, 1968), 충분히 기능함(Rogers, 1961), 개성화(Jung, 1933; Von Franz, 1964), 성숙(Allport, 1961) 그리고 성인의 발달 단계와 과제들(Erikson, 1959; Neugarten, 1973)의 개념 속에서 구체화된다.

Ryff(1989a)는 이전의 긍정 심리적 조망들이 심리적 안녕감의 다차원 모형으로 통합될 수 있다고 주장했다. 심리적 안녕감의 여섯 가지 차원들은 사람들이 충만한 역할을 하고 그들의 독특한 재능들을 깨달으려 노력하는 과정에서 만나게 되는 도전들을 시사한다(Keyes & Ryff, 1999; Ryff, 1989a, 1989b; Ryff & Keyes, 1995). 통합적 고려를 하면, 여섯 개의 차원들은 자기 자신과 자신의 과거 삶에 대한 긍정적인 평가, 개인으로서 지속적인 성장과 발달을 하고 있다는 감각, 개인의 삶이 목적과 의미가 있다는 신념, 다른 사람들과의 질 높은 관계의 소유, 자신의 삶과 주변의 세계를 효율적으로 관리하는 능력, 그리고 자기가 결정하고 있다는 감각을 포함하는 넓은 범위의 안녕(wellness)을 포함한다(Ryff & Keyes, 1995). (Ryff(1989a)의 심리적 안녕감 모형에 포함된, 구별되는 안녕 차원에 대한 상세한 정의는 〈표 26-1〉을 참조하라.)

사회적 안녕감

심리적 안녕감이 그들의 개인적인 삶 속에서 성인으로서 직면하게 되는 도전들에 초점을 맞추는 일차적으로 개인적인 현상으로서 개념화되는 반면, 사회적 안녕감은 그들의 사회적 구조들과 공동체 내에서 성인으로서 만나게 되는 사회적 과제에 초점을 맞추는 일차적으로 공적인 현상을 의미한다. 사회적 안녕감은 그들의 사회적 세계에서 개인들이 기능하는지의 여부와 어느 정도까지 기능하는지를 가리키는 다섯 가지 요소들로 구성된다(예: 이웃, 동료, 시민으로서의 기능; Keyes, 1998; Keyes & Shapiro, 출판 중).

사회적 안녕은 아노미와 자기소외라는 고전적인 주제에서 기원되었다(Mirowsky & Ross, 1989; Seeman, 1959). 결속에 대한 논쟁은 고전적 사회학에서부터 사회에 대한 개인의 동정심과 통합에 대한 질문으로 진전되었다. 이러한 이론적 근원들에 의존하여 Keyes(1998)는 〈표 26-1〉에 정의된 사회적 안녕감의 다중 조작적 차원을 개발하였다. 사회적 안녕감의 각 차원은 사회적 존재로서 사람들이 대면하는 도전들을 나타낸다.

〈표 26-1〉 **심리적 안녕감 모형과 사회적 안녕감 모형의 차원들**

Ryff의 심리적 안녕감 모델의 차원	Keyes의 사회적 안녕감 모델의 차원
자기 수용: 자기 자신에 대하여 좋은 감정을 가지기 위하여 추구해야만 하는 기준. 자기 수용은 자기에 대한 긍정적인 태도 그리고 불유쾌한 개인의 측면을 포함하여 자신의 다중 측면을 인식하고 수용하는 것으로 특징지어진다. 덧붙여 자기 수용은 과거 삶에 대한 긍정적 감정도 포함한다.	**사회적 통합**: 사회와 지역사회에 대한 개인의 관계의 질에 대한 평가. 그러므로 통합은 자신의 사회적 실체를 구성하고 있는 타인과 공통적인 것을 가지고 있다는 느낌의 정도일 뿐만 아니라 그들이 자신의 지역사회와 사회에 속해 있다는 느낌의 수준이다.
타인과의 긍정적 관계: 친목을 다지는 능력과 타인에 대해 따뜻하고 믿음을 주고 친밀한 관계를 맺는 능력으로 구성되어 있다. 타인의 복지에 대한 배려, 모든 이와 공감하고 협력하고 타협하는 능력은 이런 차원의 측면들이다.	**사회적 기여**: 사회에서의 개인의 가치에 대한 평가. 개인이 세상에 줄 어떤 가치를 지닌 사회의 핵심 구성원이라는 신념을 포함한다.
자율: 자기 결정과 개인 권위의 추구, 또는 때때로 복종과 순응을 강요하는 사회에서의 독립성을 반영한다. 특정한 방식으로 사고하거나 행동하고, 내재화된 기준에 근거하여 행동을 지도하거나 평가하는 사회의 압력에 저항하는 능력은 이 영역에서 핵심적이다.	**사회적 응집**: 사회적 세상에 대한 본질, 조직, 작용에 대한 지각. 더불어 세상에 관해 아는 것에 대한 배려도 포함한다. 사회적 응집은 삶에 있어서 의미 있음과 유사하고(Mirowsky & Ross, 1989; Seeman, 1959), 사회가 구분할 수 있고 양식이 있고 예측 가능하다는 평가를 포함한다.
환경에 대한 숙달: 매일의 일상사를 행하고, 복잡한 일련의 외적 활동을 조절하고, 주위의 기회를 효과적으로 사용하고, 개인의 요구에 적합한 맥락을 만들거나 선택하는 능력을 포함한다. 개인이 자신의 요구와 욕망을 인지하고 자신의 환경에서 필요한 것을 얻는 데 적극적인 역할을 취할 수 있다고 느끼고 용인할 때 숙달감이 나타난다.	**사회적 수용**: 일반화된 범주로서 타인의 개성과 본질을 통한 사회의 구성. 개인은 기본적으로 낯선 이들로 이루어진 대중 영역에서 기능해야만 한다. 사회적 수용을 보이는 개인은 타인을 신뢰하고, 타인이 친절할 수 있다고 생각하고, 사람들이 부지런할 수 있다고 믿는다. 사회적으로 사람을 수용하는 것은 인간의 본성에 대하여 호의적인 견해를 가지고 있으며 타인에 관해 편안함을 느낀다.
삶의 목적: 삶의 목표의 존재 그리고 방향감을 포함하여 삶의 목적과 목표로 이루어져 있다. 삶에서 높은 목적을 지닌 사람들은 자신의 일상 삶을 방향과 목적이 충만한 것으로 보며, 따라서 자신의 현재와 과거의 삶을 의미 있는 것으로 본다.	**사회적 현실화**: 사회의 잠재력과 궤도에 대한 평가. 이것은 사회의 기관과 시민들을 통해서 현실화될 수 있는 잠재력을 사회가 가지고 있다는 느낌과 사회의 진화에 대한 믿음이다.
개인의 성장: 가지고 있는 기술, 재능, 개인의 발전과 자기 잠재력의 현실화에 대한 기회를 계속적으로 추구하는 것이다. 덧붙여 개인의 성장은 다양한 환경에서 도전을 경험하고 확인하는 데서의 개방적인 능력을 포함한다.	

주관적 안녕감의 구조와 측정

통합적으로 보면, 정서적 안녕감과 긍정적 기능은 개인과 개인이 사회 속에서 하는 기능 모두의 다중 측면을 고려하는 주관적 안녕감의 포괄적 모델을 만들어 내는 것으로 수렴된다. 전체적으로 주관적 안녕감은 지각된 행복과 삶의 만족도, 긍정적 및 부정적 감정의 균형, 심리적 안녕감 그리고 사회적 안녕감의 요소를 포함한다.

〈표 26-2〉는 주관적 안녕감에 대한 주요 영역들과 성공적인 중년의 삶(successful midlife)에 대한 1995년 MacArthur Foundation 국책 연구에서 사용된 척도 목록들(MIDUS; 안녕감 측정과 예에 대한 기술은 Keyes, 1998; Mroczek & Kolarz, 1998을 보라)의 예들을 포함하고 있다. MIDUS는 이 측정과 더불어 본보기인데, 주관적 안녕감, 즉 정서적, 심리학적, 사회적 안녕감의 모든 측면들을 측정한 유일한 국책 연구이기 때문이다. 그러므로 그것은 이 영역의 연구에 대한 모델이며 주관적인 안녕감의 현재와 미래 연구에 대한 포괄적인 정보를 제공한다.

심리적 안녕감과 사회적 안녕감의 세 가지 목록 척도(심리적 안녕감에 대한 전체 20개 목록 척도는 Ryff, 1989b를, 사회적 안녕감에 대한 전체 10개 목록 척도는 Keyes, 1998을 보라)는 대규모 국책 연구들에 사용되었다. 이러한 축소 항목 척도들은 .40에서 .70까지의 범위를 가지는 중간 정도의 내적 신뢰도를 지닌다. 이 척도들이 전체적으로 심리적 안녕감과 전체 사회적 안녕감 척도로 합쳐지면 내적 신뢰도는 매우 좋다(.80 또는 그 이상; Keyes & Ryff, 1998을 보라.).

지역사회를 대표하는 표본과 전국을 대표하는 표본들을 사용한 여러 연구들은 사회적 안녕감과 심리적 안녕감의 요인구조에 대한 이론들을 지지해 왔다. 확증적 요인 모형들은 사회적 안녕감에 대하여 5요인을 제안한 개념화가 가장 적합한 모형(Keyes, 1998)이며, 심리적 안녕감에 대하여 6요인을 제안한 이론들이 가장 잘 들어맞는 모형(Ryff & Keyes, 1995)임을 밝혔다. 더욱이 긍정적 기능에 대한 요소(예: 사회적 및 심리적 안녕감)는 경험적으로 구별된 것이다. 사회적 및 심리적 안녕감에 대한 척도는 .44의 높은 상관관계가 있으며, 탐색적 요인분석으로 행복과 만족을 측정하는 항목들, 그리고 심리적 안녕감의 전반적 척도와 분리된 요인에 부가되는 사회적 안녕감의 척도와 상관된 두 가지 요인들($r = .34$)이 있음이 드러났다(Keyes, 1996).

<table>
<tr><td colspan="3">〈표 26-2〉 MacArthur Foundation의 1995년 MIDUS 국책 연구에서의 심리적, 사회적, 정서적 안녕감 요소에 대한 개념과 조작적 정의</td></tr>
<tr><th>심리적 안녕감</th><th>사회적 안녕감</th><th>정서적 안녕감</th></tr>
<tr>
<td>**자기 수용**: 자신에 대한 긍정적인 태도를 지님; 자신의 다중적 측면을 인식하고 수용함; 과거의 삶에 대하여 긍정적으로 느낌.
"많은 방식에서 나는 내 삶의 성취에 대해서 실망을 느낀다." (-)</td>
<td>**사회적 수용**: 사람들에 대해 긍정적인 태도를 지님; 타인이 때때로 복잡하고 난처한 행동을 하지만 타인을 인정하고 일반적으로 타인을 받아들임.
"호의를 베푸는 사람은 상응하는 대가를 바라지 않는다."</td>
<td>**긍정적 감정**: 삶에 대한 열정, 기쁨 그리고 행복을 제안하는 증상을 경험함.
"지난 30일 동안 상쾌하다고; 좋은 영적 상태에 있다고; 극도로 행복하다고; 침착하고 평화스럽다고; 만족스럽다고; 그리고 삶에 충만했다고 느낀 시간이 얼마나 되는가?"[a]</td>
</tr>
<tr>
<td>**개인의 성장**: 계속적 발달과 잠재력의 느낌을 가지고 새로운 경험에 개방적임. 점진적으로 박식하고 유능하다고 느낌.
"내가 자신과 세상에 대해 어떻게 생각하는지를 도전하는 새로운 경험을 갖는다는 것은 중요하다고 생각한다."</td>
<td>**사회의 실현화**: 사회가 긍정적으로 발전한다고 유념하고 믿는다; 사회가 긍정적으로 성장할 잠재력을 가졌다고 생각한다; 자기 사회는 잠재력을 실현화하는 중이라고 생각한다.
"세상은 모든 이에게 더 좋은 장소가 되어 가고 있다."</td>
<td>**부정적 감정**: 삶이 탐탁하지 않고 불쾌하다고 제안하는 증상
"지난 30일 동안 너무 슬퍼서 아무것도 즐거운 것이 없다고; 불안하고 귀찮다고; 희망이 없다고; 모든 것이 부질없는 노력이었다고; 가치 없다고 느낀 시간이 얼마나 되는가?"[a]</td>
</tr>
<tr>
<td>**삶의 목적**: 목적과 삶의 방향감을 가진다; 과거 삶은 의미 있다; 삶에 목적을 주는 신념을 지닌다.
"나는 한순간에 하루를 살아가고 있으며 미래에 대해서는 생각하지 않는다." (-)</td>
<td>**사회적 기여**: 현재와 사회에 줄 가치 있는 것을 가지고 있다고 느낀다; 일상의 활동이 지역사회에 의해서 가치가 있는 것으로 평가된다고 생각한다.
"나는 세상에 줄 가치 있는 것을 가지고 있다."</td>
<td>**삶의 만족**: 성취와 달성에 대한 욕구와 요구 사이의 불일치에서 마음 편함, 평화 그리고 만족감.
"지난 30일 동안 만족했다고; 삶에 충만했다고 느끼는 시간은 얼마나 되는가?"[a]
"그런 날에서 자신의 삶에 얼마나 만족하는가?" (1~10, 0=최악, 10=최상)
"만족은 일, 가정, 이웃, 건강, 친밀, 재정, 부모 역할 등의 삶의 영역에서 측정될 수도 있으며 전반적으로 측정된다."
(Satisfaction with Life Scale 참조; Diener et al., 1985).</td>
</tr>
</table>

(표 계속)

심리적 안녕감	사회적 안녕감	정서적 안녕감
환경적 숙달: 유능하다고 느끼고 복잡한 환경을 잘 다룰 수 있음; 자신에게 적합한 지역사회를 선택하거나 만듦. "일상 삶의 요구는 종종 나를 처지게 한다." (–)	**사회적 응집성**: 사회적 세상을 지적이고 논리적이며 예측 가능하다고 봄; 사회와 배경을 유념하고 흥미를 가짐. "나는 세상이 어떻게 돌아가는지 감을 잡을 수가 없다." (–)	**행복**: 즐거움, 만족, 기쁨에 대한 일반적 느낌과 경험이 있음 "이런 날들에 전반적으로 자신의 삶에 대하여 얼마나 행복한가?"[b] "지난 주, 달, 해에 [즐거움, 만족, 기쁨]을 얼마나 자주 느꼈는가?"
자율성: 자기 결정적이고 독립적이며 내적으로 조절함; 특정한 방식으로 생각하고 행동하라는 사회적 압력에 저항함; 개인적인 기준에 의해 자신을 평가함. "내 의견이 대부분의 다른 사람들이 생각하는 방식과 다르더라도 나는 내 의견을 신뢰한다."	**사회적 통합**: 지역사회의 일부분이라는 느낌이 있음; 지역사회에 속해 있으며, 지지받는다는 느낌이 있으며, 공통점을 지니고 있다고 생각함. "나는 지역사회라고 부르는 그 어떤 것에도 속했다고 느껴지지 않는다." (–)	
타인과의 긍정적 관계: 따뜻하고 만족시키며 신뢰를 주는 관계를 가짐; 타인의 복지를 배려함; 강한 공감, 감정, 친밀성을 가질 수 있음; 인간관계에서 상호 협력을 이해함. "가까운 관계를 유지하는 것은 나에게 어렵고 좌절을 주는 일이다." (–)		

[a] 반응 범위가 (1) 항상, (2) 대부분, (3) 일부분, (4) 조금, (5) 거의를 가리킴.
[b] 반응 범위가 가능한 최악(0)에서 최상(10)까지 변동함.
※ (–)는 역채점 문항임. 반응 선택은 (1) 전혀 동의 못함, (2) 대부분 동의 못함, (3) 약간 동의 못함, (4) 동의도 반대도 아님, (5) 약간 동의함, (6) 대부분 동의함, (7) 전적으로 동의함이 있다.

    사회적 안녕감의 측정은 정서적 안녕감에 대한 전통적인 측정도구들(행복과 만족)과는 요인에서 구별된다(Keyes, 1996). 덧붙여 정서적 안녕감의 측정도구들(긍정적 및 부정적 감정, 삶의 만족)은 심리적 안녕감의 측정도구들과 요인에서 구별된다(Keyes, Shmotkin, & Ryff, 2002). 실제로 McGregor과 Little(1998)의 요인분석은 내재된 정서적 요인들(우울, 긍정적 감정, 삶의 만족도를 포함하여)과 내재된 심리적 기능 요인들(개인적 성장, 삶의 목적, 다른 사람들과의 긍정적인 관계, 자율성이란 심리적 안녕감 척도의 네 가지를 포함한다)의 두 가지 구별된 요인들을 밝혔다.

사회적 안녕감 척도는 정신불안(dysphoric) 증상 측정도구와 −.30의 상관관계에 있다(Keyes, 1998). Keyes와 Lopez(2002)의 개관에서도 심리적 안녕감 척도와 우울에 대한 표준 측정도구에 대해 −.50 정도의 평균 상관관계를 보고했다(예: Center for Epidemiologic Studies-Depressed Mood Scale(CES-D; Radloff, 1977), Zung(1965) Self-Rating Depression Scale). 반면에 삶의 만족과 삶의 질에 대한 측정은 이 우울척도와 평균적으로 −.40 정도의 상관을 갖는다. CES-D 하위척도와 한국과 미국에서 사용되는 심리적 안녕감 척도에 대한 확증 요인분석에 따르면, 정신질환과 정신건강 잠재요인으로 구성된 2요인 모형이 자료에 가장 잘 맞았다(Keyes, Ryff, & Lee, 2002). 동일한 연구에서 전체적인 CES-D와 심리적 안녕감 척도는 미국에서 −.68의 상관관계를 보였다.

주관적 안녕감의 유용성

Aristotle 이래로 안녕감(특히 행복)은 삶에 대한 최고선으로 간주되어 왔다. 환언하면, 삶의 가장 높은 가치들 중의 하나로서 안녕감은 삶의 수단이라기보다는 목적인데, 그것의 완성은 욕구와 동기를 억누를 수 있었으며, 그것의 성취는 사람들을 자기만족에 빠지고 비생산적이 되게 할 수 있었기 때문이다. 이러한 조망에서 안녕감의 통합은 생산적이고 윤리적인 시민이 되기 위해 개인의 동기를 지속시키는 삶의 막대 끝에 달린 당근이 된다. 한편으로 안녕감은 삶에서 단지 목적이라기보다는 오히려 수단으로 개념화될 수 있다. 만약 삶의 목적이 건강하고 생산적인 삶의 살아가는 과정이라면, 안녕감은 창조성, 생산성 그리고 공동체와의 관계라는 측면에서 인간의 잠재능력을 자유롭게 할 것이다.

안녕감의 상태와 관련해서, 사회과학적 증거에 따르면 안녕감이 더 좋고 더 생산적인 삶에 이르는 수단이라고 제안된다. 주관적 안녕감의 요소들은 질적으로 조절된 삶의 연도(QALYs)에 기여할 수 있다.[3] 주관적 안녕감의 유용성과 삶의 영역의 긍정적인

---

3) Global Burden of Disease 연구(Murray & Lopez, 1996)에서 모든 연령의 성인에 대하여 건강한 삶

기능의 상태를 향상시키기 위해서 일하는 이유들이 이어서 제시된다. 특히, 업무 생산성과 물리적이고 정신적인 건강 상태와 관련된 주관적인 안녕감의 역할이 다루어진다.

일

적지만 증가 추세에 있는 연구의 주류에서 안녕감의 측면들은 긍정적인 업무 단위 성과의 주체와 관련되어 있다. 삶과 직업에서 만족도를 보고하는 피고용인들은 그렇지 않은 피고용인들보다 더 협력적이고, 동료들과 더 도움을 주고받으며, 좀 더 시간을 잘 지키고, 시간 효율적이며, 더 많은 날을 근무하고, 더 오래 같은 일터에 머무른다(Spector, 1997). 행복하고 생산적인 사원들에 대한 조사는 정서적 안녕감을 업무 수행의 관리평가와 명백히 관련시킨다. 부정적인 정서 증상들에 비해 긍정적인 정서 증상들을 더 많이 경험했다고 보고한 피고용인들은 긍정적인 정서 증상보다는 부정적인 정서 증상들을 더 많이 느꼈다고 보고한 피고용인들에 비해 감독관으로부터 더 높은 수행 평정을 받았다(Wright & Bonett, 1997; Wright & Cropanzano, 2000).

피고용인의 직장에 대한 만족과 일에 대한 그리고 일을 통한 그들의 개인적 발전에 대한 지각(즉, 직장에 친한 친구가 있는지의 여부) 사이의 관계에 대한 메타 분석은 긍정적인 사업 수준의 성과들과 신뢰성 있는 상관관계가 있다. 즉, 높은 수준의 안녕감을 가지고 있는 피고용인들과 거래를 할수록 더 큰 고객 만족과 충성심, 더 큰 수익성, 더 큰 생산성 그리고 더 낮은 이직률을 보고하는 경향이 있다(Harter & Schmidt, 2000; Harter, Schmidt, & Keyes, 출판 중; Keyes, Hysom, & Lupo, 2000). 유용성 분석에서는 높은 수준의 안녕감을 보고한 회사들이 고용인 안녕감이 25% 이하의 수치를 보인 회사들에 비해 극적으로 높은 금전적인 이익을 낸다는 대부분의 피고용인들의 보고를 신중하게 평가한다(Harter & Schmidt, 2000; Harter et al., 출판 중). Gallup Organization 같은 회사는 직장에서의 안녕감 활성화를 위한 기법들, 예를 들면 사업과 관리에 대한 장점을 기반으로 한 설계와 실행을 통해 고용인과 피고용인 사이의

의 연한을 줄이는 가장 잠재적인 원인으로 좌골신경의 심장질환에 이어 두 번째로 단극성 우울증이 차지하였다. 더욱이 단극성 우울증은 개발도상국과 선진국에서 44세 이하의 성인에게서 불능의 삶 연한에 대한 첫 번째의 원인이었다. 우울은 사회에서 생산성을 줄이는데, 건강보험과 취업 부재 상태로 드는 비용이 수십억 달러에 이른다(Keyes & Lopez, 2002). 게다가 기분장애는 모든 자살의 1/3에 관련되어 있다(Rebellon, Brown, & Keyes, 2000; U.S. Department of Health and Human Services, 1998).

생산적인 협력 가능성을 제안하는 기법들을 개발하고 있다(Buckingham & Clifton, 2001; Buckingham & Coffman, 1999; Clifton & Nelson, 1996).

건 강

주관적 안녕감도 나이 든 성인에 있어서 신체적인 질병에 대항하는 보호 요인이 될 수 있다(Ostir, Markides, Black, & Goodwin, 2000; Pennix et al., 1998 참조). 연구 시작 당시 일상생활에 제약을 받지 않는 65~99세의 스페인계 성인들의 사례에서, Ostir 과 동료들(2000)은 높은 정서적 안녕감을 가지고 있는 성인들이 낮은 정서적 안녕감 을 보고하는 사람들에 비해 죽음을 맞이하거나 2년 후 일상생활에서 활동의 제약을 받는 비율이 절반에 미친다는 것을 알아냈다. 이러한 결과는 사회통계학적인 변인들, 기능적인 신체 상태, 생활 유형 지표(예: 흡연과 음주) 그리고 부정적인 감정 점수를 기 저선으로 통제할 때에도 나타났다.

기분장애의 발병률(Lewinsohn, Redner, & Seeley, 1991)과 자살 같은 우울증의 후유 증(Rebellon, Brown, & Keyes, 2000)은 주관적 안녕감의 존재에 의해 감소할 수도 있 다. 왜냐하면 우울증의 증상(CES-D 척도)과 주관적 안녕감의 측정도구들은 독립적인 축으로 되어 있지만 상관되어 있기 때문에(Keyes & Lopez, 2002), 안녕감 요소의 부재 는 정신건강에 대한 위험 요인이 될 수 있다.

낮은 수준의 주관적 안녕감은 자살의 위험을 증가시킬 수 있다. Weerasinnghe와 Tepperman(1994)은 지각된 행복과 자살 사이의 관계를 직접적으로 조사한 단독 연 구로는 밝혀낼 수 없었다고 주장했다. 그러나 그들은 자살의 위험을 줄일 뿐 아니라 행복을 촉진하는 여러 요인들(결혼, 종교, 고용)을 밝혀 낼 수 있었다. 그러므로 기분장 애에 대한 잠재 위험 요인처럼 낮은 수준의 안녕감 역시 자살에 대한 간접적인 위험 요인이 될 수 있다. 낮은 사회적 통합과 낮은 사회적 기여도 같은 사회적 안녕감의 낮 은 수준도 자살의 직접적인 요인이 된다고 증명할 수 있다. 핀란드에서 실시된, 쌍생 아의 시대 효과에 대한 횡단연구에서는 낮은 삶의 만족도가 향후 20년 동안 자살에 대한 인과적 예언자가 된다고 보고한다(Koivumaa-Honkanen et al., 2001). 삶의 만족 도는 삶에서의 지각된 흥미, 삶에 대한 행복감, 삶에 대한 수월함 그리고 고독감과 같 은 항목의 조합으로 측정되었다. 사회통계학적 변인들, 건강 상태, 건강습관 그리고 신체적 활동성을 통제한 후에도 저자들은 낮은 수준의 삶의 만족도를 보고한 사람들이 높은 수준의 삶의 만족도를 보고한 사람들에 비해서 자살 위험이 매우 높다는 것을 밝혀냈다.

낮은 수준의 안녕감은 부정적 건강 결과와 연관이 있었기 때문에, 안녕감에 대한 장려는 긍정적인 건강 상태를 증가시키고 치료 이후 우울증의 재발에 대한 속도와 이환율(罹患率)을 막는다(Keyes & Lopez, 2002). 유감스럽게도 단극성 우울 환자의 70% 이상이 증상이 완화된 지 6개월 안에 재발하고(Ramana et al., 1995), 재발률 감소는 환자가 증상의 최초 완화에 따른 몇 달간의 치료 지속 기간에만 부분적으로 나타났다(U.S. Department of health and human services, 1999). 한편으로 Fava에 의한 최근 연구에서는 우울증 완화의 후유증 기간 동안 심리적 안녕감을 활성화시키려는 안녕감 치료(Ryff, 1989a)의 심리적 안녕감 모형에 근거)를 사용하는 것이 유의미하게 재발률을 줄인다고 보고되었다(Fava, 1999; Fava, Rafaneli, Grandi, Conti, & Belluardo, 1999).

결 론

사람이 잘 살고 있는지를 확인하는 한 가지 방법은 그들에게 직접 물어보는 것이다. 주관적 안녕감은 자신의 삶에 대한 개인의 평가다. 연구에 따르면 주관적 안녕감은 다요인적이고 다차원적이다. 그것은 자신의 삶에 대한 정서적 평가와 반응이며 삶 속에서의 기능에 대한 인지적 평가다.

정서적 안녕감이란 긍정적 대 부정적 정서의 균형, 자인(自認)한 삶의 만족 그리고 삶에 대해 자인한 행복으로 측정되었다. 긍정적 기능은 심리적 안녕감과 사회적 안녕감으로 측정되었다. 성장, 삶의 목표, 타인과의 긍정적인 관계, 자기 수용, 환경적 숙달감, 자율성의 차원들은 심리적 안녕감을 구성하고, 사회적 통합, 사회적 응집, 사회적 수용, 사회적 실현, 사회적 기여는 사회적 안녕감의 구성 요소다.

이 장에서 개관된 증거에 따르면 정서적 안녕감, 심리적 안녕감 그리고 사회적 안녕감은 내적으로 신뢰성 있고 정확한 측정이 있음을 보여 주고 있다. 비록 연구가 주관적 안녕감의 각 차원 내에 일관된 차원적 구조에 대하여 보고하고 있지만, 주관적 안녕감의 전반적 측정구조에 대한 연구는 매우 적었다.

이 장에서의 제안은 주관적 안녕감이 사회적 유용성을 포함하고 있을지 모른다는 것이다. 사업 채산성, 생산성 그리고 고용인 보유에 대한 측정은 고용인 안녕감 수준이 증가함에 따라 증가되었다(Harter et al., 출판 중). 장년기의 정서적 안녕감 수준 또한 사망과 신체적 장애가 시작되는 것을 막아 준다는 것을 보여 주었다(Ostir et al., 2000). 특질과 유사한 형태로 있는 주관적 안녕감은 인지와 면역체계 기능을 촉진시키고 향상시키는 정서적 상태의 표현과 경험 속에 함의되어 있을지 모른다(Fredrickson, 1998; Salovey, Rothman, Detweiler, & Steward, 2000). 또한 낮은 수준의 주관적 안녕감은 개인을 우울의 위험에 빠뜨리게 할지도 모른다는 증거가 일부 있으며(Lewinsohn et al., 1991), 또 낮은 안녕감은 자살의 위험에 처하게 한다는 간접적 증거가 있다(Weerasinnghe & Tepperman, 1994).

연구들은 주관적 안녕감이 또한 시민의 책임감, 더 많은 사람들에 대한 정서적·물질적 지지, 높은 수준의 생산성(즉, 기술과 자원의 세대 간 전달) 그리고 지역사회 참여 및 자원봉사(Keyes, 1996; Keyes & Ryff, 1998)와 관련이 있음을 보여 주었다. 결과적으로 안녕감은 사회적 자본을 생산하는 감정(즉, 사회적 책임감)과 행동(자원봉사)의 결과 또는 원인일 수도 있다. 사회적 자본은 규범적인 사회적 의무, 신뢰의 감정 그리고 상호성으로 엮어진 사회적 관계로 구성된다. 사회적 자본의 내용물은 지역사회와 조직체가 공유된 목적에 도달하고, 그 목적을 심고 달성하는 데 도움을 준다(Coleman, 1988 참조).

비록 주관적 안녕감이 신뢰성 있고 정확하게 측정될 수 있다고 하더라도, 긍정적 평가에 대한 사회적 유용성은 불분명한 채로 남아 있다. 주관적 안녕감 측정에 대한 미래의 연구는 성인뿐만 아니라 젊은이들에 대한 사회경제적인 유용성의 평가도 반드시 심각하게 다뤄야 할 것이다.

참고문헌

Allport, G. W. (1961). *Pattern and growth in personality*. New York: Holt, Rinehart & Winston.

Andrews, F. M., & Withey, S. B. (1976). *Social indicators of well-being: American's perceptions of life quality*. New York: Plenum Press.

Bender, T. A. (1997). Assessment of subjective well-being during childhood and adolescence. In G. D. Phye (Ed.), *Handbook of classroom assessment*. San Diego, CA: Academic Press.

Bryant, F. B., & Veroff, J. (1982). The structure of psychological well-being: A sociohistorical analysis. *Journal of Personality and Social Psychology, 43,* 653-673.

Buckingham, M., & Clifton, D. O. (2001). *Now, discover your strengths*. New York: The Free Press.

Buckingham, M., & Coffman, C. (1999). *First, break all the rules*. New York: Simon & Schuster.

Cantril, H. (1965). *The pattern of human concerns*. New Brunswick, NJ: Rutgers University Press.

Clifton, D. O., & Nelson, P. (1996). *Soar with your strengths*. New York: Dell.

Coleman, J. (1988). Social capital in the creation of human capital. *American Journal of Sociology, 94,* 95-120.

Diener, E. (1984). Subjective well-being. *Psychological Bulletin, 95,* 542-575.

Diener, E. (1993). Assessing subjective well-being: Progress and opportunities. *Social Indicators Research, 31,* 103-157.

Diener, E., & Emmons, R. A. (1985). The independence of positive and negative affect. *Journal of Personality and Social Psychology, 47,* 1105-1117.

Diener, E., Emmons, R. A., Larsen, R. J., & Griffin, S. (1985). The satisfaction with life scale. *Journal of Personality Assessment, 49,* 71-75.

Diener, E., Suh, E. M., Lucas, R. E., & Smith, H. L. (1999). Subjective well-being: Three decades of progress. *Psychological Bulletin, 125,* 276-302.

Erikson, E. (1959). Identity and the life cycle. *Psychological Issues, 1,* 18-164.

Fava, G. A. (1999). Well-being therapy: Conceptual and technical issues. *Psychotherapy and Psychosomatics, 68,* 171-179.

Fava, G. A., Rafanelli, C., Grandi, S., Conti, S., & Belluardo, P. (1999). Prevention of recurrent depression with cognitive behavioral therapy. *Archives of General Psychiatry, 56*(5), 479-480.

Feldman-Barrett, L., & Russell, J. A. (1998). Independence and bipolarity in the structure of current affect. *Journal of Personality and Social Psychology, 74,* 967-984.

Green, D. P., & Salovey, P. (1999). In what sense are positive and negative affect independent? A reply to Tellegen, Watson, and Clark. *Psychological Science, 10,* 304-306.

Gurin, G., Veroff, J., & Feld, S. (1960). *Americans view their mental health*. New York: Basic Books.

Harter, J. K., & Schmidt, F. L. (2000). Validation of a performance-related and actionable management tool: A meta-analysis and utility analysis. *Gallup Technical Report*. Lincoln, NE: Gallup Organization.

553

Harter, J. K., Schmidt, F. L., & Keyes, C. L. M. (2002). Well-being in the workplace and its relationship to business outcomes: A review of the Gallup studies. In C. L. M. Keyes & J. Haidt (Eds.), *Flourishing: Positive psychology and the life well-lived.* Washington, DC: American Psychological Association.

Jahoda, M. (1958). *Current concepts of Positive mental health.* New York: Basic Books.

Jung, C. G. (1933). *Modern man in search of a soul* (Trans. W. S. Dell & C. F. Baynes). New York: Harcourt, Brace & World.

Keyes, C. L. M. (1996). Social functioning and social well-being: Studies of the social nature of personal wellness. *Dissertation Abstracts International: Section B: the Sciences & Engineering, Vol. 56* (12-B).

Keyes, C. L. M. (1998). Social well-being. *Social Psychology Quarterly, 61,* 121-140.

Keyes, C. L. M., Hysom, S. J., & Lupo, K. (2002). The positive organization: Leadership legitimacy, employee well-being, and the bottom line. *Psychologist Manager Journal, 4,* 142-153.

Keyes, C. L. M., & Lopez, S. J. (2002). Toward a science of mental health: Positive directions in diagnosis and intervention. In C. R. Snyder & S. J. Lopez (Eds.), *Handbook of positive psychology* (pp. 26-44). New York: Oxford University Press.

Keyes, C. L. M., & Ryff, C. D. (1998). Generativity in adult lives: Social structural contours and quality of life consequences. In D. McAdams & E. de St. Aubin (Eds.), *Generativity and adult development: Perspectives on caring for and contributing to the next generation* (pp. 227-263). Washington, DC: American Psychology Association.

Keyes, C. L. M., & Ryff, C. D. (1999). Psychology well-being in midlife. In S. L. Willis & J. D. Reid (Eds.), *Middle aging: Development in the third quarter of life* (pp. 161-180). Orlando, FL: Academic Press.

Keyes, C. L. M., & Ryff, C. D. (2000). Subjective change and mental health: A self concept theory. *Social Psychology Quarterly, 63,* 264-279.

Keyes, C. L. M., Ryff, C. D., & Lee, S-J. (2002). *Somatization and mental health: A comparative study of the idiom of distress hypothesis.* Paper submitted for publication.

Keyes, C. L. M., & Shapiro, A. (in press). Social well-being in the United States: A descriptive epidemiology. In C. D. Ryff, R. C. Kessler, & O. G. Brim, Jr. (Eds.), *A portrait of midlife in the United States.* Chicago: University of Chicago Press.

Keyes, C. L. M., Shmotkin, D., & Ryff, C. D. (2002). *Optimizing well-being: The empirical encounter of two traditions.* Paper submitted for publication.

Koivumaa-Honkanen, H., Honkanen, R., Viinamäki, H., Heikkilä, K., Kaprio, J. et al. (2001). Life satisfaction and suicide: A 20-year follow-up study. *American Journal of Psychiatry, 158,* 433-439.

Larsen, R. J., Diener, E., & Emmons, R. A. (1985). An evaluation of subjective well-being meausures. *Social Indicators Research, 17,* 1-18.

Lewinsohn, P. M., Redner, J. E., & Seeley, J. R. (1991). The relationship between life satisfaction and psychology variables: New perspectives. In F. Strack & M. Argyle (Eds.), *Subjective well-being: An interdisciplinary perspective. International series in experimental social psychology, Vol. 21* (pp. 141-169). Chatham, UK: Pergamon Press.

Lucas, R. E., Diener, E., & Suh, E. (1996). Discriminant validity of well-being measures. *Journal of Personality and Social Psychology, 71,* 616-628.

Maslow, A. (1968). *Toward a psychology of being* (2nd ed.). New York: Van Nostrand.

McCulluogh, G., Huebner, S., & Laughlin, J. E. (2000). Life events, self-concept, and adolescent's positive subjective well-being. *Psychology in the Schools, 37,* 281-290.

McGregor, I., & Little, B. R. (1998). Personal projects, happiness, and meaning: On doing well and being yourself. *Journal of Personality and Social Psychology, 74,* 494-512.

Mirowsky, J., & Ross, C. E. (1989). *Social causes of psychological distress.* New York: Aldine.

Mroczek, D. K., & Kolarz, C. M. (1998). The effect of age on positive and negative affect: A developmental perspective on happiness. *Journal of Personality and Social Psychology, 75,* 1333-1349.

Murray, C. J. L., & Lopez, A. D. (Eds.) (1996). *The global burden of disease: A comprehensive assessment of mortality and disability from diseases, injuries, and risk factors in 1990 and projected to 2020.* Cambridge, MA: Harvard School of Public Health.

Neugarten, B. L. (1973). Personality change in late life: A developmental perspective. In C. Eisdorfer & M. P. Lawton (Eds.), *The psychology of adult development and aging* (pp. 311-335). Washington, DC: American Psychological Association.

Ostir, G. V., Markides, K. S., Black, S. A., & Goodwin, J. S. (2000). Emotional well-being predicts subsequent functional independence and survival. *Journal of the American Geriatrics Society, 48,* 473-478.

Pavot, W., & Diener, E. (1993). Review of the satisfaction with life scale. *Psychological Assessment, 5,* 164-172.

Penninx, B. W. J. H., Guralnik, J. M., Simonsick, E. M., Kasper, J. E., Ferrucci, L. et al. (1998). Emotional vitality among disabled older women: The Women's Health and Aging Study. *Journal of the American Geriatrics Society, 46,* 807-815.

Radloff, L. S. (1977). The CES-D scale: A self-report depression scale for research in the general population. *Applied Psychological Measurement, 1,* 385-401.

Ramana, R., Paykel, E. S., Cooper, Z., Hayhurst, H., Saxty, M. et al. (1995). Remission and relapse in major depression: A two-year prospective follow-up study. *Psychological Medicine, 25,* 1161-1170.

Rebellon, C., Brown, J., & Keyes, C. L. M. (2000). Mental illness and suicide. In C. E. Faupel & P. M. Roman (Eds.), *The encyclopedia of criminology and deviant behavior, Vol. 4: Self destructive behavior and disvalued identity* (pp. 426–429). London: Taylor & Francis.

Rogers, C. R. (1961). *On becoming a person.* Boston: Houghton Mifflin.

Russell, J. A., & Carroll, J. M. (1999). On the bipolarity of positive and negative affect. *Psychological Bulletin, 125,* 3–30.

Ryan, R. M., & Deci, E. L. (2001). On happiness and human potentials: A review of research on hedonic and eudaimonic well-being. *Annual Review of Psychology, 52,* 141–166.

Ryff, C. D. (1989a). Beyond Ponce de Leon and life satisfaction: New directions in quest of successful ageing. *International Journal of Behavioral Development, 12,* 35–55.

Ryff, C. D. (1989b). Happiness is everything, or is it? Explorations on the meaning of psychological well-being. *Journal of Personality and Social Psychology, 57,* 1069–1081.

Ryff, C. D., & Keyes, C. L. M. (1995). The structure of psychological well-being revisited. *Journal of Personality and Social Psychology, 69,* 719–727.

Salovey, P., Rothman, A. J., Detweiler, J. B., & Steward, W. T. (2000). Emotional states and physical health. *American Psychologist, 55,* 110–121.

Seeman, M. (1959). On the meaning of alienation. *American Sociological Review, 24,* 783–791.

Severin, F. T. (1965). *Humanistic viewpoints in psychology.* New York: McGraw-Hill.

Shmotkin, D. (1998). Declarative and differential aspects of subjective well-being and implications for mental health in later life. In J. Lomranz (Ed.), *Handbook of aging and mental health: An integrative approach* (pp. 15–43). New York: Plenum Press.

Spector, P. E. (1997). *Job satisfaction: Application, assessment, cause, and consequences.* Thousand Oaks, CA: Sage.

Tellegen, A., Watson, D., & Clark, L. A. (1999a). On the dimensional and hierarchical structure of affect. *Psychological Science, 10,* 297–303.

Tellegen, A., Watson, D., & Clark, L. A. (1999b). Further support for a hierarchical model of affect: Reply to Green and Salovey. *Psychological Science, 10,* 307–309.

U.S. Department of Health and Human Services. (1998). *Suicide: A report of the Surgeon General.* Rockville, MD: Author.

U.S. Department of Health and Human Services. (1999). *Mental health: A report of the Surgeon General.* Rockville, MD: Author.

Von Franz, M. L. (1964). The process of individuation. In C. G. Jung (Ed.), *Man and his symbols* (pp. 158–229). New York: Doubleday.

Waterman, A. S. (1993). Two conceptions of happiness: Contrasts of personal expressiveness (eudaimonia) and hedonic enjoyment. *Journal of Personality and Social Psychology, 64,* 678–691.

Watson, D., & Tellegen, A. (1999). Issues in dimensional structure of affect–Effects of descriptors, measurement error, and response formats: Comment on Russell and Carroll (1999). *Psychological Bulletin, 125,* 601–610.

Weerasinnghe, J., & Tepperman, L. (1994). Suicide and happiness: Seven tests of the connection. *Social Indicators Research, 32,* 199–233.

Wright, T. A., & Bonett, D. G. (1997). The role of pleasantness and activation–based well–being in performance prediction. *Journal of Occupational Health Psychology, 2,* 212–219.

Wright, T. A., & Cropanzano, R. (2000). Psychological well–being and job satisfaction as prediction. *Journal of Occupational Health Psychology, 5,* 84–94.

Zautra, A. J., Potter, P. T., & Reich, J. W. (1997). The independence of affects is context–dependent: An integrative model of the relationship of positive and negative affect. In K. W. Schaie & M. P. Lawton (Eds.), *Annual review of gerontology and geriatrics* (Vol. 17, pp. 75–103). New York: Springer.

Zung, W. K. (1965). A self–rating depression scale. *Archives of General Psychiatry, 12,* 63–70.

CHAPTER 27

삶의 질

삶의 질(guality of life)이란 주제는 초기 철학자에서 현대의 사회과학자에 이르기까지 흥미를 끌어 왔다. 사회과학자들은 삶의 질이라는 주제를 사회 지표와 사회 자원(예: 국민총생산, 유아사망률, 사회적 유동성 등)의 측면에서 언급해 왔다. 삶의 질이라는 개념은 사망률(mortality, morbidity)과 같은 전통적인 의료 성과들의 초점이 지나치게 협소하다는 비평을 받고 있을 즈음, 다시 말해 이러한 지표가 의료 분야에 관련된 광범위한 다른 잠재적 결과를 나타내는 데 실패하고 있다는 시기에 의료 분야에 도입되었다. 예를 들면, 암치료에 있어서 처치 효과 자체가 심각한 결손을 일으킬 수 있다는 것이 인지되었다. 그러므로 그러한 불확실한 장기치료에서 사람들은 장기간의 낮은 삶의 질 대신에 단기간의 높은 삶의 질을 택할 수도 있다.

삶 자체와 삶의 질 사이의 교환(trade-off)이라는 주제는 암에 대한 공격적 치료의 발달에서 불거져 나온 문제로 인해 처음으로 부각되었다. 암 투병 중의 기능을 평가하기 위하여 제작된 최초의 척도 중 하나가 Karnofsky Performance Status Scale이다(Karnofsky & Burchenal, 1949). 이 척도는 질병 상태의 평가(완전한 정상 회복에서 질환으로 인한 사망까지)와 개인의 자기 치료와 사회적 기능 상태의 두 가지를 단일 값

---

*M. J. Power

으로 결합하였다. 이 단일 평가 척도 및 최근의 유사한 변형들은 빠르고 쉬운 사용방법 때문에 의료계에서 광범위하게 사용되어 왔다. 널리 사용된 예가 GAF(Global Assessment of Functioning) 척도인데, 이는 *DSM-IV*의 축 5를 형성하고 있다. 다시 GAF는 0에서 100까지 평정척도를 사용하고, Karnofsky 척도에서처럼 사용자로 하여금 증상 수준의 평정은 물론 사회적 기능의 일반적 평정을 하도록 한다. 이러한 척도들이 복잡한 다차원적 개념을 단일 평정으로 결합시키려 한다는 사실은, 비록 이러한 문제들로 인하여 이 척도들이 광범위하게 사용되는 것을 중단시키지는 못할 것으로 보일지라도 신뢰도와 타당도에 대한 문제가 불거지게 된다(예: Clark & Fallowfield, 1986).

또한 단일 척도 또는 지표라는 생각에 기초한 접근은 건강경제학에 광범위하게 사용되었다. 이 접근은 소위 QALY(Quality Adjusted Life Year)와 DALY(Disability Adjusted Life Year, 특정한 질환으로 인한 장애로 잃게 된 삶의 연수에 대한 측정; 예: Torrance, 1996)를 통해 가장 잘 예시된다. QALY에 내재된 기본적인 생각은 '0 = 죽음'에서 '1 = 완벽한 건강'까지 단일 점수를 사용하는 것인데, 여기에는 중간으로 분류되는 다양한 수준들의 장애가 있다. 예를 들어, 0.5 평정의 장애를 가지고 10년을 살아 온 사람은 이 측정에 따르면 $10 \times 0.5 = 5$ QALY를 가지고 있다. 이러한 방식으로 건강경제학자들은 QALY의 계산을 통해서 상이한 처치의 상대적 혜택을 비교한다.

심리학적 관점에서 보면 기능의 전반적 평정척도에서처럼(이미 언급한 GAF와 같은 류) 이러한 건강 유용성 지표에서도 동일한 문제가 발생한다. 즉, 삶의 질이 여러 개의 분리된 영역과 영역의 측면에 의해 가장 잘 개념화되며, 좀 더 복잡한 도구로 측정되어야 한다는 상당한 증거들이 있다(예: Power, Bullinger, Harper, & WHOQOL Group, 1999). 이 장에서는 삶의 질의 다차원적 본질에 대한 증거가 개관될 것이며, (삶의) 질의 윤곽을 측정하도록 설계된 도구들이 논의될 것이다.

삶의 질에 대한 다차원적 접근

'삶의 질'이란 용어는 상이한 여러 방식으로 사용되며, 어떻게 이를 정의하고 개념화해야 하는지가 중요한 주제다. 핵심은 건강 관련 및 비관련 삶의 질을 구분하는 것이다(예: Spilker, 1996). 이런 점에서 여러 건강 관련 정의의 출발점은 "완전한 육체적, 정신적, 사회적 안녕감이며, 단순히 질병 또는 쇠약하지 않음이 아니다."라는, 잘 알려진 세계보건기구의 건강에 대한 정의였다. WHO의 정의에 '안녕감'이란 용어가 포함됨으로써, 일부 연구자들은 자기 보고된 심리적 안녕감을 중요한 삶의 질의 유일한 측면인 것이라고 아주 편협하게 초점을 두었다(예: Dupuy, 1984). 그러나 안녕감은 삶의 질의 중요한 측면이지만, 고려되어야 할 유일한 측면이 아닌 협의의 용어로 간주되어야 한다. 삶의 질의 건강 관련 측면과 포함되어야만 하는 비건강 관련 측면의 범위를 상세히 제시하는 식의 도전이 있었다. 삶의 질은 단순히 안녕감에 대한 또 다른 용어가 아니다.

WHO의 건강 개념 정의는 삶의 질을 정의하는 데 분명한 출발점을 제공했지만(예: WHOQOL Group, 1995), 언급되지 않은 다음의 두 가지 핵심 질문을 남겼다. 신체적, 정신적, 사회적 영역에 덧붙여 어떤 영역이 포함되어야 하는가? 개념화에는 개인의 주관적 평가에 덧붙여 개인의 주관적 특성까지도 포함되어야만 하는가? 현존하는 정의와 측정은 이 두 질문에 대하여 다양한 접근을 취하는데, 이에 대해서는 가장 광범하게 사용된 측정 세 가지를 기술할 때 순서대로 설명할 것이다. 그럼에도 불구하고 현재 이러한 핵심적인 두 주제에 대하여 점차 일치가 생기기도 한다. 현재 신체적, 정신적, 사회적 측면에 덧붙여 건강 관련 삶의 질에 영적, 종교적 측면이 포함될 필요가 있다는 인식(예: power et al., 1999; Spilker, 1996; WHOQOL Group, 1995)과 개인의 신체적 환경 측면의 범위가 비건강 관련 삶의 질에 포함될 필요가 있다는 인식이 있다.

객관적 평가와 주관적 평가라는 두 번째 주제와 관련하여 초기의 많은 측정들이 객관적 특징들(예: 뛰어가서 버스를 잡을 수 있거나 몇 계단씩을 한꺼번에 걸어 올라가는 것)과 주관적 특징들(예: 신체적 기동성 수준에 대한 만족-불만족 평정)을 포함하고 있지만, 가장 최근의 측정들은 주관적인 것에만 초점을 두고 있다(WHOQOL Group, 1998a). 주관적 지표와 객관적 지표를 구분해야 한다는 것은 일리가 있다. 실제로 어떻게 인도의 마을에서 빈곤하게 살고 있는 한 사람이 월가의 백만장자보다 더 높은 수준의 행복과 삶의 질을 보고할 수 있는가? 이러한 문제로 말미암아 노벨상 수상자인 Amartya Sen 같은 경제학자들은 객관적인 경제적 지표와 불일치한다는 이유로 주관적 지표를 거부하였다(예: Sen, 2001). 그러나 긍정심리학자로서 나는 주관적 지표와

561

객관적 지표의 불일치는 어떻게 인간의 정신이 역경 속에서 극복할 수 있으며 번영까지 할 수 있는지를 예시하는 것이라고 믿는다.

삶의 질 측정

앞서 소개한 바와 같이 삶의 질 개념은 건강과 기능적 상태의 전통적 개념에 대한 유용한 부속물로서 초기에 구성되었다. 그러므로 전반적인 건강평가는 개인의 신체적 건강에 대한 단일 측정, 기능측정, 삶의 질 측정을 포함하였다. 신체적 건강 상태를 넘어서려는 평가의 초기 시도는 때때로 단일 척도상에서 평정의 형태를 띠었으나, 진술된 바와 같이 이러한 척도는 불행히도 복잡한 다차원적 개념을 하나의 차원으로 응축시켰다. 신뢰성 있고 타당한 삶의 질 측정을 고안해 내기 위해서는 삶의 질의 모든 중요한 측면을 담는 독립적인 영역의 넓은 범위가 필요하다. 더욱이 비교 문화적으로 신뢰성 있고 타당한 측정을 고안해 내기 위해서는 도구 개발에 대한 다른 접근이 요구된다(예: Bullinger, Power, Aaronson, Cella, & Anderson, 1996).

이 장에서 나는 삶의 질에 대한 두 가지 선구자적 접근인 SF-36과 EUROQOL Group 도구들을 강조한다. (이와 관련해서 나는 삶의 질에 대한, 존재하는 모든 일반적 측정에 대한 개관은 이 장의 범위를 넘어서는 것임을 밝히고 싶다.) 이러한 두 도구는 삶의 질에 대한 개념화와 측정을 향상시켰다. 그러나 이 도구들도 자체의 한계가 없는 것은 아니며, SF-36과 EUROQOL의 일부 한계를 극복하려고 시도한 WHOQOL 도구를 고려해야 한다. 이 세 가지 도구에 대해서는 다음에서 기술될 것이다.

SF-36

SF-36으로 알려진 Medical Outcome Survey Short Form 36은 삶의 질을 측정하기 위하여 가장 광범하게 사용된 일반적 측정이다. 이것은 John Ware와 그의 동료들(Ware & Sherourne, 1992)이 개발하였으며 8개의 척도로 구성되었다. 이들 척도 중 네 개는 신체건강(신체 기능, 역할-신체, 육체 고통, 일반적 건강 하위척도)을, 네 개는 정신건강(생기, 사회적 기능, 역할-감정, 일반적 정신 하위척도)을 요약하고 있다. SF-36은 수용할 만한 심리측정적 특징을 가지고 있고, 다양한 언어로 번역되었으며, 많은 나라에 모수 표준(population norms)이 있다.

SF-36의 단점으로는 천장 효과와 바닥 효과가 분명해서 극단적으로 높거나 낮은 수준의 삶의 질을 측정하는 데 취약하다는 것이다(예: Ware, 1996). 다른 문제로는 SF-36이 주관적 항목(예: "낙담하고 우울한 적이 있습니까?")과 객관적 항목(예: "계단을 한꺼번에 여러 개 오를 수 있습니까?")을 모두 가지고 있다는 것이다. 개념적으로 이것들은 매우 상이한 질문이다. 실제로 계단 오르기 같은 활동이 제한된다는 것이 객관적으로는 가능하더라도, 그 상황에 대해서 그 사람은 주관적으로 행복할 수도 있고 불행할 수도 있으며 무관심할 수도 있다. 앞서 언급한 바와 같이 가장 최근의 결론은 주관적인 진술문과 객관적인 진술문을 동일한 측정 속에 포함시키기보다는 분리시켜 측정해야만 한다는 것이다(예: WHOQOL Group, 1998a).

EuroQOL

삶의 질 측정에 대한 두 번째 주요 접근은 EuroQOL 측정이다(EuroQOL Group, 1990). EuroQOL은 '1 = 문제 없음'에서 '3 = 극심한 문제'까지의 3점척도로 평정하는 건강 상태의 몇 가지 차원을 포함한다. 평가되는 다섯 가지 차원은 기동성, 자기 관리, 일상 활동들, 고통과 불편 그리고 불안과 우울이다. 이 척도는 또한 이전에 고려된 바 있는 전반적 척도와 유사한 '건강체온계'를 포함하는데, 이는 응답자에게 자신의 전반적 건강을 0에서 100까지의 척도로 평정하도록 요구한다. 이 척도의 장점으로는 간결하고 사용이 용이하며 다양한 언어로 가용하다는 것이다. 그러나 한 가지 중요한 단점은 EuroQOL의 안녕감은 어떤 차원에서 긍정적인 견해의 존재보다는 그 차원에서의 문제 없음으로 정의되기 때문에 다섯 가지 차원에 대하여 (척도의) 긍정적 (방향의 한쪽) 끝이 없다는 것이다. 인간의 강점을 조사하는 것에 관한 긍정심리학 주의(tenet)와 일치하기 위해서(예: Snyder & Lopez, 2002), 타당한 삶의 질 측정은 단순히 부정적인 것의 부재가 아닌 삶의 긍정적 측면을 평가해야만 한다. 덧붙여 EuroQOL은 그 간략함으로 인하여 여러 영역을 포괄하지 못한다. 이 척도의 초점은 외적으로 건강 관련 삶의 질에 두고 있으나, 앞서 논의한 바와 같이 일반적 개념은 건강을 넘어서 개인의 환경과 영성 같은 비건강 관련 영역들을 포함한다. 그러나 건강과 관련해서조차 차원들이 매우 제한되어 있으며, 삶의 질에 대한 질병 특수적 측정이 가능할 때마다 항상 보충되어야 한다.

WHOQOL

단순히 질병의 없음이 아닌 완전한 신체적, 정신적, 사회적 안녕감이라는 WHO의 정의는 건강에 대한 총체적 견해를 출발점으로 파악하고 있다. 더욱이 이 정의는 건강, 안녕감 그리고 삶의 질의 더 넓은 개념 측정에서 어떤 영역들이 고려되어야 하는지에 관한 강력한 단서를 제공한다. WHO의 삶의 질에 관한 측정인 WHOQOL의 개발 원칙과 개념적 배경은 최근의 여러 논문에서 자세하게 기술되었다(예: WHOQOL Group, 1998a). WHOQOL 개발에는 몇 개의 핵심 단계가 있는데 차후에 요약할 것이다.

첫 단계는 삶의 질의 정의를 형성하기 위해서 국제적으로 협력한 개관과 그 평가에 대한 접근을 포함한다. 삶의 질에 대한 다음의 정의는 시작점을 제공했다.

개인이 살고 있는 문화와 가치 체계의 맥락에서, 그리고 자신의 목표, 기대, 기준, 관심과의 관계 속에서 삶에서의 자신의 위치에 대한 개인의 지각, 신체적 건강, 심리적 상태, 독립성 수준, 사회적 관계 그리고 자신을 둘러싼 환경의 독특한 특징들에 대한 관계에 복잡한 방식으로 영향을 받는 광범위하게 변동하는 개념이다(WHOQOL Group, 1995: 1404).

두 번째 단계에는 (1) 삶의 질의 정의를 포괄적인 적용(범위)에 필요하다고 고려되는 삶의 측면들로 나누기, (2) 이러한 측면들을 정의하기, (3) WHOQOL 질문이 도출될 수 있는 전반적 질문 풀(pool)을 만들기가 포함된다. 이 작업은 측정에 대한 비교 문화적 바탕을 제공하기 위하여 전 세계의 상이한 문화적 상황에서 동시에 실시되었다.

WHOQOL 측면들

각 문화적 상황에서 초점이 되는 집단이 삶의 질의 적합한 측면과 관련하여 제안을 내놓았다. 측면들의 범위와 정의는 순환적으로 되풀이하여 개발되었는데, 각 센터가 자신의 센터와 다른 센터 그리고 협력 팀으로부터 나온 제안을 고려하고 재고하는 프로젝트에 참여하는 식이었다. 예비 WHOQOL에 사용된 측면들의 목록이 〈표 27-1〉에 제시되어 있다. 이는 신체적, 심리적, 독립성, 사회적 관계, 환경, 영성을 포함하는 여섯 영역의 집합으로 측면들을 집단화했음을 보여 준다. 다음으로 이러한 삶의 질에 대한 29개 측면의 236개 질문이 번역되고(각 나라의 언어로 준비되지 않았을 때) 현장조사(WHOQOL Group, 1998a 참조)가 준비된 상태로 구성되었다. 예비조사와 후속 심리측정 평가는 여러 목적을 가지고 있다. 즉, (1) WHOQOL 영역과 측면 구조의 구성타당도에 대한 조사와 그에 따라 다듬고 줄이기, (2) 현장 실시 때 사용하기 위한 WHOQOL 형식(version)을 만들려는 목적을 가지고 각 측면들에 대하여 적합한 질문을 선택하기, (3) WHOQOL의 심리측정적 특징을 구축하기가 그것이다.

전 세계적으로 15개의 다른 센터(방콕, 바르셀로나, 바스, 브엘세바, 하라레, 마드리드, 멜버른, 뉴델리, 파나마 시, 파리, 시애틀, 세인트피터즈버그, 틸부르흐, 도쿄, 자그레브)에 있는 참가자에게 WHOQOL의 표준화된 실시가 행해졌다. WHOQOL 개발과 심리측정적 특징에 관한 상세한 내용은 다른 곳에 제시되었기에(WHOQOL Group, 1998a, 1998b), 여기서는 관련 주제에 대한 일부 선택만을 언급할 것이다. 상당한 주의를 기울여 비교 문화적으로 비교할 만한 반응척도를 고려하였다. 척도의 극단 값에 대한 라벨을 번역하는 데는 문제가 없었으나, 25, 50, 75%에 대한 라벨은 유사한 의미가 됐음을 확실히 해 주는 척도화 절차방법으로 이끌어 냈다(Szabo, 1996 참조).

이러한 방식으로 수집된 자료가 제공하는 기회 중 하나는 삶의 질의 진짜 구조와 내용을 조사할 가능성이었다. 아마도 성격이론에서 Maslow의 욕구와 작업의 위계에 고무되어서, 여러 영향력 있는 접근은 최상위에 전반적 안녕감, 중간 수준에 넓은 영역(신체적, 심리적, 사회적) 그리고 하위에 각 영역의 특정한 측면 또는 구성 요소를 놓는 위계적 구조 또는 피라미드로 삶의 질을 개념화해 왔다(예: Spilker, 1990). WHOQOL Group은 이처럼 전반적인 위계적 접근을 수용하였다. 이와 같은 예측된 위계성에 대한 초보적인 검증으로서 측면과 영역 간 상관표가 만들어졌다. 가장 유명한 발견은 전문가들이 성행위를 신체적 차원으로 분류한 데 반하여(facet-to-corrected-domain $r = .16$), 그 자료는 성이 사회적 관계 영역의 일부로 간주됨을 보여 주었고($r = .41$), 이에 따라 그것은 자리 이동되었다. 물론 이 차이는 전문가와 일반 사람들에 관한 무엇인가를 말해 주고 있을지도 모른다.

〈표 27-1〉 **예비 WHOQOL 영역(domains)과 양상(facets)**

영역 I: 신체적
1. 고통과 불편
2. 활력과 피로
3. 성적 활동
4. 수면과 휴식
5. 감각적 기능

영역 II: 심리적
6. 긍정적 느낌
7. 사고, 학습, 기억, 집중
8. 자존심
9. 신체상과 외모
10. 부정적 느낌

영역 III: 독립성 수준
11. 이동성
12. 일상 삶의 활동
13. 의료용 약품이나 도움에 대한 의존
14. 비의료용 물질(술, 담배, 약물)에 대한 의존
15. 의사소통 능력
16. 작업 능력

영역 IV: 사회적 관계
17. 개인적 관계
18. 실질적인 사회적 지지
19. 제공자/지지자로서의 활동

영역 V: 환경
20. 자유, 신체적 안전
21. 가정환경
22. 작업 만족
23. 재정 자원
24. 건강과 사회적 보호
25. 새로운 정보와 기술을 획득할 기회
26. 여가 활동에 대한 참여와 그 기회
27. 물리적 환경(오염/소음/교통 체증/기후)
28. 운송

영역 VI: 영성/종교/개인적 신앙
전반적인 삶의 질과 일반적인 건강에 대한 지각

다양한 심리측정적 기준에서(WHOQOL Group, 1998a 참조) 다섯 가지 측면(감각적 기능, 비의약 물질에 대한 의존, 의사소통 능력, 작업 만족 그리고 제공자-지지자로서의 활동)이 일반적 측정에서 제외되었다. (그러나 그중 일부는 후속의 질병 특수적 또는 집단 특수적 모듈에 포함될 필요가 있을지도 모른다고 언급되었다.) 이렇게 축소하여 24개의 특정한 측면과 전반적 삶의 질을 측정하는 여러 항목이 남았다. 이제 유지된 측면을 위해 선택되는 항목의 수를 결정하는데, 각 측면당 네 개의 항목을 선택한다는 결정이 이루어졌다(이 도구에 대한 추가적인 심리측정적 검증에서 수행될 척도 신뢰도 분석에 요구되는 최소한의 수가 넷이다). 이러한 결정으로 25×4 = 100항목을 선택하였다(일반적 항목 네 개 포함). 따라서 이렇게 개정된 현장 실시 WHOQOL은 WHOQOL-100으로 알려지게 되었다(WHOQOL Group, 1998a).

이 자료 집합의 Cronbach α는 .65∼.93의 범위를 갖는 측면들에 대한 좋은 내적 일관성을 보여 준다. 모든 측면 점수들은 4에서 20점까지 변동한다. 높은 점수는 높은 삶의 질을 나타내지만, 고통과 불편, 부정적 감정, 약물 의존의 측면은 역으로 점수가 계산되었다.

WHOQOL의 개발에 대한 이전 논문에서 언급되었듯이(예: WHOQOL Group, 1995), 문화적 다양성 때문에 각 센터는 WHOQOL의 고유 형태의 개발을 요구할 가능성이 있다. 지금까지 제시된 자료는 현장 실시 WHOQOL-100에 사용된 공통 항목, 측면 그리고 차원구조를 파악하는 것이 가능했다는 점에서 반대의 결론을 제시한다. 자료분석에 따르면, 15개의 예비조사 센터를 위한 수용 가능한 심리측정적 특성을 지닌 다문화 WHOQOL-100을 개발하는 것은 가능하다고 한다. 물론 현재의 자료 집합 내에 삶의 질의 보편적인 핵심 개념을 검사할 수 있는 몇 개의 추가적인 방법이 있다. 한 가지 방법은 세밀한 다변량 분석을 사용하여 WHOQOL의 보편적 대 문화 특수적 측면을 검증하고, 상이한 센터에 걸쳐서 잠재적 구조와 부하량을 비교하는 것이다. 비록 이러한 분석이 다른 곳에서 더 상세하게 제시되어 왔지만 (Power et al., 1999), WHOQOL-100의 구조와 관련된 일부 초보적인 발견들은 공유될 것이다.

여섯 영역 구조와 비교하여 가능한 대안 모형을 만들고자 자료를 합치고 얻어진 집합 자료($n = 2,056$)의 절반을 무선 선택하여 베리맥스(Varimax) 회전을 하는 주성분 요인분석을 하였다. 이 분석에서 eigenvalue 값이 1보다 큰 요인이 네 개 나타났고, 이들은 모두 변량의 58%를 설명하였다. 요인들의 스크리(scree) 도표에 따르면 이러한 해석은 적합하다. 추출된 주성분은 관찰된 변량의 37.9%를 설명하였는데, 이는 많은 측면들 사이의 강한 관련성을 반영하는 것이다. 첫 번째 요인은 신체 영역과 독립성 수준 영역에 관련된 측면을 포함했는데, 이는 결합한 신체적 능력 영역을 반영할지도 모른다. 두 번째 요인은 환경 자원과 관련된 모든 측면으로 이루어져 있다. 세 번째 요인은 심리적 영역에 관련된 세 측면 및 영성과 관련된 측면과 더불어 사회적 관계 영역과 관련된 모든 측면으로 이루어져 있다. 전반적으로 삶의 질은 모든 요인에 부하가 걸리는 것으로 알려졌다.

자료 수집 이전에 WHOQOL을 위해 만든 개념적인 모형에 따르면, 〈표 27-1〉에 제시된 바와 같이 여섯 개의 영역구조가 제안되었다. 그러므로 일련의 확증 요인분석에서 이 구조는 단일 영역구조와 반분 자료에 대한 주성분 분석이 제안한 네 영역구조와 비교되었다. (부정적 감정과 신체상 측면은 분석에서 신체적 및 사회관계 영역에 부하가 걸린다고 나타났음에도 불구하고 심리적 영역 내에 분류되어 있었다.) 여섯 영역구조에서 비교적합지수(comparative fit index, 0에서 1까지 변동하며, 값이 0.9보다 크면 문제 삼고 있는 모형이 상당히 높은 정도로 '적합'하다고 간주된다)는 총 표본 모집에서 나쁜 참가자와 좋은 참가자를 별도로 구분했을 경우 0.9 이하로 떨어졌다. 비록 적합도가 실제적으로 오직 한 영역만 있다든가 또는 모든 측면들이 제각각 독립적이라는 귀무모형(null models)에 비해서 나은 것이지만, 네 요인의 해결책이 더 나은 적합도 지표에서처럼 같이 향상된 모형임이 제시되었다. 더욱이 이 구조는 나쁜 표본과 좋은 표본 둘 다에 대해서도 최상의 적합도를 나타냈다. 네 영역 모형은 더 향상될 수 있는데, 가령 어떤 측면 오류 용어를 공변시킴으로써 가능하다. 이 같은 추가 분석에 대한 상세한 것은 이 장의 범위를 벗어난 것이며 다른 데에 제시되어 있다(WHOQOL Group, 1998a, 1998b). 이 분석의 순수 효과는 비록 여섯 영역 접근이 더 자세한 영역 프로파일을 사용할 수 있다 하더라도 네 영역 접근이 빈번하게 사용되며, 특히 WHOQOL의 간편 형식으로 쓰인다는 것이다(다음 논의를 보라).

영역	영역 내에 통합된 양상		
	전반적인 삶의 질과 일반적인 건강		
I. 신체적 건강	고통과 불편 수면과 휴식 활력과 피로 이동성 일상 삶의 활동 의료용 약품이나 도움에 대한 의존 작업 능력		
II. 심리적	긍정적 느낌 사고, 학습, 기억, 집중 자존심 신체상과 외모 부정적 느낌 영성/종교/개인적 신앙		
III. 사회적 관계	개인적 관계 사회적 지지 성적 활동		
IV. 환경	자유, 신체적 안전 가정환경 재정 자원 건강과 사회적 보호: 접근성과 질 새로운 정보와 기술을 획득할 기회 여가 활동에 대한 참여와 그 기회 물리적 환경(오염/소음/교통 체증/기후) 운송		

〈표 27-2〉 WHOQOL-BREF 영역과 네 영역 해결방안(four-domain solution)을 보여 주는 삶의 질의 양상

WHOQOL-BREF

WHOQOL-100으로 인하여 삶의 질에 관련된 개별 측면의 상세한 평가가 가능해졌다. 그러나 어떤 경우에는 WHOQOL-100조차 실제 사용하기에는 너무 길지도 모른다. WHOQOL-BREF 현장 시행 형태는 측면 수준에서 상세한 점수보다는 네 영역에서의 요약 점수로 하는 삶의 질 평가의 단축형을 제공하고자 개발되었다 (WHOQOL

Group, 1998b).

WHOQOL-BREF는 총 26개의 질문을 포함하고 있다(부록 27.1 참조). 광범위하고 포괄적인 평가를 제공하기 위하여 WHOQOL-100에 포함된 24개 측면 각각에서 하나씩을 포함하였다. 덧붙여 전반적 삶의 질과 일반적 건강 측면에서 두 개 항목이 포함되었다. 개념적 수준에서 삶의 질과 관련된 24개 측면의 각각에서 적어도 하나의 질문을 선택함으로써 WHOQOL-100의 어떤 단축형도 포괄성은 유지되어야 한다는 것이 WHOQOL Group이 동의한 것이었다. 각 측면에서 가장 일반적인 질문(즉, 모든 측면의 평균으로써 계산된 총 점수와 가장 높은 상관을 가지는 항목)을 WHOQOL-BREF에 포함하고자 선택하였다. 이 방법에 의하여 선택된 개별 항목이 개념적으로 도출된 삶의 질의 조작성을 반영하고 있는지를 확정하기 위하여 위원회가 심사하도록 되어 있다. 이는 그것들이 좋은 구성타당도가 있는, 응집력 있고 해석 가능한 영역을 형성한다는 것을 의미한다.

확증적 요인분석 WHOQOL-BREF 구조

WHOQOL-BREF의 가설적 구조는 〈표 27-3〉에 보인 것에 기초하는데, 모든 네 영역이 부하가 걸린 고차 요인을 추가한 것이다. 원래 도표와 관련된 자료 집합과 WHOQOL-100의 현장 시행과 관련된 자료 집합 모두에서 확증적 요인분석을 사용한 네 영역구조에 자료를 적용했을 때 수용할 만한 비교적합지수(CFI)가 얻어졌다(각각 CFI=.906, .903). 현장 실시 자료 집합에서 최초의 CFI는 .870이었는데, 이는 대안모형이 필요했음을 나타낸다. 오류변량의 세 짝이 공변하도록 하고(즉, 고통과 약물 의

〈표 27-3〉 **WHOQOL-BREF 영역의 내적 일관성**

영역	Cronbach α		
	원자료 (n=4802)	현장 자료 (n=3882)	새로운 자료 (n=2369)
신체적 건강	.82	.84	.80
심리적	.75	.77	.76
사회적 관계[a]	.66	.69	.66
환경	.80	.80	.80

[a] = 단지 세 개 항목이므로 Cronbach α는 신뢰할 수 없을 수도 있음.

존, 고통과 부정적 감정, 가정과 물리적 환경) 두 항목을 다른 영역에 교차 부하가 걸리도록 허용했을 경우(즉, 안전을 전반적 영역에 부하가 걸리도록 하고, 약물을 환경 영역에 부적으로 부하가 걸리도록 허용함), CFI는 .901까지 올라갔다. 이는 모든 자료 집합이 가설적 구조에 매우 적합함을 제안한다.

WHOQOL-100 점수와 WHOQOL-BREF 점수 사이의 비교

WHOQOL-100에 근거한 영역 점수와 WHOQOL-BREF에 포함된 항목을 사용하여 계산된 영역 점수 간에는 높은 상관이 있다. 이 상관은 .89(영역 3에 대하여)에서부터 .95(영역 1에 대하여)까지 변동한다.

내적 일관성

네 영역 점수 각각에 대한 Cronbach α값은 .66(영역 3에 대하여)에서 .84(영역 1에 대하여)까지 변동하였는데, 이는 수용할 만한 내적 일관성을 보여 주는 것이다(〈표 27-3〉 참조). 그러나 영역 3에 대한 Cronbach α값은 조심스럽게 보아야 한다. 왜냐하면 신뢰도를 평가하는 데 일반적으로 권장되는 네 개의 최소값이라기보다는 세 개 점수(즉, 개인관계, 사회적 지지, 성행위 영역)에 근거하고 있기 때문이다.

논 의

이 장에서 예시된 분석은 많은 문화에서 사용될 수 있는 신뢰성 있고 타당한 삶의 질 측정도구를 개발하는 것이 가능함을 보여 주었다. 예비조사 WHOQOL의 초기 개발과정에서 개념적 수준에서의 입력과 문화적으로 다양한 센터로부터 나온 특정한 항목과의 관계에서 얻어진 입력을 합하였다. 삶의 질에 관해 합의된 정의, 측면들의 합의된 정의, 이러한 정의를 반영하는 방대한 항목 풀의 생성, 그리고 예비조사 WHOQOL에 대한 항목의 합의된 집합을 포함시키는 반복적 과정을 통하여 일반적 도구가 개발되었다.

항목 반응 분포의 첫 단계 분석인 항목 측면 신뢰도 분석 그리고 다른 측면과의 항목 상관조사를 통하여 (늘 그렇듯이) 일부 항목은 심리측정적 준거에 근거하여 항목 풀에서 제거되었어야 함을 알 수 있다. 여기에 덧붙여, 항목분석에 의하면 일부 측면들은 현장 실시 도구에 포함시키지 않았어야 했다. 그것은 가령 반응들이 너무 일그러져 있다거나, 제공자-지지자와 작업 만족 측면으로서 활동의 경우가 있어서 거나, 또는 그러한 측면이 문화에 걸쳐 낮은 신뢰도와 타당도를 보여 주기 때문이다. 비록 감각적 기능, 의사소통, 타인에 대한 돌보기 부담과 관련된 측면들이 핵심 WHOQOL-100에서 탈락되었다고 하더라도, 그 항목들이 WHOQOL Group이 상세화한 기준에 맞기만 한다면 특정한 모집단(예를 들면, 감각적 또는 의사소통 오기능이 있는 사람들)이나 그 항목들이 포함될 수 있는 특정한 문화를 위해서 설계된 추가 모듈을 개발하는 것이 가능하다. 핵심 WHOQOL-100의 개발은 삶의 질을 평가하는 데 필요한 핵심 항목 집합을 정의하는 데 출발점을 제공하였으나, 삶의 질의 다른 측면들의 제외를 제안하고자 의도한 것은 아니다. 예를 들면, 일부 임상 연구에서는 질병 특수적 또는 치료 특수적 WHOQOL, 또는 그 질문들이 문화적으로 관련이 있다면 국가와 관련된 질문을 덧붙이는 것이 가치 있다고 한다.

미래의 방향

이 장에서 제시된 분석들은 WHOQOL 측정의 개발에서 중간 단계를 나타낸다. WHOQOL-100은 다양한 범위의 문화에서 사용될 수 있는 삶의 질의 광범위한 영역을 측정하는 신뢰성 있고 타당한 도구임이 밝혀졌다. 그러나 언급되어야 하는 심각하게 많은 수의 질문이 존재하는데, 이것들은 도구의 예비검사의 일부분이 아니었다. 제시된 자료의 핵심적 제한의 하나는 자료들이 횡단적이란 것이다. 심각한 삶의 변화를 경험하지 않은 모집단에서 도구의 검사-재검사 신뢰도를 조사하기 위해서는 종단적 자료가 필요하다. 덧붙여 심각한 삶의 변화를 경험한 모집단으로부터 종단적 자료를 수집할 필요가 있으며, 그럼으로써 도구의 변화에 대한 민감성 또는 반응성을 평가할 수 있다. 그러한 연구는 다양한 모집단을 대상으로 하여 여러 센터에서 잘 수행되고 있지만, 최종적으로 발표된 자료는 아직 가용하지 않다. 예상되는 WHOQOL의 광범위한 사용으로 볼 때, 신체적, 심리적, 사회적 개입의 범위가 어떻게 삶의 질의 일반적 및 특수적 국면 둘 다에 영향을 주는지 조사할 필요가 있을 것이다. 덧붙여

'추출된' 것과는 반대로 WHOQOL-100과 WHOQOL-BREF를 그 자체의 목적이 되는 도구로서, 또 센터의 첫 번째 집합에는 포함되지 않은 범위의 문화 속에서의 도구로서 검사할 필요가 있다.

결 론

이 장은 현재 가용하고 널리 사용되는 삶의 질의 일반적 측정 범위를 살펴보는 것으로 시작했다. 그러한 측정들은 Karnofsky Performance Scale처럼 오랫동안 형성된 전반적 척도와 *DSM-IV* GAF 척도 같은 최근의 파생 도구를 포함한다(APA, 1994). 이러한 단일 측정 전반적 척도는 그 간결성과 적용의 용이성 때문에 임상적 검사와 결과 연구들에서 계속 사용된다. 그것들은 의문이 남는 신뢰도와 타당도를 지니고 있는데, 왜냐하면 다차원적 구성개념을 단일 차원으로 우겨 넣는 시도를 하기 때문이다. 이와 유사한 문제가 건강경제학자들에 의해 사용되는 QALY, DALY 같은 유용성 지표에서도 발생한다. 덧붙여 이러한 측정들은 상이한 질환과 연합되어 있는 0과 1 사이의 척도에 장애값에 대한 파악이 요구된다. 그러나 그러한 값이 왜 동일한 질병을 지닌 개인들에 걸쳐서, 시간에 걸쳐 동일한 개인에게서, 그리고 모집단 내에 상이한 하위 집단에 걸쳐서 일관성이 있어야 하는지에 대한 이유가 없다.

단일 측정 지표의 중요한 진보가 삶의 질 평가에 대한 다차원적 접근의 좀 더 최근의 개발에 있었다. 비록 다차원 척도라도 단일 척도를 만들기 위해서 사용될 수 있기는 하지만, 그것들은 한정된 수의 차원 또는 영역에 걸친 점수들의 프로파일 형태에서의 사용이 선호된다. 이러한 측정에서 가장 광범하게 사용된 것들은 SF-36와 EuroQOL Group 도구들이다. 두 가지 측정도구의 사용으로 많은 문화에서 모집단 표준을 포함하는 풍부한 자료 집합의 수집이 이루어졌다. 그러나 각 측정에도 한계가 있다. 가령, SF-36은 심각한 천장 및 바닥 효과를 보이고 있기 때문에 중간 범위의 평가로서 사용될 때 제일 좋다. 덧붙여 측정들은 소위 주관적 및 객관적 항목을 함께 섞어서 논리적으로 주장하면 기름과 물처럼 잘 융화되지 못한다는 이유 있는 항의를 받는다. 한편, EuroQOL의 한계는 척도 내의 건강이 좀 더 긍정적인 의미에서 구성되어 있기보다는 문제 없음으로 정의되어 있다는 사실을 포함한다. EuroQOL에서 척도의 긍정적인 극단의 단축으로 인하여 반응이 척도의 '문제 없음' 쪽으로 극히 편중된 분포를 가지는 경향이 있었기 때문에 일반적인 모집단에 대해서는 문제가 있는 것으로 나타났다.

이 장의 주요 부분은 WHOQOL 측정이라는 삶의 질 척도의 새로운 개발에 초점을 두었다. WHOQOL은 건강에 대한 WHO의 고전적 정의를 출발점으로 잡았다. 삶의 질과 관련된 분야의 여러 영향력 있는 개념화에 근거를 두고 전반적 삶의 질, 특정한 영역의 집합 그리고 이러한 영역의 각 분야를 반영하는 특정한 측면을 포함하는 전반적인 위계구조가 제안되었다. 최근의 경험적 연구에 따르면, 네 영역 또는 여섯 영역으로 된 위계적 해결에 대하여 둘 다를 지지하는 확증적 요인분석이 있으며 그러한 구조에 대하여 좋은 지지가 되고 있다. 그러나 중요한 점은 이러한 분석이 삶의 질에 대한 위계적 접근을 강력하게 지지한다는 것이다. 이것은 또한 영역 수준 요약 점수에 근거를 둔 채점체계는 점수의 유용한 프로파일을 제공할 수 있다(예: 척도의 개별적인 임상적 사용에서)는 것을 보여 주고 있지만, 척도로부터 전반적 요약적 지표를 제공하는 데도 유용할 수도 있다. 비록 분석들이 이 척도가 전반적 점수를 제공하는 데 단순히 사용되지 않음을 보여 준다 하더라도 영역 수준 점수 역시 중요하다는 것을 언급하는 것이 중요하다. 그래서 WHOQOL의 다른 분석으로 WHOQOL-BREF라는 단축 척도가 탄생하였다.

마지막으로, 상이한 수많은 문화에서 나온 자료를 수집함으로써 문화에 걸쳐 전반적 삶의 질에 기여하는 우리 삶의 국면들에 관하여 어떤 보편적인 것들이 있는지에 대한 질문이 진척되었다. 비록 '삶의 질'이란 용어 자체가 모든 언어로 번역되기는 어렵더라도 광범위한 문화의 다양성에 걸친 우리의 분석은 언어, 정서 그리고 사회관계 같은 영역에서의 다른 보편성과 잘 연결될 수도 있는 이러한 개념의 보편적 측면이 존재한다고 제안한다(Power & Dalgleish, 1997).

부 27.1 록

WHOQOL-BREF 질문

1. 당신의 삶의 질을 어떻게 평가하는가?

2. 당신의 건강에 대해서 얼마나 만족하는가?

3. (신체적) 고통으로 인해 해야 할 일을 못한다고 느끼는 정도는 어느 정도인가?

4. 일상 삶에서 기능하기 위하여 의료 처치가 얼마나 많이 필요한가?

5. 삶을 얼마나 많이 즐기고 있는가?

6. 당신의 삶이 의미 있다고 어느 정도까지 느끼는가?

7. 얼마나 잘 집중할 수 있는가?

8. 일상 삶에서 얼마나 안전하다고 느끼는가?

9. 당신의 물리적 환경은 얼마나 건강한가?

10. 당신은 일상의 삶을 위한 충분한 활력이 있는가?

11. 당신의 신체 외모를 수용할 수 있는가?

12. 당신의 필요를 충족시킬 만한 충분한 돈이 있는가?

13. 일상의 삶에 필요한 정보가 당신에게 얼마나 가용한가?

14. 당신은 여가 활동에 대한 기회를 어느 정도 가지고 있는가?

15. 당신은 얼마나 잘 이겨내고 있는가?

16. 당신의 수면에 대해서 얼마나 만족하는가?

17. 일상 삶의 활동을 해 나가는 당신의 능력에 대하여 얼마나 만족하는가?

18. 당신의 작업 능력에 대하여 얼마나 만족하는가?

19. 당신 자신에 대하여 얼마나 만족하는가?

20. 개인적 관계에 대하여 얼마나 만족하는가?

21. 성생활에 대하여 얼마나 만족하는가?

22. 당신의 친구로부터 얻는 지지에 대하여 얼마나 만족하는가?

23. 당신의 거주지의 여건에 대하여 얼마나 만족하는가?

24. 건강 관련 서비스의 접근에 대하여 얼마나 만족하는가?

25. 당신의 운송에 대하여 얼마나 만족하는가?

26. 침울한 기분, 절망, 걱정, 우울 같은 부정적 느낌을 얼마나 자주 갖는가?

출처: WHOQOL Group (1998b).

참고문헌

American Psychiatric Association. (1994). *Diagnostic and statistical manual of mental disorders* (4th ed.). Washington, DC: Author.

Bullinger, M., Power, M. J., Aaronson, N. K., Cella, D. F., & Anderson, R. T. (1996). Creating and evaluating crosse-cultural instruments. In B. Spilker (Ed.), *Quality of life and pharmaco-economics in clinical trials* (2nd ed.). Hagerstown, MD: Lippincott-Raven.

Clark, A., & Fallowfield, L. J. (1986). Quality of life measurements in patients with malignant disease: A review. *Journal of the Royal Society of Medicine, 79,* 165.

Dupuy, H. J. (1984). The Psychological General Well-Being (PGWB) Index. In N. K. Wenger, M. E. Mattson, C. D. Furberg, & J. Elinson (Eds.), *Assessment of quality of life in clinical trials of cardiovascular therapies* (pp. 170-183). New York: Le Jacq.

EuroQOL Group (1990). EuroQOL-A new facility for the measurement of health-related quality of life. *Health Policy, 16,* 199-208.

Karnofsky, D., & Burchenal, J. (1949). *The clinical evaluation of chemotherapeutic agents in cancer.* New York: Columbia University Press.

Maslow, A. H. (1970). *Motivation and personality* (2nd ed.). New York: Harper and Row.

Power, M. J., Bullinger, M., Harper, A., & WHOQOL Group (1999). The World Health Organization WHOQOL-100: Tests of the university of quality of life in 15 different cultural groups worldwide. *Health Psychology, 18,* 495-505.

Power, M. J., & Dalgleish, T. (1997). *Cognition and emotion: From order to disorder.* Hove, UK: Psychology Press.

Sen, A. (2001). Economic progress and health. In D. A. Leon & G. Watt (Eds.), *Poverty, inequality, and health: An international perspective* (pp. 333-345). Oxford: Oxford University Press.

Snyder, C. R., & Lopez, S. J. (2002). *Handbook of positive psychology.* New York: Oxford University Press.

Spilker, B. (1990). Introduction. In B. Spilker (Ed.), *Quality of life assessment in clinical trials* (pp. 1-10). New York: Raven Press.

Spilker, B. (Ed.) (1996). *Quality of life and pharmoeconomics in clinical trials* (2nd ed.). Hagerstown, MD: Lippincott-Raven.

Szabo, S. (1996). The World Health Organisation Quality of Life (WHOQOL) Assessment Instrument. In B. Spilker (Ed.), *Quality of life and pharmacoeconomics in clinical trials* (2nd ed., pp. 335-362). Hagerstwon, MD: Lippincott-Raven.

Torrance, G. W. (1996). Designing and conducting cost-utility analyses. In B. Spilker

(Ed.), *Quality of life and pharmacoeconomics in clinical trials* (2nd ed., pp. 1105–1111). Hagerstown, MD: Lippincott-Raven.

Ware, J. E. (1996). The SF-36 health survey. In B. Spilker (Ed.), *Quality of life and pharmacoeconomics in clinical trials* (2nd ed., pp. 337–345). Hagerstown, MD: Lippincott-Raven.

Ware, J. E., & Sherbourne, C. D. (1992). The MOS 36-item short-form health status survey (SF-36): 1. Conceptual framework and item selection. *Medical Care, 30,* 473–483.

WHOQOL Group (1995). The World Health Organization Quality of Life assessment (WHOQOL): Position paper from the World Health Organization. *Social Science and Medicine, 41,* 1403–1409.

WHOQOL Group (1998a). The World Health Organization Quality of Life assessment (WHOQOL): Development and general psychometric properties. *Social Science and Medicine, 46,* 1569–1585.

WHOQOL Group (1998b). Development of the World Health Organization WHOQOL-BREF Quality of Life Assessment. *Psychological Medicine, 28,* 551–558.

World Health Organization (1948). World Health Organization constitution. *In Basic documents.* Geneva, Switzerland: Author.

CHAPTER 28

환경평가
최적의 인간 기능에 주는 영향에 대한 조사

    환경적 요인이 개인이 어떻게 기능하는지에 영향을 준다는 생각은 심리학에서 잘 받아들여지고 있다. 1900년대 초기에 이러한 생각은 환경의 영향에 내재된 기제가 이해된다면 개인의 행동은 설명되고 예측되고 교정될 수 있다고 주장한 행동주의자들에 의해서 대중화되었다(Conyne & Clark, 1981). 행동주의자들의 노력으로 환경이 행동에 영향을 주는 원리(즉, 처벌과 강화)가 발견되었다. 이러한 원리들은 대단히 강력한 것으로 증명되어서 환경에 대한 현재의 개념화에 명시적이고 암묵적으로 수용되어 왔다(Walsh, Craik, & Price, 2000). 하지만 환경이 인간을 조성시킬 수 있는 원리들을 알고 있음에도 불구하고, 조성에 관여하는 특정한 환경 변인들을 파악하는 데 쏟는 학문적 노력이 여전히 부족하다. 이같이 학문적으로 막힌 첫 번째 이유는 환경적 맥락들을 조작화(operationalize)하기 어렵다는 것이다. 두 번째 이유는 행동의 책임 있는 주체로 인간을 바라보는 개인주의 이념이다. 세 번째 이유는 환경이 고정된 것 또는 변화하기 어려운 것으로 지각될 수 있기 때문에 환경의 평가가 일부 사람들에게 무익한 것으로 보일 수 있다는 것이다.

    인간 기능에 대한 이해를 진전시키기 위해서 우리는 환경 변인을 신뢰성 있게 조작

＊Heather N. Rasmussen, Jason E. Neufeld, Jennifer C. Bouwkamp, Lisa M. Edwards, Alicia Ito, Jean L. Magyar-Moe, Jamie A. Ryder, and Shane J. Lopez

화할 수 있는 길을 찾아야만 한다. 또한 개인의 건전한 기능과 성장을 촉진시키는 환경의 측면들을 발견하는 데 주의를 두어야 한다(Friedman & Wachs, 1999; Moos, 1991; Walsh & Bets, 1995). 연구자들은 긍정적 구성개념들을 정밀하게 정의하고 경험적으로 탐색함으로써 환경에서 성장을 촉진시키는 변인들을 이해하고 기술하려고 한다. 긍정적 환경의 구성개념에 대한 이러한 활발한 과학적 탐색은 변화에 대한 지금까지의 미개발의 힘을 풀어 주는 것일지도 모른다(Conyne & Clark, 1981). 환경평가가 세련됨에 따라 연구자들과 임상가들은 개인이 기능하는 맥락을 더욱더 고려해야만 한다.

이 장의 목적은 두 가지다. 하나는 역사, 핵심 개념 그리고 모형의 측면에서 현재의 환경평가를 개관하는 것이다. 우리는 가정, 학교, 직장이라는 세 가지 환경 맥락을 조사할 것이다. 개인의 건전한 기능과 성장을 촉진하는 긍정적인 환경적 요소의 강조로 개인의 질과 환경의 측면에 대한 측정을 부각하는 문헌들을 우리는 어떤 의미에서 비판적으로 평가하려고 노력할 것이다. 다른 하나는 맥락 의존적이고 또 인간의 성장에 주성분일 수 있는 구성개념과 과정을 묘사하여 환경에 대한 견해를 확장하는 것이다. 따라서, 독자들은 환경과 함께 일하는 사람들의 기능을 고려할 때 환경적 요인들이 포함되도록 하고, 사람들이 살고 있는 맥락의 건전하고 적응적인 측면들에 주목하도록 한다.

환경평가의 변하는 초점

환경심리학이라는 용어는 심리학 분야에서 환경의 역할을 포함한 광범위한 주제에 적용되었다(Anastasi, 1988). 환경심리학의 개념화는 개인의 수행과 일반적 안녕감에 대한 환경의 즉각적인 효과에 초점을 둔 공학심리학에 그 뿌리를 두고 있다(Moos, 1976). 1960년대부터 환경심리학 분야 내의 주요 초점은 모든 영역에서 인간의 심리적 발달을 조성하는 데 대한 환경의 누적적 효과에 있었다(Anastasi, 1988). 그러한 초점은 Lewis Mumford(1968)의 저서에 나타나 있는데, 그 요지는 긍정적 인간과 사회적 질이 바람직한 환경에 절대로 필요하다는 것과 그러한 질을 성취하는 방식에 대한 개념적 이해가 최적 환경의 설계를 가능하게 해 준다는 것이다.

　　그 후 환경평가에 대한 여러 접근이 발전되어 왔다. 평가의 목적에 따라 환경은 상이한 수준에서 평가되어 왔다. 분석의 수준과 환경평가의 초점에 대한 기술은 다음과 같다.

분석의 수준

　　환경에 대한 개념화는 개인에게 영향을 주는 것처럼 객관적 외부 세계의 측면에 초점을 맞추거나 또는 개인이 지각하고 반응하는 것처럼 주관적 세계를 조사하는 것에 목적을 두는 것 양자 간에 중요한 구분이 될 수 있다(Endler & Magnusson, 1976). 객관적 외부 세계 환경은 물리적 · 사회적 요인들과 같은 요소들을 반영하고, 주관적 세계는 "개인에 대한 환경의 심리적 중요성"(Walsh & Betz, 1995: 312)을 취급한다. 개인이 자신의 환경을 어떻게 해석하고 지각하고 반응하는가를 어렴풋이 알게 해 준 연구는 유사한 상황에서 개인의 행동에 대한 이해와 예측을 촉진시킬 것이다.

　　가장 빈번히 조사된 분석의 수준은 사회경제적 수준의 전반적 혼합 지표였다(Anastasi, 1988). 그러나 이러한 전통적인 전반적 지표에는 환경이 강화하는 행동의 특정 측면이 사실상 다름에도 '좋다'에서 '나쁘다' 또는 '낮다'에서 '높다'의 단일 연속선을 따라 분류되므로 심각한 제한이 있다. 예를 들면, Anastasi는 운동기술, 학업 성취 그리고 사회적 기능의 발달에 대한 최적 환경은 매우 상이할지도 모른다는 것을 지적하였다. 따라서 특정 행동 영역을 측정하기 위하여 만들어진 하위 환경 척도가 연구 중인 환경을 더 적합하게 잘 나타낼지도 모른다.

환경평가에 대한 모형과 접근

　　주어진 상황에서 제공된 제약과 자원 모두를 평가하는 데 이용할 수 있는 환경평가의 여러 모형들이 있다. 최적 인간 기능화에 관련된 변인을 파악하는 데 도움을 주는 환경 측면에서 세 가지 접근이 적합한 주의를 기울이고 있다.

인간 적응의 사회생태적 모형

Rudolph Moos(1991)는 환경의 역동적 특징을 이해하는 데 통합된 개념적 틀과 관련된 평가 절차를 개발했다. 그의 다섯 패널로 구성된 인간 적응의 사회생태적 모형이 [그림 28-1]에 제시되어 있다. 이 관점에서 환경체계(패널 I)는 학교, 가족, 직장을 포함한 다양한 삶의 영역에서 연속적인 삶의 스트레스 유발자와 사회적 자원으로 구성되어 있다. 개인체계(패널 II)는 자존심, 인지적 능력, 문제해결 기술 그리고 욕구와 가치 방침 같은 개인의 인구통계학적 특성과 개인의 자원으로 이루어져 있다. 삶의 위기와 과도기(패널 III) 그리고 그에 앞서 오는 환경적 및 개인적 요인(패널 I과 II)은 인지적 평가와 대처반응(패널 IV), 그것들의 효과성(패널 V)에 영향을 미칠 수 있다. 모형은 각 단계에서 잠재적으로 발생하는 상호 피드백을 지니는 양 방향의 특성을 지닌다(Moos, 1991).

Moos(1991)의 모형은 다양한 상황의 사회적 분위기를 평가하는 데 이용될 수 있는 환경의 세 가지 관련 차원(관계 차원, 개인 성장 또는 목표 방침 차원 그리고 체계 유지와 변화 차원)으로 구성된다. 평가의 세 범주 모두 주어진 상황 내의 개인에게 가장 잘 작용하는 것이 무엇인가를 두드러지게 하는 방식으로 강점에 초점을 맞추고 있다. 이들은 환경적 관점에서 인간 기능의 최적화를 추구할 때 강력하게 추천된다.

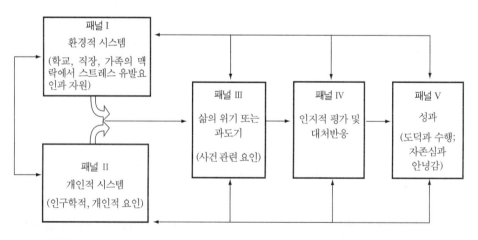

그림 28-1　환경적, 개인적 요인과 학교, 비학교 결과 사이의 연결에 대한 개념적 모형(Moos, 1991)

Walsh와 Betz 환경평가의 다섯 가지 초점

Walsh와 Betz(1995)는 개인의 평가가 환경적 구성 요소가 포함되지 않는다면 불완전하다는 생각을 지지하였다. 환경평가에 대하여 그들이 추천한 접근은 개인과 환경은 서로 끊임없이 영향을 주고받고 있으며 둘의 분리가 불가능함을 가정한다. 그러므로 자신의 환경에 대한 개인의 지각을 평가하는 것은 실제의 물리적, 사회적 환경을 평가하는 것만큼이나 중대한 것이다. Walsh와 Betz는 연구에서 다섯 가지 초점(foci)을 논의하였다. 첫 번째 초점은 한 장소의 물리적인 공간적 특성이 행동에 어떻게 영향을 주는가다. 두 번째 초점은 어떤 장소의 물질적인 인공물들의 조직이다. 세 번째로 그들은 인간 관찰자가 지각하는 것으로서 환경 특질의 중심화를 논의하였다. 네 번째 초점은 상황의 행동적 속성을 평가하는 것이며, 다섯 번째 요소는 환경 공공시설의 속성이다. 이러한 환경평가의 다섯 가지 초점 모형은 환경의 한계와 자원 그리고 개인의 기능에 대한 그 효과 모두를 발견할 가능성을 증가시킨다.

사분면 접근: 환경 자원에 대한 주의

Wright와 Lopez(2002)는 "기껏해야 환경은 사람이 두드러지게 드러나 있는 곳에서 희미한 배경으로 남아 있다. …… [환경은] 사람에 대한 고려와 평가 속에서 과도하게 숨겨진 상태로 남아 있다."(p. 32)라고 가정하였다. 평가에서 이러한 결핍의 지각에 대한 반응으로 그들은 개인평가에 있어서 환경을 강조하는 사분면(four-front) 접근을 제안하였다(사분면 접근에 대한 논의를 위해서는 이 책의 1부를 보라). 그들은 임상가들이 개인의 강점과 약점뿐만 아니라 환경 속에 존재하는 자원과 스트레스 유발자를 조사하는 데 관여해야 한다고 주장하였다.

그러나 실제로 이것은 *DSM-IV* (American Psychiatric Association, 1994)의 개발자들이 심리사회적, 환경적 문제와 관련이 있는 축 4를 통해서 환경적 문제에 가중치를 두었기 때문에 어렵다. 또한 병리학, 약점 그리고 스트레스 유발자를 선호하기 때문에 자산과 자원은 무시되어 왔으며, 현재는 환경적 지원을 전담하고 있는 축이 없다.

Wright와 Lopez(2002)가 싹을 틔운 접근과 일치되게, 우리는 환경 자원과 스트레스 유발자를 평가하는 것이 개인의 개념화에 중요하다고 믿는다. 이러한 믿음의 결과로 다음에서 살펴볼 가정, 직장 그리고 학교의 환경평가에 관한 모든 도구들은, 그것이 설계되어 평가하는 특정한 환경의 긍정적인 국면을 탐지하거나 측정하거나 강조하는 잠재력 때문에 선택되었다.

가정환경의 평가

인간 발달과 사회적 상호작용의 일차적인 상황으로서 가정과 가족 환경은 평가와 변화에 대한 일차적인 영역이다. 연구들에 의해 가정환경과 가족 기능의 다양한 측면들이 아동의 인지적·사회적 발달과 연관지어졌으며(Moos, 1991), 학교(Felner, Aber, Primavera, & Cauce, 1985)와 직장(Repetti, 1986)에 대한 영향이 알려졌다.

가정-가족 환경의 평가는 Home Index(Gough, 1954)와 American Home Scale (Kerr, 1942)과 같은 사회경제적 상태에 대한 측정으로 시작되었다. 좀 더 복잡한 개념화에는 상이한 많은 초점이 있으나, 가정환경에 대해 보편적으로 수용되고 포괄적인 개념화는 빠져 있다(비록 일부가 유용한 평가도구들을 만들었다고는 하지만).

가정환경의 주망형 모형에 연결된 척도

Olson, Russell 및 Sprenkle(1989)이 치료, 연구 그리고 가족체계 이론을 통합하기 위하여 개발한 주망(circumplex, 周網)형 모형에서 가족 기능의 일반적인 관점이 제시되고 있다. 모형의 세 가지 차원(응집력, 유연성 그리고 의사소통)은 결혼 및 가족 상담 분야에서 다른 많은 이론적 모형과 공유되고 있으며 가족체계의 주요 구성 요소라고 가정된다. 가족 구성원이 다른 구성원에 대하여 가지는 감정적 연대의 수준인 가족 응집력과 리더십, 역할 그리고 관계 법칙(Olson, 1992)에서의 변화량인 가족 유연성은 가족 기능과 곡직선(curvilinear)의 관계를 가지고 있다(Walsh & Olson, 1988). 환언하면 너무 높거나 낮은 수준이 문제가 된다. 이들 차원 각각은 네 개의 수준을 가지고 있는데, 이로써 혼인과 가족 체계에 대한 16가지 유형이 만들어진다([그림 28-2] 참조). 가족 의사소통은 가족이 응집성 차원과 유연성 차원에서 변화하도록 돕는 촉진 차원이다(Olson, 1992).

주망형 모형은 광범위하게 연구되었고 다른 모형들에 있는 차원의 많은 것들을 공유하였으며 깊게 연구된 평가도구와 연합되었다는 이유로 선택되었다. 주망형 모형과 연합된 측정 한 가지는 FACES(Family Adaptability and Cohesion Evaluation Scales)

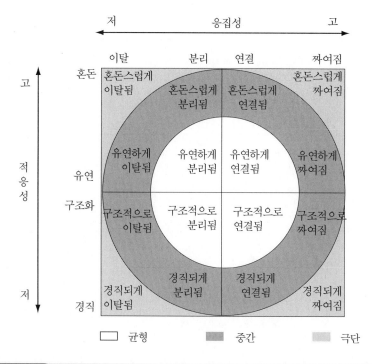

저   응집성   고

이탈   분리   연결   짜여짐

그림 28-2   **주망형 모델: 16개 유형의 결혼 및 가족 시스템**(Olson, Bell, & Portner, 1992 재인용)

II이다(Olson, Portner, & Bell, 1982). FACES II는 가족치료에 사용될 목적으로 설계되었다. 이는 가족의 최초 상태를 기술하고, 적절한 개입을 결정하기 위한 처치계획에서 사용될 수 있으며, 결과에 대한 평가를 위해서 사용될 수도 있다(Olson, 2000). FACES II는 30항목의 자기보고 도구로서, 개인은 '전혀 그렇지 않다'에서 '거의 항상 그렇다'의 범위를 가지는 5점 Likert 척도에 근거해서 항목들을 평가하도록 지시받는다. 가족의 각 구성원은 각자가 자신의 가족체계를 동일한 방식으로 보지 않기 때문에 개별적으로 목록을 완성해야 한다(Olson, 1992). FACES II는 신뢰도와 타당도가 좋다(이 장에서 논의된 다른 측정과 더불어 FACES II에 대한 정보는 〈표 28-1〉을 보라). 응집성($r=.87$), 적응성($r=.78$) 그리고 전체 척도의 내적 일관성($r=.90$)은 아주 좋다. 4~5주 간격의 검사-재검사 통계치는 유대가 .83이고 적응성은 .80이다. 척도 간의 상관은 $r=.25 \sim .65$의 범위를 갖는다(Olson, 1992).

〈표 28-1〉 환경평가를 위한 척도

평가	목적	대상	실시	심리측정적 특성
가정				
Family Adaptability and Cohesion Evaluation Scales II (FACES II; Olson, Portner, & Bell, 1982)	가족 응집성과 적응성을 측정	가족	40항목 자기보고	전체 척도의 알파계수는 .90
Family Functioning Style Scale (FFSS; Deal, Trivette, & Dunst, 1988)	가족의 강도 측정	가족	26항목 자기보고 또는 기록보고	전체 알파계수는 .92
Home Observation for Measurement of the Environment (HOME; Caldwell & Bradley, 1984)	가정에서의 자극과 지지의 질과 양을 측정	신생~3년 3~6년 6~10년 10~15년	45항목 55항목 59항목 60항목	전체 점수의 알파계수는 모두 .90 이상; 관찰자간 일치는 90% 이상
직장				
Organization Climate Index (Stern, 1970)	외형적 관리 환경을 측정	성인	300항목 참/거짓 항목	다양한 조직환경을 구분해 내는 능력이 신뢰성 있고 타당화되어있음
Gallup Strengths Finder (Gallup Organization, 2000)	다양한 환경에서 개인이 탁월해지기 쉬운 영역을 파악하는 데 도움을 줌	성인	180항목 자기보고	(심리측정적 자료를 위해서는 Buckingham & Clifton, 2001을 보라)
학교				
Code for Instructional Structure and Student Academic Response (CISSAR; Greenwood, Delquadri, & Hall, 1978)	생태행동적 평가 시스템	특별히 필요가 있는 학생(MS-CISSAR은 주류 환경용이고 ESCAPE는 취학전 환경용임)	소프트웨어(EBASS)로 되어 있음; 자료는 관찰을 통해서 수집됨	관찰자 간 신뢰도는 r=.77; 검사-재검사 신뢰도 검사 평균은 r=.88
The Instructional Environment Scale-II (TIES-II; Ysseldyke & Christenson, 1993)	생태행동적 평가 시스템	학생, 교사, 부모	면접, 검사 항목, 관찰	구성성분 평정자 간 신뢰도 .83~.96; 성취검사 하위 검사와 중간 정도의 내용타당도

환경측정을 위한 가정관찰

아마도 가장 광범하게 사용된 가정환경 측정인 환경측정을 위한 가정관찰(HOME: Home Observation for Measurement of the Environment) 목록은 한 아동이 가정환경에서 받고 있는 격려와 지지의 양과 질을 평가한다(Home Observation, 2000). HOME은 환경에서 위험의 잠재적 원천을 파악하는 데 사용되고, 따라서 적합한 치료적 개입이 제공될 수 있다(Boehm, 1985). 목록은 가정 방문 동안 면접-관찰 조합을 통해서 아동과 일차 양육자에 대하여 완성하도록 하고, 예-아니요 형식을 사용하여 점수를 매긴다. 여기에 네 가지 형태의 목록이 존재하는데, 각 목록은 상이한 연령집단에 대하여 사용된다. IT(Infant/Toddler) HOME은 신생아부터 3세까지의 아동에게 사용되며, EC(Early Childhood) HOME은 3~6세 아동에게 사용된다. 그리고 MC(Middle Childhood) HOME은 6~10세의 아동을 대상으로 설계되었고, EA(Early Adolescent) HOME은 10~15세의 아동을 대상으로 설계되었다(Home Observation, 2000). 각 형태들은 다중 하위척도로 묶이는 45~60개의 항목들을 포함한다. 각 도구는 부모의 책임성, 부모의 수용, 학습 자료들의 가용성뿐만 아니라 초기 아동기의 언어 자극 그리고 중기 아동기의 성숙에 대한 격려와 같은 각 연령집단의 독특한 차원들을 평가한다(Home Observation, 2000). 가장 최신의, 가장 연구가 많이 된 목록인 IT HOME의 점수는 Binet IQ 점수와 유의미하게 관련이 있다($r=.72$; Boehm, 1985). 추가적인 심리측정 정보는 〈표 28-1〉을 참조한다.

가족기능유형 척도

환경 강도를 측정하려고 특별히 설계된 평가 중 하나인 가족기능유형 척도(FFSS: Family Functioning Style Scale; Deal, Trivette, & Dunst, 1988)는 가족의 강력한 특질 12가지(예: 헌신, 협응 전략, 유연성, 의사소통 등)에 대해 가족 구성원이 자신의 가족이 여러 강점과 능력을 소유하고 있다고 믿는 정도를 물어보면서 평가한다. FFSS는 가족의 요구에 부합하는 자원으로서 특정한 특징이 기능하는 방식에 관한 논의를 촉진하는 가족 개입에 사용되도록 개발되었다(Deal et al., 1988). 가족의 강점과 자원을 파악함으로써 임상가는 가족이 새로운 능력을 획득하여 기존의 능력들 위에 구축하도록 이러한 특질들을 가동시킬 수 있다(Trivette, Dunst, Deal, Hamer, & Propst, 1990). 이 척도는 26개의 자기보고 항목을 포함하며 5점 Likert 척도('전혀 우리 가족 같지 않

587

다'에서 '거의 언제나 우리 가족 같다' 사이의 값을 갖는)로 측정된다. 이 도구는 개별적으로 또는 둘 이상의 가족 구성원이 함께 완성할 수 있다(Deal et al., 1988). 예비 자료에서 FFSS는 신뢰도와 타당도가 높은 것으로 나타났다. 그리고 요인분석에 따르면 변량의 60%가 5개 요인으로 설명되는 것으로 나타났다. 알파계수는 전체 척도에서 .92이며, 요인들에 대해서는 .77~.85인 것으로 나타났다.

가정평가에서 고려할 주제들

가정평가는 복합적 요인들의 군집으로 이루어져 있다. 그러므로 연구자들과 임상가들은 바람직한 환경적 이해의 넓이와 깊이에 따라서 둘 이상의 도구를 사용해야 할 필요가 있을 수 있다. 간략한 자기보고 측정을 사용하건 자세한 가정 내 관찰자 평가 척도를 사용하건, 사분면 접근이 사용될 수도 있다. 비록 대부분의 도구들이 강점과 자원을 탐지하기 위해서 만들어지지는 않았지만, 그것들은 종종 가정환경 또는 가족 체계가 결여되지 않은 영역을 드러내 준다. 이러한 '적당함'은 잠재적인 강점과 자원으로 간주될 수도 있으며, 발달의 바탕으로서 탐색될 수도 있다. 이러한 전략은 현재 상태의 평가를 위해 추천된다. 그러나 환경의 강점과 약점 모두를 파악하는 도구들의 개발이 필요하다. 강점을 이해함으로써 임상가는 자신의 내담자에 대해 좀 더 완전한 견해를 가질 수 있으며 그들의 성장을 격려하는 입장에 서게 될 것이다.

작업장 환경의 평가

인사 관리자와 함께 연구자는 어떤 유형의 환경적 작업장 조건이 생산성과 피고용인의 만족감에 가장 전도성이 있고 결정적인지를 결정하고자 작업환경을 평가하기 시작했다. Schooler(1999)는 자기보고 질문지, 훈련된 사람에 의한 관찰, 심층 면접 그리고 녹화 검토가 모두 작업장 환경을 평가하는 도구로 사용되었다고 하였다. 그는 작업장 환경의 정확한 분석은 각 개인이 자신의 환경을 지각하고 반응하는 방식을 기초로 하여야 한다고 제안했다. 또한 개인적 요구에 부합되도록 환경을 바꾸려는 각 개인의 시도를 고려하는 환경적 측정을 설계할 때 개인차를 지각하는 것이 중요하다고 강력히 주장하였다.

Holland 이론에 근거한 작업환경의 측정

Holland는 경력발달의 이론에서 작업장 환경의 중요성을 주장하였다. 그는 개인의 성격과 다양한 직업적 환경 간의 일치성을 강조하였다. 그는 현실적, 탐색적, 예술적, 사회적, 기업가적, 관습적이라는 개인의 홍미, 선호, 강점을 나타내는 6가지 성격유형을 파악하였다. 그는 이러한 성격 유형이 상이한 작업환경과 어떻게 부합되는지를 연구하였다. 자신의 이론에 근거하여 홍미와 성격 유형을 측정하도록 발달시킨 도구에는 직업선호도검사(Vacational Preference Inventory; Holland, 1985), 자기를 향한 탐색(Self-directed Search; Holland, 1994) 그리고 Strong 홍미검사(Strong Interest Inventory; Holland, Hansen, Borgen, & Hammer, 1994)가 있다. 이들 모두는 적합한 신뢰도와 타당도를 지니고 있는 것으로 나타났으며 다양한 상황에서 사용된다. Holland(1987)는 성격과 작업환경 사이의 일치성은 높은 생산성과 커다란 만족감으로 이끈다고 주장하였다. 이러한 관찰은 이후에도 지지되고 있다. Walsh, Craik 및 Price(2000)는 다양한 상황에서 개인-환경 상호작용의 역할을 조사하였다. 그들은 개인과 그의 환경은 상호 역할을 한다는 주장을 지지하고 긍정적인 개인-환경 상호작용의 중요성을 제안하였다.

Gallup 강점 찾기

Buckingham과 Coffman(1999)은 "강하고 힘찬 작업장은 어떻게 생겼는가?" (p. 25)라는 중요한 질문을 던졌다. 긍정적인 작업환경에 대한 그들의 개념화는 광범위한 직업군에 종사하는 이백만 명이 넘는 사람들에 대한 Gallup 면접의 결과였다. 반응을 분석한 후에 한정된 수의 지표가 작업환경의 강점을 측정하는 것으로 나타났다. 그들은 임금, 혜택 그리고 조직의 구조는 개인이 환경을 평가하는 방식에 중요하게 영향을 미치지 않으며, 오히려 성장과 학습의 기회를 갖는 것이나 최선을 다할 기회를 제공받는 것이 긍정적인 작업장 환경을 만드는 데 도움이 된다는 것을 발견하였다.

Gallup 강점 찾기(Gallup Strengths Finder; Gallup Organization, 2000)는 긍정적인 작업환경을 평가하는 데 사용되는 몇 안 되는 도구 중의 하나다. 연구자들은 개인의 성공에 내재된 골자인 반복 발생하는 패턴이나 주제들을 파악할 수 있었다. 개인은 자신의 삶에 가장 강력하게 존재하는 주제가 어떤 것이지를 발견하고 그 위에 구축하는 법을 배운다. Gallup 강점 찾기는 개인이 둘 중 하나를 고르게 되는 180쌍의 서술

589

문으로 구성되어 있다. 반응 패턴에 근거하여 가장 강력한 개인의 다섯 가지 주제 영역이 결정된다. 지금도 Gallup 강점 찾기는 피고용인의 생산성과 만족감을 증진시키기 위하여 다양한 작업장 환경에서 사용되고 있다.

작업장 평가에서 고려할 주제들

작업장 환경을 평가하는 상이한 방법들이 있다. 환경 내에서 강점을 찾는 중요성을 모든 방법들이 강조하지는 않으며, 대신 결함에만 초점을 두기도 한다. Gallup 강점 찾기(Gallup Organization, 2000)와 같은 측정은 개인이 자신들의 다양한 작업환경에서 얻고 또 기여하는 긍정적 측면에 대한 이해를 증가시킬 수 있다. 이러한 변인들에 대한 분석을 근거로 하여 연구자들과 임상가들은 조직의 생산성을 증진시키고 전체적인 직업 만족이 촉진되도록 도울 수 있다.

학교환경의 평가

전통적으로 전문가들은 학교환경을 평가하는 데 있어서 관찰, 교사 면접, 점검표, 과제분석, 학부모 면접 그리고 사회사(社會史)와 같은 방법에 의존하여 왔다(Ysseldyke & Elliott, 1999). 교실과 학교 분위기의 측정을 개발한 사람들은 분위기 또는 주변 환경 그리고 그것이 학습자에게 미치는 영향을 파악하려는 시도를 해 왔다. 좀 더 최근에는 학생 내 변인에 두는 초점(Goh, Teslow, & Fuller, 1981) 그리고 성과에 역할을 할지도 모르는 환경적 요인을 이 평가가 무시함으로써 학교환경에 대한 정형화된 평가가 제한되어 왔다. 비록 이러한 정형화된 방법이 학급의 학생들과 그들의 성과의 이해를 풍부히 하고자 시도했지만, 이러한 방법들은 학생들의 내적 특성만을 평가한다는 점에서 제한되었다.

학교환경의 생태학적 모형에 관련된 전통적인 척도

교육환경을 탐색하는 것에 대한 현재의 접근은 학교 맥락의 생태학적 견해 또는 "학급과 학교 및 상위 수준의 학교 맥락에서의 가장 가까운 과정들 간의 접촉"(Talbert & McLaughlin, 1999: 198)의 중요성을 강조한다. 교육생태학의 교의(教義)는 학습은 학습자에게 귀속하고 있을 뿐만 아니라 "일어나고 있는 상황에도 기능적으로 관련된다."고 제안한다(Ysseldyke & Elliott, 1999).

사람들은 자신이 살고 있는 복합적인 환경에 의해 영향을 받을 수 있다는 인식을 하면서, Moos(1991)는 학교, 직장, 가족 상황 간의 연결을 인정하였다. Moos는 다음 과 같이 언급하고 있다.

우리의 과제는 통합된 개념적 틀을 형식화하고 실생활 과정의 복합적인 상호 역활을 반영하는 평가 절차를 발달시키는 것이다. 그러므로 우리는 맥락 속에 학습환경을 놓 아야만 하고, 학교와 학습의 특징들과 영향들이 학생과 교육자의 삶 속에서 가족과 작 업환경의 측면과 같은 다른 요인들에 의해 어떻게 바뀌는지를 고려해야만 한다(p. 29).

이러한 목적에 대하여 Moos는 학급, 직장 그리고 가족의 세 가지 상황에 대한 사 회분위기 척도(Social Climate Scales)를 개발하였다(Moos의 연구에 대한 이전의 기술을 보라).

사회분위기 척도를 사용한 학습환경에 대한 연구에 따르면, 초등학교 수준에서 응 집력이 있고 과제 지향적이고 구조화된 학급들은 읽기와 수학에서 더 향상하는 경향 이 있으며, 좀 더 유연하고 참여적인 학급들과 비교해 보아도 자신감과 창의성에서 동등한 수준이라는 것이 일관되게 밝혀지고 있다. 명백하게도 학생들이 지지뿐만 아 니라 기대의 구조를 받고 있는 이러한 기초 기술학교, 그리고 유연성이 좀 더 과제 초 점과 균형을 이루고 있는 대안학교에서 이상적인 프로그램이 발견되고 있다. 중학교 와 고등학교 수준에서 행해진 연구들은 학생 의욕의 촉진, 학습 주제에 관한 흥미 그 리고 학원의 자기 효율성이 한편으로는 과제 수행과 조직화, 다른 한편으로는 지지와 보살핌 사이의 학급 균형이 있으면 촉진됨을 제안하였다.

학교환경의 생태학적 모형에 연합된 혁신적인 척도: 교육환경의 측정

교육환경은 학교 맥락뿐만 아니라 학습이 이루어지는 가정과 다른 맥락도 포함한 다(Ysseldyke & Elliott, 1999). 학교 심리학자와 다른 정신건강 전문가들에게 학교환경 평가는 "학생의 학습 수행, 학습에 관여한 시간과 관련된 행동, 교사의 교육 절차, 경 쟁적 접촉 그리고 교사-학생 감독 절차와 기대에 영향력을 가지는 이러한 변인들에 대한 평가를 포함할 수 있다"(Shapiro, 1989: 33). 진실로 학생 수행에 대한 철저한 평

591

가는 교육, 학교 조직 그리고 학습 자체와 같은, 학교에 기여하는 요인들을 포함해야 만 한다(Ysseldyke & Elliott, 1999).

Ysseldyke와 Elliott(1999)는 학생에 대한 가장 적합한 계획과 개입 서비스를 제공하기 위해서는 교육환경 평가가 학생의 성과에 영향을 주는 요인들을 탐색하는 데 생태학적 관점을 사용해야만 한다고 제안하였다. 따라서 생태행동적 분석은 학생 및 교사의 행동들과 생태학적 맥락 사이의 관계를 관찰하는 방법으로서 대중성을 얻고 있다. 이러한 종류의 평가를 위해서 여러 도구들이 개발되었다. 학교 상황에서 공통적으로 사용된 생태행동적 분석의 두 가지 방법은 Code for Instructional Structure and Student Academic Response(CISSAR; Greenwood, Delquadri, & Hall, 1978)와 The Instructional Environment Scale-II(TIES-II; Ysseldyke & Christenson, 1993)이다.

CISSAR(Greenwood et al., 1978)은 생태행동적 평가의 최초 형태의 하나로 개발되었으며, 학생과 교사 행동의 범주화(학업적 반응, 과제 관리, 경쟁적 반응, 교사 위치 그리고 교사 행동을 포함하는)와 학급의 생태학(활동, 과제 그리고 구조를 포함하는)이 가능하도록 설계되었다. CISSAR은 Ecobehavioral System for Complex Assessments of Preschool Environments(ESCAPE)와 Mainstream CISSAR(MS-CISSAR)의 두 형태의 생태행동적 평가를 Ecobehavioral Assessments System Software(EBASS; Greenwood, Carta, Kamps, & Delquadri, 1992)라는 소프트웨어 프로그램으로 결합하였다. 이 소프트웨어는 학교 심리학자와 다른 인사 직원이 소형 컴퓨터나 노트북을 가지고 관찰 수행 시에 사용할 수 있다(Ysseldyke & Elliott, 1999).

TIES-II(Ysseldyke & Christenson, 1993)은 "학교와 가정 맥락 모두를 포함하여 목표 학생의 교육환경을 체계적으로 분석하는 데 있어 교육 전문가를 도우려고"(p. 1) 개발되었다. TIES-II 체계는 학습자보다는 학습을 평가하고 "총체적 학습환경"(p. 4)을 고려하도록 설계되었다. 이러한 목적으로 TIES-II는 다중 정보 원천(학부모, 교사, 학생)으로부터 관찰, 면접 그리고 영구적 생산물(permanent products)에 대한 분석을 포함하는 다중 평가방식을 사용한다. 모든 정보 원천과 방법을 사용해서 수집된 정보는 TIES-II 체계를 이루는 학습 구성 요소에 대한 12개의 교육 구성 요소와 5개의 가정 지지로 조직화된다. 그리고 학교와 관련된 관심사항을 언급하는 개입의 협력적인 계획과 설계를 위하여 종종 이용된다. TIES-II의 심리측정적 특성은 〈표 28-1〉을 참조한다.

학교환경의 평가에서 고려할 주제

긍정심리학의 비견할 성장과 더불어 학생의 강점과 생태학의 파악에 대한 가치의 자각이 증가됨에 따라 CISSAR과 TIES-II 같은 교육평가는 더 자주 이용될 가능성이 높다. 좀 더 생태학적으로 바탕을 둔 평가를 혼합해야 하므로, 불가피하게 이러한 학생의 수행평가 부분에 더 많은 시간 투자가 요구된다. 더욱이, 큰 모험적 결정을 만들어 내야 하므로 평가는 위협적이거나 비효율적인 것으로 지각될 가능성도 있다.

학교 인사 직원이 학생의 환경을 이해하고 학생의 요구를 제출하는 데 협력적으로 일함에 따라, 좀 더 복합적인 평가체계가 전문가에 의해 계속 사용될 것이다. 그러한 체계의 사용을 통하여 심리학자, 사회사업가 그리고 아동과 청소년에 관여하고 있는 다른 전문가들이 학생들의 강점과 학교환경의 강점을 파악하고 인지하며 학생들이 그것을 사용할 수 있도록 하는 것이 우리의 희망이다.

환경의 역학에 대한 조사

우리는 중요한 환경 변인들이 인간 본성의 완전한 이해를 위해 어떻게 있는가를 강조해 왔다. 그러나 이러한 오랜 인식에도 불구하고 우리는 일차적으로 개인에게 초점이 맞춰져 있는 상태의 힘을 깨닫고 있다. 어떤 이는 그러한 외적 변인들이 대개는 불변한다는 인식 때문에 환경적 요인들을 조사하는 것조차 삼가고 있다. 다른 사람들은 외적 변인의 전성(展性)을 인정하지만 그 사람 자신이 개입의 가장 있을 법한 지점을 보여 주고 있다고 믿고 있다. 외적 요인들에 주어지는 상대적인 주의의 결여에 대한 이런저런 이유에도 불구하고 우리는 환경 변인의 포괄적인 이해가 인간 기능의 이해를 크게 향상시킬 잠재력을 가지고 있으며, 그것은 연구 설계와 개입에서 커다란 민감성을 갖게 한다는 입장을 견지한다. 다행히도 여러 유망한 발달에 의해 환경적 요인들이 과학자와 실습가들에 의해서 개념화되고 사용되는 방식이 혁신될 수 있을지도 모른다.

긍정적 환경

대부분의 행동과학자와 실습가의 연구는 개인이 긍정적인 방식으로 발달하고 변화하기 위해 도움을 받을 수 있는 방식을 발견하는 데 중점을 둔다. 그러나 현재의 환경 요인에 대한 대부분의 개념화는 긍정적 구성개념에 특별하게 초점이 맞춰져 있지 않다. 그러나 최근에는 개인의 긍정적 발달을 촉진하는 상황적 요인을 파악하는 것이 이 영역에서의 중요한 목표로 인정되고 있다(Peterson & Seligman, 2001). 이 같은 가능한 조건들을 확인하고 통합시킴으로써 개인의 자원을 발달시키는 데 도움이 되는 지침을 과학자와 실습가에게 제공하는 것이 필요하다고 인식되고 있다(건강한 발달에 대한 강점에 기초한 접근을 위해서는 Search Institute, 2000을 보라).

환경 변인들에 대한 지식의 통합

환경 요인의 개념화에서 다른 움직임은 상황 변인들 사이에 발생하는 역동적 상호작용에 대한 인식의 증가다. 그러나 환경 요인을 다룬 가용한 연구의 많은 것들이 이론적 모형들을 어느 정도 연결시키지 않은 채 따로 떨어져 고립된 변인들에 초점을 맞췄다.

수년 동안 Moos(1984)는 환경 변인의 체계 전망을 옹호해 왔다. Moos는 이러한 변인들이 상호작용할 뿐만 아니라 구별되는 환경들 자체도 상호작용하고 있음을 강조하였다. 청소년에 있어 가정환경이 학교환경과 상호작용하리라는 것은 쉽게 상상할 수 있다. Moos는 변인들과 그것들이 속해 있는 환경들 간의 상호작용을 인식하고 관계 역동(relational dynamics)이란 개방체계를 제안하였다. 체계 틀을 사용하면 환경 요인들과 관련해서 훨씬 더 강력한 조사와 개입이 이루어진다고 가정된다.

다양성과 개별성

중요 변인들 사이의 상호작용을 설명하는 데 환경의 개념화가 점증적으로 포괄성을 띰에 따라, 개별 변인들이 최종 공식에 관여하는 바를 놓치지 않는 것은 중요하다. Moos(1984)는 개인의 성격적 특성이 환경의 개념적 틀 속에서 고려되어야 한다고 인정하고 있다. 실제로 Moos와 다른 연구자들(예: Holland, 1985)도 환경의 모형 속에 개인적 선호를 편입하고자 했다. 개인적 선호에 대한 주의를 넘어서 오히려 내재된 다양성과 개별성을 완전히 인정하는 움직임이 행동과학 내에서 시작되고 있다.

후자의 연구 주제와 관련해서 Claude Steele(2000)은 인종적으로 소수자에게 영향을 주는 맥락 변인을 파악하는 개척자적 연구를 수행하였다. 그는 고정관념의 존재에서 있는 것처럼, (자신이) 부정적으로 평가된다는 단순한 예상으로 인하여 수행이 감소될 수도 있음을 알았다. 특히, 이렇게 수행이 감소된 것은 노력이 부족해서 생긴 결과가 아니라, 오히려 높은 수준의 노력도 부정적 전형의 잠재성으로 인하여 직접적으로 붕괴된다는 증거가 있다. 그러므로 Steele(2000)은 다양성이 환경에 걸쳐서 적합하게 존중받아야 하고, 모든 개인이 성장할 수 있는 기회를 가질 수 있다는 것을 확실히 하도록 특정한 지침이 개발될 수 있다는 '정체성 안전'에 대한 환경 설계를 주장하였다.

결 론

환경에 대한 모형이 긍정적 변인에 초점을 맞추고 점차 체계적으로 변하며 다양성을 통합시키고 있는, 그리 멀지 않은 지평선을 바라보고 있다는 것은 흥분되는 일이다. 한 가지 목표는 환경에 대한 이러한 신선한 개념화가 인간 강점의 육성에 대한 추구에 좀 더 적용 가능할 뿐만 아니라 연구자와 실습가들을 모두 고무시키는 작용을 할 것이라는 것이다. 궁극적으로 개별 과학자와 실습가들은 환경 변인을 연구와 개입에 포함시킬 의무가 있다. 개인은 자신의 환경으로부터 의미를 도출하기 때문에, 맥락 요소를 고려하면 개인이 강점을 도출하는 변인을 파악하는 것이 가능하다는 것은 명백하다.

참고문헌

American Psychiatric Association. (1994). *Diagnostic and statistical manual of mental disorders* (4th ed.). Washington, DC: Author.

Anastasi, A. (1988). *Psychological testing* (5th ed.). New York: Macmillan.

Boehm, A. E. (1985). Home observation for measurement of the environment. *Mental Measurements Yearbook 9* (pp. 663-665). Lincoln: Buros Institute of Mental Measurements of the University of Nebraska-Lincoln.

Buckingham, M., & Clifton, D. O. (2001). *Now discover your strengths*. New York: Free Press.

Buckingham, M., & Coffman, C. (1999). *First, break all the rules*. New York: Simon and Schuster.

Caldwell, B., & Bradley, R. (1984). *Home observation for measurement of the environment*. Little Rock: University of Arkansas at Little Rock.

Conyne, R. K., & Clack, J. R. (1981). *Environmental assessment and design: A new tool for the applied behavioral scientist*. New York: Praeger.

Deal, A. G., Trivette, C. M., & Dunst, C. J. (1988). Family Functioning Style scale. In C. J. Dunst, C. M. Trivette, & A. G. Deal (Eds.), *Enabling and empowering families: Principles and guidelines for practice* (pp. 179–184). Cambridge, MA: Brookline Books.

Endler, N., & Magnussen, D. (1976). *International psychology and personality*. Washington, DC: Hemisphere.

Felner, R., Aber, M. S., Primavera, J., & Cauce, A. M. (1985). Adaptation and vulnerability in high risk adolescents: An examination of environmental mediators. *American Journal of Community Psychology, 13,* 365–379.

Friedman, S. L., & Wachs, T. D. (Eds.) (1999). *Measuring environment across the life span: Emerging methods and concepts*. Washington, DC: American Psychological Association.

Gallup Organization. (2000). The Strengths Finder [Online]. Accessed Dec. 6, 2001, at http://www.gallup.org

Goh, D. S., Teslow, C. J., & Fuller, G. B. (1981). The practices of psychological assessment among school psychologists. *Professional Psychology, 12,* 699–706.

Gough, H. G. (1954). *The Home Index*. Berkeley: University of California Press.

Greenwood, C. R., Carta, J. J., Kamps, D., & Delquadri, J. (1992). *Ecobehavioral Assessment Systems Software (EBASS): Practitioner's manual*. Kansas City, KS: Juniper Gardens Children's Project.

Greenwood, C. R., Delquadri, J., & Hall, V. (1978). *The code for instructional structure and student academic response*. Kansas City, KS: Juniper Gardens Children's Center.

Holland, J. L. (1985). *The Vocational Preference Inventory*. Odessa, FL: Psychological Assessment Resources.

Holland, J. L. (1987). Some speculation about the investigation of person–environment transactions. *Journal of Vocational Behavior, 31,* 337–340.

Holland, J. L. (1994). *Self-directed Search Form R* (4th ed.). Odessa, FL: Psychological Assessment Resources.

Holland, J. L., Hansen, J. C., Borgen, F. H., & Hammer, A. L. (1994). *Strong Interest Inventory applications and technical guide*. Palo Alto, CA: Consulting Psychologists Press.

Home Observation for Measurement of the Environment [On-line]. (2000). Available Dec. 6, 2000, at http://www.ualr.edu/crtldept/home4.htm

Kerr, W. A. (1942). The measurement of home environment and its relationship with certain other variables. *Purdue Studies in Higher Education, 45,* 7-43.

Moos, R. H. (1976). *The human context: Environmental determinants of behavior.* New York: Wiley.

Moos, R. H. (1984). Context and coping: Toward a unifying conceptual framework. *American Journal of Community Psychology, 12,* 5-25.

Moos, R. H. (1991). Connection between school, work, and family settings. In B. J. Fraser & H. J. Walberg (Eds.), *Educational environments: Evaluation, antecedents, and consequences* (pp. 29-53). New York: Pergamon Press.

Mumford, L. (1968). *The urban prospect.* New York: Harcourt Brace Jovanovich.

Olson, D. H. (1992). *Family Inventories Manual.* Minneapolis, MN: Life Innovations.

Olson, D. H. (2000). Circumplex model of marital and family systems. *Journal of Family Therapy, 22,* 144-167.

Olson, D. H., Bell, R., & Portner, J. (1992). *FACES II.* Minneapolis, MN: Life Innovations.

Olson, D. H., Portner, J., & Bell, R. Q. (1982). *FACES II: Family adaptability and cohesion evaluation scales.* St. Paul: Department of Family Social Science, University of Minnesota.

Olson, D. H., Russell, C. S., & Sprenkle, D. H. (1989). *Circumplex model: Systemic assessment and treatment of families.* New York: Haworth Press.

Peterson, C., & Seligman, M. E. P. (2001). *Values in action (VIA) classification of strengths* [On-line]. Accessed Dec. 6, 2001, at http://www.psych.upenn.edu/seligman/taxonomy.htm

Repetti, R. L. (1986). Linkages between work and family roles. In S. Oskamp (Ed.), *Applied social psychology annual* (Vol. 7, pp. 98-127). Beverly Hills, CA: Sage.

Schooler, C. (1999). The workplace environment: Measurement, psychological effects, and basic issues. In S. L. Friedman & T. D. Wachs (Eds.), *Measuring environment across the life-span: Emerging methods and concepts* (pp. 229-246). Washington, DC: American Psychological Association.

Search Institute (2000). *Search institute: Raising caring and responsible children and teenagers* [On-line]. Accessed Dec. 6, 2001, at http://www.search-institute.org

Shapiro, E. S. (1989). *Academic skill problems: Direct assessment and intervention.* New York: Guilford Press.

Steele, C. (2000, Oct.). *The importance of positive self-image and group image.* Presentation at the Positive Psychology Summit 2000, Washington, DC.

Stern, G. G. (1970). *People in context.* New York: Wiley.

Talbert, J. E., & McLaughlin, M. W. (1999). Assessing the school environment: Embedded contexts and bottom-up research strategies. In S. L. Friedman & T. D. Wachs (Eds.), *Measuring environment across the life span: Emerging methods and concepts* (pp. 197-227). Washington, DC: American Psychological

597

Association.

Trivette, C. M., Dunst, C. J., Deal, A. G., Hamer, W., & Propst, S. (1990). Assessing family strengths and family functioning style. *Topics in Early Childhood Special Education, 10*(1), 16-35.

Walsh, W. B., & Betz, N. E. (1995). *Tests and assessment* (3rd ed.). Englewood Cliffs, NJ: Prentice-Hall.

Walsh, W. B., Craik, K. H., & Price, R. H. (Eds.) (2000). *Person-environment psychology: New directions and perspectives* (2nd ed.). Mahwah, NJ: Erlbaum.

Walsh, F., & Olson, D. H. (1988). Utility of the Circumplex Model with severely dysfunctional family systems. *Journal of Psychotherapy and the Family, 4,* 51-78.

Wright, B., & Lopex, S. J. (2002). Widening the diagnostic focus: A case for including human strengths and environmental resources. In C. R. Snyder & S. J. Lopez (Eds.), *The handbook of positive psychology* (pp. 26-44). New York: Oxford University Press.

Ysseldyke, J. E., & Christenson, S. L. (1993). *The Instructional Environment System-II.* Longmont, CO: Sopris West.

Ysseldyke, J., & Elliott, J. (1999). Effective instructional practices: Implications for assessing educational environments. In C. R. Reynolds & T. B. Gutkin (Eds.), *The handbook of school psychology* (3rd ed., pp. 497-518). New York: John Wiley & Sons.

제29장 긍정심리평가의 미래: 변화를 가져오기

긍정심리평가의 미래
변화를 가져오기

20년 전 「숨겨진 자원을 밝힘(Uncovering Hidden Resources)」이라는 논문이 발표되었고, 도입 부분에서 저자(Wright & Fletcher, 1982: 229)는 다음과 같이 언급하였다.

> 내담자의 문제를 평가할 때, 내담자 기능의 긍정적 측면들 또는 환경의 역할이 충분히 통합되지 않으면 그 평가는 심각한 결함을 가진다고 인식되어 왔다. 아직도 이러한 결함이 지속되고 있으며, 우리는 인간과 환경 모두와 관련하여 부정적인 부분과 더불어 긍정적인 부분이 체계적으로 조사되어야 한다고 이미 주장한 사람들과 동참하고 있다.

우리는 좀 더 균형 잡히고 포괄적인 평가에 대한 이러한 요청에 부응해야 한다. 우리는 '숨겨진 자원을 밝히는 것이 인간의 삶을 다르게 만들 수 있다.'고 믿기 때문에 이렇게 한다. 이것이 우리의 다목적인 가정이다.

이 마지막 장에서 우리는 긍정심리평가가 교육, 의미 있는 일, 정신건강 등 삶의 만족을 추구함에 있어서 긍정적인 변화를 가져오는지 알아보기 위해서 검토될 필요가 있는 가정들을 상세히 기술하고자 한다. 덧붙여 우리는 상담가와 심리학자들의 훈련

* Shane J. Lopez and C. R. Snyder

과 관련된 가정들을 제시하겠다. 우리는 부정적 및 긍정적 정보에 대한 탐색은 상호 보완적임을 재확인한다. 또한 긍정적인 개인적, 환경적 특성과 좋은 삶의 측면들 사이의 연계를 설명하는 모형의 기본적 토대를 제공하겠다.

우리 안의 긍정적인 것과 부정적인 것

재활심리학의 창립자인 Beatrice Wright는 긍정심리평가와 관련된 많은 아이디어들의 틀을 잡았다. 일련의 삽화(vignette; 원본은 Wright, 1991, 재판은 Wright & Lopez, 2002: 36)에서 그녀는 우리 안의 긍정적인 것과 부정적인 것 모두를 발견하는 것의 중요성을 강조하였다.

비행 청소년의 재활에 관한 상담을 하고 있는 상담가는 14세 소년, 존의 사례를 소개했다. 존의 10가지 증세, 즉 폭행, 울화, 절도(차량 절도), 방화, 자기 파괴적 행동(움직이는 차에 뛰어들기), 타인에 대한 가해 위협, 관심에 대한 끊임없는 요구, 공공기물 파손, 변덕스러운 기분 변화 그리고 학교에서의 낮은 성취가 열거되었다. 이러한 증상에 근거해서 *DSM* 축 I의 진단에서 행동장애, 낮은 사회화, 공격성 그리고 기분부전증의 가능성이 있다. 그리고 축 II에서는 수동적 공격 성격의 가능성이 있고, 축 III에서는 아무런 신체적 장애가 열거되지 않았다. 심리사회적 스트레스 유발자는 축 IV에서 극단적으로 평가되었는데, 존이 어렸을 때 어머니의 죽음으로 인해 친척들의 집을 전전하였던 것을 나타낸다. 축 V는 존의 건강 기능의 최대 수준조차 빈약한 것으로 평가되었다.

이러한 황량한 모습을 관찰한 후, Wright는 상담가에게 존이 자신을 위해서 어떤 것도 하지 않는지를 물었다. 상담가는 존이 자기 방 정돈을 잘하며 개인적인 위생을 잘 관리하고, (비록 그 자신의 용어는 아니었지만) 다른 사람들을 위해 일하는 것을 좋아하고, 학교를 좋아하며, IQ가 140이나 된다고 하였다. 문제를 이해하는 단계에서, 상황 속에서 나타난 긍정적인 점들이 발견된다면 존에 대한 인상이 얼마나 빠르게 바뀌는지를 주목해 보라. 이전에는 기본적인 부정적 편향이 극도로 지배적이었다. 결핍되었다는 사실이 존의 수행과 상황에 대한 모든 종류의 부정적인 것의 탐지로 이끈 반면, 긍정적인 것들은 고려되지 않은 채로 남아 있었다. 이런 사례가 이상한 것인가? 강점들을 극도로 무시하는 경우에 우리는 감히 말할 수 있다. ……또한 존의 사례에서 긍정적인 것들이 성격 특성과 중요한 환경 모두와 연관되어 무시되고 있었음을 보라.

이 삽화는 약점에 대한 표면적 제시에도 불구하고 이 사람은 전체적인 인상을 바꿀 수 있는 (개인적 및 환경적) 자원을 가지고 있음을 보여 주고 있다. 이처럼 강점을 찾으면 변화가 생긴다.

긍정적인 특성, 긍정적인 삶:
건강한 심리적 성장모형을 향하여

최근 몇 년간 강점과 환경적 자원을 조작화하는 것에 대한 관심이 증가되어 왔다. 이같이 양적인 증가는 이러한 '움직임'의 한 예에 불과하다. 이제 좀 더 학문적인 노력이 긍정적 삶의 질— 좋은 삶의 충만(예: 사랑, 지속적인 즐거움, 의미 있는 일, 자부심)—을 정의하고 측정하는 데 필요하다. 학자들은 긍정적 삶의 측면들을 파악할 때 어떤 연합된 가치 판단도 고려해야만 한다. 그렇게 하는데 실패하면 살아가는 건강한 방식보다는 '살아가는 옳은 방식'을 제안하는 학문을 낳을 수 있다(Lopez et al., 2002 참조).

의심의 여지없이 강점, 자원, 건강한 과정 그리고 충만(fulfillment) 사이의 상호작용은 복합적이다. 만일 심리적 변인들 각각과 모든 세트가 잘 조직화되어 있다면, 연합은 좀 더 쉽게 명료하게 될 것이다. 실제로 강점의 측정을 다듬고, 건강한 과정의 새로운 측정을 만들어 내며, 기존의 측정을 타당화하고, 충만에 대한 측정을 발전시키고 타당화하는 좀 더 많은 학문적 노력들이 쏟아진다면, 좋은 삶에 대한 면밀한 분석이 좀 더 분명해질 것이다.

비록 현재의 학자들은 '지극히 중요한 삶'이 어떻게 성취되는가를 설명하는 모형의 밑그림을 그리고 있지만, 여기에는 좋은 삶을 성취하기 위해 어떻게 강점, 건강한 과정 그리고 충만이 반향하고 있는지에 대한 명백한 개념화는 있지 않다. 그러나 우리는 이것이 어떻게 발생할 수 있는지에 대한 약간의 생각을 가지고 있다([그림 29-1] 참조). 그림에서 삼각형과 화살표로 표현된 모형이 환경 맥락에 끼워져 있음을 보라. 그러므로 강점, 건강한 과정 그리고 그것들 사이의 상호 역할에 대한 모든 평가는 맥락화되어야만 한다(즉, 환경과 문화적 변인의 맥락 속에서 고려되어야만 한다).

그림 29-1 건강한 심리적 성장의 모델

강점에 관한 가정

'모든 사람은 최적의 정신건강을 달성하는 심리적 강점들과 능력을 가지고 있다.' 건강한 심리적 성장에 대한 우리의 모형은 이러한 가정에 바탕을 두고 있다. 더 나아가 모형이 제안하듯이 우리는 강점들이 성장에 중요하다고 믿는다. 환언하면, 강점은 건강한 과정과 충만한 삶을 위한 도약대라고 하겠다. 인간의 강점 없이는 건강한 과정은 발달할 수도 없으며, 인간의 충만한 삶 또한 유지될 수 없을 것이다. 옛 학자들 (예: Terence, Cicero, Gay)과 그리 멀지 않은 과거의 학자(Menninger, Mayman, & Pruysers, 1963: 417)가 언급한 강점에 관한 조언을 하나 구하자면, "희망이 있는 곳에 삶이 있다."

건강한 과정의 역할

건강한 과정은 강점으로부터 나올 경우에 가장 효과적일 수 있을 것이다. 예를 들면, 역경에 가장 잘 대처한 사람은 역경 이전에 좀 더 강한 강점을 가지고 있었을 가능성이 높다. 인간의 강점과 연결되어 있지 않은 건강한 과정은 최적의 정신건강을 촉진하는 것이 아니라 '심리적인 생존'을 촉진할 것이다. 가령, 희망이 거의 없는 사

604

람은 일상의 스트레스 유발자에는 꽤 잘 대처할지도 모르지만 향상된 정신건강을 깨닫지는 못할 것이다. 그러나 희망이 있는 사람은 일상의 모욕을 동일한 방식으로 안녕감으로 대처할 수 있으며, 성공적 대응을 목표 추구를 위한 주도적 사고로 바꿀 수 있을 것이다.

충만한 삶을 향하여

우리는 잠재적 강점과 능동적인 건강한 과정이란 레퍼토리를 지니고 있는 사람이 자신을 위해 충만한 삶을 창조할 것이라고 믿는다. 이러한 사람들은 자신들의 관계와 일 속에서 의미를 찾는다. 더욱이 그들은 역경에서 가르침을 찾으며 힘차게 도전을 맞이한다. 본질적으로 강점을 연마하고 건강한 과정을 다듬는 사람은 좋은 시절과 어려운 시절 모두에서 충만한 삶을 깨달을 수 있다.

강점, 건강한 과정 및 충만 사이의 상호 역할

[그림 29-1]에서 화살표로 나타낸 바 있듯이, 건강한 심리적 성장에는 많은 경로가 있다. 삼각형 오른편의 직선 화살표(변화와 성장을 의미함)는 강점, 건강한 과정 그리고 충만 사이의 직·간접적인 관계를 나타낸다. 즉, 강점은 건강한 과정을 발전시키고 참여하는 데 사용되며, 그 결과로 이러한 효과적인 과정들은 충만에 도달한다(또는 건강한 과정이 강점과 충만 사이를 매개하거나 조절한다). 대안 경로는 위를 향해 있는 (삼각형 오른편에) 곡선 화살표로 나타나 있다. 화살표는 강점과 충만을 직접 연결하고 있는데, 이는 강점 자체가 때로는 의미, 사람, 만족으로 나타난다는 것을 제안한다.

삼각형 왼편에 있는 화살표는 강점과 건강한 과정이 어떻게 유지되고 있는지에 대한 우리의 견해를 반영한다. 직선 화살표는 충만한 사람이 좀 더 잘 적응하고 차례로 새로운 강점을 보유하며 발달시킴을 나타낸다. 이 모형은 강점, 건강한 과정 그리고 충만 사이의 모든 관계의 복잡성을 설명하지는 않는다. 그러나 우리는 이러한 유형의 이론화가 진행되어야 할 필요가 있다고 믿고 있다. 이것은 우리가 현재 할 수 있는 '가장 좋은 예측'이고, 심리적 성장에 대한 우리의 이해가 확장되면 반드시(우리나 독자들에 의해서) 재점검받아야만 한다.

다목적 가설: 긍정심리학적 평가는 변화를 가져온다

우리의 다목적 가설인 긍정심리학적 평가가 변화를 가져온다는 것은 두 가지 가정에 근거를 두고 있다. (1) 인간 본성의 긍정적 측면과 부정적 측면에 대한 자료는 모든 사람에게서 수집될 수 있다. (2) 모든 사람은 심리적 강점과 최적 기능에 도달할 능력을 가지고 있다. 인간의 강점, 건강한 과정 그리고 충만을 파악하고 측정하는 것은 사람들에게 긍정적인 효과가 있다. 이러한 가설을 직접적으로 검증하는 것은 독립변인(긍정심리평가)과 종속변인(변화를 가져온다)에 대한 광범위한 정의를 생각하면 어려울 수도 있다. 다목적 가설을 엄격한 방식으로 제시할 수는 없다고 하더라도, 긍정심리평가의 측면과 관련된 구체적인 가설과 측정 가능한 긍정적 결과를 조사할 수도 있다.

가설 1: 강점을 파악하고 향상시키는 것은 성취를 향상시킨다

유치원에서 12학년까지의 학교 프로그램은 학업 개선(예: 학생을 '표준'에 도달하도록 만든 읽기 프로그램)에, 그리고 심리사회적 문제의 예방(예: 따돌림과 다른 형태의 폭력을 예방하도록 설계된 심리교육적 프로그램)에 자주 초점을 두고 있다. 그러나 최근에는 향상 프로그램이 공립학교에서 개발되고 적용되어 왔다.

혁신적인 헌장을 가진 필라델피아의 고등학교 High Tech High는 학업 성취를 포함한 충만을 향해서 학생들을 이끌어 가고자 하는 희망을 가지고, 인간 강점을 확인하고 촉진시키는 것에 정규 이수과정의 많은 부분을 할당하였다. 이 '처치'에는 학생 자신이 강점 평가하기, (정확한 설명적인 형식과 희망을 촉진하는) 정규 편람이 된 강점 향상 프로그램 그리고 강점에 대한 교사의 확인과 장려를 포함한다. 성취의 종속변인은 측정 가능하고, 평점 평균과 전국적인 표준검사 점수로 나타낸다. 그러므로 강점 이수과정의 효과는 학업 충족의 의미 있는 점검 지표(학생들의 과거 수행에 대한 평점에서의 변화, High Tech High나 다른 학교 전반에 걸친 표준화된 검사 점수의 차이, 그리고 High Tech High에서 백인 학생과 소수 인종 학생 사이의 '성취 격차'의 상태)에 대한 자료를 수집함으로써 알아볼 수 있다.

가설 2: 측정된 강점에 따라 관리하면 의미 있고 생산적인 일로 이끈다

Gallup의 분석가들은 모든 유형의 지도자(예: CEO, (사회)활동가, 모범적인 교사)에 대하여 2백만 건에 이르는 면접을 실시하였다. 이런 기념비적인 자료 집합을 구축하는 동안, Gallup의 분석가들은 "각 개인의 재능은 지속되고 독특하다." "개인의 가장 위대한 강점의 영역 속에 각 개인이 성장하기 위한 가장 큰 여지가 있다."(Buckingham & Clifton, 2001: 215)는 것을 알았다. 그들이 발간한 책 『위대한 나의 발견, 강점혁명 (*Now Discover Your Strength*)』에서 Gallup의 중견 분석가인 Marcus Buckingham 과 전 CEO Donald Clifton은 강점에 따라 (차별적으로) 관리하는 전략적 접근의 측면들의 밑그림을 그렸다. 그들은 다음과 같은 강령을 제안하였다.

- 당신은 사람을 적절하게 선택하는 데 상당한 양의 시간과 돈을 써야만 한다.
- 당신은 사람들로 하여금 한 가지 유형의 성공적인 결과물을 추구하라고 강요하기보다는 성과를 '제정함'으로써 수행에 초점을 맞추어야 한다.
- 당신은 훈련 시간 및 경비를 '기술 격차'를 막는 데 사용하기보다는 강점에 관해 사람들을 교육시키고 그 강점들을 구축하는 방법을 강구하는 데 초점을 두어야 한다.
- 당신은 사람들에게 기업 내의 지위나 강점 영역 이외의 것을 불필요하게 장려하지 말고, 그들의 경력이 '성장하는' 데 도움을 주는 개별화된 방법을 고안해야만 한다.

이러한 관리 유형을 적용하는 데는 인간 강점의 측정과 개별화된 관리계획이 필요하다. 또한 의미 있고 생산적인 작업이 부서, 회사 그리고 정부에서 일하는 각 개인과 모든 개인에게 의미하는 바가 무엇인지를 반영하는 수많은 성과들의 조작화 (operationalization)가 필요하다. 예상되는 강점 관리 결과의 개별화된 본질에서 볼 때, 사례 연구 또는 질적 방법이 작업장에서 긍정심리평가 및 증진의 효과와 관련된 가설을 검증하는 데 가장 적합할 수 있다.

가설 3: 강점을 측정하고 장려하는 것이 정신건강을 향상시킨다

Seligman(1998)은 "우리는 정신질환에 대항하는 가장 가능한 완충기인 인간 강점,

607

즉 용기, 낙관주의, 대인관계 기술, 직업윤리, 희망, 정직 그리고 인내력이 있다는 것을 발견하였다."고 주장하였다. 이것은 가장 확실하게 검증 가능한 많은 가설들을 불러일으킨다. Seligman의 주장과 유사하기는 하지만 중요한 차이를 보이는 점은 강점이 정신건강의 향상에 기여한다는 가설이다. 정신질환과 정신건강 사이의 구분은 긍정심리학자들이 어떻게 질환과 건강이 직교적(orthogonal) 차원으로 관련되는지를 밝히는 이론을 발전시키고 연구를 수행하면 명백해질 수 있다.

우리의 가설에 대한 검증은 인간 강점의 측정에서 시작할 필요가 있을 것이다. 그런 다음 강점 향상으로 가는 경로가 선택될 수 있을 것이다. 그러한 경로에는 여러 가지가 있다. (팀과 학교의 모든 구성원과 공유한) 일반적인 강점 향상 프로그램의 보편적인 적용은 충족되어 있다. 이 프로그램에서 모든 참여자는 강해지도록 배운다. 그러나 특정한 강점을 향상시키도록 목표가 설정되어 있지 않다. 하나의 강점을 향상시키도록 설계된 보편적인 프로그램이 사용되어 왔으며, 이것들은 종종 간략하고 하나에만 초점이 맞춰져 있다. 또한 특정한 강점 차원이 낮은 개인을 목표로 하는 프로그램은 어떤 상황에서는 적합할 수도 있다. 그러므로 처치변인의 본질(즉, 처치의 유형: 보편적 대 특정 대상적, 일반적 강점 대 특수한 강점)은 잘 정의될 필요가 있으며, 서로 대조되는 이러한 처치를 경험적으로 둘 이상 맞붙게 하는 것이 이러한 가설을 검증하는 실행 가능한 수단으로 고려될 필요가 있다.

최적의 정신건강 조작화와 관련해서 많은 학문적인 집중과 현장 연구가 최적 기능화에 대한 개념화와 측정을 위해 필요하다. 현재로는 번영에 대한 Keyes의 개념화(이 책의 26장을 보라)와 MIDUS 척도가 최적 정신건강을 조작화하는 한 가지 수단이 된다.

가설 4: 긍정평가에서 훈련은 실습과 연구를 향상시킨다

우리의 동료 Thomas Krieshok(2000)이 제안한 바와 같이, 우리는 우리가 믿는 것을 가르친다. 우리는 긍정심리평가가 사람들에게 더 도움이 되고 의미 있는 긍정심리학 연구를 수행하는 데 필요한 정보를 제공한다고 믿는다. 우리 학생들은 이러한 믿음을 근거로 이를 선택하여 실행하고 있다. 그러므로 우리 학생들(그리고 미래에는 이 책의 독자들)은 이 가설의 검증에 대한 가장 적합한 대상 모집단으로 기여한다.

우리 대학원 학생들 중 많은 학생들이 이 책과 긍정심리학 논문 그리고 다른 책들에 기여하였는데, 그들과 같이 한 우리의 작업은 개입이다. 그들의 (학문적 그리고 실습 영역에서의) 훌륭한 공적은 흥미 있는 성과물들이다. 우리의 가설(즉, 긍정심리평가에서의 훈련은 우리 학생들과 다른 학생들이 실시한 실습과 연구를 향상시킨다)을 검증하는 것은 우리의 학생이 긍정심리평가 접근을 가르치고 적용하는 정도를 조사하는 것(독립변인)을 포함한다. 가르침과 적용상의 변동성을 알아보고, 실습과 연구에 대한 학생의 기여 정도(종속변인)도 수량화하고 질적 분석을 해야 한다. 또한 훈련 성과에 대한 조사를 하면 우리가 긍정심리평가와 연습의 효과를 알아보는 데 도움이 될 것이다.

결 론

"먼저 당신은 그들의 강점을 측정할 필요가 있다!"(개인적 서신, 10월, 1999) 이것은 Don Clifton이 사람들을 좀 더 잘 관리하고 교육하고 상담하는 방법에 대한 질문을 받았을 때 한 감동적인 대답이었다. 그는 강점을 측정하고 장려하는 것이 사람들(모든 사람들)의 삶에 변화를 가져온다고 믿었다.

우리는 긍정심리평가를 사용하기 시작하였고, 이 접근으로 매혹적인 새로운 임상적 및 연구 가설을 접하게 되었다. 이러한 가설들은 우리와 우리가 가르치고 상담하는 사람들을 건강한 과정과 충만한 삶의 발견으로 이끈다. 우리가 '변화를 가져오기'를 추구하는 중심에는 우리 모두에게 최선인 것을 발견하는 것이 있다.

참고문헌

Buckingham, M., & Clifton, D. O. (2001). *Now, discover your strengths*. New York: Free Press.

Krieshok, T. S. (2000). We practice what we teach. *Journal of Career Assessment, 8*, 205-222.

Lopez, S. J., Prosser, E., Edwards, L. M., Magyar-Moe, J. L., Neufeld, J. et al. (2002). Putting positive psychology in a multicultural perspective. In C. R. Snyder & S. J. Lopez (Eds.), *The handbook of positive psychology* (pp. 700-714). New York:

609

Oxford University Press.

Menninger, K., Mayman, M., & Pruysers, P. W. (1963). *The vital balance*. New York: Viking Press.

Seligman, M. E. P. (1998). *Building human strength: Psychology's forgotten mission*. http://www.apa.org/monitor/jan98/pres.html

Wright, B. A. (1991). Labeling: The need for greater person-environmental individuation. In C. R. Snyder & D. R. Forsyth (Eds.), *Handbook of social and clinical psychology: The health perspective* (pp. 416-437). New York: Pergamon Press.

Wright, B. A., & Fletcher, B. L. (1982). Uncovering hidden resources: A challenge in assessment. *Professional Psychology, 13,* 229-235.

Wright, B. A., & Lopez, S. J. (2002). Widening the diagnostic focus: A case for including human strengths and environmental resources. In C. R. Snyder & S. J. Lopez (Eds.), *Handbook of positive psychology* (pp. 26-44). New York: Oxford University Press.

찾아보기

《인 명》

Abramson, L. Y. 88, 90

Affleck, G. 527

Ainsworth, M. D. S. 374, 375

Ajamu, A. 70

Alloy, L. B. 90

Allport, G. W. 411, 454, 463, 539

Amabile, T. M. 211

Aquinas, T. 246, 431

Aristotle 246

Armor, D. A. 112

Aron, E. N. 319

Aspinwall, L. G. 123, 239, 521

Averill, J. R. 132

Bade, M. B. 469

Baldwin, J. M. 384

Bandura, A. 152, 159

Bartholomew, K. 380, 382

Barusch, A. S. 437

Basinger, K. S. 477

Batson, C. D. 352, 465

Baumeister, R. F. 532

Becker, J. A. 439

Bell, A. 69

Bernstein, D. M. 437

Berscheid, E. 312

Betz, N. E. 153, 154, 513, 583

Binet, A. 69

Birren, J. E. 229

Boccaccini, M. T. 461

Bouwkamp, J. C. 579

Bowden, C. L. 211

Bower, J. E. 526

Bowlby, J. 319, 374, 375

Boyatzis, R. E. 341

Brennan, K. A. 385

Bretherton, I. 374

Breznitz, S. 133

Briggs, S. R. 291

Brown, J. 105

611

613

615

《내 용》

셰인 로페즈(Shane J. Lopez)

현재 미국 캔자스 대학교 심리학과 부교수로 재직 중이다. 긍정심리학, 심리평가 및 정신건강 분야 전문인력 양성 등을 전공 분야로 하는 그의 연구는 개인의 삶에서 희망과 용기의 역할을 규명하는 데 초점을 두고 있다. 미국 갤럽연구소의 수석 연구자이도 한 그는 긍정심리학에 바탕을 둔 강점 계발 프로그램에 대한 연구를 지휘하고 있다. 또한 그는 국제긍정심리학회의 창립에도 깊이 관여하였고, 다양한 분야의 전문가들이 긍정심리학 분야에서 서로 교류할 수 있도록 촉진하는 선구자 역할을 해 왔다. 수십 편의 저명한 학술지에 논문(예: 학술지 상담자, 임상심리학지, 응용신경심리학지, 예방과 치료 등)을 게재하였으며, 긍정심리학 분야에서 널리 읽히는 여러 권의 책들(『긍정심리학 핸드북』『긍정심리평가』『긍정심리학』『모형과 측정도구 편람』등)을 편저 혹은 저술하였다. 그는 『사회 및 임상 심리학지』의 부편집장을 역임했으며, 현재『긍정심리학회지』를 포함한 여러 학술지의 편집위원으로 활발히 활동하고 있다. 아울러 '2003년 캔자스 심리학자 연합회 선정, 우수 강의 교수 상' 등을 포함한 여러 번의 영예로운 수상을 하였다.

릭 스나이더(C. R. Snyder)

2006년에 작고했으며, 미국 캔자스 대학교에서 임상심리 분야의 라이트 저명 교수(The Wright Distinguished Professor of Clinical Psychology)로 헌정되었다. 그는 임상, 사회, 성격, 건강 및 긍정심리학 분야 연구로 전 세계적으로 명망 있던 심리학자였다. 일생을 캔자스 대학교 심리학과 교수로 지내면서 수많은 책을 편저 혹은 저술하였는데, 대표작으로는 『희망의 심리학』『긍정심리학』『긍정심리학 핸드북』『긍정심리평가』『독특성: 인간의 차별성 추구』등이 있다. 희망과 용서에 대한 수많은 학술 논문을 심리학 분야의 저명한 학술지에 게재하였는데, 그의 희망이론에서는 희망을 주도사고와 경로사고로 구성되는 목표지향적인 사고로 이해하였고, 이 이론에 바탕을 둔 많은 경험연구들은 수많은 연구자, 임상가 및 일반인에게 인간 강점의 중요성을 부각시켰다. 2000년에는 미국의 유명 TV 프로그램인 '굿 모닝 아메리카'에 출연하여 출연자를 대상으로 한 현장실험을 통해 그의 희망이론을 설득력 있게 전파하였다. 그는 『사회 및 임상 심리학회지』의 편집장을 무려 12년 동안 역임하였고, 캔자스 대학교가 수여하는 '탁월한 진취적 교육자 상(Honor for an Outstanding Progressive Educator; 일명 HOPE 상)'을 포함한, 모두 27개의 영예로운 상을 수상하였으며, 일생 동안 41명의 박사논문을 지도하였다.

역자 소개

• 이희경
한양대학교 교육학과 졸업
한양대학교 대학원 교육학과 박사(상담심리학)
한양대학교 Brain Korea 21 Post Doc, 연구교수,
한국상담심리학회 자격관리 부위원장, 발전기획부위원장 역임
現 가톨릭대학교 심리학과 교수
상담심리 전문가

• 이영호
서울대학교 심리학과 졸업
서울대학교 대학원 심리학과 박사(임상심리학)
서울대학교병원 신경정신과 3년 수련
한국임상심리학회 회장 역임
現 가톨릭대학교 심리학과 교수
임상심리전문가, 정신보건임상심리사 1급

• 조성호
서울대학교 심리학과 졸업
서울대학교 대학원 심리학과 박사(상담심리학)
한국상담심리학회 부회장, 상담심리사 자격관리 위원장 역임
現 가톨릭대학교 심리학과 교수
미국 University of Arkansas 교환교수
상담심리 전문가

• 남종호
서울대학교 심리학과 졸업
서울대학교 대학원 심리학과 석사
미국 Rutgers, the State University of New Jersey 박사(인지심리학)
미국 University of California, Irvine Post Doc.
한국인지심리학회 편집위원장 역임
現 가톨릭대학교 심리학과 교수

긍정심리평가: 모델과 측정
Positive Psychological Assessment
A Handbook of Models and Measures

2008년 9월 16일 1판 1쇄 발행
2014년 8월 20일 1판 2쇄 발행

편저자 • Shane J. Lopez · C. R. Snyder
옮긴이 • 이희경 이영호 조성호 남종호
펴낸이 • 김 진 환
펴낸곳 • ㈜ 학지사

　　　　　　　121-838 서울특별시 마포구 양화로 15길 20 마인드월드빌딩 5층

대표전화 • 02) 330-5114　　　팩스 • 02) 324-2345

등록번호 • 제313-2006-000265호

홈페이지 • http://www.hakjisa.co.kr
커뮤니티 • http://cafe.naver.com/hakjisa

ISBN 978-89-5891-798-4 93180

정가 23,000원

인터넷 학술논문원문서비스 **뉴논문** www.newnonmun.com